于方舟

从“兰渚芳洲”到“负任方舟”

阎焱 著

中共党史出版社

图书在版编目（CIP）数据

于方舟：从“兰渚芳洲”到“负任方舟”/阎焱著
.-- 北京：中共党史出版社，2019.7（2020.1重印）
ISBN 978-7-5098-5259-0

Ⅰ.①于… Ⅱ.①阎… Ⅲ.①于方舟（1900-1927）
—传记 Ⅳ.①K827=6

中国版本图书馆CIP数据核字(2019)第100117号

出版发行：中共党史出版社
责任编辑：陈海平
复　　审：姚建萍
终　　审：汪晓军
责任校对：申宁
责任印制：段文超
责任监制：贺冬英
社　　址：北京市海淀区芙蓉里南街6号院1号楼
邮　　编：100080
网　　址：www.dscbs.com
经　　销：新华书店
印　　刷：北京汇林印务有限公司
开　　本：170mm×240mm　1/16
字　　数：627千字
印　　张：43
印　　数：1501—3515册
版　　次：2019年7月第1版
印　　次：2020年1月第2次印刷
ISBN 978-7-5098-5259-0
定　　价：89.00元

于方舟：为有牺牲多壮志

代序（一）

据新华社天津5月15日电（记者尹思源）5月的七里海，草木竞秀，百鸟云集。于方舟曾在这里度过了他的童年和少年时代，也曾在这里躲过了敌人的围追堵截。

于方舟原名于兰渚，1900年9月15日生于直隶省宁河县（现为天津市宁河区）俵口村一个农民家庭。1917年秋，于方舟考入天津直隶省第一中学。中学时期，于方舟面对神州破碎、民不聊生的凄惨景况，自警道："狂澜四面严相逼，群生彼岸须舟亟。方舟负任一何重？方舟遭境一何逆？"遂以"方舟"为名，以此自奋，愿做"渡人之舟"，把祖国人民从水深火热中拯救出来。

1919年五四运动爆发，于方舟立即投身于反帝爱国斗争的革命洪流。他组织"学生救国团"，任团长，并先后当选为天津学生联合会评议委员、天津市各界联合会学生代表。9月，他倡导组织了进步团体"新生社"，创办了《新生》杂志。

1920年1月29日，于方舟与周恩来等率天津爱国学生千余人赴直隶省公署请愿，要求政府释放此前被捕的爱国人士。学生的正义行动遭到军阀当局的野蛮镇压，于方舟与周恩来、郭隆真等请愿代表被捕入狱。在狱中，他与周恩来等同志一起同敌人进行了坚决的斗争。在全国舆论和天津各界群众声援下，于方舟等人被反动当局释放。

获释后，于方舟回到家乡，面对广大农民终日在饥饿和死亡线上挣扎的惨状，他开始深入到劳动群众中去，宣传革命道理，组织农民进行革命斗争。在他的启发引导下，当地农民的政治觉悟不断提高，有些农民自发组成请愿团，到县政府请愿，逐步走上革命斗争的道路。

1921年暑期，于方舟化名于绍舜考入南开大学，后经李大钊介绍加入中国共产党。在李大钊领导下，建立社会主义青年团天津地区执行委员会，任委员长。第一次国共合作时，于方舟代表直隶省出席了国民党第一次全国代表大会，当选为国民党中央执行委员会候补委员，并任直隶省党部执行委员。同年，在中共中央和地方区委领导下，主持成立了中共天津地方执行委员会，任书记。

1927年大革命失败后，党确立了实行土地革命和武装起义的方针，各地纷纷举行武装起义。10月，北方局制定了《北方暴动计划》，决定在京津地区发动大暴动。于方舟以中共顺直省委组织部部长身份领导了冀东第二次玉田暴动。在战斗中起义部队遭到反动民团包围，分散突围时在丰润县被敌人包围，不幸被捕。于方舟被敌人杀害时，年仅27岁。

在天津市宁河区烈士陵园，矗立着一面黑色大理石烈士墓墙，相关负责人介绍，烈士墓墙宽48.12米、高2.7米，宽度象征宁河人民解放时间，高度代表于方舟烈士牺牲年龄。烈士陵园内修建了于方舟烈士纪念馆，馆内陈列着于方舟生前读过的书籍，撰写的文章、诗文等，再现了他组建天津共产党、开展学生运动、领导农民暴动等重要革命活动的历史画面。

（原载《人民日报》2018年5月16日）

于方舟：以己为舟济苍生

代序（二）

本报记者 陈建强 本报通讯员 马超

“数朵仙凤开欲笑，几篇古籍读将殁。窗明几净思多快，国破民悬意转烦。”1922年秋日的南开园中，一名青年白衣胜雪、眉心紧蹙，带着一颗因“国破民悬”而难以平静的心，他提笔写下了这首《静读》。这名青年就是于方舟。

22岁那年于方舟考入南开大学文科，在这里，他为救国救民而求学求索，6年后的1928年1月14日，未满28岁的于方舟英勇就义。他以抛头颅、洒鲜血的坚定与悲壮，践行“以己为舟济苍生”的誓言，成为南开大学创立以后第一位为国捐躯的革命烈士。

时至今日，在南开大学风景秀美的马蹄湖畔，于方舟烈士雕像巍然矗立，这座雕像是1984年南开大学建校65周年之时建造。在五四运动爆发99周年暨于方舟烈士牺牲90周年之际，南开大学外国语学院在此组织了一次“校史教育 党性实践”活动。

“于方舟原名于兰渚，1900年生于直隶省宁河县，现为天津宁河区，五四运动爆发，一直关注着祖国和人民命运的于方舟深感无法‘静读’，于是义无反顾投身反帝爱国斗争的革命洪流……”望着同学们青春洋溢的脸庞，历史学院梁金老师为同学们深情讲述着于方舟烈士的感人事迹。

1919年秋，于方舟考入直隶省立第一中学校，天津学生联合会成立后，于方舟被选为天津市学联评议会的委员，随后他组织“新生社”，出版《新生》杂志，与周恩来领导的“觉悟社”一起，为团结天津进步青年、传播革命真理共同开展斗争。1922年于方舟考入南开大学文科，翌年经李大钊介绍加入中国共产党。“革命洪流之中，于方舟不知疲倦地忙碌着：发动群众投入轰轰烈烈的国民革命运动，组织领导天津工人大罢工，成立天津各界联合会，发表爱国演讲，创办《工人小报》和《救国报》……也正是在此期间，他将自己的名字于兰渚改为于方舟，誓做‘渡人之舟’……”

在五卅运动中，于方舟领导了天津工人的罢工斗争，有力地推动了国民革命事业的发展。1927年大革命失败后，于方舟以中共顺直省委组织部长身份领导了冀东第二次玉田暴动。10月底暴动失败，他率部突围时不幸被俘。在狱中他受尽酷刑、坚贞不屈。1928年1月14日，于方舟被敌人枪杀在玉田城南门外……

于方舟烈士的曾外孙女、周恩来政府管理学院2017级博士研究生阎焱每次驻足于此，都不禁感慨万分。她和父亲阎晓明不久前共同完成了于方舟烈士的传记《从“兰渚芳洲”到“负任方舟”》，眼下正在结合自己所学专业收集整理史料，以社会学和人类学的视角再次诠释革命先烈的崇高精神。她希望通过这些文字，让后人读懂先烈的情怀，读懂在那个风雨如磐的年代共产党人用鲜血与生命书写的忠诚与信仰，把曾外祖父的故事和精神更好地传承下去……

（原载《光明日报》2018年5月16日）

目录

引子——
一个萦绕心中的难解之谜：他们为何选择壮烈的牺牲？

那一刻，风停了。

停得有些诡谲，神秘中透着几许蹊跷。

于是，恍惚之间，整个世界便仿佛屏住了呼吸……

那是一座用白色石块垒起的祭台。

强烈的阳光下，石块们白得有些刺目。

他久久盯视着那刺目的白色。专注的、热得发烫的视线，宛若已与那高耸的、冰肌玉骨的祭台凝结在了一起。

突然，他伸展开长长的臂，将两侧那些准备搀扶他的人瞬间推开。

不知是由于他用力的过猛，还是因着他们对于死亡的恐惧，那些随时防止"人牺"瘫软倒地的人，竟被"人牺"顷刻击倒。

匍匐在地的他们惊愕地望着他，以为他要逃逸他们即将对他在祭台上的劈砍。

然而，他却步步铿锵地向着祭台径直走去。稍顷，躯干猛地向后一坐，将那颗高贵的头颅义无反顾地用力撞向石块上那冰清玉洁般的硬棱与锐角……

滚烫的血，便如殷红的瀑布，从洁白的祭台款款流下……

望着以如此壮烈方式完成献祭的他，人们震撼不已。他们的心，被自己同类所迸放出的无比高贵的自我牺牲精神，强烈激荡着，久久鼓荡着。

于是，齐齐地站立起来，先是遥望祭台，继而翘首天空，开始唱着一种歌……

读着《金枝》关于牺牲古俗的记载，我的眼前仿佛出现了一幅幅壮怀激烈的画面，我的耳畔仿佛响起了一支支悲凉壮美的哭歌。

风又起。

猎猎秋风中，“许多有力的声音同时响亮地、拖长调子地哭喊着，一定产生惊人的效果，凡是偶尔走过的旅客听到这歌声不可能不予以注意。这种声音一遍又一遍地重复着，也许就是在远处也能相当容易地辨明”，“直到罗马时代，年年都可以听见这个哭声穿过田畴……在所有的收获地里都可以听见类似的哭号。古人把这种哭号叫做歌。”①

这是一支自远古飘飞而来的歌。

伟大的人类学家和社会学家詹·乔·弗雷泽认为，从古至今，世界处处都有这种献祭牺牲的人，“在墨西哥，收获时的‘人牺’是用两块大石压碎；在非洲和印度，‘人牺’的骨灰和尸体的残余部分都洒在田里”。“直到最近，德文郡（在英格兰西南部）的收割者还唱着这一类的号子，并在地里举行一种仪式。”②

然而他们——那些自古便在以身殉祭、以身殉志、以身殉道的“人牺”，那些至今仍在动地感天、惊鬼泣神的“人牺”，又何以会自愿地、心甘情愿地、甚至争先恐后般地，选择如此壮烈的牺牲呢？

作为我们的亲人，他，也曾如此这般地选择了壮烈的牺牲。

如果不曾牺牲，作为后代的我们也可以像常人一样得到他的抚爱与呵护。然而，我在父亲的一篇散文中却见到了这样的文字：

大约是我刚能离开母亲的当儿吧，忙于农村工作的母亲就把我交给了姥姥。于是，从那个时候起，到小学毕业，我就一直生活在姥姥的身边。

记得儿时，一个伙伴拿着他姥爷送给他的生日礼物向我炫耀，我羡慕

---

①［英］詹·乔·弗雷泽：《金枝》，徐育新、汪培基、张泽石译，中国民间文艺出版社1987年版，第641页。

②［英］詹·乔·弗雷泽：《金枝》，徐育新、汪培基、张泽石译，中国民间文艺出版社1987年版，第638页。

极了，三蹦两跳地窜回家，进门就嚷："姥姥！我有姥爷吗？"

这，竟使姥姥呆住了。良久，才托着我的头，缓缓地说："别的孩子有姥爷，小明当然也不会少啦！"

"那……他在哪儿？"

"在哪儿？"外婆用手指着墙上的一张照片，"这不，他就是你的姥爷呀！"

"他咋不爱我？"

"不爱你？"姥姥的眼睛潮湿了，说话的声音似乎也在发颤，"咋会不爱你呢！瞧，姥爷的眼睛不是总在望着你吗？瞧呀，姥爷的嘴动了，在跟你说话呢！"

"跟我说话？"

"快听：明呀，别淘气，要听说，做个好孩子……"

说着，姥姥竟撩起衣襟擦开眼泪了……

哦，这就是我的姥爷吗？——不是一位老者，而是年轻人——目光是深邃的，似乎总是在凝眸深思，又仿佛总是在注视着周围的一切；嘴唇是紧抿着的，分明透露着那么一种刚毅坚韧的性格和气质——好姥爷，您的外孙就是这样同您相识的哟！①

多年以后，我在不经意间读到父亲发表于建党60周年时的这篇小文，竟突然有些哽咽：如果不曾牺牲，作为南开大学第四届学生的曾外祖父，也许可以成为一位学者了吧？

是啊，如果不曾选择牺牲，在他27岁以后的生命中，也许会有更为广阔与宽泛的选择，他的人生也许会更加醇美与精彩。

不是么？仅凭有据可考的资料显示，中国近现代史诸多叱咤风云的伟人和名人，竟然都与他有着过往甚密的关联与交集呢：

——张太雷，在五四运动中"与天津爱国运动的领导者周恩来、于方舟等结下了革命友谊"②，因为于方舟是"天津五四运动杰出的领导者

① 阎晓明：《热血之歌》，《冀东文艺》1981年第4期，第53页。
② 新华社：《广州起义主要领导人张太雷》，《人民日报》2011年6月2日。

为有牺牲多壮志——烈士于方舟（现代抽象风格雕塑作品，作者景晓雷）

之一，也是天津早期党团组织的重要负责人”①。

——周恩来，“发起组织了觉悟社，于方舟等发起组织了新生社，这两个革命团体在李大钊的指导下肩负起领导天津学生开展反帝爱国活动的重任”。② 周恩来在五四运动中撰写的《警厅拘留记》和《检厅日录》两部著作里57次提到于方舟，记录了他们共拘一室、长达170天的铁窗斗争生活③；1943年周恩来在为中共中央南方局干部学习会做报告时，再次提及于方舟，讲述了他在国共合作大革命中的重要贡献④；新中国成立后，周恩来“谈起于方舟的情况，对他过早的牺牲，非常惋惜，说他是我党难得的一位有才能的好同志”⑤。

——罗章龙，在其回忆录《椿园载记》里列出了一份《北京大学马克思学说研究会发起人及部分会员名录》，共153人，于方舟列57名。⑥

---

① 新华社：《永远的丰碑·于方舟》，《人民日报》2005年5月26日。

② 中共天津市委党史研究室：《愿做方舟渡众生·纪念于方舟烈士牺牲80周年》，《天津日报》2008年1月21日。

③ 周恩来：《警厅拘留记》、《检厅日录》，见中国社会科学院近代史研究所近代史资料编辑组编：《五四爱国运动》，中国社会科学出版社1979年版，第11—126页。

④ 周恩来：《关于一九二四至二六年党对国民党的关系》，见中共中央文献编辑委员会编：《周恩来选集（上卷）》，人民出版社1980年版，第112页。

⑤ 张明远：《缅怀先烈，继往开来——纪念于方舟同志英勇牺牲60周年》，《人民日报》1988年2月25日。

⑥《战斗在北大的共产党人》，北京大学出版社2003年版，第628、629页。

——李大钊，于1923年亲自介绍时为南开大学学生①、天津学生联合会执行部长的于方舟加入中国共产党。②

——毛泽东、瞿秋白、林伯渠、张国焘，与于方舟等共产党人，在中国国民党第一次全国代表大会共同当选中央执行委员会候补委员③，进入国民党高层领导机构，“当时各省国民党的主要负责人大都是我们的同志，如……北方的李大钊同志、于树德（那时是共产党员）和李永声、于方舟同志等。”④

——赵世炎，作为中共北京区委兼北京地委委员长，于1924年秋主持中共天津地方委员会成立会议，选举于方舟为委员长（1925年1月后改称书记）⑤，于方舟成为“天津党组织的创始人之一”⑥。

——孙中山，1924年8月在同国民党一届二中全会20名与会代表（均为中央执行委员和候补执行委员）的合影中，位于第二排右起第四人的于方舟，系全体合影代表中最年轻者。同年12月，孙中山北上莅临天津，“亲自邀请（国民党）直隶省党部负责人于方舟、江浩和爱国人士马千里谈话”。⑦

——蒋介石，发动四一二反革命政变后签署的“秘字第一号令”《国民政府通缉共产党首要令》，通缉共产党人和国民党左派人士197名，于方舟列110名。⑧

——蔡和森，于大革命失败后赴天津传达八七会议精神，“在当时白

---

① 于建：《天津现代学生运动史》，天津古籍出版社2007年版，第64页。
② 王洁主编：《李大钊北京十年》，中央编译出版社2010年版，第277页。
③ 中共中央文献研究室编《毛泽东年谱（1893—1949·修订本·上）》，中央文献出版社2013年版，第119页。
④ 周恩来：《关于一九二四至二六年党对国民党的关系》，见中共中央文献编辑委员会编：《周恩来选集（上卷）》，人民出版社1980年版，第112页。
⑤ 中共天津市委党史研究室：《中国共产党天津历史》（第一卷），中共党史出版社2005年版，第67页。
⑥ 新华社：《永远的丰碑·于方舟》，《人民日报》2005年5月26日。
⑦ 中共天津市和平区委党史研究室：《孙中山北上在津期间居住地旧址》，《天津日报》2015年3月11日。
⑧ 王功安、毛磊主编《国共两党关系史》，武汉出版社1988年版，第194页。

色恐怖极端严重的形势下，这两次会议均由方舟同志亲自缜密布置”①。

——王荷波，作为中共北方局书记，于1927年10月亲抵冀东，布署武装起义②，于方舟以省委特派员身份前往指挥这一载入中共党史的“中共北方局和顺直省委领导的直隶玉田起义”③，被捕后英勇就义。

——邓颖超，1953年致信于方舟独生女儿于文郁：“天安门前即将建立的烈士纪念碑，是纪念近百年来为革命牺牲的所有的烈士的，你的父亲自然包括在内。”④

——全国人大常委会委员长彭真，先后为南开大学于方舟纪念碑和宁河俵口于方舟故居题词。⑤

于方舟

——全国政协主席邓颖超、李瑞环分别为于方舟中学母校和烈士牺牲60周年题词。⑥

——中共中央政治局常委宋平、全国人大常委会副委员长顾秀莲、中共中央顾问委员会常委张明远、国家民委主任刘格平、黄埔同学会会长李运昌、国学大师范曾，均曾为于方舟烈士陵园、公园、故居题词。⑦

然而，他不但选择了牺牲，还与他的同学们共同选择了牺牲。

在他所创立的新生社中，男生女生各半。其中的男生，后来几乎全部成为早期的共产

---

① 吕职人：《于方舟同志革命的一生》，《天津文史资料选辑》第23期，天津人民出版社1983年版，第25页。

② 赵达：《天津党活动情况·1959年4月访问赵达记录》，见《中共天津历史档案选编》，天津人民出版社2011年版，第597页。

③ 中共中央党史研究室：《中国共产党历史》（第一卷）上册，中共党史出版社2002年版，第246页。

④ 邓颖超：《致于文郁》，见中共中央文献研究室编：《邓颖超书信选集》，中央文献出版社2000年版，第118页。

⑤ 中共天津市委党史研究室：《红色印迹》，中共党史出版社2007年版，第35页。

⑥ 天津市宁河区民政局：《宁河烈士陵园》，第2、3页。

⑦ 天津市宁河区民政局：《宁河烈士陵园》，第4、5页。

党员，又几乎全部选择了牺牲。

这，在国内外的团体组织史上也是一种罕见的惨烈！

——安幸生，新生社成员，于方舟的中学同学。1921 年因主编《新生》杂志被捕入狱，经其父亲、姐夫和于方舟的多方营救获释。1922 年加入中国社会主义青年团，同年加入中国共产党。五卅运动期间领导了震惊海内外的天津海员大罢工。同年 8 月任天津总工会负责人。1927 年李大钊先烈就义后，调任中共北京市委委员兼组织部负责人。同年 11 月在北京遭奉系军阀逮捕杀害。终年 24 岁。

——辛璞田，新生社成员。于方舟曾作诗《送璞田赴端村》云："十二连桥望端村，燕南赵北起红云，邵家园边欢相送，要凭双手扭乾坤。"1924 年加入社会主义青年团，同年加入中国共产党。后赴黄埔军校学习，参加北伐。大革命失败后，在北方从事党的军事和农运工作。1928 年 1 月英勇就义。终年 24 岁。

——卢绍亭，新生社成员。1924 年 3 月任社会主义青年团天津地委候补委员，不久转为中共党员。1925 年 1 月任中共天津地委农工部部长。大革命失败后，根据党的指示赴陕西渭南地区从事农民运动。1928 年 5 月同刘志丹等共同领导渭华起义。同年 6 月在对敌作战中英勇牺牲。终年 27 岁。

——李培良，新生社成员。1920 年曾同于方舟共历铁窗生活半年。1922 年加入社会主义青年团，同年加入中国共产党。1924 年任中共天津地委农工部主任。曾任中共北平市委书记、唐山市委书记。后被国民党当局逮捕。因在狱中坚贞不屈备受折磨，于 1931 年病逝，终年 28 岁。

——陈镜湖，新生社成员，于方舟的中学、大学同学。1923 年加入中国社会主义青年团，同年入党。与于方舟同赴广州参加中国国民党第一次全国代表大会。1924 年 2 月受命赴内蒙古开展党的工作，公开身份是西北军宋哲元部支队长。先后任热河民军司令、骑兵旅旅长，并受党的委派担任内蒙古特别骑兵纵队领导工作。1933 年 5 月，在抗战前线牺牲。终年 32 岁。

——韩麟符，参与建立新生社，于方舟的中学同学、大学校友。1923

年加入中国共产党。1924 年与于方舟在中国国民党第一次全国代表大会共同当选中央候补执行委员，同年 3 月组建中共热河工委及国民党热河党部。1925 年冬当选内蒙古工农兵大同盟中央委员会副书记。1934 年 9 月被国民党军统特务刺杀于山西省榆次县。终年 35 岁。①

他们之所以能够前赴后继地选择牺牲，因为他们是一批有着共同的理想、共同的抱负、共同的信仰、共同的血性的中华男儿……

7 名牺牲者，4 名为天津直隶省立一中的学生，其他 3 名分别来自天津的直隶师范、工业学校和商科学校。

于方舟和他的同学们就是这样成为了真正意义上的战友。

他们本都是一些忠诚正直、善良厚道的青年学子，只是出于对祖国和民族尊严至高无上的敬畏，只是出于对这个世界充满强烈的公平期待和公正追求，便注定了他们要以桀骜不驯的激情和万难不屈的意志，去抛家舍爱，去抛财舍业，去抛头舍命，正如于方舟挥毫写就的那样：“一行热血千行泪，泪有干时血不干”，拼将一腔男儿血，换我华夏当自强，将自己可爱的生命谱化为一曲悲壮的青春之歌……

电视纪录片《津门之光》光盘

作为于方舟的后人，我们一直认真搜集相关的史料与素材，也曾从各自专业的角度为弘扬先烈的精神做过一些尝试和努力。

从事影视工作的父亲，除发表《热血之歌》《诗之外与中》《碧血热写〈方舟歌〉》《安新从来号水乡》等文章外，还曾担任 4 集电视纪录片《津门之光》的总撰稿和总编导。他怀着对外祖父缅怀之情，将李瑞环同志为纪

① 2000 年 3 月 14 日，内蒙古人民政府“内民政（2000）24 号文”批准，追认其为革命烈士。

念于方舟烈士牺牲60周年的题词“津门之光”作为这部纪录片的总片名，4集的小片名分别为《新生·于方舟与新生社》《炼狱·于方舟与周恩来》《传薪·于方舟与李大钊、孙中山》《浴血·于方舟与武装暴动》。该作品曾在2008年1月于方舟牺牲80周年之际，分别于天津电视台的《中国人》和《中国纪录片》两个栏目播出。

从读硕到读博，在南开大学研读社会学和人类学的我，除发表《为有牺牲多壮志——缅怀我的曾外祖父于方舟》《于方舟与孙中山》等文章外，还曾以曾外祖父的革命史料作为基本内容，撰写论文《中共四大与近代以来前所未有的革命运动——大革命运动的天津样本与社会学解读》和《孙中山北上莅津与天津国民会议运动的兴起》。前者，将曾外祖父领导天津大革命运动的史料综合归纳，用社会学的理论和方法进行解读与分析。论文寄送“纪念中共四大召开90周年学术研讨会征文办公室”后，经初审入围。“中共中央党史研究室第一研究部、中共上海市委党史研究室、上海市档案局、上海中共党史学会，以及上海市虹口区共同推选10位专家组成论文评审组，于（2014年）9月5日至14日对经过初审入围的81篇论文进行盲审。9月16日，中共中央党史研究室专家专程来沪，举行论文评审会。经评分、合计、集体讨论，最终遴选出46篇优秀论文。按照研讨会工作方案，部分优秀论文与专家特约稿共46篇入集出版，作为纪念研讨会会议材料。”① 笔者的论文入选这本50余万字的《力量之源——纪念中共四大90周年学术研讨会论文集》，并应邀赴沪参加了这次研讨会，同全国的与会者进行更深入的研讨。后者则是为纪念孙中山先生诞辰150周年而作，讲述了曾外祖父与孙中山先生在第一次国共合作中的亲密关系。论文先由中国社会科学院近代史研究所王建朗所长亲自推荐到海峡两岸青年学者参加的“孙中山与宋庆龄”学术研讨会；后又在数百篇论文中，被列为90篇入选中国社会科学院主办的“世界视野下的孙中山与中华民族复兴——纪念孙中山先生诞辰150周年”国际学术研讨会，

① 中共上海市委党史研究室、中共四大纪念馆编《力量之源——纪念中共四大90周年学术研讨会论文集》，上海人民出版社2015年版，第500页。

从而将1924年最后27天，于方舟在天津接待、支持、配合孙中山先生的史实，推向了国际学术舞台，纳入了世界视野……

然而，在不断的研究中，依然有一个萦绕心中的难解之谜：

——这些高等学府的学生们，在可能有多种人生选项的情况下，究竟为何要偏偏选择壮烈牺牲？人类学家从世界各地的牺牲古俗中读出：一名“人牺”献祭田野，可以为周边百姓换来丰收。也许，这就是牺牲的初谛与初解！

于方舟夫人谈芳荪向少年儿童讲述于方舟的故事（天津《新晚报》记者摄于1962年）

于方舟纪念邮票

从来不愿奢谈或有意强化精神的力量与作用。

然而，倘真的消损了信仰、消释了主义、消磨了血性、消泯了灵魂，还何以谈及先烈们那牺牲的选择和牺牲的悲壮？

就在大革命和第一次国共合作失败之际，那些欲一举消灭共产党的国民党人，也曾试图破解共产党的力量之谜：

蒋介石说："共产党徒寄生本党，以数量言，当不逮本党同志二十分之一，然彼常能以少胜多，操纵如意者，其组织之严密胜于我，其党员之尊重纪律亦过于我也……无如本党同志多不耐严格之训练，往往视党章为具文，甚或不知党章之所制定者究为何事。"①

胡汉民说："我常常想，中国共产党不过是五六岁的乳臭小儿，中国国民党却正当壮年，经验丰富有作为之年；论份子，中国国民党多他百倍；论势力，中国国民党也大他百倍。为什么倒被这个小鬼捣乱得乱纷纷呢？归根结底还是因为对于主义没有彻底的了解，故没有坚决的信仰，所以也生不出一种力量来抵抗引诱和威迫……这样的党如何能不坍台？"②

戴季陶说："今日最能奋斗之青年，大多数皆为共产党，而国民党旧同志之腐败退婴，已无可讳。"③

"党章""主义""信仰""奋斗"——这些国民党人对于共产党人的认识几近鞭辟入里。但是，仅有认识而无践行，便会令这所有的认识尽数归零。言之易而行之难，真正能够承诺和誓死为信仰而奋斗，才能产生足以创造惊人伟业的神奇力量。

人类学家和社会学家同样崇尚灵魂的力量。

也许，弗雷泽在《金枝》中讲述的一个故事，可以作为这篇序言的结尾：

有一篇鞑靼语的诗歌描写两位英雄，一个名叫阿克·莫洛特，另一个叫布拉特，进行着殊死的战斗。阿克·莫洛特用箭反复刺透了对方，抓住对方向地下猛击。但对方却安然无恙。因为，布拉特是打不倒、杀不死

---

① 蒋介石：《对于第二期清党之意见》（1927 年 5 月），中国国民党中央执行委员会秘书处档案，中国第二历史档案馆藏，转引自王奇生著：《党员、党权与党争·1924—1949 年中国国民党的组织形态》，华文出版社 2010 年版，第 43 页。

② 胡汉民：《清党之意义》，载《中央半月刊》第 2 期，1927 年 7 月 1 日，转引自王奇生著：《党员、党权与党争·1924—1949 年中国国民党的组织形态》，华文出版社 2010 年版，第 43 页。

③《戴季陶致蒋中正函》（1925 年 12 月 12 日），转引自王奇生著：《党员、党权与党争·1924—1949 年中国国民党的组织形态》，华文出版社 2010 年版，第 65 页。

的……

两人格斗了三年之久。最后，阿克·莫洛特的一个朋友看见一根白线挂着一个金色的篮子吊在天空。他心想，可能布拉特的灵魂就放在那篮子里。于是，他用箭射断了那线，篮子便掉落地上。

他打开篮子一看，里面放着十只白鸟，其中一只就是布拉特的灵魂……

当布拉特看到自己灵魂被在篮子里发现，他哭了……

那些鸟一个一个地被杀死了……

于是，阿克·莫洛特就很容易地杀死了他的敌人……①

英雄在发现自己的灵魂被窃掠被消泯时，他哭了。

试想，我们在发现英雄的灵魂被抛弃被消解时，是否也会长歌当哭呢？

一个没有英雄的民族是不幸的。

一个有英雄却不知敬重珍惜的民族是不可救药的。

从古至今，世界各国各民族都在尊崇和礼待着自己的英雄，都在景仰和传扬着伟大的牺牲精神。

于方舟像

在号称“现代人类学奠基之作”和“人类学的百科全书”《金枝》中，我们已经看到了许多讴歌和赞颂“牺牲”的资料。

带着这样的疑问，我们在“从‘兰渚芳洲’到‘负任方舟’”的解读中，深描一位20世纪初叶中国青年学子从愤然忧国忧民、慨然救国救民，直至以身报国报民的心路历程，从而感悟一代英烈那永不磨灭的浩然正气与活的灵魂……

① [英] 詹·乔·弗雷泽：《金枝》，徐育新、汪培基、张泽石译，中国民间文艺出版社1987年版，第953页。

第一章　芦海扬帆

1. 故居，那乡思乡愁中的集体记忆

秋色渐醉人。

金风拂过芦花摇曳的七里海，田野上便飘溢起沁人心脾的鱼香蟹香米香了……

奔驰的汽车，从“七里海大道”北转“潮白河左堤路”，沿大堤一路前行，临近205国道时，向东稍稍一转，便从高耸的“于方舟故里”标志碑旁缓缓驶过，抵达俵口镇的街口。

这时，一方硕大的指路标扑面而来，映入眼帘的是五个魏碑体大字：“于方舟故居”，下面，还有一行醒目的黑体字“天津市重点文物保护单

位于天津市宁河区俵口镇路边的“于方舟故居”指路牌

位”。循着导行牌的指引，汽车在一排粉墙青瓦的农舍前徐徐停了下来……

2014 年 9 月 30 日，中国迎来了第一个以法律形式设立的“烈士纪念日”。

在南开大学“周恩来政府管理学院”师生的心目中，这是一个应该关注和记住的日子。因为，他们那美丽的校园中，矗立着一座松柏环绕的烈士纪念碑……

那位烈士，曾经是他们亲爱的校友……

为此，在“烈士纪念日”来临之际，他们驱车 55 公里，从南开园的新开湖畔来到宁河县（现为宁河区）的七里海畔，鱼贯成行地步入俵口镇的这处农舍——他们学校的那位烈士、92 年前考入南开大学的于方舟的故居。

前来瞻仰的师生中，不乏社会学和人类学的教授、讲师与学生。他们清楚地记得，法国历史学家“雅克·勒戈夫（Jacques Le Goff）早在 20 世纪 70 年代末期就已意识到社会学与人类学促进了集体记忆的探索：此番集体记忆的追求、拯救及颂扬，经历时间的淘洗已非孤立无援了，这种渴求促使历史视野发生巨变，其已不仅在文字中体现，在人类的日常交流、形象姿势、仪式节日中更为彰明昭著。（勒戈夫，1992）。”①

于是，他们在“9.30”这个特定的日子里，走出书斋和讲堂，期待通过特定“节日”和特定“仪式”，能够将一种“集体记忆”导向更为“彰明昭著”的境界。

那一天，师生们记下了这样的观感：“故居内，陈列着于方舟烈士生前读过的书籍、撰写的诗文等。周恩来总理是于方舟烈士的挚友、校友和战友，他们多次在这个普通农院中切磋诗文，谈理想，共商革命大事。目睹故居内的实物，我们受到了震撼，对老一辈革命家为什么能这样做产生

① 张俊华编：《社会记忆和全球交流》，中国社会科学出版社 2010 年版，第 151 页。

了深刻的思考。”①

这里，的确是能够产生也应该产生一些深刻思考的地方：

志肩天下任，情重结工农。

热血腾燕北，长虹贯冀东。

神州除腐恶，蓟水奠精忠。

澹荡春风远，津门日照红。

于兰渚的内弟谈立人也是从这片土地走向革命的共产党人，他悼念姐夫的这首诗作如今依然展示在于方舟故居。“天下任”“结工农”“除腐恶”，这些当年救国救民的神圣使命，都已成为从故居向外发散的历史记忆……

宝坻，李瑞环的家乡，毗邻着于方舟的家乡宁河。

1988 年 6 月，时为中共中央政治局委员、中共天津市委书记和天津市市长的李瑞环，面对铺展开来的一帧宣纸，默默沉思，片刻后，浓墨重笔，毅然写下：

纪念于方舟烈士牺牲六十周年

津门之光

李瑞环

一九八八年六月②

凭着对津沽大地的深爱和对历史长河的深涉，这位 20 世纪 80 年代的中共天津市委书记，就这样以笔底的神韵，与六十四年前中共天津地方执行委员会的创建者和领导者之一神交着……

翌年，这样一条新闻便见诸天津报端：

革命先烈于方舟故居纪念馆于最近

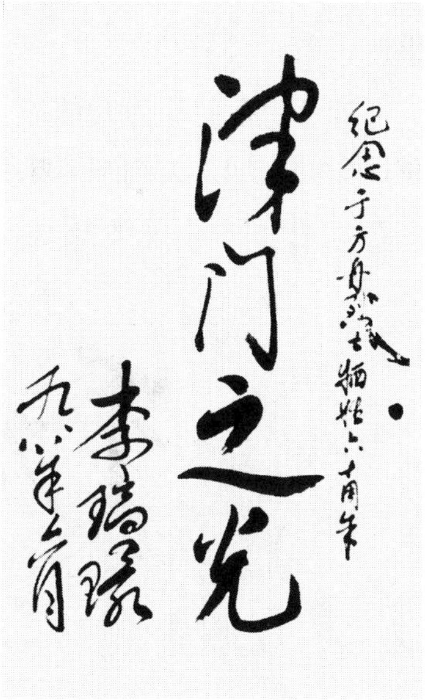

李瑞环同志题词

① 陈庆滨：《南开大学师生共祭于方舟烈士，烈士墓碑就是共和国纪念碑》，中国广播网 2014 年 9 月 30 日。

② 宁河县民政局：《宁河烈士陵园》，第 3 页。

在他的家乡宁河县俵口乡动工兴建。彭真、李瑞环等中央领导同志为纪念馆题词。①

彭真题写“于方舟故居”时，已是一位87岁的耄耋老人。

那日，接到于方舟女儿于文郁和女婿阎博洪的来信，信中提及天津宁河将修建于方舟纪念馆。闻知此事，老人不禁忆绪缕缕，回想起一幕幕往事……

他担任中共天津市委书记时，于方舟已从中共天津地委调任中共顺直省委组织部部长；而当他25岁接任于方舟的省委组织部长一职时，27岁的于方舟已在领导玉田农民暴动的前线英勇就义，其爱女于文郁当时还不满5岁……

“你们活在我们的记忆中，我们活在你们的事业中”。

那一刻，他仿佛想到了朱德委员长缅怀烈士的这幅题词。于是，运笔遒劲，力透纸背，仿佛欲将那悠悠的忆念和久远的故事都浓缩于这雄健的墨迹……

如今，在“于方舟故居”五个大字的苍劲之中，我们又分明可以穿越历史的云烟，去细细体味百年之前这方北国水乡的无尽苍茫了……

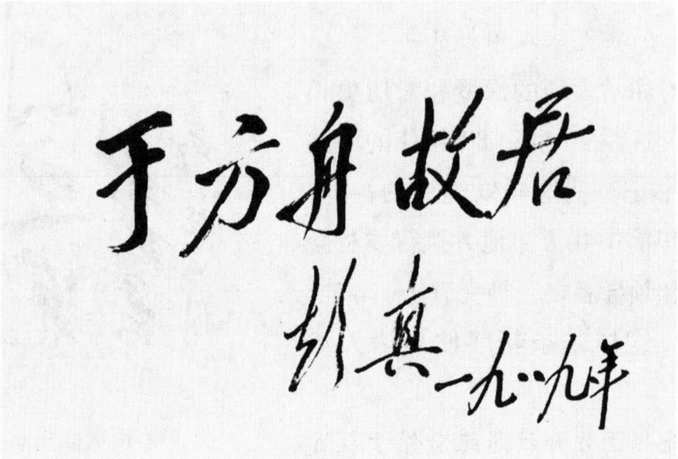

彭真同志的题词

① 陈德宏:《于方舟故居纪念馆动工·彭真李瑞环为纪念馆题词》,《今晚报》1989年12月。

在一部由中共天津市委党史研究室、天津市旅游局、中共天津市和平区委员会联合组织编写的长达33万字的《红色印迹》中，是这样描述于方舟的家乡和故居的：

在天津市宁河县西部有一片古老而又神奇的土地，这就是国家级自然保护区、天津古海岸与湿地——七里海。七里海是个风光秀丽的地方，不仅有着灿烂的古老文明，更是一个富有光荣革命传统的地方。中国共产党的早期党员、天津党团组织的创建者和领导者之一于方舟就出生在七里海畔的俵口村。周恩来与于方舟一起参加五四运动时曾来过七里海，至今七里海仍然保留着不少有纪念意义的文物和遗物。于方舟故居坐落在宁河县俵口村，坐南朝北，占地194平方米，其中有正房4间，西厢房2间及院墙、门楼，粉墙青瓦，门楣上高悬着彭真同志题写的“于方舟故居”金字牌匾。堂屋东壁上镶刻着李瑞环题写的“津门之光”四个大字。西屋是卧室，于方舟少年时代就在这间屋子里与周恩来共商革命大事，切磋诗文。东屋现已改成于方舟事迹陈列室，两间相连，墙壁上挂着邓颖超题写的“于方舟纪念碑”题词手迹及李运昌等同志的亲笔题词。橱窗内陈列着于方舟的多幅历史照片和生前读过的书籍、撰写的文章及诗词，还陈列多幅反映于方舟从事革命活动的连环画。党的十一届三中全会以后，党和政府在于方舟烈士的出生地宁河县俵口村修复了于方舟故居。1997年8月，于方舟故居被列为天津市重点文物保护单位，成为进行革命传统教育和爱国主义教育的基地。每逢节假日，经常有大批青少年、中小学生来此缅怀先烈，参观学习。①

其实，现在保留下来的故居仅是原宅第的一小部分。

在于方舟的侄儿于荫昌、侄孙女于静茹等人的记忆中，他们儿时生活的宅院是一处三进穿堂式建筑，分为前后两院。现在得以保存并对外展示的是后院。现故居那扇配有拴马桩的门，也仅仅是当时很少开启的后门。而正门则在前院，面临前街（即俵口的解放路），门额题写“庆余堂”三

① 中共天津市委党史研究室、天津市旅游局、中共天津市和平区委员会：《红色印迹》，中共党史出版社2007年版，第35、37页。

个大字。所以，现在看上去“坐南朝北”的故居，当初的总体设计实际上是坐北朝南的。

虽非全村之冠，却也属较大之列，且临村中主要干道。所以，每逢有高跷、旱船等社火、花会活动时，要至于家宅门前，都要停留下来舞动一番。这时，宅院中的翩翩少年们，便取出家藏的中幡，为大家做精彩的表演。伴着腾挪自如的矫捷身影和上下翻飞的奇绝动作，宅门前总要荡漾起一阵阵响亮的喝彩声。

就在这玉树临风般的大宅院中，于方舟的父母在已经有了四个女儿和四个儿子之后，又迎来了他们的第九个孩子……

于方舟故居

闰八月，一个寓意复杂的神秘符号。

1900 年的闰八月似乎来得更加蹊跷。

本应相隔 19 年即可大约出现一次的闰八月，到了 1900 年，前后却都不可思议地失去了常态。从 1862 年出现上一个闰八月，历经 38 年，1900 年的闰八月才迟迟现身。而下一个闰八月的再次露面，则是 57 年之后的事情了……

就在 1900 年的那个闰八月，于方舟出生在当时隶属直隶省的宁河县（今为天津市宁河区）俵口乡（今为俵口镇）俵口村。

关于他的出生时间，天津学者曾进行过可贵的学术考证且持不同意见。

天津社会科学院主办的哲学社会科学综合性学术刊物《天津社会科学》于1982年第4期，发表天津社会科学院董振修研究员的文章《关于于方舟、李培良同志生卒时间的考证》。该文指出："关于于方舟同志的出生年月，一说1900年8月22日（王贞儒《于方舟烈士传》，见《天津历史资料》1964年第1期）；我在《天津文史资料选辑》第10辑发表的《中共共产党早期在天津的革命活动》一文附录中曾持此说。另说是1900年农历8月22日（窦爱芝、刘玉芝《革命烈士于方舟》，见《南开学报》1980年第3期）。前说不如后说准确。据《马千里日记》1920年4月10日记载：'于兰渚（即于方舟），二十一（岁），八月二十二（日）生'。21岁系虚岁，实为20周岁，农历8月22日即9月15日。所以，于方舟同志的生日应为1900年9月15日。"

两年后，《天津社会科学》1984年第2期，又发表朱振华的文章《关于于方舟同志的生卒时间》："读《天津社会科学》1982年第4期董振修同志《关于于方舟、李培良同志生卒时间的考证》后，我认为对于方舟烈士的生卒时间还应进行再考证。董振修同志从《马千里日记》（1920年4月10日）'八月二十二（日）生'而导出'于方舟同志的生日应为1900年9月15日'。根据《两千年中西历对照表》，光绪二十六年（1900年）恰闰八月，故于方舟的生日还有闰八月二十二日（1900年10月15日）的可能。"

中国从1911年才开始采用世界通行的历法，即通称公历的阳历。1900年时的月份的确应以农历计，那一年也的确是比较罕见的闰八月。学者研析的认真与严谨令人钦佩。受此启示，于方舟的后人及乡亲亦进行了几番研讨，均倾向于方舟的出生月份应为闰八月，即1900年10月15日，那一年，应该是光绪二十六年。

在民间，光绪二十六年闰八月的种种不祥说法其实早就在广泛流传——"闰八月，凶多吉少无好兆"、"闰七不闰八，闰八动刀杀"。虽然这种解读的迷信属性毋庸置疑，不过那一年的悲剧，在中国人的心中的确不堪回首、挥之不去……

对于一个真正的人，起码的尊严应该比简单的生存来得更为重要。不幸的是，他出生的那一年，恰恰是由于民族尊严丧失殆尽而充满屈辱的一年。

1900 年 8 月 14 日，八个国家的军队以武力攻占了中国国都北京的外城。第二天，满清统治者慈禧太后偕光绪皇帝弃都而逃……

《宁河县志》载：“1900 年 8 月 28 日，英法日俄等八国联军攻战芦台、汉沽，经俵口、潘庄直逼京津。”“1900 年 9 月 20 日，八国联军占领北塘炮台。清军退至芦台、闸口北岸。9 月 28 日，联军攻芦台、闸口、汉沽等地，清军溃走。联军登陆后，侵入西塘坨、俵口一带，烧杀劫掠。10 月，俄军马步 400 余人，带行炮 6 尊占潘庄，攻宝坻、黄庄”① ……

范曾为于方舟故居的题词：“兰渚清风，万古流芳”

就在世界主要列强的军队，对俵口进行烧杀劫掠的日子里，于方舟恰在这样的时间、这样的地点出生了……

关于于方舟的家境，各种版本的传略都无一例外地写到：“家世务农，父名际刚，母运氏，兄弟五人，方舟最幼”。②

值得注意的是，排行最幼的他，最初取名并非“方舟”，而是“兰渚”。“方舟”只是他的字“芳洲”的谐音。

也许是出于父母对这个排行最小的老儿子的偏爱，或对他寄予了“耕读传家”的厚望，也许是因为依水而居，面对一泓碧波粼粼的七里

---

①《宁河县志》，天津社会科学院出版社 1991 年版，第 4、28 页。

② 王贞儒：《回忆五四时期的于方舟烈士》，见《五四运动回忆录（续）》，中国社会科学出版社 1979 年版，第 262 页。《1949 年 4 月 30 日访问郝久亭记录》，见《中共天津历史档案》，天津人民出版社 2011 年版，第 569 页。

海，便为他取了如此文雅而又富于诗意的名与字。

“渚”，系水中间的小块陆地。“兰”，当然是指“松梅菊兰”四君子中的兰草、兰花以及古书中的木兰、泽兰。

字，乃根据名中字义而另取的别名。“芳”，自然同“兰”的芬芳与美好对应；“洲”则与“渚”同为水中之岛。

也许是出于对这一名字的雅爱，国学大师范曾1989年为“于方舟烈士故居雅藏”的题词便为“兰渚清风，万古流芳”。

至于“兰渚”或“芳洲”何以改为了“方舟”，这其中自有缘故，我们将在有关他改名的篇章里，再为读者讲述。

不过，由于名字的这一变化，相关史料中就出现了二名共存的现象。早期史料，如周恩来《警厅拘留记》《检厅日录》中对他的57处记载，以及国民党一大会址中的座签，均为“于兰渚”。而后来的史料，如《中国共产党历史》和《毛泽东年谱》，又为“于方舟”。本书在引用《警厅拘留记》和《检厅日录》时，将均以周恩来原文所称“于兰渚”为名，不再另行标注改名前后的区别。

而关于俵口于氏家族的背景，则在他出生前的13年，即光绪十三年立过两座碑。

于氏家族碑

其一为“龙头碑”。此碑现由俵口正方工业有限公司董事长于学军保存在厂区。碑高（不含底座）195厘米，宽66厘米，厚21厘米。碑文300余字，其中一段文字为“俵口庄西旧有于氏先茔一处，积冢六十一座，自前明永乐二年修立后至今五百余年。”据此可知，俵口于氏家族应为明初定居于此。该碑之所以被村民称为“龙头碑”，是因石碑上方刻有二龙戏珠图案，其龙为四爪，比象征皇帝的龙少一爪。至于这一普通家族何以能够碑上刻龙，当地著名作家于增会将其解释为：“是清朝光绪皇帝感念于氏十一位将军的历史功绩，恩准立的（《中国文物图集》有专条记载）。”①

其二为“于大公碑”。碑高160厘米，宽40厘米，厚21厘米，刻有“前明指挥佥事例赠明威将军于氏始迁祖大公、妣李氏之墓”字样。

据于学军、于增会等人考证：“于氏始祖自江南（江苏省常州市）金坛县迁至山东省文登县大水波，后移居山东济南府青城县。明朝初期兄弟三人同来顺天府宝坻县（后为宁河县）俵口庄。”“于氏先祖第一位将军是三世祖于本，永乐二年正月（1404年），升为明威将军指挥佥事，守卫梁城（今宁河镇）千户所，兼守卫海口。自于本之后，相继出了于昶、于伦、于玺、于金、于宗渊、于继武、于一桂、于大猷、于君陈、于君鼎，共十一位将军，均为世袭指挥佥事。属三品，或四品。于氏十一位将军个个忠君爱国，骁勇善战，功勋卓著。直到最后一位将军于君鼎，很长时间内，其功绩仍在民间广为流传。”②

也许，正因这是一个以“忠君爱国，骁勇善战”而传家的家族，所以，当1900年那个闰八月的国之奇耻与民之大辱到来时，才更能体味那令人痛心疾首与痛不欲生的绝望。尽管，坊间流传的民谣总想为那一天出生的婴孩讨一个喜兴的彩头——“菊在含笑正主秋，芙蓉绽蕊两悠悠，生闰八月廿二日，堂上双亲喜无休”——然而，1900年的闰八月，却毕竟是俵口屡被联军入侵、屡被“烧杀劫掠”的大灾大难之际……

当时，有英国学者狄龙博士沿距俵口不远的大沽口向北京进发，以人类学“田野调查”般的笔触，记录后发表在1901年1月号英国《当代评论》期刊上的文章，详实披露了他一路所见的惨状：

大沽口有三百名正在为各国轮船装卸货物的工人，不干活时被拘禁在一艘大木船上。外国军队进入大沽口，为逃生他们设法把木船驶向陆地，

① 于增会：《情系七里海》，大众文艺出版社2008年版，第177、178页。
② 于增会：《情系七里海》，大众文艺出版社2008年版，第177、178页。

适被俄军发现，这三百名无辜的装卸工都成了俄军的射击目标……

乘船驶过往昔人烟稠密的天津，那儿已变成一片废墟……

通州已是死亡之城，所过之处，野旷天阔，阒无人烟。上岸观望，一切都触目惊心，房屋被焚，一切都遭破坏。走进一家，只见木杌边躺着一男一女，脚下散落着三支筷子，吃剩的粗糙食物已经腐烂，可见他们原本正在吃饭，突如其来就被砍死。室外院中，躺着一个梳着四股发辫的小女孩，被砸碎的头盖骨凝结着黑红色血块，上面爬满了苍蝇……

不少男女老少以及怀抱婴儿的尸体埋在垃圾下面，或顺着河水漂流而下，每具尸体都伴随着一层乌云似的苍蝇。蝙蝠在苍茫的暮色中飞来飞去，贪食的乌鸦也在上空盘旋……

在通州水边看到两具尸体，看模样是父亲拉着年幼的儿子正举手乞求慈悲，但他们却在文明的名义下被枪杀了，躺在那里，手仍然举着，一头黄狗正在啃那父亲的手臂……

白河两岸一些大的县城，被逃跑了的主人抛弃的房屋里边被洗劫一空……

这些都是那些文明使者的所作所为。这里的景象与其说是战争，毋宁说是一场大屠杀……①

这场大屠杀导致了一场更大的浩劫——1901 年 9 月 7 日，就在于方舟即将迎来自己一周岁生日的时候，清政府被迫与英、美、俄、德、日、奥、法、意、西、荷、比十一国签订了丧权辱国的《辛丑条约》。

“《辛丑条约》给中国的打击是最深重的。”中国社会科学院学部委员张海鹏在历史文献纪录片《筑梦中国——中华民族复兴之路》中接受采访时说，“《辛丑条约》赔款四亿五千万两，捆住了中华民族前进的步伐。和东西方各国所签订的不平等条约，严格说起来，大约有四百多个。这四百多个条约都严重地损害了中国的主权。中国的首都几次被西方的武装力

① 中国第二历史档案馆、中国社会科学院近代史研究所合编：《中国海关密档·赫德、金登干函电汇编》，中华书局 1985 年版，第 7 卷第 142、143 页。

量所占领，这是近代中国最痛苦的一个时期。”①

也许，正因于方舟是迎着自己民族亘古未有的奇耻大辱来到这个世界的，所以，刻骨铭心的极度屈辱才凝聚了他那抗争的基因，惨不忍睹的极端腐败才锻造了他那叛逆的灵魂：

——“幼年时期，于方舟的父母就常给他讲述当年八国联军侵略中国的罪行；讲述林则徐、关天培等民族英雄率领我国军民英勇抗击外国侵略者的故事，使他幼小的心灵受到了反帝爱国思想的启蒙。”②

——有一次，母亲告诉他，当他还是一个不足百日的婴儿时，母亲为了躲避突然闯村而过的八国联军，不得不将襁褓中的他丢在屋中，同村里年轻妇女结伴躲入附近苇丛去藏身。待到那些无恶不作、蹂躏百姓的入侵者终于远去，母亲终于可以回家时，家中的他已然哭得不能出声了……③

——有一次，他的一位姨母突然来到家中，向母亲诉说他的姨父和表哥被八国联军刺死的噩耗。悲悲切切的言语中，姨母为丈夫和儿子突遭横祸双双暴死而惊恐万分、凄楚至极……望着母亲和姨母姐妹二人抱头痛哭那惨不忍睹的场景，小小年纪的他竟然一语誓言夺口而出：“等我长大了，非要为姨父表哥报仇不可！”④

——于是，每当同村里小玩伴们游戏追逐时，他总要提出玩“打仗”，也总要让比自己年龄大的孩子假扮外国侵略者“东洋兵”“西洋兵”，而自己则必当中国兵，硬要把比自己大的“洋兵洋将”打败方肯罢休……⑤

——于是，每当农闲时节或夏日乘凉，村里从附近潘庄等地请来说书艺人，在村头空场上说《岳飞传》《水浒传》《三国演义》时，他总要认真听大人们议论谁是奸贼谁是忠臣，也总要再三向大人请教谁是坏人谁是

① 《历史文献纪录片〈筑梦中国——中华民族复兴之路〉（第一集〈风雨如磐〉）》解说词，《人民日报》2015 年 7 月 22 日。

② 中共天津市委党史研究室：《愿作方舟渡众生——纪念于方舟烈士牺牲 80 周年》，《天津日报》2008 年 1 月 21 日。

③ 于文郁：《补充父亲幼年及来津求学之前的几件事》，未刊稿。

④ 于文郁：《补充父亲幼年及来津求学之前的几件事》，未刊稿。

⑤ 于文郁：《补充父亲幼年及来津求学之前的几件事》，未刊稿。

好人……①

——于是，读中学时，他便满怀激愤写下文言小说《庚子燹余记》，描述一个五口之家在那个闰八月的坎坷命运，释放胸中那怒火灼烧的不平与不屈……

于方舟故居卧室

如今，在风雨中守望了100多年的故居依然瓦黛墙白，室内那张小炕桌上的油灯依然亭亭玉立……

100年前，那个叫作于兰渚的小学生、中学生，就是在这盏小油灯下奋笔疾书的么？

缓缓穿过那垒着灶台的堂屋，轻轻步入他的卧室与书房，默默望着临窗的土炕，悄悄靠近那张小小的炕桌和那盏小小的油灯……

在中国第一个“烈士纪念日”前来瞻仰烈士故居的南开师生睹物思人，唤醒了对于“庚子之难”的集体记忆：

——牺牲，绝非先烈个人的冲动抉择，而是国运多舛时代的临危受命……

2. 看不见大海的海岸

海岸，邻接海洋边缘的陆地，最宜于人类生发和滋萌美丽遐想的

① 于文郁：《补充父亲幼年及来津求学之前的几件事》，未刊稿。

地方。

无论是古代的“东临碣石，以观沧海”，还是当代的“面朝大海，春暖花开”，总能令我们看到一幅沐临海风、伫立海岸、极目海天的诗意画面……

如果有谁告诉你，世上竟然还有一些看不见大海的海岸，你一定觉得不可思议。但是，当你来到烈士的家乡，就会看到由国家海洋局和天津市人民政府立起的“天津古海岸与湿地”国家级自然保护区的标志碑。

保护区虽系国家级，古海岸却为世界级——七里海古海岸同美国路易斯安纳州古海岸、南美苏里南古海岸并称为世界三大著名古海岸。

伫立于这里的海岸线，虽然看不到大海的汹涌澎湃，却也能看到七里海的烟波浩渺。因为，俵口恰恰是七里海的中心——“七里海分前海、后海。从俵口村往南至淮淀村，为前海，相距七里。俵口村往北至大海北村，为后海，也相距七里。故称七里海。”

也许，出生并成长于俵口的于方舟，自幼便为七里海那“苍茫千顷总澄泓，吐纳川流海作名”的气势耳濡目染。所以自少年时期，便表现出一种与众不同的开阔视野和壮阔胸怀。

他“6 岁入私塾，10 岁入小学。辛亥革命后初创小学，他首先报名读书，并且是全村第一个剪去发辫的人。”①

他“13 岁入本村高等小学，每季考试都是名列第一，高材生之名噪于一时。”②

他“资质聪颖，酷读书，秉性温和，稚年动作异常，父母钟爱之。因聪颖过人，学识优良，在校中一言一动为全体同学所注意，毕业名列第一，高材生之名，誉噪一时。”③

他的小学同班同学于殿选，直至晚年仍对于方舟 14 岁时写的一篇作

---

① 吕职人：《于方舟同志革命的一生》，《天津文史资料选辑》第 23 期，天津人民出版社 1983 年版，第 13 页。

② 王贞儒：《回忆五四时期的于方舟烈士》，《五四运动回忆录》（续），中国社会科学出版社 1979 年版，第 262 页。

③ 郝久亭：《于方舟烈士略传》，《中共天津历史档案选编》，天津人民出版社 2011 年版，第 569 页。

文记忆犹新——那一天，老师先让于方舟在班上向大家朗诵那篇作文，之后，老师便将其作为范文，兴奋地分析起来……

那是一篇以“郭子仪单骑见回纥”这一历史事件命题的作文。

回纥，系我国古代民族，主要分布在今鄂尔浑河流域，以游牧为生，曾助唐朝平定安史之乱，但此后听信唐叛将谣言，起而攻唐。此时，曾为平定安史之乱，收复长安、洛阳两京作出重大贡献的唐朝名将郭子仪，虽屡遭谗言贬谪，却临危受命挺身而出，面对数十倍于己的兵力，单骑退兵，成为千古传奇。

如何认识这一历史事件，对于年仅 14 岁的于方舟无疑是一次挑战。

出于佩服，于殿选不但熟记且几乎能够背诵于方舟当时所写的华彩段落：

从来战阵之间，杀敌胜负，乃社稷存亡之所系，要皆在将兵者，必深谋远虑，审时度势，计获完全。否则大敌当前，莫知举措，身败国破，民心靡定，而不举国扰然者未之有也。

尝读史书，知郭子仪单骑见回纥而不惧焉。当日时，吐蕃、回纥，携手并骑，泾阳之危极矣！战而胜，后患仍未能已；战而不胜，唐人社稷恐自此倾矣。乃者子仪筹之熟，料之审，以为虏虽无礼，我苟待之诚，未有不为我用者。①

如此看来，少年于方舟在这一历史传奇中至少读出了四个受益点：

——心系城池之危、国破之倾的社稷存亡之识……

——手握审时度势、深谋远虑的杀敌胜负之要……

——胸怀单骑见敌、定胜强敌的勇而不惧之魄……

——身携动之以情、晓之以理的以诚相待之风……

守望俵口的古海岸，虽然看不到大海，却距海岸并不遥远。

因为大沽口是外国军队的登陆之地，所以生活在那里的亲戚不时有被扰被害的消息传来。

---

① 中共天津市委党史资料征集委员会编：《战斗在天津的共产党员》，天津人民出版社 1991 年版，第 121 页。

渐渐，那些随着阵阵海风飘飞而来的不再是海螺变村姑的柔美故事，而往往是那些关于抗争的壮举与惨烈，是那惊涛拍岸般的海的呼啸……

著名美国汉学家魏斐德曾这样描述那个时代的中国、中国的海洋沿岸和中国民众振兴中华的爱国思想来源：“到了20世纪初，中国已沦落为东方的弱国。从19世纪40年代开始，中国几乎每十年就要打一次大战。面临的对手，要么是西方列强，要么是日本。每次战斗中，中国人民和清朝统治者都尝到了失败的苦涩滋味。帝国的首都两次被联军占领，它被迫向外国开放20多个通商口岸，外国人在这里享有治外法权和经济上的特权。有一个省面积那么大小的领土被割让给俄国，宝岛台湾为日本所攫取。海洋沿岸划分出5个租界——每个租界都是某个国家的占领区——它们分别属于英、法、德、日、俄。”于是，“在中国民众中，涌现出许多富有传奇色彩的反抗外来统治的群众运动”，这种“振兴中华的爱国思想来源于中国两种历史悠久的思想传统：一种是儒家知识精英所提倡的忠诚、爱国，另一种是民间广泛存在的反抗不公平、反抗外国侵略的英雄主义精神”①。

于方舟的父母亦如此。深受压迫和欺凌的他们，并没有给自己最小的儿子灌输多少发家致富和出人头地的理念。母亲运氏常常念叨的，是八国联军的战乱之孽；父亲于际刚常常讲述的，是关天培战死疆场的壮举……

于方舟的老师也如此。进入俵口小学乙班读书后，于方舟最爱听国文老师讲述岳飞和文天祥忠肝义胆的故事……

于方舟本人还是如此。他自己也常把从父母、老师、乡亲那里听来的这些故事，反复而又生动地讲给同学们听……

俵口的古海岸，虽已看不出是邻接海洋边缘的陆地，却是一片埋藏海洋秘密的陆地，它可直观地解读什么叫“任彼桑田变沧海”，什么叫“沧海几度变桑田”……

---

①［美］魏斐德：《讲述中国历史》，人民出版社2013年版，第783、784页。

儿时的于方舟，常与玩伴去寻“千层蛤”和“蚝山”。每一次，望着那层层叠叠、密如蜂房的蚝壳蛤壳，都会充满好奇地互问：“是谁把它们从海里搬到咱们村儿的?”“它们是从海里来的吗?”“当真在海里滚过风里滚过，那它们身上的皱纹，就是大海给刻上的水纹和风纹吧?”

那时的他们怎会知晓，这是世界上极为罕见的牡蛎滩，“是全新世以来还陆变迁的产物。在天津，牡蛎滩发现地点有 20 多处，七里海为集中分布区，俵口村规模最大，其古牡蛎剖面最为典型。俵口牡蛎滩，牡蛎个体硕大，壳体长一般 40 厘米左右，最长的 60 厘米。牡蛎层厚达 5 米，形成数百米长、五六米宽的堤坝，规模之壮观，保存之完好，令前来考察的中外专家赞叹不已。”①

一叶，可悟春悟秋。

一蛎，可知海知史。

俵口的古海岸虽然看不到大海，但时光刻刀却在历史的岩壁上琢出了海的浮雕……

一方历史深厚的土地，总能将那些历史的传奇俯拾即是：

——西塘坨的“七郎山”和潘庄的“潘美墓”，是老者们常向小方舟讲述杨七郎忠勇侠义与潘仁美奸佞邪恶之辩之争的故事载体。

——普济河畔的“萧恩铺”是方舟和小伙伴们假扮萧恩父女、演义《打渔杀家》、大谈除暴安良的地方……

——说到七里海中的“八卦沟”，那是男人们为小方舟争讲农民军突出官兵重围的一处战场……

——讲起乐善庄，那是女人们为小方舟讲述一位老者乐善好施传说的美丽村庄……

成长于这道世界罕见的古海岸边，小方舟虽然没有用双眼看到大海，心中却渐渐有了一片海，一片宽广壮阔的海……

---

① 天津市宁河县七里海生态保护与综合利用领导小组：《七里海国家级古海岸于湿地自然保护区》画册，内部资料，第 67、68 页。

3. 悯人之籽

共产主义运动乃至共产党人，自诞生之日始便屡遭抹黑与诟病。正如《共产党宣言》甫一开篇便跃动开来的那些文字：一个幽灵，一个共产主义的幽灵在欧洲徘徊，旧的欧洲一切势力，教皇和沙皇、梅特涅和基佐、法国的激进党人和德国的警察，都为驱除这个幽灵而结成了神圣的同盟……

1927 年春，当中国共产党人即将面临建立以来最严酷的大屠杀之际，4 月 14 日的《时报》便刊发了上海黄金荣、张啸林、杜月笙等人面向“全国父老”的一份联名通电：

寄生于国民党之中共产分子，贪苏联赤化之金钱，贿买无知识、无教育青年工人，扰乱地方，无所不用其极。士不得学，农不扶锄，工不入厂，商不居肆，女不安室，动辄游行，以加薪为条件，以罢工为要挟，视地方公正之人，无绅不劣，无豪不土，公产任其搜刮，私产任其没收，逮捕杀害，无恶不作。如有出而与之抗衡者，以反革命头衔，加诸其身。……金荣等不忍坐视千年礼教之邦，沦于兽域，干净之土，蒙此秽污，同人急起邀集同志，揭竿为旗，斩木为兵，灭此共产凶魔，以免遗害子孙。尤望全国父老，父诏其子，兄勉其弟，共起而铲除之。①

“贪”、“贿”、“扰”、“挟”、“搜”，字里行间，共产党人皆为诸毒俱全、“无恶不作”、“沦于兽域”的“凶魔”……

真相果然如此么？

那些加入中国共产党并誓将为共产主义奋斗终身的人果真是些集“假恶丑”于一身的坏人么？

23 岁加入中国共产党并于 27 岁为之献身的于方舟，自少年时代便被乡亲和同学们视为一个极优秀、极出色的善良的人：

---

①《时报》1927 年 4 月 14 日。见苏杭：《第一次国共合作内幕》，人民日报出版社 2011 年版，第 591 页。

——“性诚笃，好学不倦，对同学互相友爱，为同学所敬重，皆乐与接近。”

——“见义勇为，急人之急的事例很多……”

——“读书领悟甚快，对所学的功课，都敢说敢讲，经常帮助同学讲解他们不明白的功课，同学们对他十分爱戴；但他总是谦虚和蔼，从无骄傲自满之气。”①

这样的描述，又是否可信呢？

每一位人类学家或社会学家都会提出这样的问题：“你有多特别？你的‘自我’达到何种程度，或者在什么程度上你是特定文化的产物？你的文化背景将会对你的决策与行动产生多大的影响？”

对此，他们给出了这样的解释：“文化是习得的……人类以文化学习为基础，创造、记忆与处理了许多观念……人们逐渐内化了一套先前建立的意义与象征体系。他们运用这套文化体系定义他们的世界，表达感情并作出判断。在生活的各个方面，这套体系有助于引导他们的行为与感知。”②

笔者一直在力图通过人类学与社会学的视阈，观察和探究着于方舟“社会化”与“文化濡化”的向善过程……

我的奶奶于文郁，曾向长辈和同辈中的兄长、姐姐搜集、记录过她父亲的往事，整理、撰写、发表过一批文章。其中《补充父亲幼年及来津求学之前的几件事》曾讲述过这样一些事情：

因为于方舟有四个姐姐、四个哥哥，所以，长辈和同辈都唤他“小九儿”。族中比他小的同辈称他“九哥”，晚一辈的则称他“九叔”。直到现在，村里族中人还在称他“九爷”“九老爷”。

幼时，“小九儿”最受母亲疼爱。常常，吃饭前，母亲会特意煮个鸡蛋藏在“小九儿”碗中的菜下。

---

① 王贞儒：《回忆五四时期的于方舟烈士》，《五四运动回忆录》（续），中国社会科学出版社1979年版，第262页。

② ［美］康拉德·菲利普·科塔克：《文化人类学》，周云水译，中国人民大学出版社2012年版，第28、29页。

可是每次“小九儿”吃完菜发现鸡蛋后，总要往哥哥碗里放：“哥哥每天下地干活，多累！还是给哥哥吃吧！”

于是，家人常为这个最小的儿子与弟弟所感动：“别看小九儿人小，却知道让着别人，是个有出息的孩子！”①

每逢年节，信奉神灵的奶奶总要用白面馒头给财神上供，祈求财神保佑日子能够越过越富裕。

一次，奶奶烧香时发现供桌上的馒头少了几个，不敢声张，便悄悄问“小九儿”知道不知道。

“小九儿”说就是自己拿的，送给村西头两位孤苦老人了。

奶奶闻听，又急又怕：“这还了得！你把给财神上供的馒头拿走给人吃，这会得罪财神哪！”赶紧按着“小九儿”跪在神像前请罪。

“小九儿”却不慌不忙地对奶奶笑了：“您老不是常说要积德行善吗？我把上供的馒头拿给没儿没女的老人吃，财神会高兴的！”

“供品没了，咋会高兴？”奶奶瞪着“小九儿”。

“财神当然会高兴！他会说，您老心眼儿最好，保您老发大财！”

奶奶听了这番话，觉得也不无道理，便转惧为安、转恼为笑了。

哥哥姐姐们都说：“还是小九儿脑子灵，又做了好事，还说服了奶奶！”②

春种一粒粟，秋收万颗籽。
四海无闲田，农夫犹饿死。
锄禾日当午，汗滴禾下土。
谁知盘中餐，粒粒皆辛苦。

对于唐人李绅的这两首悯农诗，于方舟不仅自儿时便从书中“读之三到”（宋代朱熹《朱子蒙童须知》：“余尝谓读书有三到：谓心到，眼到，口到……三到之法，心到最急”），而且也一直在田间熟视常睹。

——1901 年，水、虫、雹灾。

---

① 于文郁：《补充父亲幼年及来津求学之前的几件事》，未刊稿。
② 于文郁：《补充父亲幼年及来津求学之前的几件事》，未刊稿。

——1903 年，被旱、虫、霜，歉收。

——1907 年，被旱，被雹，被虫，高粱因旱未吐穗。秋被水，洛里屯等 77 村成灾六分，俵口庄等 89 村成灾五分，任家庄等 28 村歉收四分。是年“秋禾被水灾歉”。

——1909 年，秋禾被水、被雹、被虫。

——1910 年，八月十五日，赵本一带降雹 2 小时，大如碗（约合一点五公斤）平地半尺厚，三天未化，高粱悉被破坏。

——1912 年，伏水水灾。

——1913 年，雨水为灾，洼田多受损害。

——1914 年，秋水，因河决口受灾，直隶省向北京政府呈报灾情，请免宁河县本年各项钞粮。

——1915 年，六七月间，阴雨连绵，加之虫蚀、旱、雹灾。

——1917 年，是年，水灾重，被灾 187 村，芦台一带几成泽国。①

在他 17 岁赴天津求学之前的岁月中，家乡农民的生产与生活几乎每一年都要在严酷的自然灾害中备受煎熬。

惨不忍睹的种种疾苦不仅在他心中留下了不可磨灭的烙印，也在他心里种下了一颗悲天悯人的籽种。

他不仅在儿时做出过“供品馒头送孤老”的小奇事，也在长大后的诗作中，以穷人“茅屋”和富人“华堂”的强烈对比，以“咏出新乐府，响彻行云间”的弘愿，“含泪”抒发过“肠断海河边”的悲天悯人大情怀：

津沽水天丽，斜阳照九州。
茅屋仍风雨，华堂忙珮环。
咏出新乐府，响彻行云间。
沧溟波含泪，肠断海河边。②

悲悯之心不仅来之于他自幼累积的记忆，更得之于他一以贯之地

① 《宁河县志》，天津社会科学院出版社 1991 年版，第 29、30 页。
② 转引自窦爱志、李玉芝，《于方舟传》，天津人民出版社 1994 年版，第 89 页。

用平民和底层的视角去观察社会。在一首题为《贫苦农家》的诗歌中，便凸显了他对社会底层人民观察的细致入微和“哀其不幸”的同情之心：

晓夜结网再编筐，辛勤哪畏日初长。
莫窥青青堤头色，多年劳苦为农桑。
柴门不锁无鸡犬，阴霾骤雨破屋墙。
室漏牵茅补脊顶，水湿垫木架桥梁。
怒号金风凉如刃，尚着单衫未换裳。
妻病无处得医药，儿殇随命不久长。
不平寒天指肤裂，盛世赋完又催粮。
皓首渔樵桨斧罢，百姓怵怵复皇皇。①

曾获全国名师评选之“中国百佳教授”和“通识课程十佳教授”的郦波认为，汉字、诗词，包括汉语体系，是中华民族之所以屹立于世界民族之林的独特的遗传基因。通过诗词，可以知道华夏儿女生活中曾经有一些属于人性闪光的东西——恒久不灭的人生观、价值观，闪耀在我们心中。尤其是诗词中所宣示的人的悲悯情怀，当与人生观、价值观、精神力量的形成与发凡、蓄积与涵养是息息相通的：“情怀在情感之上，情感是‘人有悲欢离合，月有阴晴圆缺’，但为什么‘悲’要放在第一位呢？因为悲剧美是一种崇高美。情感、情怀、价值、精神，是诗词的四种力量，更是人生的四重境界。情怀之上是什么呢？是一种价值，一个人的人生观、价值观。所以我们通过诗词能感受到从情感、情怀，到价值，再到精神的力量。”②

透过于方舟的诗词，大体可以觉出他悲天悯人的家国情怀和忧国忧民的精神世界。

而研读于方舟和他那一代中国早期共产党人的人生经历，又大抵可以读出几乎毫无二致的悲天悯人的大情怀。

① 河北省民政局编：《河北革命烈士史料》，河北人民出版社。
② 郦波：《华夏文明传承的基因密码》，《天津日报》2017年8月21日。

那么，他们何以会拥有共同的高贵精神世界与人格力量，何以会渐行踏上共同的信仰之路，何以会坚定抱持共同的理想和信念，这就不该是一道难解和无解的谜题，而注定是一种历史的必然了……

俵口小学的于方舟塑像（于正摄）

如今的俵口小学，依然被俵口人视为于方舟的母校。

虽然校址和校舍早已迁建，但他们还是将先烈的塑像立于校门。

更为重要的是，当年于方舟在小学就读的一些往事，还在这里被编成小戏或作为素质教育的教材，一代一代地传演、传讲……

那一年，他15岁。

虽然每天他都是第一个准时到校的学生，但那一天却有另一位同学先于他到校了。

他有些诧异地笑着招呼：“你今儿个好早啊！”

同学不但毫无笑意，还透出几分心情的沉重：“我早来……是专门等你的！”

“等我？哈，有啥秘密只能让我一个人知道？”

“还真是不想让大伙儿都知道。”同学说得有些吞吞吐吐，“我是来特意跟你一个人道别的！”

“道别？你要出门儿？”

“不出门儿！回家！”

“回家？不想念书了？”

“想念……念不了了！”说着，那同学便有了些哽咽。

“为啥？”于方舟扶住那同学的肩膀，轻轻摇了一下。

同学便抹开眼泪了：“别问为啥。我就想求你一件事儿！不知能行不?”

“行!”于方舟未问何事，便一口答应了，“不管啥事儿，都行!快说!”

“每天放学以后，我上你家找你补习功课！你把课上跟老师学的，再教我一遍!”说着，竟号啕大哭起来……

望着这位学业优异而又家境贫寒的同学在痛哭，于方舟知道，他肯定是学费出了问题，上不起学了。细问，果然是因无力按时交纳学费遭校方勒令退学的。便对同学说：“别回家！就在这儿等着上课!”一转身便飞跑而去。

当校长得知于方舟是来为退学同学求情时，便劝他不要多管这些事儿：“穷学生那么多，你怎么管得过来?”

于方舟再三恳求校长，先让这位同学继续上课，学费的事情大家一块儿慢慢想办法。

校长说此事不可破例，否则会接二连三地出现这样的问题，学校就不好办下去了。

“那我呢？我要是明天交费，今天能上课吗?”于方舟问。

“一视同仁，不可破例!”校长仍不肯答应。

于方舟当即交了学费，却请校长通知那位同学今天留下上课：“这是我替他交的学费，我明天交了学费再来上课!”

校长见于方舟能如此助人，频频点头，便将他拦住，嘱咐他先去上课。

虽然于方舟家境还算殷实，但也不是富裕到可以随便替别人家的孩子交纳学费。可是，听了儿子的叙述，方舟的父母不但没有埋怨他，还鼓励他就应该这样扶危济困，慷慨助人……

“对社会学及其他社会科学家来说，人格（personalities）指的是特殊的思想、感觉和自我关照的模式，它们构成了特殊个体的一系列鲜明的本质特征……人格是人们所处于其中的社会和文化力量的产物……自我的发展，极大地依赖于社会化的过程。”①

就在这样的社会化中，于方舟锻造着自己至真至善至美的人格……

1917 年，于方舟以“毕业名列第一”的成绩，“考入天津官立中学（后改为省立第一中学）”。②

于是，那一年的秋天，他的三哥于兰泽撑着小船送他去天津上学……

那时的俵口，还是河流航路四通八达的水乡，出行的交通工具盖为船舶。《宁河县志》载：“船舶较多的是俵口、宁车沽、西堤头等村，仅俵口村船舶就约有 300 对左右，村中 90% 左右庄户置船或雇于船家。”③

俵口籍作家于增会也曾写到：“小船几乎家家都有。家乡盛产芦苇、鱼蟹，就靠着大船把这些土特产运往天津、唐山、芦台等地，再装满一船船的粮食、食盐及生活用品等等运回来。河水不舍昼夜地流淌着，船也日夜穿梭地忙碌着。”④

小船驶离家乡了。

老师，同学，当然有于方舟帮助过的那位同学，甚至还有校长，都来为他送行，因为他的学习业绩和考试成绩，都为俵口小学争了光。

有位老师望着这位即将走向外部世界的得意门生，不禁啧啧赞叹：“真乃——春风得意花千里，秋月阳辉桂一枝！”⑤

小船驶离家乡了。

风停的时候，那些大船的船夫们就会跳上岸去，在那杂草丛生的小径中，光脚赤膊，排成一队，挎上纤绳，将身体前倾到几乎贴着地面，喊着号子前行。

望着船夫们那竭力前行的身影，于方舟仿佛悟到，仅有能够行船的

---

① [美] 戴维·波普诺：《社会学》，李强等译，中国人民大学出版社 2007 年版，第 160 页。

② 郝久亭：《于方舟烈士略传》，《中共天津历史档案选编》，天津人民出版社 2011 年版，第 569 页。

③《宁河县志》，天津社会科学院出版社 1991 年版，第 449 页。

④ 于增会：《情系七里海》，大众文艺出版社 2008 年版，第 205 页。

⑤ 中共天津市委党史资料征集委员会编《战斗在天津的共产党人》，天津人民出版社 1991 年版，第 121 页。

“地利”，舟船只能漂浮却无法前行；而一旦没有了“天时”风力，便只能凭靠“人和”了——没有这些苦极累极的船夫纤夫，又怎能有舟的前行？

小船驶离家乡了。

风来的时候，所有的白帆便都升了起来。

呵，千帆竞发，宛若一群矫健的白色海鸥，向着远处的天际展翅飞去……

呵，离开了俵口的前海与后海，离开了家乡的七里海，不远处的那座都市，将会出现怎样的茫茫人海呢……

4. 并肩耸立两雕像

雪花飘飘洒洒地落了一夜，早上放晴时，路旁的树竟已串挂着满枝满桠的琼花玉蕾，在冬日晨光的拂射下，一闪一闪，晶莹剔透……

街网，楼林，一夜之间便仿佛披上银色的铠甲，看上去要比往日素雅了许多……

然而，毕竟是21世纪的超大城市，雪的到来为早高峰的交通带来严峻的考验。

5路、606路、657路公共汽车共用的公交总站，工作人员一早就开始清扫积雪了。他们既要为乘客扫出候车与登车的安全通道，也要为防止汽车将积雪碾压成冰而进行大面积的清理。正当他们苦于人手不够时，一群中学生匆匆赶来，成了扫雪的生力军……

工作人员诧异了：“你们不是放寒假了吗？”这，是2010年的寒假，“怎么还能一早就集合到一块呢？”

“我们是‘方舟小分队’的，寒假里会根据突发情况，随时组织献爱心活动！”

“‘方舟小分队’？”俄尔，工作人员恍然大悟，“你们是三中的！”

白雪滤去了大气中一切可见的污尘浊粉，仰望如此通透无瑕的蓝天，分明可以感受一种渐浸于心的纯净、纯良、纯美、纯真……

步入天津三中的大门，可见两座并肩耸立的汉白玉雕像。

黑色大理石的底座上，分别镌刻着邓颖超1986年的题词——“于方舟烈士纪念碑”“安幸生烈士纪念碑”。

邓颖超同志为于方舟、安幸生的题词

他们，曾是同窗共读的学友，也是并肩战斗的战友——那时，这所学校是直隶省立第一中学。

1986年9月14日，两座烈士的雕塑在这里落成揭幕。

从那时起，学校便开始进行“弘扬方舟精神，争做中华英才”的入学教育活动，以后便延伸为每年一度的系列活动，从入学教育，到主题班会，从校史叙讲，到校歌的演唱……

从那时起，同学们便以他们的校友于方舟为名，组织了“方舟小分队”，开展为社会献爱心的活动——有的到孤老户家或福利院去义务服务，有的到附近社区担任法制义务宣讲员，有的开办“迎奥运英语口语百句问答”社区课堂，还有的同清洁工人一起美化公共环境——2010年寒假，学校共有118支“方舟小分队”的1471人次在活动……

尤其令人感慨的是“方舟小分队”的宗旨——“走出课堂，走进社区，了解社会，服务社会”——这样的追求，不正是当年那个少年学子走出俵口、求学津门时的情景再现么？

1917年，17岁的于方舟以优异成绩考入直隶省立第一中学堂。

学校坐落在天津最有名也堪称最有文化的一块宝地。

彼时，天津有一广为传播的流行语：“天津卫，三宗宝，鼓楼、炮台、铃铛阁”。“阁”本读“格”，而天津人却将这个字读为“稿”，所以方能与“宝”字押同韵。铃铛阁既能被津人视为三宝之一，足以证明在天津建筑史中的位置之重。省立一中就建在铃铛阁旁，至今校舍还在，原为铃铛阁大街1号，现为芥园道。

铃铛阁是“稽古寺藏经阁”的俗称。据《天津县新志》卷二十五载：“藏经阁在城西稽古寺，明万历七年建，重檐回出，风铃远闻数里，人呼为铃铛阁。”

看来，之所以被称为铃铛阁，系因阁上有铃。的确，清人汪沆曾云：“稽古寺有藏经阁，一名铃铛阁，杰崎西郭，可供远眺。”方志学家高凌雯也在《志余随笔》中描述：“阁两层，宽五楹，飞檐四出，如鸟张翼”，“椽端各系以铜铃长尺余，四周多至千百，每风起铃动，先后疾徐，参差不断，声之到耳若有波浪，清澈可闻二三里。”①

铃铛阁之所以被视为一方文化圣地，除藏有大量珍贵的佛教经典外，还因它与天津的教育事业息息相关。康熙年间，凡未进仕的读书人均可报名在此应试，号称“稽古书院”，曾有“寒士赖以举火者不乏其人”之说。乾隆、嘉庆年间，又增每年一度的“晒经节”活动，津门一些文人学士纷至沓来，先睹为快，一时间盛况空前。② 光绪十八年（1892年），因稽古寺附近一木材厂失火殃及铃铛阁遭焚。八年后，一场更大的“火灾”烧灼了整个天津，那是八国联军的战火，令这座城市备受涂炭。“当时津邑有进步思想的维新派人士，痛定思痛，认为惩前毖后，必须广设学堂，开通民智，以挽救垂危国家。”③ 于是，便有了《天津近代史》中这样的记载：“1901年（光绪二十七年），高凌雯、王世芸就稽古书院（城西北稽古寺内）旧址，设普通学堂，由美国人格林任总教习。教学主要以英文课本为主。1903年（光绪二十九年）春，移交知府衙门，改为官办，更名为‘官立中学堂’”。④ 1916年即于方舟入学的前一年又更名为“直隶省立第一中学堂”。

在天津市文物局依《博物馆条例》公布的《2016年度天津市博物馆

① 来新夏主编、章用秀编著：《天津的园林古迹》，天津古籍出版社2004年版，第68页。
② 来新夏主编、章用秀编著：《天津的园林古迹》，天津古籍出版社2004年版，第70页。
③ 刘家狻、汪桂年：《回忆母校天津官立中学》，《天津文史资料选辑》第27辑，天津人民出版社1984年版，第110页。
④ 来新夏主编：《天津近代史》，南开大学出版社1987年版，第28页。

名录》中，位于天津市宁河区芦台镇芦汉路 46 号的“于方舟烈士纪念馆”列第 50 名。纪念馆中，展示着《民国七年直隶省立第一中学校同学录》的封面照片和其中第 35 页的照片。封面表明，1918 年为《同学录》造册时，于方舟所在中学已正式定名为“直隶省立第一中学校”。第 35 页录有“第七班”10 名学生的信息。其中第二名的信息内容为——姓名：于兰渚；字：芳洲；年岁：19；籍贯：直隶宁河；住址：宁河俵口；通讯处：交芦台万戚永，俵口转交庆余堂。其中，年龄当为那时普遍多用的虚岁；而通讯处中所提到的“庆余堂”，据老人们回忆，就是于方舟家那处大宅院正门高悬的匾文。

从七里海畔的俵口小学和“庆余堂”，步入海河之滨的省立一中，对于 17 岁的于方舟而言，一切都显得那么新奇……

这里的校训言简意赅——“自助自尊”。[①] “自助”，即自己帮助自己，或作为自己的辅助之意。语出汉初思想家、政论家陆贾的《新语·资质》：“人君莫不知求贤以自助，近贤以自辅。”此论曾促汉高祖刘邦发出“贤人大夫，有肯从我游者，吾能尊显之”的《高帝求贤诏》，助大汉王朝迅速兴旺发达。“自尊”，即自我尊重，语出战国末期杰出思想家、哲学家韩非的《韩非子·诡使》：“重厚自尊，谓之长者。”作为校训，告诫学生要自觉自主地好学上进：求学，即恳求贤师教授课业，觅求同学中的贤才相互交流学问，以实现自助。惟有自我助力，摒弃左道旁门，才能实现自尊。当然，自助自尊的意义亦可推而广之，让学生将读书同民族的命运、国家的未来联系起来，传承中华民族自立自强自尊自爱的精神，努力让自己成为贤能之才、栋梁之才，走出校园后才能致力于国家与民族的自助自尊。

这里的校歌催人图强——“问析木之津，遵学海之滨，劫灰余地尚荆榛，是我校之生辰。当思来之不易，其命在维新。稽古废，藏金焚，历经缔造何苦辛，校铃一振教育精神，望顾名兮思义，其为第一中坚之国

①《河北省立天津中学廿五年度一览》。

民。”① 歌词将学校的创建历史与校名的字外之义巧妙地加以融合与嫁接，极能催人顿立发奋图强之志。“析木之津”，首先点出了学校的地理位置，“析木”为古代幽燕地域的代称，天津则为这一地域的渡口。同时，“析木之津”还有天上银河的渡口之意，一方面可以体现天津区位的重要，同时也在喻示：我们学校可以成为驶向知识银河彼岸的扬帆起航之港，与下一句“遵学海之滨”相互呼应补充。而“劫灰余地尚荆榛”，“稽古废，藏金焚”，叙说的都是学校创建之前“稽古书院”令人悲愤的历史，其实也是整个中华大地那个时代的缩影。加之“是我校之生辰”，“当思来之不易”，“历经缔造何苦辛”等句，意在激发师生的忧患意识，珍惜来之不易的学习环境和学习机会。在倡导铭记校之苦辛、国之苦难的同时，召唤全体师生，“校铃一振，教育精神”“命在维新”，不辱学成报国的使命。最后，借用“第一中学”的本意，顾名思义，将外延拓展为“第一中坚之国民”之意，鼓励学生不做二等国民，也不能让自己的民族和国家成为二等民族、二流国家。每每唱起，的确催人发奋，催人图强。

“中国男儿，中国男儿，要将只手撑天空。睡狮千年，睡狮千年，一夫振臂万夫雄。长江大河，亚洲之东，巍峨昆仑，翼翼长城，天府之国，取多用宏，黄帝之胄神明种。风虎云龙，万国来同，天之骄子吾纵横。”同样令青年学子于方舟热血沸腾的，还有这首经常响彻校园的《中国男儿》，“中国男儿，中国男儿，要将只手撑天空。睡狮千年，睡狮千年，一夫振臂万夫雄。我有宝刀，慷慨从戎，击楫中流，泱泱大风，决胜疆场，气贯长虹，古今多少奇丈夫。碎首黄尘，燕然勒功，至今热血犹殷红。”每每唱响，总会将“国家兴亡，匹夫有责”的家国情怀在于方舟的胸间激扬，总会令为国捐躯、为民舍命的慷慨豪情在于方舟的襟怀荡气回肠……

这里的学生必穿制服——正当国人尚以穿短衣为不雅之时，这里却严令学生脱去长袍，改穿标准统一的制式服装。校长王用熊亦带头身着制服，每早亲临校门，检查学生服装，凡不穿制服者，一律不准上课。可谓

①《河北省立天津中学廿五年度一览》。

开天津中等教育的风气之先。

这里的钟声竟是军号——“从早晨起床，到吃三顿饭、上下课、夜自习以至熄灯，皆用军号来替代打钟，完全是军队生活方式。这在当时实属创举”。①

这里的教师英语授课——因申建学校时天津地方行政大权为八国联军设立的“都统衙门”所揽，批准建校的是该衙门总文案——美国教育家丁家立，所以丁家立推荐当时的天津基督教青年总会干事、美国人格林担任该校的英文总教习。“由于学堂大权为格林所把持，他竭力提倡英文”，“在教学方面，上午习英文，下午习汉文。英文课本用《华英初阶》《英文法程》；《算学》《物理》《世界历史》《亚洲地理》和《世界地理》等课程，也均以英文课本讲授”，“还有体操课，由英文教员担任”。②

与于方舟同年考入省立一中的朱宪彝，后来被国际医学界誉为“当代钙磷代谢知识之父”，他在晚年回忆：“学校课程除了国文、中国历史、中国地理是中文课本外，数学、物理、化学、生物、世界历史、世界地理都是英文课本。这为我掌握英语打下了很好的基础。”③

也许，正因学生们有着如此严格的英文训练，著名剧作家赵大民在他的七场话剧《觉悟》中，才经缜密考证，写出了以下令人耳目一新的情景：

第一场

邓文淑（即邓颖超，天津女师学生，女界爱国同志会讲演队队长，16岁）、于方舟（省立一中学生、19岁）和女生甲、乙上。一群脚夫和叫卖者，立刻围到她们的身边。

邓文淑：（对于方舟）开始吗？

---

① 刘家狻、汪桂年：《回忆母校天津官立中学》，见《天津文史资料选辑》第27辑，天津人民出版社1984年版，第113页。

② 刘家狻、汪桂年：《回忆母校天津官立中学》，见《天津文史资料选辑》第27辑，天津人民出版社1984年版，第110页。

③ 朱宪彝：《我的中小学时代》，见《天津文史资料选辑》第76辑，天津人民出版社1997年版，第268页。

于方舟：（警惕地看看四周，然后点一点头）

……

马蹄声，于方舟上。

于方舟：密斯邓，马队来了。

邓文淑：赶紧撤。大家也散散吧！（众人分散，转对于）密斯忒于，叫跪哭团作好准备，如果是日货，跟脚行一致行动。

……

马千里（南开大学教师，天津各界联合会副会长，40 岁）：你们把她给丢啦？

于方舟：没有。密斯邓刚才在这儿讲演，有密探跟踪，为了避免纠缠，提前回去了。①

尽管偏重英语教学，但学生们学习国文的热情不减，除认真听国文教员讲授古文和中国历史《通鉴集览》、地理《东亚三国志》外，还自发成立了"国学研究会"，请蔡晴轩、高星彩、董麟士等国文教师，在课外辅导国文写读，请刘淑清老师按期讲授《说文》、《老子》等，研究经史。

还有学生组织了"益智爱群会"和"三科会"，组织阅读班、摄影组，交流英文、国文、数学三科的学习方法与心得。

天津官立中学旧址

① 赵大民：《觉悟》，百花文艺出版社 1984 年版，第 5、7、19 页。

投入这片知识的新潮，于方舟如饥似渴地用功学习着。

入学不久，他也参与组织了一个学生团体“三育促进会”，这是一个全新的，也是全校规模最大、会员最多的团体。据与他同年级的同学刘家狻回忆：“1917年冬，由王建新、何清儒、夏定远、梅益正、刘家狻、赵师滨、韩致祥、于兰渚同学成立了三育促进会，顾名思义，以促进德、智、体三育为宗旨。因为包括的面较广，会员最多，规模最大。三育促进会宣告成立之后，出版部、体育会、新剧团、书报社、武术会、辩论会等，都并入该会，一时会务非常活跃。曾出版《进修》周刊，为十六开本，取其‘进德修业’之意。在三育促进会最发展的时期，成立了平民学校，由同学于下课后，在校外宿舍‘太阳宫’组织学习班，义务教授《平民千字课》及《初级小学启蒙》各课本，不收学费，并由学校发给书籍。”①

教育人类学家认为：“教育是人类社会的普遍现象，也是人之所以成其为人的先决条件”。“人的一切学习过程都是教育，而学校教育只是其中有系统、有组织、有目的的一种形式。”②

近代天津教育的发展对于这座城市乃至整个中国的发展无疑都是极为重要的。

正是在这样的学习环境和这些丰富多彩的课外活动中，一批批德才兼备的学生在直隶省立一中脱颖而出了：

——曾创办中央研究院历史语言研究所并曾代理北京大学校长的著名历史学家傅斯年。

——曾在抗日战争中成功策划“百灵庙起义”的国民政府蒙藏委员会主席巴文峻。

——被称为北京人民艺术剧院艺术奠基人的著名戏剧家焦菊隐。

——被国际医学界誉为“世界钙磷代谢现代知识之父”的著名内分

① 刘家狻、汪桂年：《回忆母校天津官立中学》，见《天津文史资料选辑》第27辑，天津人民出版社1984年版，第120、121页。

② 袁同凯：《走进竹篱教室：土瑶学校教育的民族志研究》，天津人民出版社2004年版，第9页。

泌专家朱宪彝。

……

“德国著名教育人类学家博尔诺夫提出了‘人的可教育性’的观点，认为‘人天生是一种文化生物’。夸美纽斯曾经说过‘实际上，人不受教育就不能成为人’。康德也有同样的论述，认为‘人是唯一必须受教育的造物。’”①

学校教育对于于方舟和他的同学们无疑是极为重要的，正是在这样的学习环境和这些丰富多彩的课外活动中，17 岁的于方舟从视野到胸襟实现着一次又一次快速的拓展。

然而，于方舟似乎并不以此为满足。很快，他又将视线投向了更为广袤与广阔的空间，将思考展向了更为久远与长远的时间……

---

① 袁同凯：《走进竹篱教室：土瑶学校教育的民族志研究》，天津人民出版社 2004 年版，第 9 页。

第二章 九河萦愁

1. 大水

在人类文明的历史长河中，河流已不仅仅是一种自然现象。

古往今来，无论是那些著名的还是那些无名的河，都在启示、影响和塑造着人类的精神生活、文化历史和文明发展。

一条河，可能会成为一个民族的象征和一座城市的文化符号，也可能会型塑一个人的习性与品格……

海河，与长江、黄河、珠江、淮河、松花江、辽河并称为中国七大河流。

然而，它的干流只有从天津三岔河口至大沽口的区区 76 千米。

不过，放眼整个流域，其宽度却为全国之最①——永定河、大清河、子牙河、北运河、南运河五大支流呈辐聚状，宛若一把巨大的扇子，伸张在华北大地，密如织网地覆盖着这片温厚肥沃的平原……

伫立海河之滨，刚刚来到津城的于方舟，本应可以倾听河水奔流之中所讲述的故事，回望这里如何成为漕运的咽喉航道，又怎样成为“地当九河要津，路通七省舟车”的商埠……

徘徊海河之滨，喜好古诗文的于方舟，也本可默诵老子那“上善若

① 徐华鑫：《天津自然地理》，天津地方志编委会 1988 年版，第 135、136 页。

水”的千古名句，低吟孔子那“知者乐水”的至理名言，抑或体味刘禹锡那“心如止水”的意境，去靠近水、贴近水、亲近水……

然而，他或许只对白居易那反映民生疾苦和社会现实弊端的“新乐府”心向往之，或许因为他自己也曾发出过“咏出新乐府，响彻行云间”的弘愿，于是，便满怀着香山居士《生离别》中那番“黄河水白黄云秋，行人河边相对愁”的心绪，舍弃自己挚爱的课余活动，踏上了自海河通向津郊的河堤……

津海道各县水灾，庄稼多淹没。赴津郊沿堤西南行，至暮始归，有感得二百二十四字。①

夜深了，于方舟写完224字的一组《水灾杂诗》后，又加注了以上这些文字……

同寝室的几位学友，见他为这八组打油诗竟在雨中淋得如同落汤鸡，回来后又沉默不语，点灯熬油，居然到了茶饭不思的程度，不禁为他担心，甚至为他的异常之举争辩起来。有的认为外面的水灾与学生的学业无关，不该心绪浮躁地乱跑，还是要静下心来把书读好。有的则认为，方舟虽怀悲天悯人之心，但纵然心比天高又能奈何？还不是回天无力，于事无补。也有同学读罢《水灾杂诗》，却击节赞叹，连声叫好，认为作一勇于担当、肯于担当的有为青年，理应有走出课堂走向郊野的胆识，去结识大众，了解社会，激浊扬清，为进步和变革而奋斗。

那一夜，他们都没有睡，无论作何感想，于方舟此次郊野调查的举动和心得，都像是一枚重重的石子，激起他们心中思索的涟漪……

落叶秋风卷地来，大清河水五口开。

十万耕夫漂泽国，罗绮豪富迁蓬莱。

于方舟考察并记录的，是他入学当年，天津继庚子年间闰八月兵祸之后的又一次灾难。“1917 年 7 月，各地普降大雨，各河水势猛涨。子牙河、大清河、北运河先后溃决。9 月，南运河又告急，良王庄至杨柳青之

① 于方舟：《水灾杂诗》，该文字及后面八首小诗，均见萧三主编：《革命烈士诗抄续编》，中国青年出版社 1982 年版，第 54 页。

间连续13处决口，洪水直逼天津市区。此次水灾市区全部被淹，市中心区水深多达1米以上。直隶省有103个县遭灾，1.9万余个村庄被淹，受灾人口625万。”① 资料记载“良王庄至杨柳青之间连续13处决口”的地段，恰是于方舟津郊“西南行”的路线。

大水，竟使一名学业优秀的少年，在心中油然升起一种忧患感和责任感……

滔滔洪水浪接天，沃田万顷没水间。
荷锹千里金堤上，尽是耕夫渔少年。

1917年8月27日的北京《晨报》在报道那场水灾时，曾有“秋收无望，待哺嗷嗷”② 的八字痛心之述。这同于方舟“沃田万顷没水间”的记叙是一致的。

当然，于方舟在描述洪水无情的同时，也歌颂了人民——举目千里堤坝之上，舞动银锹护堤的，都是农民和渔民！

他们，俨然已是于方舟心目之中的英雄。

中秋节里百鲜陈，戴月耕夫守堤村。
河道总督四百载，谁有利剑斩河神。

这一节，运用对比手法，进一步讴歌了农民耕夫的忠于职守——他们全然放弃了一个非常重要的本该阖家团圆的节日，没有享受河中“百鲜”水产与“赏月”的任何闲情逸致，只能“戴月”坚守堤防和村庄。

而面对那些人浮于事和人满为患的官员们，那种种尸位素餐、无所作为的腐败庸碌行径，令于方舟发出了“谁有利剑斩河神”的向天之问。

堤决水溃大陆沉，鸦鹊已闻官未闻。
砍断柴门塞河口，禹功原是农桑人。

又与北京《晨报》那则消息所用“哀鸿遍野，惨不忍闻”③ 的描述遥相呼应。

---

① 张利民主编：《解读天津六百年》，天津社会科学院出版社2003年版，第9页。
②《晨报》（北京）1917年8月27日。
③《晨报》（北京）1917年8月27日。

不同的是，“鸿雁于飞，哀鸣嗷嗷”虽典出《诗经·小雅·鸿雁》，但报人以鸿雁哀鸣的惨不忍闻，喻比灾民的流离失所，毕竟仅拈用了惯常的成语。而于方舟笔下的“鸦鹊已闻官未闻”，却得之于自己的亲眼观察、亲口采访、亲身感受，将那些漠视民众的庸官嘴脸刻画得活灵活现。

同时，他对那些以自家门板去堵河口的农民，予以了极高的评价。高调赞扬他们有大禹之功。人民在他胸中的位置由此可见一斑。

百姓无食又无衣，旧网残舟守故居。

喜传城关专船到，悲知催赋不稽迟。

自然灾害已然使得百姓生活无计、苦不堪言，衣食住行均没了着落。雪上加霜的是“苛政猛于虎”，于方舟用了“悲”与“喜”的对仗，勾勒出这带有情节性的叙事一幕——众人正在高兴地争相传说城里救援的专船到了，孰料竟是来催征赋税的！顿然悲涌心头……

其时，能够向灾民伸出援手的，倒是教育界那些爱国爱民的师生们。当时在直隶女子师范学校担任监学、后来同于方舟在大革命中并肩奋战的著名教育家马千里在日记中写到：

一九一七年九月二十三日

下午在师范学校开女学校联合水灾急赈会。到会者为严范孙、林墨青、翟玉书、陈嚣洲及予。女界到者各官立女子学校教员及民立第四与严氏女学，本校附属小学诸人。协商结果，国民四年级及高等小学人各做棉衣一身，国一、二、三年随意，以本校暂为通信处。①

马千里的女儿马翠官在《先父马千里为振兴中华战斗的一生》中写到：“一九一七年九月，天津堤岸决口，洪水泛滥，水到之处人民流离失所痛苦万分。马先生组织师生四十余人前往灾区视察慰问，了解灾情……”②

---

① 天津市政协文史资料研究委员会：《二十世纪初天津爱国教育家马千里先生诞生百周年纪念》，1985 年版，第 101 页。

② 天津市政协文史资料研究委员会：《二十世纪初天津爱国教育家马千里先生诞生百周年纪念》，1985 年版，第 17 页。

于方舟会不会是因某种机缘参加了马千里先生组织的灾区视察团呢？当然，无论是参团同行，还是踽踽独行，大水中的民情体恤，都对他世界观的形成产生过重要作用。

暴吏扬威到庄村，由来贫贱最骄人。

富者仰鼻承颜旨，千家万落掩柴门。

“庄宅冲为沙尘，人民化为鱼鳖”①，报纸上的描述与于方舟的所见所闻何其相似。

然而，暴吏非但不去怜悯救援“化为鱼鳖”的劳苦大众，反而扬威灾区、欺侮百姓。

面对这些贫富悬殊、极不公平的现象，于方舟正在发出更多的疑问，产生更深的思考……

多年百姓受饥荒，恶吏贪残胜虎狼。

今日津海成泽国，未闻谁个固堤防。

他没有仅将目光聚焦于“今日津海成泽国”的地域性、骤发性灾难，而是将视线投放到“多年百姓受饥荒，恶吏贪残胜虎狼”整个社会的历史性考量。

于是，对于不平与不公的极度不满，注定会转向对于不平与不公的全力抗争……

远天暮鸦逐云飞，泪雨滂沱映落晖。

网罟空忙鱼虾少，半筐荒草牧童归。

这是《水灾杂事》的尾声。

面对凄苦的渔童和牧童，大水踏堤行的于方舟，遥望远天暮鸦，不禁泪雨滂沱……

那一刻，他仿佛已同网罟空空半筐草的渔童牧童融为一体了……

这样的忧郁还要压抑到几时呢？

这样的忧郁与压抑，还能等到出现爆发的那一刻么？

---

①《晨报》（北京）1917 年 8 月 27 日。

2. “背黑暗而向光明”

直隶省立第一中学校同学录

第七班 第二学年 第一学期 正班长 李錫昌 副班长 王恩[illegible]

姓名	字	年歲	籍貫	住址	通信處
李錫昌	[illegible]庭	十九	直隸天津	西頭曲店街後中間巷門牌十三號	同上
于蘭渚	芳洲	十九	直隸寧河	寧河俵口	[illegible]
高官雲	杞[illegible]	十九	直隸天津	本校	天津海下白塘口交
馬秉青	星樓	十九	直隸天津	[illegible]	同上
張鍔	[illegible]廷	十九	熱河	[illegible]	[illegible]
劉克昌	[illegible]	十九	直隸天津	河東小[illegible]	同上
趙以寬	澄宇	十八	直隸天津	[illegible]	同上
張緒溥	伯泉	十八	直隸武清	[illegible]	同上
吳學謙	少[illegible]	十八	直隸天津	曲店街	同上
黃桂題	[illegible]	十八	直隸天津	[illegible]	同上

三十五

《直隶省立第一中校同学录》第35页第七班于兰渚的学籍信息

忧郁，忧愤，忧思……

黑暗中的忧患，并非只属于于方舟一人的独有状态……

当时亦在天津生活、读书的邓颖超，后来忆起那个时代，也同样感愤不已：“四十年前，我们的国家，外受帝国主义的侵略，内遭军阀连年混战的祸害，封建买办的反动政府卖国求荣，压迫和奴役人民。广大的工人农民和青年，生活在半殖民地、半封建社会的黑暗深渊，经常受着失业、失学、贫穷饥饿、疾病死亡的侵袭。”①

黑暗中的人，当然总是向往和寻找光明……

于方舟开始埋头于学校图书室，这是他在乡村小学时不曾拥有的一片天地。

据省立一中的校友刘家狻、汪桂年回忆，图书室原为“书报社”：“早在清末宣统年代，就由同学们集资，学校酌量资助，购买书籍报刊，供同学们轮流借阅，扩大读书求知范围。以后逐年添置，书籍增多，屡有扩展，并改称为图书室。”②

有了图书室，恍如置身茫茫夜海的他便开始相信，总能于茫茫书海之

① 邓颖超：《致青年朋友们（1959 年 5 月 3 日）》，见中共中央文献研究室第二编研部编：《邓颖超书信选集》，中央文献出版社 2000 年版，第 181 页。

② 刘家狻、汪桂年：《回忆母校天津官立中学》，见《天津文史资料选辑》第 27 辑，天津人民出版社 1984 年版，第 118、119 页。

中捕获一缕光明、发现一座灯塔、点燃一盏导航的灯……

就在图书室的一隅，他偶然发现了几册四年前出版的刊物《言治》。随手翻看，其中一篇题为《大哀篇》的文章引起了他强烈的共鸣——

“农失其田，工失其业，商失其源，父母兄弟妻子离散，茕焉不得共其居。刀兵水火，天灾乘之，人祸临之，荡析离居，转死沟洫，尸骸暴露，饿莩横野。”是为写民。

“试观此辈，华衣美食，日摇曳于街衢，酒地花天，以资其结纳挥霍者，果谁之脂膏耶？此辈蝇营狗苟，坐拥千金，以供其购买选票者，又果谁之血髓耶？归而犹给吾蠢百姓曰：‘吾为尔作代表也，吾为尔解痛苦也。’然，此辈肥，而吾民瘠矣。”① 是为写官。

他不由得联想起自己在《水灾杂诗》中写的那些民与官，竟与这位著者所观相仿、所感相向！

更令于方舟兴奋的是，这本刊物竟由天津北洋法政学校编辑出版，距自己的省立一中并不很远。他真想约上好友韩麟符，去拜访一下这位《大哀篇》的作者“李钊”。

韩麟符长于方舟一岁，也比他高一级。听他说要去法政学校拜访李钊，便告诉他，这位李钊四年前就从法政学校毕业了，他不是别人，就是《青春》的作者李大钊。

《青春》是刊于《新青年》二卷一号的一篇文章。于方舟进入省立一中时，《新青年》杂志已创办两年，但此前他并未见过，俵口虽距天津不远，却无人经营报刊的发行与销售。来到天津后，他立即喜欢上了这份杂志，但凡新刊发行，都会买来捧读。

由陈独秀创办的《新青年》是那个时代最受青年学生欢迎的杂志，著名历史学家黄仁宇曾言：“《新青年》行销达16000份，在当日可算杰出。蒋介石是这刊物的经常读者；毛泽东自称受这期刊影响，而且曾在《新青年》发表文稿一篇。”② 毛泽东的那篇《体育之研究》刊于三卷二

---

①《李大钊文集（上）》，人民出版社1984年版，第4、5页。
② 黄仁宇：《中国大历史》，生活·读书·新知三联书店2002年版，第274页。

号，于方舟也曾读过，但他当时并不知晓署名“二十八划生”的作者为何人，直到1924年1月与毛泽东在上海和广州面晤谈及，方解“二十八划生”之谜。

尽管每期刊物都无一放过地浏览，却独对李大钊的《青春》最为酷爱。其中两段他甚至曾予抄录：

“吾族今后之能否立足于世界，不在白首中国之苟延残喘，而在青春中国之投胎复活……今后人类之问题，民族之问题，非苟生残存之问题，乃复活更生，回春再造之问题也。”①

“进前而勿顾后，背黑暗而向光明，为世界进文明，为人类造幸福，以青春之我，创造青春之家庭，青春之国家，青春之民族，青春之人类，青春之地球，青春之宇宙，资以乐其无涯之生。”②

他以为，“背黑暗而向光明”是大钊先生为中国青年提出的一项历史性的使命，而“复活更生，回春再造”则是通向光明之门的路径。

得知李大钊曾就读天津北洋法政学校并主编该校刊物《言治》后，不但拉近了心理地缘上的距离，且又格外专注地在《言治》上寻读了大钊先生的许多诗文。

其中一篇《游碣石山杂记》更令他惊讶地发现，原来大钊先生的家乡就在碣石山下的昌黎（后来与其见面提及，方知为乐亭），居然与自己是京东老乡呢！除了愈发强烈的亲切感，他更从坚如碣石的文字中读出了对大钊先生的敬重感——

“彼倭奴者，乃洋洋得意，昂头阔步于中华领土，以戕我国士。伤心之士，能无愤慨！自是昌黎为国仇纪念地，山盟海誓。愿中华健儿，勿忘此弥天之耻辱，所与倭奴不共戴天者，有如碣石。”③

出于对李大钊的敬仰和崇拜，此后的日子里，作为中学生的于方舟一直在不断搜读大钊先生的文章。

---

① 李大钊：《青春》，《新青年·精选本（上）》，中国书店2012年版，第93页。

② 李大钊：《青春》，《新青年·精选本（上）》，中国书店2012年版，第97页。

③ 李大钊：《游碣石山杂记》，见中共唐山市委宣传部编：《李大钊诗文选读》，红旗出版社2004年版，第63页。

不仅因为与先生有着共同的乡音乡愁，更因为先生的文章仿佛是一把把能够开启“背黑暗而向光明”之门的钥匙。洞开这扇紧闭的大门，便犹如看到了那通向“复活”中国、“更生”中国、“回春”中国、“再造”中国的大道……

1917 年 11 月，于方舟迎来他在天津求学生涯的第一个冬天。

那些日子，他思想的火花正在被几张发烫的报纸所点燃。11 月 11 日的天津《益世报》上惊现一条要闻——《俄京军队内讧之近况》，上海《民国日报》的要闻版上，也同样出现了《突如其来的俄国大政变》。令他感到振奋的是这样一些文字：“新政府必须向交战国提议休战”，“以土地给还农民”——来自农村、深谙农民的他，感觉到这应该是一次“背黑暗而向光明”的“再造”……

对于那些日子，《中国共产党天津历史（第一卷）》一书曾有这样的描述：“十月革命爆发的第四天，即 1917 年 11 月 11 日，天津《益世报》即发表了题为《俄京军队内讧之近况》的报道，把十月革命爆发的消息公之于世。然后，天津报刊便不断刊出有关俄国革命的消息，如《俄国军工代表推倒新共和政府》《俄国军工会推倒临时政府之变局》《俄京大革命之现状》等，列宁（里宁、黎宁、李宁、莲林）的名字也随着这些报道出现在天津报刊上。天津报刊在报道和评论中也介绍了苏俄对中国的态度……使在黑暗中探索的天津的先进分子增进了对苏俄革命的了解，看到了中国社会发展希望的曙光。”①

对于那些日子，当年的学友和战友翟少痴曾有这样的回忆：“十月革命胜利的消息传入中国后，于方舟极为兴奋，他当即同一些志同道合的同学进行座谈，欢呼十月革命的胜利，憧憬祖国的美好未来，谋求救国之道。”②

一年后，小于方舟两岁的安幸生也来到省立一中，“1918 年，他以优

① 中共天津市委党史研究室：《中国共产党天津历史（第一卷）》，中共党史出版社 2005 年版，第 37、38 页。

② 中共天津市委党史资料征集委员会编：《战斗在天津的共产党人》，天津人民出版社 1991 年版，第 122 页。

异成绩考入天津直隶省立第一中学（今天津第三中学）。他生活简朴、热爱劳动、关心时事、为人正直，并常与高年级同学于方舟探求救国救民之理，初步树立起为振兴中华而奋斗的信念。”①

也就在那一年，于方舟惊喜地发现，沉寂5年的《言治》又出季刊了。在第三册中，他又见到了李大钊先生的文章《法俄革命之比较观》，便邀韩麟符、安幸生共同研学，认为大钊先生不仅对俄国革命的性质作了深刻独到的论述，还对中国革命充满了期待：

——法兰西之革命是十八世纪末期之革命，是立于国家主义上之革命，是政治的革命而兼含社会的革命之意味者也。俄罗斯之革命是二十世纪初期之革命，是立于社会主义上之革命，是社会的革命而并著世界的革命之采色者也。

——俄罗斯之革命，非独俄罗斯人心变动之显兆，实二十世纪全世界人类普遍心理变动之显兆。

——二十世纪初叶以后之文明，必将起绝大之变动，其萌芽即茁发于今日俄国革命血潮之中

——吾人对于俄罗斯今日之事变，惟有翘首以迎其世界的新文明之曙光，倾耳以迎其建于自由、人道上之新俄罗斯之消息，而求所以适应此世界的新潮流。②

不久，他们又买到《新青年》的第五卷第五号，这一期有大钊先生的两篇文章，都谈了俄国革命。

《庶民的胜利》写到：“一个人心的变动，是全世界人心变动的征兆。一个事件的发生，是世界风云发生的先兆。一七八九年的法国革命，是十九世纪中各国革命的先声。一九一七年的俄国革命，是二十世纪中世界革命的先声。”③

---

① 中共天津市委党史资料征集委员会编：《战斗在天津的共产党人》，天津人民出版社1991年版，第160页。

② 李大钊：《法俄革命之比较观》，见中共唐山市委宣传部编《李大钊诗文选读》，红旗出版社2004年版，第169、171、168页。

③ 李大钊：《庶民的胜利》，见《新青年·精选本（中）》，中国书店2012年版，第129页。

于方舟隐约感到，大钊先生所说的“再造”就要开始了。

《BOLSHEVISM 的胜利》则开始写到“主义”：“Bolshevism 就是俄国 Bolshevik 所抱的主义。这个主义，是怎样的主义？很难用一句话解释明白……但从……Bolshevik 所做的事看起来，他们的主义，就是革命的社会主义；他们的党，就是革命的社会党。他们是奉德国社会主义经济学家马客士（Marx）为宗主的；他们的目的，在把现在为社会主义的障碍的国家界限打破，把资本家独占利益的生产制度打破。”①

布尔什维斯姆？

布尔什维克？

社会主义？

党？

马客士？

这些崭新的名词不仅使于方舟陷入了久久的沉思，也催发了他更为强烈的求知欲……

很快，循着十月革命胜利的炮声，“背黑暗而向光明”的于方舟，在五四运动后期便加入了李大钊创办的马克思学说研究会，并在李大钊的亲自指导下创建了天津马克思主义研究会。

从那个时候开始，“背黑暗而向光明”，既是于方舟向往光明的纯真愿景，也是他毕其一生矢志不移的追求——1923 年，他还曾以“向明”为名在《新民意报》上创办了副刊——天津五四运动的悍将谌小岑曾回忆：“秦丰川和于方舟等主编的《丰台》、《向明》等副刊，也是宣传马克思主义的学术性刊物。”②

时间，雄辩地见证着于方舟的追寻。

“100 年前，十月革命开辟了一条新的道路，尝试建立一种没有人剥削人的新社会。这种探索一直被西方妖魔化，马克思主义也无数次被宣布

① 李大钊：《BOLSHEVISM 的胜利》，见《新青年·精选本（中）》，中国书店 2012 年版，第 133 页。

② 谌小岑：《新民意报的诞生》，见天津政协文史资料委员会编：《天津报海钩沉》，天津人民出版社 2003 年版，第 112 页。

过时了。历史证明，只要资本主义社会是不平等的，贫富差距太大，憧憬社会主义和共产主义的人就会源源不断，越来越多。现在西方有一个现象，即没有经历过冷战的一代人已经长大成人，他们惊讶地问：社会主义有什么不好呢？实现社会主义不是很好吗？最近有两个在中国学习、工作的外国年轻人成了中国的网红，他们的‘童言无忌’值得一读。法国小伙子‘钢蛋’（Quentin）说：‘在我眼中，中国的政治是全世界最优秀的’，‘中国真的进步很快，说实话我挺羡慕你们的，有时候觉得我们国家要是也有这样的政治说不定会更好。’”①

是的，即使到了俄国十月社会主义革命胜利的100年后，她那璀璨绚丽的光芒也依然是那样的鲜艳夺目……

俄罗斯媒体在《中共令人信服地证明自己行》的报道中，格外关注了这样一场大型活动：“9月26日，在俄国十月革命胜利100周年前夕，‘十月革命与中国特色社会主义’理论研讨会在京举行。”②

研讨会上，专家学者通过鲜活的却又是铁一般的史实证明：

——“十月革命是人类社会发展中的里程碑，开辟了世界范围内社会主义制度取代资本主义制度的新纪元。”③

——“十月革命符合历史发展规律，而不是超越历史阶段的‘早产儿’；十月革命是伟大的人民革命，而不是少数人发动的所谓‘政变’；十月革命开辟了现代化新路，而不是让俄国脱离了人类文明大道；苏联解体是由于背离了十月革命道路，而不是十月革命导致了苏联解体。”④“后来苏共丧失政权原因很多，根本的一条就是丧失了对崇高理想的坚守。”⑤

——“没有十月革命，就没有马克思列宁主义在中国的广泛传播；而没有马克思列宁主义在中国的广泛传播，也就不可能在1921年成立中国共产党。”那时“中国正面临日益深重的民族危机。1917年俄国十月革

---

① 詹得雄：《西方的困惑和漫长莫测的前程》，《参考消息》2017年9月29日。

② 俄罗斯战略文化基金会网站：《中共令人信服地证明自己行》，《参考消息》2017年10月7日。

③ 王京清：《十月革命的历史意义与当代价值》，《人民日报》2017年9月28日。

④ 闫志民：《澄清历史，坚定信念》，《人民日报》2017年9月28日。

⑤ 何毅亭：《最根本的是坚定共产党人的理想追求》，《人民日报》2017年9月28日。

命发生了。十月革命给中国人民和中华民族以新的出路和希望。中国的先进分子迅速将目光转向了俄国，用马克思列宁主义作为观察国家民族前途命运的工具。他们很快得出判断和结论：向俄国革命学习，‘走俄国人的路’。”①

专家学者们的这些结论与观点，不也可以从100年前那个叫作于方舟的天津青年身上，得到些许理论与史实的重叠和印证么……

一些西方国家的学者也曾谈及十月革命对那一代中国人的影响。

美国俄勒冈大学的阿里夫·德里克教授在《革命与历史——中国马克思主义历史学的起源》一书中说：“在1917年俄国革命之后的几年中，相信共产主义能将中国从现时的困境中解救出来的中国知识分子越来越多。”②

著名历史学家斯塔夫里阿诺斯则从一个侧面给出了中国人心倾苏俄的一个理由：“由于西方列强乐意让日本保留它在中国大陆的战利品，它们也成为这场猛烈爆发的运动的靶子。相形之下，苏联却得到中国人的同情和钦佩。一个原因在于列宁的反帝国主义的教导有着可以理解的吸引力。另一原因是苏联政府像它当时在土耳其和波斯所做的那样，放弃了沙皇在中国的特权。不难理解，中国的民族主义者这时越来越依靠苏联而不是依靠日本人和西方人。”③

当西方列强将一道道锁链紧紧勒扼着中华民族，要令这个古老民族窒息麻木、永无觉醒之日时，苏俄却正在彻底打碎这些锁链——处于危亡之际寻求自救之路的中国人究竟会选择怎样的朋友，岂不显而易见了么？

2016年，中国社会科学院世界历史研究所研究员于沛在《十月革命的历史意义不容否定》一文中指出：“‘走俄国人的路’绝不是脱离中国

---

① 曲青山：《十月革命与中国共产党》，《人民日报》2017年9月28日。

② ［美］阿里夫·德里克：《革命与历史·中国马克思主义历史学的起源，1919—1937》，翁贺凯译，江苏人民出版社2010年版，第49页。

③ ［美］斯塔夫里阿诺斯：《全球通史·1500年以后的世界》，吴象婴、梁赤民译，上海社会科学院出版社1998年版，第645页。

的国情、照抄照搬‘俄国人的路’。”“中国当时有许多情况和十月革命以前的俄国相同或者近似，十月革命使中国人民受到极大鼓舞，给中国先进分子以新的启示，‘走俄国人的路’成为越来越多的中国人的共识。”“十月革命的胜利给中国人民送来了马克思列宁主义，中国人民不是通过书本，而是通过十月革命的实践，找到了观察世界和掌握自己命运的思想武器。”①

决计“背黑暗而向光明”的于方舟亦如此。他在选择信仰的皈依之前，曾长时间地观察和审视西方列强为自己深爱的民族与祖国所缚上的一道道锁链，所带来的万般苦难与黑暗。这些，曾深深地烙刻在他的心中，也曾形象地记录于他所创作的诗文中……

3.《庚子燹余记》

1985年5月，北京十月文艺出版社出版了一部与众不同的小说集。

揭开目录，作者及作品尽数出人意料。谁也不曾料到，这样的一批人物，竟然能够做出这样的一批小说来：

——李大钊的《别泪》《雪地冰天两少年》。

——周恩来的《巾帼英雄》《有什么分别》。

——瞿秋白的《猪八戒》《那个城》。

——恽代英的《真男儿》《枕上的感想》。

——萧楚女的《卖水饺的恩爱》。

——陈毅的《报仇》。

——张闻天的《逃亡者》。

——方志敏的《狗儿的死》。

——陈望道的《在杭州路上》……

小说集的书名定为《开拓者的足迹——周恩来、陈毅等老革命家早年小说选》。

---

① 于沛：《十月革命的历史意义不容否定》，《人民日报》2016年6月13日。

“收入的均是已故老革命家、著名烈士在五四时期和第一次国内革命战争时期的短篇小说……全书共收入23位作者的46篇小说。”编者“从五十年代开始，注意搜集他们早期的小说作品，经过多年的积累，才编选了这本老革命家早年小说选集。”①

值得注意的是，这其中有4篇小说出自天津。

《开拓者的足迹》封面

李大钊的《雪地冰天两少年》于1918年7月1日发表在天津北洋法政学校的《言治》季刊第3册。

周恩来的《巾帼英雄》分别于1914年10月、1915年4月发表于天津南开中学的《敬业》学报第一、二期，《有什么分别》于1920年1月20日发表于天津觉悟社社刊《觉悟》第一期。

署名于兰渚的《庚子灭余记》则分别于1918年9月和10月发表于天津直隶省立第一中学的《进修》周刊第21、22、23期。②

中共天津市委党史研究室《愿做方舟渡众生——纪念于方舟烈士牺牲80周年》一文谈到于方舟的中学时代时写道：“在进步思潮的影响下，他除努力学习课堂知识外，还潜心研究历史，关心时事，填写诗词，撰写文章，揭露帝国主义侵略中国的罪行，鞭笞军阀政府和贪官污吏的丑恶嘴脸，呼吁社会各界关注贫困百姓的痛苦生活。”③

那么，于方舟的小说《庚子灭余记》是怎样问世的呢？

那，应该是他进入中学后的第一个暑假，也是唯一的一个中学暑

① 雍桂良、姚维斗编：《开拓者的足迹——周恩来、陈毅等老革命家早年小说选》，北京十月文艺出版社1985年版，《编者的话》。

② 雍桂良、姚维斗编：《开拓者的足迹——周恩来、陈毅等老革命家早年小说选》，北京十月文艺出版社1985年版，第3、56、69、94页。

③ 中共天津市委党史研究室：《愿做方舟渡众生——纪念于方舟烈士牺牲80周年》，《天津日报》2008年1月21日。

假……

又是挥之不去的庚子，又是不堪回首的兵燹，又是那个将奇耻大辱强加于中华民族的闰八月……

返回倴口度暑假的于方舟，刚一踏上故乡的土地，便又仿佛看到八国联军碾压和践踏这片土地的那些炮车、马蹄……

不觉得，大钊先生那铿锵有力的话语便又仿佛不绝于耳：“自是昌黎为国仇纪念地，山盟海誓，愿中华健儿，勿忘此弥天之耻辱，所与倭奴不共戴天者，有如碣石。”

倴口又何尝不是一处国仇纪念地呢？

但凡曾经刻下弥天之耻辱痕迹的国土，中华健儿都当雪耻！

这么想着，书包中那几份《京津泰晤士报》带来的信息，再次将他那颗忧愤的心重重地敲击，深深地刺激……

1918年，汉文《京津泰晤士报》已在天津创办一年，但英国人马克里希写于1900年的《天津租界被围记》还是刊到了英文版的《京津泰晤士报》上（英国记者雷穆森1924年5月在天津写到“《天津租界被围记》是一本极有价值的小册子”，“幸而在几年以前《京津泰晤士报》重新刊登了这个小册子”①）。为进一步了解庚子兵燹的细况，也为通过尝试翻译达到复习英语的效果，于方舟便将报纸带回家来：

1900年6月29日，星期五。

我们普遍都有一个感觉，今天12点将要再次开始炮击。如果炮击开始，立刻会出现可怕的后果——反攻和炮轰天津城。天津城至少有70余万人口，其结果是难以想象的。

今天上午，10艘大型日本运输船停泊到大沽口，我们估计至少有5000人抵达，许多人说有1万人。还有3天前就已经抵达的2500人，现在正在朝这里开进，所以我们希望这个岛国人能立即大显身手。

1900年7月9日，星期一。

---

①［英］雷穆森：《天津租界史》，许逸凡、赵地译，天津人民出版社2009年版，第3、4页。

千余名日本步兵和骑兵携带着大炮出发，目的是扫清西面开阔地带的中国军队，以阻止他们从侧翼对我们的包围。

对我们来说，无论谁参加都不重要，重要的是这是一个“日本日”——用日本的方式、日本式的纪律、勇敢和主动性，以取得日本式的胜利。福岛将军指挥他的军队像一名古代的军人一样，像是在给旁观者上演一出从未见过的最美妙的战争剧。

日本骑兵们冲进冲出，把暴徒砍成碎块……日本兵赢得了赞誉，他们兴高采烈地笑着，以他们奇特的小跑步前进。

1900 年 7 月 13 日，星期五。

全力进攻天津城开始了。我们集中了 2 门 4 英寸速射炮、4 门 12 磅速射炮、6 门 6 磅霍奇基斯速射炮、若干门 9 磅火炮以及将近 30 门野战炮，在早晨 5 点同时开火，炮声惊天动地。我一边写着这篇通讯，一边不断地走出室外，观看这种从来没有见过的奇特的空中景象。一道浓密而细长的烟柱，升上天空后突然膨胀形成一顶巨大的蘑菇，遮住了大部分天空。

日军的任务是夺取南门，他们的指挥官命令炸开南门的外门。其他的日军奋力向前冲去，打开了内门，主力部队冲进了天津城，击退了中国人，并严厉地惩罚了他们。值班的军官叫来号手，派他们登上城墙，在那里吹响了日本国歌。

1900 年 7 月 14 日，星期六。

今天早晨，我们的人全部进入城内，几乎没有遇到什么抵抗。当我写这份报告时，已经清楚地看见日本、美国和法国的旗帜插在城墙上和高建筑物上了。

我们的人们劝告逃跑的中国人回到家中，因为他们无意伤害他们。但是当他们听从劝告回家时，这些不幸的中国人就落到了日本人和法国人的刺刀下，因为法国人和日本人不知道这种劝告，他们马上开始了放火和杀戮……抢掠也开始到处出现……大量的贵重丝绸、衣物和古董被抢走……有人看见一个水兵在吃力地搬动一座无用的老式座钟，而他的同伙却在搬成箱的银子。这样状况肯定会延续两三天，但是当然，抢劫的收获也会随之越来越少。

1900年7月16日，星期一。

我们已经看够了战争令人恐怖的结局，燃烧的城市、河中可怕的浮尸等等，但另一方面我们也逃脱了目前的动乱。有报告说，日军的一个师（15000人）昨天首先到达大沽口。在新的兵力到达以前，不会大规模向北京进军。

当14日天津城被攻下时，居民肯定完全没有料到，因为银号、钱铺、绸缎庄等，所有的存货或金银仍都摆放在那里。很快人们开始考虑喜欢什么就拿什么。大量的白银被夺走，被各国军官和士兵据为己有。侨民们听到风声，在仆人的帮助下弄清了财宝所在地，于是开始大批地掠夺。当允许士兵掠夺时，是要他们将掠夺品作为共有物，然后公平地分配。目前，因为国家不同，分配特别困难。一个特别聪明的国家直接抢夺了一个银库，夺得了40万两（或400万两?），用一辆骡车和许多辆人力车拉走了。①

马克里希的日记仿佛揭开了于方舟久结于心的那道伤口——就在他出生的那个庚子年，无论是俵口还是天津，家乡和乡亲全都遭致屠城一般的烧杀抢掠……

以前曾听家人和亲人哭诉过不少庚子兵燹造出的悲剧惨景，如今又在白纸黑字间读出了大钊先生那种“彼倭奴者，乃洋洋得意，昂首阔步于中华领土，以戕我国士”的不共戴天国仇之感……

心在淌血。

血在燃烧。

难以抑制的万丈怒火催他拍案奋笔，一个握管泣书的妇人形象呼之欲出，跃然纸上：

朔风凄凄，枯林瑟瑟，数点残星，一声唳鹤。斗室中门窗狼藉，孤灯如豆。绿光惨惨之下，坐一中年妇。右手握一管，且书且泣……窗外狂风陡烈，如波涛澎湃，万马争鸣……②

---

①［英］雷穆森：《天津租界史》许逸凡、赵地译，天津人民出版社2009年版，第149、166、167、171、172、187、174、176、178、179页。

② 雍桂良、姚维斗编：《开拓者的足迹》，北京十月文艺出版社1985年版，第94页。

他为小说取了《庚子燹余记》的题目，却并没有展现任何一宗庚子年间的兵燹事件，而是以一个小小的家庭“因庚子之役，京地大乱，夫人携子女及女仆流寓僻乡”作为故事的开端，描绘了兵燹为中国人带来的极为长久的苦难，并显明地刻画了这些深处苦难的人的不屈精神。

小说发表于开学之后的《进修》周刊。关于该刊，刘家狻在回忆录中将其列为学生课外组织“三育促进会”的一项活动：“曾出版《进修》周刊，为16开本，取其‘进德修业’之意。每出30期，即选出其中较为精要的作品，出版《进修汇刊》。”①

《庚子燹余记》分三期刊发，最后一期出刊时，已是1918年10月，恰逢《新青年》五卷五号出版。该号刚好也发表了一篇有关庚子兵燹的文章——《克林德碑》，作者乃是当时新文化运动的发起者、大名鼎鼎的陈独秀。文章从庆祝一战结束，回溯“庚子国变”，通过义和团运动和八国联军入侵的联系，深挖义和团运动失败的五大原因。

多年以后，有观点将陈独秀的《克》文解读为对义和团的全面否定与批评，进而以独秀先生的负面评价为基础，导出“盲目仇外”“笼统排外”的义和团是庚子国难真正的罪魁祸首，八国联军竟被奉为“正义之师”，其入侵暴行反倒“师出有名”“天经地义”了。依此逻辑，大钊先生“勿忘此弥天之耻辱”的山盟海誓将被消解，国人的抵御外侮亦属“盲目仇外”，于方舟的《庚子燹余记》便也成了无源之水、无本之木，早该如暖冬雪花般自行消融了……

然而，对《克林德碑》稍作解析，便可知晓，独秀先生文中虽出现“拳匪之乱”、“以义和拳大乱，造成了一块国耻的克林德碑”“中国何等可耻！义和团何等可恶!”等负面字眼，实乃却是一种“爱之愈深，恨之愈切”的怒斥，一种“恨铁不成钢”的诘难，一种“嬉笑怒骂，皆成文章”的自嘲与自责。证据可见1924年12月20日出版的第10卷第4号《新青年》，其间，独秀先生分明以《二十七年以来国民运动中所得教训》

① 刘家狻、汪桂年：《回忆母校天津官立中学》，见《天津文史资料选辑》第27辑，天津人民出版社1984年版，第120页。

作为谜底，回应了六年前《克林德碑》的谜面：“义和团之蔑视条约，排斥外力外货及基督教，义和团之排斥二毛子、三毛子——帝国主义者之走狗，都无可非难；义和团之信托神力，义和团之排斥一切科学与西洋文化，自然是他的缺点，然这些本来是一般落后的农业社会之缺点，我们不能拿这些特别非难义和团。义和团真正缺点是：（一）只是冲动的暴动之一群，而没有相当的组织，致一败而遂瓦解；（二）与反动派合作而为其利用，致失社会上进步分子的同情。”① 他进而论及“义和团之失败，在国民运动上遗下两个极大的影响”，之一便是：“一般富于妥协性的知识阶级，附和二毛子、三毛子的宣传，以排外为野蛮为耻辱，损坏了民族革命及反抗外国帝国主义之精神，这是恶的影响。这个恶影响为害于国民运动至大，远及于辛亥革命一直到现在。”②

实际上，于方舟的小说既未涉及“民族革命即反抗外国帝国主义”的正面展现，也未涉及对义和团的评价。

那么，他在《庚子燹余记》中讲述了一个怎样的故事，抒发了一种怎样的情怀呢？

4. 气节：“节义忠勇皆出一家”③

《庚子燹余记》的开篇充满悬念。

夜，一被刀砍伤左手的中年妇女徐氏，“右手握一管，且书且泣”。

女仆老妪非常担心：“适受大惊，不应再伤感”，劝她翌日再给夫君写信。

受伤的徐氏便向老妪说了一番话：“妾命不辰，迭逢大变，身遭兵

---

① 陈独秀：《二十七年以来国民运动中所得教训》，见《新青年・精选本（下）》，中国书店 2012 年版，第 314 页。

② 陈独秀：《二十七年以来国民运动中所得教训》，见《新青年・精选本（下）》，中国书店 2012 年版，第 315 页。

③ 本节引用的于兰渚小说原文，皆见雍桂良、姚维斗编：《开拓者的足迹——周恩来、陈毅等老革命家早年小说选》，北京十月文艺出版社 1985 年版，第 94、95、96、97、98 页。

燹，背乡离井，蒙难至此，又遭奇祸。儿夫远客，孤儿复幼，身负重伤，料难救药。惟阿女已笄，吾死后苟为贼所辱，吾何以对吾夫！”

寥寥数语，便将人物置入激烈的矛盾冲突之中，集人间大悲大苦于一身的徐氏立即处于命运难料的漩涡。

于是，对于这些人物的前世今生和故事的来龙去脉，读者便充满了期待……

待“妇卧，女与幼童亦就寝，室内复寂然”后，作者以“老妪对灯坐”的内心独白，叙述了这一家人的概况：

“妇人适徐氏，北京籍，夫执业南省，家素康。生子女各一，女已笄，稚子甫三龄。因庚子之役，京地大乱，夫人携子女乃女仆流寓僻乡。”

然而，方出虎口，又入狼窝，刚刚来到僻乡，便惹出了大麻烦——“村中无赖，乍睹京都人，衣履都丽，服用奢美，且知箧富黄白物与其女之丽，由是涔涔涎下者非一日矣。”——一群无赖见财见色便起歹意。

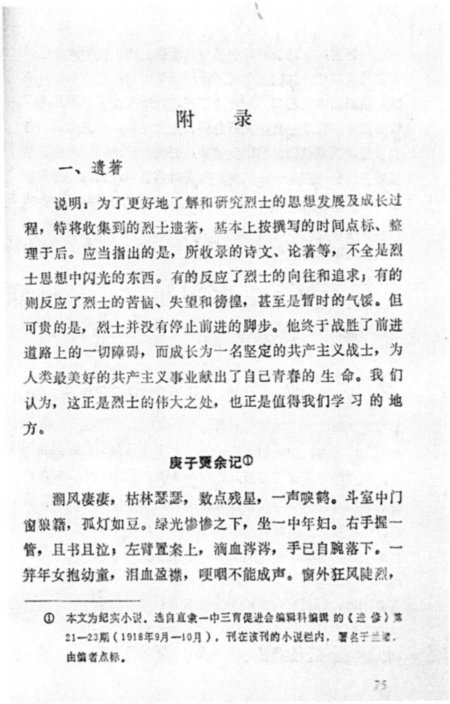

附　录

一、遗著

说明：为了更好地了解和研究烈士的思想发展及成长过程，特将收集到的烈士遗著，基本上按撰写的时间点标、整理于后。应当指出的是，所收录的诗文、论著等，不全是烈士思想中闪光的东西。有的反应了烈士的向往和追求；有的则反应了烈士的苦恼、失望和徬徨，甚至是暂时的气馁。但可贵的是，烈士并没有停止前进的脚步。他终于战胜了前进道路上的一切障碍，而成长为一名坚定的共产主义战士，为人类最美好的共产主义事业献出了自己青春的生命。我们认为，这正是烈士的伟大之处，也正是值得我们学习的地方。

庚子燹余记①

溯风凄凄，枯林瑟瑟，数点残星，一声唳鹤。斗室中门窗狼籍，孤灯如豆。绿光惨惨之下，坐一中年妇。右手握一管，且书且泣；左臂置案上，滴血涔涔，手已自腕落下。一笄年女抱幼童，泪血盈襟，哽咽不能成声。窗外狂风陡烈，

① 本文为纪实小说，选自直隶一中三育促进会编辑科编辑的《进修》第21—23期（1918年9月—10月），刊在该刊的小说栏内，署名于兰著，由编者点标。

75

于方舟的小说《庚子燹余记》

天津有俗语“不怕贼抢，就怕贼惦记”。作者就将这一家人的命运置于这样一柄达摩克利斯剑之下，随时都可能遭遇不测。

于是，又令读者悬念再生，颇具跌宕起伏、扣人心弦之感……

但是，问题也随之而来，于方舟对待社会底层人物的态度，是否出现矛盾了呢？

《水灾杂诗》中，他对农民充满同情和歌颂，从“荷锹千里金堤上”到“戴月更夫守堤村”，从“砍断柴门塞河口”到“禹功原是农桑人”，

农民的不辞辛劳、忠于职守、无私为公、功高及禹，一一呈现在读者面前。而本篇小说的“村中无赖”同样是农民，怎就被写成见了“黄白物”和“女之丽”便“涔涔涎下非一日”了呢？

从这一视点可以看到，当时的于方舟来自农民，也深谙农情，他已经开始意识到改造社会与改造国民性的任务同样艰巨复杂。

这也是很多中国知识分子在新文化运动中形成的一种共识。同在1918年的10月，李大钊也向国人发出了这样的棒喝：“我们中国人贪惰性成，不是强盗，便是乞丐，总是希图自己不作工，抢人家的饭吃，讨人家的饭吃。到了世界成一大工厂，有工大家作，有饭大家吃的时候，如何能有我们这样贪惰的民族立足之地呢？”①

随着小说情节的推进，这伙贪惰性成的强盗终于行动了：

“时届盛冬，北风吼剧。某日暮，夜色如漆。无赖十余辈，操戈聚夥，至徐妇寓，大声呼啸，碎门窗而入。”

在这一段落中，于方舟着力刻画了徐氏在被逼无奈情形下所突然爆发出的一种英雄气概。当强盗抢尽钱财“又欲污其女”时，徐氏“进而喝曰：‘若辈取财宝吾不之惜，既得则宜去，苟犯吾女者，吾且拼以死。’言际怒盛而胆亦壮，挺身当女立。”

徐氏虽护住了自己的女儿，却也因此受伤晕厥，苏醒后又耽心贼人复返，便对女儿说：“苟汝为男子，吾何患。”

面对母亲的焦虑，女儿虽然悲恸，却又说得决绝：“贼苟复至，女当以身殉之，决不为母辱也。”

在这一片断中，于方舟又生动写出了家中女儿鲜明的倔强个性。

接下来，徐氏写信于夫，托办案警察代寄南省。徐某接信北返，却又在乱世中屡遭劫难，钱财尽失，“既抵家，妻又逝世，且囊橐无余，屡至警局，询以推盗事，而无财无势，讵肯尽心？由是忧感交并，抑郁成疾，未旬日，亦遂溘然长逝矣。至是一家之中，惟余弱女幼童，与老妪而已。”

---

① 李大钊：《庶民的胜利》，见《新青年·精选本（中）》，中国书店2012年版，第129页。

在那场京津两地的大劫难中，这样的家庭悲剧肯定并不鲜见，作者对于诸如此类的悲剧性场景肯定也是多有所见、悲悯万分。于是才使用了大量令人凄楚的字词语句，来描绘中国百姓的种种不幸，如：“孤弱老小，形单影只，度此无情岁月”，“独幽巷中，茅屋数椽，悲声累发”，“相对唏嘘，无言吊坐，时而长叹，时而零涕”，“子幼女弱，形影相吊，终日涕泣，更无已时”。

其实，在作者的内心深处，他所表现的已不仅仅是一个苦难的家庭，而是一个苦难的中国。正是因为对于中国苦难的不甘、不忍与不平，才决定了他后来的抉择……

面对国家的缩影——一个家庭的凋零败落，作者别无选择，惟有写出奋不顾身的救亡与抗争……

“吾以纤纤幼女，无他良策，只有上诉捕盗，为父母复仇耳!”

小说的后半部分，徐家的“纤纤幼女”突发奇想，瞄准了一个看上去不可能实现的目标——“今将徒步上诉，为父母复仇。”

然而，面对刚刚 3 岁的弟弟，能够背上他一起前往遥远的省城么?

她只能把希望寄托在女仆老妪身上：“今拟以弟托妪，须念此弱息一人，徐氏之香烟所系。苟妪代为调护，使延残喘而成人者，则徐氏先灵感恩于地下矣。”

为了这个几近绝境的家庭，女仆老妪挺身而出：“虽粉身碎骨，亦所情愿。加意侍小主，分也。”

于是，徐家女以纤纤柔弱之躯，开始了一次艰苦卓绝的悲壮行程：

——“时届春日，雨水连绵，行数日，临巨河，风雨大作，旷野无从，进退为难。”

——“波浪兼天。一女立河干，衣履尽湿，寒战如疟……”

值得注意的，是小说临近结尾的部分，徐家女面对巨河的仰天长叹：“我百里步行，历尝艰苦，本欲至省上诉，为亲复仇。今至此，风雨交侵，前临巨浪，料难行吾志矣……”

同样值得注意的，还有作者对于徐家女慷慨赴死的描写：“于是乎赴死之志乃决，千金之体一跃而随碧波去矣。”

更为值得注意的，是作者对于徐女之死的态度：

其一，“若徐女者，步行上诉，事虽未果，究可钦。”

其二，“节义忠勇皆出一家矣。”

之所以提请注意，是这其中竟然有着几分一语成谶的宿命震撼：9 年后，作者在指挥著名的玉田农民暴动中，也是行至“沙流河”时不幸被捕、英勇就义——“料难行吾志”，“于是乎赴死之志乃决”，“事虽未果，究可钦”……

当然，家国情怀显而易见，“节义忠勇皆出一家”的“家”，当为“国”的缩影了。作者的理想，是举国皆为节义忠勇之士才好。因为，身处天津这方外侮最重之地，所见屈辱愈多，节义忠勇之心愈烈……

5. 诗之外与中

1980 年 1 月 25 日的《南开大学》（周报）第二版刊发了一则题为《我校发现于方舟烈士的新史料》的消息。

作为于方舟大学母校的南开大学，竟然发现了他在中学母校时发表的文学作品——“与此同时，在我校图书馆还发现了当时直隶省第一中学‘三育促进会’创办的《进修》周刊。在这个刊物上，烈士曾连续发表纪实小说《庚子燹余记》和《蠹矢录》等文章。”①

在南开大学发现的那批新史料中，《庚子燹余记》署名“于兰渚”，发表于 1918 年 9 至 10 月的《进修》周刊第 21 至 23 期。《蠹矢录》署名“芳洲”，发表于 1918 年 12 月至 1919 年 1 月的《进修》周刊第 26、27 期。

《蠹矢录》是由三则故事组成的一个文言微小说系列，题材、人物各不相同。

以《蠹矢录》为总篇名，或许是受晚唐诗人罗隐《咏史》的影

① 艾志：《我校发现于方舟烈士的新史料》，《南开大学》（周报）1980 年 1 月 25 日第二版。

响——“蠹简遗编试一寻，寂寥前事似如今。徐陵笔砚珊瑚架，赵胜宾朋玳瑁簪。未必片言资国计，只应邪说动人心。九原郝沘何由起，虚误西蕃八尺金。”

“蠹简遗编”自此成为一成语，既可作“前人留下的著作”解，也可作“散佚的典籍”解，总之泛指残存的书籍。

“矢”，则有“陈述”“观看”“陈列”的意思，如《春秋·隐公五年》的“公矢鱼于棠”。

于是，《蠹矢录》便可理解为：作者自谦地表示，自己写的这几则故事，不过是将残存的文字展示出来而已；但也含有虽“未必片言资国计”，却也企盼“寂寥前事似如今”之意，希望读者总可在这简短的故事中，同“如今”自己的身上、身世、身边，去体悟和品味出什么。

那么，于方舟究竟想请读者从中领略什么？抑或说，他又想表达自己个人一种怎样的内心世界呢？

“富贵不能淫，贫贱不能移，威武不能屈，此之谓大丈夫。”《孟子·滕文公下》这一著名的格言，可能正是年轻的于方舟对于人生信条的向往与追求，也正是他在《蠹矢录》中对此番风骨、风范一种以小见大的表达与抒发……

俞纯发

俞纯发，浙人也。素无赖，不事生人业。富勇力，精拳术，任气好斗，恒以力雄人，遇不平，辄攘臂以助。

里有卫某者，举孝廉。卫素不端，又适新贵，益多行不义。族中恶少，每倚其势欺良善，里人衔怨而未有以报也。

某日，乡人子有之细故，偶忤卫某侄名过权者，亟请罪，而卫犹恣谩骂，刺刺不稍休，旁观者咸为不平。

会纯发过其侧，众知有为，具以告，俞怒曰：“恶狗奴又欺贫孱耶？”

因越众进数卫曰：“若恃而叔势，动以骄乡邻。然凌彼碌碌者，焉荣？若苟男儿，敢与俞某较耶？”

卫素固随者，即应曰：“何惧焉。”因鸠族人十余辈，杖械出。

俞执长竿一，粗如卵，逆卫于途。

比遇，众械并进。俞拧竿大吼，舞如飞，伤其随者三，余尽窜去。

俞掷竿狂笑曰："鼠辈技只此耳。"将欲觅其家，以众劝始休。

卫势自是知稍敛。纯发亦以义著一方云。

《俞纯发》传扬的是"威武不能屈"。

对于"威武不能屈"，历来有两种理解：一是威武不能使气节屈挠；二是即使自身勇武，也只应以德服人，而不能以武屈人。

无论作哪种理解，《俞纯发》都有体现。

孝廉，是明清对举人的称谓。俞纯发的乡里卫某因具举人资格而拥有较高的社会地位。但，其人品行不端，多行不义。其侄更是倚仗叔叔的势力欺辱良善贫孱，信奉"以武屈人"。面对路遇不平、攘臂以助的俞纯发，卫家更是纠集十几个族人，一起操着各种兵器，又欲以威武屈。

然而，俞纯发虽孤身一人，手执并非兵器的一根长竿，亦强力张显了"威武不能屈"的英雄气概，拧杆大吼舞如飞，打得欺人者抱头鼠窜。

俞纯发这种"义著一方"的品格，正是于方舟向读者传导与宣扬的"威武不能屈"。当然，俞纯发的"素无赖"，并非《庚子燹余记》"村中无赖"的"无赖之徒"之意，而是生活无着——无以凭赖之意。

嫁祸

吾乡水路四达，故食力者多业舟。

有舟子某为余言：昔与同业数人，运盐于三河县。时已深秋，此事竟则冬初矣。河浅水结，舟不复能行。乃约留两人守之，余尽取陆路归。

约定遂行。甫数十里，天阴雨雪。日且暮，朔风刺骨，漫野无所归。遥望目前，隐隐若村在，乃急趋之。

行良久始至。而村甚僻。无逆旅，惟路中一门，屋宇高大，颇极辉煌，意谓缙绅之别墅，乃叩门乞宿焉。

门启，一翁出。白以来意，翁曰："旅中乞宿，人或不免，聊止一宵，何伤？"遂引进。

至一室，审其陈设，颇类闺阁。翁曰："宅小无余榻，适儿妇归宁，客可权止此，简慢，望见原也。"言讫退。舟子等殊感激，以终日跋涉，急欲就寝。

俄灯光恍惚间，门后一人。移烛察之，则二十许缢死少妇也。先是翁有子，愚甚。既婚，妇憎其丑且愚，婚三日，自缢死。翁惧女家不应，方踌躇间，适客来投宿，翁乃置之妇室，盖欲诬为盗贼，移祸于人也。客既觉，大惊，逾垣急逃，得免祸。

至为余言时，犹不禁恐惧也。噫！人心之叵测，有如是者矣。

《嫁祸》折射的是“富贵不能淫”——不能因富贵而使欲求漫无节制，即使自身富贵，也不能突破底线作过分的事。

然而，一座屋宇高大、颇极辉煌的缙绅别墅内，却由富贵人家演绎了一幕逼死人命却又阴毒地嫁祸于人的丑剧。

先是，这一富贵人家为自己又丑又愚的儿子娶来儿媳。儿媳不堪忍受这封建包办而来的丑愚之夫，自缢身亡。如果说，这还仅仅是富贵之家导演的一幕悲剧，那么，接下来竟然要将来此借宿的过客诬为杀人越货的盗贼，便成为一幕十足的丑剧了。

于方舟针砭这种富贵即淫的社会之弊，就是希望自己和读者都能以此为诫，转而建树“富贵不能淫”的气节，从而提升一个群体、整个民族的素质与境界。

吴孝妇

吾乡王士仁者，渔户也。家清贫，飧飱朝夕不相继。妻早丧，子维玉娶吴氏女，琴瑟甚敦。

士仁年逾耳顺，日恃维玉捕鱼以谋温饱。会时疫流行，维玉病，以贫故无力得医药，饮食且日缺。吴自念：翁老家贫，夫苟不幸，何以云生？闻古有割肉愈病者，苟效之，或有望乎？

思既决，乃得利刃，一夜静时，割股间得肉少许，急裹其创，天明烹，以进。

维玉食后，讫无效，阅数日，寻卒。吴悲极不欲生，以翁故，乃草之葬其夫，日纺绩以养士仁。

邻妇或劝之曰：“若年尚艾，胡不改图而甘此清贫乎？”

吴曰：“吾向之所以不死而偷生人世者，以有老翁矣。且人生祸福有定，吾生而薄命，苟他适，安知不甚于此乎。”

后数年，士仁亦卒，吴乃并当所有以葬之。自是益贫不能支，以悲戚过度，时病，旋缢死。

里人怜其孝，聚资葬之，为立孝妇碑，今依稀在也。

如果说《俞纯发》传扬的是“威武不能屈”，《嫁祸》折射的是“富贵不能淫”，那么《吴孝妇》体现的则是“贫贱不能移”——贫贱不能使志向更改，即使自身贫困，也应身虽贫而志不贫，所谓“人穷志不短”，不做不仁不义之事。

文中吴姓媳妇，在丈夫王维玉因穷困而病逝后，面对的更是食不果腹、生不如死的贫困与窘迫。但是，听到邻家女友劝她改嫁，不必再“甘此清贫”的话语后，依然因公公王士仁无人赡养而对王家不离不弃、不改初心。

这种“贫贱不能移”的其人其事，不仅同《嫁祸》中的富贵之家形成鲜明的道德反差，而且体现了作者于方舟的道德倾向与人格选项。

富贵不能使欲求漫无节制，贫贱不能使志向更改，威武不能使气节屈挠；这才算是大丈夫。通过 3 则篇幅极短的故事和几位个性鲜明的人物，于方舟的社会化趋向也可见一斑。

关于文艺创作的主旨与追求，于方舟在宁河《同乡会季镌》第一期的“文苑”专栏内有过一段署名“于兰渚著”的论述：

年来，新诗旧诗之争剧矣。有韵也，无韵也，拘格也，自由也，各走极端，斤斤于新旧两字，而于诗之本体若反忽焉。究之诗自诗耳，新旧何与者？千百年前之杰构，有竟为白话者矣；自谓崭新之诗，有新其外貌而腐其骨里者矣。然则，诗也、非诗也，好诗、坏诗也，其评定之标准，固别有在，而绝不在乎试帖式之格律、韵脚，亦正不在乎时髦派之标点符号也。小诗数首，既未能自甘为旧，亦不愿自许为新，质言之且未敢自认为诗也。所以竟名之以诗者，仓卒间无相当名词之代表之耳，阅者幸勿目之以旧也、锌也、诗也，斯得我心矣。

在这里，于方舟认为，文学作品的外在形式属于“末”，譬如在新诗还是旧诗的争论中，不能仅注重格律、韵脚、标点符号等形式，反而忽视“诗之本体”。也就是说，不能在内容与形式上本末倒置。所以，他的文学创作也处处体现着这样一种追求——“诗之外有事，诗之中有人”。

据此，我的父亲曾在《诗之外与中》一文中写到：

“‘诗之外有事，诗之中有人’，是黄遵宪在《人境庐诗草自序》中最重要的‘诗论’之一。大意是，诗作既可推知意在言外的社会风貌，也可体察作者内心的思想情感。最近，在整理外祖父于方舟的诗文时，便感悟到了黄遵宪开一代诗风的影响力。”

“的确，外祖父的诗作，不仅记录着那个狂飙激荡的时代风云，也抒发着他和那一代青年热血澎湃的内心世界。”

“外祖父的诗文，分明贯穿着他短暂一生的奋斗志向……俨然一部以诗文所写就的，从忧国忧民踏上救国救民之路的心灵史。”

“在对外祖父诗文的整理过程中，我也有了新的发现——他们的成长是真实的，他们的追求是务实的，他们的信仰是坚实的。正因‘诗之外有事，诗之中有人’，才让我们透过诗文，看到了历史中的真事、真相、真人、真心……”①

6.《租界竹枝词》

九河天堑近渔阳，百里渔盐此水乡。
海河两岸神州土，尽是租界与洋行。②

这是天津人民艺术剧院七场话剧《觉悟》中的第二场，剧中为周恩来、邓颖超放哨的小女孩菊花，在街头演唱了以上这段小曲儿。

实际上，这是一首竹枝词，选自1962年河北人民出版社《河北革命烈士》史料第二辑的《于方舟同志遗作》。③ 该诗虽然写到了租界，却是作者《“五四”竹枝词》中的一首，至于《租界竹枝词》，则是此前写过的另外一组。

---

① 阎晓明：《诗之外与中》，《天津日报》2016年10月14日。

② 赵大民：《觉悟》，百花文艺出版社1984年版，第31页。

③ 耿华、徐文静：《于方舟的“五四”竹枝词整理研究》，《图书馆工作与研究》2010年6月号，第75页。

竹枝词本为巴渝一带民歌，与白居易同为“新乐府”重要诗人的刘禹锡任夔州刺史时，根据这种民歌改作新词，歌咏三峡风光，盛行于世。后各代诗人写《竹枝词》的很多，也多咏当地风俗，形式都是七言绝句。语言通俗，音调轻快。民国初年冯文询的《丙寅天津竹枝词》就曾以大量篇章描述了天津的社会风貌与世俗文化。其中也有一首涉及租界：“万国长桥跨海河，商廛比栉外侨多。自经参战收租界，特别区添德、奥、俄。”① “自经参战收租界，特别区添德、奥、俄”，指的是第一次世界大战中的1917年8月14日中国对德国和奥匈帝国宣战，战后作为战胜国收回德、奥租界并分别改名为“特别第一区”和“特别第二区”；1924年则将苏联于十月革命后归还的俄租界改名为“特别第三区”。②

也正是有了一战——欧战的结束，才有了于方舟的《租界竹枝词》。

1918年10月出版的《新青年》5卷5号上刊发了《关于欧战的演说三篇》。其中蔡元培的演说《劳工神圣》给了于方舟很大震撼——“我们不要羡慕凭借遗产的纨绔儿！不要羡慕那卖国营私的官吏！不要羡慕那克扣军饷的军官！不要羡慕那领乾俻的顾问咨议！不要羡慕那出售选举票的议员！他们虽然奢侈点，但是良心上不及我们的平安多了。我们要认清我们的价值。劳工神圣！”③

纨绔子弟、卖国官吏、贪饷军官、咨议政客、贿选议员……蔡元培抨击的这些人物，在于方舟求学读书的天津比比皆是，几乎司空见惯。

“天津作为帝国主义和封建军阀统治最为严密的城市，曾设有英、法、美、德、日、俄、意、比、奥9国租界，在此强占中国领土建立殖民主义统治的列强之多堪称‘中国之最’。它们既是列强发动侵华战争的直接结果和罪恶见证，也是帝国主义国家对中国进行军事威胁、政治控制、经济掠夺、文化渗透的侵略基地，使得天津成为帝国主义妄图瓜分中国的

① 王兆祥：《〈丙寅天津竹枝词〉与近代天津世俗文化》，见《天津文史资料选辑》第109辑，天津人民出版社2007年版，第289页。

② 杨大辛：《天津九国租界概述》，见上海市政协文史资料委员会编：《列强在中国的租界》，中国文史出版社1992年版，第138、139页。

③ 蔡元培：《劳工神圣》，《新青年·精选本（中）》，中国书店2012年版，第130页。

一个缩影。天津又是北洋军阀的发祥之地和进行黑暗统治的密谋策划之地，所谓‘北京是前台，天津市后台’，当时许多重大历史事件都在这里密谋策划，因而天津被传为首都的‘政治后院’。”①

有人认为这个“政治后院”是一方难得的黄金宝地，可谓城市设施先进、各路精英云集。于方舟却对蔡元培的《劳工神圣》产生了强烈共鸣，认为这片租界“旷古无伦万恶薮”。② 于是，以《租界竹枝词》作为匕首和投枪，无情地鞭挞了那些“安福官僚”“直奉政客”“逃命司令”“败仗将军”“毒枭赌窟”“巡捕侦探”“洋行买办”“土豪财主”“地痞县官”……

康拉德·菲利普·科塔克在《文化人类学》中指出：“在19世纪，欧洲商业利益团体展开了一场对亚洲与非洲市场的协力追寻。这个过程导致了欧洲帝国主义在非洲、亚洲与大洋洲的发展。帝国主义（imperialism）是指一套政策，将一个国家或帝国的统治范围延伸到其他国家，并拥有海外殖民地。殖民主义（colonialism）是指一种外国势力对一块领土及其人民实施政治、社会、经济与文化的长期控制。”③

天津被外国势力实施殖民主义统治的领土“总面积达23350亩半。当时天津城池的面积不过是2940亩，两者相比，租界相当于旧城的8倍。”④ “西方列强利用不平等条约在天津强设租界，使租界成为天津地方政府无权管辖的特殊区域，也成为天津陷入半殖民地城市的象征之一。”⑤面对面积如此之大、面貌如此之殊的九国租界，于方舟一改《水灾杂诗》和《庚子燹余记》凄美悲壮的风格，以辛辣嘲讽的笔触，一层层地揭开

---

① 阎焱：《中共四大与近代以来前所未有的革命运动——大革命运动的天津样本与社会学解读》，见中共上海市委党史研究室编：《力量之源——纪念中共四达90周年学术研讨会论文集》，上海人民出版社2015年版，第385页。

② 于方舟：《租界竹枝词》，该诗句及后面六首竹枝词，均见萧三主编：《革命烈士诗抄续编》，中国青年出版社1982年版，第55页。

③［美］康拉德·菲利普·科塔克：《文化人类学》，中国人民大学出版社2012年版，第384、385页。

④ 天津市政协文史资料研究委员会编《天津租界》，天津人民出版社1986年版，前言第2页。

⑤ 于建：《天津现代学生运动史》，天津古籍出版社2007年版，第14页。

了它们丑恶狰狞的面目。

安福官僚多如狗，直奉政客满街走。

逃命司令闹妓院，败仗将军醉酒楼。

“安福官僚”是北洋军阀时期依附于皖系军阀的官僚政客集团，因1918年3月在北京宣武门内安福胡同成立“安福俱乐部”作为活动地点，故名安福系。“直奉政客”是指直系、奉系北洋军阀集团；直系因其领袖大多出身直隶省，且在许多政治理念上存在共鸣，故称“直系”；奉系则因其首领为奉天（沈阳）人，故称“奉系”。直、奉、皖三大派系军阀为当时北洋军阀的主干。

那么，北洋军阀的官僚政客，果真如于方舟所写的那样，在天津租界“多如狗”“满地走”吗？

资料显示，的确如此。“清末民初，中国政治舞台风云迭变，尤以北洋政府时期，军阀政客争权夺势，政权更替频繁，今日入阁，明日下台，有如走马灯。由于租界在政治上享有治外法权，完全不受中国政府的法律权力所辖制，因此下野的军阀、政客，多携带搜刮来的民脂民膏，跑到天津租界里藏身避风，并广置房地产，过着骄奢淫逸的寓公生活。野心不死者，便聚集在租界里阴谋策划，重整旗鼓，一旦时机成熟，便重返北京粉墨登场。”① 曾于清末民初收回矿权斗争中疾呼“我君可欺，而我民不可欺”的爱国实业家王锡彤写有《说天津租界》一诗：“天津租界大无伦，容纳五朝（原注：清、黎、徐、曹、段）君若臣。是有舞台张后幕（原注：当途发迹，或者不在租界者，其结果收场无不在租界卸妆），许多政客借潜身。中原锦绣成焦土，近海笙歌辟莽榛。芥子须弥真个似，回头恩怨不许论。”记录了清廷逊帝溥仪、民国大总统黎元洪、徐世昌、曹锟及临时执政段祺瑞失意后寄居天津租界的情景。② 当时年届18岁的于方舟，仅以14字便生动勾勒出了这一现象，足以说明他超强的观察力、判断力、概括力。

---

① 吴同宾、张仲、杨大辛：《英租界》，见《天津租界》，天津人民出版社1986年版，第24页。

② 齐宇：《王锡彤咏租界》，《今晚报》2015年11月9日。

而“逃命司令”和“败仗将军”是否像于方舟写得那般密集租界，仅从“督军街”一语的由来便可管中窥豹略见一斑——“民国以后，北洋军阀连年混战，一些资本家、投机商、大地主，特别是下野军阀官僚，为了保护其搜刮剥削的财富，并能结交洋人，在法租界争建争购楼房，曾风盛一时。仅32号路（今赤峰道）两侧较大宅院，几乎全为下野的官僚、军阀及大资本家所占有。由于这些人多为曾掌过兵权的大军阀，因而该路当时有‘督军街’之称”①

“闹妓院”和“醉酒楼”也是当时的真实写照。“妓院多，是日租界的另一‘特色’。当时日租界旭街芦庄子一带街道两旁有很多妓院，后来又逐渐发展到新旅社后以及中华、同庆两茶园附近的中日交界处。另外中原公司附近的盛德里、富贵胡同等处也有不少妓院，还有日本艺妓馆。”②“旧社会在天津的各国租界中，以日本租界最肮脏，除了烟赌之外，妓院特多。在日租界寿街（现兴安路）有一处最有名的日本妓院，名叫神户馆。馆内布置是古老的日本式，特别讲究。还备有明信片大小的日本春画，来游的客人可以随意拿上几张。日租界是一个藏污纳垢最厉害的地方，一般想做坏事的中国人，多以日租界为护符，在‘华界’所不敢做的，在日租界里可以公然去做。”③“法租界当局在天祥市场后门的三义里及大庆里开辟娼寮区，设立妓院百余家。当时驻在天津的外国兵卒都到这里来寻欢取乐。他们惯于酗酒斗殴，打骂妓女。”④

鸦片吗啡海洛因，赌局麻将骨牌九。

巡捕侦探便衣队，洋行买办摆花酒。

在于方舟这些看似戏谑的文字背后，却冰封着天津租界毒品泛滥的冷酷数字。“早期来津的洋行，除从事航业外，大多以鸦片贸易获取巨额利

① 孙立民、俞志厚：《法租界》，见《天津租界》，天津人民出版社1986年版，第60、61页

② 刘霁岚、马惠卿、胡君素：《天津日租界内幕》，见《列强在中国的租界》，中国文史出版社1992年版，第147、148页。

③ 刘炎臣：《旧社会天津妓院概况》，见《天津文史资料选辑》第70辑，天津人民出版社1996年版，第173、174页。

④ 孙立民、俞志厚：《法租界》，见《天津租界》，天津人民出版社1986年版，第63页。

润，因此在天津开埠后的鸦片输入一直居于进口洋货的首位。如 1861 年天津口岸的鸦片进口总数为 1482 担，到 1866 年增加到 9161 担，价值 5768169 关平两，占天津港洋货进口额的 33.412 月 4 日。”“走私贩运毒品（鸦片、吗啡、海洛因），在租界里畅通无阻，受到警察头目的‘关照’，从中收取重贿，尤以日租界最为突出。日、法租界里的许多旅馆都设有烟灯，接待烟客。在日租界售卖海洛因的所谓洋行多达 160 余家，租界还是生产毒品的基地，在日租界有所谓制毒‘四大金刚’。”①

至于“赌局麻将骨牌九”更是屡见不鲜的租界一景。设在租界里的大小赌场，均受到租界当局保护，并从中抽取重税。“日租界公开的赌场，早期有方若主办的同文俱乐部，聚赌者多为官僚豪富，输赢数字甚巨。与同文俱乐部同时成立的还有个行商分所，位于芦庄子，是专供洋行买办消遣聚会而设的，这些人每天下午六时以后到此聚会，一面聚赌，一面交换商业情报，调济资金周转。”② 该资料也不失为竹枝词中“洋行买办摆花酒”的一个佐证。

意租界的回力球场更是一个公开的大赌场。“住在天津的豪绅巨贾、下野军阀、投机商人，多以去回力球场为时髦，一掷千金，在所不惜。曾充任淞沪护军使的宫邦铎，沉湎于回力球，家业为之败落；奉系的北京市市长周大文输掉了两所楼房；张宗昌的秘书、自署为‘万玉楼主’的吴桐渊，把他的‘玉’和‘楼’全部输光；法租界工部局秘书戴旭炎输了一个大注以致痰厥丧命。”③

“巡捕侦探便衣队”亦乃租界一大特色。“工部局的巡捕、密探和各类盗窃犯都有勾结，听任盗窃横行，不加闻问。著名扒手‘宋大嘴’系法租界的惯窃，收有徒弟甚多，每日分派到各处行窃，偷盗的财物统一交宋处理，工部局的花销亦由宋统一支应，徒弟中如偶有落网者，宋大嘴电

---

① 杨大辛：《天津九国租界概述》，见《列强在中国的租界》，中国文史出版社 1992 年版，第 127、134 页。

② 孙立民、杨大辛：《日租界》，见《天津租界》，天津人民出版社 1986 年版，第 115 页。

③ 纪华：《意租界回力球场》，见《天津租界》，天津人民出版社 1986 年版，第 266 页。

话到后，便能立时放出。”① 各租界的便衣侦探，主要负责搜集情报、监视民情、侦破刑事案件。英租界的便衣侦探为 50 人。恶名最大的是日租界便衣队，“为日本帝国主义所豢养的汉奸和武装匪徒，出没无常，寻衅闹事，骚扰社会。这股武装匪徒，不穿军装，没有番号，身怀武器，为非作歹，称为‘便衣队’。”②

当铺印子高利贷，绫罗绸缎苏州头。

居士彩票姨太太，描眉画眼假风流。

这一首，于方舟分明在针砭天津租界那灯红酒绿、纸醉金迷的奢侈。

在这里，他很好地回应了蔡元培“我们要认清我们的价值”的呼喊——“我们不要羡慕凭借遗产的纨绔儿!”

的确，天津租界里的纨绔子弟和他们的奢靡是出了名的。当时在天津为英文报纸做记者的一个英国人都承认：“天津的社交俱乐部与运动俱乐部之多超出了它应有的数量……人们很容易认为天津的外侨在无益的娱乐运动上花费了大部分时间。”③ 在英租界，“除了赛马会而外，还陆续组织了草地网球会、妇女草地网球会、浮水会、冰球会、垒球会、马球会、板球会、高尔夫球会等等”④。“法租界劝业场一带，舞场林立”，“1914 年国民饭店开业后不久，首先在楼下大厅及前院花园部分开办跳舞场，乐师及舞女们均为白俄人，每晚华灯初上，院内即传出靡靡之音的爵士乐声，引来三五成群的中外绅士，纵情欢乐”⑤。

在鄙视“假风流”的同时，于方舟无疑在向民众间接传导着蔡元培先生的那个教诲——“他们虽然奢侈点，但是良心上不及我们的平安多了。”

---

① 孙立民、俞志厚：《法租界》，见《天津租界》，天津人民出版社 1986 年版，第 67 页。

② 杨大辛：《天津便衣队暴乱》，见《天津租界》，天津人民出版社 1986 年版，第 179 页。

③ [英] 雷穆森：《天津租界史》，许逸凡、赵地译，天津人民出版社 2009 年版，第 264 页。

④ 吴同宾、张仲、杨大辛：《英租界》，见《天津租界》，天津人民出版社 1986 年版，第 29 页。

⑤ 孙立民、俞志厚：《法租界》，见《天津租界》，天津人民出版社 1986 年版，第 65、64 页。

儿女亲家金兰谱，银鱼紫蟹洋朋友。

花旗汇丰老头票，天棚字画大狼狗。

如果说，蔡元培在《劳工神圣》中对咨议政客和贿选议员的抨击是出于义愤，那么于方舟在这里对相互攀附的贪官污吏则充满着不齿和鄙视。

银鱼紫蟹本是他家乡七里海的名产，也被他巧妙地在这里用为双关语—— 一方面，可将“银鱼紫蟹”理解为用于攀附的礼品，另一方面又可将“银鱼紫蟹洋朋友”理解为“臭鱼烂虾洋朋友”，暗含天津底层“鱼找鱼，虾找虾，臭鱼专找赖王八”的谚语，讽刺黑暗势力间那种狐朋狗友的关系。

当然，“花旗汇丰老头票”一句是值得关注的。在这里，作者写到了西方列强采取各种手段对天津进行的经济控制和掠夺。“1880 年，英国在天津开设了第一家外国银行——汇丰银行。此后，英国的麦加利银行、俄国的华俄道胜银行、德国的德华银行、日本的横滨正金银行、法国的东方汇理银行、美国的花旗银行等先后在天津设立分行。”① 作者所写的“花旗”“汇丰”不言自明为美、英两家银行；而“老头票”指的是日本横滨正金银行。父子两代曾先后供职于该行 46 年的魏伯刚在《日本横滨正金银行在天津的经济掠夺》一文中回忆：“该行发行的钞票总额，如以最低银元 100 万元、银两 50 万两计，按当时日金（老头票）每元约值我国通用银元 6 角上下折合，共值日金 280 万元，差不多相当于横滨正金的原始资本总额（300 万日元）。”②

百货厘金味之素，仁丹牙粉黄酱油。

地痞县官土财主，肠肥脑满鬼神愁。

老妈厨子小丫头，包车铃铛红彩绸。

卫兵马弁盒子炮，旷古无伦万恶薮。

---

① 于建：《天津现代学生运动史》，天津古籍出版社 2007 年版，第 15 页。

② 魏伯刚：《日本横滨正金银行在天津的经济掠夺》，见《列强在中国的租界》，中国文史出版社 1992 年版，第 166 页。

这两首，同样以细致准确的观察，敏锐捕捉到了租界内衣食住行的面面观。

萧三主编的《革命烈士诗抄续编》在收入《租界竹枝词》时曾注明“原十首佚四首”。尽管我们因无法欣赏到另外4首而极为遗憾，但通观全篇，可以感到，这组竹枝词的创作，绝非出于一位年轻人对“租界”的偏执或极端的愤怒。从某种意义上说，对租界那种“旷古无伦万恶薮”的认识，也绝非于方舟一人所独有。

被邓颖超称为“爱国主义者、教育家、社会政治家”① 的马千里就有这样一篇记述前往英租界跑马场经历的日记：

1908年3月14日

今日乃春季跑马之期，予往看跑马。正前行间，后一西人一西妇来，因予碍伊路也，呵之以声，予受之气甚。此路乃中国路也，西人不过租借而矣，主人何以无自由行路权也？是知天下无公理也。予欲与之争，又困于不通语言，惟忍让过去，一路气甚。知强国待弱国应当如此乎？②

美国著名汉学家魏斐德在《爱国者毛泽东》一文中也谈到了毛泽东对租界的认识：“帝国的首都两次被联军占领，它被迫向外国开放20多个通商口岸，外国人在这里享有治外法权和经济上的特权。有一个省面积那么大小的领土被割让给俄国，宝岛台湾为日本所攫取。海洋沿岸划分出5个租界——每个租界都是某个国家的占领区——它们分别属于英、法、德、日、俄。即使年轻的毛泽东深处中国内地，但也能看出西方列强和日本的明显意图，它们残酷无情地向中国心脏地带挺进，妄图迫使富有排外传统的湖南人民屈服，将省城长沙拱手相让。”③

魏斐德在文章中还引用了毛泽东对美国记者埃德加·斯诺讲过的话：“我现在还记得这本小册子的开头一句话：‘呜呼，中国其将亡矣！’……

① 邓颖超：《缅怀师友马千里先生》，见《20世纪初天津爱国教育家马千里先生诞生百周年纪念》，天津市政协文史资料研究委员会，1985年版，第1页。

②《马千里先生日记摘抄》，见《20世纪初天津爱国教育家马千里先生诞生百周年纪念》，天津市政协文史资料研究委员会，1985年版，第90页。

③［美］魏斐德：《讲述中国历史（下卷）》，人民出版社2013年版，第783页。

我读了以后，对于国家的前途感到沮丧，开始意识到，天下兴亡，匹夫有责。”①

无论是毛泽东、马千里，还是于方舟，都是信奉“天下兴亡，匹夫有责”的热血男儿……

很快，就在《租界竹枝词》写作后的不久，他们那一代人便全力投入了轰轰烈烈的五四爱国运动。其中，马千里和于方舟还曾共同度过 170 天的铁窗生活。

---

①［美］魏斐德：《讲述中国历史（下卷）》，人民出版社 2013 年版，第 782 页。

第三章　仰天长啸

1. 誓要洗清民族的耻辱

1924 年，是五四运动五周年。

那一年 5 月 1 日，北京大学出版的《北大经济学会半月刊》第 24 期发表了署名“守常”的一篇文章《这一周》——“这一周有好几个纪念日”，李大钊开宗明义——“‘五四’纪念日，这是中国全国学生膺惩中国卖国贼的纪念日，是中国全国学生对于帝国主义行总攻击的纪念日，亦即是被压迫的民众向压迫的国家抗争自由的纪念日，这是国民的学生的日子。我们在今天应该把国际帝国主义侵略我们的痛史，细数从头。把‘五四’运动的精神，牢牢记住，誓要恢复国家的主权，洗清民族的耻辱。”①

同在那一年，团中央宣传部长恽代英在《中国青年》撰文提出：“对于不久要到的第五周的五四运动纪念日，我们应当不让他轻轻过去才好。我们知道为什么会发生五四运动的么？我们知道五四运动曾经为中国做了些什么事？”②

---

① 李大钊：《这一周》，见中共唐山市委宣传部编：《李大钊诗文选读》，红旗出版社 2004 年版，第 139 页。

② 恽代英：《自从五四以来》，原载《中国青年》第 26 期，1924 年 4 月 12 日，见《五四运动回忆录（续）》，中国社会科学出版社 1979 年版，第 23 页。

五年了，国际帝国主义侵略我们的痛史仍历历在目！

五年了，誓要洗清民族耻辱的呐喊仍不绝于耳！

五年了，还知道天津学生是怎样投入五四运动的么？

五四运动5周年时，于方舟已改名于方舟并经李大钊介绍加入了中国共产党。他肯定对这个纪念日感慨良多……

五四运动10周年时，于方舟和他的大学同学、狱中战友马骏，以及他们的恩师李大钊都已英勇就义。他们已经将自己的热血和生命写入了那个“被压迫的民众向压迫的国家抗争自由的纪念日”……

五四运动60周年时，于方舟的“五四”战友邓颖超曾感慨：“那个时候，不是亲身参加斗争的，对当时情景是不可想象的。”① 那么，他们当时都经历了何等“不可想象”的情景与斗争呢？

1919年5月16日，已坚持日记十余年的马千里突然决定不写日记了：“予从今日起，不写日记了。把日记存放起来了。因为吾要做的事情时候到了，不能把所有的计划全记上。不然将来被捕的时候，不用口供，从日记里头不全看了去吗！”②

那个5月究竟发生了什么？既是一件特别想做的事情，怎么又可能是一件行将被捕的事情呢？

不是马千里先生预感到可能被捕，而是因为北京的学生已经被捕。

1919年5月4日，北京学生在天安门前集会，抗议“巴黎和会”无视中国作为一战战胜国的地位，把德国在中国山东的全部权益转交日本，反对北洋政府的卖国外交，要求惩办亲日派官僚曹汝霖、陆宗舆、章宗祥。“午后，各校学生五千人，有执旗示威之举动。旗书‘誓死争青岛’及‘卖国贼曹陆章’字样。后又拥至曹宅。因警弹压，激动公愤。曹宅遂付之一炬。惟起火原因，迄未证明。学生之被捕者三十余人。京中十四

---

①《五四时期老同志座谈会记录》，见《五四运动回忆录（续）》，中国社会科学出版社1979年版，第8页。

②《马千里先生日记摘抄》，见天津市政协文史资料研究委员会：《二十世纪初天津爱国教育家马千里先生诞生百周年纪念》，1985年版，第103页。

校长，赴警厅保释，未允；又赴部、赴院，大学校长蔡元培至愿以一人抵罪。”①“三十二人被军警捕去。此三十二人计北大二十名、高师八名、法政专门二名、中国大学二名。”②

次日，消息便传到天津。

在 5 月 5 日的《益世报》和《大公报》上，于兰渚看到了五四运动爆发的详细报道。《大公报》在报道中还转载了北京学界的通告——“中国的土地可以征服，而不可以断送；中国的人民可以杀戮，而不可以低头”——“全国工商各界一律起来”，“外争主权，内除国贼”。③

因民族极度屈辱和政权极端腐败而怒火中烧的他，再也无法静坐于散发着书香的课桌前了……

铃铛阁沸腾了。

省立一中校园内，于方舟和韩麟符、安幸生、陈镜湖等同学立即商议如何声援北京学生。

他向大家展示了图书室珍藏的两本小册子，一本是天津北洋法政专科学校 6 年前出版的《〈支那分割之运命〉驳议》，一本是 4 年前留日学生总会编印的《国耻纪念录》。

《驳议》是法政同学对日本人中岛端《支那分割之运命》的驳斥。

辛亥革命仅一年后，中岛端便在这本书中对刚刚建立的中华民国信口雌黄，诬蔑中国人“无共和之资格”“无共和之历史”“无共和之思想”“无共和国民之素养”“无共和之信念”“无国家观念”，疯狂叫嚣日本应担当起“新兴雄帮”之责任，尽“我大和民族之天职”，“西自内蒙古起……而直隶而山西，至少限于黄河之北，不可不置于我之势力范围，……江苏、浙江为二十一省中最便利最膏腴之地，决不可使他国有

---

① 訾龛：《学界风潮纪》，见中国社科院近代史研究所编：《五四爱国运动》，中国社会科学出版社 1979 年版，第 375 页。

② 蔡晓舟、杨景工：《五四》，见中国社科院近代史研究所编：《五四爱国运动》，中国社会科学出版社 1979 年版，第 456 页。

③《大公报》1919 年 5 月 5 日。

之……"① 大放独霸鲸吞中国之狂言。

省立一中众同学见日本人亡我之心早已有之，不禁更加理解"五四"到来的必然。

再读法政同学对直隶男儿的呼唤，陡然热血奔涌——"岛人亦知吾燕赵男儿之勇武乎？燕赵男儿果有一人生者，不令岛人入中华一步也！"② 直隶一中同学，当为直隶男儿，不禁纷纷表示——愿以此语作为誓言。

揭开《国耻纪念录》，方知早在四年前，留学日本的李大钊先生就已发出了铮铮誓言。

1914 年 9 月，日本政府趁第一次世界大战爆发之机，借口对驻在中国山东境内的德军作战，不顾中国政府再三反对，强行在山东海岸登陆，攻占胶济铁路并控制青岛，将前由德国在山东攫取的势力范围全部掠为己有。随后，日本拒绝撤兵。

进入 1915 年后，终于在 1 月 18 日，由驻华公使通过非正常的外交途径，越过中国政府外交部门，直接向总统袁世凯递交处理山东及其问题意见书，即所谓的"21 条"。要求袁世凯"迅速商议解决，并守秘密"，以此作为支持袁世凯称帝的交换条件。如此龌龊下作的卑鄙行径，被西方报纸透露之后，大钊先生当即写了《警告全国父老》并于 2 月通电全国。

此文不知为谁收集后夹藏于《国耻纪念录》中：

——"抑日本蕞而穷岛，力非能亡我中国者。国人而不甘于亡，虽至今日，犹可不亡；国人而甘于亡，则实中国有以自亡耳，何与日本！"

——"忆昔甲午痛创……国威自此一蹶不可复振。""夫苟一经创辱，痛自振励。"

——"河岳镇地，耀灵炳天，血气在人，至刚至大。九世之深仇未复，十年之胆薪何在！愿我国民，从兹勿忘此弥天之耻辱可耳。"

---

① 中共天津市委党史资料征集委员会编：《战斗在天津的共产党人》，天津人民出版社 1991 年版，第 7 页。

② 中共天津市委党史资料征集委员会编：《战斗在天津的共产党人》，天津人民出版社 1991 年版，第 7 页。

——“纵有若何之牺牲，皆我国民承担之。”①

1915 年 5 月 7 日，丧心病狂的日本政府突然向中国政府发出最后通牒，宣称“21 条”中除第 5 号各项允许以后再行协商，其余各号限 48 小时内全部接受。

面对如此利令智昏、狂妄之极的政府，中国政府外交部长陆征祥和次长曹汝霖竟奉袁世凯之命于 5 月 9 日前往日本使馆递交了满足日本政府要求的复文。5 月 25 日，“中日条约”和有关换文正式在北京签字。

对此奇耻大辱，大钊先生数日后为《国耻纪念录》撰写《国民之薪胆》一文：

——“总之，此次日本要索之主的，对于吾国，则断绝根本兴复之生机，毁灭国家独立之体面，使我永无自存图强之实力。”

——“堂堂黄帝之子孙，岂终见屈于小丑！前此四千余年，吾民族既于天演之中，宅优胜之位置，天道未改，种性犹存，胡竟昔荣而今枯，昔畅而今萎。”

——“政府果不愿为亡国之政府，则宜及早觉悟……以图复此深仇奇辱。国民而不愿为亡国之国民，亦宜痛自奋发……贡其精忠碧血于国家。”② ……

从那个 1915 年的 5 月，到这个 1919 年的 5 月，如今当中国以战胜国名义在“巴黎和会”提出取消“21 条”时，竟然又遭拒绝！北京政府居然还准备在如此屈辱的和约上签字！是可忍孰不可忍！

回望日本辱华和政府认辱的历史，同学们深有生不如死的痛感……

正在这时，南开学校的马骏同学来了，他比于方舟年长 5 岁，是一位品学兼优的学长。“他到各校联络，与高等工业学校的谌志笃、官立中学（省立一中）的于方舟（于兰渚）等人商讨建立天津学生联合会事宜。”③

① 李大钊：《警告全国父老》，见中共唐山市委宣传部编：《李大钊诗文选读》，红旗出版社 2004 年版，第 149、151、153 页。

② 李大钊：《国民之薪胆》，见中共唐山市委宣传部编：《李大钊诗文选读》，红旗出版社 2004 年版，第 155、156 页。

③ 中共天津市委党史资料征集委员会编：《战斗在天津的共产党人》，天津人民出版社 1991 年版，第 67 页。

于方舟当即答复马骏，第二天自己和同校的韩麟符、安幸生一定悉数到会。

《天津现代学生运动史》这样记载了当天的活动："5 月 5 日，天津《益世报》、《大公报》分别报道了事件的经过。当天，高等工业学校学生谌志笃、南开学校学生马骏等联络各校学生，呼吁大家一致声援北京学生的爱国行动。直隶省立第一中学学生于方舟（于兰渚）还表示，为奋起救国，'宁为玉碎，勿为瓦全'。"①

花堤蔼蔼，
北运滔滔，
巍巍学府北洋高。
悠长称历史，
建设为同胞……

这首北洋大学校歌虽然迟至 1935 年才得以唱响，但是，"花堤蔼蔼，北运滔滔"毕竟还是与 16 年前的景致相同。

北洋大学坐落于美丽的北运河畔，桃花堤旁。

所谓桃花堤，是一片古老的桃林，自元朝便开始出现。1902 年北洋大学迁址至此，师生们又曾大量增植桃树和柳树。

1919 年的 5 月 6 日，桃红色的花海虽然刚刚退潮，但是春光中的桃花堤依然景色宜人。然而，年轻的学子们已无暇欣赏这阳春美景，他们的心早被外侮的贪婪和内贼的耻辱深深地刺痛……

"5 月 6 日，经北洋大学学生张太雷，高等工业学校学生谌志笃，南开学校学生马骏，直隶省立第一中学学生于方舟（于兰渚）、韩麟符等的组织联络，天津中等以上 10 所学校的学生代表和北洋大学学生近千人，齐集北洋大学礼堂，愤怒声讨日本帝国主义的侵略野心，强烈谴责北京政府丧权辱国的行径，一致表示要坚决和北京学生站在一起，为外争主权、内除国贼而斗争，并成立天津学生临时联合会，推选北洋大学学生张鉴暄

① 于建：《天津现代学生运动史》，天津古籍出版社 2007 年版，第 39 页。

为会长，马骏为副会长。”①

据谌志笃后来回忆：“6 日上午，各校代表联络后，决定当夜在北洋大学召开天津学生代表会。”

继 5 月 5 日的不眠夜后，这又是一个无人入睡的夜晚……

夜里，各校学生代表和北洋的全体学生近千人，齐聚在礼堂内。

大会开始，由北洋大学代表张鉴暄担任主席，他慷慨激昂地首先演说。

接着，马骏发言，更加激昂。

大家一致认为，要支援北京学生与卖国政府斗争，首先必须团结起来，当场决议组织“天津学生临时联合会”。

由于北洋大学是天津的最高学府，就公推张鉴暄为会长，同时，又推选私立南开中学代表马骏和官立中学（省立一中）的代表为副会长。天津学生临时联合会就在这个热血沸腾的大会上宣告成立。②

此时，已是 5 月 7 日的凌晨，所以亦有资料将天津学生临时联合会的成立时间定为 5 月 7 日。而谌志笃提到另一名副会长为省立一中代表，此人当为韩麟符。于方舟和安幸生认为韩是学长，年龄比他俩大，年级比他俩高，便极力推举韩做副会长。

会刚结束，三人便决计踏着黎明前的黑暗赶回学校，精心组织本校的学生运动。正如中共天津市委党史研究室《愿做方舟渡众生——纪念于方舟烈士牺牲 80 周年》一文中描述的那样：“5 月 6 日晚，天津各中等以上学校的代表在北洋大学举行紧急会议，于方舟（于兰渚）作为直隶一中的代表参加了会议。回校后，他立即组织成立了直隶一中学生救国团，并被推举为团长。”③

---

① 中共天津市委党史研究室：《中国共产党天津历史（第一卷）》，中共党史出版社 2005 年版，第 21 页。

② 谌志笃：《参加五四运动的几点回忆》，见中国社科院近代史研究所编：《五四运动回忆录（下）》，中国社会科学出版社 1979 年版，第 599、600 页。

③ 中共天津市委党史研究室：《愿做方舟渡众生——纪念于方舟烈士牺牲 80 周年》，《天津日报》2008 年 1 月 21 日。

2. 国耻日

1959 年第 9 期《中国妇女》杂志上曾发表邓颖超《五四运动的回忆》，她说："1919 年五四运动时，我才 16 岁，正在天津直隶第一女子师范学校念书。今天谈起 30 年前的往事，由于 30 年不算短的时间和中国革命的曲折复杂经历，已经冲淡了我的许多记忆，现在仅就我能记得的谈谈。"不过，即使在五四记忆被冲淡的情况下，她也能清晰地记起那一年的"五七"国耻大游行——"在 7 日，天津学生就举行了示威"。①

《中国共产党天津历史（第一卷）》和《天津现代学生运动史》也以同样的文字分别记载："5 月 7 日，各学校分别举行了'五七'国耻纪念集会和示威游行。"②

我的奶奶于文郁，是于方舟唯一的女儿。晚年时，她曾对我回忆说，印象中，她的父亲其实是一个性格内敛、少言寡语、喜爱思考、略显腼腆的人。

然而，就是这样一名深沉内敛、文质彬彬的中学生，也在"国耻日"那天，既因那边"蕞尔穷岛"狂徒贪得无厌、霸虐他国的无耻，也因这边北洋军阀政府卑躬屈膝、摇尾乞怜的无耻，竟不得不怒火中烧，不得不拍案而起了！

回到铃铛阁后，他立即提议组织"国耻日"示威活动。

1915 年 5 月 7 日，日本就对华"二十一条"不平等条约向北洋政府提出最后通牒。当时，爱国群众将这一天定为"国耻日"。

李大钊 1924 年曾对"国耻日"做过专门论述："'五七'纪念日。这是日本帝国主义压迫中国，提出致我死命的 21 条款，威迫袁世凯政府，

① 邓颖超：《五四运动的回忆》，见中国社科院近代史研究所编：《五四运动回忆录（上）》，中国社会科学出版社 1979 年版，第 70 页。

② 中共天津市委党史研究室：《中国共产党天津历史（第一卷）》，中共党史出版社 2005 年版，第 22 页；于建：《天津现代学生运动史》，天津古籍出版社 2007 年版，第 40 页。

使之屈服于日本‘哀的美敦’之下的国耻纪念日，亦即是帝国主义压迫我民族的纪念日，这是个国民的耻辱的纪念日。我们在这一天，应该回思过去一切的痛史，以作国民的薪胆，大声疾呼的向国民喊道：‘国际帝国主义是我国民惟一的仇敌！’”①

“国耻日”的于方舟和他所在的省立一中，犹如文天祥笔下的《赴阙》——“壮心欲填海，苦胆为忧天”……

他和他的同学们，誓以卧薪尝胆的意志和精卫填海的精神，去一雪国耻。于方舟、韩麟符、安幸生等“代表们回校后，立即召集各班正副班长，传达在北洋大学开会情况，对天津的行动作了部署。然后由正、副班长负责在各班号召同学一致起来投入爱国运动。各班订了爱国公约，组成各班的小组织，如‘抵东雪五会’‘雪耻救国会’‘救国十人团’等。同时，召集全体同学大会，成立全校性组织，定名为‘直一中学救国团’。”“当时天津中等学校中，学生多，规模大的，除了南开中学外，就是‘津中’了，因此‘津中’在五四运动中成为骨干力量。”②

蜚声海内外的医学科学家朱宪彝也对当时的雪耻救国记忆犹新：“中学时期，我参加了五四运动，当时，直隶一中、南开中学、女子师范等学校，成立了学生联合会，声势很大。我和同学们一起上街游行、演说，反对签订‘21 条’；还到商店检查日货，把检查出的日货堆在街上烧掉。我还参加了包围伪省长公署和警察厅的绝食斗争，声援被捕的爱国青年。这些六七十年前的事，至今仍好像历历在目。”③

“国耻日”的海河两岸和渤海之滨，宛若苏辙笔下的《黄州快哉亭记》——“涛澜汹涌，风云开合”……“5 月 7 日，天津十几个中等以上学校的学生举行了反帝示威游行，于方舟（于兰渚）被推选为游行总指挥”，“他演说时慷慨激昂，声泪俱下，沉痛感人”，“当时，学生们称赞

---

① 李大钊：《这一周》，见中共唐山市委宣传部编：《李大钊诗文选读》，红旗出版社 2004 年版，第 140 页。

② 刘家狻、汪桂年：《回忆母校天津官立中学》，见《天津文史资料选辑》第 27 辑，天津人民出版社 1984 年版，第 114 页。

③ 朱宪彝：《我的中小学时代》，见《天津文史资料选辑》第 76 辑，天津人民出版社 1997 年版，第 268 页。

于方舟（于兰渚）为爱国学生中的‘四大金刚’之一（其他三人为：马骏、郭隆真、安幸生）”。①

也就在那样的一天，天津各学校均“选出了本校代表，计北洋大学为陈泮岭、臧家佑、谌小岑，法商为易守康、李铁钧（即李权）、李少莲（即李燕豪）、李惟果等；南开为马骏、陶尚钊、赵光宸、潘世纶（即潘述庵）等；省一中于兰渚（即于方舟）、韩致祥（即韩麟符）、李宝森（即李震瀛）；汇文中学沙主培等；高工谌志笃、李廉祺（即李希逸）、卢绍亭；水产学校鲍长义、阎树和、黄际云等；省师孙学谦等。”②

中共天津市委党史研究室的纪念文章《愿做方舟渡众生》亦写到：“5 月 7 日，天津学生临时联合会成立，于方舟作为直隶一中的代表出席了成立大会，并且参加了当日学生示威游行的组织领导工作。”③

“国耻日”的神州中国，仿佛陆放翁笔下的《大风雨中作》——“风如拔山怒，雨如决河倾”……

北京：“与会者千余人，该会会场几无立锥之地。当将‘五月七日国耻纪念国民大会’、‘取消二十一款条约’、‘济顺高徐两铁路合同无效’种种旗帜，树诸门前”；

上海：“在西门外公共体育场开国民大会。约计有五六千人”，“嘉定，国耻日，由教育会通知各校，是日各校即开国耻会讲演，列队游行”，“松江学生赵福基演说国耻，声泪俱下，遽啮破食指，血书‘毋忘国耻’四字，以激人心”；

江宁：“5 月 9 日（国耻纪念），南京学界齐集小营操场数千人，开国耻纪念大会”；

扬州：“国耻纪念日，扬城各校，均集生徒，讲演国耻”；

---

① 刘巨才：《于方舟》，见《星汉灿烂 ·〈周恩来选集〉上卷中的烈士传略》，中国青年出版社 1981 年版，第 145、146 页。

② 白眉：《五四运动在天津》，原载《进步日报》1949 年 5 月 4 日，中国社科院近代史研究所编：《五四运动回忆录（续）》，中国社会科学出版社 1979 年版，第 244 页。

③ 中共天津市委党史研究室：《愿做方舟渡众生——纪念于方舟烈士牺牲 80 周年》，《天津日报》2008 年 1 月 21 日。

杭州："9 日晚，之江大学全体学生及华教员，齐集总讲堂内，开国耻纪念大会"；

吴兴："中等各校于 5 月 9 日，齐赴老城隍庙，开国耻纪念大会"；

嘉兴："8 日，由秀州书院学生通告各校，约国耻日齐集城中讲演厅，举行国耻大会"；

绍兴："各校以外交失败，国民同愤，于国耻纪念日，开大会演说"；

长沙："国耻纪念日，值戒严期间，全体各校，俱停课一天，旗上大书'毋忘国耻'，以志不忘"；

安庆："安庆各校学生，自国耻日开紧急会议，通电全国，死争青岛"；

西安："西安学界，国耻日停课一天，并组织学生会，通电北京，力争青岛，营救学生"；

济南："人心愈觉激昂，决定 7 日仍假省议会开国耻纪念大会"……

一名品学兼优的青年学生，就这样将自己的个人命运，义无反顾地融入了民族复兴的时代大潮……

曾经有人质疑那一代或那一批青年的思想选择或主义选择，谓之"偏执"与"偏激"；甚至质疑这个民族的道路选择或理想选择，谓之"偏颇"与"偏向"。

然而，难道我们面对自己民族的奇耻大辱，可以视而不见、麻木不仁、无所作为吗？

难道我们对于中华民族曾经的屈辱，是在夸大其词、固执己见、不弃前嫌吗？

看看那些非利益攸关方的学者是在如何评说的吧！

——"1919 年到 1920 年，在巴黎和会上，中国企图得到援助，但没有成功。它所遭受的耻辱甚至比起在 1839 年到 1842 年鸦片战争中所受到的更深。"①

① [美] 海斯・穆恩・韦兰：《世界史（下册）》，中央民族学院研究室译，生活・读书・新知三联书店 1975 年版，第 1190 页。

——“在完成自身的现代化后，日本开始了向亚洲大陆扩张的生涯。只要看看日本的好战传统，看看它的军事领导人从最古时代起就享有的巨大威望，这一点也就毫不奇怪了。讲究实际的日本领导人得出了这一明确结论：每个民族必须为自己去掠夺，软弱和胆小者将一无所获。一位文职官员表达了如下这一观点：‘如果你不这样做，别人就会占据这块空间。’”①

其实，于方舟在国耻日的当天，就从一个突发事件中感觉到了一些同学的犹豫与彷徨。所以他才饱含激情地写了一组《“五四”竹枝词》，用以鼓舞同学们的斗志。

那么，那究竟是一桩怎样的突发事件呢？

3.《“五四”竹枝词》

发表于《图书馆工作与研究》杂志 2010 年 6 月号的《于方舟的“五四”竹枝词整理研究》，系天津市哲学社会科学规划资助项目研究成果。

该研究认为，刊于 1962 年出版《河北革命烈士史料》第二辑《于方舟同志遗作》中的《“五四”竹枝词》，系“在津门‘五四’爱国运动特定时期创作”，“这些诗句成为我们今天了解于方舟（于兰渚）同志生平和‘五四’运动在天津情况的极珍贵资料。”②

的确，现存 9 首（佚 1 首）冠以“五四”之名的竹枝词，宛若一幅幅微微泛黄的老照片，栩栩如生地定格着天津“五四”运动的诸多重要时间节点和事件节点。

该研究对《“五四”竹枝词》的每一首都与当时的历史事件进行了认真的对接和详实的考证，认为第一首没有涉及具体的历史事件，而是概括

① ［美］斯塔夫里阿诺斯：《全球通史·1500 年以后的世界》，吴象婴、梁赤民译，上海社会科学院出版社 1998 年版，第 488 页。

② 耿华、徐文静：《于方舟的“五四”竹枝词整理研究》，见《图书馆工作与研究》2010 年 6 月号，第 75、76 页。

地写出了"'五四'前夕天津的政治地理状况。"①

这一首也被剧作家赵大民写入了天津人艺的七场话剧《觉悟》。

通过本首的4句28字，可见于兰渚对天津历史、地理、政治现状的精准把握及言简意赅的形象表达。"九河天堑近渔阳，十里鱼盐此水乡。"② 开篇两句以"九河"写天津尽占水陆交通的丰沃，以"渔阳"写天津历史悠远的丰韵，以"鱼盐""水乡"写天津物产的丰饶，也为第三句"海河两岸神州土"的结论作了充分铺垫，而第四句"尽是租界与洋行"则点出了五四运动注定会爆发的根源与诱因，也为此后几首直接描写"五四"事件的诗词唱响了序曲，拉开了帷幕。

作者何以以史入诗？

作者何以以诗绘史？

——"诗是抒情文学，之所以具有史学价值，就是因为它蕴含了家国天下的情怀和价值追求。"③

《"五四"竹枝词》的第二首则直接表现了1919年5月7日天津的"国耻日"大游行。

"于方舟（于兰渚）是这次示威游行的组织者和总指挥之一。游行队伍沿途高呼：'反对巴黎会议！''取消21条！''万众一心打倒卖国贼！'真是，'游行队伍像条龙，行到城角更威风。口号惊天呼打倒，声声深入人心中。'（《'五四'竹枝词》之二），这次游行充分显示了天津人民的觉醒和强烈的爱国激情。"④

我的奶奶明明说过，她的父亲的确是一个不爱说话、喜欢思考的人，然而多种资料却又显示，在五四运动爆发后天津的第一场示威大游行中，于方舟这样一个原本性格内敛、深沉安静的中学生，却担任了组织者和总

---

① 耿华、徐文静：《于方舟的"五四"竹枝词整理研究》，见《图书馆工作与研究》2010年6月号，第75页。

② 此诗句及《"五四"竹枝词》全部诗句，均见耿华、徐文静：《于方舟的"五四"竹枝词整理研究》，《图书馆工作与研究》2010年6月号，第75、76、77页。

③ 郦波：《华夏文明传承的基因密码》，《天津日报》2017年8月21日。

④ 耿华、徐文静：《于方舟的"五四"竹枝词整理研究》，《图书馆工作与研究》2010年6月号，第76页。

指挥。这，多少有些不合逻辑。

实际上，在这看似不尽合理的背后，除却因民族危亡而导致郁积于心底那过于沉重的屈辱感和悲愤感急待爆发迸放、必须仰天长啸、深感义不容辞外，还有一桩比较大的突发事件，将他推上了总指挥的位置。

当时的亲历者谌志笃披露：天津学生临时联合会成立的“次日，临时学联开始行动，但在成立大会上表现十分激昂的会长张鉴暄，却不见面”，究其原因，“据说张鉴暄感到自己暑假就要毕业，出来搞学生会的爱国活动，既担‘风险’，又误‘前程’，所以他退缩了”①。

对于寒窗苦读的学子而言，融入时代洪流冲浪弄潮固然可赞，但如果伫立岸边袖手观潮也无可厚非。不过，一座大城市的首次学生行动就出现了这种主帅临阵缺席的尴尬，也实在有些令人无所适从。然而，毕竟“开弓没有回头箭”，“学生临时联合会的工作乃由马骏及其他各校热心的同学干起来。”② 于方舟就在这种情况下临危受命，成为游行总指挥，并与马骏等共同被同学们誉为“四大金刚”。为了消减同学们因当日行动临阵换帅产生的负面情绪，张扬大家的士气，他便写下了《“五四”竹枝词》之《游行队伍像条龙》。

由于临时学联会长缺职，天津学联不得不立即进行改组。

“14 日下午，天津学生联合会，假直隶水产学校内开成立大会。举定谌志笃（高工）为正会长，马骏（南开）副会长，评议员各校一人。”③

直隶水产学校是中国最早的水产学校。初为直隶水产讲习所，创建于1906 年。1952 年全国高等教育大调整时，这所学校停办，在校学生被转入上海水产学院和山东大学水产系，部分专家教授亦调往上海、青岛。虽然人去楼空，但“水产”作为地名却保留下来，至今这里还有一条“水产前街”。

---

① 谌志笃：《参加五四运动的几点回忆》，见中国社科院近代史研究所编：《五四运动回忆录（下）》，中国社会科学出版社 1979 年版，第 600 页。

② 谌志笃：《参加五四运动的几点回忆》，见中国社科院近代史研究所编：《五四运动回忆录（下）》，中国社会科学出版社 1979 年版，第 600 页。

③ 龚振黄：《青岛潮》，见中国社科院近代史研究所编：《五四爱国运动（上）》，中国社会科学出版社 1979 年版，第 188 页。

就在水产学校的学联成立大会上，于方舟被选为评议员。邓颖超1957年写给冀东烈士陵园的信中曾谈及此事①，而她的同学、当时女界学生运动领袖之一王贞儒也曾证实："5月14日，天津中等以上学校学生联合会正式成立，方舟（于兰渚）为省立第一中学校学生代表之一，被推为学生联合会评议部的评议员和学联会出席天津各界联合会代表之一。"②

虽被称为"评议员"，但在学联中却要代表省立一中数百名学生的心声，因为由评议员组成的评议部及其召开的评议会就是学生联合会的决策机构。时为学生联合会会长的谌志笃介绍："评议部，以每校代表一人为评议员。凡是会内会外的重大问题，首先提交评议部开'评议会'讨论，经过详细研究，求得共同意见，提付表决；如获通过，即由各评议员带回本校向同学宣布，贯彻执行。而不是由会长、副会长个人发号施令，独断专行。就是经过评议会讨论决定的问题，如情况变化，执行困难，也可再提出复议。因此评议会召开的次数很多，讨论时间也长，有时开会到深夜。评议会就是学联内部集体决策机构。"③

于方舟与"五四"时期的天津学生联合会仿佛有着一种形影相随的不解之缘。他此次加入的学联，不仅在天津组织过多次重大斗争，而且在中国近现代史上也书写了不可磨灭的一页，尤其是周恩来主编的《天津学生联合会报》至今影响深远。1920年1月天津学联遭统治当局强行查封。为要求启封学联，于方舟和周恩来在省公署请愿时被捕遭拘长达170天。到1922年于方舟重组天津学联时，已是他考入南开大学之后的事了……

如果能够看到于方舟他们在学联工作的那种难度与压力，就不难理解邓颖超所言"那个时候，不是亲身参加斗争的，对当时情景是不可想象的"其中况味了。

---

① 中共天津市委党史资料征集委员会编：《战斗在天津的共产党人》，天津人民出版社，1991年版，第123页。

② 王贞儒：《回忆五四时期的于方舟烈士》，原载《天津历史资料》1964年第1期，《五四运动回忆录（续）》，中国社会科学出版社1979年版，第262页。

③ 谌志笃：《参加五四运动的几点回忆》，见中国社科院近代史研究所编：《五四运动回忆录（下）》，中国社会科学出版社1979年版，第600、601页。

学联成立仅仅一周后，便迎来了组织全市万名学生首次大罢课的艰巨任务。当时，北京学生继5月5日罢课后，又于5月19日开始二次罢课，并派代表赶赴天津联系声援。“当北京学生二次罢课之次日，天津学生会即召集各校代表，开一紧急会议。当场议决数项，最关重要之事节：（一）决行罢课，以援助北京，而取一致态度。”① 谌志笃曾这样描述当时的情形：“5月22日召开的紧急会议，是讨论响应北京学生要求惩办卖国贼，收回山东权利，实行全体罢课的重大问题。大家反复思考，慎密研究，严肃而紧张地讨论了一天，才作出一致罢课的决议。由于这是天津学生的首次罢课，15个大、中学能否态度一致，坚决执行，学联还没有把握，所以评议会采取了各个代表起立发言，表示态度的办法，以加强代表们的决心和评议会的信心。结果，14个学校的代表（评议员）表示完全负责回校召开全体同学会，贯彻执行学联的罢课决议，只有私立法政学校代表当时不敢负责，未表示态度。但次日法政学校同学不肯后人，也参加了罢课。总共罢课人数约有万人，轰动全国各地。”②

作为省立一中的代表，于方舟不仅掷地有声地表明了积极参与罢课的决心，还参与制订了实施罢课的具体办法：“1. 罢课后，各校学生除有特别事故者，不许离校；2. 发行日刊；3. 组织通俗讲演团；4. 组织调查团，与商界联合，调查中日货物之产地商标；5. 组织义勇队；6. 组织新剧团，借以唤醒人民”。“本埠罢课之15学校，每日各（讲演）团，游行讲演……每校作为一团，每团共分若干大队，每队分为若干组，每组分为若干人。惟每人出发时，必须配带徽章，盖以演讲科图记……另有娴于武术者数十人，担任保卫各团员之事务……每日讲演成绩，由各校团长于下午5时，具函报告总团长。”③

正是在天津有史以来第一次轰动全国的大罢课、大讲演中，于方舟写

---

① 龚振黄：《青岛潮》，见中国社科院近代史研究所编：《五四爱国运动（上）》，中国社会科学出版社1979年版，第189页。

② 谌志笃：《参加五四运动的几点回忆》，见中国社科院近代史研究所编《五四运动回忆录（下）》，中国社会科学出版社1979年版，第600、601页。

③ 龚振黄：《青岛潮》，见中国社科院近代史研究所编《五四爱国运动（上）》，中国社会科学出版社1979年版，第190页。

出了这样通俗易懂的诗句：“既无刀来又无枪，爱国演说血满腔。会旗插在浮桥上，百万同胞骂杨梆。”（“杨梆”，即当时警察局长杨以德的绰号。无独有偶，不独于方舟如此戏称，在纪念五四运动 60 周年的座谈会上，邓颖超也讲“天津杨帮子即杨以德镇压学生，后来全国都起来了”①。）研究表明，《“五四”竹枝词》之《爱国演说血满腔》，真实生动地描述了这一时期的学生运动。正如罢课次日《益世报》报道的那样：“本埠各学校自罢课后，共推举擅长演说之学生七八百人分往各处讲演……振刷精神，苦口劝导，唇焦舌敝，终无倦容，尤足令人起敬。”②

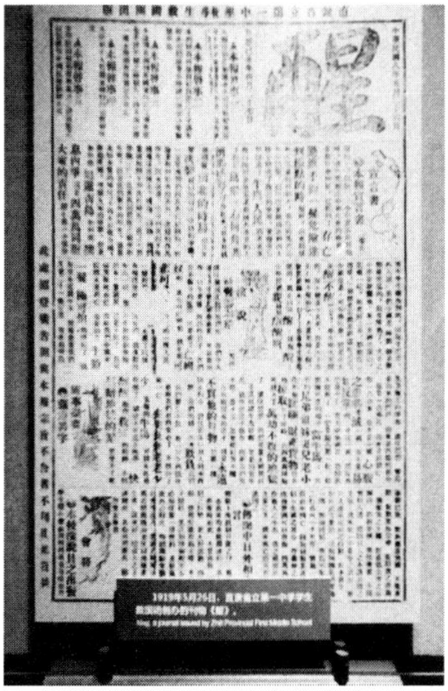

直隶一中出版的《醒》报

举凡能够生动表现真实生活的文艺创作，其真知灼见无疑均来自生活深处的邃密体验。于方舟关于爱国讲演的诗句，不仅得之于他亲身投入讲演的切实感受，还由于他担任学联评议员和学校救国团团长亲自组织了这些讲演。在他的精心组织下，省立一中的讲演活动风生水起：“5 月 23 日，天津中等以上男女学校举行罢课。在罢课期间，同学们每日仍照常到校，加入演讲队，分路出发演讲，甚至去郊区四乡演讲，散发传单，参加各种宣传活动。我校积极参加了公民大会、国民大会及各次请愿。”③

“5 · 23”罢课开始后，“为了更充分地发动和组织广大青年投入五四反帝爱国斗争，以于方舟为首的直隶一中学生救国团还创办发行了《醒》报，强烈谴责帝国主义列强侵略中国

① 《五四时期老同志座谈会记录》，见《五四运动回忆录（续）》，中国社会科学出版社 1979 年版，第 5 页。

② 《益世报》1919 年 5 月 24 日。

③ 刘家狻、汪桂年：《回忆母校天津官立中学》，见《天津文史资料选辑》第 27 辑，天津人民出版社 1984 年版，第 114 页。

的劣行，号召四万万同胞团结起来，‘作拯救祖国的斗争’”①。据刘家狻、汪桂年回忆：“在‘五四’运动开展后，我校救国团编辑部出版《醒报》，先为周刊，后为三日刊，每日由各班同学售报，销数每期由数百份，增加到五六千份。主要登载爱国运动新闻报导和宣传材料。它与《天津学生联合会报》、《南开日刊》，均为‘五四’时期受广大群众欢迎的刊物。”②

如今，刘家狻和汪桂年所说的这3种报纸，都作为历史文物静静地陈列在天津觉悟社纪念馆。

在该馆第一展室迎面右侧，并排陈列着3块展版——左边展出的，是1919年5月26日出版的《南开日刊》；右边展出的，是《天津学生联合会报》主编周恩来与编辑潘世纶的合影；中间展出的，则是1919年5月26日出版的《醒》报第一号。

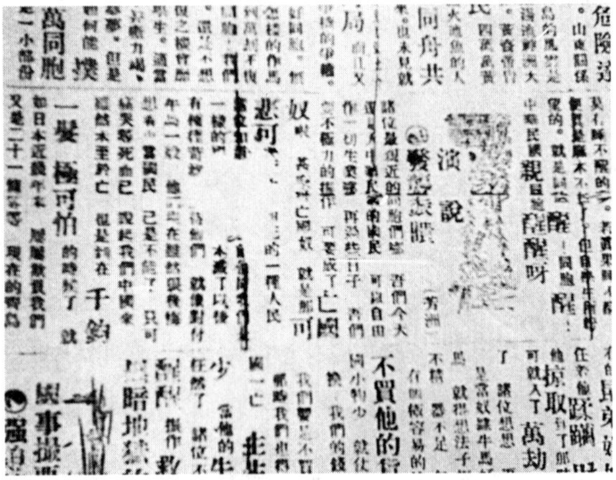

于兰渚发表于《醒》报的文章《振聋发聩》

报纸顶端的横线以上，通栏刊印着“直隶省立第一中学校学生救国团出版”的标示。标示之下，是一个硕大的行楷“醒”字，是为该报之名。“醒”字报头下的《本报宣言》指出，由于帝国主义加紧侵略，中国已经到了“千钧一发，危险达到极点的时候”，“眼巴巴金城汤池、神州大陆要变成了腥膻的世界，黄裔帝胄要变成了牛马人氏，四万万黄种同胞都是危巢累卵、城火池鱼的人了”，但在这危急时刻，北洋军阀政府却“卖国的卖国，争权的争权，一定要将我们四万万的好同胞”“必弄到万劫不复的地位”，《宣言》呼吁全国同胞作万众一心、同舟共济的斗争。全版居中位置，刊发了一篇“演说”，这就是于方

① 中共天津市委党史研究室：《愿做方舟渡众生——纪念于方舟烈士牺牲80周年》，《天津日报》2008年1月21日。

② 刘家狻、汪桂年：《回忆母校天津官立中学》，见《天津文史资料选辑》第27辑，天津人民出版社1984年版，第115页。

舟的《振聋发聩》。

尽管由于这份文物报纸已有残缺，于方舟这篇以“芳洲”署名发表的《振聋发聩》个别字句已出现丢失，但是，我还是将其尽可能完整地抄录下来了——

诸位最亲近的同胞们哪，吾们今天还是大中华民国的国民，可以自由地作一切生业哪。再过些日子，吾们要不极力的振作，可要成了亡国奴啦！

什么叫亡国奴？就是那可悲可怜的一种人民。诸位知道高丽……。说起我们中国来，虽然未至于亡，也是到在千钧一发极为可怕的时候了。就如日本近几年来，屡屡欺负我们，又是21条等等；现在的青岛，又是极力的争取。

诸位想想，青岛是山东的门户，山东是内部的省份，他一占山东，岂不是中国心腹之患吗？要灭中国，岂不是易如反掌吗？

中国一灭，诸位再想今日当大中华国民，恐怕万不能够了，一定要跟高丽一样，给那极可恶的矮子当牛马了。所有的昆弟姐妹妻儿老小，任着他蹂躏；财产货物，任着他掠夺；到了那时，我四万万同胞可就入了万劫不复的地狱了。

诸位想想，吾们是当大国民好，还是当奴隶牛马好呢？

要是怕当牛马，就得想法子振作。但是，我们兵不精，器不足，怎么能制那小丑？有个极容易的法子，就是永远不买他的货物！想那小丑，国小物少，就仗着弄点欺人的东西，换我们的钱，再来欺负我们。我们要是不买，他一定全国饿死。那时我们也得安心了。不然到了国一亡，生生世世老老少少，当他的牛马，可就哭死也枉然了！

诸位不可还在睡梦！

快醒醒，振作救国的精神！

不然，黑暗地狱的罪，要受不了呢！

言必信，行必果。

于方舟在省立一中所精心组织的这些活动，无疑都能同他在学联评议会上认真参与的那些策划，实现了不打折扣的无缝对接！

就在那个民族临侮的危难时刻，于方舟时而奋笔疾书，时而慷慨陈词，时而振臂高呼，时而拍案决策，拓展着人生历练，增长着才华才干，快速地成长成熟……

《中国共产党的九十年（新民主主义革命时期）》一书在《五四运动：新民主主义革命的开端》一节中特别强调："这时，一个重要的事实发生了：中国工人阶级开始以独立的姿态登上政治舞台。"① 这一"重要的事实"亦被于方舟敏锐地捕捉到，并引起了他的关注、思考和讴歌。作为一名学生，于方舟不仅在《"五四"竹枝词》中热情洋溢地写到了天津的学生运动，同时还难能可贵地用了很多笔墨去关注"五四"运动中的工人。

那么，他是如何描写工人的？

对于工人运动的关注，又会对他后来的革命生涯产生怎样重要的影响呢？

4. "罢工工人桥上走"

自 1918 年年底《每周评论》一出现，于方舟便对它产生了浓厚的兴趣。因为，《每周评论》"主张公理，反对强权"的宗旨在发刊词中有着明晰的表述："第一不许各国拿强权来侵害他国的平等自由。第二不许各国政府拿强权来侵害百姓的平等自由。"而这两个"平等自由"正是于方舟从儿时便开始产生的向往。

不久，他便在《每周评论》的第 3 号上，读到了李大钊为该号 1919 年元旦写的社论《新纪元》。其中这样一些文字引起了他的注意："从今以后，生产制度起一种绝大的变动，劳工阶级要联合他们全世界的同胞，作一个合理的生产者的结合，去打破国界，打倒全世界资本的阶级"，"那些少数掠夺劳工剩余的强盗，都该匿迹销声了"！②

而第 12 号一篇署名"明明"的《唐山煤厂的工人生活》的文章，则

---

① 中共中央党史研究室：《中国共产党的九十年（新民主主义革命时期）》，中共党史出版社、党建读物出版社 2016 年版，第 19 页。

② 李大钊：《新纪元》，见中共唐山市委宣传部编：《李大钊诗文选读》，红旗出版社 2004 年版，第 181 页。

从情感上激起了他对劳工的关注。因为他的家乡距唐山很近，因为他与唐山人有着共同的乡音，还因为唐山就有他的亲戚，而唐山煤厂——“开滦矿务总局”的办公大楼就建在他所读书的天津。这篇文章详细介绍了工人的劳动条件、工钱收入等情况，勾勒出工人的悲惨命运：“工人的生活，尚不如骡马的生活；工人的生命，尚不如骡马的生命了。”①

到了4月份，他又在《每周评论》“名著”专栏的推荐语中见到了“各地的劳工联合”的字眼。这次推荐的名著是《共产党宣言》里的一章《无产者与共产党人》。

从蔡元培喊出“此后的世界，全是劳工的世界”②，到李大钊预言“今后世界的人人都成了庶民，也就都成了工人”③，再到“劳工阶级”“劳工联合”“无产者”——在不到一年的时间里，这些崭新的词汇便密集地闯入了他的心中，引起了他的思考……

于是，曾经在太多苦难与黑暗中萌生的那个最简单、最天真、最善良的愿望——让穷人不再受苦，让弱者不再受辱——开始向着改造社会的方向拓展……

就全国而言，天津的工人不但出现得早，且数量亦多。“五四”这一大事件，也激起了他们对于国家生与死、民族兴与衰的关注。

于方舟发现，1919年5月9日的《益世报》便开始有了对天津工人的采访：“我等劳动之人，但愿中国不亡，多出些气力何妨!”④“街谈巷议中，工人群众对日本妄图强占我国山东极其愤慨，纷纷表示要抵制日货，以实际行动打击帝国主义。随后，贫苦的工人群众为爱国运动慷慨捐助。”⑤

---

① 李大钊：《唐山煤厂的工人生活》，见中共唐山市委宣传部编：《李大钊诗文选读》，红旗出版社2004年版，第109页。

② 蔡元培：《劳工神圣》，见《新青年·精选本（中）》，中国书店2012年版，第130页。

③ 李大钊：《庶民的胜利》，见《新青年·精选本（中）》，中国书店2012年版，第130页。

④《益世报》1919年5月9日。

⑤ 中共天津市委党史研究室：《中国共产党天津历史（第一卷）》，中共党史出版社2005年版，第24页。

5 月 10 日的报端，又出现了天津工人发起组织“救国十人团”的消息——每十人为一团，推“团代表”一人；十个团推“十代表”一人；百团、千团亦均推“百代表”“千代表”一人——为救国“不买日本货物，不用日本纸币，有款不存日本银行，墙壁不贴日本广告”，“提倡国货，倡办储金，振兴实业”。① 由此，于方舟感到，天津的工人不仅爱国热情很高，组织能力也很强，做起事情来效率也高。

“5. 23”大罢课开始后，7000 多名码头工人也高调宣布罢工，拒绝装卸日货，郑重宣布：“此后如再有日货进口船只抵埠时，无论其出若干代价，不许为之雇佣卸载，如有违背者，从重议罚”。② 同时，货栈工人也开始抵制日货，不给日商存储货物。这些报道，犹如“重磅炸弹”令于方舟惊叹不已，他没有想到，一旦工人团结起来，竟能产生如此巨大的力量。

于是，他将工人们的爱国热情、组织能力、团结的力量，用竹枝词的形式记录下来。正如《于方舟的“五四”竹枝词整理研究》所言：“天津的码头工人和铁路工人也拒绝装卸日货，宣布罢工。于方舟（于兰渚）对此慷慨歌颂道：‘丁字沽也柳万条，澎湃流水过红桥。罢工工人桥上走，愤怒如同午时潮。’（《‘五四’竹枝词》之四）。又：‘三岔河口水如梭，千流百汇入海河。天津同胞真爱国，宋朝义与李凤和。’（《‘五四’竹枝词》之五）这宋朝义与李凤和即是当时很活跃的两名工人代表。后来李凤和同志也加入了中国共产党，成为了天津地委的工作人员。”③

当然，可以令一名中学生感受到的威力，肯定同样可以令统治者感觉到威胁。

工人运动的兴起，使北洋军阀当局惶恐不安，从 5 月 25 日便开始实施一系列镇压政策。6 月 3 日那天，北京军警突然抓捕学生 170 余名。当晚，北京学联代表抵津求援。天津学联立即将此情况电告上海，并于 6 月

---

①《益世报》1919 年 5 月 10 日。

②《益世报》1919 年 5 月 31 日。

③ 耿华、徐文静：《于方舟的“五四”竹枝词整理研究》，《图书馆工作与研究》2010 年 6 月号，第 76 页。

5 日集会声援北京。对此，《益世报》记者曾有报道：“5 日上午 10 时，记者闻知学生联合会欲全体出发游行讲演，并赴省公署及商会，要求电请政府，释放北京之被拘学生，因而各校学生皆集于南开……向国旗行三鞠躬礼，礼毕，奏乐，升爆三响。遂读宣誓书：（一）誓保国土；（二）誓挽国权；（三）誓雪国耻；（四）誓除国贼；（五）誓共安危；（六）誓同终始。宣誓毕，时间已至 12 时，正欲下令出发，盖此时警察已将南开学校四面包围，均荷枪实弹，上刺刀如临大敌矣。”① 最终学生虽冲出包围抵达省公署，但其要求仍遭当局拒绝……

第二天，6 月 6 日的省立一中大门两边各出现一座“岗楼”。“各校门前派来武装警察，左右各扎哨棚一座，昼夜看守。门禁森严，禁止出入。”②

6 月 7 日，各校虽仍不得集体出校游行，但已允个人出入。于方舟便趁机潜出学校，向着法租界的一座城堡式建筑奔去。

“各校代表先后进入法租界新学书院，连夜召开紧急评议会，商讨对策。大家十分愤怒，决定予以反击，战术是‘化整为零’。”③

新学书院于新中国建立后改为天津 17 中，虽然那座城堡式的建筑已在 1976 年的大地震中损毁，但是，直到 2013 年，还有人记得“天津学生联合会曾借‘新学’礼堂开过重要会议”。④

根据学联评议会“化整为零”的战术，于方舟组织省立一中同学分散出校，每人身怀传单，袖藏小旗，陆续抵达北马路、东马路，待骑自行车、背插国旗的童子军飞驰而来，便三五成群集中起来，全校集合，再同其他学校会合。到下午一点，数千名学生排成雄壮队伍，从北马路开始，绕至东北城角，经大胡同，过金刚桥，终于在直隶省长公署前，迫使省长曹锐准予在河北公园（即现中山公园）召开公民大会。

---

①《益世报》1919 年 6 月6 日。

② 谌志笃：《参加五四运动的几点回忆》，见中国社科院近代史研究所编：《五四运动回忆录（下）》，中国社会科学出版社 1979 年版，第602 页。

③ 谌志笃：《参加五四运动的几点回忆》，见中国社科院近代史研究所编：《五四运动回忆录（下）》，中国社会科学出版社 1979 年版，第602、603 页。

④ 李海涵：《天津新学书院旧闻》，http：//blog. sina. com. cn/u/219529674/。

“9日下午一时在公园开公民大会，到会者4万余人。至则见大门之上横悬‘公民大会’4字，左右张贴‘挽回利权’‘力争青岛’‘维持国货’‘有志竟成’‘惩卖国贼’‘振兴实业’等字样。”① 这是《益世报》对河北公园公民大会外景环境的描写。大会开始后，首先由学生联合会副会长马骏致词：“本日开会最关紧要者，有两种目的：一为要求商会罢市，电请政府严惩卖国贼，以平民怒；一为保护各省爱国学生，不得妄加蹂躏。倘政府无正当办法，誓死不能开市、上课。”

为确保商界能够立即罢市，于方舟和学生联合会正、副会长谌志笃、马骏等七人，还在大会进行之中就匆匆赶往天津总商会。

时任天津总商会秘书长的夏琴西在《天津商界两次罢市纪要》中写到：“天津总商会接受了马骏代表公民大会的意见之后，遂于1919年6月9日召开了行会董事紧急会议，决定于6月10日罢市。”并拟定布告：“查现在天津学生商民聚集数万人，开公民大会。对于外交失败众情愤慨，首要惩办卖国贼曹汝霖、陆宗舆、章宗祥，以除奸害，安定国家。惟有罢市作最后要求。本会鉴于人心趋向，局势威迫，当即召集行会董事会议，决定自明日起罢市。望各商号一律照办，以待政府解决。切切此布。民国八年六月九日。”但是，“亲日派军阀天津警察厅厅长杨以德预得消息，亲自打电话，向商会声明，由于我当时是天津总商会秘书长，他就打电话对我说：‘琴西，你可别出布告罢市。如果你们出布告罢市，我就撤去岗警。治安，由你们负责。’”②

杨以德，一个非常强势的铁腕人物，办事果断，令行禁止，效率颇高。他自然明白，天津作为中国北方最大商埠，一旦以罢市催迫“政府解决”“惩办卖国贼”，将会给当局造成极大压力。而如果警察厅真的撤去所有岗警，恶名远扬的天津“混混儿”们当真在商号大行偷盗抢掠、打砸损毁，总商会也背不起扰乱社会秩序的罪名，也不得不瞻前顾后，早打退堂鼓。

---

①《益世报》1919年6月10日。

② 夏琴西：《天津商界两次罢市纪要》，见《五四运动回忆录（续）》，中国社会科学出版社1979年版，第256页。

果然，杨以德的“杀手锏”一经亮出，马上触到总商会的“软肋”，开始显露知难而退之意。一时间，在公民大会数万人面前所宣布的罢市，很可能就会成为泡影；而统治当局一旦消减了压力，就会对爱国群众更加强硬。

就在天津首次罢市面临瓶颈甚至夭折的关键时刻，于方舟急中生智，令事态化险为夷。据学生联合会会长谌志笃回忆：“学联接到这个消息，连夜开评议会商讨。官立中学（省立一中）评议员于兰渚提议：把各校童子军集合起来，维持秩序，代替警察站岗。大家赞成这个办法。6 月 10 日早晨，商界执行了商会的决议，所有大小商店都不开门，罢市实现了。这天，站岗的警察一个也不见了，他们奉命以‘罢岗’来抵制罢市。学联组织的各校童子军穿着黄色制服，手持木棍，在街上指挥行人，维持秩序，一天未发生事故。我们对警察厅威吓的斗争，完全取得胜利；杨梆子（杨以德绰号）可耻的企图，完全破产。”① 夏琴西也在回忆录中大加赞赏：“在罢市当中，童子军分布值岗，庄严郑重、秩序井然。”②

于方舟参加的这次天津罢市斗争，对于罢免亲日派卖国贼的职务、取得全国五四运动取得阶段性胜利，起到了非常关键的直接的推动作用。诚如《中国共产党历史（第一卷）》所总结的那样：“运动的迅猛发展，特别是工人罢工呈扩大的趋势，使资本家和政府当局惶惶不安。天津总商会致电北京政府指出：‘查栖息于津埠之劳动者数十万众，现已发生不稳之象，倘牵延不决，演成实事，其危厄之局，痛苦有过于罢市者，恐市面欲收拾而不能矣。”（原注：《晨报》，1919 年 6 月 12 日。）北京政府慑于人民群众的愤怒和威力，于 6 月 7 日被迫释放被捕学生，10 日罢免亲日派卖国贼曹汝霖、章宗祥、陆宗舆的职务。这是五四爱国运动的一个胜利。”③

听到曹、章、陆被免职的消息，于方舟不禁想到了自己所写的那两首

---

① 谌志笃：《参加五四运动的几点回忆》，见中国社科院近代史研究所编：《五四运动回忆录（下）》，中国社会科学出版社 1979 年版，第 603、604 页。

② 夏琴西：《天津商界两次罢市纪要》，见《五四运动回忆录（续）》，中国社会科学出版社 1979 年版，第 256 页。

③ 中共中央党史研究室：《中国共产党历史》第一卷上册，中共党史出版社 2002 年版，第 41 页。

货的故事。

就在这许许多多“抵制日货”的生动故事中，于方舟以极大的热情提炼出了“标语条条贴家家”“不买日货救国家”的小诗。

而另外一首关于抵制日货的竹枝词，则完全是他领导天津“抵制日货”斗争的自我写照：

开开铺面白了天，忽然进来跪哭团。

先听演说亡国惨，就是铁人也辛酸。

这首诗的背景资料是这样的：“各界联合会为了督促各商号贯彻执行抵制日货办法，特派出调查员多人分批到各行业进行抽查。对于个别顽固不化的商民，采取动员说服的方法，组织一批跪哭团，由学联会委员于方舟领导。团员都身穿白孝服，手拿哭丧棒，专到那些顽固商家去哭劝，来感动他们。每当跪哭团到那一家商店门前，群众们也都围满了门，群众还都高呼：‘奸商们，拿出天良来吧，别再卖日货啦。’跪哭团去那一商店，如果不达目的是不会走的。这种办法实行以后，很起作用，同时更激动了各商号店员的爱国心情，帮助跪哭团来向本号经理劝导，不再售卖或批订日货。”①

刘清扬在回忆跪哭团的活动时说：“抵制日货，关系着每一个人的爱国意志和实际行动，对日本帝国主义的侵略是一个严重打击。可是那些视财如命的奸商，还偷偷地贩卖日货。为了劝告奸商停止贩卖日货，参加爱国运动，所以商学团体共同组织了救国十人团和跪哭团，领导抵制日货运动。跪哭团团员们都身穿白孝服，手拿哭丧棒，到那些顽固奸商家里去，揭发他们偷贩日货的勾当，劝阻他们拿出良心来不卖日货。同学们爱国的激情和意志，激励了店员们和学生在一起劝阻店主贩卖日货。抵制日货运动从店员们参加后，更加深入了。”②

《于方舟的“五四‘竹枝词整理研究》也注意到了《忽然进来跪哭

---

① 马惠卿：《五四运动在天津》，见中国社科院近代史研究所：《五四爱国运动》，中国社会科学出版社 1979 年版，第 557 页。

② 刘清扬：《觉醒了的天津人民》，见《五四运动回忆录（下）》，中国社会科学出版社 1979 年版，第 546 页。

团》的创作背景："于方舟（于兰渚）当时组织了'救国跪哭团'，在抵制日货、激发民众爱国热情方面起了巨大作用。当时都说'谁人不识于兰渚，奸商最怕跪哭团'。"①

直到2017年，近一个世纪前的"跪哭团"故事，竟然还在天津百姓中经久不衰地流传，还能见诸天津的报端："'奸商最怕跪哭团'，这是民国年间流行于天津卫老百姓的一句口头语。"当时，"大多数商家能够恪守大义，严格自律。但少数唯利是图的奸商，虽然表面上表示拒售日货，却阳奉阴违，仍然与日商暗自勾结，这种情况被爱国的店员们发现举报。在对其说服劝阻毫无效果的情况下，一种特殊的方式——'跪哭团'应运而生了。天津各界联合会调查股长王卓忱、学联领袖于方舟（于兰渚）、回教代表时子周，组织了以直隶官立一中学生为主体的天津'跪哭团'。其目标直指见利忘义、口是心非、与日商暗自勾结、顽固不化的少数奸商……跪哭团一边哭一边念叨：'我的大老板，小日本儿的刀都架到咱脖子上啦，你还替他卖货呀？国家要是完了，你还要钱有嘛用啊！'"②

谁能想到，那个性格内向，沉默寡言，学业优秀，看上去总有几分腼腆的青年学子，竟然有一天会以这样的形象闻名于天津这座大商埠。

也有人认为，以"跪哭团"的形式抵制日货，不免失之过激与极端，甚至对当年抵制日货这一行动本身都加以诟病，认为是年轻人的盲目冲动而为。

但是，曾先后在京师户部、工部及法部任职，官至三品的天津总商会会长卞荫昌，1919年时已是年过半百的老人，53周岁了，不仅在罢市中屡向北洋政府致电，成功地迫其紧急议决免去曹、陆、章三卖国贼之职务，而且在那个火热的夏天积极倡导抵制日货——"7月，各同业公会与各商号响应。木商同业公会、绸缎布匹棉纱同业公会、灰煤商、海货商、广货杂货栏杆颜料各商号、五金铁行公会，茶叶商、麻袋行商、洋纸商公会等纷纷制定抵制日货简章，并议定了购买日货者罚的条款"。"7月8

① 耿华、徐文静：《于方舟的"五四"竹枝词整理研究》，《图书馆工作与研究》2010年6月号，第76页。

② 张德昌：《奸商最怕"跪哭团"》，《今晚报》2017年7月15日。

日，鉴于日本国内粮食匮乏，中国各省水旱频仍，米珠薪桂，而亡国惨剧迫在眉睫，商会致函三津磨房公所、米业公益研究会、转运公司和各斗店，对内对外米粮禁止出洋，尤其不得卖与日商。至8月6日天津商会又向各行董事发出密函：自15号以后不得再订日货，不得再开售卖日货之商店。”

对此，日本驻天津领事居然出言不逊地致函北洋政府农商部次长，对卞荫昌抵制日货、担任商界“救国十人团”团长等言行大为不满，反客为主地提出“今欲其即行退职”。

农商部除向卞荫昌转发日本领事信函外，还告诫他“以商会为法定机关，会长副会长为群商领袖，一举一动为外人所重视。务希慎重相处，勿令发生重大交涉，致令政府难于应付。”

卞荫昌和天津总商会立即对日本领事的无礼和中国官员的无理分别予以痛斥。他在给农商部的复信中说：“该日领对于友邦法团无端干涉，任情污蔑，种种轻慢言词，殊与国际体面攸关。”天津商会在致国务院、外交部呈文中正式声明：“查领事无直接与中央交涉之权，更未经我国外交当局而径函农部次长之理，似此乖谬行为，若不及时抵抗，恐将来我国商会机关有全为媚日者充满之虞”，应依照国际惯例“转请日政府将该领事撤换”。①

坐落于北马路上的天津总商会距省立一中很近，是于方舟非常熟悉的地方。1919年五四运动爆发，这里便成为天津爱国学生及各界群众集会的场所。天津学联经常在这里开会和活动，许多爱国群众团体，如天津各界联合会、新学联的成立大会和国民大会筹备会议均在这里召开。“当时的学联执行科长周恩来等，曾在这里与商会会长共商抵制日货办法。天津各界群众慰劳赴京请愿代表和欢迎被捕入狱的周恩来、马千里、马骏、郭隆真、于方舟（于兰渚）等20余名爱国志士经斗争胜利出狱的大会也是在这里举行的。”② 由于总商会地处闹市中心，又是公共建筑，还与省公

① 任云兰：《急公仗义的天津商界领袖卞荫昌》，《天津文史资料选辑》第109辑，天津人民出版社2007年版，第126、127、128、129页。

② 中共天津市委党史研究室编：《红色印迹》，中共党史出版社2007年版，第21页。

署及警察厅临近，因此，五四运动期间，总商会成为名副其实的天津各界爱国人士开展反帝爱国运动的中心，在这里开展的反帝爱国集会斗争不计其数。

正是在这不计其数斗争故事的所见所闻和亲力亲为之中，于方舟的《“五四”竹枝词》之《不买日货救国家》和《忽然进来跪哭团》便如喷泉般骤然咏出。而那些对抵制日货加以诟病的先生们，尽可听一听一位并不过激的中性学者是怎样使用词汇的——“中国因 1917 年对德宣战与以后派遣劳工服役于战场，已站在战胜国一边，并且因为宣战而早已卸除了对德的条约关系。可是在凡尔赛，中国不仅无法分得任何胜利后果，反要将本身领土之完整作为特权转让去满足另一战胜国，这是前所未有的例子，也更令人发指。”①

愤睹“前所未有”之奇耻大辱，怒视“令人发指”之卑劣行径，还不容受辱受损受屈受掠者挺身而起、仰天长啸吗?

令人不可思议的是，当一向温文尔雅的于方舟，终于忍无可忍地仰天长啸的时候，却遭到了这个国家政府的拘捕。

就在那个赤日炎炎的盛夏，19 岁的他，被第一次投入囚室。

---

① 黄仁宇:《中国大历史》，生活·读书·新知三联书店 2002 年版，第 272 页。

第四章　铃阁新生

1. 从《邓颖超书信选集·致于文郁》说起

1998 年 3 月 5 日，敬爱的周恩来总理百年诞辰。

此前一周，坐落于天津水上公园北侧的周恩来邓颖超纪念馆于 2 月 28 日隆重开馆。

开馆的那一天，奶奶拿出一封信让我们看："这是邓大姑给我的信！"

"邓大姑？"我们谁也没听奶奶提起过。奶奶虽系烈士子女和离休干部，却从不张扬因父辈友谊而与周恩来、邓颖超、彭真等国家领导人保持联系的事情，即使在自己子女面前亦如此。

见我们诧异，奶奶解释说："就是邓颖超啊！我都叫她们大姑，王贞儒是王大姑，江韵清是江大姑，邓颖超就是邓大姑！"

后来我才知道，奶奶口中的这三位"大姑"，其实是中共天津市委最早的三位妇女部长。

奶奶说："我年轻的时候，邓大姑给我写过好多信呢！因为'文化大革命'中受冲击，下放农村，到处搬家，就都失散了……现在就剩下这惟一的一封了！"

那是一封竖写格式的长方形牛皮纸信封。收信人地址和姓名写着"天津专区武清县妇联会于文郁同志收"，寄信人地址是竖着印上去的一行蓝色魏碑体"中华全国民主妇女联合会"，在这行印刷字边，有手写的一个繁体"鄧"字。

信笺，是两页竖写的繁体硬笔行书，有一气呵成的流畅，更鲜明的特色则是苍劲有力。算起来，那一年邓颖超也不过 49 岁，但行笔的纯熟和笔力的遒劲，毫无所谓女性的纤细。最后落款签名的下方，为一枚篆体阴刻的名章。

3 月 5 日，周恩来总理百年诞辰那日，奶奶将这封信捐赠给了周恩来邓颖超纪念馆。

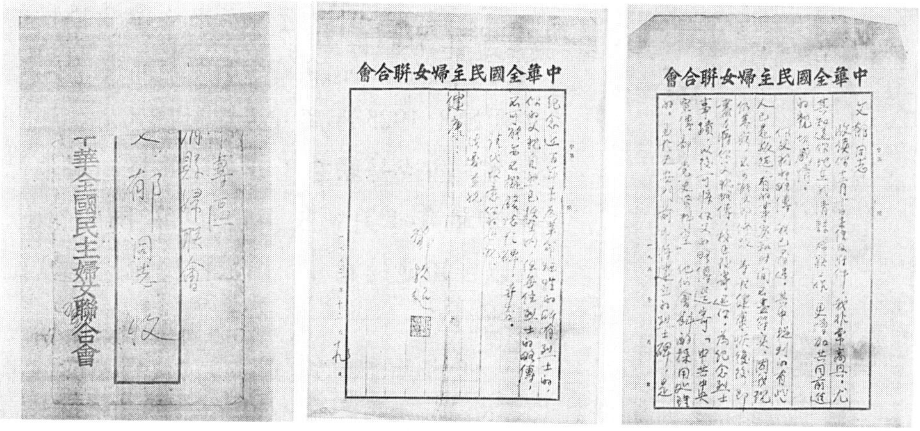
中華全國民主婦女聯合會
文郁 同志 收

中華全國民主婦女聯合會

中華全國民主婦女聯合會

邓颖超致于文郁书信原件

1999 年 12 月由中共中央文献研究室第二编研部将此信收入了《邓颖超书信集》一书。正如“出版说明”所言，这封信和其他信件一样，从中可以感到邓颖超那“总是把温暖和关怀留给他人的美德，给人们留下了极其深刻美好的记忆”①。

该信可以让我们获得很多信息：

一、信中写到：“文郁同志：收读你 12 月 10 日来信及附件，我非常高兴。尤其知道你现在武清县妇联工作，更增加共同前进的亲切感情。”②从中可以得知，于文郁是 1953 年 12 月 10 日写的信，当时从武清县寄信到北京至少需两至三天的时间，还不知写信后是否马上发了出去；而工作人员收到信件后，因为不是“急件”，所以也可能不会在第一时间送交收

①《邓颖超书信选集》，中央文献出版社 2000 年版，“出版说明”第 1 页。
②《邓颖超书信选集》，中央文献出版社 2000 年版，第 118 页。

信人；但是，邓颖超的回信时间是12月19日——几乎是收到信后没有任何耽搁便立即复信。由此可以感受到她对于方舟女儿关怀之深切。

二、信中提到“等我健康恢复后，即尽力将你父亲略传校正后寄还你”①。由此可以看出当时邓颖超是抱病写的回信，同时她还将亲自校正于方舟的略传。从中可以感受到她对于方舟这位早年战友的重视程度之深切。

《邓颖超书信选集》封面

三、信中还写道：“天安门前即将建立的烈士碑，是纪念近百年来为革命牺牲的所有烈士的，你的父亲自然包括在内。”②说明她于1925年离开天津赴广州后，还一直在关注或是联系于方舟，并且知道他已在1928年1月牺牲，成为共和国的烈士，所以告知他的女儿，国家已建纪念碑在纪念他们了。

四、信的最后写道：“请代致意你的母亲。”③ 看得出，她一直在关心着于方舟的夫人和女儿，并且也知道于方舟的夫人当时是和她的女儿生活在一起，那么，邓颖超年轻时确实是认识于方舟的夫人的。

从1919年到1925年，邓颖超与于方舟曾在天津共同战斗过六年。这段时间在她70多年的革命生涯中仅占不到十分之一。但她却在以后的日子里多次提到于方舟，其中已在正式出版物中查到的有四次：

第一次见于1941年5月4日的重庆《新华日报》：“于方舟（又名兰渚，后在领导玉田农民斗争中牺牲）。”④

第二次是1959年接受天津市革命史编纂委员会访问时说：“从警厅第

①《邓颖超书信选集》，中央文献出版社2000年版，第118页。
②《邓颖超书信选集》，中央文献出版社2000年版，第118页。
③《邓颖超书信选集》，中央文献出版社2000年版，第118页。
④ 邓颖超：《漫话五四当年》，原载重庆《新华日报》1941年5月4日第3版，为该报记者记录整理稿，《五四运动回忆录（下）》，中国社会科学出版社1979年版，第528页。

二批释出被拘捕的代表于方舟同志，他是五四运动的领导人之一，是官立一中的学生”。“于方舟是新生社中心领导人之一，他经过五四新思潮的影响，便成为我们那批人当中入党最早的一个，是天津党组织最早的成员之一，天津党组织当时叫天津地委”。“于方舟同志，在土地革命时期领导玉田暴动后牺牲。”①

第三次见于1959年第9期《中国妇女》：“还有天津另一个先进学生小团体的社员于方舟同志，在土地革命时期领导玉田暴动后牺牲。想起他们不仅引起了我对他们和无数革命烈士们的哀思和敬意，也充满着对敌人的仇恨。我们一定要踏着革命烈士的血迹前进，把革命进行到底。”②

第四次是1984年在天津题写“于方舟烈士纪念碑”。

之所以对这一时期战友情怀如此珍重，是出于对五四时期那段岁月的珍重。巧合的是，就在《邓颖超书信选集》《致于文郁》之后仅隔两页，便是她1954年5月4日写给在瑞士参加日内瓦会议的周恩来的一封信：“恩来：今天是中国青年节——五四运动三十五周年纪念日。这个日子，是中国青年、中国人民以及你我二人的一个多么可纪念的节日。回忆当年，回忆三十五年来所经历的过程，又是如何使人引起深长的、复杂的、亲切的心情啊！”③——“深长”“复杂”“亲切”——对于五四岁月的珍重溢于言表。

那时，于方舟也刚刚初识周恩来。

于方舟是住进南开中学后初识周恩来的。

这里肯定有一个疑问：省立一中的学生，怎么会住进南开中学？

这要从刘清扬的回忆说起：“当时的学生是些资产阶级、小资产阶级家庭出身的青年，他们参加五四运动只是凭一般爱国热情，究竟应该如何坚持斗争，心中无主，所以一经学校和家庭阻挠，有一部分学生，认为卖

---

①《1959年访问邓颖超纪录》，见《中共天津历史档案选编》，天津人民出版社2011年版，第551页。

② 邓颖超：《五四运动的回忆》，原载《中国妇女》，1919年第9期，《五四运动回忆录（上）》，中国社会科学出版社1979年版，第76页。

③《邓颖超书信选集》，中央文献出版社2000年版，第122页。

国贼已罢免了，巴黎和会已拒绝签字，运动已进行了两个多月，没有什么可干了，斗争情绪松懈了。”[①] 刘清扬对天津学生的思想动态把握得非常准确。自6月10日罢免曹、章、陆后，天津学生运动又因北京政府6月17日决定在巴黎和会上签约而掀起新的高潮。6月18日，天津成立各界联合会，于方舟成为“学联会出席天津各界联合会代表之一”[②]。这是五四运动中全国成立最早的一个各界群众的反帝爱国团体。6月24日，各界联合会发表通电，坚决反对签署和约，随即派马骏、刘清扬等代表赴京请愿。在天津、北京、山东、陕西等地代表的联合斗争下，“6月28日，中国代表终于没有出席和会的签字仪式。这是五四爱国运动的又一个胜利。”[③] 正是在这种情况下，天津学界出现松懈。“可是全国爱国运动正在高涨。天津学生联合会感觉到情况不对，极力想法维持学联的爱国活动，并鼓励骨干分子集中办公，都搬进南开中学居住。”于方舟就是在这样的背景下搬进南开中学居住并结识了回国不久的周恩来。“那时候学联正想筹办传播新思潮、宣传反帝反封建的机关刊物《学生联合会报》来鼓动大家的斗争情绪，可是总物色不到人才。马骏等学联负责人，一听说周恩来同志回国了，都认为他是最理想的主编人。于是马骏等即去访问周恩来同志，详细地介绍了学联会内部的情况和同学的趋向，邀请他主办《学生联合会报》”[④]

《天津学生联合会报》于1919年7月21日正式创刊。

恰恰就在7月下旬，北洋政府为镇压山东爱国运动宣布对山东开始实行戒严。很快，山东戒严司令、济南镇守使马良便在大肆镇压爱国群众的同时，杀害了回教救国后援会会长马云亭等3人。周恩来马上在8月6日

---

① 刘清扬：《觉醒了的天津人民》，见《五四运动回忆录（下）》，中国社会科学出版社1979年版，第544页。

② 王贞儒：《回忆五四时期的于方舟烈士》，原载《天津历史资料》1964年第1期，《五四运动回忆录（续）》，中国社会科学出版社1979年版，第262页。

③ 中共中央党史研究室：《中国共产党历史》第一卷上册，中共党史出版社2002年版，第42页。

④ 刘清扬：《觉醒了的天津人民》，《五四运动回忆录（下）》，中国社会科学出版社1979年版，第544页。

的《天津学生联合会报》上发表《黑暗势力》一文，并派人赶赴济南调查采访，发表专文，揭露血案真相。8 月 23 日，刘清扬、郭隆真等 10 名天津各界代表与北京、山东、直隶等地代表到总统府请愿，要求严惩马良，解除山东戒严，却全部遭到逮捕。

而在天津坚持斗争的于方舟也在同日被捕。

“8 月 23 日，天津学生为援助山东爱国群众，方舟（于兰渚）在街头宣传，揭露山东镇守使马良枪杀爱国民众的罪行，讲演正在激昂之时，警察厅派警察将方舟逮捕，羁押两周始释放。出狱后，方舟仍继续作爱国宣传，不因被捕而稍有退缩。”①

出狱后的于方舟得知，就在他被拘的这半个月内，天津发生了不少大事：

8 月 26 日至 28 日，天津请愿代表连续三批进京，均遭逮捕。28 日天津请愿代表和全国各地代表分三处请愿时，又被军警围于天安门内。29 日，天津近 1 万名学生上街游行以示抗议。30 日北洋政府被迫释放被捕代表。②

9 月 2 日，在周恩来和获释代表由京返津的火车上，“郭隆真提出，今后天津学生联合会同女界爱国同志会应该更紧密的合作，成为天津爱国运动的核心。张若名主张索性由女界爱国同志会的女校学生加入天津学生联合会，加强学联的阵容。周恩来对于她俩的意见表示支持……9 月 16 日宣告了‘觉悟社’的成立。”③

就这样，已考入刚刚创建的南开大学的周恩来、马骏又同原学联和女界爱国同志会的男女各 10 人，毅然成立了名为“觉悟社”的爱国进步组织。

的确，随着运动的深入，一般性的群众组织已显得不太适应了，应该

---

① 王贞儒：《回忆五四时期的于方舟烈士》，原载《天津历史资料》1964 年第 1 期，《五四运动回忆录（续）》，中国社会科学出版社 1979 年版，第 262 页。

② 中共天津市委党史资料征集委员会：《中共天津党史大事记》，天津人民出版社 1991 年版，第 6 页。

③ 谌小岑：《五四运动中产生的天津觉悟社》，《五四运动回忆录（下）》，中国社会科学出版社 1979 年版，第 582 页。

组织一些更为志同道合、更为严密的团体。并且，初始阶段不能太大。团体过大，势必会引起当局注意，活动起来处处不便。团体小了，多了，还可以相互呼应，相互支援。届时，当局一旦对爱国进步团体妄图进行干预、解散、查封，就有可能遭至“东边日出西边雨，道是无晴（情况）却有晴（情况）”“按下葫芦浮起瓢”的窘境，陷入“查不胜查，封不胜封，堵不胜堵”的困境。

正是基于此种现状，于方舟出狱后，也立即联络省立一中的韩麟符、安幸生、陈镜湖等同学，酝酿成立一个社团。

从春天开始的五四运动，走过了一个酷热的夏季，刚刚步入初秋，“新生社”便于9月下旬成立了。

令人意想不到的是，就是这个社团，竟然在以后的日子里，为天津书写了一部悲壮而又辉煌的历史。

2. 百叶窗后的秘密

1980年2月，董振修发表《中国共产党在天津的早期革命活动》时在“附记”中说：“1959—1960年，我曾在天津革命史编办室工作，接触到一些有关中国共产党早期在天津从事革命活动的史料，在此前后，我也访问过当时健在、中共天津地委建立前后在天津工作过的许多老同志，翻阅过天津早期的一些报刊和有关书籍，参阅过天津历史研究所、历史博物馆和原天津建党纪念馆等单位的一些材料，使我有可能积累一些有关史

1919年9月，于方舟在芸芳里2号创建新生社。图为新生社旧址（和平区建设路云芳里2号）。

料。”① 在掌握大量资料的情况下，他认为“在五四爱国运动中，天津先进青年建立了著名的革命组织‘觉悟社’和‘新生社’。‘觉悟社’是以南开学校学生和直隶第一女子师范学生为骨干的。这个社留下的资料较多，人们都很熟悉。”而对于资料较少、人们不很熟悉的“新生社”，经过考证和研究，他认为：“‘新生社’也是在李大钊指导下于 1919 年 9 月建立并开展活动的，它的第一个活动地点在现建设路芸芳里 2 号，第二个活动地点在现泰安里 3 号。”② 据中共天津市委党史研究室、天津市旅游局、中共天津和平区委 2007 年联合编著的《红色印迹》介绍，泰安里 3 号即为后来的“泰安道 3 号”。③

两处活动地点，一处选在英租界达文波道即现建设路，另一处亦在英租界——咪多士道即现泰安道④，应当是为了在同统治当局的周旋中，能够掩护更多的秘密活动，能够拥有更多的回旋空间。

如今的建设路已经拓宽。

远眺南北，各种现代风格的楼厦鳞次栉比。

瞩目街头，川流不息的汽车发出喧嚣的轰鸣。

但令人奇怪的是，步入芸芳里，却恍若徜徉于另一个时代。

紧邻喧闹的建设路，这条狭长的小巷内却安静异常。宁谧中还透着些许的清冷，许久见不到一个人影。

一幢幢青砖砌就的小楼连成一排，早已因为岁月的冲刷而显得斑驳陆离。

然而，“新生社旧址”的标志牌和铭刻于汉白玉上的“新生社简介”，却依然可以令人触摸到当年那些热血青年一颗颗火热的心……

令人瞩目的，是那些漆皮已然剥落的百叶窗。这是那个时代西洋建筑

---

① 董振修：《中国共产党在天津的早期革命活动》，见《天津文史资料选辑》第 10 辑，天津人民出版社 1980 年版，第 28 页。

② 董振修：《中国共产党在天津的早期革命活动》，见《天津文史资料选辑》第 10 辑，天津人民出版社 1980 年版，第 28 页。

③ 中共天津市委党史研究室：《红色印迹》，中共党史出版社 2007 年版，第 31 页。

④ 中共天津市和平区委党史研究室：《肩负起历史和人民赋予的神圣使命》，《天津日报》2016 年 6 月 29 日。

的产物，上下重叠的横向薄木片，倾斜着排列在一起，既能通风，又能遮挡阳光，当然，也能遮挡室内的秘密。

那么，当年那扇百叶窗后，该是一张张怎样的面孔呢？

新生社旧址之二（泰安道3号）

——直隶省立一中的韩麟符：“1899 年农历正月十二日，生于今内蒙古赤峰市元宝山区风水沟镇哈拉木头村的一个农民家庭。原籍山西省榆次县。1907 年入本村私塾。1911 年秋季，入热河省建平县新丘小学读书。1916 年秋季，考入直隶省立第一中学学习。1919 年 5 月 14 日，天津学生联合会成立，当选为该会副会长。”①

——直隶省立一中的安幸生：“原名安毓文，号仁岗，1902 年出生于今（天津市）北辰区双口镇上河头村。他的父亲安维礼是开明乡绅，崇尚‘新学’，在村里创办完小，亲任校长，在农村普及新式教育。安幸生聪明好学，在完小出类拔萃。1918 年，他以优异成绩考入直隶省立第一中学，这是天津的第一所公立学校，即后来的铃铛阁中学，今天的天津第三中学。安幸生文笔好，能写一手漂亮文章；口才好，擅长演讲雄辩，才华横溢，是语文教师董恩祥的得意弟子，深受师生喜爱。安家在上河头村是数一数二的大户，家境殷实，用如今的话说，安幸生算是‘富二代’。以他的才华和家庭经济实力，在当时的社会，谋得一份好差事，过上富裕的小日子，并非难事。但那是为了一己的私利。安幸生心里却装着天下的穷苦大众，他要唤起劳工，推翻压在人民头上的三座大山，建设一个耕者有其田、居者有其屋、人人有工作、人人有饭吃的社会主义新社会。”②

——直隶省立一中的陈镜湖：“字印潭，奉天（今辽宁）建平人。

① 《韩麟符年谱》，见张百奇：《韩麟符全传》，内蒙古人民出版社 2006 年版，第 362 页。
② 肖秋生：《革命理想高于天》，《天津日报》2011 年 6 月 20 日。

1918 年入天津直隶省立第一中学学习。五四运动期间，加入一中学生救国团，随于方舟参与建立新生社。”① 他在建平县新丘小学读书时，与韩麟符、杜真生、郑丕烈同学，四人分别考入直隶省立一中和天津高等工业学校，故有“热河四杰”之称。② 电视连续剧《打狗棍》中共产党人“高镜湖”的原型即为陈镜湖。

——天津公立甲种商业学校的李培良：“1903 年生，天津市人。五四运动期间在天津商业学校读书，积极参加反帝爱国运动。”③ “‘甲商’开设的专业课程门类齐全，所采用的教材来源也不尽相同。如商品学、汇兑学、售货学、商学概论、统计学等，均由国内专家著述。有些课程直接使用英文原版教材，如商业实践、商业通信、商业地理、商业算术、运输学等……李培良同学在校时绰号‘大烈士’，他思想进步，意志坚强。”④

——直隶公立工业专门学校的卢绍亭：“1901 年生，河北丰润人。五四运动期间，考入直隶省立工业专门学校，积极参加反帝爱国活动。”⑤ 该校“科系及课程分预科、机械科、应用化学科。预科课程有大代数、解析几何、立体几何、三角、大物理、高等化学、英文、汉文等；机械科课程有微积分、应用力学、材料力学、机械原理、机械工程、机器制造……；应用化学科课程有有机化学、工业化学、分析化学、化工原理、化学工程……”⑥ 实际上，卢绍亭的家乡也曾划归过宁河县，所以《宁河县志》也将其列入《人物传》，称他为“原宁河县岳实庄人”⑦。

——直隶省立第一师范学校的辛璞田：1904 年生，“河北安新人。1918 年考入直隶省立第一师范学校。五四运动期间，作为学生代表参加

---

① 朱其华主编：《天津全书》，天津人民出版社 1991 年版，第 724 页。
② 张百奇：《韩麟符全传》，内蒙古人民出版社 2006 年版，第 46 页。
③ 于建：《天津现代学生运动史》，天津古籍出版社 2007 年版，第 66 页。
④ 辛勤甫：《“甲商”——天津最早的商科学校》，见《天津文史资料选辑》第 278 辑，天津人民出版社 1984 年版，第 147、149 页。
⑤ 于建：《天津现代学生运动史》，天津古籍出版社 2007 年版，第 66 页。
⑥ 张今生：《回忆直隶公立工业专门学校》，见《天津文史资料选辑》第 27 辑，天津人民出版社 1984 年版，第 129 页。
⑦《宁河县志》，天津社会科学院出版社 1991 年版，第 695 页。

天津学生联合会和各界联合会，是天津爱国青年团体新生社的成员。”①

——直隶第一女子师范学校的王天麟：“该校女生均系闺阁名媛，而爱国心之热烈不减于须眉丈夫”②，王天麟为第 11 学级学生③。据刘清扬回忆：1919 年“5 月 25 日，‘女界爱国同志会’在义仓街江苏会馆开成立大会。大会选我和李毅韬为正副会长，邓颖超、郭隆真、张若名为评议委员，郑季清、王天麟为总务委员。”④ 6 月 23 日，王天麟同邓颖超、张若名一起被推为各界联合会干事，邓在交际科，张在庶务科，王在演说科⑤。她的活动经常见于报端，如 7 月 30 日“在南门大街西边赵家胡同、黄家胡同等处讲演，讲到 6 点钟，正是天气凉爽，讲的正高兴，听的正入神的时候，忽然黑云四合，于是讲演科长王天麟、邓文淑（邓颖超）分头召集讲演员欲整队回校，而各讲演员都因为话未说完不肯离开。”⑥ 8 月下旬，王天麟作为第二批赴京请愿代表被捕，8 月 31 日在天津欢迎被释请愿代表大会上，马骏等演说后，“最后王天麟女士演说在京被拘情形，并不以为苦，而反以为我女界中此次救国之无尚光荣……吾人此次举动在确立民主国家必须尊重民意之神圣原则……父老乎，国民今日惟在预备最后之奋斗而已。”⑦

——直隶第一女子师范学校的卢𤩽瑜：为第 10 学级学生，与觉悟社的邓颖超、王贞儒（觉悟社增加吸收的第二批社员）、张若名、张嗣婧同级，五四运动中曾与第 12 学级的许广平（后为鲁迅夫人）共同“负责主编女师周刊”。⑧

---

① 中共天津市委党史研究室：《中国共产党天津历史（第一卷）》，中共党史出版社 2005 年版，第 64 页。

②《益世报》1919 年 5 月 11 日。

③ 白眉：《五四运动在天津》，原载《进步日报》1949 年 5 月 4 日，中国社科院近代史研究所编：《五四运动回忆录（续）》，中国社会科学出版社 1979 年版，第 243 页。

④ 刘清扬：《觉醒了的天津人民》，见《五四运动回忆录（下）》，中国社会科学出版社 1979 年版，第 539 页。

⑤《益世报》1919 年 6 月 27 日。

⑥《益世报》1919 年 8 月 1 日。

⑦《益世报》1919 年 9 月 1 日。

⑧ 白眉：《五四运动在天津》，原载《进步日报》1949 年 5 月 4 日，中国社科院近代史研究所编：《五四运动回忆录（续）》，中国社会科学出版社 1979 年版，第 243 页。

——直隶第一女子师范学校的王桐华：为第13学级学生，曾在五四运动初期豪写血书。她的同学张广煦回忆："记得在5月7日（卖国21条签字）国耻日后，13学级学生王桐华、王承泰、许广平、李淑英、李国珍和我等八人，为了表达爱国决心，声援北京爱国学生运动，写了'提倡国货'、'抵制日货'、'勿忘国耻五月七日'等血书。当时我记得是几个女同学咬破手指，把血滴在一起，然后由王桐华、王承泰用毛笔蘸上血，写在纸上，贴在学校走廊里的。这个举动，对全校同学震动很大。很多女同学把自己头上戴的发卡、发簪等日货都扔在地上，表示以后再也不用日货了。后来，女师在青年会召开追悼北大学生郭钦光烈士大会时，又把这些血书贴到会场……我还曾跟邓颖超、王桐华、许广平、郭跃华，顺着海河往小王庄方向到贫民区讲演过。"① 加入新生社不久，便在赴京请愿中被捕，"10月1日夜间，请愿被捕各校代表，已由步军及保安队拢围至厅，延入接待室内，挨名过堂后，分监4处。警厅女特别室为刘菊华、郭隆真、武绍芬、王桐华4人。"②

——直隶第一女子师范学校的王棣华：亦为第10学级学生③，后来参加了要求替换被拘代表周恩来、于方舟、郭隆真、张若名等同学的行动。

这是一张张美丽的、洋溢着青春光彩的面孔……

这是一张张正直的、追求着纯真思想的面孔……

他们学业优异，他们为人善良。

他们才华横溢，他们悲天悯人。

他们渴望爱情，他们追求平等。

他们痛恨黑暗，他们向往光明。

渐渐，他们在这扇造型别致的百叶窗后，借着从窗棂透出的缕缕阳光，轻轻诵读着《我的马克思主义观》和《共产党宣言》……

---

① 张广煦：《忆天津妇女运动片断》，见《邓颖超与天津早期妇女运动》，中国妇女出版社1987年版，第564页。

②《益世报》1919年10月8日。

③ 白眉：《五四运动在天津》，原载《进步日报》1949年5月4日，中国社科院近代史研究所编：《五四运动回忆录（续）》，中国社会科学出版社1979年版，第243页。

渐渐，他们在这扇宁谧静寂的百叶窗后，围坐在橘黄色的白炽灯光下，悄悄探讨着工农的如何唤起和社会的如何改造……

渐渐，他们在这扇看似平淡无奇的百叶窗后，创办了一份并不平凡的刊物，通过笔端、纸张和印刷油墨，发出了超凡脱俗和骇世惊俗般的弘论——“《新生》杂志还首次提出了关于在天津建立共产党组织的问题，在当时被誉为是一份‘全带社会主义色彩’的革命刊物。10 月，新生社改组为天津马克思主义研究会，并创办会刊，专门介绍十月革命后苏俄的情况，宣传革命主张”① ……

渐渐，一群立志追寻光明之梦的年轻人，从这扇绿荫掩映的百叶窗前出发，迎着旭日的晨光，不断走向新生：

——从“新生社”的社员，到“天津马克思主义研究会”的会员，再到“社会主义青年团”团员，直至“中国共产党”的党员……

——他们中间有中共天津地方委员会的创建者和主要骨干，有内蒙古地区第一个党小组的创建者和中共内蒙特委书记，有黄埔军校的政治教官和广东农民运动讲习所的教员，有威震海内外的海员大罢工总指挥和号称北方“秋收起义”的冀东农民暴动总指挥，有与刘志丹共同指挥著名的“渭华起义”领导人，在第一次国共合作的大革命中，他们中间还有两位国民党中央候补执行委员……

——当黑恶势力企盼他们屈膝折腰、俯首背叛的时候，他们没有将自己打折寻租、廉价贱卖，而是骄傲地昂起那颗高贵的头——或手执镣铐，高呼口号，慷慨赴死；或沿街演讲，再唤民众，英勇就义；或与同为共产党人的岳父，并肩相拥，走向刑场；或在秦岭山麓的起义前线，狂吼着刚刚学会的华阴老腔，迎着子弹飞奔……

当然，在这些男生女生之间，也产生了炽烈的、但却被人非议的爱情，以及令人扼腕叹息的爱情悲剧，直至今日，甚至还是鲜为人知的秘密……

---

① 中共天津市委党史研究室（执笔人：李卫永）：《启蒙进步思想，传播革命观念——20 世纪 20 年代初天津爱国组织活动》，《天津日报》2016 年 6 月 27 日。

3. 为着民族的彻底觉悟与新生

“觉悟”的声浪，在20世纪新潮流中，蓬勃的很厉害。

我们中国自从去岁受欧战媾和的影响，一般稍具普通常识的人，也随着生了一种很深刻的觉悟；凡是不合于现代进化的军国主义，资产阶级，党阀，官僚，男女不平等界限，顽固思想，旧道德，旧伦常……全认它为应该铲除应该改革的。

有了这种“觉悟”，遂酿成这次全国的“学潮”，冲动了全国的学生界，人人全想向“觉悟”方面走。

“觉悟”的主旨……抽象的话是要本“革心”“革新”的精神，求大家的“自觉”“自决”。

我们的决心就是齐心努力向“觉悟”道上走，同时也盼望社会上所有的人都向“觉悟”道上走。努力！奋斗！一步步的“觉悟”，一步步的“进化”。

“觉悟”无边无止，“进化”无穷。①

这份《觉悟的宣言》出自周恩来的手笔。

从“心”的变革，向“新”的变革，涵盖了从国民性到整个社会的改造与革命。

“觉悟社”的使命感令人肃然起敬，更令人深思久远，时至今日尽管历经沧桑巨变，“革心”与“革新”仍是需要我们不断去完成的历史任务。

至于新生社，由于它的男性社员已经几乎全部牺牲，我们今天便很难见到这个团体的资料，更不知他们是否也有一个《新生的宣言》。

如果有，那也应该是这批新青年对他们人生导师李大钊先生《青春》的热切顺应了：“进前而勿顾后，背黑暗而向光明，为世界进文明，为人

① 《觉悟的宣言》，见《邓颖超与天津早期妇女运动》，中国妇女出版社1987年版，第61、62页。

类造幸福，以青春之自我，创建青春之家庭，青春之国家，青春之民族，青春之人类，青春之地球，青春之宇宙，资以乐其无涯之生。”①

如果有，那也应该是这批新青年对他们精神导师李大钊先生《新的！旧的！》的热诚呼应了：“我很盼望我们新青年打起精神，于政治、社会、文学、思想种种方面开辟一条新径路，创造一种新生活。进！进！进！新青年！”②

如果有，那也应该是这批新青年对他们革命导师李大钊先生《新纪元》的热烈响应了：“新纪元来！新纪元来！人生最有趣味的事情，就是送旧迎新，因为人类最高的欲求，是在时时创造新生活。”“1914 年以来世界大战的血、1917 年俄国革命的血、1918 年德奥革命的血，好比作一场大洪水——诺阿以后最大的洪水——洗来洗去，洗出一个新纪元来。这个新纪元带来新生活、新文明、新世界，和 1914 年以前的生活、文明、世界，大不相同，仿佛隔几世纪一样。”“人类的生活，必须时时刻刻拿最大的努力，向最高的理想扩张传衍，流转无穷，把那陈旧的组织、腐滞的机能一一的扫荡摧清，别开一种新局面。这样进行的发轫，才能配称新纪元。这样的新纪元，才有祝贺的价值。一个人的一生，包含无数的新纪元，才算能完成他的崇高的生活。人类全体的历史，连接无数的新纪元，才算能贯达这人类伟大的使命。”③

著名社会学家爱森斯塔特曾就中国五四运动的“新”推荐过一本书和它的作者：“《讲述中国历史》是一部非同凡响的历史著作。魏斐德的著述是最优秀，也许是唯一的，关于中国社会力量的韦伯式分析明证，应该成为对所有重要文明进行比较分析的模型。同时，魏斐德超越了韦伯的研究，他的研究还涉及到了现代中国的动荡。”④ 正是在这本书中，魏斐

---

① 李大钊：《青春》，原载《新青年》1916 年 9 月 1 日第 2 卷第 1 号，中国书店：《新青年》精选本上卷，2012 年版，第 97 页。

② 李大钊：《新的！旧的！》，原载《新青年》1918 年 5 月 15 日第 4 卷第 5 号，见中共唐山市委宣传部：《李大钊诗文选读》，红旗出版社 2004 年版，第 101、102 页。

③ 李大钊：《新纪元》，原载《每周评论》1919 年第 3 号，见中共唐山市委宣传部：《李大钊诗文选读》，红旗出版社 2004 年版，第 181 页。

④［美］魏斐德：《讲述中国历史》，人民出版社 2013 年版，封底。

德谈到了五四运动之“新”的与众不同：“到了五四运动末期，‘现代化到来’已经深深地播种在中国的历史意识中。五四运动的流行提法是，‘现代’首先得‘新’，得有意识地反抗‘旧’……这种关于新的思想态度本身并没有体现任何新的东西，因为在传统中国一直存在关于‘新’和‘旧’的反复辩论。而五四运动的提法的本质性的不同，在于它含有把新与从现在到未来的时间流向相同等的意思。换句话说，‘新’概念和价值观是以一个非线性的时间和非线性的历史作为前提来下定义的，而这与中国传统性质相异，而且是西方式的。正是通过这一典型的西方意义上的现代感，中国的马克思主义者们强调了中国的落后。作为‘资本主义最高形式’——帝国主义的受害者，中国则以一个‘无产阶级国家’站到了受剥削者的前列。历史的终极——共产主义，于是，既通过具体的中国式，也通过普遍的马克思方法，转而成了获得最终现代化的手段。”①

如果说，“五四之新”，播种于“五四运动末期”。那么，这不也恰恰正是“新生社”创立的时间与背景么？

如果说，“五四之新”，与传统中国反复出现的新旧之辩存在着“本质性的不同”，它不是沿着中国几千年文化的线性与惯性而“定义”，而是因外国列强的炮声，倒逼着中国人不得不睁开眼睛来看西方，从而开始思考如何从“中国的落后”、“帝国主义的受害者”的位置转而站到世界的“前列”。这不也正是“新生社”的主旨与追求么？

如果说，“五四之新”，使得“中国的马克思主义者们”应运而生，他们一面瞄准“历史的终极——共产主义”，一面埋首踏着脚下的路，“通过具体的中国式”和“普遍的马克思方法”，让中国“获得最终现代化”。那么，这不也正是新生社日后的发展之路，即新生社社员们最终为之献身的理想之路么？

“新生”伴着“觉悟”，在天津的五四运动中，携手并肩，叱咤风云。作为中国五四运动的“天津样本”，它们将会印证：“五四运动是近代中国革命史上具有划时代意义的事件……它促进了马克思主义在中国的传播

---

①［美］魏斐德：《讲述中国历史》，人民出版社 2013 年版，第 730、731 页。

并与工人运动的结合，为中国共产党的成立在思想上、干部上做了准备。因此，它标志着中国新民主主义革命的伟大开端。”①

“觉悟社”和“新生社”，同时成立于1919年9月的天津，种种资料有如历史的回声，评述着它们当年的重要作用：

——“1919年五四运动后的下半年，天津由男女学生们合组了两个新文化团体，一个是以周恩来同志为首的觉悟社；另一个就是以于方舟（于兰渚）烈士为首的新生社；这两个社的社员，在爱国运动中，都起着骨干作用。”②

——“觉悟社、新生社成立后，同天津各界联合会、学生联合会等团体一起发动了新的反帝爱国斗争，成为天津学生爱国运动的中坚力量。”③

——“在觉悟社、新生社的带动下，1919年12月10日，天津中等以上男女各校学生组成了新的学生联合会……觉悟社、新生社和其他爱国团体共同战斗，在反帝爱国斗争和传播马克思主义中发挥了重要作用。”④

——“以后，觉悟社组织者因工作和学习的关系，逐渐离开天津分赴各地或出国留学，惟于方舟留在天津，继续进行五四运动所未完成的任务。”⑤

——“新生社的创立及其社会实践活动，为天津党组织的建立，奠定了坚实的基础，在天津革命史上谱写了一曲壮丽的凯歌。”⑥

为着民族的彻底觉悟与新生，并肩战斗的两个团体刚一成立便立即发挥了重要作用。

---

① 中共中央党史研究室：《中国共产党的九十年（新民主主义革命时期）》，中共党史出版社、党建读物出版社2016年版，第20页。

② 王贞儒：《回忆五四时期的于方舟烈士》，原载《天津历史资料》1964年第1期，见《五四运动回忆录（续）》，中国社会科学出版社1979年版，第263页。

③ 于建：《天津现代学生运动史》，天津古籍出版社2007年版，第68页。

④ 中共天津市委党史研究室：《中国共产党天津历史（第一卷）》，中共党史出版社2005年版，第44页。

⑤ 吕职人：《于方舟同志革命的一生》，见《天津文史资料选辑》第23辑，天津人民出版社1983年版，第14、15页。

⑥ 中共天津市委党史研究室：《红色印迹》，中共党史出版社2007年版，第31、32页。

9月底，全国学联应山东各界爱国团体的要求，决定组织各省代表再度前往北京进行请愿斗争。天津爱国青年积极响应，觉悟社社员郭隆真、关锡斌，新生社社员王桐华，一起上阵，共赴北京。10月1日与上海、山东、河南等七省市的31名代表到新华门前请愿，提出取消丧权辱国的“21条”，恢复山东主权，惩办马良，取消山东戒严令等五项要求。北京政府拒不接受，并逮捕全部代表。是夜，觉悟社的郭隆真和新生社的王桐华被共拘一室，即“警厅女特别室”。

在此关键时刻，觉悟社的周恩来率一队天津学生参加了请愿斗争，并与全国学联、各省市学联负责人商定，“双十节”在各地分别举行集会示威，抗议北京政府暴行，声援被捕代表。

新生社的于方舟、韩麟符镇守天津，与北京的周恩来遥相呼应。1919年10月5日上海《申报》一条《男女学生赴省公署请愿要求释放被捕代表》的新闻报道了他们的斗争：“2日，天津各校学生结队向省公署请愿，共有学生4000余人，童子军300余人维持秩序……当时王叔钧厅长闻信赶到，令各校举出代表为边缉新、韩致祥（韩麟符）、于兰渚、姜国辑、孙学谦、刘式英、沙主培、王琪（女界）等8人与王厅长接洽。王遂率领8代表进内……韩（麟符）云：……青岛问题本为我国领土，宁可迫于强力被人夺去，不能令少数人任意送人云云。……8代表等因省长既不能面，再等无益，当即辞出，向各学生报告接洽情形……”①

10月10日，天津各界群众数万人在南开操场集会，再次抗议山东军阀马良镇压爱国运动。“杨以德派军警禁阻共和纪念庆祝游行，并击伤男女学生”，“最足令人惊骇者，则杨以德于游行队归返之后，逗留该地之公民尚多，即令马队数十，在警厅前人堆中任意冲驰；一时被踏被击，甚至有落水者；呼号哭喊之声，惨不忍闻”，“女界爱国同志会会员李锡锦，领队往前冲出，被警察用枪刺伤眼睛，王贞儒被枪柄击伤肩胛，聂玉清被枪柄击伤肺部，当场吐血不止，邓文淑（邓颖超）被伤吐血……”②

---

① 上海《申报》1919年10月5日。
② 上海《申报》1919年10月13日。

为抗议天津当局的压制与迫害，10 月 13 日《益世报》发布周恩来起草的《天津中等以上男女学校学生短期停课宣言》。①

罢课 6 天后，天津各界 1 万余人又于 10 月 20 日前往直隶省公署请愿，强烈要求惩办杨以德，并声援被北京政府逮捕的各地请愿代表。

天津这一连续数日、坚持不懈的斗争，不仅得到全国学联等团体的有力声援，且与各地爱国斗争相互呼应，形成了强大的声势。11 月 7 日，北京政府终于被迫释放了 10 月 1 日在新华门前逮捕的各地请愿代表。

觉悟社和新生社心照不宣的默契配合初见奇效。

转眼间，便进入寒风凛冽的冬季了。

然而，经过“五四”洗礼的男女青年们，却分明有着火样的激情火热的心……

他们和她们，前所未有地相互接触着，相互了解着，相互团结合作着……

在觉悟社和新生社成立之前，天津学生组织都是男生女生分开的。因为当时一般学校不收女生，女生必须去读女校。所以，天津学生联合会没有女校和女生的代表，女校当时组织的团体是“女界爱国同志会”。而觉悟社和新生社的创立打破了男女校和男女生分别组织团体的界限。经过两个多月的实践，青年们决定尝试着将原先单一男校男生组成的学联，改为男校女校都能参加的新的学联。于是，正如《中国共产党天津历史（第一卷）》一书记述的那样：“在觉悟社、新生社的带动下，1919 年 12 月 10 日，天津中等以上男女各校学生组成了新的学生联合会。”②

天津学联的“男女合组”是当时震动社会的一件大事，所以亦引起媒体的极大关注。以下，是当时的一些报纸摘要：

《男女各校学生会举行联席会讨论合并事宜》③

昨日午后，男女各校学生联合会、各校评议员，为男女合组事项，在

① 《益世报》1919 年 10 月 13 日。

② 中共天津市委党史研究室：《中国共产党天津历史（第一卷）》，中共党史出版社 2005 年版，第 44 页。

③ 《益世报》1919 年 12 月 3 日。

劝学所后院新会所内开全体大会。到者18校21人，由张若名主席。

李燕豪报告前者学生会修改章程之大概。

张若名报告（女子）师范方面对改组之意见，已多数表决通过。

又由聂玉清报告中西（女校）方面对于改组之结果，亦系赞成此举。

周恩来报告贞淑（女校）方面尚未得有报告。

次又讨论合组之利弊……

次又讨论新章程之起草，应由何人负责……

于兰渚提议：改谈话会为各校代表之正式评议会……

最后公推起草员7人，张若名、于兰渚、李燕豪、聂玉清、王贞儒、贾金熔、娄崇仁，限本星期六开会时交付草案全文。

至9点始行散会云。

《男女各校代表讨论新学联章程》①

昨天午后4点半，各校代表在草厂庵新会所开讨论会，讨论章程……

周恩来提议，讨论章程之前，先行规定议事规则……

至是大体讨论已毕，遂举前次起草委员明日起草，后天午后4点，仍在新会所开会讨论。

《新学联成立盛况》②

昨天下午2点钟，天津男、女学校学生合组的新天津中等以上学校学生联合会，在北马路总商会开成立大会。

到会的有各团体代表，各学校学生代表，总数有500多人。

各校新选的评议员均出席。

由女师范学校学生会评议员主任张若名主席。起首是南开学校军乐队奏乐，随着是主席述开会辞。大意谓：男女学生合组学生会，是天津男女解放的起点。我们以后的进行，当完全本着明瞭的理解力，持久的精神，向进化的道上走去。联络天津中等以上学校的学生，成一个极坚固的团体，为本身求高深的学术，为社会服适宜的事物云……

---

①《益世报》1919年12月7日。

②《益世报》1919年12月11日。

底下还有预定的王天麟女士等人演说，因为时候不早，评议部还要行开幕礼，所以停止演说……

（而后）从商会列队到本会会所（行开幕礼）。各校评议员入席，出席者20校共评议员43人……官中（省立一中）：于兰渚、周绍镛、刘裕琪；甲商：王炳章、李培良……女师范：张若名、周濂溪……

今将筹备会各委员会的筹备员列下：

（一）总务委员会10人，谌志笃，刘清扬……李毅韬、马骏……于兰渚……

（二）教育委员会7人，……王贞儒，邓文淑（邓颖超）……

（三）出版委员会8人，……卢琳瑜、李燕豪、薛撼岳……

（四）调查委员会8人，……韩致祥（韩麟符）……王贞儒……

（五）演讲委员会10人，……王天麟……邓文淑（邓颖超）……

《邓颖超当选讲演委员会委员长》①

昨天下午4钟，讲演委员会在本会所开会，出席者各校讲演团长及委员共29人。

（一）邓文淑（邓颖超）当选……

（四）本会讲演股筹备员凡10余人，共推王天麟、郭绪荣二君为本股股长……

（五）又共推邓文淑、卢琳瑜……4君为本章程起草员……

觉悟社的周恩来、张若名、谌志笃、刘清扬、李毅韬、马骏、邓颖超、薛撼岳、王贞儒，新生社的于方舟、王天麟、李培良、卢琳瑜、韩致祥（韩麟符），尽在新学联中努力地工作着。

谁能料到，男女合组的新学联刚刚成立一个多月，觉悟社、新生社两团体的很多人便被投入囹圄长达173天。而最能说明两个团体并肩战斗的，则是他们出狱后的一张合影纪念照片——周恩来和于方舟，这两个团体的发起人，紧紧挨在一起，并肩而立。

他俩何以会如此紧密地并肩而立？

他们又曾历经怎样难忘的173天？

---

①《益世报》1919年12月25日。

4. “情殇双麟”之谜

在2011年解密的中共天津历史档案中，几条关于新生社的负面说法有些令人不可思议：

其中一份《1922年2月22日访问孔翔鹅记录》，加冠的标题为《五四运动以来天津学会之盛衰小史》。关于孔翔鹅的身份，目前所有资料均无显示。谈到新生社时，这位孔先生说：“我听说主持社务的是一位姓韩的。他有极充裕的基金；所以他的社址非常之阔。他们出了一种杂志，叫做‘新生’，听说第三期业已出版。要按他的成绩而论，恐怕要超过觉悟社的；不过据我所闻，他们所做出的成绩，也许还抵不住他那名誉上的损失哩！”“有人说，女界新生社是从新生社分出来的；也有人说，新生社是因女界新生社而发起的，毕竟他俩有无关系，局外人是无从探听的。”①

另一条出现在《1959年7月访问谌小岑记录》中。谌小岑系当年觉悟社社员，他说：“当时学生联合会的会长是谌志笃，副会长马骏、韩麟符，我们社吸收了谌和马，由于韩的作风（不好），女同志们不欢迎他，所以没接受他到社里来。”②

还有一条见于《1959年7月5日访问于树德记录》。在建立中共天津地方执行委员会之前，于树德是天津第一个党小组的组长，国民党一大期间他与李大钊同被选为中央执行委员。他说：“天津建党的可能是于方舟、韩麟符，韩在当时是比于活跃的，活动方面也比于宽；以后于是比韩坚定的。”③

通过对以上这些信息进行综合分析，大致可以获得这样一些判断：

---

① 天津档案馆、中共天津市委党史研究室：《中共天津历史档案选编》，天津人民出版社2011年版，第568页。

② 天津档案馆、中共天津市委党史研究室：《中共天津历史档案选编》，天津人民出版社2011年版，第604页。

③ 天津档案馆、中共天津市委党史研究室：《中共天津历史档案选编》，天津人民出版社2011年版，第605页。

——新生社在天津五四爱国运动中发挥了重要作用、做出了重要贡献、产生过重大影响。正如孔翔鹅所言:“要按他的成绩而论,恐怕要超过觉悟社的。”

——新生社的负责人之一韩麟符家境富足、经济宽裕,他从社员手中和社会上募得的经费亦可观,“他有极充裕的基金,所以他的社址非常之阔”。

——新生社的两位负责人性格迥异,各有短长,可以互补。于方舟内敛沉静,意志坚定;韩麟符外向活跃,善于交际。所以于树德说:“韩在当时是比于活跃的,活动方面也比于宽;以后于是比韩坚定的。”

——新生社肯定在男女同学的接触交往方面,出现过为当时社会所非议的一些事情,或者说是绯闻,否则不会有“女界新生社是从新生社分出来的”“新生社是因女界新生社而发起的”之说。

——或许因为韩麟符在与女生的交往方面太过随意而引起社会上的非议。孔翔鹅说:“他们所做出的成绩,也许还抵不住他那名誉上的损失”,指出了韩麟符在名誉上已经受到损失;而谌小岑则直接说出“韩的作风”问题。不过,若从韩麟符的经济宽裕程度,外向、活跃、善交际的性格特点,以及因担任学生联合会副会长所展现出来的才华、能力等方面来看,也的确容易引起异性学生对他的注意与好感。

那么,新生社社员究竟在婚姻恋爱和名誉损失方面发生过什么事情,乃至引起社会上的种种流言与猜测呢?

在新生社中,于方舟有两位同学有“新式婚姻”史,却又结婚较早。

最早成婚的是安幸生。

他 25 岁与北京女学生董恂如结婚时已经有过 10 年的婚姻史。董恂如说:“幸生才 15 岁的时候,父母包办,娶了他的姨表姐作妻子。后来,幸生长大成人,又上天津市进了中学,参加革命工作,也确乎感到婚姻上的不如意。但是,他并不嫌弃那位农村姑娘,而是尽力去帮助妻子,缩短双方的差距。然而，不幸的是妻子生下两个女儿之后就病故三河头乡下的老家了。”① 如此看来，安幸生成为省立一中的新生时，就已为人夫、为人父了。但从他夫人的描述中不仅读不出丝毫的负面评价，反而充溢着爱怜与褒扬。

韩麟符则是在省立一中刚刚读完一年时回家成亲的。

据其家乡赤峰市元宝山区政协文史委主任张百奇撰写的《韩麟符全传》披露：“1917 年秋季的一天，正在埋头苦读、倾心向学的韩麟符突然收到了一封父亲的亲笔信。信是这样写的：‘麟符儿：家有急事速归。父字。即日。’”回家方知是父母令其完婚。“女方的父亲，就是当地赫赫有名的敖汉撰山子金矿创办人杜云仲。”“韩麟符虽然与杜氏拜了堂，也入了洞房，可还没到晚上，他就从洞房中撤退出来，睡在了别的屋中，死活也不与杜氏同宿一屋。”“于是，在杜氏‘回门’的翌日，韩麟符便赶回天津”。“以后，韩麟符又曾连连寄信于家中屡屡谏述父母助其与杜氏离婚。却终未获允。信到礼到。对于早对家规旧俗嗤之以鼻的韩麟符，当然不依父母‘允否’为是，从此便走上了一条至今仍为家规旧俗所不容的崇尚人性自由的婚姻之路。”②

韩麟符“崇尚人性自由的婚姻之路”，是与五四运动中名满津门的王天麟走到了一起。

此事一定在学界震动很大，且应发生在觉悟社、新生社两团体成立之前，否则就不会有谌小岑“女同志们不欢迎他”的觉悟社创建之忆。《韩麟符全传》对“双麟”结合是充分肯定的：“韩王结婚后，王天麟给予韩麟符的除了生活的关爱外，更多的是政治上的关爱。”③

“双麟”之恋，折射着新文化运动和五四时期知识青年的爱情观，一种典型的追求自由的恋爱，大胆、炽烈、浪漫、奔放，没有犹豫不决与后顾之忧，常与鲁迅的《伤逝》相似。

---

① 董恂如：《永不磨灭的忆念》，《天津文史资料选辑》第 10 辑，天津人民出版社 1980 年版，第 59 页。

② 张百奇：《韩麟符全传》，内蒙古人民出版社 2006 年版，第 40、42、43、45、46 页。

③ 张百奇：《韩麟符全传》，内蒙古人民出版社 2006 年版，第 72 页。

“王天麟，天津人。出身于书香门第，她的三位叔叔王开智、王开云、王开杰均在俄文学院读书，都是左翼进步人士。受家庭环境的熏陶，王天麟从小就思维敏捷，心意活泼。”① 这样的女性自然会向往和追求个性的解放。

“1920 年 9 月韩麟符考入南开大学。”② 那个时候，于方舟刚刚结束 173 天的炼狱生活不久，与周恩来等全部被当局开除了学籍。

欲学无校的于方舟只好回到家乡，家里让他完婚。

新娘谈芳荪长他两岁，不但人长得漂亮，还很能干，撑船摇橹，家里家外，做起活计不让须眉，很令于家长辈满意，觉得有这样的媳妇不愁拴不住于方舟。

谁知，刚过门的新娘竟然支持新郎带领当地农民闹了一次抗税，还支持他隔三岔五地跑到北京、天津干自己喜欢干的事情，接着又支持丈夫避开当局的监视，以桃代李地去报考南开大学……

这种“半封建半新文化”的“新旧交融式”婚姻，当属一种非典型的“五四之恋”，显得更为独特，更富有戏剧性。

就在于方舟决定报考南开大学的那个暑假，韩麟符带着王天麟踏上了回乡之路。

然而，谁也没有想到，这一行却是韩王双麟的情殇之路！

他们的爱情故事，既令人感动，又令人感慨——在《韩麟符年谱》“1921 年 22 岁”一节有这样一个记载：“夏季，携爱人王天麟回赤峰乡下老家，谋求与原配杜氏离婚，其母不允。王天麟因患难产而病故……”③

人们不曾料到，一代津门才女、学界名媛，竟会以这样的方式、这样的结局香消玉殒。

人们更难接受，驰骋京津，冲在反帝反封建第一线的女中豪杰、巾帼英雄，竟因“谋求与原配离婚不允”和“难产”两大女性悲剧而客死异土他乡。

人们记得，一年前的 1 月 29 日，天津著名的“九一廿九”惨案发生

① 张百奇：《韩麟符全传》，内蒙古人民出版社 2006 年版，第 66、67 页。
② 张百奇：《韩麟符全传》，内蒙古人民出版社 2006 年版，第 76 页。
③ 张百奇：《韩麟符全传》，内蒙古人民出版社 2006 年版，第 364 页。

的那天，她还作为学界女领袖同邓颖超、刘清扬共同战斗——正如邓颖超所回忆的那样——“当天我和刘清扬、王天麟等是被派定留守的，一清早把他们（周恩来、于方舟等）送走以后，就一面忙着工作，一面焦心的等待消息。”①

人们记得，一年前的4月5日，她还同觉悟社社员邓颖超、谌志笃，新生社社员王棣华、王桐华、卢璘瑜等“24人到警厅，要求替代被拘的24人出狱”②，虽未能如愿，却也见到了狱中的周恩来、于方舟、郭隆真、张若名，“被拘的人也都到那里，彼此见面，熙熙攘攘，内外的人都异常快乐……彼此又畅谈多时”③。

也许，人们是出于对王天麟的种种喜爱，才会出现对韩麟符种种不满的吧？

1921年，已入读南开大学的韩麟符22岁。经一段时间“整理国故”的苦学，韩携一册自己撰编的《老子道德经新解》赴京拜见胡适，经胡适特许，“秋季，入北京大学文学系学习，为旁听生”。此后，便留在北京学习、工作。

1926年，“为躲避段祺瑞政府的追捕和迫害，韩麟符避居在王府井大街南口的中央饭店内。此期间，有一位美丽善良名叫刘馨的姑娘走进了他的生活”。他们生有一女。后因刘馨“听到好多无法证实又似是而非的传言，无非是说韩麟符在外面已同别的女人搞上了、韩麟符很早就是个花花公子等等”，遂于1929年9月离韩而去。

1931年2月9日，韩麟符与杨新华在天津裕中饭店举行婚礼。④

对于韩、刘的离异和韩、杨的结合，于方舟没有看到，他已于1928年年初就义。生前，他对韩麟符这位学长一直尊重有加。

---

① 邓颖超：《漫话五四当年》，见《五四运动回忆录（下）》，中国社会科学出版社1979年版，第527页。

② 周恩来：《警厅拘留记》，见中国社科院近代史研究所编：《五四爱国运动》，中国社会科学出版社1979年版，第40页。

③ 周恩来：《警厅拘留记》，见中国社科院近代史研究所编：《五四爱国运动》，中国社会科学出版社1979年版，第40、41页。

④ 张百奇：《韩麟符全传》，内蒙古人民出版社2006年版，第365、177、237、372页。

不过，也许正因韩麟符有了这样几段坎坷曲折的婚恋史，一些人才会以为他的定力不够、作风有瑕，1959年的于树德和谌小岑也才会对韩麟符有了一些负面的评述吧？

王天麟逝去的那一年冬天，天津《新民意报》连载了周恩来的《检厅日录》，连同周恩来此前发表的《警厅拘留记》，均以细腻生动的笔触，详细记录了觉悟社、新生社两社社员173天的铁窗生活。

就在刚刚入狱的那些日子里，周恩来和于方舟被杨以德关押在了同一间囚室之内。

第五章　铁窗书舍

1.《建党伟业》中的于方舟

2011年，为纪念中国共产党建立90周年，中国推出了一部由170多位演员出演的电影故事片《建党伟业》。天津著名的“九一廿九”惨案作为一个完整的桥段，在影片中得以生动呈现。

“九一廿九”是当时人们对这一事件的简称，它是一个时间的概念——“民国九年（即1920年）1月29日”。

电影《建党伟业》海报

虽然当时于兰渚还没有正式使用“于方舟”这个名字，但电影则使用了他在中国近现代史、中国革命史和中共党史中通用的名字——于方舟。

2011年6月8日，《建党伟业》在北京举行新闻发布会和首映式。仅隔一天，新浪网便于6月10日报道了相关消息：“代旭饰演的于方舟在剧中已绝食三天。为了能切身体会到这种真实的饥饿感，以帮助自己更好的把握和理解人物当时的真实感受，代旭在进组前5天在家开始绝食。这对于他之后能真实的表现于方舟这个人物起到了很大作用。”① 这一消息向人们透露，电影中于方舟的故事情境发生在被警察厅拘留两个多月后的4月4日，即绝食斗争的第三天。关于这些史实，周恩来曾作了亲笔记录，我们将尽在本章文字中加以呈现。

2011年6月15日，《建党伟业》开始在全国上映。六天后，搜狐娱乐即在网上报道相关消息：“6月15日，为建党90周年献上的《建党伟业》，终于与广大观众见面。不但票房一路飘红，更是带领观众一起回到了90年前，一起领略了众多历史名人年轻时的意气风发，以及那份为理想热血奋战的昂扬斗志。青年演员代旭在这部云集众多实力派演员的《建党伟业》中饰演爱国烈士于方舟。这是一部讲述90年前历史的电影，其中很多人都无法体会属于那个时代的感受。为此，代旭除了反复观看老电影，比如《大浪淘沙》《一江春水向东流》之外，更是从更多的方面寻找属于那个年代的气息、史料、人物传记，甚至是与当年那段历史有关的东西，他都不会放过，用自己有限的时间去研读那段起伏跌宕的历史，把自己的热情融入其中。为了体验于方舟在狱中的真实感受，绝食5天，足以可见演员对于角色的创作和演绎充满了激情和热情。”②

在《建党伟业》的推介中，还出现过一些很有意思的特色宣传，譬如6月29日新浪网的文章，将李泽锋饰演的工人、代旭饰演的于方舟、王学兵饰演的包惠僧、祖峰饰演的邓中夏、刘文治饰演的徐世昌作为“工农商学兵”的典型进行推介：“《建党伟业》6月15日全国公映至今，影片得到了国内空前的关注，引发了各大媒体的极大关注。除了关系到整个历史变迁的重大事件的参与人员以外，我们挖掘出影片中的‘工农商学兵’，他们是各个阶层的代表，对于‘建党’具有特殊的意义，也是《建党伟业》宏大主题下的细腻用心——农——代表人物于方舟——于方舟，1900年生于河北省宁河县俵口村一个农民家庭。他是天津五四运动杰出的领导者之一，也是天津早期党团组织的重要负责人。《建党伟业》

---

① http：//www. sina. com. cn2011nian6 月10日。

② http：//yule. sohu. com/20110621/n311050906. shtml.

中，代旭饰演的于方舟与周恩来一起被关进监牢，在剧中于方舟与敌人抗争，绝食3天——经典台词：‘你们一日不答应，我们一日不吃饭！’”①

实际上，于方舟在《建党伟业》还有一句更为经典的台词：“我们要读书，我们要学习。”因为他在这部电影天津“九一廿九”惨案桥段中的身份应该也是学生。与邓中夏不同的是，邓在当时是大学生，而于则是一名中学生。仅凭生于农民家庭便成为“农”的代表不免有些牵强。不过，如果将于方舟此后的故事串联起来看，将他作为“农”的代表却又十分贴切，他不仅牺牲于领导农民起义，有领导农民抗税斗争的实践，还从理论上对农业、农村、农民进行过探讨。这些故事将在后面的相关篇章中陆续讲述。

那么影片《建党伟业》中所描述的天津故事，在历史事实中又是怎样的呢？

天津各界团体为组织国民大会发出公函云：敬启者，日人在闽杀我学警，调舰示威，蛮横已极，近复对于中央之抗议，完全否认。其蔑视吾国主权之心，凡有血气者当无不发指眦裂。现北京及各省已召集国民大会，为闽事之后援。敝会等以此事关系吾国存亡，一发千钧，不能坐视……②

这是1919年12月13日《益世报》刊发的《天津各团体为组织国民大会所发公函》，字里行间，血脉贲张。

事情的缘起，是“日人在闽杀我学警，调舰示威，蛮横已极”。1919年11月16日，日本军国主义者为破坏“抵制日货”运动，蓄意滋事，殴打爱国学生，造成枪杀一人、打伤多人的福州惨案。事件发生后，日本驻福州领事馆不但采取他们一以贯之的伎俩，极力袒护肇事凶手，并进而电请日本政府以“保护日侨”为名，派军舰驶往福建，进行讹诈。为此，福州学生联合会向全国各地的各界联合会、学生联合会发电求援。接到来电，皆为“有血气者”的天津各界联合会、学生联合会等团体“无不发指眦裂”，立即致电声援，并决定召开国民大会，开展更大规模的抵制日货运动。

---

① http：//ent. sina. com. cn/m/c/2011-06-29/11063347145. shtml.

②《益世报》1919年12月13日。

1919年12月20日，国民大会在南开操场举行。上午9点，于方舟便率省立一中队伍抵达会场。中午12点演说开始，下午2点宣读国民大会宣言书。“而此时会场内外约有十余万人，共分五处演说，大有不能容足之势。俄顷，台旁烈焰腾空，黑灰飞舞，咸焚日货矣。斯时果见日货数大车，而羽缎花洋布之类居其多数，杂货次之，均经学生一一掷诸烈焰之中。焚时，众国民均鼓掌，以表示永远断绝日货之决心。”①

下午3点，省立一中作为与会36个团体之一，在于方舟带领下开始游行。“由会场起经过西南城角、南马路、东南城角、东马路、东北城角、北马路、南阁大街、针市街、估衣街、锅街、毛贾伙巷、宫北、宫南、袜子胡同，在东马路青年会门前散会。沿路所经各处，路人拥挤异常，途为之塞。商家并有燃放鞭炮以表示欢迎者。”②

作为省立一中救国团团长，游行之前，于方舟已带领同学在校中提前制作了书写标语的小旗。游行时，“每人手执一旗，旗上所书者为‘睡狮齐醒’、‘誓雪国耻’、‘鲁闽灭亡协力挽救’、‘宁为玉碎，勿为瓦全’、‘同胞速醒’、‘力救国危’、‘誓共安危’、‘力救福建，热心国事’、‘大丈夫头可断，而志不可移’、‘匹夫有责’、‘快救青岛’、‘速现天良一致救国’、‘日本人乱杀我福建同胞’等字样。”③

日本人在闽的暴行，点燃了天津民众怒不可遏的炽烈情感。国民大会以后，抵制日货运动在海河两岸如火如荼，大有星火燎原之势，任何一点媚日袒日的星星之火，都有可能引发抗日抵日的腾腾烈焰。

然而，那些被灌注了军国主义毒液的一撮恶魔，嗜杀成性，嗜血成瘾，嗜掠成习。它们，本该规规矩矩地蜗居一隅，却野心无边、贪婪无底、纵欲无度，总是不甘在它那螺蛳壳内本本分分做道场，总要分外眼红地盯视着别国的山河与沃土，总要垂涎欲滴地窥视着别家的基业与财富。于是，它们一旦卑鄙无耻地霸占了他国领土，就恣意横行于别人的家园，

①《益世报》1919年12月21日。

② 上海《申报》1919年12月23日。

③《益世报》1919年12月21日。

无孔不入地疯狂掠夺，无恶不作地暴殄天物，无法无天地作威作福，无所不在和无所顾忌地侮辱、欺凌、搜刮、压榨这片领土原本的主人。正因如此，天津市民在为抗议倭寇殴杀福州市民时，竟惨遭那些在中国领土上密布如蚤、无所不至的日本浪人穷凶极恶的暗算与毒打。这，便成为“九一廿九”惨案的引爆点。

1920 年 1 月 23 日晚 7 时，天津学生联合会的段鸿荫等同学根据新学联调查委员会的委派，抵达了东门里卢家胡同。因为有人举报这里的魁发成杂货铺藏售日货。

正待检查，店员裴某以学生太多、搅扰商店为由，仅将段同学一人留在店内。孰料，店掌柜已乘机溜出，去搬救兵。

稍顷，3 个日本浪人随即赶到，气势汹汹地将店铺门口的学生一顿毒打，又穷凶极恶地将段同学从店内打出店外，下手极其阴毒狠辣。

被打学生到总商会报告，总商会遂将店员裴某请来了解情况，确认该店藏售日货，此时已致夜间两点，便将裴某带至草厂庵学联。

次日一早，气愤至极的被殴学生将裴某带出游街，以警示奸商不得再藏售日货。

然而，中国政府并不保护中国百姓，学生挨了日本浪人的打，还要遭受中国官员的抓。24 日中午，警察厅保安总队长丁振芝率 60 名警察突然包围商会，“用皮鞭打散闲人，闯进会场，便破口大骂，不容大家分说，便将裴潭溪带走。”①

各团体代表 7 人立即赶往省公署，欲向省长“报告这事的始末情形”。

学生们误以为这 7 代表已遭逮捕，便赶往警察厅“要求到里边见见代表”。警察便开始大打出手。新生社社员李培良等人“被警察手啊，脚啊，棍啊，枪啊，鞭啊，不分皂白，向身上打来”，然后被拖进警察厅，“从门口一直被打到花园（警厅内的），有的脸被打伤了；有的身上腰部

① 周恩来：《警厅拘留记》，见中国社科院近代史研究所：《五四爱国运动》，中国社会科学出版社 1979 年版，第 6 页。

被打伤了；有的全身被摔肿了”。[①]

在省公署的各团体代表并不知晓警察厅这边学生已遭被捕的情况，还在向省公署的工作人员邢副官理论段同学等人在魁发成遭殴一事：“日人既打学生，杨以德何以不代学生请当局向日人严重交涉，反让警察殴辱学生，是何理由?”[②] 邢副官表示待省长回公署后一定向省长报告。代表们遂辞别，刚刚行至东辕门，便遇另一组学生赶来报告李培良等6名学生已在警察厅遭捕的消息。“众人听说非常气忿，返身要再见邢副官；门上回事的人说：‘邢副官长已由后门出去了。’众人只得回商会再作计较，不想方出辕门，保安队已到……众人全都奋身受捕……两人架一人直奔警察厅去。”[③]

当局不仅抓人，还于“同日封闭了各界联合会和学生联合会。同时全市宣布戒严，要逮捕其他的学生代表”。邓颖超于1941年这样回忆20年前那段黑暗时光的种种细节：“这种打击并没有动摇我们战斗的意志。中国地界既不能立足，不能活动，我们就把学生联合会移到租界里去，权借同学的家里办公，这家三天，那家五天，在不断的转移中坚持着工作。我们住在中国地界的代表都变成有家归不得，勉强在同学家里借住。但是压迫比严霜降得更紧，人情也冷过12月的寒风，我们渐渐连同学家里也待不住了，只有流浪街头，尝着爱国流浪的苦生活。一丈见方的房子，成了十几个人的避难所，晚间大家倚拥着，蜷缩着，棉被也没有，只凭青年身上的暖气度过一个又一个苦寒的冬夜。但热血是永远也冻不结的，爱国热情，被压迫的怒火，使我们更加不顾一切牺牲，勇往直前，不怕一切困难。”[④]

---

① 周恩来：《警厅拘留记》，见中国社科院近代史研究所：《五四爱国运动》，中国社会科学出版社1979年版，第7页。

② 周恩来：《警厅拘留记》，见中国社科院近代史研究所：《五四爱国运动》，中国社会科学出版社1979年版，第8页。

③ 周恩来：《警厅拘留记》，见中国社科院近代史研究所：《五四爱国运动》，中国社会科学出版社1979年版，第8页。

④ 邓颖超：《漫话五四当年》（原载重庆《新华日报》1941年5月4日第3版，为该报记者记录整理稿），见《五四运动回忆录（下）》，中国社会科学出版社1979年版，第527、528页。

于是，1920年1月29日，便出现了电影《建党伟业》中所表现的天津学生在省公署门前请愿的宏大场面。

《益世报》报道了1月29日学生请愿的要求：“学生整队游行时，分散传单，上书所要求者计分两项。（甲）对于外交方面者：（一）监督北京政府，对于山东问题不准与日本直接交涉；（二）要求陆征祥专使对于山东问题不与日本直接交涉；（三）请王正廷专使帮同陆专使办理，拒绝山东问题直接交涉；（四）请顾维钧专使将中日两国间一切不平等条约，提交国际联盟会；（五）催办福州交涉。（乙）对于本津方面者：（一）恢复各界联合会及学生联合会会所原状；（二）释放被拘代表；（三）恢复言论、结社自由；（四）调查日货，军警不得干涉；（五）惩办杨以德同殴伤代表之军警。”①

然而，非但杨以德不可能受到惩办，就连他的儿子也对女学生大打出手了——“男女代表周恩来（南开大学学生）、于兰渚（官立中学即省立一中学生），张若名（女师范学生）、郭隆真（女师范毕业生）”“进去后，当有杨以德儿子杨福培（在省公署当副官）穿着便衣，举起手来便向女代表打去：郭隆真脸上被打数下；张若名被他一推，险些跌倒在地。等到他们方一留神看他，他已经一溜烟跑了进去。”② 邓颖超的描述则是：“我们的4位代表——周恩来、于方舟（又名兰渚，后在领导玉田农民斗争中牺牲）、郭隆真（又名林一，后在济南做地下党工作时，被捕英勇牺牲）等4人……还来不及立好，门内军警就打他们，赏以老掌耳光，立刻把他们加以逮捕。”③

上海《申报》则报道了4名学生代表被游街示众的情形：“男代表周恩来、于兰渚、女代表张若名、郭隆真一律被捕，并在省长公署仪门内，为杨以德之子抓住毒打，身无完肤。傍晚时间，由警察200余人，挟此负

---

①《益世报》1920年1月30日。

② 周恩来：《警厅拘留记》，见中国社科院近代史研究所：《五四爱国运动》，中国社会科学出版社1979年版，第11页。

③ 邓颖超：《漫话五四当年》（原载重庆《新华日报》1941年5月4日第3版，为该报记者记录整理稿），见《五四运动回忆录（下）》，中国社会科学出版社1979年版，第528、529页。

伤4代表押往日本租界游街示众。嗟乎！国虽未亡，亡国之痛，亦不过如此耳！我同胞其闻之耶，其不闻之耶！”①

从此，于方舟便开始了长达173天的铁窗生活，而电影《建党伟业》也出现了唯一一个手写体诗句的特写镜头，那就是他的“爱国不怕进狱门”……

2.《革命烈士诗抄》中的于方舟

电影《建党伟业》中有这样一组镜头：

李诚儒饰演的天津警察厅厅长杨以德，趾高气扬地走入关押周恩来和于方舟的囚室后，发现一页写有诗句的稿纸。

这时，镜头推成了大特写，充满画面的纸张上分明书写着“千古做完人，震撼三津，爱国不怕进狱门”。

继而，杨以德颐指气使地问：“这是谁写的?”

于方舟依然话语不多地回答：“我写的!”

这一诗句出自于方舟的《浪淘沙》——

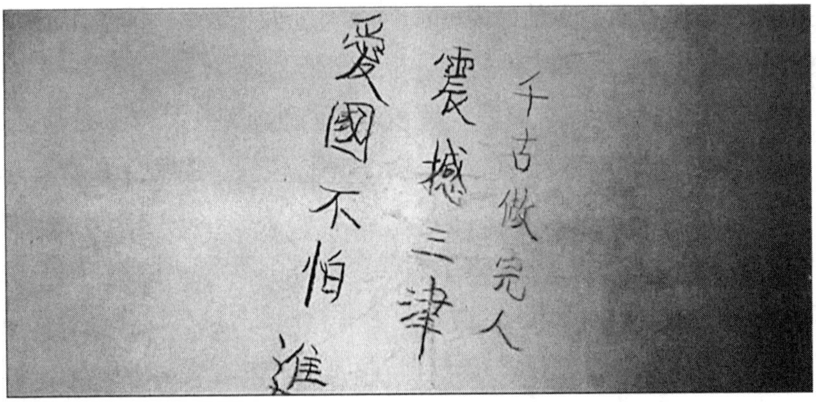

电影《建党伟业》的一个特写镜头——于方舟的诗句“千古做完人，震撼三津，爱国不怕进狱门”

① 上海《申报》1920年2月1日。见郑州市图书馆文献编辑委员会编《旧闻遗影》，中州古籍出版社2001年版，第3页。

千古做完人，
震撼三津，
爱国不怕进狱门。
虎狼拒送检察厅，
更增仇恨！
红日透监棂，
满眼光明，
绝食神州风云动。
买办洋奴休横行，
一场春梦！①

《革命烈士诗抄续编》收入此词时标注创作时间是1920年，同时还收入同一时间创作的《浣溪沙》。从创作时间和内容看，这“二沙”当然就是因“九一廿九”惨案被捕而在狱中的诗作。而当我们全面展开他狱中生活的描述时，就会发现“狱中二沙”背后的真实故事。

他入狱时使用的名字仍是“于兰渚”。周恩来在《警厅拘留记》和《检厅日录》中使用的亦是这个名字。但共收入他10首诗作的《革命烈士诗抄续编》则以他后来的名字做了作者介绍：“于方舟（1900—1928）：河北宁河人。原名于兰渚，又名于芳洲。五四运动期间，是天津‘五七’大游行总指挥之一。曾任天津学生联合会的评议委员，是天津社会主义青年团创建人之一。1920年，曾和周恩来等同志领导著名的天津‘一·二九’斗争。1923年由李大钊同志介绍参加中国共产党，后担任中共顺直省委组织部长，天津地委书记。1927年秋，领导玉田农民暴动，弹尽援绝被俘，在狱坚贞不屈，1928年春被敌杀害。”②

该书所选的《浣溪沙》同样表现了于方舟的狱中生活——

① 本首诗及本节所有诗作均见萧三主编：《革命烈士诗抄续编》，中国青年出版社1982年版，第52、53、54、55页。
② 萧三主编：《革命烈士诗抄续编》，中国青年出版社1982年版，第56页。

红日过墙三尺透，
监狱门开来走兽；
看到绝食眉头皱，
面对英雄发抖！
标语传单未写够，
牢外同学平安否？

两首词都写到了“绝食”。而狱中绝食是4月2日开始的。在那之前，于方舟已在狱中度过了两个月。

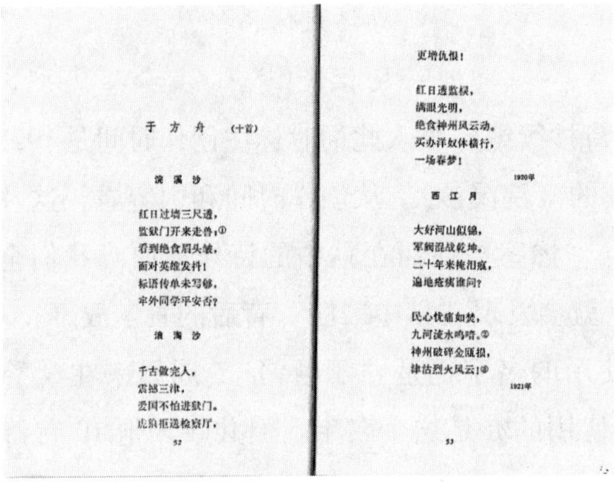
于方舟 （十首）

浣溪沙

红日过墙三尺透，
监狱门开来走兽；①
看到绝食眉头皱，
面对英雄发抖！
标语传单未写够，
牢外同学平安否？

浪淘沙

千古做完人，
震撼三津，
爱国不怕进狱门。
虎狼拒送检察厅，

52

更增仇恨！

红日透监棂，
满眼光明，
绝食神州风云动。
买办洋奴休横行，
一场春梦！

1920年

西江月

大好河山似锦，
军阀混战乾坤。
二十年来掩泪痕，
遍地疮痍谁问？

民心忧痛如焚，
九河流水呜咽。②
神州破碎金瓯损，
津沽烈火风云！③

1921年

53

《革命烈士诗抄续编》中于方舟的词作

1920年1月29日，于方舟同周恩来、郭隆真、张若名进入省公署后，便猝不及防地目睹了两名女代表遭厅长公子杨副官毒打的一幕，正欲向前争辩，那杨副官竟先跑了。这时，几名卫兵将他们4人带到省公署院墙两侧供卫队驻扎的兵棚内。

坐在兵棚内的他们，多次催促要求见省长，因为他们代表着全体同学的意愿。但是，拖延一个多小时后，突然从大门进来几十个保安警察，每两个警察架一名代表，开始游街。“先由西河沿架至警厅门前，后复折入磨盘街，出东马路入营务处”。① 沿途站岗的警察早将路上行人赶至街道

① 周恩来：《警厅拘留记》，见中国社科院近代史研究所：《五四爱国运动》，中国社会科学出版社1979年版，第12页。

两旁，进行紧急交通管制。4 人沿路大呼“民国万岁”“同胞万岁”“学生万岁”，直至被拖入营务处。

营务处，即袁世凯创办新军时的“巡防营务处。”

1920 年的天津营务处，已是关押死刑犯人的地方，条件极其恶劣。“周恩来、于兰渚押入正房旁边的兵棚里，由捕盗营的兵看管。”

就在被押入囚室的第一时间，于方舟似乎丝毫没有考虑到个人的安危，而是如他在《浣溪沙》中写到的那般“牢外同学平安否”。这么想着，便和周恩来商量，为了不让外面的同学担责受害，所有的责任与后果都应由咱们 4 名代表承当。

于是，在女学生代表张若名的日记中便出现了这样的一段文字：“由周、于两位那边，拿过一个担负责任给营务处处长的条儿，我同隆真也都签了名”。[①] 字条内容是“今日之事，无论如何，一切举动，概由代表负责。此致营务处处长鉴。天津中等以上学校学生联合会代表周恩来、于兰渚、张砚庄（即若名）、郭隆真同具。民国九年一月二十九日”。[②]

这是于方舟同其他 3 名学生代表入狱之后的第一个行动、第一个故事。

坐落于唐山市南新西道北侧的冀东烈士陵园建于 1955 年。在烈士纪念馆第一展室东北角，展示着一床叠折整齐的棉被，下方的文字说明上写着，这是冀东籍烈士卢绍亭在天津上学时的棉被，1920 年初于方舟被捕入狱后，卢绍亭带着这床棉被赶往关押处，送给同学御寒。

卢绍亭虽与于方舟不是同校的同学，却同为新生社社员。在那个滴水成冰的三九严寒中，他将自己惟一的一床棉被送给了于方舟。

可以想见，那是怎样一种感人的场景——狱内的学生代表为了狱外同学免受迫害，誓将一切责任独揽于自己身上；狱外同学宁愿自己挨冷受

---

① 周恩来：《警厅拘留记》，见中国社科院近代史研究所：《五四爱国运动》，中国社会科学出版社 1979 年版，第 11 页。

② 周恩来：《警厅拘留记》，见中国社科院近代史研究所：《五四爱国运动》，中国社会科学出版社 1979 年版，第 11 页。

冻，也要将棉被送去监狱，不让狱内的同学遭受风寒……

在那个严冬的囚室，于方舟和周恩来的确没有棉被。正如周恩来所记："睡觉的时候，由棚中兵丁借被褥给男代表盖"①。而女代表那边又会是怎样一番情景呢？张若名的日记有着更为细致生动的描绘："夜间给我们两人三件军人短皮袄，我们说：'没被怎样睡觉呢？'过了一点多钟，所谓白大人（营务处的一个营长）的给了一床被褥，我们也就将就睡下了。三十早晨起来，看看自己身上有好些白毛，隆真笑说：'我们弄了一身军衣的毛，也算当了兵，入了伍了。'梳头洗脸的东西都没有，我们只好先不梳头，仅仅用抹布样子的手巾洗一洗脸。"②

就在如此寒冷、艰苦的条件下，于方舟还在忙着写文稿，或了解底层士兵的生活——"周恩来、于兰渚两人每日在兵棚内做稿子，闷时向士兵们闲谈"。③

有人对于方舟狱中"双沙"二词均曾使用猛兽来喻比军警，一曰"虎狼"，一曰"走兽"表示质疑，认为过于"兽道"而不够"人道"。

但是，就在于方舟等学生被殴被捕之后，蔡元培先生为《北京英文导报》写了一篇《洪水与猛兽》，其中写到："现在天津、北京的军人，受了要人的指使，乱打爱国的青年，岂不明明是猛兽的派头么？"④ 由此可以看到，周恩来、于方舟等天津爱国学生遭致"乱打"的事件在全国影响很大，无疑已受到蔡元培必须要出面发声的强烈关注；而蔡的这篇短文，当时又得到了许多著名的新文化代表人物的热烈赞同与呼应。"胡适在此文的'附记'中说；'很重要的文字，很可以代表许多人要说而不能

① 周恩来：《警厅拘留记》，见中国社科院近代史研究所：《五四爱国运动》，中国社会科学出版社 1979 年版，第 12 页。

② 周恩来：《警厅拘留记》，见中国社科院近代史研究所：《五四爱国运动》，中国社会科学出版社 1979 年版，第 13 页。

③ 周恩来：《警厅拘留记》，见中国社科院近代史研究所：《五四爱国运动》，中国社会科学出版社 1979 年版，第 12 页。

④ 蔡元培：《洪水与猛兽》，原载《新青年》1920 年 4 月 1 日第 1 卷第 5 号，见《新青年·精编本（中）》，中国书店 2012 年版，第 388 页。

说的意思。’罗家伦将此称为‘光芒万丈的短文’。”①

蔡元培在文章中声明，“猛兽”并非自己的发明，这一比喻来自古时先哲：“二千二百年前，中国有个哲学家孟轲。他说国家的历史，常是‘一乱一治’的。他说第一次大乱，是四千二百年前的洪水。第二次大乱是三千年前的猛兽。”“孟氏引公明仪的话：‘庖有肥肉，厩有肥马，民有饥色，野有饿莩，此率兽而食人也’。”因而，蔡元培说：“至于猛兽，恰好做军阀的写照”，“现在军阀的要人，都有几百万几千万的家产，奢侈的了不得；别种好好作工的人，穷的饿死。这不是率兽食人的样子么?”

他进而提出“把猛兽驯服”即打倒军阀：“我以为用洪水来比新思潮，很有几分相像。”“所以中国现在的状况，可算是洪水与猛兽竞争。要是有人能把猛兽驯服了，来帮同疏导洪水，那中国就立刻太平了。”②

于方舟的《西江月》便直接写到了军阀：

大好河山似锦，
军阀混战乾坤。
二十年来掩泪痕，
遍地疮痍谁问？
民心忧痛如焚，
九河流水呜喑。
神州破碎金瓯损，
津沽烈火风云！

这首词也被收入了《革命烈士诗抄续编》。他对“军阀混战”的痛斥其实是那个时代人们共同的心声——“军人以兵乱政，亦为前清所未有，至如军阀与帝国主义者勾结为患的局面，亦可以说是辛亥革命方法错误所遗下的恶影响。”③

---

① 崔鹤同：《蔡元培：温良敦厚，刚正执着》，《天津日报》2017年9月11日。

② 蔡元培：《洪水与猛兽》，原载《新青年》1920年4月1日第1卷第5号，见《新青年·精编本（中）》，中国书店2012年版，第388页。

③ 陈独秀：《二十七年以来国民运动中所得教训》，见《新青年·精选本（下）》，中国书店2012年版，第316页。

于方舟和周恩来、郭隆真、张若名在营务处被拘押8天后，于1920年2月6日移送警察厅。

在警察厅的两个月中，他又有着怎样的经历呢？

3.《警厅拘留记》中的于方舟

1920年12月4日，马千里在他主编的《新民意报》开始连载《警厅拘留记》。

同时，该报也发表了他写的《警厅拘留记叙》，介绍了该书的写作背景：

《警厅拘留记》封面

这本《警厅拘留记》，是天津学生联合会的代表周恩来君编的。同人被拘在警察厅里，是隔绝交通，是一个人拘一个地方，也有两个人拘在一屋的，大家彼此不能见面，不能会谈，不但对外边的情形全不知道，就是警察厅里边一同被拘的一共有多少人，都是姓甚名谁，也全不知道。顶到临送检察厅的前一两天，才稍稍放松，大家可以晤谈。到检厅后，得住在一处，各人才得把各人被拘的情形，待遇的情形，谈话的情形，彼此报告；周君把各人所报告的实在情形，搜集起来，编辑成了这一本书。书里所记载的，全是当时的事实，各人所说的话，是撮其大要，把要紧的全都写将出来，无一句批评，也不加谩骂，真是写实最佳的著作！①

据马千里介绍，该书是在检察厅内写的，5月开始首编，到6月5日

① 马千里：《警厅拘留记叙》，见中国社科院近代史研究所：《五四爱国运动》，中国社会科学出版社，1979年版，第4页。

编完，“上月周君临出国时，才把这书交到鄙人手中”①。

关于 4 名学生代表被从营务处移入警察厅第一天的情形，周恩来是这样记叙的：“6 日早晨，女代表从营务处移到警厅后，接着周、于两人也坐着马车来了……到了警厅后，传事吏的警察让他们各归兵棚。他们两人不允，说必须面见科长。两方互相争执，这时候杨以德到了。便说：‘我是警务处长，你们有什么意思？只管写出来！’周恩来说：‘很好！我们正不明拘禁我们是什么理由呢！’说着，大家便拥周恩来入 4 队 3 棚，于兰渚入头队头棚。”②

于方舟被押入 1 队 1 棚。

周恩来被押入 4 队 3 棚。

两人在营务处时还能结伴羁于一室，到警察厅后竟被分开了。

据周恩来所记，他俩来到警察厅的第一天、第一件事，便是各写了一份“质问书”，质问被拘捕的理由。质问的背后，当然在表明：政府对学生代表的拘捕属于非法和反动！日人辱我，何不严正交涉？学生爱国，又何罪之有？

周恩来在《第一批被拘后至 9（1920）年 2 月 12 日》这一章节中，以较长篇幅记载了于方舟被增添警察、严加看管的故事。

事情的缘起，是因为“于兰渚有一天写了一篇很长的请求买书文”。

于方舟在这篇购书申请中写道：“虽日给饮食以养之，实不啻操刀斧以杀之也。囚置斗室，阅只字而无书，写只字而无笔，养成废人，以为社会之贼，何若杀之为愈耶？”③ 意思是说，作为学生，不读书，不写字，生不如死。所以要求买些书籍。

写完后，于方舟提出要将这份申请面交视察员，看守他的警察却不

---

① 马千里：《警厅拘留记叙》，见中国社科院近代史研究所：《五四爱国运动》，中国社会科学出版社 1979 年版，第 4 页。

② 周恩来：《警厅拘留记》，见中国社科院近代史研究所：《五四爱国运动》，中国社会科学出版社 1979 年版，第 15 页。

③ 周恩来：《警厅拘留记》，见中国社科院近代史研究所：《五四爱国运动》，中国社会科学出版社 1979 年版，第 19 页。

允，坚持由警方向上呈递。

结果，由于于方舟无法当面向视察员完整陈述买书的缘由，戏剧性的一幕便出现了——

本来，于方舟欲将铁窗作为书舍，所写申请是为了“买书”。

警察却认为于方舟是想把揭露监内生活的文字向外传递出去，意在“传书”。

问题似乎严重了！

“于是就同他戒严起来。看守的警察也添了一个。他每一拿笔，就虎视眈眈地站在旁边看着。”①

有一次，于方舟想请在头棚干零活儿的工人到附近小饭馆为他代买一点吃的。无奈那工人听不明白，又不识字，于方舟只好写了一张字条，告诉那工人到了饭馆将这字条交给对方就行了。谁知这个行为竟然引起警察厅更大的怀疑，字条“也被他们扣留住，弄的于兰渚挨了半天饿”②。

“又过些日子才自由一点，可以开条子去买书了。于便写了些新出版的杂志《新青年》、《新潮》、《解放与改造》、《觉悟》给司法科。队中值班巡长回来说：‘司法科长不知这些书籍有什么作用，不准买！’”③

望着值班巡长转身而去的背影，于方舟心中颇不平静：只消看看警察机关对待一名普通中学生竟能如此“虎视眈眈”，便可知晓北洋军阀政府该是怎样的色厉内荏了；如此知名的杂志，司法科长竟然说“不知这些书籍有什么作用”，不是故意刁难，就真的是无知到家了！

如此一来，于方舟倒真想见识见识这位司法科长的真实面目了。

不曾想，数日之后，他便在“违警裁判所”的大堂之上，演绎了一幕精彩的“于方舟勇斗司法科”，驳得那位司法科长张口结舌，高呼

① 周恩来：《警厅拘留记》，见中国社科院近代史研究所：《五四爱国运动》，中国社会科学出版社 1979 年版，第 19 页。

② 周恩来：《警厅拘留记》，见中国社科院近代史研究所：《五四爱国运动》，中国社会科学出版社 1979 年版，第 19 页。

③ 周恩来：《警厅拘留记》，见中国社科院近代史研究所：《五四爱国运动》，中国社会科学出版社 1979 年版，第 19、20 页。

休战。

“2 月 16 日司法科传郭隆真至违警裁判所，由科长（高登甲）同某科员讯问”，“接着又提于兰渚、张若名，两人同时到了，高登甲命张若名回去不问了。”①

在下面的文字中，周恩来以洗练的笔法，描述了一段“于方舟勇斗司法科”的故事——

于兰渚进去。

高问他道：“你们到省公署何事？”

于回道：“我们外交要失败，正在‘千钧一发’的时候，所以请愿省长，让他代打电报给北京政府。”

后来又问些别的话，多关系学生的，于也没大回答他。

于转过来问他为什么拘留大家。

他说：“这个我也没法，都是省长的意思，我们小机关，不得不服从的。”

于问他道：“你们既无权处理，何以滥行职权，拘捕我们，独不顾及中华民国国家的人格吗？”

高道：“你也不必多谈了，我们谁把谁问短了，也不露脸。”

于笑道：“这也没有露脸的关系。”

高便说：“你去休息休息罢！我还要同别位谈话呢。”

说完了，于便回去。

当天也没再问别人了。②

周恩来的这段描述，让人意犹未尽。司法科长高登甲本来声称“我还要同别位谈话呢”，最终却“当天也没再问别人”，为什么？

周恩来对于方舟与高登甲之间这段审讯对话的记录，很好地解释了其

---

① 周恩来：《警厅拘留记》，见中国社科院近代史研究所：《五四爱国运动》，中国社会科学出版社 1979 年版，第 21 页。

② 周恩来：《警厅拘留记》，见中国社科院近代史研究所：《五四爱国运动》，中国社会科学出版社 1979 年版，第 21 页。

中的缘由，那就是主审官反而被审讯对象所审问，并且竟然无言以对，理屈词穷，尴尬至极，没有“露脸”反而丢了司法科长的脸面。在这些忧国忧民、无私无畏的青年学生面前，这位主审官自知理亏，不得不草草收场，取消了原本的审讯计划。

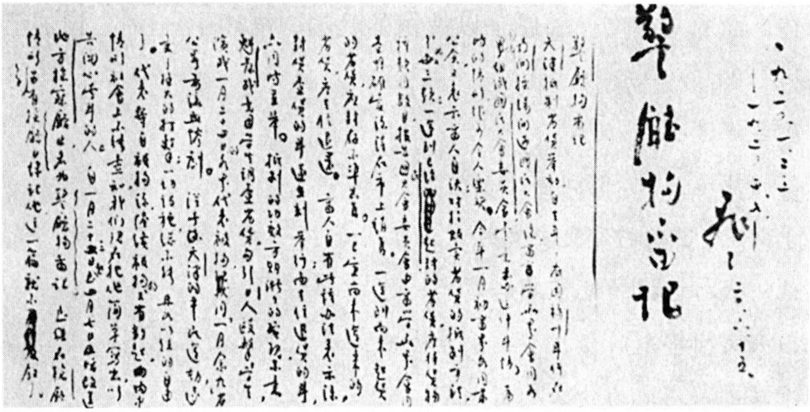

《警厅拘留记》内文

在“违警裁判所”过堂后的第三天，便迎来了一年一度的除夕。

1920 年的春节，于方舟是和被捕代表一起在警察厅内度过的。

“2 月 19 日是旧历除夕，杨以德命门口回教馆预备 5 桌席，在午饭的时候让被拘的 26 人同到花园内会议厅会餐。被拘的人消息隔断了 20 多天，这次得着团聚，互相说了很多话，很快乐的。”①

然而，团聚的快乐是有代价的，吃过除夕饭，杨以德便开始了长达 3 个小时的训话。周恩来将杨的训话记录得非常传神：

“诸位先生们！我告诉诸位吧！诸位的后援全都完了。诸位先生们，不要再希望北京呢，上海呢，南京呢，大总统命令都已下了。这次不是我们天津一处。

“现在事情快平静了，又赶着旧历年下，人人都要过年；诸位不能回家过，我教他们预备 5 桌席，请诸位在一块吃，我也同诸位谈谈，谁叫诸

① 周恩来：《警厅拘留记》，见中国社科院近代史研究所：《五四爱国运动》，中国社会科学出版社 1979 年版，第 22 页。

位犯着这个事呢！

“诸位弟兄们！整天在外边演讲，调查日货，有什么用处？这下子诸位耽误了，人家全念书了。升官发财的道儿，不能按着你们那样走。诸位先生们都比我强，要按我的道儿走，比我要阔的多了。将来诸位要做了总统、总理，那一省督军、省长，办了什么大工场，发了大财，诸位就知道杨某的话不错了。诸位先生们将来出去，不要再 180 个不含糊；要再进来，再住几年，诸位都要老了。人家念书毕业，从外国回来了，办实业，做大官，到那时诸位后悔可晚了。诸位先生们！将来出去好好念书，学科学，升官发财尽是你们的份儿呢！诸位要是好好干，将来都比我阔啊！从前的话，‘教书的要误人家子弟，下十八层地狱。’做官的要误人家子弟，得下三十六层地狱。我要是成心坑大家，我是禽兽。”①

杨以德讲的是天津方言，明显是在为 26 名代表“洗脑”，劝大家多想想升官发财，少管管国家政府的事，如同以往历朝历代的统治者，让中国人尽失国家观念和国家意识，做一盘散沙状，以维持自己的统治。

“第二天（即三十日，旧历元旦）午后的时候，26 人又到会议厅内会餐一次，杨以德却没去。在这两天内，被拘的人，在各人住的棚里，比较稍微自由些。同在一个院子住的，也可以在一处聚聚，过了这两天又不自由了。”② 怎样的不自由呢？原来，从大年初八开始，司法科又将“问审”改为“笔审”了。

从大年初八开始，连续 3 天，司法科传集被拘 26 人，分班“笔审”，即笔答省公署给出的 21 个问题。

其中涉及于方舟的约有 8 个问题，即第 1 题“学生联合会是何人提倡组织？各界联合会是何人提倡组织？国民大会是何人提倡组织？”第 3 题“各界联合会及游行演说，屡次布告解散，何以仍然集会在街演说？”第 5

① 周恩来：《警厅拘留记》，见中国社科院近代史研究所：《五四爱国运动》，中国社会科学出版社 1979 年版，第 22、23、25、28 页。

② 周恩来：《警厅拘留记》，见中国社科院近代史研究所：《五四爱国运动》，中国社会科学出版社 1979 年版，第 28 页。

题“学生会及各界联合会是何等机关？何以有处罚权？”第8题“检查商家货物，屡奉省长禁止，何以抗违？”第12题“韩致祥（韩麟符）赴粤何事？”第14题“学生演说及十人团，何人组织，演说费由何项开支？”第16题“童子军系何人组织，各项传单用款、服装用款由何项开支？”第21题“天津联合会代表致吴佩孚电是否各代表共同议决？”①

“笔审”时间安排在每天下午。

2月28日，“笔审”13人：马千里、孟震侯、时子周、马骏、夏琴西、李散人、尚墨卿、李权、凌钟、陶尚钊、吴凤岐、赵仲禹、吴世昌。

2月29日，7人：师士范、李燕豪、陈宝骢、郭绪荣、于骏望、李培良、祁士良。

3月1日，6人：郭隆真、张若名、于方舟、周恩来、杨晓林、王墨林。马骏、夏琴西两人本已在第一天由司法科传往司法科办公室笔答，后因他们答的不合体裁，所以又在第三天让他们重写。

半个月前，在“违警裁判所”的“问审”中，于方舟义正词严地反审司法科长，大长了各界代表的气势，伸张了爱国志士的正义。半个月后，身在花园会议厅，面对21题的“笔审”，于方舟又会如何作答呢？

周恩来在《警厅拘留记》中给出了这样的答案：“笔答的内容，26人因为司法科不是正式审判他们，都随意填写，司法科也无可如何。”②

从“问审”到“笔审”，于方舟和他的战友冲破了拦在面前的一道道围堵，令统治当局的希望一次次落空！

就在这次“笔审”后仅仅一周，于方舟为新的斗争，再次打开了突破口。

---

① 周恩来：《警厅拘留记》，见中国社科院近代史研究所：《五四爱国运动》，中国社会科学出版社1979年版，第29、30页。

② 周恩来：《警厅拘留记》，见中国社科院近代史研究所：《五四爱国运动》，中国社会科学出版社1979年版，第30页。

4. 绝食

“你们一日不答应，我们一日不吃饭!”

这是于方舟在电影《建党伟业》中的经典台词，也是于方舟在警察厅囚室的真实写照。实际上，这句关于狱中绝食斗争的台词应该同他的另一句经典台词“我们要读书，我们要学习”是紧紧联系在一起的——绝食斗争的确因他强烈要求读书学习而爆发……

那场著名的“绝食”斗争虽于4月2日正式拉开帷幕，但它的酝酿期早就开始了。

1920年3月7日，是旧历的正月十六。元宵节的第二天，“厅中忽又严紧起来，各人除去家族外，其余的人一概不许接见；而其中也有家族去见不得的。在这种内外消息重新隔断，被拘的人又要重新度他们的烦闷生活的时候，住在11、12队同院的师士范、李燕豪、凌钟、吴凤岐、李散人、于兰渚6人，向司法科要求他们同时在院中散步；司法允许了。过几天他们又给杨以德去一说帖，质问3件事，要求速行答复。”①

电影《建党伟业》中的周恩来（陈坤饰）、于方舟（代旭饰）被捕后同拘一囚室

① 周恩来：《警厅拘留记》，见中国社科院近代史研究所：《五四爱国运动》，中国社会科学出版社1979年版，第31页。

奶奶曾经讲过这样一件事情：1960 年的某个傍晚，一位面庞清瘦、身材修长的老者来到奶奶家中串门。

他先是开玩笑说当年同于方舟一起坐牢时绝食绝成这么瘦的，接着又解释说自己原本就这么瘦。

当时，爷爷阎博洪非常惊讶："您瘦成这样还能绝食？"

老者说"我会气功啊！"说着便站在墙边闭目而立，"我这么站着就能睡觉！所以我不怕绝食！"

这位老者就是李散人，"九一廿九"中他是作为"国货调查会"代表被捕的。

李散人对我的爷爷奶奶说："那次绝食的缘起，是从我们这个院儿开始闹起来的，你父亲执笔，给警察厅长写了一封信，提了三件事儿，其中有一条是要求在里边能念书。他打一进去就跟'书'这件事摽上啦，接二连三地要求买书，念书，当衣裳赁书，直到跟周恩来、马千里组织读书团！"

据周恩来记载，于方舟执笔写给杨以德的三条质问内容分别是："（一）按约法非依法不能逮捕，吾等究犯何法，违何项警章规定？（二）望速公开审判！（三）处长曾说：'学校先生误人家子弟，当入十八层地狱；为官的要误人家子弟，当入三十六层地狱。'今拘吾等 40 余日，学校已经开学，既不能往学校上课，是学生自误耶？先生误之耶？抑为官者误之耶？请自此后允许吾等彼此研究学问，俾免荒废学业。"①

"三条递去后，也没见回答。又隔几天，六人见着赵视察长，请他答复他们所质问的三件事。赵视察长回称不是他职权内的事，让众人向司法科长去交涉。于是这六个人连三接四给高司法科长去函请答复他们质问的事，但是司法科长总没有个回报。"②

---

① 周恩来：《警厅拘留记》，见中国社科院近代史研究所：《五四爱国运动》，中国社会科学出版社 1979 年版，第 32 页。

② 周恩来：《警厅拘留记》，见中国社科院近代史研究所：《五四爱国运动》，中国社会科学出版社 1979 年版，第 32 页。

于方舟说，司法科长不回答就是默认。于是从反映“囚置斗室，阅只字而无书”、要求购书，到希望“允许吾等彼此研究学问，俾免荒废学业”的他，便带头去找南开名师、南开中学教务主任时子周请教——“有几个人每天到时子周的住室里学习功课；有的学英文的，有的学西洋史的，有的学经济学的。”①

但是，到了3月21日，警察厅内的空气又骤然紧张起来：“没过几天，司法科长忽亲往各处划分界限，不许彼此来往”。

3月22日，被拘代表同看管人员据理力争：“由11、12队队长、副官、巡长声明司法科长阻止众人来往的意思。当由在时子周室中的几个人，反复辩驳，说限制来往的没有道理。”被拘代表见这班队长不置可否、答复不了，便“转向司法科长交涉，结果许各人自由来往，但大堂前众人不得停留，花园内遇有会议时，亦不得入内散步。众人也允许了。”②

在大家的据理力争下，于方舟又能变铁窗为书舍，向时子周老师和其他学兄学姐请教了。

然而，正如电影《建党伟业》中于方舟经典台词“我们要读书，我们要学习”所说的那样，铁窗内的于方舟，仿佛与“书的故事”有着一种奇妙的不解之缘，时光仅匆匆过去一周，他便又因“书的故事”与司法科开始了一场新的博弈。

3月底，师士范、李燕豪、李散人、于兰渚、吴凤岐、凌钟6人，因为当衣事件，同司法科发生很复杂的交涉。

这事原因是由于他们6个人在厅中买各种书籍，经济不足，因而欲将衣服取出典当。

司法科以此事有害警察名誉，不许。

他们又连致函要求，说明典当衣服是自己主权，司法科不能过问。假

① 周恩来：《警厅拘留记》，见中国社科院近代史研究所：《五四爱国运动》，中国社会科学出版社1979年版，第32页。

② 周恩来：《警厅拘留记》，见中国社科院近代史研究所：《五四爱国运动》，中国社会科学出版社1979年版，第33页。

若司法科怕碍及警察名誉，就让司法科替他们出法子购书。①

就在司法科今日允许“可以代买”，明日又改为“代买书籍，阅毕交还”，后日又称没有买到，另一日又说“书费太多，须禀明杨以德”的过程中，时间已经到了4月1日，距正式绝食仅差一天了。

这一天，司法科又变了一种说法，允许他们当衣买书了。于是，在刚出正月不久的阵阵寒风中，于方舟毅然脱下了身上的衣裳。

4月1日午后，6人遂将应当衣裳包好，同时尚墨卿也取衣裳加入，交与队长派人去典。

当时队长忽又拦阻不允，说司法科长又不准了。

7人大怒，亲自携着包袱欲往司法科办公室。

走到大堂旁边，被11、12队同6、7队队长，同警察多人拦阻住了。说：“司法科长已往省公署去了，今天一定不能回来，明天再说罢！”

7人不允。争执有一点多钟，那天天气非常寒冷。他们穿的都很单薄，同拘的别人恐怕他们伤了身体，苦劝他们暂时回到屋中……②

当晚，被拘的新闻界代表、《泰晤士报》的孟震侯，为司法科长约谈。孟震侯就于方舟等人的当衣事件、全体代表的自由往来、个别代表出现的病症等3个问题向司法科提请解决，并将交涉情况向大家做了通报。于是，“当晚众人决定要是司法科再禁止个人来往，众人便给警厅最后通告：限3天内速开公审；否则3天后全体绝食自毙，表示他们不受非法拘捕，不屈人格的态度。”③

这样，于方舟曾从3月上旬便开始反复提出的“望速公开审判”，即成为全体被拘代表的共同诉求了。

不过，根据4月1日当晚的决议，绝食应在3天后即4月4日开始实

① 周恩来：《警厅拘留记》，见中国社科院近代史研究所：《五四爱国运动》，中国社会科学出版社1979年版，第33页。

② 周恩来：《警厅拘留记》，见中国社科院近代史研究所：《五四爱国运动》，中国社会科学出版社1979年版，第34页。

③ 周恩来：《警厅拘留记》，见中国社科院近代史研究所：《五四爱国运动》，中国社会科学出版社1979年版，第35页。

施，但又怎会在4月2日便提前开始了呢？

这，又是冲锋在前的于方舟等6人引爆的一个突破口。

4月2日早晨，司法科传杨以德的命令让各队看守被拘众人的警察，严重看视，不许互相来往。

众人消息，彼此既不相通，于是遂实行预定的计划。

各人除赵仲禹外，致最后通告于警厅，大概的意思都是说民国约法新刑律，全载有人民身体自由，无故不得受逮捕拘禁的干涉。他们被拘70多天，没受正式审判。这种非法对待，众人为尊重人权国法起见，限警厅3日内公审。要是做不到，3日后全体绝食，以存他们人格。①

就在这天上午，被拘的海货同业公会代表尚墨卿，偏不信“不许互相来往”这条戒令，非要到李散人和吴凤岐的住处叙谈，结果被五六个膀大腰圆的警察强行架了回去。

与李散人、吴凤岐住在同院、坚持“当衣买书”的于方舟等6人，见警察真敢强行架人、禁止自由，便决定斗争到底，也都执意向外冲，决计同警察对着干，于是绝食提前了。

周恩来在《警厅拘留记》中，为这一章节内容加注的标题是《“四二”的奋斗》：“师士范、李燕豪、凌钟、于兰渚、李散人、吴凤岐6个人，自尚墨卿走后，有人欲往门口散步，或往厕所，全都被警察干涉，不准出门。众人愤极，遂将绝食限制改于即日实行。这个消息传到的地方，如马骏、夏琴西、尚墨卿、吴世昌、祁士良、马千里都改在当日实行绝食。那没有得着绝食通告的杨晓林、时子周、孟震侯、陶尚钊、陈宝骢、张若名、郭隆真、周恩来、郭绪荣、于骏望、李培良仍然是实行3日后绝食的预定计划。”②

不过，提前到来的绝食，还不是“四二奋斗”第一天的惟一故事。

---

① 周恩来：《警厅拘留记》，见中国社科院近代史研究所：《五四爱国运动》，中国社会科学出版社1979年版，第35页。

② 周恩来：《警厅拘留记》，见中国社科院近代史研究所：《五四爱国运动》，中国社会科学出版社1979年版，第35页。

被警察架回住处的尚墨卿，是一个性格豪爽之人。

刚刚被捕入狱的那日，一警察问他姓甚名谁，他只答一个“尚”字。警察再问，他便没好气地说了句：“上车！”从此，警厅里头的人都叫他“尚车子”了。

4 月 2 日，架他的警察不但动作野蛮强硬，而且嘴里不干不净：“厅长还怕你们吗？都有玩票的啦（天津土话，意思是都快杀人啦）！”

觉得受辱的尚墨卿勃然大怒，一不做二不休，立即写了“杨梆子玩票啦！”“杨梆子快来吧！”“我们绝食啦！”几张字条，挂在身上，伫立于他住室的门口，展示给人们看。

为惩治尚墨卿，司法科在中午的时候将他从住室押入拘留所。途中遇到陈宝骢，陈以为众人都已被投入拘留所，便也跟了进去。据《益世报》报道，这种拘留所实则为木笼——“警兵蛮横不许，致起冲突，竟将尚君锁入木笼。陈君宝骢（学生代表）向之理论，亦将陈君送入木笼。”①

最先发现这一异常情况并设法前往营救的是于兰渚和法政学校的李燕豪。“尚、陈两个人进入拘留所后，11、12 队巡长警察告诉李燕豪、于兰渚两人，说赵视察长请他们说话。等到李、于两人走到大堂前面，他们又说司法科长让他们两人搬到陈宝骢屋里去住。他们两人见受巡长等诓骗大怒，不肯进屋，非要求见赵视察长不可。巡长等苦央了多时，两人才勉强进屋。进屋后见陈宝骢不在外室，知是已往拘留所。他们又要求一同投入，但是看守他们的警察一共 5 人，虎视眈眈，总没得找空隙。”②

自从拘入警察厅后，于方舟屡屡被作为“重犯”，看押他的警力也总会不时地增加，周恩来每每写到于方舟被重押时，也总会用上“虎视眈眈”这个词……

4 月 3 日，于方舟与周恩来会合，他俩同另外三代表一起，引发了与杨以德面对面的直接交涉……

---

①《益世报》1920 年 4 月 6 日。

② 周恩来：《警厅拘留记》，见中国社科院近代史研究所：《五四爱国运动》，中国社会科学出版社 1979 年版，第 36 页。

他们不是被彼此隔绝、限制行动自由了么？又怎么能够会合在一起呢？

在周恩来的描述中，那一天的情形是这样的——

“四二”奋斗第二天中午的时候，马骏、李燕豪、周恩来在厕所遇见，彼此方知前一天的各方面情形，遂决定回室奋勇通知各处，一齐投拘留所。

周恩来回过大堂，敲马千里、时子周住室的窗户，马千里住室的窗户敲破了，嚷着让他们投入拘留所；回到花园后边，又嚷着告诉郭绪荣、于骏望、李培良，但是那时3、4队的副官正在他们那里。反转身来经过花园门外，又嚷着通告张、郭两女代表；自己一直闯入男待质所，看守他的警察仅仅是一个人，所以始终没有拦住。

这时候陶尚钊、于兰渚也都跟着闯入。

时子周、李燕豪与警察挣扎多时，才能闯入。

别的人都被警察拦住，没能出来。

一会儿杨以德到了：“这可是你们自己闯进来的，你们既不知好歹，什么私人感情我也不讲了，你们进去吧！”说着就命传事吏司法警察开门，警察将拘留所的外门开了。

5个人进去后，一大帮警察、巡长、队长、副官拥着杨以德也走进去。

杨以德让传事吏的警察取来笔纸，教5个人自己把名字写下。①

5人与杨以德争辩多时，杨终于同意将尚墨卿从单独拘留室放出。“众人见杨以德允将尚墨卿放出，便都各回本室”②。

“‘四二’奋斗的第3日”，“彼此的交通遂自由无阻了”③。

---

① 周恩来：《警厅拘留记》，见中国社科院近代史研究所：《五四爱国运动》，中国社会科学出版社1979年版，第36页。

② 周恩来：《警厅拘留记》，见中国社科院近代史研究所：《五四爱国运动》，中国社会科学出版社1979年版，第38页。

③ 周恩来：《警厅拘留记》，见中国社科院近代史研究所：《五四爱国运动》，中国社会科学出版社1979年版，第39页。

绝食斗争取得了阶段性胜利！

很快，通过这次绝食，被捕代表终于在4月7日离开了警察厅……

5. “红日透监棂，满眼光明”

于方舟在狱中所作《浣溪沙》《浪淘沙》，既有“爱国不怕进狱门”的理想主义信念，也有“买办洋奴休横行”的爱国主义情怀，既有让敌人“面对英雄发抖”的英雄主义气概，也有“红日透监棂，满眼光明”的乐观主义精神。

其实，“红日透监棂，满眼光明”的乐观，并非只是源于他自身理想的定力和心态的调整，还有来自同学与战友的鼓舞、关爱。

1920年4月6日的天津《益世报》，出现了这样一则消息：

昨日（5日）下午4时，天津学生代表24人，黄辉、王玉轩、崔崇义、张裕、鲍长义、严永忠、何兆熊、魏春藩、胡诵涛、邓文淑（邓颖超）、王贵言、王天麟、王子光、王桐华、贾宝峰、王棣华、刘泳溪、卢璘瑜、谌志笃、吴瑞燕、蒋方敦、郑季清、严津祥、赵光宸在警察厅门前聚齐，要求将被拘代表24人换出，情愿代为执行。首由门岗延入接待室内，不久即由杨以德接见。所谈大概系杨氏亦不得作主，仍须请示省长，方能答复。继由代表发言，谓外间之代表绝食传说甚盛，不知确否？遂即延代表等入见，复在厅内花园召集被拘代表23人出见。见面时被拘代表皆有饥色，确为绝食之证。至晚7时，学生代表即行返会，闻尚欲上呈省长请被拘代表与学生代表替换羁押云。①

这是一条轰动津门的消息。

人们为青年学生的爱国激情震撼着，感动着，奔走相告着……

当然，更令于方舟等这些已在囹圄之内经受70余日炼狱磨砺的代表们兴奋不已。

---

①《益世报》1920年4月6日。

透过监窗之棂这铁的冷酷，他看到了千万不屈青年和爱国民众那心的火热、血的沸腾……

只要热血不凉、人心不冷，未来的中国就一定会是红日高照、满眼光明……

是的，虽然在“九一廿九”惨案发生之后的黑暗日子里，如邓颖超所述“学校当局突然宣布提前放假，强迫同学回家，拆散我们的组织。只有极小一部分同学留下来，坚持日常工作和同学间的联络，特别是援救被捕的代表。”① 但是，令于方舟分外欣慰的是，就在这极小一部分的同学中，人们可以看到觉悟社社员和新生社社员男女青年们共同战斗的身影。

是的，虽然在“九一廿九”惨案发生之后的黑暗日子里，“学联被迫转入秘密状态，斗争的条件是极端困难的”，但是“我们终于又想出了继续斗争的方法，就是留守的学校代表发动自愿签名，代替被捕的代表受监禁。我们签足了名，就备了公文，带了行李，到警察厅去要求入狱。我们向警察厅长杨以德提出两点理由：第一，我们的代表因为爱国，横遭逮捕。他们是我们选出来的代表，不能只让他们饱尝铁窗风味，我们大家要轮流受监禁，不能叫他们单独担当。现在我们就要求入狱替换他们。第二，对于非法捕人，长期监禁，既不宣布罪状，又不送到法院审判，提出严重的抗议。我们据理力争，无论厅长怎么说好话哄骗我们，仍坚持不走，弄得他们没办法，最后只好请我们到警察厅的后花园，会见被捕的代表，同时参观他们的住屋……”② 令于方舟分外感动的是，就在这些向他们问寒问暖的同学中，不仅有觉悟社的男社员谌志笃、赵光宸，还有觉悟社的女社员邓颖超、郑季清、吴瑞燕，更有新生社的女社员王天麟、王棣

---

① 邓颖超：《漫话五四当年》（原载重庆《新华日报》，1941 年 5 月 4 日第 3 版，为该报记者记录整理稿），见《五四运动回忆录（下）》，中国社会科学出版社 1979 年版，第 528、529 页。

② 邓颖超：《漫话五四当年》（原载重庆《新华日报》，1941 年 5 月 4 日第 3 版，为该报记者记录整理稿），见《五四运动回忆录（下）》，中国社会科学出版社 1979 年版，第 528、529 页。

华、王桐华、卢琳瑜……

最令于方舟日后兴奋的是：他知道了这一切都是由当时年仅 16 岁的邓颖超组织的；四年后，邓颖超便成为他创建的社会主义青年团天津地方执行委员会的第一批团员和领导成员；而在他创建中共天津地方执行委员会后，又将邓颖超转为中共党员并担任地委的妇女部长；1925 年邓颖超离津赴穗，还成了他的亲密战友周恩来的美丽新娘、终身伴侣……

“四二奋斗”的第六天，被拘代表便取得了进入警厅以来斗争的胜利……

邓颖超在天津直隶第一女子师范学校

1920 年 4 月 7 日——“到了晚上 8 点多钟，各队的人通知被拘的人，说众人的第三件要求已经达到目的了。不多时厅中预备 6 辆汽车，将杨晓林、时子周、马千里、孟震侯、夏琴西、马骏、郭隆真、李散人、师士范、周恩来、陈宝骢、李燕豪、郭绪荣、于兰渚、尚墨卿、吴世昌、张若名、祁士良、吴凤岐、于骏望、李培良 21 人，送往河北地方检察厅。”①

从 1 月 29 日到 4 月 7 日，他们在警察厅中炼狱两个多月。

从 4 月 7 日到 7 月 17 日，他们还将在检察厅中度过三个多月。

1920 年的他们，竟然要在牢狱中度过三个不同的季节——从大雪纷飞的严冬，到乍暖还寒的初春，直至赤日炎炎的酷夏——从体肤，到筋骨，直至心智、灵魂——或壮怀激烈，或吞咽苦果，或仰天长啸，或品尝苦涩——通过切肤之痛的体验和刻骨铭心的琢磨，去设身处地地感悟人生与社会的不同况味……

① 周恩来：《警厅拘留记》，见中国社科院近代史研究所：《五四爱国运动》，中国社会科学出版社 1979 年版，第 41 页。

6.《检厅日录》与“铁窗书舍”

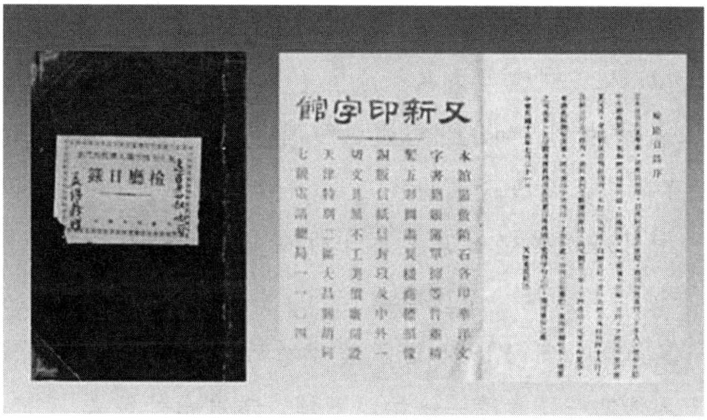

《检厅日录》

马千里在《检厅日录》拟刊印出书时作序：“忽忽的光阴转瞬又是4个年头了。在4年前——民国9年——天津各界联合会同天津学生联合会因反抗日本的侵略而抵制日货；地方官吏深恐民气日张，民权日伸，与作官抢钱的前途有碍，所以用兵力，用警力，压迫、殴伤男女青年甚多。殴之不已，乃逮捕两会中重要分子，囚之于警察厅，系之于营务处。囚禁两个半月——自1月24日至4月7日——并未正式审问一次。其详情见周恩来君编的《警厅拘留记》中。自4月7日由警察厅押送天津地方检察厅，又经过三个半月，至7月17日才宣告判决，徒刑期满出狱。检厅中的经过，也经周恩来君编成《检厅日录》，出狱时尚未脱稿；直至民国9年冬周君赴法留学的时候，才把全稿由邮局寄到天津，托我修正补充。（民国）10年春曾刊登天津《新民意报》，逐日排登。”①

在周恩来亲笔撰著的这部珍贵资料中，于方舟延续了《警厅拘留记》中的“书之缘”，又同战友们演绎了一幕幕“铁窗书舍”的精彩故事……

1920年4月7日，寒意料峭的夜幕中，于方舟等21名被拘代表从警

① 马千里：《检厅日录序》，见中国社科院近代史研究所：《五四爱国运动》，中国社会科学出版社1979年版，第46页。

察厅来到了地方检察厅。

抵达检厅的第一个夜晚颇不平静，当局立即对代表们连夜审讯。

在周恩来的记录中，代表们一直被折磨到深夜：

晚8钟半，警厅用汽车多辆，将我们21人送来地方检察厅。

9钟余，21人齐到检厅，在待质室等了一点多钟，由检厅开预审庭，对1月24日被捕的人，问了问魁发成同调查日货的事；对1月29日被捕的4人，问了问当天省署请愿的事。

11钟，由司法巡警领大家至看守所检查室，检查物品。查毕，随由所丁领19人过刑事大笼，至民事看守所。张、郭两女代表则另在检查室旁，划出一室安置。我们19人进入看守所后，对于住室不甚满意，并且所中还照普通罪犯一样看待——按门下锁，不准出外往来。①

"待质室""预审庭""检查室""看守所""刑事大笼"——无不弥散着令人毛骨悚然的恐怖与阴森……

马千里

然而，一觉醒来，于方舟便觉得自己那个读书之梦可以在这里实现了："今早已得自由看报。75天的黑暗，一旦得此，大家精神觉着一振。"②

果然，进入检察厅的第五天，即4月11日，代表们便"公推马千里、于兰渚、周恩来审查公共读书法，同研究社会问题方法；限明天值日会议报告。"③

检察厅内真的办出了一个"铁窗书舍"——"在检察厅看守所里，于方舟和难友们始终保持着昂扬的斗志，他们

① 周恩来：《检厅日录》，见中国社科院近代史研究所：《五四爱国运动》，中国社会科学出版社1979年版，第48页。

② 周恩来：《检厅日录》，见中国社科院近代史研究所：《五四爱国运动》，中国社会科学出版社1979年版，第49页。

③ 周恩来：《检厅日录》，见中国社科院近代史研究所：《五四爱国运动》，中国社会科学出版社1979年版，第52页。

把这里作为特殊的战场和学校。难友们公推于方舟和周恩来主办读书团，带领大家学习知识，研讨社会问题，并定期召开研讨会，介绍新思潮。”①

铁窗内，他们学习文化——

4月14日，于兰渚报告前晚规定的课程表，通过。定明日起实行。

4月16日，公举马千里、于兰渚、周恩来三人，办理读书团的事。课程的内容，分英文、历史、数学、中文数部分。时间每日下午2点至5点，每门功课占30分钟。

4月17日，读书的时间已经规定好了，由今天实行。个人先自己研究，温习不明瞭，同要讨论的地方，等到在规定时间内，与主讲的人互相研究。

5月12日，时子周演讲世界工业革命史。

5月14日，时子周续讲世界工业革命史。

5月17日，仍由时子周续讲工业革命史。

5月21日，改定每日晨兴就寝读书时间；时子周继续演讲世界工业革命史，当天讲完。

5月26日，讨论于兰渚的升学问题。时子周演讲世界政治革命史。

5月31日，今天功课表稍有变动，大家于研究英文、数学、历史、地理以外，又研究日文、心理学、经济学等。经济，马千里帮同研究；日文、心理学，周恩来帮同研究。②

课业的视野是如此之广阔——从世界工业革命史，到世界政治革命史；从英文，到日文；从数学，到史地；从经济学，到心理学……

师友的阵容是如此之优秀——马千里，天津著名教育家；时子周，南开中学著名教师；周恩来，南开中学优秀毕业生，曾留学日本，现又考入南开大学；马骏，南开大学学生；李培良、李燕豪等，均为各学校品学兼优的高才生……

---

① 中共天津市委党史研究室：《愿做方舟渡众生——纪念于方舟烈士牺牲80周年》，《天津日报》2008年1月21日。

② 周恩来：《检厅日录》，见中国社科院近代史研究所：《五四爱国运动》，中国社会科学出版社1979年版，第53、54、55、63、64、65、68、69、71页。

能与这么多的良师益友朝夕相处，能得名师面授亲传以往难得一听的课程，能与不同学校、不同专业的挚友共修学业且可推心置腹地进行交流，于方舟的读书之梦终于如愿以偿。

然而，受益匪浅的同时，能否顺利升学也是他不得不经常考量的一个问题。这便引起了大家关心，以至于专门抽出时间，集中在一起开会讨论。被拘代表中的中学生很多，出狱后也全部遭到学校的开除。但周恩来在《检厅日录》中仅记载了这一例关于升学问题的讨论。或许于方舟的好学精神和优异成绩使得师长们感到，一旦他失去了深造的机会，该是一件多么令人惋惜的事……

周恩来像

铁窗内，他们研读经典——

5 月 28 日，周恩来讲马克思学说，历史上经济组织的变迁同马克思传记。

5 月 31 日，仍由周恩来讲马克思学说，唯物史观。

6 月 2 日，仍由周恩来讲马克思学说，唯物史观的总论同阶级竞争史。

6 月 4 日，仍由周恩来续讲马克思主义——经济论中的余工余值说。

6 月 7 日，周恩来续讲马克思的学说——经济论中的《资本论》，同《资产集中说》，今天马氏学说已经讲完了。[①]

今天的人们，可能大都会以为，敬爱的周恩来总理，是一位伟大的政治家、军事家、外交家、实干家，几乎没有多少人注意到，他其实还是一位伟大的理论家。设身处地地想一想吧，一名刚刚“大一”的学生，就可以全面宣讲马克思的一生、马克思的唯物史观、阶级斗争学说、剩余价值学说、《资本论》，该有多么深厚的马克思主义的理论功底啊！

① 周恩来：《检厅日录》，见中国社科院近代史研究所：《五四爱国运动》，中国社会科学出版社 1979 年版，第 70、71、72 页。

于方舟听着学长的宣讲，对照原先所读大钊先生《我的马克思主义观》等文章，结合五四运动一年来的社会实践，思考良多，收益良多……

铁窗内，他们探究社会——

正如美国学者阿里夫·德里克指出的那样："'社会问题'作为一个政治现实与思想关注点的出现，乃是五四新文化运动的一个副产品。"①五四和新文化运动亦催生了天津进步青年对社会问题的关注，即使被关押在"检察厅""看守所""刑事大笼"等里面。

4 月 16 日，马千里、于兰渚、周恩来为永久研究社会问题委办。

5 月 8 日，晚上会议，主席于兰渚。重要的事是马骏报告研究问题的方法。

5 月 10 日，每星期二、四、六在会议前决定添开演说练习会。每次 3 人，每人 10 分钟，大家换次练习。

5 月 13 日，练习演说：时子周《批评的精神》；马千里《今后大家的责任》；孟震侯《爱群》。

5 月 15 日，练习演说会：夏琴西《人类之生活》；马骏《检厅拘留期中的批评》；李散人《商界积弊》。议决增设职业讨论会、商业讨论会。议决大家讨论将来天津平民运动的方法，于明天晚间开特别讨论会举行。

5 月 16 日，晚间开"特别讨论会"，讨论的结果：今后的目的，注重在社会的根本改造。

5 月 17 日，接着开特别讨论会，讨论社会服务问题。大家各说意见，直至 9 点半方才闭会。综合这两天的结会，是大家出狱后，应由下列的新组织：（一）商界应由商会组织商业研究所。（二）社会应组织灌输平民知识的小报，或由学生办，或由有这项志愿的人办。（三）学生应立讲演团，各校分组担任，轮流向城市或乡间出发演讲合于平民的，有系统的知识。（四）学生应组织平民教育团，单独进行，不与别的团体生关系，生影响。（五）以后学生总机关，应只管对外发表事务，对内统一事务一切

---

①［美］阿里弗·德里克：《革命与历史·中国马克思主义历史学的起源》，江苏人民出版社 2010 年版，第 33 页。

议案，凡关于根本的计划，全应该（分事小组织）单独进行。（六）学生应该利用课余暇时，加入各界的组织，灌输各种知识。（七）大家应该组织小学校，提倡同实行。

5 月 20 日，练习演说会：师士范《演说的重要》；周恩来《分事的小组织》；李燕豪《道德与法律之区别》。

5 月 22 日，练习演说会：郭绪荣《商业之利弊》；于兰渚《平民教育实施的办法》；尚墨卿《说独立》。

5 月 25 日，演说秩序是：吴世昌《我个人“五四”前后思想上的比较》；祁士良《怎样可以不懒》；吴凤岐《中国商业上种种失败的原因》。

5 月 30 日，演说的秩序是：于骏望《我的个人改造谈》；李培良《我的国界观》；沙主培《“忍”为成功之母》。

6 月 1 日，练习演说会，内容是：时子周《犯罪之由来》；孟震侯《根本的改造问题》；夏琴西《主权问题》。

6 月 3 日，演说秩序是：马骏《演说的预备方法》；李散人《中国商战之失败》。

6 月 8 日，演说会：郭绪荣《个人弱点的表白》；尚墨卿《失败与成功》。①

从探究社会的根本改造，到如何开展天津的平民运动；从社会服务问题，到社会组织问题；从研究社会问题的方法，到向社会进行演说的艺术；从人类的物质生活、精神生活，到商业社会、法制社会；从捍卫国家主权的意义，到平民教育实施的办法……

这是一群“身无分文，心怀天下”的人……

这是一群“身陷囹圄，心系社会”的人……

这是一群忘却和抛弃了“小我”的从而开始成为“大写的人”的人……

铁窗内，他们砥砺志向——

---

① 周恩来：《检厅日录》，见中国社科院近代史研究所：《五四爱国运动》，中国社会科学出版社 1979 年版，第 54、62、63、64、65、66、67、68、69、71、72、73 页。

就在他们身陷囹圄的那些日子里，前来探视和劝解的也不乏其人。这其中当然不会只是那些热血沸腾的战友，也大有一些冷言冷语的说客。

首先，是劝他们放弃法庭内的抗争。5 月 10 日，一位前来检察厅探视的朋友便说了这样一番劝解的话："吾在外边听说你们几位的案子，因为要顾全曹锐同杨以德的面子，大小都得定个罪，判决的时候要宣布缓刑。你们几位如果到了判决缓刑时候，就不必声请上告，出来就完了。"①

进而，是劝他们放弃对外侮的抗争："传闻商界中有人提议，要给魁发成挂匾，因为若不是魁发成叫来日本人打了学生，卖日本货的生意全都要关门收市；魁发成这么一办，学生可就被压下去了，吾们可以照旧营业，这不应当念魁发成的好处吗？这是现在商界一般心理。若说教育界……明白人都反对爱国运动，全力的压迫学生，吾们又何必呢？"②

同时，还劝他们放弃远大的志向与理想："中华民国亦不专是吾们这几个人的，亡国后亦不专是吾们受罪，亦不专是吾们当亡国奴！白费力量不但没有人知情，还倒受人埋怨，吾们这是何必呢。今天接见限于章程，不能与全体诸位见面，吾的意思请向大家说说吧！"③

于方舟入狱的消息传到家乡后，他的父母赶来探望。宁河一位绅士也以"关心青年前途"为由前来劝说，叮嘱于方舟以读书为要，要相信"不在其位，不谋其政"的老话。于方舟当即以请教的方式反问，那"天下兴亡，匹夫有责"的老话又怎么解释？④

面对牢狱内外形成合力的"洗脑"，他们的斗志没有松懈，反而通过各种方式砥砺自己远大的志向：

4 月 27 日，明天是欧洲和会正式表决青岛归日的国耻纪念日。大家

---

① 周恩来：《检厅日录》，见中国社科院近代史研究所：《五四爱国运动》，中国社会科学出版社 1979 年版，第 62 页。

② 周恩来：《检厅日录》，见中国社科院近代史研究所：《五四爱国运动》，中国社会科学出版社 1979 年版，第 62、63 页。

③ 周恩来：《检厅日录》，见中国社科院近代史研究所：《五四爱国运动》，中国社会科学出版社 1979 年版，第 63 页。

④ 中共天津市委党史资料征集委员会：《战斗在天津的共产党人》，天津人民出版社 1995 年版，第 129 页。

表决应当有个深刻的表示。除饮食沐浴外，停止一切工作，并游戏等事，沉静默想一日。并让周恩来报告青岛归日的始末情形。

4月28日，今天是巴黎和会正式表决山东权力同青岛归日的日子。这种可耻的纪念日，很能让我们在狱里的人生出很多感想。晚上开会，周恩来述说山东问题的始末：（一）德国占据青岛的情形；（二）青岛被日占据；（三）日人处置山东的蛮横；（四）中国参战的波折；（五）中国失去山东的自认；（六）和会处置山东的经过；（七）拒签的情形。

5月1日，今天是“世界劳动节”。我们停止读书；全体工作，早起分室大扫除，直到午饭时才了事。在狱中除此外，也别无可以劳动的事。

5月4日，今天是“五四”纪念。回想去年今天学潮突起，引得这一年来的学潮起伏，有无穷的感触，当然是各人脑中所不能免的。将来的希望，尤隐隐约约在各人脑中颤动不已。

5月7日，今天是“五七”国耻日，大家都存有一种极深刻的悼伤，同奋斗的观念。①

铁窗内，他们修身养德——

4月26日，举李散人为购买每日新闻纸的干事，集资的办法，每人每次纳铜元10枚，用毕再集。举李培良收管报纸。

5月6日，公举于兰渚为庶务员。今天李燕豪、于兰渚、李培良3人组织的小营公司洗衣部成立。内部的办法，是专管同拘的人衣物洗濯的事，价目较外边略贵，时间却非常的快，并可省去许多手续；而他们3人亦借此尝试劳动的生活。

5月25日，今天大家成立了一个书报公司，搜集大家的书（自由加入的）在一处，凡要看书的都要纳点费，聚出钱来，仍行购买新书，供大家赁看；将来新书的分配，由各人借入书籍为比例。（但是以后分散的时候，新买的书，并未分配，概决定捐入通俗图书馆）。19人中便利大家的事，除小营洗衣公司外，又多一新组织了。

---

① 周恩来：《检厅日录》，见中国社科院近代史研究所：《五四爱国运动》，中国社会科学出版社1979年版，第59、60、61、62页。

5月27日，午后3点开欢迎沙主培入狱茶话会，主席于兰渚。沙主培报告他从被拘至现在的情形，内容是：赴唐山的用意；在唐山的景况；被捕的原因；被捕的真情；抵津第一日的情形；第三日的请求公审未遂；拘留所半月经过情形；开庭审讯的答辩……

6月1日，李培良报告官中（省立一中）同学张德禄将往法国勤工俭学，临别依依，特给大家送来大洋10元，专为零用。大家意见是“其情可感”，但是他往法国学费尚不充足，何忍用他的款项，所以主张明天见他的人，退还此款，善意致谢。

6月2日，李燕豪报告张德禄送来的钱，执意不肯收回，议决归于兰渚明日婉商退还。①

“随风潜入夜，润物细无声”。这一切看似细微的琐事，却都在潜移默化地提升着他们的综合素质和道德修养——无论是积极参与公共服务，还是主动进行劳动锻炼；无论是为刚刚入狱的同学送上鼓励、关心与支持，还是对狱外同学“爱心捐助”的正确处理；抑或，是对组建公益型组织、实现公益性效益的尝试……

铁窗内，他们陶冶情操——

4月14日，规定每日起居工作时间，早8点起，8点半运动，上午预备受检庭开庭询问，下午2钟至5钟读书，7钟至9钟研究社会问题，9至11娱乐会，12钟前就寝。定每日8点半行柔软体操一次，举周恩来、马骏、师士范3人轮流担任。

5月18日，今天是师士范的生日，所以大家很高兴的庆贺的事情……李燕豪、于兰渚、吴凤岐、李培良合演滑稽剧《大老鼠》……

5月19日，今天是时子周的生日，晚间开庆祝会。白天李燕豪、于兰渚预备新剧的布景，忙了个整天；开会时便先演南开新剧《一元钱》第4幕，因为布景全是纸糊的关系，然后才正式开会……吴世昌、于兰渚合演滑稽新剧《找地缝》……李燕豪、于兰渚、吴凤岐、李培良再演

① 周恩来：《检厅日录》，见中国社科院近代史研究所：《五四爱国运动》，中国社会科学出版社1979年版，第58、62、69、71、72页。

《大老鼠》……

5月27日，午后3点开欢迎沙主培入狱茶话会，主席于兰渚……晚上开欢迎会，内容为；欢迎词；军乐：口奏；《拾黄金》：李散人；《董家山》：郭绪荣、于兰渚、吴世昌、祁士良、李少莲（李燕豪）；空手夺剑：马千里、孟震侯；清唱：孟震侯、李培良、周恩来；新词快书：夏琴西；滑稽戏：李少莲、郭绪荣、吴世昌、于兰渚……①

在娱乐活动中，狱中的每个人都曾演过节目。如周恩来的清唱，马骏的关东大鼓、《跳加官》、《天官赐福》、《滑油山》、《朱砂痣》，马千里的相声、滑稽谈、空手夺剑、口奏乐曲（因狱中没有乐器）。

常与于方舟一起演节目的李培良是新生社社员、商业学校的学生；郭绪荣和吴凤岐都是李培良的同学，也是商业学校学生；李燕豪是法政学校的学生；吴世昌则是于方舟的同学，省立一中的学生。这些同学都是在“九一廿九”惨案中参加请愿活动被警察打伤后又遭被捕的。而同于方舟合演《董家山》的祁士良则不同，他虽也是南开中学的学生，但却没有参加请愿，“九一廿九”那天，他前往河东办事，刚走到警厅门前，便被警察拦住去路，不再让走。正欲同警察理论，孰料竟遭警察一顿暴打，随即被拖入花园，就这么令人哭笑不得地被投入牢狱——在牢狱，每一位同学都有一段属于自己的生动故事，都有一个属于自己的独特的家庭背景和个人经历，于方舟在与他们的接触交往中，通过不同性格的碰撞与影响，完善着人格与情操；通过丰富多彩的文体活动，于备受煎熬的困境中，涵养着乐观与达观……

在周恩来的《检厅日录》中，涉及制作节目布景内容的仅有于方舟、李燕豪为南开新剧《一元钱》置景这一例，因为《一元钱》是当时的名剧，显然被拘代表对其格外重视。

至于于方舟何以总演滑稽戏，首先，这可能与他自幼接触家乡的地方文化有关——宁河民间花会中的“地秧歌”“小车会”“跑驴”都有较强

① 周恩来：《检厅日录》，见中国社科院近代史研究所：《五四爱国运动》，中国社会科学出版社1979年版，第54、66、67、69、70页。

的喜剧性。比如，“地秧歌”中就有“手持烟袋和蒲扇的‘老妈妈’，身着异装的‘傻小子’、‘傻丫头’等人物前后穿插舞蹈。表演时，手腕灵活，抖动所持道具，脚步颠颤，结合肩部与腰部和双手的摇摆，随着音乐舞秧歌步，其中还穿插戏剧性表演”，“姿态潇洒、明快、喜剧性较强”①。再有，就是天津地域文化的浸润。2017 年 1 月，我出席香港第九届人类学研究生论坛“参与式亚洲人类学：机遇与挑战”，曾用英语宣读论文《天津曲艺茶馆休闲状况研究》，其中便谈道：“一方水土养一方人。一个地域的休闲文化和传统文化，必定同那一地方的人的精神特质、心理素质有着千丝万缕的联系，也积淀着他们最深层的精神追求。”“对于曲艺、戏曲艺术，天津人不仅嗜于欣赏，更乐于参与。”“当我们能够将这些优秀的本土传统文化，加以创造性转化和创新性发展时，来自这方沃土的文化自信就会成为乐观、达观的天津人最有力的精神支撑。”② 经过大量详实的田野调查和认真严谨的研究思考，不仅深刻挖掘着天津人诙谐幽默的文化生态，也尝试诠解着曾外祖父和同学们铁窗之中乐观达观的心态母体……

学习文化，研读经典，探究社会……

砥砺志向，修身养德，陶冶情操……

就在这种关押罪犯的铁窗内，于方舟和他的战友们，挺起不屈的身躯，昂起高贵的头颅，将牢房作为书舍与课堂，只争朝夕地丰富着自己向往光明的精神追求，在炼狱中不断锻造着自己的灵魂，完善着作为一个彻底的革命者所必须具备的品质与性格……

终于，他们迎来了审判厅内的公开审判……

于方舟，又在审判厅内，演出了一幕反审审判长的历史性审判……

7. 历史的审判

在周恩来的《检厅日录》中，1920 年 7 月 6 日这一天是这样开始的——

---

①《宁河县志》天津社会科学院出版社 1991 年版，第 592、593 页。

② 阎焱：《用英语讲述天津相声茶馆的故事》，《天津日报》2017 年 4 月 28 日。

早在审判厅门口悬挂布告云：

自早7钟公开审理马千里等妨害安全及骚扰一案。

自晨7钟，各界男女学生前来旁听的人，异常拥挤，审判庭前，即无插足之地。全体要求旁听，该厅因限于地势，只准发给男女学生旁听券各20张，又发给各界旁听券50余张。入庭旁听者百余人；在厅外候立着的亦有几百人。

至9点半钟开庭，审判长刑庭主任俞钟，推事谢姓、石姓2人出庭，检察官杨占鳌，被告律师刘崇佑、钱俊、兰兴周。

检察官杨占鳌宣布对与本案起诉之理由云：……周恩来、于兰渚、郭隆真、张若名犯骚扰罪，依刑律第164条之规定，提起公诉云云。宣毕，审判长即令被告人等退庭，大家乃在刑事候审室等候。[①]

这一日并未审至各被拘代表，仅“传各商号，到庭询问检察日货情形，及有无损失”[②]。

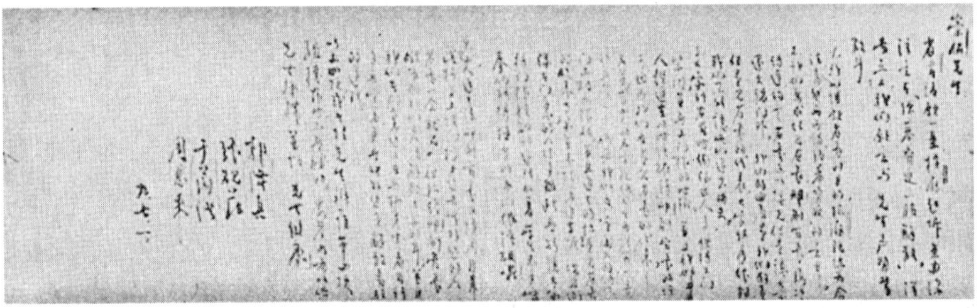

周恩来、于方舟、郭隆真、张若茗致刘崇佑律师的信

实际上，6月30日下午，刘崇佑律师便已至检察厅告知各被拘代表所定罪案——周恩来、于方舟、张若名、郭隆真4人为“骚扰罪”。据此，周恩来于7月1日以4人联合签名的形式给刘崇佑律师写了一封信，以严正的事实驳斥了当局所加的莫须有罪名：

① 周恩来：《检厅日录》，见中国社科院近代史研究所：《五四爱国运动》，中国社会科学出版社1979年版，第77页。

② 周恩来：《检厅日录》，见中国社科院近代史研究所：《五四爱国运动》，中国社会科学出版社1979年版，第77页。

崇佑先生：

省署请愿一案，检厅起诉案由，系注意在“强暴胁迫，不服解散”。从此点上，我们愿意与先生声明者数事：

1. 我们请愿省长的目的，检厅既认为合法，当然无所谓“强暴胁迫”的意思了。

2. 我们要求往见省长，邢副官长屡次传达，均言省长可以接见，但是让大家退出辕门外。我们的回答是我们的责任是见省长的代表，大家的秩序很好，我们不能让他们退出去。

3. 大家到省署时，卫队因人多，便将大门紧闭，并无上门限的时机。并且我们四人钻进去的时候，确得邢副官的许可，因为我们本是见省长的代表，——名单上有四人的名字，报纸也有可证：（九、一、三〇的《益世报》）——假若我们要是闯入的，何以门不破而限破？并且进去的恰是见省长的代表，大家并未跟进去呢！况且卫队在门里的人很多，断无能让大家将门限撞破的道理；加着学生赤手空拳，何能将极厚的木门限撞破呢！

4. 四人进去后，邢副官长又让周恩来登梯子上，从门槛上边告诉外边的人，省长一会就见。但始终邢副官长没有向我们四人说解散大家的事；并且我们在门里边，又在兵棚里坐着，有许多兵守着，更无对外边负解散责任的道理。

以上四项，或者于先生辩护第四项骚扰罪时，不无补助。略举如前，以供先生采择；并颂先生健康！

郭隆真　张砚庄　于兰渚　周恩来

九、七、一。

（天津历史博物馆藏）①

那么，对于检察官7月6日关于“骚扰罪”的起诉，审判厅上将进行怎样的审判呢？

1920年7月7日。

---

①《邓颖超与天津早期妇女运动》，中国妇女出版社1987年版，第125、126页。

“早7点钟，旁听的男女学生及各界人士，均陆续到厅，较昨天愈形拥挤。至9点15分钟开庭……”①

在提审所谓“妨害公安罪”“私擅监禁罪”“妨害公务罪”前三项案事的被拘代表后，开始审判第四项案事——“骚扰罪”——“传讯周恩来。周恩来供1月29日，因感外交失败，请愿省长，拒绝直接交涉，并请释放代表，恢复天津原状。到省署辕门时，有邢副官长接洽，据云见省长是可以的，惟须举出代表来。吾们举了4人出来，彼时大门已闭，叫吾们绕走便门。吾们因外交事迫，故要求由门坎下进内，亦得邢副官长之许可。进署后，邢副官长叫吾登梯报告大家静候回信，又将吾们让到卫队棚中，给以茶水极为和平。约有1时许，突有保安队来叫吾们走，两人架1人，送到营务处，此是始末情形云云。”②

周恩来再次阐述了六天前他亲笔写给刘崇佑律师的事实真相，不露声色却又极有逻辑地揭开了当局翻手为云覆手为雨的卑劣行径：先是伪善地应允可见省长，但须选代表；学生选出代表后，省署大门却已关闭；继而伪善地让学生代表绕走便门，亦准许从门坎下入门；又让周恩来登梯向外喊话，报告稍后即可见省长，却又根本无人接见，让四代表在兵棚等待一小时；最后，图穷匕首见，统治当局摘下一件件伪善的假面具，将学生代表逮捕。

周恩来的“供词”，让在场听众看到了北洋军阀政府以强权压制民众的卑劣，以屈从媚外和牺牲民族利益来换取统治集团一己私利的苟且。

继周恩来之后，于方舟站到了审判厅上。

周恩来曾在《警厅拘留记》中描述于方舟四个半月前“反审”司法科长的故事。那一次，于方舟慷慨激昂地高声怒喝：“你们既无权处理，何以滥行职权，拘捕我们，独不顾及中华民国国家的人格吗？”③

---

① 周恩来：《检厅日录》，见中国社科院近代史研究所：《五四爱国运动》，中国社会科学出版社1979年版，第80页。

② 周恩来：《检厅日录》，见中国社科院近代史研究所：《五四爱国运动》，中国社会科学出版社1979年版，第93页。

③ 周恩来：《警厅拘留记》，见中国社科院近代史研究所：《五四爱国运动》，中国社会科学出版社1979年版，第21页。

被于方舟“问短”（即理屈词穷）的司法科长急忙高挂“免战牌”：“你也不必多谈了，我们谁把谁问短了也不露脸”。接下来，便取消了那天全部的审讯计划。

那么今天，在面临最终审判的时候，于方舟还会像上次那样，出现超越常规或超乎人们想像力的慷慨陈词吗？

按周恩来在《检厅日录》中的记叙，于方舟所供与前边的周恩来略同。

中学时期的于方舟

但笔锋一转，周恩来又记录下于方舟针对“检察厅以强暴胁迫，不负解散之骚扰罪起诉”的理由，向着审判长发出了一段掷地有声的反问语：

“试问省长是中国行政长官，学生是中国学生，以中国学生请愿于中国行政长官，何得谓之触犯法律？倘省长为日本省长，学生为中国学生，加以骚扰罪名，或可有之云云。”①

于方舟不愧为同学们推选出来的学生代表，就在北洋军阀政府的审判厅上，他代表爱国学生向北洋军阀政权发出了严正的审判——中国行政长官竟然在充当帝国主义列强的傀儡，竟然在充当日本帝国主义利益的代言人——可谓一针见血，入木三分。

这，是历史的审判，此后的历史将见证反动政权在中国的覆灭。

随后，两位女学生代表也在审判厅上大义凛然：“张若名、郭隆真所供与前均同。并云在警察厅、营务处要求司法官厅裁判，以神圣司法机关，或放一线光明；虽在权威之下，必有司法独立之精神等语。”②

1920 年 7 月 8 日：“上午 8 点 40 分开庭，继续审理。审判长、推事、

① 周恩来：《检厅日录》，见中国社科院近代史研究所：《五四爱国运动》，中国社会科学出版社 1979 年版，第 94 页。

② 周恩来：《检厅日录》，见中国社科院近代史研究所：《五四爱国运动》，中国社会科学出版社 1979 年版，第 94 页。

检察官、书记官均仍照旧；旁听人较前两日增加一倍之多，伫立门外，不得进厅，立候消息者，亦有数百人。”“周恩来4人答辩云：检察官以学生请愿为合法，而又依据刑律164条起诉，是检察官自相矛盾。去岁各省代表请愿总统数次，亦未闻有加以刑事处分者。以总统之尊严，尚且如此，况一行政官吏乎。”①

四代表在大庭广众之下，猛烈抨击检察官的自相矛盾，再次“反审”统治当局的“不合法”“违法”和“非法”，申明应当受到审判的不是爱国学生，而是真正的违法者！

1920年7月15日，刘崇佑、钱俊、兰兴周三律师向地方审判厅递交了追加意旨书。

兰兴周律师辩护书的第四项，系“关于于兰渚、周恩来、张砚庄、郭隆真四人骚扰部分之论点”：

查刑律164条第一项之罪，原以聚众意图为暴行胁迫，已受该管官员解散之命令，仍不解散者，为构成之要件。故于兰渚等是否构成本条之罪，不可不以于兰渚等当日是否聚众多人，意图为强暴胁迫，及当时省公署有无解散之命令之二点，为先决问题。

由第一点而论，查当日赴省公署请愿之多数人，并非于兰渚等4人聚集。原因为当时外交紧急，各校请愿之举，不期而会。此种主张，因出于于兰渚等之一面，然亦并无反对之证据，而证明此等主张之不实。且于兰渚等4人，为临时所举出之代表，于此亦可证明，当时请愿之多数人，非伊等4人之所聚集。

由第二点而论，查当日各校学生齐集省署后，并无解散之命令，此就省署邢副官面答叶检察官之语，便可证明。查2月5日叶检察官呈检察长之呈文内载，据邢副官面称，是日学生数千，进入辕门，卫兵急将头门紧闭。斯时署内派出数人，由后门绕出，对学生云，省长近日正在患病，亦准与诸位相见，但须选出三四代表各等语。当时既令选出代

① 周恩来：《检厅日录》，见中国社科院近代史研究所：《五四爱国运动》，中国社会科学出版社1979年版，第94、101页。

表，入内接见，便可证明当时并无解散之命令。在当时既无解散之命令，又使选出代表，故被选之代表于兰渚等，纵令由门坎而入，亦不得谓之违法。

至于于兰渚等入署以后。其门外之学生与卫兵，无论发生何等冲突，与于兰渚等4人绝无关系。

今检察官以于兰渚等4人为被告，使负第164条之责任，殊与事实不符。故对于骚扰之部分，认为不能成立。[①]

应该说，律师的辩护词不仅代表着事实，也代表着民意。

但是，当局的判决，注定会罔顾事实且逆民意而判定。

1920年7月18日的《益世报》发布的消息是："天津地方审判厅刑庭，于日昨（17日）下午1钟50分时开庭，宣告判决被拘代表马千里等妨害公务一案，兹将是日开庭情形记录于下：……周恩来、于兰渚犯骚扰罪，处以5等有期徒刑2个月监禁；郭隆真、张若名2人犯骚扰罪各科罚60元……"[②]

欢迎周恩来等被捕代表出狱的车队，周恩来乘坐第二辆汽车。

然而，一个历史性的奇观也出现在这篇报道中："遂退庭。斯时，到厅欢迎被拘代表者，男女约有百余人，有顺直省议会代表，商会代表、各

① 周恩来：《检厅日录》，见中国社科院近代史研究所：《五四爱国运动》，中国社会科学出版社1979年版，第116、117页。

②《益世报》1920年7月18日。

界联合会职员、学生联合会职员，并由公教慰劳团备有纪念花、纪念章（上刊‘为国牺牲’4字）、五色旗分送各被释代表佩带。由商会备四轮汽车5辆，每辆树白旗两杆，上书‘欢迎被拘代表’等字，并在地审厅门首合摄一影以作纪念。于午后4钟时，遂乘汽车同赴商会，开欢迎会云。”①

——当局给周恩来、于方舟等青年学生判刑。

——民众对周恩来、于方舟等青年学生欢迎！

天津民众用隆重的欢迎仪式对“九一廿九”事件进行了历史性的判决与判定。

迎送被释代表的车队“沿途经过大胡同、北马路、广生行、商务印书馆、华洋书庄、售品所，均表示欢迎。至商会后，院中人已挤满了……鼎章照相馆，送照大家合影”②。

那是一张定格着1920年7月17日那个值得纪念时刻的合影……

那是一张记录着“九一廿九”斗争胜利的合影……

那场闻名全国的斗争，其初遭的迫害，曾被写入到蔡元培的《洪水与猛兽》及胡适的附记和罗家伦的评论中；其壮观的场景，曾被反映在著名经典电影《建党伟业》中；其创作的诗词，曾被收录在著名经典书籍《革命烈士诗抄》中；同时，也被载入《中国共产党历史》的史册中：“在1920年1月29日为抵制日货所进行的请愿斗争中，他（周恩来）遭到反动当局的逮捕。在被拘留期间，他向难友们作了五次介绍马克思学说的讲演。”③

就在那张纪念斗争胜利的合影上，于方舟与周恩来，这两位五四爱国运动中的不屈战士，依然并肩而立，向广大民众呼唤着觉悟与新生……

---

①《益世报》1920年7月18日。

② 周恩来：《检厅日录》，见中国社科院近代史研究所：《五四爱国运动》，中国社会科学出版社1979年版，第119页。

③ 中共中央党史研究室：《中国共产党历史（第一卷）》上册，中共党史出版社2011年版，第50页。

1920 年，被拘代表出狱后的合影，四排右一为于方舟，四排右二为周恩来

在这张珍贵的照片上，四排右一是新生社的组织者于方舟，四排右二是觉悟社的组织者周恩来。两个进步团体的发起人和负责人并肩而立，见证着“觉悟”“新生”在天津五四爱国运动中并肩作战、共同发挥重要作用的那段历史。

第六章　大地之子

1. 一个向往和呼唤人人平等的诗意村名

“俵”——“按份儿或按人分发”之意。

“口”——用于人的量词。

古典名著《水浒传》中使用“俵”字较多。如第 30 回“施恩三入死囚牢，武松大闹飞云浦”中：“施恩又取三二十两银子，分俵与众小牢子”；第 67 回“宋江赏马步三军，关胜降水火二将”中：“又开仓廒，将粮米俵济满城百姓了，余者亦装载上车，将回梁山泊食用”；第 89 回“宋公明破阵成功，宿太尉颁恩降诏”中：“宋江将生擒八将，尽行解赴赵枢密中军收禁。所得马匹，将行俵拨各将骑坐。”北宋政治家、改革家、文学家王安石在《茶商十二说》中“又既仰巨商，茶多积坏，坏不堪卖，遂转蚕茶，俵给户民”的论述，也使用了“俵”字。

也许，当初从山东移居京东的于家弟兄，使用了山东好汉喜用的“俵”字作了村名。然而，当我们按照字的本义来解读这个村名的时候，又不尽会感叹：村庄最初的创建者何以会为自己的家园取了一个如此诗意的名字呵——俵口，按人口平均分配的地方——一个多么富有理想主义色彩的符号与标识，一个多么向往和呼唤人人平等的村落与农庄！

不知是否受了这一村名的启示，生于斯、长于斯的于方舟，仿佛自幼便萌生了一种朴素的均贫富的悲天悯人之心。经过五四运动的洗礼和马克思主义学说的浸润，再次回到俵口，那深藏于胸的追求平等——即人们在社会、政治、经济、法律诸方面应该享有相等待遇——的理想，仿佛更加明晰起来。从而，带领众多农民，在这片理应平等的土地上，演绎了一幕幕争取平等斗争的活剧……

本书作者（右）和父亲在俵口乡

《觉悟》第1期有一则署名“人权”撰写的消息——《于兰渚等遭学校开除》[①]。这条消息披露了于方舟获释之后，以宣传“过激主义”的罪名与其他被捕学生一道遭遇开除学籍的不公正境况。

于方舟的战友王贞儒也在回忆录中写到：“7月17日方舟和全体被捕代表们一同被释出狱。但方舟出狱后在省立第一中学，已不能继续求学，因爱国坐狱，而被反动教育当局开除学籍，这年只得回家自修功课。”[②]

回到美丽的七里海畔，家里让他迎娶了美丽的新娘谈芳荪。

但是，当年以俵口小学全校第一成绩考入天津直隶省立第一中学的于方舟，却在三年之后的这个夏天，因为被开除学籍而返回乡里，时常被不明就里的人指指点点，遭受种种非议。

而此时，已经心高志远的于方舟，因为有着远大的抱负和坚定的信

① 中共天津市委党史资料征集委员会：《战斗在天津的共产党人》，天津人民出版社1991年版，第130页。

② 王贞儒：《回忆五四时期的于方舟烈士》，原载《天津历史资料》1964年第1期，见《五四运动回忆录（续）》中国社会科学出版社1979年版，第263、264页。

念，所以丝毫没有因为乡里乡亲的议论而心灰意冷、斗志消沉。他反而充分利用这段回乡自修学业的时间，去走乡串户，去下田上船，去更加深入地了解农业、农村、农民的真实的经济状况和社会状况。正如中共天津市委党史研究室在《愿做方舟渡众生——纪念于方舟烈士牺牲八十周年》一文所写："获释不久，反动教育当局竟以宣传'过激主义'的罪名，将于方舟开除了学籍。回到家乡后，他经常利用闲暇时间深入到贫苦群众中，宣传革命道理，启发广大农民的思想觉悟，并发动和领导家乡的贫苦农民，开展了反对对盐、碱、薄、洼土地增收附加税的斗争，使宁河县当局当场向农民宣布免征附加税，取得了抗税斗争的胜利。"①

窗前绿桠新雨洗，天际乌云快似驰。

吹面有风不用扇，遣怀无侣且吟诗。②

一首《凭窗观雨》，似乎写出了于方舟独处乡间那孤寂"无侣"的形只影单。

然而，就在俵口的那段时间，其实于方舟也有很多并不孤单的时刻。

"志士聚此风云会"，那些曾向社会反映于方舟遭致开除、在狱中讨论他应如何面对失学问题的同学们，也曾齐聚七里海畔，给他送来了友谊和温暖，鼓励与支持。

2009 年 3 月 4 日，于方舟的侄子于荫昌（于汉才之子）写给中共宁河县委和宁河县政府的信中披露了这样一些令人感到温暖的故事：

"我祖父于际刚，在我叔叔（于方舟）他们被捕后，不惜倾家荡产多方营救，释放后，将他们接到家中疗养。疗养中，狱友们交流进步思想，总结经验教训。但不明内情的乡亲们，纷纷议论我祖父于际刚的胆子过大，把逃离大牢的儿子和周恩来等人接到家里避难，担心拖累全村。我祖父等在广大村民中宣传和解释，他们是反对日帝的强者，绝非躲躲藏藏的犯人。

① 中共天津市委党史研究室：《愿做方舟渡众生——纪念于方舟烈士牺牲 80 周年》，《天津日报》2008 年 1 月 21 日。

②《于方舟诗词选》，见宁河县地方史志编修委员会：《宁河县志》，天津社会科学出版社 1991 年版，第 782 页。

“当时，男生宿我叔叔于方舟书房内，女生（如邓颖超、郭隆真和王贞儒等）则宿我祖父住房院内的厢房。当年这些青年男女学生，学习和交流进步思想虽在我祖父家宅院内，但锻炼身体和戏耍则嫌不够，他们常走出院门，在故居门口的后下坡河流中，围绕着我祖父家的菜园子周围游泳、划船，于自然风景怡然处吟诗高歌，以抒革命情怀。此情此景，常引来村民围观。

“此外，也常到苇地打鸟练枪。走出我祖父家宅院的活动还有——在群众中宣传爱国强国思想，青少年要读书识字，倡导男女平等；女生则常在妇女群众中宣传不要缠足等等。”①

于方舟的另一位侄子于荣昌（于兰泽之子）生于1912年，1920年周恩来等男女同学造访于家时，他已8岁。那时，他常常像一个咋也甩不掉的小“跟屁虫”，跟着周恩来、于方舟，为他们当“小向导”“志愿者”。这些细节不仅深藏在他的记忆中，也被他写入一首诗中。1991年，于荣昌79岁时在诗作《建党70周年有感——忆先叔于方舟烈士》中，便回忆了于方舟和同学们在七里海畔活动的往事：

重瞻故居忆亲贤，修文习武挽时艰。
苇荡游击七里海，岔道竖靶中弹丸。
厢房苦读求真理，鸡鸣犹见窗火燃。
志士聚此风云会，救国救民敢息肩。

关于周恩来小住俵口的故事，在当地流传甚广。

作为“国家级古海岸与湿地自然保护区”的七里海，如今已设置了“天津市宁河县（现宁河区）七里海生态保护与综合利用领导小组”，该机构在这里专门设立了“周恩来七里海革命活动纪念地”。

宁河作家于增会在《周恩来情系七里海》一文中写到了这一“革命活动纪念地”的由来：“周恩来和方舟（于兰渚）每次到俵口，总要划着小船到七里海，到芦荡深处，在碧水绿苇之间，谋划革命策略，研读革命书籍。有时对准头上掠过的野鸭瞄准练枪法。有时触景生情，吟诗作赋，

---

① 于荫昌：《致中共宁河县委、县政府的信》，2009年3月4日。

相互切磋。俩人终日形影不离，一去就是一天。每到中午，都是方舟夫人和族中一位长者驾船去送饭。”①

没有资料显示七里海畔的于方舟与周恩来等人是否探讨过当地的农民问题，但随后于方舟撰写的有关农民问题的学术文章和他领导的农民抗税斗争，从理论到实践，都应该同大家有过交流，而非一种孤立和偶然的行动。

周恩来等人的俵口乡村之行，尤其是深入农民群众后，也同样收获颇丰。回到天津后，周恩来于 8 月初组织“觉悟社”成员在法租界普爱里召开年会，“会上，他总结了一年多来爱国运动的经验、教训，指出今后的救国运动，只有深入广大群众之中，特别是劳动群众之中，依靠他们，并且联合各地进步青年团体，采取一致行动，才能真正挽救中国的危亡”②。

继而，周恩来于 8 月中旬带领 10 多名觉悟社社员前往北京，16 日与少年中国学会、青年互助团、曙光社、人道社等团体举行茶话会，他再次强调“到群众中去开展工农运动的重要性。”③ 18 日，与会五团体又在李大钊的指导下，于北京大学图书馆制定了《改造联合宣言》和《改造联合约章》，号召集合在“改造”赤旗下的青年联合起来，“到民间去”，进行“宣传事业之联络”“社会实况之调查”“平民教育之普及”“农工组织之运动”“妇女独立之促进”，“切切实实做点事”，“以实行社会改造”④。

随后，周恩来、郭隆真、张若名等告别一面在天津创建马克思主义研究会，一面在家乡进行农村调查和农运实践的于方舟，于 11 月 7 日从上海登上“波尔多”号法国邮船，加入了第 15 批赴法勤工俭学的学生队

① 于增会：《情系七里海》，大众文艺出版社 2008 年版，第 183、184 页。

② 中共天津市委党史资料征集委员会：《战斗在天津的共产党人》，天津人民出版社 1991 年版，第 35、36 页。

③ 中共天津市委党史资料征集委员会：《战斗在天津的共产党人》，天津人民出版社 1991 年版，第 35、36 页。

④ 中共天津市委党史资料征集委员会：《中共天津党史大事记》，天津人民出版社 1991 年版，第 14 页。

伍……

于方舟对于平民教育的关注与重视，是从刚入中学不久就开始的。

他之所以能够在检察厅被拘期间作《平民教育实施的办法》的演说，是同他在中学积极参与平民学校义务教学活动分不开的。当时的省立一中“在三育促进会最发展时期，就成立了平民学校，由同学于下课后，在校外宿舍‘太阳宫’组织学习班，义务教授《平民千字课》及《初级小学启蒙》各课本，不收学费，并由学校给书籍。”①

而他之所以能够积极参与平民学校的平民教育活动，又是同他在中学图书室读到的一些书籍所受到的启示分不开的。1917 年，刚刚步入中学的于方舟发现了一本出版于 1907 年的书《正在觉醒的中国》（*The Awakening of China*），作者丁韪良是一位 80 岁的美国人，他曾在中国生活了 62 年，当过同文馆和京师大学堂的西文总教习。书中有两处深深刺痛了于兰渚。一处是和日本的对比：“在一个国家，人人都识文断字，每个人手中都拿着报纸。从罢工或抵制行动宣告结束的那一刻起，所有的人都会回到各自的工作岗位，一切都会照常进行。而在另一个国家，能识字的人不到二十分之一；除了一些开放口岸之外，很少会有人知道报纸。”②另一处是：“中国的不幸并非由命运，而是由愚蠢造成的。愚昧无知的保守主义使得中国变得羸弱。”③

所以，1920 年那个失学回乡的夏天，于方舟依然念念不忘那个久藏于心的“平民教育”情结，利用一切机会向农民传播文化知识和开放的观念、进步的思想。正如我的奶奶于文郁在《回忆父亲于方舟的二三事》中所写的：“父亲还用歌谣形式写过一种破除迷信的小册子，其中有这样一首：‘不拜佛来不烧香，全靠自己把家当；观音菩萨不治病，辛苦种田粮满仓。’”④

---

① 天津市政协文史资料委员会：《天津老城忆旧》，天津人民出版社 1997 年版，第235 页。
② ［美］丁韪良：《中国觉醒》，世界图书出版公司 2010 年版，第 187 页。
③ ［美］丁韪良：《中国觉醒》，世界图书出版公司 2010 年版，第 141 页。
④ 于文郁：《回忆父亲于方舟的二三事》，《天津日报》1961 年 8 月 18 日。

2. “不谈改革则已，谈也，必自农村始”

于方舟，一个农民的儿子。

情系广袤大地的他，深深热爱着这片土地，也深深了解着这片土地……

他从小生长在农村，对劳动人民的生活状况有着深切的体察，少年时期就已萌发了解除农民痛苦的思想。经过五四运动的锻炼洗礼以及对马克思学说的接触，返乡后触目所及广大农民终日在贫困交加中苦苦挣扎的惨状，经过与“新生社”和“觉悟社”这两个集中了天津优秀进步青年的社团骨干共同调查研究，更加意识到解除农民贫困、解决农村问题的重要性和迫切性，于是，他密切结合当地农村的实际，开始撰写一篇关于农业、农村、农民的文章。

于方舟故居房间一角

首先，于方舟认为，当时社会改革的弊病，关键在于没有关注农业、农村与农民，所以不见成效。

当时那些所谓的种种改革，在于方舟眼里不过是“于名都巨埠多修几所洋楼，于杂志报章多说几句空话耳！其与大多数之农民生活无补也，与大多数之农民知识亦无补也。”

他认为：“以我农业立国之国家，国民之大部分尽在农民；然则欲国家之政治昌明，人民之生活安乐，而不于农民之生活以求之者，愚也，诬也，竭源而扬流，斧根而灌叶也！”指出在中国这样一个以农业立国的国家，必须要注意到国民的大部分都是农民，农民相当于中国的河流之源和树木之根。如果改革政治、发展经济不从改善农民生活开始，就如同枯竭了河流的源头却企盼水量充沛，斧斩了树木之根却奢望它枝繁叶茂。

为此，他主张：“不谈改革则已，谈也，必自农村始；不谋进步则已，谋也，必自农民始。本此而谈，得其病源之所在矣；本此而行，得其着手之所由矣；由近而远，由小而大，使全国之乡村皆进步矣；全国之人民尽安生矣！则此积乡之国更何由而不治乎？”

难怪网民在为电影《建党伟业》170 多个角色筛选出“工农商学兵”五个代表人物时，将“农”的代表头衔给了于方舟！

他以“积乡之国”来喻称中国，将乡村经济和乡土文化作为五千年中国最突出的特征，可谓概括出了中国的国貌国情。

正因如此，长期以来中国人只知有家、有乡，却不知有国。诚如于方舟在本文中所言：“国者民之积也；国民者，民国之主也。吾国大多数国民方在浑浑噩噩日优游于中世纪生活状态之下，而未知所设国民也者之何指也。”

所以，从农村开始搞改革，从农民开始谋进步，才能找到这个“积乡之国”的落后症结，才能为中国的改革与进步找到一个实实在在的“抓手”。

继而，于方舟提出，农村改革必须因地制宜，只有从实际出发，才能不尚空谈，落到实处。

文章中，他具体分析了宁河县的实际情况，认为：“吾宁密迩京津，东南沿海，更以京奉路、蓟运河作交通媒介，以故文化夙启。”宁河距北京、天津很近，且东南部沿海，境内又有京奉铁路和蓟运河水道，水陆交通极为便利，本该是一处环境开放、文化较为发达的地方。但是，全县人口“总逾十万。而现有之学校并高小，仅 47 处耳。以此比例之，应知每年失学儿童之多，难数计矣。况此 47 处之中，其规模较为完善而办理稍得法者，犹未敢必其为多数乎？”于方舟对全县的教育现状进行了分析，认为还具有极大的发展需求与发展空间。

同时，对全县经济状况也进行了概括描述："至于实业问题，除多数业农者外，他项实业则雏形皆未具也。兼以地处洼下，迭受水灾，方法不精，十年九歉；农业之能维持全境农民之生活者亦几稀矣。"认为对经济发展而言，仅有农业而无其他实业是不够的。况且农业生产状况也较差，由于地势低洼，常常遭致水灾，加之耕作方法粗放，所以收成较差，基本无法维持全县农民的生活。

针对这些具体情况，于方舟进行了具体分析，并提出了具体的改革办法。

随之，论述了农村教育的改革问题。

脱贫必先脱愚。于方舟对教育的意义与作用的重视程度是一以贯之的："教育为立国之要素"，"教育已足为国家强弱枢机、文明进退之关键矣"，"故一国家之教育昌明，其文化未有不高尚者也，其人民未有不安生者也"。

但是，他认为宁河的教育发展过于缓慢："吾宁以夙称文化之乡，其学校教育已如前言之可怜矣"，"夫如此亦何怪乎十数万居民之知识之日陋而道德之日偷乎？长此以往者，匪惟吾乡之进步无望，且将有落伍之忧矣"。

为此，在于方舟提出的改革设想中，从学校教育和社会教育两个方面分别进行了阐述。

他提出的"对于学校教育整顿扩充之计划"，既包括对于教育经费的彻底考察、精密预算、实际筹措、公允支出；也包括"对于办学人才之造就"，即"现任之各地职教员之造就"和"将来教育人才之培养"。

而在"对于社会教育之筹划与设施"中，他提出，可借鉴大城市设立"通俗图书馆""半日学校""讲演地址"等办法，"倡之于城，推之于乡"。譬如，因地制宜地"借公共地点（如庙宇等）之定期讲演"；"因陋就简设半日学校，以收贫家儿童及成人，而授以普通常识"；以及进行"女校之扩充增设"，"私塾之限制利用"。总之，应该"全力经营之，以谋吾乡民智启兴"。

最后，于方舟探讨了农村经济振兴的问题。

首先，他以中国文化，尤其是孔子和管子的标志性观点，阐释了经济基础的重中之重："孔氏之论为政首重足食，而管氏亦以为衣食足而后知荣辱。盖人生之要件首在于食，食不足而教以礼义文明、自由博爱者，是等痴人之说梦耳。然则食何由而足乎？曰：实业之振兴而已。"

进而，他指出了中国及家乡农业的落后现状："近今世界已成为工业时代，各国均已由家庭工业进而为工厂合作矣，而我国则尚滞迹于农业时代，我县农业犹根本不可靠也。"

最重要的是，于方舟提出："我所说振兴实业，非一般人于通都巨埠以专趋私利之实业也。乃以民生为根据，具世界之眼光，以谋共福利之实业也。"在这里，一方面他主张摒弃"专趋私利"的实业经营之道，应以民生为创办实业的出发点和落脚点，以世界眼光与视野，追求共同的福利、共同的富裕。另一方面，也表露了他追寻世界大同、人类共同富足的理想与信念。

在发展实业的具体方案上，他认为首先要注重"对于固有农作方法之改进"，树立新思维，推广新科技。应改变"盖以其耕作方法一仍数千年之旧，其丰歉之权完全委之于天"的落后状态；应"设农业事务总会"，作为专门机构，"切实研究种植之法、溉泄之道，并审夫水势之趋向，以设预防方法"，"由渐而进，如能试验有效，农民何乐不从乎？"

同时，他也关注到"对于他项实业之提倡"。认为就宁河而言"欲求十万居民之生活根本解决，则不得不于他项工业求之"，发出了向工业化进军的呼唤。当然，他并不是一个好高骛远、好大喜空之人。他深知在农村发展工业，其困难程度可谓举步维艰："虽然工业岂易言哉？资本也，人才也，相当之原料也，事务既极复杂，又无专管之机关"。但是，又必须脚踏实地地知难而上，必须苦干实干地迎难而上。于是，他很接地气地提出，可以根据当地的特殊资源发展工业："于特别情形及出产之下"开设工厂。他还特别提到了七里海的资源："七里海一带之苇，则又最良之造纸原料也。"

1920年的于方舟，刚刚20岁，还只是集合在“改造”赤旗下的一名青年，对于农业、农村、农民问题的探讨与认识，完全是从“实行社会改造”的视角出发的一种自觉。但是，这样一种自觉在后来国共合作的大革命运动中，便成为共产主义战士的一种基因优势。

据大革命中的一份资料显示，广东国民党在召开全省农民委员会全体会议时，有来自全省各地的农运积极分子代表参加，这其中的80%为共产党员。[①] 于是，时为国民党中央执行委员会常委的顾孟余在武汉国民党中常会上不无忧虑地说：“现在可有一种危险，是国民党差不多专做上层的工作。至于下层的民众运动，国民党员参加的少，共产党员参加的多。这是很危险的……因为现在国民党的同志在民众运动中不能积极的参加，将来一定会和民众愈加分开，甚至会不晓得民众运动是怎么一回事，民众是怎么样的情形，有怎么样的要求，和有怎么样的需要，都通通不能够有真知灼见，那是再危险没有了！”[②]

于方舟这篇研究农村、农业、农民问题的文章，两年后以《地方问题发端》为题，刊登于1923年3月宁河县旅津学生同乡会的《同乡会季镌》第一期上。该文章以其令人耳目一新的理论色彩和革新精神，在宁河内外引发了不小的震动。

但是，比这篇理论文章更具轰动效应的，是他关于农民运动的一次实践。

在那次农民运动的实践中，他恰恰显露了当时还是北大教授的顾孟余日后对共产党人的评价——晓得民众运动是怎么一回事，民众是怎样的情形，有怎样的要求和有怎样的需要，都能够有真知灼见……

是的，他不仅有理论，更有实践。

就在那场农民运动的尝试中，20岁的于方舟被乡亲们口口相传为一个颇具传奇色彩的英雄人物。

---

① 王奇生：《党员、党权与党争》，华文出版社2011年版，第81页。

② 顾孟余：《武汉二届三中全会题案大纲之说明》，见蒋永敬编：《北伐时期的政治史料》，（台北）正中书局1981年版，第111页。

3. “不谋进步则已，谋也，必自农民始”

早在五四运动前夕，李大钊便在《晨报》上发表了《青年与农村》一文，他向当时的青年大声疾呼：“要想把现代的新文明，从根底输入到社会里面，非把知识阶级与劳工阶级打成一气不可。我甚望我们中国的青年，认清这个道理。”“我们中国是一个农国，大多数的劳工阶级就是那些农民。他们若是不解放，就是我们国民全体不解放；他们的苦痛，就是我们国民全体的苦痛；他们的愚暗，就是我们国民全体的愚暗，他们生活的利病，就是我们政治全体的利病。去开发他们，使他们知道要求解放、陈说苦痛、脱去愚暗、自己打算自己生活的利病的人，除去我们几个青年，举国昏昏，还有哪个？”“青年呵！速向农村去吧！”①

作为农民的儿子，将李大钊视为导师的于方舟，不仅能够感同身受地“认清这个道理”，而且较早地“速向农村”，投入了对于农民的“开发”。

五四运动之后，就在很多青年开始意识到欲进行社会变革就必须深入到工农群众中间去的时候，就在他们开始奔赴农村演讲并跃跃欲试地组织农工运动的时候，于方舟已经在家乡，主动带领农民群众开展了一次抗税斗争。

“在父亲第二次被捕出狱以后，他由于敌人迫害，不能继续上学，只好暂时回到了家乡自学。就在这个期间，家乡有劣绅刘瑞武（县议会议长）等人假借着搞‘地方自治’的鬼名堂，向农民进行勒索。他们提出盐、碱、薄、洼的土地，每亩都要增征二钱至六厘银子的附加税。”②

我的奶奶于文郁写于1961年的文章，将《愤打“二钱六”》的故事背景带到了1920年那个骄阳似火的夏天……

揭开《中共天津党史大事记》，在“1920年”的内容中，同样可找到这样一则记载：“8月中旬，于方舟利用回乡之便，以宁河县旅津学生同

---

① 李大钊：《青年与农村》，原载1919年2月《晨报》，中共唐山市委宣传部：《李大钊诗文选读》，2004年版，第186、187页。

② 于文郁：《回忆父亲于方舟的二三事》，《天津日报》1961年8月18日。

乡会的名义，召集暑假回乡的进步学生，走村串户，组织农民、渔民赴宁河县政府请愿，开展抗税斗争，迫使当局宣布免征附加税。”①

于方舟故居中关于深入农村和农民的图片

1920年，宁河。

打从一开春，于方舟的家乡就进入了一个灾荒之年。

“春，俵口、任凤一带，‘一次黄风，天昏地暗，白日点灯。风把一尺多粗的树连根拔起。有一人被风刮走，被土埋起呛死’。”②

然而，还有比灾荒更可怕的——“苛政猛于虎”，“越穷越吃亏”——无论是先哲的格言，还是民间的谚语，竟都在这样的年景中应验了。

有权有势有财富的人再次将穷苦农民项上的绳索勒紧，偏偏提议要从穷困农家的耕地中加税。

政府当局从来不与穷人做朋友，他们代表何人的利益，便注定会与何人沆瀣一气。县政府竟然通过了这种明目张胆、变本加厉剥削穷人的荒唐提案，发布了增税的告示。

“这不是明抢明夺嘛?”“啥叫骑你脖子上拉屎呀?”向来只知道逆来

---

① 中共天津市委党史资料征集委员会：《中共天津党史大事记》，天津人民出版社1991年版，第14页。

② 宁河县地方史志编修委员会：《宁河县志》，天津社会科学院出版社1991年版，第30页。

顺受的穷人，无非只能相互间发几句牢骚、村路上放几句狠话。

“贴出的告示泼出的水”，谁也不敢奢望改变现状。

“天塌下来大个子顶”，人们盼望着能有一个“大个子”出来为穷人说话，替农民做主。

可是，谁能傻到冒着自己被砸死的危险去顶这个天呢？

于方舟居然要当这个出头的椽子出头的鸟了！虽然他还要保证自己有充分的时间和充沛的精力复习功课设法升学，虽然他还要考虑自己将来的前程……

“父亲对这种掠夺行为愤慨万分。他以宁河县‘旅津学生同乡会’会长名义，召集了暑假回乡的进步同学数人，代表农民、渔民去到县政府请愿。”

奶奶于文郁的文章还原了当时的请愿现场——

父亲义正词严地当面质问了反动官员，并对他们害民肥己的阴谋，进行了无情的揭露。

当时刘瑞武也在场，父亲严厉地质问他：“请问议长，您的责任是什么？”

刘不敢回答。

父亲又说：“看来您也是读过古书的人，我们今天就要求您讲一讲《论语》中孔子说的‘忠恕而已矣’，应如何解释？”

刘瑞武做贼心虚，推托不讲。

父亲说：“好吧！您不解释，就请听我讲一讲——尽己之责谓之忠，推己给人谓之恕。您身为议长，既不体贴民苦，又讲不出附加税的正当用途，盐、碱、薄、洼之地，又多数不在你们地主豪绅之手，如此的附加税，岂不是为害于民吗？因此，我们要求议长立即宣布撤销原案，政府也把增收附加税的告示撤回……”

这时，会场外面的农民群众一片沸腾，都怒视着几个反动头子，声势很大。

反动当局一看情景不妙，只得当场宣布免征附加税。

父亲领导的这次抗税斗争胜利了。直到今天，家乡的老年人还流传着

“于方舟愤打二钱六”的这段佳话。①

贫困交加的农民看到了希望，遇到不公不平之事都找于方舟出头。

于方舟却告诉乡亲们，“愤打二钱六”是众人团结显示的力量，“人心齐，泰山移”，只要大家团结起来，就能在这不公平的世道中闯出一条新路来。

不久，农民的团结在剥削和压迫面前再次显示了威力。

俵口籍作家于增会记述了这个故事：“出狱后，他积极组织农民革命斗争。俵口村南曾口河北约有一千亩地原是贫苦农民租种，后被村里‘十八沟’（大地主）霸占，想收回这些租地改为苇地，使得众多农民生活无着。方舟就发动大家齐心协力同地主斗争并取得胜利。”②

无独有偶，于方舟的同校校友、新生社骨干社员安幸生也有着被捕入狱、出狱后被学校除名、被迫回老家后领导农民进行抗税斗争的经历。

1921 年 2 月，新生社社刊《新生》被查封。作为刊物主编，“安幸生也被捕入狱。身陷囹圄后，他备受非人折磨，但始终坚贞不屈。后来经过其父亲、姐夫和于方舟的多方营救获释。”③

据安幸生家乡的史志《上河头镇志》记载：“是年冬，安幸生在家乡领导了对当局无理收缴‘烧炭税’和‘割头税’的斗争，取得胜利。”

所谓“烧炭税”，是每年“三秋”过后，当地农民有垒窑烧炭的习惯，但杨柳青镇政府却派人收税，每窑强索大洋 1 元 8 角。

“割头税”亦称“猪头税”、“杀猪税”。就在刚刚通知收“烧炭税”不久，杨柳青镇政府又在旧历年前发下告示：凡有杀猪的，不论自食还是出售，一律交割头税。

同样，安幸生家乡的农民也是叫天天不应，叫地地不灵。面对一项项花样百出的苛捐杂税，万般无奈，仰天长叹……

安幸生仿佛同他的学长于方舟有着一样的个性，不顾个人安危和未来

① 于文郁：《回忆父亲于方舟的二三事》，《天津日报》1961 年 8 月 18 日。
② 于增会：《拜谒方舟故居》，见《情系七里海》，大众文艺出版社 2008 年版，第 188 页。
③ 中共天津市委党史资料征集委员会：《战斗在天津的共产党人》，天津人民出版社，1991 年版，第 161 页。

前程，亲自草拟状纸，带领乡亲们据理抗争，到天津县政府打官司。最后，当局只得取消了税款。

“斗争的胜利，使当地群众对安幸生更加信任和爱戴。从 1918 年到 1927 年，安幸生先后 9 次回家，每次都要找学校老师学生谈理想，深入农民中讲革命。他曾对乡亲们说：‘咱三河头村南这片地，将来全要发展成工厂，不能像现在这样大柳行子沙丘地’。姐姐劝他说：‘你东跑西颠的总出事（安幸生在天津曾 7 次被捕），图个嘛？家里人都跟着担心。’他却说：‘我做的事是让大家都有地种、有饭吃，都能过上好日子。像咱家这些地，除去咱这几个人的，都要分给大家种！’”①

同为农民的儿子，同样见不得农民群众受苦受穷，同样带领农民团结起来反剥削反压迫。

他们，都是怀有一颗赤子之心的“大地之子”！

很快，他们又会共同成为李大钊创办的马克思主义研究会会员。

并且，将在李大钊的指导下，把天津“新生社”转型为天津马克思主义研究会。

① 中共天津市委党史资料征集委员会：《战斗在天津的共产党人》，天津人民出版社 1991 年版，第 161 页。

第七章　南开秘事

爱国不忘求学，求学不忘爱国。

——1923 年 3 月 28 日天津《益世报》:《学生联合会发表宣言》

1. “爱国不忘求学”：化名考南开

《中国共产党的九十年（新民主主义革命时期）》一书在《中国共产党的创建》一章中写道：“在中国早期马克思主义者的队伍中，李大钊、陈独秀属于先驱者和擎旗人，毛泽东、蔡和森、邓中夏、瞿秋白、周恩来等五四运动中比较年轻的左翼骨干则是其主体部分。”[①] 这其中，李大钊、陈独秀为北京大学教授，邓中夏为北京大学学生，瞿秋白为北京大学马克思学说研究会会员，毛泽东、蔡和森为湖南第一师范学生，周恩来为南开大学学生。为此，也有人说，中国早期的马克思主义者似乎主要来自北大、湖南一师和南开这几所学校。

那么，南开大学何以会出现周恩来、于方舟、马骏、陈镜湖、韩麟符等一批早期马克思主义者呢？

南开大学校史研究室主任张健教授认为：“近代以来，中国的大学所走过的道路，总是与国家、民族的命运息息相关。中国的大学很多是在 19 世纪末 20 世纪初建立的，那时中国积贫积弱、日益衰败，很多学堂是

---

① 中共中央党史研究室：《中国共产党的九十年（新民主主义革命时期）》，中共党史出版社、党建读物出版社 2016 年版，第 24 页。

为了救国、强国而兴办起来的。因此，中国现代大学的形成，与西方大学源于教会的情况是完全不同的，是在中国特定的历史条件下兴起的，与近代以来的国家、民族的命运息息相关。南开大学在创办时虽然是一所私立学校，但与国运也是密不可分。”

“南开大学肇端于1898年张伯苓在威海卫亲历‘国帜三易’奇耻大辱之后所执教的严氏家塾，奠基于甲午战争爆发十周年之际创建的南开学校，开办于因‘外争国权’而掀起的五四运动大潮之中”。[①] 南开大学原党委书记薛进文在《南开大学史话》序言中如是说。

的确，南开学校的创办，充溢着悲壮与激情。

南开创办人张伯苓在北洋水师学堂毕业的时候，丧权辱国的《马关条约》已经签订半年了。条约是中国在中日甲午战争中惨败的产物，其中一条即允许日本军队驻扎原中国海军基地威海卫。三年后，因英国强租威海卫，22岁的张伯苓随“通济轮”送清政府官员前往办理接收和移交的手续，于是，便亲身经历了“国帜三易”的屈辱场景。

所谓接收：先降“太阳旗”，后升黄龙旗。

所谓移交：仅仅一日后，改悬“米字旗”。

那一幕，令张伯苓痛心疾首、悲不欲生……

那一刻，令张伯苓怒不可遏、热血沸腾……

他毅然辞别令他倍感耻辱的海军，决计“创办新教育，造就新人才”，拓一条振兴中华的“自强之道”。

能够进入一所这样的大学读书，应该是于方舟心仪已久的企盼。

经典电影《建党伟业》中于方舟在铁窗内发出的那句经典台词“我们要读书，我们要学习”，的确凸显了他的最真实的心态。

读书，是于方舟最为喜爱的一种生活状态。

入大学读书，更是于方舟梦寐以求的愿景。

在周恩来早年撰写的《警厅拘留记》和《检厅日录》中，记录过多少“于方舟与书”的故事啊……

---

① 龚克主编：《南开大学史话》，社会科学文献出版社2016年版，序第1页。

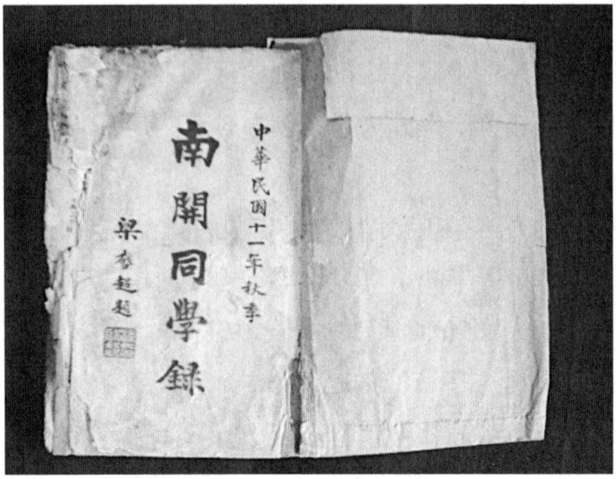

《中华民国十一年秋季南开同学录》封面，为梁启超题写

王贞儒在1964年时回忆到：“1921年暑假，方舟化名于绍舜考入南开大学。”① 可能她的记忆稍有误差，于方舟应该是1922年入学的。但是，入学前一年有关南开大学的一条报道却令他记忆颇深。当时他在报纸上看到，受邀参加南开大学1921年开学典礼的大思想家梁启超在会场上曾讲：“我们要希望大学能办得欧美那样好，能发扬中国固有的学术，不能不属望于私立的南开大学了。南开师生有负这种责任的义务。如是南开大学不独为中国未来私立大学之母，亦将为中国全国大学之母。”② 梁启超对于南开大学的赞誉，更加坚定了于方舟报考的决心。

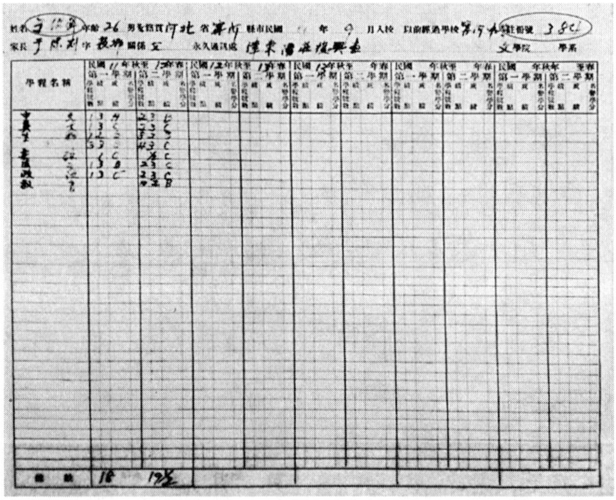

《南开同学录》中于绍舜即于方舟的成绩单

① 王贞儒：《回忆五四时期的于方舟烈士》，原载《天津历史资料》1964年第1期，《五四运动回忆录（续）》，中国社会科学出版社1979年版，第264页。

② 龚克主编：《南开大学史话》，社会科学文献出版社2016年版，第5页。

而令于方舟不曾想到的是，他入学后的档案材料也被收集在由梁启超题词的《同学录》中……

今天，南开大学档案馆仍保存着两册90多年前的珍贵档案。其中一册已几近残破，封面上以蓝色魏碑体题写着《中华民国十一年秋季南开同学录》，落款题词人为“梁启超”，并盖有印章。据这本《南开同学录》显示，“于绍舜”的字为“方周”，籍贯为“直隶宁河俵口村”。对照另一本学生成绩册，更能证实“于绍舜”即为于方舟，因为在“家长”一栏，填写的姓名是“于际刚”，“关系”一栏填写为“父”；入学时间为“民国十一年九月入校”，即1922年9月入学；注册号为“384”。值得注意的是，在“以前经过学校”一栏填写的并非于方舟的母校“直隶省立第一中学”，而是于绍舜的母校“宁河中学”；年龄也非于方舟的“22岁”，而是于绍舜的“26岁”。——一个爱国的热血青年，没有任何的私利，仅仅是为了抗议日本对于我中华民族的侵吞和欺侮，却不得不冒名顶替、隐去学历来读书！天理何在？

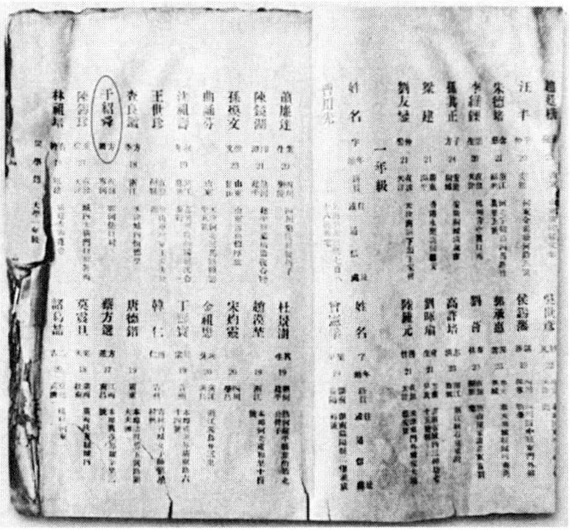

《南开同学录》中于方舟的学籍信息，显示其化名为“于绍舜”

当然，如果仅有渴望读书的热情，而没有能够达到入学录取考试的分数线，还是无法实现“爱国不忘读书”的愿景的。然而，既要调适被开除中学学籍的愤懑心理，又要支撑新婚以后的家庭；既要主持新生社和天津马克思主义研究会的工作，又要参加北京大学马克思学说研究会的活动；既要带领农民兄弟开展反剥削、反压迫的斗争，又要悉心寻找具有相当学历且经对方允许“冒名顶替”的人选……面对如此纷繁复杂的重负，于方舟果真能够潜下心来聚精会神地准备进入高等学府深造的入学考试，从而随心所愿地考入南开大学么？

南开大学档案馆至今也还珍藏着于方舟化名于绍舜的《入学成绩单》，从中，即可感悟入学考试的难度之大。首先，考试科目多达10门，即：国文、英文、代数、平面几何、中国历史、中国地理、世界历史、世界地理、政治、经济，每一门皆单独计算成绩。其次，淘汰率亦不低，与于方舟同页的入学成绩单上，计有16名学生，其中7名因成绩不够而未被录取，比例高达44%。拼搏于如此之难的考场，于方舟不仅顺利通过考试，被南开大学录取，且成绩亦属优异。在此页成绩单被录取的九名考生中，于方舟的“代数”和“中国地理”两科成绩均列第一位，“国文”“中国历史”“世界地理”“政治”等四科成绩列第四位，“英文”列第五位，“世界历史”和“经济”列第七位，“平面几何”为第九位。

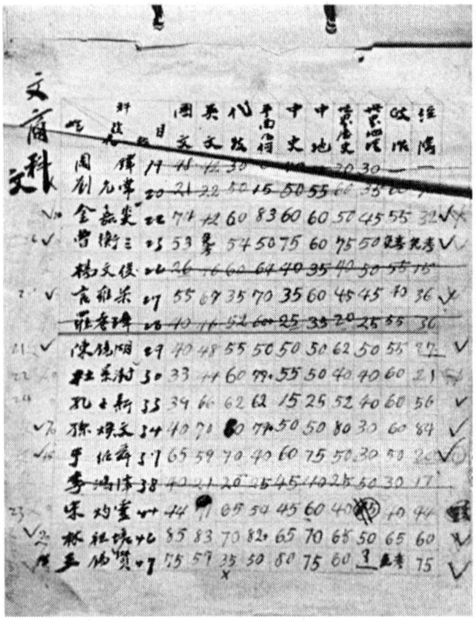

南开大学入学成绩单，显示于方舟化名为“于绍舜”

由于几经周折才得到一个如此宝贵的读书机会，于方舟非常想为自己营造一个捧书静读的环境与心境。从现在仅存的他入学以后第一年的成绩单来看，七门课业中，“中文”为A，“政治”“教育”“生物”“柔操”为B，“英文”“法文”为C。而随机翻阅成绩册的其中一页，可发现另一同学的成绩，三门为C、四门为E。这至少从一个侧面可以感觉于方舟对于大学学业的热爱珍视与刻苦用功。

但是，他写出的小诗《静读》，却从“窗明几净思多快”的美好环境，瞬间便闪摇至“国破民悬意转烦”的焦忧心境了。

这，的确是一种“心欲静而意转烦”的两难选择和矛盾心境。

当然，这种心境并非孤立地在于方舟身上存附，而是那个时代很多知识青年的一种普遍心境。导致这种心境形成的原因，就是诗中的这四个字——“国破民悬”。

何谓“国破”？于方舟在《地方问题发端》的开篇第一句便予以直书：“呜呼！中国时局之乱极矣！中国人民之苦极矣！四万万同胞无片刻之安生，数百万方里无尺寸之乐土……呜呼！吾国之纷乱，岂将无已时乎？吾民这浩劫岂将永不复乎？何其千方百计终未能挽此狂澜于万一也？”①

何谓“民悬”？除“民不聊生”之意，于方舟在《地方问题发端》结尾还写出了另一层意思：“所可痛者，中国人怠惰性成，一任应做之事废弛，以苟且偷安，而虚此一生耳。长此以往，事务之废弛无论矣，而吾侪偷惰之民族恐亦与此废弛之事务同归于尽矣。”②

“国破民悬”，实则是忧国忧民、救国救民、为国为民的一个心结，无法摆脱，也难以解脱。

为了这个难以解开的心结，多少考入南开大学的优秀学子，在“窗明几净思多快”和“国破民悬意转烦”这二者之间苦苦挣扎：

——出狱后的周恩来被开除了，又怀着坚定的理想远行欧洲，再寻救国救民的真理与良方。

——出狱后的马骏被开除了，先是回到家乡教书，随后又加入了中国共产党，直至壮烈牺牲。

——于方舟考入南开大学时，先于他入校的学长韩麟符，正在转入北京大学文学系作旁听生。

——同年考入南开大学的陈镜湖，半年后便随于、韩共同加入了中国共产党，一年后三人又以共产党员的身份加入国民党，并同赴广州出席国民党一大。从中学同学到大学同学，从新生社社员到国共两党的党员，共同的战斗经历，共同的成长道路，也实属一段奇观与美谈了。

---

① 于方舟：《地方问题发端》，宁河县地方史志编修委员会：《宁河县志》，天津社会科学院出版社1991年版，第779页。

② 于方舟：《地方问题发端》，宁河县地方史志编修委员会：《宁河县志》，天津社会科学院出版社1991年版，第782页。

于方舟在南开大学的求学生活充满了神秘色彩。可以说，他是一名特殊的、非同一般的学生。

对于通过化名考上南开大学的于方舟而言，自从进入南开园的第一天起，就处于一种秘密状态了——他被迫隐去了自己的真实姓名与身份。

接着，他又在攻读大学课程的同时，做了许多秘密的工作。正如《愿做方舟渡众生——纪念于方舟烈士牺牲80周年》所写："为了进一步掌握报效祖国的知识和才能，1922年秋，于方舟考入南开大学。求学期间，他一面刻苦学习文化知识，一面着手天津学生联合会的重组工作，经过积极的联络和准备，新的天津'学联'很快成立，于方舟被推举为执行部部长。'学联'成立后，做了大量的工作，兴办了多处平民学校，为启发民众觉悟，宣传进步思想发挥了重要作用。"①

王贞儒也在回忆文章中列举了于方舟所做的多项秘密工作："青运主要是抓住学联，于方舟当时在南开大学上学，还有学联会的会长之一谢宝光、卢绍亭、何雪也都在学联。学联自1920年于方舟出狱就一直坚持着"②，"在1922年联合各校学生代表重新组织天津中等以上学校学生联合会，被选为执行部部长，加强了学生的反帝、反封建的各种运动；在学联的主持下，兴办了多处平民学校，更与各界人士联合在1922年6月3日禁烟节，举行了林则徐焚烧鸦片的纪念大会，积极发动和参加了天津小学小学生联合会，为以后党的统一战线工作，作了准备。"③ 如此简洁的描述，读来语不惊人，但是，这些秘密工作是大量的、繁重而庞杂的，对于天津这座城市而言，它们具有着深远的历史意义。

"九一廿九"惨案之后，天津学联虽然取得了被拘代表获释的胜利，但总体上讲，学生运动还是被镇压了下去。

尽管如王贞儒所说"学联自1920年于方舟出狱就一直坚持着"，但学

---

① 中共天津市委党史研究室：《愿做方舟渡众生——纪念于方舟烈士牺牲80周年》，《天津日报》2008年1月21日。

② 王贞儒：《天津党组织及其革命活动》，见天津市档案馆：《中共天津历史档案选编》，天津人民出版社2011年版，第608页。

③ 王贞儒：《回忆五四时期的于方舟烈士》，原载《天津历史资料》1964年第1期，《五四运动回忆录（续）》，中国社会科学出版社1979年版，第264页。

运骨干毕竟分散到了各处：

——周恩来、郭隆真、张若名远赴欧洲。

——马骏返回家乡东北。

——邓颖超、王贞儒先是去北京教书，后于1921年8月被马千里召回，在他创办的达仁女校做教员。

——于方舟、韩麟符、安幸生、陈镜湖、卢绍亭等新生社成员，虽已将新生社转为马克思主义研究会，开始集结于马克思主义的旗帜下，但也毕竟属于秘密活动。

尽管还在秘密地坚持，但公开活动的学联组织已基本处于瘫痪状态。1921年12月17日的《益世报》，登出了《学生联合会之复活》的新闻，之所以使用“复活”一词，先前的“休克”便显而易见了。但复活之后的学联，其组织与活动都显得有些乏力。

直至以“于绍舜”之名考入南开大学的于方舟重组可以公开活动的学联之后，才又再现天津学联的魄力与活力。1923年3月28日的《益世报》对这一过程作了准确的概括：“五四运动主体之天津学生联合会，自华府会议时，曾经二次复活，后旋仆旋起，终至消沉，迄今将及二载。”①

隐匿的于方舟与公开的学联会，一对奇特的组合，在演绎“南开秘事”的同时，又是多么生动地折射着那一代青年“爱国不忘求学，求学不忘爱国”的艰难抉择啊！

而重组后学联发表的《宣言》则更清晰地描述了自身发展的起伏：“我们沉寂了很多的日子了，到了现在又不得不再起来做一番引起群众的趋向。‘五四’的时候，我们曾牺牲了许多的光阴精力，从事于国事的运动，对于外交内政以及社会方面都有些贡献。后来民气日苏，大家的观念都渐渐知道注意到国事上去。我们做学生的，可以把这重大的责任，移交市民，专心致志的，从事于学业，实践那爱国不忘求学，求学不忘爱国的两句话，暂时的搁置我们的运动。”②

---

①《益世报》1923年3月28日。
②《益世报》1923年3月28日。

没有资料显示这份宣言是否出自于方舟之手，但它却切实勾画出了于方舟自己的心路历程——他渴望“爱国不忘求学”，以追寻北宋张载推崇的、深藏于中华民族血脉中的那“为天地立心，为生民立命，为往圣继绝学，为万世开太平”的志向与理想；他亦须践行“求学不忘爱国”，以追求明末顾炎武提出的、激荡于炎黄子孙胸襟中的那“天下兴亡，匹夫有责”的义务与担当……

接着，《宣言》所表述的，便从于方舟所追求的“窗明几净”的学习环境，转至于兰渚所关注的“国破民悬”的忧国心境了：“不料这几个月来，内政外交，波澜叠起，议会前请愿的流血呀！元宵提灯会被打呀！京汉铁路工人之横遭摧残呀！这种种的事情，都很刺激我们的脑筋，使我们不能再缄默不问了，而最要紧的问题，就是我们屡次呼号，誓不承认的廿一条，照会日本政府，竟遭驳复，旅顺大连，租期已满，竟因此不能照约收回，这种种的问题，我们若是再不起来，唤起群众的观念，对于本身责任，不免有些汗颜，这就是召集此次学生会的起缘。”①

2. “求学不忘爱国”：神圣祖产岂容他人染指霸持

南开大学自创建始，其师生的命运，似乎总与“爱国”二字紧密相连。

1919 年 9 月，周恩来、马骏等 96 人成为南开大学第一届新生的时候，五四运动的高潮已接近尾声。然而，中国在“巴黎和会”的外交失败与抗争，却依然激荡着南开学子胸中的轩然大波。天津五四运动的学生领袖周恩来、马骏，入学仅仅四个月后，便因爱国运动被反动当局逮捕。

1922 年 9 月，于方舟成为南开大学第四届新生的时候，又遇上了中国在“华盛顿会议”（“太平洋会议”）的外交失败和日本拒不如期交还旅顺、大连。于是，“求学不忘爱国”的于方舟，身在南开大学，眼观世间风云，心系救国救民，毅然重组天津学生联合会，在天津再次掀起了反对

① 《益世报》1923 年 3 月 28 日。

日本霸持中国领土的热潮。

1921 年 11 月 12 日至 1922 年 2 月 6 日，美国、英国、法国、意大利、日本、葡萄牙、比利时、荷兰、中国九国参加的“华盛顿会议”（“太平洋会议”）在美国华盛顿举行。这是第一次世界大战后，帝国主义国家为了对战后远东和太平洋的殖民地和势力范围进行再分割而召开的会议。会上，美、英、法、日签订了互相保证各自占有太平洋岛屿权力的《太平洋条约》；美、英、日、法、意签订了按一定比例规定海军力量的《五国公约》；然而，令人发指的一幕再次出现——1922 年 2 月 6 日，所有与会国竟然签订了共同掠夺中国的《九国公约》，即《九国关于中国事件应适用各原则及政策之条约》，规定“维护各国在中国全境之商务实业机会均等”和“中国之门户开放”的“原则”，使得中国陷入受列强共同支配的境地。

早在 1899 年 9 月，美国国务卿海约翰便照会英、法、德、日、意、俄六国，承认它们在中国的势力范围，同时表明美国要在一切势力范围内取得通商自由、低税率和一切特权礼仪。1900 年 7 月 3 日，海约翰再度照会六国政府，主张把“门户开放政策”应用到“中国一切地方”。这一政策自提出后并未得到列强公认。然而，就在 1921 年底至 1922 年初的这次华盛顿会议上，却被正式载入了《九国公约》。

太平洋会议尚未结束，天津民众就看破了列强“贪痴无底蛇吞象”的野心，1921 年 12 月 15 日的天津《益世报》便出现了这样的评论：“太平洋会议开幕了，我们中国满打算着在太会席上将鲁案提出，希望各国公平解决。哪想到日本的运动力真大，居然又将鲁案另提在会外讨论，简直就是在美国直接交涉。日本还不止于不还青岛，硬说我们中国的幅员只有十八省，满蒙全是他的殖民地，看看他的野心有多大，非使中国速亡不可，噩耗传来，能不叫人心惊胆战吗？”①

12 月 18 日，天津市民在南开大操场集会并游行，沿途散发传单：

——“要知太平洋会议的情形，新民意报上天天登的很详细，诸位

①《益世报》1921 年 12 月 15 日。

一看就知道应该救国不应该救国了。”①

——“山东是谁的土地？满蒙是谁的土地？21条亡国条件是谁立的？同胞呀！山东、满蒙、西藏、长城以北都是我们的土地，现在日本人都说不是我们土地了。21条亡国条件是日本人逼我们立的，现在也说不能取消了。还有一样最可恨的事，他们外国人居然说收管我们国家的财政了。同胞呀！你想争回你的土地吗？你想争回你的财政吗？你想你的代表依着你的主张去做吗？就应该快起来！起来！”②

——“现在真的有贼来了，贼是哪个呢？就是去年学生讲演常提到的那个某国。诸位要知道，某国这个国，地是不够住的，钱是不够花的，粮食是不够吃的，所以他想欺侮我们中华民国。这贼人们把我们的东三省、蒙古要抢去了，我们让他抢吗？还有我们东南的地方叫做山东，如同我们大门一样，那些个某国人，他亦要抢去了，大门让他抢吗？”③

然而，随着1922年2月6日“华盛顿会议”（“太平洋会议”）的结束，天津民众的忧国之心再次被“弱国无外交”的现实所熬煎摧残。于是，便有了天津学生联合会“自华府会议（即华盛顿会议）时，曾经二次复活，后旋仆旋起，终至消沉”④ 的沉寂与沉闷……

1922年的秋季，于方舟考入南开大学，六个月后，为抗议日本帝国主义拒不归还旅顺、大连的恶行，他再组天津学联，便出现了1923年3月28日报端刊载的天津学生联合会宣言……

旅顺、大连的主权问题由来已久。1895年4月17日，日本强迫清政府订立了关于结束甲午战争的不平等条约《马关条约》，其中规定中国割让台湾全岛及所有附属各岛屿、澎湖列岛和辽东半岛给日本，并赔偿日本军费2万万两。时隔六天，俄、德、法三国同时知照日本应放弃割占辽东半岛，并调遣陆海军对日施压。日本于5月初表示接受三国要求，四列强商定由中国增加赔款3000万两，“赎回”辽东半岛。两年后，沙俄于

①《华北新闻》1921年12月19日。

②《益世报》1921年12月19日。

③《益世报》1921年12月19日。

④《益世报》1923年3月28日。

1897 年 12 月派舰队进占旅顺，次年 3 月 27 日强迫清政府订立关于租借旅顺、大连的《中俄条约》，租期为 25 年，即 1923 年 3 月 26 日归还。不甘失去旅大的日本，于 1904 年 2 月 8 日偷袭俄国在旅顺口的舰队，日俄战争爆发。1905 年 9 月 5 日，经美国斡旋，日、俄两国在美国朴茨茅斯签订《朴茨茅斯和约》，俄国将在中国辽东半岛（包括旅顺口和大连）的租借权转让予日本。按约，日本应在 1923 年 3 月 26 日将旅大归还中国，但贪得无厌和侵略成性的日本拒不履约、拒不归还，直至二战结束的 1945 年，《朴茨茅斯和约》才算废除。

日本帝国主义侵略成性的恶行，令于方舟怒不可遏、拍案而起，立即组织天津学生联合会开始了轰轰烈烈的公开活动。

当时的一份传单描述了收回旅大运动兴起的必然："旅顺口、大连湾是我们祖宗给我们留下的，是我们中国内地的咽喉，日本从俄国抢去了。25 年应当按约在今年 3 月 26 号那天交还我国。但是，日本硬用 21 条件压迫我们，要延长到 99 年。咳呀！还讲公理么？21 条我们国会既未承认，国民亦都根本否认。而巴黎和会、太平洋会议亦都未承认。那乃是日本一方面的要挟，诚心蔑视我国，欺侮我们要渐渐的亡国。诸位呀！你既是中国人不当起来力争吗？我们要保留我们祖宗给我们留下的地土，要维护我们中国的咽喉。我们同是一个人，为什么教那小倭奴欺侮我们。我们讲的是公理，不怕的是强权，就是牺牲我们的脑袋，我们亦要挽回旅顺大连。"①

1923 年 3 月 26 日，天津召开市民大会。

报端报道："昨日为我国旅大应取回之日，讵日本拒而与，并拒绝我否认 21 条牒文。噩耗传来，我全国同胞以国权国土国耻所关，连日悲愤呼号，津埠市民遂订于昨日（26 日）假南开大操场开市民大会，共商力争办法。是日，各团体各界以及商家居民不期而至者约 20 万人，均成群结队手执白旗，上书'否认 21 条，力争旅大，还我国土'等字样，大声疾呼'还我旅大，誓死不承认 21 条协约'，间有为之泣下者。经过各街

---

①《益世报》1923 年 3 月 30 日。

衢，两旁观者无不为之动容，并由此时暂停营业偕往赴会者。是日，天气微雨，黯淡无光，俨若对我同胞表示同情，为之现一种悲惨气象者。沿街各商铺，白旗招展，万众一心。”①

据《益世报》报道，于方舟和天津学生联合会参加了此次市民大会，“市民大会散会后，该会即召集各校代表开紧急会议。计到会学校十余处，代表40余人，讨论多时，议决进行办法”，“我们对于以后的进行，当持坚决的态度，本沉毅的精神，用稳健的手腕，一方面促政治入正当的轨道，一方面做外交的后援，以呼起群众的趋向，并且更应本人类互助的本能，服务社会。以上种种的工作，我们认为责无旁贷，无论前途有何阻碍，我们誓抱决心，尽力履行。”②

3月31日，于方舟主持天津学生联合会会议。

据中共天津市委党史资料征集委员会和天津市妇女联合会编撰的《邓颖超与天津早期妇女运动》一书资料显示：“1923年3月31日，北洋、南大、中西女中、严氏女贞等9校32人参加的学生联合会开会。主席于方舟报告拟定电文3件，（一）慰问留日学生被拘电；（二）慰问上海学生总会被封电；（三）慰问北京学生被殴电。会议还讨论了修订学联会章程问题，公推杨昌第、李廉祺、黄勖志、于方舟4人审查修订。”③由此看来，这三件电文很可能是于方舟的手笔——

《慰问留日被拘学生电》，表明了在“日人不道”面前须“群起力抗”的决心：“日人不道，据我旅大，今幸租限期满，自应按约收回，讵彼以21条无理抵赖。查21条原出日人胁迫，既未经我国会批准于前，复由我代表在和会声明否认于后，揆诸公法，准之人情，此项条约，绝难存在。现在国人，群起力抗，生死关头机不可失……敝会等，结团体之联合，为诸君之后盾，不达目的，誓死不渝。”④

《慰问北京学生联合会电》，则表示应肩负起继承“五四”传统、继

---

①《益世报》1923年3月27日。

②《益世报》1923年3月28日。

③《邓颖超与天津早期妇女运动》，中国妇女出版社1987年版，第650页。

④《益世报》1923年4月3日。

续“唤醒国人”的使命：“我辈自五四迄今，不惜牺牲一切，所为者何？无非唤醒国人，督促政府，聊尽国民之责，并无越轨之举，此志此心国人共见。今当旅大收回之期，正外交紧急之候，若不群起奋斗，抵死力争，国际之地位不存，国民之山河难保。印韩亡国，殷鉴匪遥，凡有血气，宁不兴起。”①

坐落于天津法租界福熙将军路（俗称“梨栈大街”）的维斯理堂，建成于1913年，是当时天津最大的基督教堂。

1919年9月21日，李大钊曾“在维斯理堂向天津青年讲演十月革命胜利的伟大意义，引导青年走马克思主义道路”。②

1920年“九一廿九”惨案前，周恩来也曾在这里主持过秘密会议。“1月26日至28日，在天津法租界福熙将军路维斯理堂地下室（今和平区滨江商厦所在地），他主持召开秘密会议，决定举行大规模示威游行，要求启封各界救国联合会和学生联合会。”③

1923年4月17日，于方舟也在这里，组织天津学生联合会欢迎“留日学生收回旅大请愿团”，再次发出“捍卫国家，责不容辞”的声音。据《益世报》报道：“天津学生联合会前日（17日）下午3时，假法租界维斯理堂开欢迎会，招待留日学生收回旅大请愿团。”天津学生对留日学生在日本遭致警察殴打的境遇表示慰问：“诸君因游行示威，惨遭彼国警察殴辱的消息传入国内，我们听到这项惨闻，惊惶之下，无不发指。我们同为中华国民，国家存亡，都负责任。捍卫国家，责不容辞。”④

1923年5月7日，于方舟参与组织市民分两个会场召开大会，奋力发出“力雪国耻”的吼声。

当时，《华北新闻》以《撼山震海之雪耻游行》的醒目标题进行了报道：“天津各团体，以昨日（7日）为国耻纪念日，即日本于八年前，强

---

①《益世报》1923年4月3日。

② 张振勇：《中国共产党天津历史上的第一》，《支部生活（老干部）》2016年第6期，第21页。

③ 周秉德口述，孙健整理：《心怀天下，情系人民——缅怀我的伯父周恩来》，《天津日报》2016年12月26日。

④《益世报》1923年4月19日。

迫袁世凯签订二十一条亡国协约之日。我国民虽始终未予承认，而日本则籍此将旅大拒不交还。我国民奋起力争，不得已出手抵货。津埠两月来，连日开会集议，游行讲演，各商家及居民无不大受感动，讨论抵货方法，亦极完备。昨日特在南开操场，及河东车站新货厂两处，开市民大会，游行全埠。一则引起社会注意，一则对日表示民气。是日大风怒吼，一若天公怜悯我同胞受人压迫，赞成此举为正当运动，冥冥中为之助威。至全埠各商家各工厂，均于此日停业一天，关门闭户，马路上行人亦极稀少，诚有万人空巷之概。

“南开（会场）自9时起，各学校、各团体，即纷纷前往。至11时，会场几无立足之地，而赴会者仍势如潮涌，均在操场外蜂屯蚁集，已不及进场内签到，共计约30余万人……当读21条原文时，台下咨嗟愤怨之声，一时奋起，誓不与某国两立，并有为之堕落者。

“河东（会场）至11时，各团体即人山人海，拥挤不透。至（下午）1时许，签到团体约60余团体，而后至者仍络绎不绝。

“女工人及女学生沿途呼号‘诸位同胞知道今天是什么日子吗？今天就是日本强迫我签订21条亡国协约的日子，我们是誓死不能承认的’。言时有声泪俱下者，亦可见我同胞之愤恨深矣！”①

收回旅大的斗争并未取得胜利，因为，居心叵测的日本帝国主义，对我丰腴肥沃的神圣领土垂涎觊觎已久，志在必得，它们欲以霸持辽东为跳板，进而侵占东北三省乃至整个中国，称霸亚洲。

正因为帝国主义列强亡我之心不死，身在南开大学读书的于方舟，才义无反顾、矢志不移地投身于救国救民、复兴中华的恢宏伟业。

就在天津这座不屈之城举行“撼山震海之雪耻游行”三个多月后，日本竟真的发生了一次撼山震海的大事件。

1923年9月1日，日本东京一带发生7.9级地震，史称“关东大地震”，地震造成超过14万人死伤。

在此灾难面前，天津市民和全国人民一样，搁置前嫌，抗震援日。

---

①《华北新闻》1923年5月8日。

于方舟的师长和挚友马千里，时为中国红十字会天津分会干事长和达仁女校校长，他带领同为于方舟挚友的达仁女校教员邓颖超、王贞儒、许广平、陈奕涛等，组织动员女校学生为日本灾民制作灾衣千套，并在日记中作了如此记录："1923 年 9 月 4 日。日本地震，大火海啸，沉没小岛若干，东京已焚去三分之二，死伤人数约 50 万之众。我给赵幼梅去一信，请召集红十字会董事会开紧急会，研究救济。""1923 年 9 月 7 日。红十字会开全体会议议决：为日本灾民做灾衣千套，烦各女学校学生去做。"①

然而，心地善良的中国人怎会想到，就在自己对日本地震深表同情，以德报怨地力尽救恤之义，集资集力以济其急之时，一帮仁义道德沦丧、人心人性殆尽的日本人，却将自己遭受的天降之灾，嫁祸于正在日本勤恳劳作、勤奋读书的中国劳工和留学生，几乎在一夜之间，便以怨报德地制造了"东瀛惨案"。"当时，日本军国主义暴徒趁混乱之际煽动排外情绪，制造借口对旅日中国、朝鲜劳工肆虐屠杀，有 700 多名中国劳工、留学生及 6000 多名朝鲜劳工被害，史称'东瀛惨案'。""700 多名在日中国人幸免于震灾，但却惨遭杀害，而这一血腥历史被长期掩盖。"②

1923 年 9 月 1 日，"关东大地震"的当晚，最令人难以置信和不能接受的卑劣行径出现了—— 一撮极度变态的日本人，竟然将本国国土的地震起因，归罪于自己的客人身上——他们谎称无辜的朝鲜人冒犯了天神，才招致大难降临。一个叫作"黑龙团"的暴徒组织，将 6000 多朝鲜人驱赶到一起，对他们百般嘲弄污辱，进行"街道审判"，进而野蛮地斩首示众。更为令人发指的是，这伙残暴成性的日本人，对 700 多名更无关联的中国人，也进行了惨无人寰、灭绝人性的大屠杀。尤为令人不齿的是，这些向以鸡鸣狗盗做派而屡屡得手的蝇营狗苟之辈，一如既往地对自

① 天津市政协文史资料研究委员会：《20 世纪初天津爱国教育家马千里先生》，1985 年版，第 116 页。

② 新华社东京 9 月 4 日电（记者王可佳、马峥）：《"东瀛惨案" 94 周年，日本举行中国受害者悼念活动》，《天津日报》2017 年 9 月 5 日。

己的血腥历史和弥天大罪选择了拒不承认、百般抵赖、长期掩盖。

此等严重的反人类罪，何止罄竹难书？

是可忍，孰不可忍！

考入南开大学后，于方舟还重新整顿了宁河旅津学生同乡会，创办了《同乡会季镌》。他将自己的一些诗作和诗论刊载出来供大家讨论，并将此前撰写的《地方问题发端》在第一期上发表，带动大家关注社会，讨论问题，“起而行之”。

母校南开大学校园内的于方舟烈士塑像

于方舟“求学不忘爱国”的故事与精神，至今还在他的母校传扬。

就在他考入南开大学的87年后，校园内举办了“于方舟日”纪念活动——“在张伯苓楼一楼大厅内，一张张生动的历史照片展现出一个又一个充满热血与悲壮的瞬间，循环播放的影片《津门之光》塑造出一位年轻的共产党员、天津党组织创始人于方舟为国捐躯的英雄形象。同学们纷纷在这里驻足流连，仿佛回到了那战火纷飞的激情岁月。听到一段又一段感人肺腑的英雄故事，许多同学流下了泪水。一位大三女生激动地说：当我们在幸福祥和的生活中，准备迎接新中国成立60周年的时候，我们不能忘记曾经有过一大批仁人志士，为新天津的到来浴血奋斗的历史，于方舟就是其中的一位。他是南开的杰出校友，更是我们大学生学习的榜样。”①

① 张剑：《南开大学举办“于方舟日”缅怀革命先烈》，南开新闻网2009年9月26日。

3. 罗章龙珍藏的一份名单

就在于方舟考入南开大学的那一年，他的同窗好友安幸生和铁窗狱友李培良这两名新生社主要成员，均已在中国劳动组合书记部工作期间秘密加入了中国共产党。据《中国共产党天津历史（第一卷）》记载："安幸生（1903—1927），天津市人。五四运动期间，在天津直隶省立第一中学读书，作为学生代表参加天津学生联合会的工作，是新生社主要成员。1922 年加入中国社会主义青年团，同年经罗章龙介绍加入中国共产党，负责中国劳动组合书记部天津支部工作。"①

安幸生的入党介绍人罗章龙是湖南浏阳人，曾求学长沙。1915 年 9 月毛泽东"为征求志同道合的朋友，以'二十八画生'之名，向长沙各校发出征友启事。启事说'愿嘤鸣以求友，敢步将伯之呼'。提出要结交能刻苦耐劳、意志坚定、随时准备为国捐躯的青年。长沙第一联合中学学生罗章龙看到启事，当即回信约见。毛泽东很高兴，复信说'空谷足音，跫然色喜'，并约定在定王台湖南省立图书馆相见。两人谈了三小时，谈治学、处世、人生、宇宙观和社会改造问题。分手时对罗章龙说：'我们谈得很好，愿结管鲍之谊，以后要常见面。'"② 毛泽东曾亲口向美国记者埃德加·斯诺讲过此事："有一天我就在长沙一家报纸上登了一个广告，邀请有志于爱国工作的青年和我联系。我指明要结交能刻苦耐劳、意志坚定、随时准备为国捐躯的青年。我从这个广告得到的回答一共有三个半人。一个回答来自罗章龙，他后来参加了共产党。"③ 从此，罗章龙与毛泽东、蔡和森过从甚密，1918 年 4 月与毛泽东等发起成立新民学会。

据罗章龙后来回忆："我是 1918 年暑假的时候，跟毛主席和新民学会

---

① 中共天津市委党史研究室：《中国共产党天津历史（第一卷）》，中共党史出版社 2005 年版，第 37 页。

② 中共中央文献研究室：《毛泽东年谱（1893—1949）修订本·上》，中央文献出版社 2013 年版，第 20 页。

③［美］埃德加·斯诺：《西行漫记》，生活·读书·新知三联书店 1979 年版，第 122 页。

的一些会员，一路共 20 多人，从湖南来到北京的。这年 9 月，我进北大预科德文班学习。”①

1918 年冬，就在于方舟与入校不久的安幸生成为省立一中好友的时候，后来曾写诗怀念于方舟的罗章龙以及后来主编《革命烈士诗抄》的萧三，正和毛泽东一起来到天津。《毛泽东年谱》载：1918 年“冬，和萧三、罗章龙到天津大沽口观海，看要塞炮台”②。

罗章龙进入北京大学哲学系后，“积极投身于五四运动，研读马列主义的经典著作。1920 年初，罗章龙和李大钊一起发起组织了北京大学马克思学说研究会，任书记。不久，又在李大钊的指导下，参加创建了北京共产主义小组，成为中共最早的党员之一。”③

罗章龙之所以能够成为安幸生的入党介绍人，是因为安幸生 1922 年负责中国劳动组合书记部天津支部工作时，罗章龙恰在中国劳动组合书记部担任北方分部主任；而安幸生之所以能够到这一机构去工作，又跟他是马克思主义学说研究会的会员分不开的。

罗章龙在《回忆北京大学马克思主义学说研究会》一文中曾披露：“马克思学说研究会的活动主要有三个方面：一、是组织会员学习马克思主义。二、是组织会员翻译马克思主义著作。三、是组织讲演活动……马克思学说研究会通过上述三方面的主要活动，为革命培养了大批干部，输送了大批人才。如劳动组合书记部成立以后，搞工会需要人，马克思学说研究会便为他们输送了一批优秀干部去从事工会工作。”④

安幸生就属于从马克思学说研究会向劳动组合书记部输送的从事工会工作的干部，天津建党后，他便在“党领导下成立的第一个全市性的工

---

① 罗章龙：《回忆北京大学马克思学说研究会》，见《五四运动回忆录（上）》，1979 年版，第 407 页。

② 中共中央文献研究室：《毛泽东年谱（1893—1949）修订本·上》，中央文献出版社 2013 年版，第 38 页。

③ 北京李大钊故居研究室：《李大钊北京十年》，中央编译出版社 2010 年版，第 152 页。

④ 罗章龙：《回忆北京大学马克思学说研究会》，见《五四运动回忆录（上）》，1979 年版，第 414、416 页。

会组织”天津总工会成立大会上当选为委员长。①

那么，于方舟又是如何成为马克思学说研究会会员的呢？

《李大钊传》一书给出了答案：“大钊同志还于1920年夏秋之间帮助天津的共产主义知识分子成立了马克思主义研究会，并发行了会刊。这时，周恩来同志等已决定去法国勤工俭学。在周恩来同志走后，大钊同志与于方舟同志等继续保持联系。这个马克思主义研究会就是后来天津社会主义青年团组织的前身，它从大钊同志那里接受经常的指导，对天津的马克思主义传播起过重要的作用。”②

其实，于方舟等不仅组织了天津的马克思主义研究会，在《北京大学马克思学说研究会发起人及部分会员名录》上也有他们的名字。

罗章龙

罗章龙在《回忆北京大学马克思学说研究会》中，提到过两份名单。一份是19人名单，均为北京大学的学生，是最初的发起人。还有一份118人的名单，其中列举了王荷波、史文彬等13名工人会员的名字。而在其回忆录《椿园载记》中，则详细列出了一份计有153人的《北京大学马克思学说研究会发起人及部分会员名录》，其中来自天津的共7人，除早期革命家张太雷、江浩、安体诚外，另外4人均为“新生社”社员，他们是于方舟、韩麟符、安幸生、辛璞田。③

于方舟对于马克思主义学说较系统的接触，是从被拘押于天津地方检察厅时开始的。1920年5月28日至6月7日，周恩来在检察厅的囚室内，分五次向于方舟等系统讲演马克思学说，其中包括马克思生平、唯物史

① 天津市地方志编修委员会、中国共产党天津志编修委员会：《中国共产党天津志》，中共党史出版社2007年版，第851页。

②《李大钊传》编写组：《李大钊传》，人民出版社1979年版，第92页。

③ 罗章龙：《北京大学马克思学说研究会发起人及部分会员名录》，原载《椿园载记》，见《战斗在北大的共产党人》，北京大学出版社2003年版，第628、629、630页。

观、阶级竞争史、“余工余值”说、资本论、“资产集中”说。

当时，马克思的生平在于方舟胸中产生过极大的震撼，仿佛激荡起前所未有的巨浪狂澜——卡尔·马克思明明出生在一个富裕的律师家庭，23岁便获得了博士学位，25岁便迎娶了一位贵族小姐，还担任着著名报纸《莱茵报》的主编，完全可以享受一生的无忧无虑。然而，他却抛弃了这一切，转而为整个人类的命运和前途思虑了一世一生，40年呕心沥血，颠沛流离，儿女夭殇，一贫如洗，直至在书桌前永远地睡去……

卡尔·马克思这一伟人的生平，引起了于方舟久久的思考——马克思的学说不仅为全世界无产者指出了追求解放的奋斗方向，马克思的人格也为在这条追求解放之路上的奋斗者树立了表率和榜样……

也就在周恩来狱中讲解马克思的时候，李大钊刚刚在北京大学秘密组织了“马克思学说研究会”。

“大钊同志逐渐地、多少固定地团结了一批热心研究马克思主义的青年，其中绝大部分是具有初步共产主义思想的知识分子。1920年3月，在几经酝酿、讨论之后，他终于在北京大学秘密发起组织了‘马克思学说研究会’。最初参加这个研究会的，有邓中夏、高君宇、何孟雄、朱务善、罗章龙、张国焘等，不久，瞿秋白同志也参加了这个研究会。那时，他们是在非常困难的条件下来学习马克思主义的。军阀、官僚以及社会上顽固的守旧派把马克思主义詈骂为‘洪水猛兽’、‘异端邪说’，学习和宣传马克思主义的人被视为‘过激派’。”①

于方舟和他的同学们出狱后正是以宣传“过激主义”之名被开除学籍的，但是他们非但没有气馁与消沉，其追求和信仰反而更加坚定，他和新生社社员韩麟符、安幸生、辛璞田很快就报名参加了李大钊在北京大学组建的马克思学说研究会，罗章龙珍藏的名录上才出现了他们的名字。

1920年夏秋之交，于方舟一方面在家复习功课，备考南开大学；一方面积极奔走于京津和家乡之间，在向李大钊、周恩来等人的学习探讨过程中，他们开始更多地谈论和交流关于马克思学说的学习体会。终于，在

①《李大钊传》编写组：《李大钊传》，人民出版社1979年版，第84、85页。

觉悟社骨干周恩来、郭隆真、张若名赴法寻求真理、离开天津之际，“1920 年秋，在李大钊的指导下，于方舟将新生社改组为马克思主义研究会并发行会刊，热情介绍十月革命后苏俄的情况，积极宣传革命的主张，进一步推动了马克思主义在天津的传播”①。

于方舟考入南开大学后，依然秘密坚持领导天津第一个“马克思主义研究会”的正常活动。

由于当时天津是北洋军阀统治极为严密的地区，所以对马克思主义的书籍是实行严禁和封锁的，于方舟他们必须十分机密地进行学习。就连号称最为开放的北京大学也是如此，北大马克思学说研究会会员朱务善1957 年时回忆：“一次到图书馆去找守常（李大钊）同志谈话，请他介绍几本关于马克思主义的著作，他非常高兴地接受了我的请求，让我坐在办公桌对面的椅子上，同我谈了不少学术与思想方面的问题。谈完话，他从桌旁一个堆满书刊的书架上，拿出他在《新青年》上发表的论文‘我的马克思主义观’给我，要我看后提出意见，又给我几本河上肇著的关于马克思主义的著作和一本英译的列宁写的小册子。他送我出图书馆的时候还说：‘这本英译小册子你看完后交还给我，不要转借他人’。因为那时谁保存列宁著作，谁就有布尔什维克的嫌疑。”②

于方舟他们的学习，也是以李大钊的《我的马克思主义观》为主要教材的。

实际上，周恩来在狱中宣讲马克思学说的内容，几乎全部刊载于《新青年》杂志 1919 年第 6 卷第 5 号和 6 号的李大钊的长篇文章《我的马克思主义观》。在第 5 号的上篇中，李大钊着重介绍马克思的理论地位、唯物史观和阶级竞争说。他在第 6 号下篇起首便说：“我于上篇，既将马氏的‘唯物史观’和‘阶级竞争说’略为评述，现在要述他的‘经济论’

① 中共天津市委党史研究室：《愿做方舟渡众生——纪念于方舟烈士牺牲 80 周年》，《天津日报》2008 年 1 月 21 日。

② 朱务善：《回忆守常同志》，原载《人民日报》1957 年 4 月 29 日，《五四运动回忆录（上）》，中国社会科学出版社 1979 年版，第 343 页。

了。马氏的‘经济论’有二要点：一‘余工余值说’，二‘资本集中说’。”①

于方舟和天津马克思主义研究会的会员们，对李大钊关于马克思主义为“世界改造原动的学说”的理论地位的阐述心悦诚服——“自俄国革命以来，‘马克思主义’几有风靡世界的势子，德奥匈诸国的社会革命相继而起，也都是奉‘马克思主义’为正宗”。②

他们根据李大钊关于马克思唯物史观的要领描述，结合中国社会的现实反复研讨——“马克思的唯物史观有二要点：其一是关于人类文化的经验的说明，其二即社会组织进化论。其一是说人类社会生产关系的总和，构成社会经济的构造，这是社会的基础构造。其二是说生产力与社会组织有密切的关系。生产力一有变动，社会组织必须随着他变动。”③

他们对于李大钊关于马克思“阶级竞争说”的阐释倍感新鲜，并开始对照分析中国社会的阶级分层——“见于《共产者宣言》中的‘凡以前存在的社会的历史都是阶级竞争的历史’……自马氏与昂格思合布《共产者宣言》，大声疾呼，檄告举世的劳工阶级，促他们联合起来，推倒资本主义，大家才知道社会主义的实现，离开人民本身，是万万做不到的，这是马克思主义一个绝大的功绩。”④

他们对李大钊关于马克思“余工余值说”进行了认真钻研，并于天津建党后结合工人受剥削情况在工人业校的讲课中进行过生动形象的讲解——“马氏的‘余工余值说’，是从他那‘劳工价值论’演出来的”。“马氏的论旨，不在诉说资本家的贪婪，而在揭破资本主义的不公。因为掠夺工人的，并不是资本家，乃是资本主义，工银交易的条件，资本家已经全然履行……惟有这一班可怜的工人，自己把自己的工力像机械一般贱

① 李大钊：《我的马克思主义观》，《新青年·精选本（中）》，中国书店 2012 年版，第 263 页。

② 李大钊：《我的马克思主义观》，《新青年·精选本（中）》，中国书店 2012 年版，第 246 页。

③ 李大钊：《我的马克思主义观》，《新青年·精选本（中）》，中国书店 2012 年版，第 255 页。

④ 李大钊：《我的马克思主义观》，《新青年·精选本（中）》，中国书店 2012 年版，第 252、259 页。

价给人家，所得的价格，仅抵自己生产价值之半，或且不及其半，在法律上经济上全没有自卫之道，而自己却视若固然。这不是资本家的无情，全是资本主义的罪恶!"①

他们对李大钊关于马克思从“资本集中论”推导出资本主义必然灭亡的预言坚信不疑——“宗马氏的说，入16世纪初期，才有了资本”，“16世纪以前，可以说并没有资本与资本家”。“马氏根据他那‘社会组织进化论’，发见这种含有新意义的资本，渐有集中的趋势，就构成了他的‘资本集中论’”。“于是产业界的权威，遂为少数资本家所垄断”。“资本主义是这样发长的，也是这样灭亡的。他的脚下伏下了很多的敌兵，有加无已，就是那无产阶级。这无产阶级本来是资本主义下的产物，到后来灭资本主义的也就是他。现今各国经济的形势，大概都向这一方面走。”②

他们对李大钊先生能够纯熟运用中国文化阐释马克思学说的功力和艺术更为仰慕不已——“‘善泅者死于水，善战者死于兵。’凡物发达之极，他的发展的境界，就是他的灭亡的途径。资本主义趋于自灭，也是自然之势，也是不可免之数了。”③

马克思主义研究会的学习与研修，对于方舟、韩麟符、安幸生、李培良、卢绍亭、陈镜湖、辛璞田这批新生社社员走上共产主义道路，成为共产党员，以及在天津建党和天津建党后各方面的工作，都产生了引导性的影响和作用。

20世纪的天津南市，以“××大街”命名的街道纵横交错，密如织网。在一条叫做“东兴大街”的小街上，有一幢看上去极为简陋的两层小楼，其中的九九号门，便是《新民意报》的报社。

考入南开大学以后，于方舟也常常出入这家报社。一则，报纸的主编马千里既是他的恩师之一，也是与他在铁窗之内共同炼狱半年的战友。这

---

① 李大钊：《我的马克思主义观》，《新青年·精选本（中）》，中国书店2012年版，第264页。

② 李大钊：《我的马克思主义观》，《新青年·精选本（中）》，中国书店2012年版，第272页。

③ 李大钊：《我的马克思主义观》，《新青年·精选本（中）》，中国书店2012年版，第272页。

份《新民意报》就是在囹圄之内策划商议筹办的，出狱不久，报纸就办了起来。当时，周恩来也参加了筹办工作，报社门口牌子上的“新民意报”还是出自周恩来的手笔呢！现在能常常听到马先生的快人快语，当然是快意惬意之事。二则，也是更为重要的，是要到这儿来发稿——因为于方舟在《新民意报》创办了两个副刊。

据中共天津市委党史研究室主编的《红色印迹》一书介绍：“《新民意报》还编辑了许多副刊，随同报纸一起发行。这些副刊大都是当时爱国组织和进步团体的出版物。如觉悟社社员邓颖超等主编的《觉悟》、马千里先生等主编的《星火》、马氏学会创办的《明日》和于方舟等创办的《向明》等。”① “马氏学会”即马克思主义研究会。

在宁河于方舟烈士纪念馆中，展有1923年1月5日《新民意报》“明日”副刊的照片，其中的《宣言》恰是当时天津马克思主义研究会开展活动的一个缩影与写照：

我们的一个小小的出版物——“明日”于今天诞生了，在被呱呱坠地的时候，我们不愿意替彼说不负责任或骑墙的话；所以在这时候，谨把我们的宗旨和意见，郑重地报告给诸君。

我们相信马克思主义，实在是改造社会的良剂，所以我们打算本着马克思的精神，来解决社会问题，先组织这个“明日”，作我们发表言论的机关。

我们不敢自夸，我们对于马克思的研究，确是很幼稚；但我们只知道本着我们的能力去作。

我们不愿说些空话，所以打算多就社会上的事实来批评，我们以为这样，效力或者收的更好一些。

我们不愿只我们几个人来说，我们更希望外人的帮助，所以凡外人的稿件，无论反对或赞成的均所欢迎。

我们不愿意瞎吹，我们只要把我们的意见说明便完了，所以才草了这么很短的一篇宣言。

---

① 中共天津市委党史研究室：《红色印迹》，中共党史出版社2007年版，第41页。

至于以后，我们的行为和言论，能不能与宣言相合，我们自己也不敢说；只要求读者诸位来批评吧！

于方舟等人对于马克思主义的追求与信奉，不仅是出于为中国落后挨打的颓势寻找出路，不仅是为探讨社会改造而寻求良方，他们同样是在向着人类思想高峰的攀越。

当代社会学家菲利普·史密斯认为："卡尔·马克思是维多利亚时期最杰出的思想家之一"，马克思、涂尔干、韦伯和西梅尔作为社会学的"创始之父"，"身为具有超凡智慧的思想家，这几位学者提供了一整套的核心概念和工具在提出一百多年之后仍然能为我们所用。当代的学者就算没有直接借用他们的观点，很可能也只是在修改、完善或评论这些大约在一个世纪之前产生的思想而已。"①

1999 年，英国剑桥大学评选"千年第一思想家"，马克思位居第一；同年，英国广播公司开展的同名投票活动，再次得出同样结论；2002 年，路透社举行"千年伟人"评选，马克思以一分之差略逊于爱因斯坦；2005 年，英国广播公司在举行"古今最伟大哲学家"评选中，马克思再居榜首。

"《卡尔·马克思传》的作者佛朗西斯·惠恩认为，马克思位列'千年思想家'榜首当之无愧，'他的很多思想现在看来都非常现代也很新鲜。也许这些思想现在比他当年写作时更能引起共鸣。例如关于全球化的论述，关于技术变化的速度以及这种变化对社会的影响，社会关系等等。'剑桥大学政治学教授加里斯特·琼斯说：'如果你读《共产党宣言》，你不得不承认它是一个很有力、很了不起的文件。虽然出版于 1848 年，但我们现在经常谈到的全球化、裁员、跨国公司（国际公司）、世界经济朝这个或那个方向发展，所有这些内容书中都能找到，它有令人惊讶的现实意义，任何其他文献都没有这个力量。'"②

正因为于方舟和韩麟符创建的天津第一个"马克思主义研究会"在

---

①［英］菲利普·史密斯：《文化理论导论》，商务印书馆 2008 年版，第 15、14 页。
② 黄培昭：《"重担就不能把我们压倒"》，《人民日报》2015 年 8 月 23 日。

历史的星空中熠熠闪光，所以，当韩麟符家乡的党史工作者到罗章龙家中拜访，希望罗老能为韩麟符烈士题词时，这位当年“北京大学马克思学说研究会”的发起人之一，便满怀深情地写下了《怀麟符和方舟》一诗，不由自主地添入了于方舟的内容：

我党北方强，麟符与方舟。
治学有本末，恒为苍生忧。
置身名利外，富贵若云浮。
天马自行空，意气薄燕幽。
大敌压京师，赖君布良谋。
玉田曾起义，张北展宏猷。
长城渤海间，论功孰与侔？
何期时瞬变，国士遽云殂。
伤哉檀道济，四海共惊愁。
其人虽已逝，其绩足千秋。①

4. 入党介绍人——李大钊

比利时首都布鲁塞尔，《共产党宣言》的诞生地。

1847年6月，第一个无产阶级的国际共产主义组织——共产主义者同盟，在马克思和恩格斯的推动下，诞生于伦敦。同年11月底至12月初，共产主义者同盟召开第二次代表大会，大会委托马克思和恩格斯起草一个纲领性文件，这便是1848年2月问世的《共产党宣言》。

就在《共产党宣言》诞生于布鲁塞尔整整75年之后，一名同样建树起共产主义信仰的青年，在另一个遥远的国度——中国，在另一座遥远的城市——天津，将高举右手，向着共产主义的信念与理想，发出自己毕其身于一志一诺的誓言……

---

① 张百奇：《韩麟符全传》，内蒙古人民出版社2006年版，第361页。

1923年2月，正在寒假中的南开园还是一片恬静，不远处，一条被鲜血染红的铁路却惨烈地横亘于中国的北方大地……

2月4日开始的京汉铁路工人大罢工，仅仅坚持了五天，便于2月9日不得不下令复工。尽管这是中国共产党成立后领导的第一次工人运动高潮的顶点，但却令人痛心地遭到了失败……

那是一次典型的帝国主义列强与封建军阀相互勾结制造的血案：

——各帝国主义国家驻北京公使团召开紧急会议，要求北洋军阀政府尽快用武力镇压。

——英国驻汉口总领事亦召集湖北省督军代表和外国资本家举行秘密会议，策划镇压罢工的办法。

——身为直、鲁、豫三省巡阅副使、实际控制北京政府的吴佩孚在帝国主义势力的支持下，调动两万多军警镇压罢工工人。

2月7日，纵贯直隶、河南、湖北三省京汉全路罢工工人均遭武力镇压，诸多共产党人惨遭酷刑而死。

京汉铁路总工会江岸分会委员长、共产党员林祥谦被绑在车站电线杆上连砍数刀，鲜血顺着身子向下流，痛晕醒来后，行刑者又问“下不下复工令?”林祥谦高喝：“我们头可断，工是不能上的！可怜一个好好的中国，就断送在你们这班混账王八蛋手里！可叹啊!”在行刑者“斩首示众”的咆哮中，林祥谦英勇就义。

同日，京汉铁路总工会与湖北省工团联合会法律顾问、共产党员施洋以“煽动工潮”罪名在汉口被捕。军阀当局对他行刑前，问他是否要写信给家人。施洋慨然而言：“中华民国就是我的家，我有什么信可写！我只希望中国的劳动者，早点起来，把军阀官僚资本家和你们这班替他们做走狗的人，一起都食肉寝皮!”

“轰轰烈烈的大罢工就这样被镇压下去了。中共中央领导人陈独秀、张国焘等人感到十分沮丧，这是中国共产党自诞生以来经历的第一次大挫折，以后的工作该怎样开展，他们感到十分茫然。就连仍在上海指导中国共产党的马林，也一时不知该怎么办。”①

北方大地，凶险至极。白色恐怖之下，1922 年秋刚刚从上海迁至北京的中共中央，又不得不再次迁回上海……

然而，面对这个血色的 2 月，面对共产党人惨遭屠杀的殷殷血泊和部分软弱者的退缩，置身南开大学的于方舟，却逆风而上，义无反顾地秘密加入了中国共产党。

诚如邓颖超所言：“于方舟是新生社中心领导人之一，他经过五四新思潮的影响，便成为我们那批人当中入党最早的一个，是天津党组织最早的成员之一。”②

他的入党介绍人是李大钊——“1923 年经李大钊介绍，于方舟加入中国共产党。这时的于方舟由一个信仰共产主义、拥护十月革命的进步青年，成长为一个坚定的马克思主义者了。从此，他以马克思主义者的崭新姿态，更加自觉地献身于无产阶级的解放事业。”③

于方舟与李大钊

在天津市革命烈士陵园纪念大厅，迎面展开着一幅描绘天津百年革命风云的大型浮雕。浮雕左上角的局部即为李大钊同于方舟亲切握手的内容，浮雕生动展现着于方舟与其入党介绍人、革命引路人李大钊之间的真挚情谊……

① 苏杭、苏若群、姜羿：《绝密档案：第一次国共合作内幕》，人民日报出版社 2011 年版，第 119 页。

②《1959 年访问邓颖超记录》，《中共天津历史档案选编》，天津人民出版社 2011 年版，第 551 页。

③ 中共天津市委党史资料征集委员会：《战斗在天津的共产党人》，天津人民出版社 1991 年版，第 136 页。

中国国防大学的党史专家肖甡在《访问中共建党时期的知情人》一文中，谈起他1979年5月参加中国社科院近代史研究所副所长李新主持的12卷《中国新民主主义革命史长编》工作后，采访天津早期党员于树德的情况："1979年9月至年底，我们在北京医院病房里三次访问了于老。于树德说：'天津一开始就有两派马克思主义组织，一派是于树德、于方舟、韩麟符、刘清扬、邓颖超等人，他们受李大钊的影响很大。于、韩都是天津（省立）一中学生，同学不同班，很活跃，与南开学校来往密切。五四时期他俩在天津组织学生团体新生社，与马骏、周恩来组织的觉悟社几乎同时。我们这一派组织马克思主义研究会和社会主义青年团，后来很多人加入了共产党。'"①

于树德关于他和于方舟"受李大钊影响很大"，确为亲历者的切身体会。天津社会科学院研究员刘民山在《李大钊与天津》一文中指出"有一点可以肯定的是，于方舟和李大钊的关系是很密切的"，其研究依据是："觉悟社主要成员，因工作和学习的原因逐渐离开天津，分赴各地或出国，独有于方舟留在天津，继续进行五四运动所未完成的任务。新生社曾编辑出版《新生》杂志，在创刊号上，于方舟发表过反帝反封建的文章。新生社成立后，据说也曾邀请李大钊来津，作过讲演，但情况还需要进一步核实。有一点可以肯定的是，于方舟和李大钊的关系是很密切的，他后来也成为北京马克思主义研究会成员。另外《新生》比《觉悟》，更带有'社会主义色彩'，也和李大钊的影响分不开。"②

李大钊之孙李建生，在《铁肩道义，矢志不渝——回忆我的爷爷李大钊》一文中也谈到李大钊对于方舟和新生社的"亲自指导"："1921年7月，中国共产党第一次全国代表大会在上海和嘉兴召开，从此，中国进入了开天辟地的新时代。在此之前，我爷爷对天津党团组织建设十分关注，在他的亲自指导下，1919年9月，建立了天津革命团体组织——新生社（今和平区建设路芸芳里2号）。1920年，在他的安排和支持下，以

① 肖甡：《中共早期历史研究》，上海人民出版社2013年版，第368、369页。
② 刘民山：《李大钊与天津》，见《天津文史资料选辑》第40辑，天津人民出版社1987年版，第50页。

新生社为基础成立了马克思主义研究会，这个研究会后来成为天津早期社会主义青年团的组织基础。”①

正是由于有了李大钊的精心指导，24 岁的于方舟作为南开大学的一名学生，便已与毛泽东、瞿秋白等人以共产党员的身份，出席了国民党一大，并共同当选为国民党中央候补执行委员，肩负起领导天津党团建设和国共合作大革命的重任。

作为于方舟的入党介绍人，李大钊不仅是马克思主义在中国最早的播火者和主张向俄国十月革命学习的先行者，也是中国共产党的创始人之一——“北大红楼两巨人，纷传北李与南陈。孤松独秀如椽笔，日月双悬照古今。”

人们可能知道的是，“独秀”当为南陈的名字。

人们可能不知道的是，“孤松”却是北李的笔名。

人们可能都知道的则是“北李南陈”，因为他们的名气实在太大，甚至有人称他们为“两大星辰”。

1920 年，就在于方舟和周恩来在天津警察厅拘押中迎接即将来临的春节时，被誉为“北大红楼两巨人”的“南陈北李”却已悄然双双来到天津。

正是他们的这次天津之行，为中国共产党的创建发出了引人入胜的先声……

事情缘起于陈独秀的入狱与出狱。五四运动中，不仅于方舟这样的中学生和周恩来这样的大学生蹲过监狱，就连陈独秀这样的著名教授、北京大学文学长，也蹲过监狱。1919 年 6 月 11 日，李大钊和陈独秀分别到北京城南游艺园和“新世界”散发传单。陈独秀不幸被捕，在狱中被拘 83 天获释。李大钊以诗歌《欢迎独秀出狱》：“你今出狱了，我们很欢喜！他们的强权和威力，终竟战不胜真理。什么监狱什么死，都不能屈服了你；因为你拥护真理，所以真理拥护你。”然而，出狱后的陈独秀仍处被

---

① 李建生口述，孙健整理：《铁肩道义，矢志不渝——回忆我的爷爷李大钊》，《天津日报》2016 年 2 月 20 日。

监视的状态，尤其在武昌发表讲演后，再度引起北京政府的注意，刚从武昌回到北京，立即就被警察跟踪，只好逃到北大教授王星拱家中暂避。

为了帮助陈独秀摆脱险境，李大钊决定把陈独秀送到天津，再从天津乘坐外国轮船前往上海。据李大钊的好友高一涵回忆："想要保护陈独秀出京的安全，万万不能乘坐火车和小汽车出京。李大钊挺身而出，自愿护送陈独秀从公路出走。因李大钊是乐亭人，讲的是北方话，衣着又朴素，很像生意人。就在王星拱家里准备一切。时当正值阴历年底，正是北京一带生意人往各地收账的时候。于是他两个人雇了一辆骡车，从朝阳门出走南下。陈独秀也装扮起来，头戴毡帽，身穿王星拱家里厨师的一件背心，油迹满衣，光着发亮。陈独秀坐在骡车里面，李大钊跨在车把上。携带几本帐簿，印成店家红纸片子。沿途住店一切交涉，都由李大钊出面办理，不要陈独秀张口，惟恐漏出南方人口音。因此，一路顺利地到了天津，即购买外国船票，让陈独秀坐船前往上海。"① 就这样，蹄声踏踏，将分别化装成商家小老板和店伙计的"南陈北李"安然无恙地载到了天津。

一路上，这对乔装的主仆似乎并没有商议什么店铺之内的商务，却酝酿出一桩足以开天辟地的大事件。或许，这就是中国共产党创建史上最富戏剧性、最具传奇性的一个序幕了：南陈北李，京津乔装，一路畅谈，相约建党……

陈独秀抵达上海筹备建党时，对党的名称在"社会党"和"共产党"二者之间无法确定，便写信征求李大钊的意见。李大钊非常明确地回答：叫共产党！一锤定音。所以，上海党组织一成立就叫共产党，随后创办的秘密刊物也叫《共产党》月刊。②

于方舟能遇到如此伟大的导师、革命引路人、入党介绍人，是幸运的。他曾熟读先生的著作，加入北京大学马克思学说研究会后也曾到北京聆听先生授课，经先生介绍入党后，又在先生的领导下从事革命工作，直至师生二人前赴后继为共产主义理想而英勇献身……

---

① 高一涵：《回忆李大钊同志》，见《五四运动回忆录（续）》，中国社会科学出版社 1979 年版，第 119 页。

② 翟明战执行主编：《中华之魂——星辰谱》，知识产权出版社 2007 年版，第 3 页。

的确，于方舟是幸运的。就连毛泽东也曾亲口称李大钊“是我真正的老师”——1949 年 3 月 25 日，毛泽东对前来迎接他进北京的叶剑英说：“我第一次到北京，到现在整整 30 年了。那时，是为了寻求救国救民的真理而奔波。还不错，吃了点苦头，遇到了一位好人，那就是李大钊同志。可惜呀，李大钊同志已经为革命献出了宝贵的生命。他是我真正的老师呀！没有他的指点和教导，我今天还不知道在哪里呢！”①

5. 四牌楼·六朝松·梅庵

1923 年暑假刚刚开始的时候，于方舟竟在南开大学遇到了他所熟识的邓颖超、王贞儒、李峙山等六名女生！

惊喜之余又不禁好奇——莫非她们也来报考了？因为南开大学从 1920 年开始便已推行男、女合校制度，成为中国近代最早招收女生的大学之一了。

原来，“7 月 6 日，女星社社员李峙山、邓颖超、王贞儒、冯梅先及达仁女校教员鲁自然、汪醒庸等六人报名南开大学暑期学校学习。”② 这是南开大学开办的第二期暑期学校，第一期开办于 1922 年 7 月 8 日。

虽然仅是一次短暂的邂逅，但从这个夏天开始，他和她们都会与社会主义青年团结下不解之缘——他，将赴南京参加中国社会主义青年团第二次全国代表大会；而邓颖超和王贞儒，将在他组建的时有 45 名青年团员的天津社会主义青年团地方委员会中成为仅有的两名女团员，并同时当选候补执行委员。

这次南开偶遇，还真有些奇妙的意味……

1923 年暑假将尽的时候，南开大学文科学生于方舟乘坐火车沿津浦路抵达南京。

这一年的“8 月 20 日至 25 日，中国社会主义青年团第二次全国代表

---

① 中共唐山市委宣传部：《李大钊诗文选读》，红旗出版社 2004 年版，第 5 页。
②《邓颖超与天津早期妇女运动》，中国妇女出版社 1987 年版，第 655 页。

大会在南京召开，出席代表29人，于方舟作为天津代表出席会议”①。

我曾在南京大学度过四年大学本科的生涯，了解过校史之后，方知中国社会主义青年团第二次全国代表大会的会址，就是南京大学的前身——东南大学的四牌楼校区。我觉得，当年曾外祖父于方舟来到四牌楼的时候，一定会感觉此地更应该是一个文人聚会的地方。

四牌楼北通著名的鸡笼山。早在永安元年即公元258年，东吴的景帝孙休便已在此创建国学，设太学博士制度。东晋时，亦在鸡笼山下建立建康太学，后为宋、齐、梁、陈的建康太学。明朝时，利用南朝宫苑旧址兴建国子监，是为14、15世纪时中国最大的国立大学。清末，在明国子监旧址上又建立起三江师范学堂，民国初年改为两江师范学堂，成为后来国立中央大学之滥觞。

于方舟抵四牌楼前的一个月，这里的校园曾容纳南京高等师范学校和国立东南大学两所学校。7月，“南高师”才刚将校牌撤去，正式并入“东大”。第二次全国团代会的会址，即为国立东南大学内“六朝松”下的“梅庵”。

“六朝松”实为一株千年桧柏，异常孤寂地遗落于进香河东侧，茕茕孑立，形影相吊。

相传，此树为1500年前的六朝遗物，系梁武帝亲手在宫苑中所植。隋军灭陈后将建康城邑宫苑全毁，惟此一树幸存。

于方舟见到这株孤柏时，斑驳褴褛的树皮已宛若布满密密层层的苍老的褶皱，而那蜷曲下垂的树冠更呈现出一种诡谲奇特的造型，仿佛一位历经沧桑、饱尝忧患的耄耋老人弯弓着“年华垂暮犹离索”的脊背，守望着悲凉苍莽的大地。望着它那依然顽强挺立的孤影，自然便会联想起这个坎坷多难而又不甘沦亡的民族的身躯……

用于开会的梅庵，更具文人色彩。

梅庵，是两江师范学堂李瑞清校长的字。1914年由“两江师范”改建“南京高师”时，为纪念李梅庵校长，特建此三间茅屋。取名“梅

① 中共天津市委党史资料征集委员会：《中共天津党史大事记》，天津人民出版社1991年版，第44页。

庵”。门前尚有李瑞清手书“嚼得草根，做得大事”八字校训木匾。

文脉如此绵长，文气如此浓郁，与会代表也确如文人荟萃，令于方舟兴奋不已，心中大呼“三人行必有我师焉”：

——这里有1月刚从苏维埃俄国回国，7月参加党的三大的瞿秋白。作为同在李大钊指导下的北京大学马克思学说研究会的会员，于方舟不但知道瞿秋白接任了《新青年》杂志的编辑工作，还刚刚读过瞿秋白在6月15日出版的10卷1号《新青年》上的两篇理论力作。其一是《世界的社会改造与共产国际》，其中介绍了共产国际的《党纲》：“1. 资本主义及帝国主义之分析；社会革命时期之解剖。2. 共产主义社会之说明；各种过渡时代之区分。3. 资产阶级颠覆及无产阶级取得政权之意义。4. 无产阶级革命运动中进行策略之综观。5. 各国共产党对于当地的规划。”① 令人眼界大开。豹尾般的结语更为鼓舞人心：“世界的社会改造，我们要知道，无论何时还没有行过如此之伟大斗争，立过如此之伟大的目的，普天下的命运，在这一斗争的凯旋。我们要奋斗！”② 其二是《现代劳资战争与革命》，以相当长的篇幅介绍了共产国际的策略问题。见到仅长自己一岁的瞿秋白，于方舟并不为瞿的常州话感到陌生，他在同张太雷的交往中早已领悟了吴侬软语那轻柔的奥妙。令他惊讶的是，瞿秋白如此文静儒雅、才华出众的一介书生，竟能发出那么铿锵高亢的《赤潮曲》：“赤潮澎湃，晚霞飞涌，惊醒了五千余年的沉梦……从今后，福音遍天下，文明只待共产大同……”③ 四个月后，他又与自己所景仰的这位红色才子共同出席了国民党一大，共同当选中央候补执行委员。一年之后，他们又共同在广州参加了国民党一届二中全会，并同与会的其他18名中央执委、候补执委一起，和孙中山先生合影留念。

——这里有于方舟非常敬佩也经常联系的北大文学院高材生邓中夏。

① 瞿秋白：《世界的社会改造与共产国际》，见《新青年·精选本（下）》，中国书店2012年版，第233页。

② 瞿秋白：《世界的社会改造与共产国际》，见《新青年·精选本（下）》，中国书店2012年版，第232页。

③ 瞿秋白：《赤潮曲》，见萧三主编：《革命烈士诗抄续编》，中国青年出版社1982年版，第156页。

邓中夏不仅是北京大学马克思学说研究会的发起人之一，也是李大钊在北京创建共产党早期组织时最早的党员之一，在党的第二、三次全国代表大会上均当选为中央委员。五四运动后期便深入到长辛店铁路工人中办工人业校。1922 年担任中国劳动组合书记部主任后，是于方舟好友、新生社主要成员、中国劳动组合书记部天津支部安幸生、李培良的上级领导。曾领导著名的京汉铁路工人大罢工和省港大罢工。于方舟自南京参加全国团二大返回天津后，于 1924 年重建天津团地委，在那期间，曾多次经邓中夏向团中央转呈工作报告。如 1924 年 4 月 28 日亲笔撰写、署名“方舟”的《关于地委成员重新分工及团员大会情况给团中央的报告》中便写到“钟英（团中央）通讯处请示知！中夏兄转方便否?”① 1924 年 9 月 26 日又曾署名“老渔”给邓中夏写过这样一封信：“中夏兄：津 S. Y. 改组事，专候钟兄派人消息。现只由原地委进行钟兄指示事宜。很望所派之人能速定规（如不足分配时，可否由功伟兄所派之人兼做? 因有一处学校，几全数是青年工人），以便猛力进行。何时可派，能派几人，均望早示！来信务请挂号！因津中此时特别紧张也！老渔 9 月 26 日。”② 邓中夏接信后曾亲赴天津巡视，并于 11 月 10 日给恽代英、张秋人写信催促团中央批准天津要求派人的请求：“正式地委名单，筹备会已提出请求中央批准，并要求下一希望当选命令，其名单如下：秘书——刘伯庄，组织——李渤海，宣传——王复生，农工——于国桢，学生——屈武……”③

——后来收阅此报告的恽代英，在南京的第二次全国团代会上当选为团中央委员，会后担任团中央宣传部长。两个月后即 1923 年 10 月，经他筹办的《中国青年》在上海创刊。《中国青年》用很大的篇幅报道各地青年从事工运、农运、学运、妇女和士兵工作的经验，引导大家进行热烈的讨论。1950 年 4 月 29 日，恽代英殉难 19 周年时，周恩来在《中国青年》杂志上的题词，勾勒出了这位青年领袖的生动形象：“中国青年热爱的领袖——恽代英同志牺牲已经 19 年了，他的无产阶级意识，工作热情，坚

---

①《中共天津历史档案选编》，天津人民出版社 2011 年版，第 6、7 页。

②《中共天津历史档案选编》，天津人民出版社 2011 年版，第 13 页。

③《中共天津历史档案选编》，天津人民出版社 2011 年版，第 15 页。

强意志，朴素作风，牺牲精神，群众化的品质，感人的说服力，应永远成为中国革命青年的楷模。”① 恽代英创办《中国青年》后，先后为该刊撰写过100多篇文章，除有关青年的切身问题，如升学、恋爱、理想、修养等问题的讨论外，更多的是对马列主义的介绍和中国革命基本问题的研究。于方舟重建天津团地委后，曾将《中国青年》作为每名团员必须订阅的刊物之一，在1924年7月的《团天津地委报告》中“规定本团《团刊》、《向导》、《中国青年》，每人必须定阅”。② 同月的《关于组织宣传及农工学生运动的报告》中，又对订阅办法做了详细说明和具体安排：“《中国青年》于每个团员之决议，后因暑假伊迩，所收之费，暂存秘书，俟暑后再办。”③

前往南京参加中国社会主义青年团第二次全国代表大会的于方舟，对于各项会议议程的参与均格外认真。

他知道，作为天津代表，必须在全国团的系统中为天津消除不好的印象，挽回团一大时造成的恶劣影响。

“1922年5月5日，中国社会主义青年团第一次全国代表大会在广州开幕。会上，具有严重无政府主义思想的天津代表吕一鸣，违背天津团地委的规定，公然声称天津团组织要‘独立进行’，并‘运动保定、唐山社会主义青年团脱离中央’。”④

“会后，团中央派特派员陈为人到天津进行调查处理，并致函天津团地委，指出：‘（一）你们是否完全承认第一次大会所通过的纲领、章程以及一切决议；（二）你们是否遵守新章程严格的纪律；（三）你们是否愿意服从中央，以上三事希望你们立即对中央特派员陈为人明白的答复，并须即日将你们的改组情形全报中央，如改组还未举行或未完竣，中央给特派员监督改组的全权。’天津团地委认真执行团中央的指示，6月19

---

①《星汉灿烂·〈周恩来选集〉上卷中的烈士传略》，中国青年出版社1981年版，第225页。

②《中共天津历史档案选编》，天津人民出版社2011年版，第9页。

③《中共天津历史档案选编》，天津人民出版社2011年版，第11页。

④ 于建：《天津现代学生运动史》，天津古籍出版社2007年版，第85、86页。

日，天津社会主义青年团进行改组，并将吕一鸣开除团籍。”①

当然，作为南开大学的学生，于方舟也深知，应该为周恩来、马骏、陈镜湖等校友兼挚友，赢得全国各地与会代表的尊重，收获全国团组织的团结。

他以自己的学识与言行做到了这一切，圆满完成了大会的任务。

《中国共产党历史（第一卷）》对全国团的二大作出了高度评价："1923 年 8 月，中国社会主义青年团在南京召开第二次全国代表大会，决定青年团员以个人身份加入国民党，并在加入后，仍保持团的独立性，同共产党的言论行动保持一致。”②

正是为了贯彻落实党的三大和团的二大的会议精神，于方舟自南京返回天津后，便在李大钊的介绍下，以共产党员的身份加入国民党，通过四个月紧张而又有条不紊的筹备工作，经沪赴穗，参加了中国国民党第一次全国代表大会……

不过，作为中共党员的于方舟，为什么会加入中国国民党并出席国民党的一大？

这其中，究竟有着怎样风云变幻的背景和一波三折的故事呢？

---

① 中共天津市委党史研究室：《中国共产党天津历史（第一卷）》，中共党史出版社 2005 年版，第 63 页。

② 中共中央党史研究室：《中国共产党历史（第一卷）》上册，中共党史出版社 2011 年版，第 112 页。

第八章　羊城春早

1. 寻找那份打印在衬衣上的俄文密件

于方舟是 1924 年 1 月 20 日至 30 日在广州参加中国国民党第一次全国代表大会的，而他之所以能够以共产党员和国民党员的双重身份出席这次大会，其故事的源头也发生在广州……

1922 年 6 月 16 日凌晨两点，孙中山所在的总统府炮声大作，突遭袭击。

隆隆炮声之中，孙中山于深夜闯出枪林弹雨的包围，徒步行至长堤海军司令部，登上停泊在白鹅潭的宝璧舰避难。

面对袭击，孙中山泰然自若，因为他革命生涯的每一步都充满太多的坎坷与挫折。然而，此次遭袭，乃是他一生中最为惨重的失败。因为，令他万万想不到的是，炮轰总统府的并非敌人，而是自己一手培植起来的广州政府陆军部长陈炯明。

此刻，陈炯明已下令广州全城密布岗哨，断绝交通，占领各要塞机关，以 4000 兵力将总统府团团围住……

第二天，孙中山与宋庆龄会合后转登永丰舰，亲自指挥海陆军讨伐叛逆。当时，气候极其炎热，坚持了 50 多天的孙中山精神和体力消耗极大；英国则乘人之危，以白鹅潭接近英国的沙面租界“恐牵涉外国兵舰”为由，要求孙中山“离粤”。迫不得已的孙中山只好于 8 月 9 日离开广州，经由香港前往上海。

然而，咄咄逼人的陈炯明仍不作罢：先是悬重赏 20 万元捉拿，继而多次密谋暗杀，均未得手之后又发出通电要孙中山下野。

值此危难之际，共产国际、苏俄政府和中国共产党向孙中山伸出了援助之手。李大钊急抵上海，同孙中山“畅谈不倦，几乎忘食”，并由孙中山“亲自主盟”成为中共党员中以个人身份加入国民党的第一人。

1922 年的胡适日记中有这样一则：“8 月 18 日，夜 7 时，守常请俄国新代表越飞吃饭，同来的有莫斯科大学中国学者及参赞二人。陪客的有孑民、孟和、石曾、梦麟。”①

根据这则日记所录，北大校长蔡元培、教务长胡适、总务长蒋梦麟、哲学系主任陶孟和，以及中法大学董事长李石曾，均在北京的东方饭店参加了李大钊举办的晚宴，共同为刚刚到任的苏俄特使越飞接风洗尘。当时的北京，由于苏俄著名外交家越飞的出现而引起了世界各国的关注。

越飞，布尔什维克党的中央委员，十月革命后开始从事苏俄的外交工作，曾一度担任苏俄与德国之间和议的首席代表，此次以苏俄政府全权代表身份来华，将同北京政府洽商缔结商约等问题。

但是，这似乎只是一种表象。正如一个名叫“道夫·宾”的外国作家所写的那样：“正当苏联同北京的中国政府进行正式谈判的时候，正当全世界各国政府和报纸都把注意力集中于在北京出面的越飞身上的时候，更重要的、但是完全秘密的谈判正在苏俄外交事务人民委员会和孙中山之间在上海进行。”②

而这一“更重要的”“完全秘密的谈判”的开创者正是李大钊。所以，他在北京为越飞洗尘之后，便于数日后匆匆赶往上海。此刻，他的老朋友、共产国际代表马林也正在上海。

马林第一次会见孙中山是 1921 年参加中共一大以后的事情。

当时，李大钊通过林伯渠的关系，介绍马林到广西桂林见到孙中山。

---

① 阎晓明（撰稿、编导）：《长篇电视人物传记·铁肩》，中央电视台军事频道 2010 年 5 月 10 日首播。

② 阎晓明（撰稿、编导）：《长篇电视人物传记·铁肩》，中央电视台军事频道 2010 年 5 月 10 日首播。

据宋庆龄回忆，“早在 1919 年”，孙中山“就同李大钊等人有了接触”。

在桂林，作为列宁在共产国际殖民地事务委员会的秘书，马林向孙中山提出两条关于中国革命的建议：一是要有一个能联合各革命阶级尤其是工农大众的政党，二是要有真正的革命武装，要办军官学校。

孙中山十分赞同这些建议，也愿意同共产党合作。但是，他只同意吸收共产党员中优秀分子来改造他的国民党，即容纳共产党员在他的党中，进行“党内”的而非“党外的”合作。因为，即便是在处境很困难的时候，他也不愿意将号称有 30 万党员的国民党，同刚刚建立不久的中共小党建立一种平行的合作关系。

带着国共合作这一难以突破的“瓶颈”问题，马林于 4 月下旬返回莫斯科。

马林

赶到上海的李大钊，见到了第二次来华的马林。

马林此行的目的正是为了打破国共合作上的僵局。

道夫·宾的著作这样描述：“马林第二次来华，是同时受命于共产国际和苏俄外交事务人民委员会。在和共产国际领导人拉迪克谈话时，他想到他应与苏联有名的外交人员越飞一起来华。后者对马林的思想很感兴趣，也赞成与孙中山国民党建立友好关系。”

无论是代表共产国际的马林，还是代表苏俄的越飞，都同李大钊的政见不谋而合。早在 6 月间，李大钊与邓中夏、黄日葵等联名向即将于七月召开的中国少年学会杭州大会提出的《为革命的德莫克拉西（民主主义）》提案中便有这样的表述：“中国的国民党，抱民主主义的理想，十余年来与恶势力奋斗，始终不为军阀的威力所屈服。我们不能不佩服他们的革命精神。他们在广州近二年来的施设，如废止治安警察法、承认工人罢工权、振兴市政、发布工会条例、办理外交不辱国体等，也可证明他们还是民主主义者。虽然他们常为军阀所驱逐以至失败，然而这是我们人民不能帮助他们的缘故。从今以后，我们要扶助他们，再不可取旁观的态度。"①

李大钊的态度也同中共中央的决策一拍即合。6 月 15 日，中共中央发表了陈独秀起草的《中国共产党对于时局的主张》，这是中国共产党成立以后发表的关于时局的第一个声明，声明指出，要把反对帝国主义和封建军阀作为中国革命的两大任务。"文件还指出，为了完成无产阶级在目前最迫切的任务，中国共产党主张同国民党等革命党派，以及其他革命团体，建立民主主义的联合战线，反对共同的敌人，使中国人民从帝国主义和封建军阀的双重压迫下解放出来。"② 7 月 16 日至 23 日在上海召开的中共二大，通过了《关于"民主的联合战线"的议决案》，重申"联合全国革新党派，组织民主的联合战线，以扫清封建军阀推翻帝国主义的压迫，建设真正民主政治的独立国家"。③

然而，问题的症结似乎又回到了原点，只有合作的意向性而没有合作的操作性，这一切的决议只能是空中楼阁、纸上谈兵。

为此，马林、陈独秀、李大钊又从上海来到杭州，会同蔡和森、张国焘、高君宇、张太雷，在西湖召开了一次共有七人参加的中共中央特别会议，这就是《中国共产党历史（第一卷）》所记载的"1922 年 8 月 29 日至 30 日，中国共产党中央执行委员会在杭州西湖举行会议，讨论共产党员加入国民党的问题。"④

在这次特别会议上，马林首先传达了一份极具神秘色彩的特别文件。这份文件的神秘之处在于，它并没有打印于纸，而是打印在马林的衬衣

---

① 阎晓明（撰稿、编导）：《长篇电视人物传记·铁肩》，中央电视台军事频道 2010 年 5 月 10 日首播。

② 中共中央党史研究室：《中国共产党历史（第一卷）》上册，中共党史出版社 2011 年版，第 78 页。

③ 中共二大史料编纂委员会：《中国共产党第二次全国代表大会》，中共党史出版社 2006 年版，第 30 页。

④ 中共中央党史研究室：《中国共产党历史（第一卷）》上册，中共党史出版社 2011 年版，第 84 页。

上，由他秘密带到了中国。

2009年，为纪念李大钊诞辰120周年，我父亲阎晓明受中共中央党史研究室宣传教育局和中共天津市委党史研究室委托，撰写了反映李大钊生平的12集长篇电视人物传记《铁肩》。

剧本经国家重大题材理论文献片创作领导小组审阅通过后，作为编导，他即率摄制组赴京、津、冀、沪、穗、杭及郑州等地拍摄。

攀上碣石山峰，他们拍摄李大钊撰写《我的马克思主义观》的韩文公祠。

寻访京沪两地，他们拍摄陈独秀曾在南北两座城市战斗的故居。

进入北大红楼，他们拍摄李大钊担任图书馆长的办公室和毛泽东曾经工作的房间。

南下五羊城中，他们拍摄中共三大会址和国民党一大会址。

令他格外兴奋的是，在李大钊的家乡乐亭县大黑坨村故居，恰遇来自荷兰的两位老人，他们是马林的侄孙与侄孙女。他立即采访了他们并问及何以会访问中国。他们说，因马林与李大钊是好朋友，所以特地前来拜访，但此行的主要任务是在上海参加“马林与中国”的文物展。

父亲得知该展览设于上海中共一大纪念馆，马上率摄制组赴沪，赶在展览结束的前一天抢拍到了那份打印在马林衬衣上的文件——“中国共产党中央委员会接短笺后，应据共产国际主席团7月18日决定，立即将驻地迁往广州并与飞利浦（即马林）同志密切配合进行党的一切工作。”①

然而，衬衣上印有这份俄文秘件的共产国际特使“菲力浦同志”，却未能获得与会多数人的“密切配合”。

“马林根据共产国际的指示，建议中国共产党党员以个人资格加入国民党，实现国共合作。起初，与会的中央执行委员不赞成马林的建议。”②陈独秀明确表示反对，张国焘与蔡和森的反对态度尤为激烈，以致提出请

---

① 原载《丛书》，第321页。苏杭：《绝密档案·第一次国共合作内幕》，人民日报出版社2011年版，第61页。

② 中共中央党史研究室：《中国共产党历史（第一卷）》上册，中共党史出版社2011年版，第84页。

共产国际重新考虑方案的意见。

会议伊始便十分尴尬，国共合作再次遭遇“瓶颈”的僵局。

面对如此困难的局面，李大钊开始了艰苦的说服和耐心的疏通，经过两天的激烈讨论，终于达成谅解，基本接受了共产国际的主张，在党内奠定了实现国共合作的基础。“会议决定在孙中山改组国民党的条件下，由共产党少数负责人先加入国民党，同时劝说全体共产党员以个人名义加入国民党。这次会议是中国共产党关于国共合作政策由党外合作到党内合作的转折点。”①

西湖会议后，根据陈独秀的提议，李大钊留在上海，从事与国民党的联系工作。李大钊就在这时会见了被陈炯明逼到上海避居的孙中山，双方进行了多次交谈。

对此，宋庆龄曾有着美好的回忆：“孙中山特别钦佩和尊敬李大钊，我们总是欢迎他到我们家来。”“孙中山在见到这样的客人后常说，他认为这些人是他真正的革命同志。他知道，在斗争中他能依靠他们的明确的思想和无畏的勇气。”②

李大钊在《狱中自述》里也曾谈到这次会见：“其时孙中山先生因陈炯明之变避居上海，钊曾亲赴上海与孙中山先生讨论振兴国民党以振兴中国之问题。曾忆有一次中山先生与我等畅谈此问题亘数小时。”③

比孙中山年轻23岁的李大钊被媒体评介为“头脑极新”，他的种种精辟见解和非凡才能立即引起孙中山的兴趣与赞赏；而孙中山也将这位年轻的共产党人当作知音，时有新的思想向他讲解，说到他的“建国方略”时，二人“畅谈不倦，几乎忘食”。进而，孙中山对李大钊的为人也很是倾慕，非常想介绍他加入国民党，李大钊当即表明自己已是第三国际的党员，孙中山说：“这不打紧，你尽管一面做第三国际的党员，一面加入本

---

① 中共中央党史研究室：《中国共产党历史（第一卷）》上册，中共党史出版社2011年版，第84页。

② 阎晓明（撰稿、编导）：《长篇电视人物传记·铁肩》，中央电视台军事频道2010年5月10日首播。

③ 李大钊：《我的自述》，中共唐山市委宣传部：《李大钊诗文选读》，红旗出版社2004年版，第332页。

党帮助我。”遂亲自主盟介绍李大钊加入国民党。随后，陈独秀、蔡和森、张太雷、张国焘等一些共产党员相继加入国民党，对加速实现国共合作起了积极作用。

同李大钊会谈后，未待李大钊离开上海，孙中山便迅速开始了改组国民党的工作。9月4日，在上海召集筹备改进国民党的首次会议，汪精卫、胡汉民、陈独秀等53名国共两党的重要党员出席会议。孙中山即席解释了联俄、联共政策，提出了改组国民党的意见。9月6日，孙中山制定包括共产党员陈独秀在内的九人为国民党党务改进案起草委员。改组工作进入实际准备阶段。

李大钊则一方面公开宣传国民党的改组动态与决心，阐明中共关于建立革命统一战线的主张，一方面秘密促成孙中山与苏俄政府之间的商谈。正如道夫·宾披露的那样：“马林坚持不懈地来回奔波于上海和北京之间。经过5个月的秘密商谈，他在苏俄和国民党之间成功地达成了一项协议。于是越飞决定去上海缔结这个协议。这样，1923年1月26日，著名的苏联外交人员和中国革命之父签订了他们的历史性协定。”①

关于越飞与孙中山的上海会谈，有人曾这样回忆：“孙中山与越飞相见之下，‘极为喜悦’，当即在楼上客厅开始了会谈，大钊同志、伯渠同志亦参加，一连整整谈了6天，进一步商讨了以俄为师改组国民党与建军，以及苏联援助中国革命等问题。这期间，孙中山吩咐侍卫，无论何人都不予通传、不许登楼。之后，孙中山又派廖仲恺同越飞继续会谈，随后发表《孙文越飞联合宣言》。宣言表明苏俄政府对中国革命的同情和对孙中山的支持；孙中山表示欢迎苏俄政府的帮助，公开确立了国民党的联俄政策。这是孙中山不顾列强阻挠，毅然依靠社会主义的苏俄和中国共产党的支援，走上新的革命道路的一个重大步骤。”②

《孙文越飞联合宣言》的发表，表明新的联盟已经结成，此举骤然震

① 阎晓明（撰稿、编导）：《长篇电视人物传记·铁肩》，中央电视台军事频道2010年5月10日首播。

② 阎晓明（撰稿、编导）：《长篇电视人物传记·铁肩》，中央电视台军事频道2010年5月10日首播。

动国内外，共产国际曾经联络过的吴佩孚顿起反俄反共之心，数日之后便开始血腥镇压京汉铁路罢工的工人，制造了震惊中外的“二七惨案”。

莫斯科《真理报》驻中国记者斯列巴克在采访中写道：“吴佩孚把铁路工人组织起来的愿望看作是对其军阀统治的严重威胁，认为是来自孙中山方面的密谋”，“吴佩孚表示他不反对工人成立组织，但是不允许像北京大学那个李教授那样的共产党人来领导”①。2月9日，直系军阀头目曹锟向北京巡阅使王怀庆发出《关于侦查李大钊在北大组织革命机关、宣传共产主义》的密电，内称：“李大钊在该校内设有秘密机关，传布过激说”，要“密饰干探，切实侦查，密达政府，依法惩办”。不久，北京政府和吴佩孚便公布了逮捕李大钊、陈独秀、马林等人的通缉令。面对强大的军阀势力，国共两党都遇到了前所未有的巨大挫折与挑战。于是，作为国共合作的促成者与推进者，李大钊以革命斗士的呐喊，在《艰难的国运与雄健的国民》一文中，召唤着国人不屈的激情：“目前的艰难境界，哪能阻抑我们民族生命的前进。我们应该拿出雄健的精神，高唱着进行的曲调，在这悲壮的歌声中，走过这崎岖险阻的道路。”②

面对严酷的中国现状，国共两党惟有实现互补、形成合力，才能风雨同舟地驶向胜利的彼岸。于是，作为中国共产党的领袖人物之一，李大钊以肝胆相照的赤诚，在《普遍全国的国民党》一文中，呼唤着历史趋势的必然：国民党仅植根于海外华侨和南方的广东一省是很不够的，“中国现在很需要一个普遍全国的国民党”；工人、农民、学生、商人须“集合在国民党的旗帜之下，结成一个向军阀与外国帝国主义作战的联合战线”③。

正是在这样复杂纷纭的历史背景下，于方舟才由李大钊介绍加入了国民党。

---

① 阎晓明（撰稿、编导）：《长篇电视人物传记·铁肩》，中央电视台军事频道2010年5月10日首播。

② 李大钊：《艰难的国运与雄健的国民》，中共唐山市委宣传部：《李大钊诗文选读》，红旗出版社2004年版，第135页。

③ 李大钊：《普遍全国的国民党》，中共唐山市委宣传部：《李大钊诗文选读》，红旗出版社2004年版，第267、268页。

2. 大革命前夜的政治动员与思想风暴

“1924 年至 1927 年，中国大地上爆发了轰轰烈烈的反对帝国主义、反对封建军阀的革命运动。这场革命运动席卷全国，规模之宏大，发动群众之广泛，影响之深远，在中国近代革命历史上是前所未有的。人们通常称它为‘大革命’或‘国民革命’。”①

就在“打倒列强，打倒列强，除军阀”这首人们耳熟能详的歌曲即将唱响中国大地的时候，“李大钊在天津学术讲演会作了《历史与人生观》的演讲，强调指出‘历史是要前进的，回顾从前，羡慕从前是无用的，不惟无用，一踌躇、一眷恋反是耽搁我们前进的时间，黄金时代总是站在我们的前面，作吾们引路的一盏明灯，一直照着他奔去。”② 天津社会科学院研究员刘民山认为，1923 年 12 月 23 日的“这次讲演是在中国国民党‘一大’开幕前夕……可以设想，他这次来津，会和去参加国民党（‘一大’）的天津共产党员于树德、于方舟、韩麟符等交换意见，会进行一些准备工作的。”③

值得关注的是李大钊此次讲演的场合——“天津学术讲演会”，这是于方舟在大钊先生讲演前的两个月才刚刚发起成立的——“1923 年 10 月 26 日，何学琏、于方舟（于兰渚）等发起成立天津学术讲演会‘每两周举行公开讲演会一次’，‘专为宣传革命思想及社会主义。’”④

“天津学术讲演会”的发起与成立，为大革命前夜的天津引发了一场广泛的政治动员和思想风暴。

---

① 中共中央党史研究室：《中国共产党历史》第一卷上册，中共党史出版社 2011 年版，第 107 页。

② 中共天津市委党史资料征集委员会：《中共天津党史大事记》，天津人民出版社 1991 年版，第 35 页。

③ 刘民山：《李大钊与天津》，见《天津文史资料选辑》第 40 辑，天津人民出版社 1987 年版，第 58 页。

④ 中共天津市委党史资料征集委员会：《中共天津党史大事记》，天津人民出版社 1991 年版，第 45 页。

“强大的政治动员能力是中国共产党在实践中不断探寻并逐渐形成的政治优势”，“中共早期领导人和中国共产党很早就认识到政治动员对于革命的重要性”。天津党史研究者李俐在她的《中共四大与天津党组织开展的政治动员》一文中这样写道。通过研究，她认为“对于政治动员现已有不少理论和案例研究，但是对于政治动员的概念还没有统一的界定。美国学者詹姆斯·R·汤森、布兰特利·沃马克认为：政治动员是‘获取资源（在这里是指人的资源）来为政治权威服务的过程’。国内学者杨建中认为：‘政治动员是指一定的政治主体如政党、政治集团等，为聚集力量，实现某一政治目标而进行的政治宣传、政治鼓动等行为。’尽管表述不完全一致，但在基本构成要素上是一致的。政治动员是指‘政党、国家或其他社会组织和个人，运用各种方式对一定范围内的人民群众进行宣传和鼓动，以获得各种社会资源和社会力量，进而实现特定的政治目标的行为与过程’。”①

凭着五四运动以来日益积累的斗争经验，于方舟敏锐地预感到，一场反帝反封建的大革命即将到来。而要让这座帝国主义列强和封建军阀统治最为严密的城市，能够迎接这样一场大革命，就必须延续五四运动唤醒民众的传统，到民众中去，进行更为广泛、更为深入的思想发动。陈独秀曾经说过：“美公使说中国人没有组织力，我以为缺乏公共心才没有组织力……中国人最缺乏公共心……‘各人自扫门前雪，不管他人瓦上霜’这两句话描写中国人家庭主义独盛没有丝毫公共心，真算十足了。”② 为唤起民众的公共心和组织力，于方舟发起创办了“天津学术讲演会”。

如果说，即将到来的大革命规模之宏大、发动群众之广泛为中国近代革命历史上前所未有，那么，将“学术讲演”直接面向社会大众，在天津近代史上也是史无前例的。

---

① 李俐：《中共四大与天津党组织开展的政治动员》，见中共上海市委党史研究室：《力量之源——纪念中共四大90周年学术研讨会论文集》，上海人民出版社2015年版，第374、375页。

② 陈独秀：《新文化运动是什么》，见《新青年·精选本（中）》，中国书店2012年版，第392页。

近代以来，天津即为中国思想风暴的策源地之一。

尚在天津成为洋务运动北方中心之际，时年 28 岁的孙中山便于甲午开战前的两个月来到天津，上书李鸿章，指出器物层面的改进不足以胜西洋。虽未被采纳，却也在天津吹响了一场思想风暴的前奏。

三个月后的黄海兵败足以证明，仅仅将目光聚焦于“军器、铁路、电以及其他器械”等“必要之物”并不能实现真正的强国之梦，只有摈弃落伍的思维定式和文化模式，从根本上提升人的科学精神和科学思想，从根本上掌握正确的理论和道路，才有可能救亡图存。彼时，天津成为中国“思想风暴”的“风暴眼”：

——身在天津担任北洋水师总教习的严复，在《直报》上连续发表《原强》、《辟韩》、《救亡决论》、《论世变之亟》等政论文章，痛斥旧制度的腐败，对封建文化进行猛烈抨击，引发全国思想界风云激荡。“从1897 年 12 月开始，《国闻报》上还连载了严复用文言文意译的赫胥黎的《天演论》部分章节。1898 年 4 月，中文版《天演论》正式出版发行。这本书在当时和以后，对于天津以至全国的思想界，都起到了振聋发聩的启蒙作用。《天演论》介绍了达尔文‘物竞天择’、‘适者生存’的进化论观点，在当时成为激励中国人自强保种的理论……严复在译文中常常加入自己的按语，联系中国的实际，提出中国应该变法维新以救亡图存的思想。这种思想，在中国思想界风靡一时，起到了指导舆论的作用，影响颇为深远。”① 2007 年 5 月，父亲在担任全国妇联影视中心主任时，曾对严复的孙女、台湾中华妇联总会总干事辜严倬云率团访问北京的活动进行了全程拍摄与采访。后来他在回忆此次采访的文章中写到：“作为天津人，我对她的家族背景并未感到距离很远，因为她是近代思想家严复的孙女，其父严叔夏 1897 年就是在天津出生的。严复自 26 岁至 46 岁均生活在天津，正是他使得天津成为洋务运动失败后中国‘思想风暴’的‘风暴眼’，由此，中国才开始了一次振聋发聩的思想启蒙。严复的天津 20 年最为辉煌，他通过翻译赫胥黎的《天演论》、亚当斯密的《国富论》、斯宾塞的《社

① 来新夏主编：《天津近代史》，南开大学出版社 1987 年版，第 141 页。

会学研究》、孟德斯鸠的《论法的精神》等8部西方名著，在中国第一次系统地介绍了经济学、政治学与法学、社会学等社会科学理论，被称为‘严译八大名著’。严复的奉献，是在国人被物质至上、技术主义思潮遮住双眼，沉迷于洋务运动而无法实现真正的思想创新文化创新之际，他则鞭辟入里地向国人指出器物层面的洋务运动不足以战胜列强……”①

——1915年定居天津的思想家梁启超，一语“吾国四千年大梦之唤醒，实自甲午战败割台湾、偿二百兆始”，进一步引发了国人的反思、呐喊与抗争，至今还犹响耳畔……

——新文化运动开始后，李大钊在天津主编的《言治》杂志，以及他发表于天津《言志》的中国第一篇介绍马克思主义学说和社会主义道路的《法俄革命之比较观》，点燃了马克思主义在中国传播的火种……

——周恩来在南开学校主编的《敬业》学报，以及他在五四运动中主编的《天津学生联合会报》，也在全国产生了轰动性的重大影响……

于方舟继承和弘扬着天津思想界的优秀传统，将学术讲演向大众普及，将救亡图存的进化论宣传深化为马克思主义原理和社会主义理想的宣传。正如美国学者魏斐德所描述的那道中国知识分子理论抉择的轨迹：“进化论的观念不仅导致了关于历史的正宗观点的崩溃，而且动摇了中国传统上自认为是世界中心的观点。重获那个稳固的中心位置的方式之一是，在人类从母系社会演变为奴隶社会、封建制、资本主义，以及最终成为社会主义的发展的马克思主义征途中，把中国作为一个‘无产阶级国家’给予优惠的地位。”②

很快，天津学术讲演会便开始发挥它的重要功能与作用了。

在1924年7月的一份《团天津地委报告》中，有这样的记载：“天津学术讲演会为本团同志所组织，每二周举行公开讲演一次，专为宣传革命思想及社会主义。但因系完全公开，故宣传亦不能过为明显。”③

1924年11月《邓中夏关于巡视天津情况给恽代英、张秋人的报告》

---

① 阎晓明：《姹紫嫣亦红》，《天津日报》2016年2月26日。

② ［美］魏斐德：《讲述中国历史》，人民出版社2013年版，第728页。

③《中共天津历史档案选编》，天津人民出版社2011年版，第10页。

中提到："有演讲，题目大概如下：1. 国民党左右派之分。2. 战争之背景。3. 共产主义之基础原则。4. 共产主义与各种社会主义之区别。"①

《关于天津地方工作情况给团中央的报告》中提到："1924 年上半年……和森同志讲马克思主义，同志颇振奋。"② 另一份《天津赴会代表史汉清关于津地实际工作给团中央的报告》中亦提及 1924 年的"五四讲演大会……当时讲员有一位蔡和森先生讲者声色俱厉，听者肃然动容，最后三呼万岁的情形，亦公开演讲中之少见者也！"③

正是在这样一种不断学习与宣传的过程中，于方舟等人自身也开始发生质的变化。

恰如天津党史专家于建指出的那样："于方舟、韩麟符、安幸生、李培良、陈镜湖等新生社成员在学习和宣传马克思主义的过程中思想不断发展，成长为具有初步共产主义思想的先进分子……最终在各种思潮、各种社会改造方案中拂去迷雾，辨明方向，接受马克思主义，确定了政治信仰和人生目标，相继成为中国共产党党员……他们的思想发展过程，可以说在一定程度上反映了 20 世纪初叶中国先进分子接受马克思主义、选择社会主义道路的必然性和合理性；同时，这些先进青年以天下为己任，把个人理想、人生价值的追求投入民族独立、人民解放神圣事业的崇高精神，充分体现了以爱国主义为核心的中华民族精神和强烈的社会责任感，在天津现代学生运动史上写下了熠熠生辉的光彩篇章。"④

3. 李大钊的亲笔信与孙中山的密电

这是李大钊写于 1924 年 1 月 2 日的一封信："溥泉、精卫先生：京、津代表经已选出。京为张国焘、谭克敏、许宝驹。津为韩麟符、于方舟，

① 《中共天津历史档案选编》，天津人民出版社 2011 年版，第 15 页。
② 《中共天津历史档案选编》，天津人民出版社 2011 年版，第 20 页。
③ 《中共天津历史档案选编》，天津人民出版社 2011 年版，第 22 页。
④ 于建：《天津现代学生运动史》，天津古籍出版社 2006 年版，第 78、79 页。

余一人不记其名。拟于4日离京，5日由津起程赴沪。特闻。弟李大钊。2日。"①

这显然是一份向国民党改组委员会报送的京、津两地参加国民党一大代表的名单。溥泉即张继，精卫即汪精卫。李大钊之所以写信给张继和汪精卫，与两个月前孙中山的一份密电有关……

"事务所诸同志鉴：已委廖仲恺、汪精卫、张继、戴季陶、李大钊为国民党改组委员。请孙伯兰密电北京李大钊即来沪会商。孙文。皓。"

秋天的时候，孙中山于1923年10月19日致电国民党上海事务所，委派李大钊为国民党五名改组委员之一，并要求密电李大钊速赴上海。

之所以请孙伯兰密电李大钊，因为孙是天津人且为立宪运动的领袖，而李大钊在天津法政专门学校读书时，也曾积极参与立宪运动的请愿，故同孙交谊颇深。据孙伯兰之孙孙槐生的文章介绍，1913年李大钊在天津法政专门学校毕业后，就是孙伯兰和汤化龙共同资助他前往日本留学的。1917年9月11日，孙中山任命孙伯兰为中华民国军政府内政总长，11月5日又任命孙为中华民国军政府驻沪全权代表。1923年2月28日，孙中山特派孙伯兰为办理和平统一事宜全权代表，10月19日又请他密电李大钊赴沪商讨国民党改组事宜。②

李大钊秘密前往上海的时候，北京大学注册部于10月25日发出一则布告："李大钊先生因事请假两星期，所授功课，假满时补授。"

在上海，李大钊得知10月25日广州已举行国民党改组特别会议，讨论改组国民党的重要性和改组计划，孙中山特派廖仲恺等九人为临时中央执委，李大钊、汪精卫等五人为候补执委。三天后，这个临时执委会便以每周两次会议的效率开始工作，并于11月公布了《中国国民党改组宣言》和党纲、党章草案。李大钊在其中做了大量工作。

同样在上海，李大钊于11月24日和25日参加了中共三届一中全会。全会通过的《国民运动进行计划决议案》提出，全体共产党员要把扩大国民党在各地的组织并"矫正其政治观念"作为首要工作。

---

①《李大钊全集》第5卷，人民出版社2006年版，第316页。
② 孙槐生：《立宪领袖孙洪伊》，《天津日报》2017年1月24日。

12月9日，李大钊在上海出席廖仲凯主持的以国民党改组为主题的国民党中央干部会议第十次会议。

会后，李大钊于12月中旬返回北京，主持召开共产党员大会，选举出席国民党一大的代表。

然而，出乎李大钊意料的是，北京代表却居然选得十分艰难。

“作为中共一位著名的领袖，却要参加国民党的大会，你究竟站在哪个党的立场?”

“国民党要你宣誓服从三民主义，忠于国民党的一切决议和命令，你怎么办?”

“要去就以个人身份去，不必再以中共党员的名义了!”

当李大钊在北京共产党员大会上报告自己已由孙中山指定为出席国民党一大的代表时，竟接连遭到这些严厉的诘责与质问。

听到这样的指责，从不生气的李大钊居然非常罕见地发火了：“不再视我为同志，我很气愤!”遂当即退场，又被张国焘等人劝回。

于是，李大钊掷地有声地说：“至于我个人，是人所共知的共产党人，是永远的共产党人!”

据《中国共产党天津志》记载：1923年“12月下旬，为尽快建立中共天津地方组织，李大钊在天津法政专门学校18周年校庆之时，特意赶到天津，亲自指导党组织的筹建工作。这期间，李大钊还在法政专门学校秘密主持召开推选直隶省国民党一大代表的会议。”① 按大会规定，出席大会的地方代表国内每省市为六名，其中三名为孙中山指定，此次直隶所选三名代表于兰渚（方舟）、韩麟符、陈镜湖全部为共产党员，由孙中山指派的三名代表中于树德、李永声（锡九）也为共产党员。

按照李大钊给张继、汪精卫信中所述的安排，于方舟同京、津与会代表“4日离京，5日由津起程赴沪”。

可是，国民党一大的会址是在广州的。

---

① 天津地方志编修委员会：《中国共产党天津志》，中共党史出版社2007年版，第28、29页。

那么自天津到上海，再转至广州，这样的行程，是仅仅出于对铁路交通线路的考虑，还是另有其他特别的安排呢？

4. 上海秘会

原来，于方舟一行抵达上海后还将参加一次特别会议。

对此，中共中央早有安排。

就在李大钊活动于天津的那些日子里，中共中央下发了一份关于如何开好国民党一大的重要文件。

李大钊在天津的时间是“1923 年 12 月 23 日至月末，约停留一星期”。其中“在 12 月 30 日法政学校的 18 周年纪念会上”作讲演，“讲题是《十八年来之回顾》”。①

当然，李大钊参加校庆的同时，更重要的任务，是秘密召集天津的共产党员选举直隶省的国民党一大代表。

恰在这次选举之前，中共中央于 12 月 25 日发出通告第 13 号，指示：“吾党在此次国民党全国代表中，希望每省至少当选一人，望各区会与地方会预商当选之同志，此同志必须政治头脑明晰有口才者，方能在大会中纠正国民党旧的错误观念。旧国民党员中，我们也应该出力帮助其比较的急进分子当选。代表选定后即报告国民党总部（上海法界环龙路 44 号），川资由总部发给”；同时对上海会议作了安排：“此次国民党大会中最重要的问题是讨论党纲章程及对时局之策略，代表动身前各区均应详加讨论，俟各省代表过沪时，我们的同志再集合议决一致的主张。”②

“国民党一大代表共 198 人，其中加入国民党的中共党员 24 名。他们是：李大钊、林祖涵、于树德、谭平山、毛泽东、王尽美、李能至（立三），罗迈（李维汉）、夏曦、沈定一、陈独秀、宣中华、朱季恂、韩麟符（韩致祥）、张国焘、赵榦、刘芬（伯垂）、廖乾五、袁时达、于方舟（于兰

① 刘民山：《李大钊与天津》，见《天津文史资料选辑》第 40 辑，天津人民出版社 1987 年版，第 58 页。

②《中共中央文件选集》第 1 册，中共中央党校出版社 1989 年版，第 211 页。

渚）、谢晋、胡公冕、李永声、陈镜湖。大会代表的产生，分两种情况：一是由孙中山指派，二是由各地推举。大会代表中，中共党员李大钊、谭平山、于树德、沈定一、陈独秀、谢晋、李永声是由孙中山指派的。”①

于方舟与韩麟符、陈镜湖作为直隶省推举出来的三名代表，既是省立一中和南开大学的同学，也是新生社和天津马克思主义研究会的骨干。在刚刚进入1924年的时候，他们又同李大钊一起来到上海。在这里，他们与共产党的早期革命先驱会合，并一同出席了由陈独秀召集的会议，对共产党员在国民党一大的行动规范进行了讨论。

会议决定：“一、对于党纲草案，我们大致赞同……二、对于章程草案，亦大致赞同；惟对于实际的地方组织，我们主张应就当地选人，不得由旅粤或旅沪党人遥领。三、对于政纲议案，我们宜拥护国际代表的八条意见。四、对于中央执行委员会选举案，我们同选谭平山同志。五、对于宣传事业，我们应主张于党的主义政策外，须兼及关于人民利害的每个实际问题。出席此大会的同志们，在每次会议之前，须秘密集议，以便对于上列五项及其他意见，主张一致；更须注意联络国民党之进步分子，使之表同情于我们的主张。”②

会上，经陈独秀提议，中共中央又决定成立由李大钊、谭平山、瞿秋白、张国焘四人组成的指导小组，以指导出席国民党一大的中共党员。③

当于方舟与其他代表们离开上海，向着广州进发时，对于所肩负的使命，他已做好充分的准备，决意要认真完成大会的各项任务，迎接中国历史上一个全新的国共合作时代。

5. 广州：长堤东亚酒店及东山鲍罗廷小楼

1月的天津，正值冰天雪地。

而南国广州，却已随处可见姹紫嫣红的花市了。

---

① 王功安、毛磊：《国共两党关系史》，武汉出版社1988年版，第45页。
②《中共中央文件选集》第1册，中共中央党校出版社1989年版，第215、216页。
③ 王功安、毛磊：《国共两党关系史》，武汉出版社1988年版，第43页。

初来乍到的于方舟，顿然感觉着一种春天般的暖意，正在迎接着前来参加国民党一大的代表们。

自北京陪同李大钊一起踏上津、沪、穗之旅的，还有一位并非代表的北京大学学生戴朝震。

戴是湖南浏阳人，与于方舟同为李大钊创办的马克思学说研究会会员。此次南赴广州，戴朝震以《北京学生会日刊》编辑主任和《新民国》杂志编辑的名义，随大钊先生同往，拟列席和采访国民党一大。因与于方舟同岁，又都视大钊先生为恩师，所以一路交谈甚密。

纪念国民党一大召开60周年时，戴朝震曾写长文《采访国民党“一大”见闻》，发表于由中国国民党革命委员会中央委员会主办的《团结报》，文中披露了李大钊率于方舟等赴广州开会的许多鲜为人知的珍贵细节。

戴朝震

据戴朝震回忆，李大钊一行入住广州东亚酒店。该酒店现依然存在，位于越秀区长堤大马路320号，门前镶有“广州市文物保护单位”的标志牌。

戴朝震说，他与李大钊同住一个房间。1月11日，抵达广州的当晚，孙中山便会见了李大钊和来自北京、天津的代表，将他亲笔拟定的“建国大纲”交给代表传阅，征询意见。

戴朝震还见孙中山的侍卫经常来请李大钊去谈话，有时谈到晚上十一二点才回来。戴便好奇地询问在谈些什么，李大钊说主要谈大会宣言、改组国民党和创办军校的事。

据戴朝震回忆，毛泽东当时也住在这里，年纪很轻，神态潇洒，气宇轩昂，时常来看望李大钊，对李大钊很尊重，有时很晚很晚也要来谈一阵。

蒋介石也来看望过李大钊。一天，戴朝震正陪李大钊在客厅吃桔子，见蒋介石前来拜访，便退入卧室回避了。他记得蒋介石一副军人神态，言谈拘谨。蒋介石走后，李大钊说，蒋是孙中山大本营的参谋，是孙中山要蒋来商办黄埔军校事情的。①

可以想见，与李大钊、毛泽东一同住在这里的于方舟、韩麟符、陈镜湖，作为有着共同的共产党员身份的代表们，该会有着怎样深入的交往与交流，该会有着多么亲密的感情与联系呢。

国民党一大的中心议题，是讨论和通过《中国国民党第一次全国代表大会宣言》。

孙中山在讨论之前就指出："这个宣言，系此次大会之精神生命。"②

宣言表决通过后孙中山又说："这是本党成立以来破天荒的举动。"③

继而，孙中山在国民党一大闭幕词中再说："会中所办重要的事，即刻要拿去做宣传材料的，是《中国国民党第一次全国代表大会宣言》。"④

孙中山之所以如此重视大会宣言，是因为他重新解释了三民主义，把旧三民主义发展为新三民主义，为第一次国共合作奠定了理论基础，使国共两党有一个共同的政治纲领。自此以后一直到中华人民共和国的成立，国民党与共产党的合作与分裂、团结与斗争，究其实质都是要不要坚持国民党一大宣言的问题，即要不要坚持新三民主义的问题。因而，国民党一大宣言就成为国共关系史上的重要文献。⑤

而这一重要文献，则是以共产党人为主进行起草的。周恩来 1943 年便说过："国共合作后，孙中山先生在中国共产党的帮助下，重新走向革命，成为资产阶级民主派的代表。他在 1924 年的国民党第一次全国代表大会上，接受了我们党起草的宣言，使三民主义成为革命的三民主义，新三民主义。"⑥

---

① 戴朝震：《采访国民党"一大"见闻》，《团结报》1984 年 1 月 28 日。
②《孙中山选集》第 9 卷，中华书局 1985 年版，第 515 页。
③《孙中山选集》第 9 卷，中华书局 1985 年版，第 532 页。
④《孙中山全集》第 9 卷，中华书局 1985 年版，第 176 页。
⑤ 王功安、毛磊：《国共两党关系史》，武汉出版社 1988 年版，第 52 页。
⑥ 周恩来：《关于 1924 至 26 年党对国民党的关系》，《周恩来选集》上卷，人民出版社 1980 年版，第 112 页。

关于起草国民党一大宣言的情况，毛泽东也在1945年说："宣言由我们起草，许多事情由我们帮他（指孙中山——引者）办好。其中有一个鲍罗廷，当顾问，是俄国共产党员，有一个瞿秋白，是加入国民党的中国共产党员。"①

但是，这一起草过程并不顺利。就在国民党一大召开前的20天，国民党内邓泽如等11人于1923年11月29日联名向孙中山提交《检举共产党文》，称："俄人替我党订定之政纲政策，全为陈独秀之共产党所议定"。对此，孙中山批示："此稿为我请鲍君所起，我加审定，原为英文，廖仲恺译之为汉文，陈独秀并未与闻其事，切不可疑神疑鬼。"②

孙中山所说的"鲍君"即为鲍罗廷，1923年来到中国担任第三国际驻华代表和苏联驻广东革命政府代表，被孙中山聘为国民党政治顾问，协助起草国民党一大宣言。

鲍罗廷

直到与会代表抵达广州后，鲍罗廷负责起草的宣言还没有改定完稿，他立即邀请部分重要代表到他的居所参与讨论修改。

摄制李大钊的人物传记电视片《铁肩》时，父亲曾对鲍罗廷在广州东山居住的小楼进行了内外景的拍摄，尤其对讨论修改国民党一大宣言的小会议厅拍得极为细致。

值得关注的是，1月11日抵穗的于方舟，也在这座雅静的小楼内参加了这一重要历史文献的修改工作。

戴朝震在《采访国民党"一大"见闻》中写到，国民党一大宣言，

① 毛泽东：《"七大"工作方针》（1945年4月21日），《人民日报》1981年7月16日。
② 阎晓明（撰稿、编导）：《长篇电视人物传记·铁肩》，中央电视台军事频道2010年5月10日首播。

系孙中山委托鲍罗廷顾问起草，由瞿秋白翻译成中文，直到1月17日才修改定稿，经孙中山审定，再提请大会讨论通过的。作为记者，戴朝震也曾几次列席讨论宣言草案的会议。据他回忆：会议在东山鲍罗廷的寓所举行。“每次开会，鲍罗廷坐在客厅一端的中央，前面摆一张条桌，瞿秋白坐在桌子的一侧担任翻译。客厅的另一端，靠墙陈设着一套沙发；中间的一大块空地，摆了二十几张凳子。会议开了三天，参加的人除鲍罗廷、瞿秋白外，记得还有于树德、韩麟符、毛泽东、于方舟、夏曦、谭平山、李大钊、廖仲恺、戴季陶、傅汝霖、林伯渠、汪精卫、王法勤、谭鸿熙等人。鲍罗廷就重点作了一些说明，然后由大家发言……会后回到旅馆，我曾问过守常老师：实行三大政策，中山先生有这样大的决心么？他说：孙中山先生一心为公，襟怀豁达，寄很大的希望于我们共产党，是非常了不起的政治家。”①

从11日抵达五羊城中，到20日大会开幕之前，于方舟在广州度过了忙碌紧张却又有条不紊的九天。

九天之后，当他步入会场的时候，又会有着一次怎样的邂逅呢？

6. 会场内的座签

1924年1月20日至30日，中国国民党第一次全国代表大会在广州国立高等师范学校召开。

国民党一大旧址

这一永载史册的大会，“标志着国民党改组的完成和第一次国共合作的正式形成。这是中国共产党实践民主革命纲领和民主联合战线政策

① 戴朝震：《采访国民党“一大”见闻》，《团结报》1984年1月28日。

的重大胜利，也是孙中山晚年推进中国革命的一大历史功绩。”①

当天，广州举行了群众游行，并在会议礼堂前的广场集会，一些参加大会的代表讲了话。于方舟被这热烈而又隆重的气氛感染着，鼓舞着……

进入会场后，当他向着自己座位走去时，又同紧邻自己身后的两位代表紧紧地握着手。

这一握，便引出了许多令人难以预料的故事……

国民党一大会场内的座签，从第三排依次向前为毛泽东、张秋白、于兰渚（于方舟）

会议代表的座位共分三个区，于方舟位于左区靠通道的第一排，距主席台最近，台上人物的音容笑貌、言辞举止尽收眼底。

于方舟身后坐在第二排的是安徽代表张秋白，他是国民党员中唯一见过列宁的人。

在天津时，于方舟见过北京的张国焘和唐山的邓培，他们两人分别作为中国共产党的代表和铁路工人的代表见过列宁，也为他讲述过那次难忘的会见。

见到张秋白并与之交谈后，于方舟便将那个“列宁与中国国共合作”的故事在心中勾勒出一个完整的轮廓了……

国民党一大召开的两年前，即 1922 年 1 月 21 日，共产国际曾在莫斯科召开“远东各国共产党及民族革命团体第一次代表大会”。

“参加大会的中国代表团由 39 名正式代表和 5 名非正式代表组成。正式代表中有中共党员 14 人，国民党员 1 人，社会主义青年团员 11 人，其

① 中共中央党史研究室：《中国共产党历史（第一卷）》上册，中共党史出版社 2011 年版，第 117 页。

他人士 13 人。”①

那是国共两党代表第一次共同参加国际会议。大会的中心议题之一是中国革命问题，而中国革命的中心，则是各派革命力量特别是国共两党的联合问题。

令中国代表没有想到的是，列宁不但非常关心国共合作问题，而且就这一问题接见了国共两党的代表。

多年以后，唐山的冀东烈士陵园以油画形式还原了那次会见的情形，而张国焘则写出了那次会见的细节：

“须臾，列宁就从隔壁的办公室过来接待。他出现时朴实无华，毫无做作，完全是个普通人，很像中国乡村中的教书先生，绝对看不出是手握大权的革命最高领袖。经过施玛斯基的一番介绍后，谈话便在轻松的气氛中进行。

“张秋白首先要列宁对中国革命作一指教。列宁很直率的表示，他对中国的情形知道得很少，只知道孙中山先生是中国的革命领袖，但也不了解孙先生在这些年来做了些什么，因此不能随便表示意见。他转而询问张秋白，中国国民党和中国共产党是否可以合作。张秋白并未多加说明即作肯定表示：国共两党一定可以很好的合作。列宁旋即以同样的问题问我，并希望我能告诉他一些有关中国的情形。我简单的告诉他，在中国民族和民生的革命中，国共两党应当密切合作，而且可以合作；又指出在两党合作的进程中可能发生若干困难，不过这些困难相信是可以克服的；中国共产党成立不久，正在学习着进行各项工作，当努力促进各反帝国主义的革命势力的团结。列宁对于我的回答，似乎很满意，并没有继续问下去。”②

邂逅列宁接见的人，回望列宁关心的事，于方舟不禁感到，曾在组织内学习过的列宁关于民族和殖民地问题的提纲和共产国际三大精神正在中国得到落实——帝国主义和封建主义是东方被压迫民族最大的敌人，中国共产党所面临的首要任务，即是把中国从帝国主义的压迫下解放出来，推翻封建军阀的统治。因此中国共产党应该支持民族革命运动，与真诚的愿

---

① 王功安、毛磊：《国共两党关系史》，武汉出版社 1988 年版，第 11 页。
② 张国焘：《我的回忆》第 1 册，现代史料编刊社 1980 年版，第 198 页。

意战斗的资产阶级民主主义者建立联盟，共同进行国民革命。

然而，令于方舟没有想到的是，就在国民党一大开幕的第二天，这位“弱小民族的良朋”“被压迫者的忠仆”“献身于世界革命的一个仁勇的战士”① 便与世长辞了。

25 日消息传来后，大会决定休会三天，以示哀悼，并刊发了《列宁纪念册》。

李大钊先生在《列宁纪念册》中写有《列宁不死》一文，令于兰渚读后不禁热血沸腾：

列宁逝世，全人类损失，真不在小，尤其是我们中华民族损失了一个这样重要的朋友，更使我们感伤不已！

列宁的功业，在人已如日月炳天，江河行地。他的主义，亦经体现于全人类。革命的组织，日在发扬滋长中，以完成人类在历史上重大的使命，故列宁的躯干虽死，列宁的精神不死。

列宁是弱小民族的良朋，是被压迫者的忠仆，是献身于世界革命的一个仁勇的战士。他曾说过：“苟能成就世界革命，即使俄罗斯民族蒙莫大的牺牲，所不敢辞！”从这句话，可以看出列宁的精神气魄，何等仁勇！何等悲壮！

这样一位仁慈忠勇献身于全人类的人，在他的生前不知蒙了多少怨谤，被了多少恶名；直到死后，大家才渐渐的认清了他的为人。可见，说出真理者之遭世僇辱，自古已然，而真理之终能昭著于人间，必恒在说出真理者之为举世所谤毁以后，亦几为人类历史上的常例。

列宁为主义而遭狙击，连年卧病，其薪酬之薄，至不足以维持他的病中的生活。国家虽屡为增加，而迄死之日，每月薪俸终不过二百元左右。就此一点，已足使我们惭愧无地。②

四年前在狱中听周恩来讲马克思的人生际遇，曾受益匪浅；今又捧读

① 李大钊：《列宁不死》，见中共唐山市委宣传部：《李大钊诗文选读》，红旗出版社 2004 年版，第 137 页。

② 李大钊：《列宁不死》，见中共唐山市委宣传部：《李大钊诗文选读》，红旗出版社 2004 年版，第 137 页。

大钊先生亲撰的列宁传略，更为自古以来伟人与真理要经“怨谤”“恶名”“僇辱”“谤毁”方能“昭著于人间”而感慨良多。

联系自己与周恩来、马骏、李培良等同学因爱国而被捕被拘被判刑被开除学籍的现实，更觉出要奋斗就会有牺牲的道理。如今，列宁所期盼的国共合作实现了，开始了。然而，国共合作模式下的国民革命肯定不会是一帆风顺的，其中，必要向大钊先生所指出的那样，学习列宁，做“被压迫者的忠仆”，做“一个仁勇的战士”。

果然，难以预料的事态在大会闭幕后不久就出现了，曾向列宁当面承诺国共两党一定可以很好合作的张秋白，竟然走上了排斥共产党人的道路。为了确保国共合作的大革命持续发展，在以后的日子里，于方舟不得不同时面对帝国主义、封建军阀、国民党右派，切切实实地要做“一个仁勇的战士”了。

第三排，同于方舟隔张（秋白）而坐的，是湖南代表毛泽东。

于方舟同毛泽东虽在上海集结时才刚刚认识，但又在代表下榻处和修改国民党一大宣言的讨论会上多次接触，结合未曾谋面之前的了解，使得他对毛泽东的印象趋于完整。

于方舟是从罗章龙那里听到毛泽东其人其事的。

首先是以“二十八画生”之名征志同道合之友，真挚且豪放。

得知这个笔名后，于兰渚便又找出《新青年》1917 年 3 卷 2 号上“二十八画生”的那篇《体育之研究》复览。此文开门见山：“国力茶弱，武风不振，民族之体质，日趋轻细，此甚可忧之现象也。”① 于方舟入中学后曾读过此文，当时就颇有同感，尤对文中“体育一道，配德育与智育。而德智皆寄于体，无体是无德智也”的“三育并重”② 论最为赞同，遂与韩麟符在天津的直隶省立一中创建以促进德智体三育为宗旨的“三育促进会”。

① 二十八画生：《体育之研究》，见《新青年·精选本（上）》，中华书局 2012 年版，第 225 页。

② 二十八画生：《体育之研究》，见《新青年·精选本（上）》，中华书局 2012 年版，第 226 页。

于方舟之所以对《新青年》上的《体育之研究》加倍关注，皆因他也是一个既肯发愤读书，又懂刻苦炼体，既崇尚文经武纬，又追求文才武略的学生。著名剧作家赵大民在七场话剧《觉悟》中就有于方舟与周恩来、马骏、马千里“论武”的戏：

于方舟练着“少林拳”从门外进来。

于方舟：来，让我瞧瞧吧。嗯，翔宇兄（周恩来）昨晚上梦笔生花，今儿早起大笔一挥就写出来啦！可是别看眼睛，你瞧这儿，俩眼珠子全熬红啦！

周翔宇：去去，练你的猴拳去吧！

于方舟：嗳？这可不是猴拳，这是正宗少林拳，达摩老祖传下来的。鲁提辖拳打镇关西用的就是这套拳。来，你们试试。（亮式）

马骏与其较量数式，抓住一条臂膀。

于方舟：翔宇，你也来。

周翔宇抓住另一只臂膀

于方舟：（运气）哎——嘿！

周、马同时摔倒。马骏就地一个“扫堂腿”，于方舟也跌到。三人坐在地上哈哈大笑

马千里、孙月庭上。三人急忙站起与马、孙打招呼。

马千里：（幽默地）躺着吧，躺着吧！我们在楼底下就听见你们的笑声，可没想到你们是在地上打滚儿。这又是马骏出的洋相吧？

马骏：您别冤枉人，这回可不是我。是方舟的什么少林拳，把我们都打趴下了。

马千里：哦？小于还有这么两下子？

于方舟：您别听他的。我从小身体不好，练过几天武术。

马千里：你亮个式子。

于方舟抖肩踢腿亮式。

马千里：是少林派？

于方舟：是跟一位老义和团学的。

马千里：不错，有点儿根底。①

---

① 赵大民：《觉悟》，百花文艺出版社1984年版，第46、47页。

实际上，于方舟认为体育习武对于人最重要的是意志力的锤炼，诚如“二十八画生”在“体育之研究”中所言：体育“又足以强意志。体育之大效，盖尤在此矣。夫体育之主旨，武勇也。武勇之目，若猛烈，若不畏，若敢为，若耐久，皆意志之事……意志也者，固人生事业之先驱也。”①

后来，于方舟听罗章龙说，1918 年冬时，毛泽东、罗章龙、萧三曾特意到天津看大沽口炮台，更觉得毛泽东应是一位不甘民族屈辱的热血青年。

再后来，于方舟从罗章龙那里看到湖南省学生联合会创办的刊物《湘江评论》，有一段关于实现中华民族复兴的文字写得气势磅礴，亦是出自毛泽东的手笔：“我们中华民族原有伟大的能力！压迫愈深，反动愈大，蓄之既久，其发必速，我敢说一怪话，他日中华民族的改革，将较任何民族为彻底，中华民族的社会，将较任何民族为光明。中华民族的大联合，将较任何地域任何民族而先告成功。诸君！诸君！我们总要努力！我们总要拼命向前！我们黄金的世界，光荣灿烂的世界，就在面前！”②

国民党一大会场内景

① 二十八画生：《体育之研究》，见《新青年·精选本（上）》，中华书局 2012 年版，第 228 页。

② ［美］魏斐德：《爱国者毛泽东》，见《讲述中国历史》，人民出版社 2013 年版，第 795 页。

国民党一大的开幕，不正是毛泽东所期盼的“中华民族的大联合”的开端么？为了让此次联合“较任何地域任何民族而先告成功”，也应像毛所呼吁的那样，“我们总要努力！我们总要拼命向前！”

代表们的心是相通的；在即将到来的大革命中，天津这座城市与全国其他各地的心也将是相通的。

大会开幕了。

主席台上，孙中山正在铿锵有力地发表着关于国民党改组的演说：“此次改组，就是从今天起，重新做过。古人有言：‘以前种种譬如昨天死，以后种种譬如今日生。’由今日起，将13年种种宝贵最难得的教训和经验来办以后的事，以前有种种力量来创设民国，以后便有种种力量改造政府。由今天起，按照办法条理，合全国而为一，群策群力，努力而行，则将来成功必定更大。此即为今后之第一大希望。此次改组，即本此意。改组之能成功与否，全凭各同志之能否负责联络与努力奋斗而定之。若能如此，则中国事业大有可为……”①

孙中山先生对于国民党的改组和国共合作寄予了多么殷切的期望啊！

孙中山先生对于在座的各位代表各位同志寄托着多么深切的厚望啊！

坐在第一排的于方舟，对孙先生的每一个表情，都能看得那么真切。

坐在第一排的于方舟，对孙先生的每一句演讲，都能听得那么真晰。

对此，我曾深为感动地在一篇文章中写到：“据国民党一大的会场座签标注，于方舟坐左侧第一排右首，他身后相隔一人便是毛泽东，距主席台

国民党一大

① 孙中山：《中国之现状及国民党改组问题》，见《孙中山全集》第9卷，中华书局1986年版，第101页。

上进行演讲的中山先生都非常近，可见，当时中山先生对这些以共产党员身份加入国民党的年轻人何等重视！”①

如今，国民党一大会址已成为国家级文物保护单位。

会场内的座位后面还贴着每位代表姓名的座签。

左区第一排靠通道的座签上，依然写有“于兰渚”的名字。

然而，在随后公布的中央候补执委的名单上却改为了“于方舟”。

这其中，又有着怎样的故事呢？

---

① 阎焱：《于方舟与孙中山》，《天津日报》2016 年 12 月 16 日。

第九章　方舟负任

1. 从“兰渚芳洲”到“负任方舟”

在中国国家博物馆。

著名的《复兴之路》基本陈列展览正在举办，第三部分《中国共产党肩负起民族独立人民解放历史重任》之第二单元为“探索中国革命新道路”。

一件珍贵的文物吸引着纷至沓来的参观者——孙中山亲手批示的国民党各地执行部所辖范围，以及拟派各地组建地方执行部的中央执委、候补中执委和预算委员会名单——其中，“于方舟”的名字赫然在列。

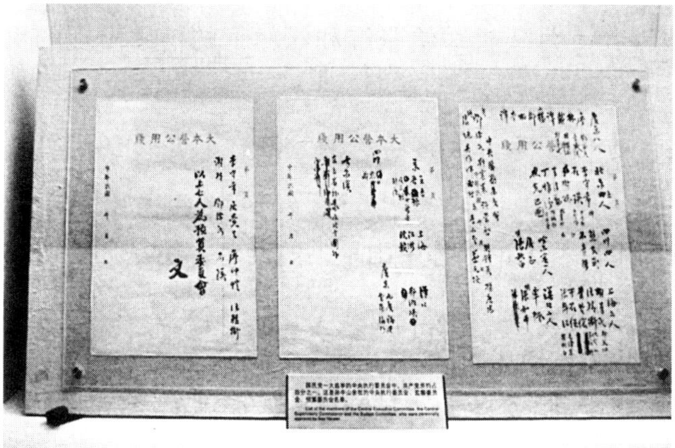

孙中山亲笔题写的国民党一大中央候补执行委员的名单，于方舟名列其中

在广州大帅府博物馆和北京宋庆龄故居，还展有孙中山手书的国民党一大中央执委及候补执委的名单及复制展品。其中也赫然书有“于方舟”。

为什么1月20日国民党一大开幕时会场座签上的名字，仍与周恩来三年前所写《警厅拘留记》和《检厅日录》中所用的名字相同——“于兰渚”；而1月30日大会公布当选的中央候补执委的名单及此后的用名均改为“于方舟”了呢?

原来，这其中还有一段“赋诗改名”的故事……

国学大师范曾曾有一幅上款为“于方舟烈士故居雅藏”的题词——“兰渚清风，万古流芳”。

在这洒脱飘逸的八个字中，隐含着于方舟在故居生活时的名与字——名：兰渚，字：芳洲。

“虽然出生于八国联军侵占中国之后的一个月，但希望永享耕读传家平静生活的父亲，仍为这个新生命取了个雅致淡泊的名字——兰渚。”《河北日报》记者陈玉杰曾这样解读他的取名与改名，“父亲为他取名兰渚，他却不愿只做那江心孤芳的小岛，遗世绝俗，自赏自怜。他将自己的名字改为方舟，誓以己为舟济苍生，哪怕舟单桅弱，就算浪恶风疾，甚至终将沉没，只要认准了方向，在所不惜!”①

据一些老同志的回忆，于兰渚在正式改名之前，也常用自己的字来署名或签名，开始用“芳洲”，以后渐渐开始用“方舟”。

因此，李大钊在1924年1月2日写给张继和汪精卫的信中出现的也便是“于方舟”。

起初，国民党一大会场的座签上写的是“于兰渚、十五号（代表编号)”。

然而，到公布选举结果后，无论是孙中山手书的名单，还是孙中山手批的名单，均已改称为“于方舟”。

究其原因，正是在国民党一大1月25日因列宁逝世而休会三天，至1

---

① 陈玉杰：《于方舟：愿作方舟济苍生》，《河北日报》2011年6月16日。

月30日选举领导机构之前的几日内，于兰渚写作了一首《方舟歌》。

在诗中，他正式将自己的名字“兰渚”改为“方舟”……

方舟歌[①]

苍茫大海中，方舟一叶如萍梗。
帆樯了不具，问君何以济群生？
昨夜风涛多险凶，浪如山倒势排空。
方舟卷入漩涡中，探得世路不着行。
波涛来益烈，风雨阴寒夜。
几许同行逐浪休，方舟漂泊无处歇。
狂澜四面严相逼，群生彼岸须舟亟。
方舟负任一何重，方舟遭境一何逆！
努力壮尔神，努力执尔舵，
战胜眼前魔，何愁沧海阔！
苍茫大海中，方舟一叶如萍梗。
帆樯了不具，问君何以济群生？

附记：佛家设慈航普渡，而今之习用语，亦恒以今世为过渡时代。茫茫宇宙，芸芸众生，何时不在过渡？而过渡时代亦何曾有自己时乎？以方舟名，窃以渡人之舟自期也。而入世之初，已遭颠扑，瞻望前途，如何自奋乎？亢歌数句，聊用自警，非敢言抱负也。

这是一曲驾着理想飞翔的信念之歌。

于方舟虽在附记中表明，此诗并非用来宣示自己的抱负，而仅仅是“聊用自警”。但是，却又分明是一种立志“自奋”的表白——因为“群生彼岸须舟亟”，所以立下海誓山盟之言——以自己的男儿之志和男儿之躯化为“渡人之舟”——“以方舟名”，将那静水清漪和梦境心田中的“兰渚芳洲”舍弃，将这“负任方舟”的崇高理想与信念刻骨铭心……

这是一曲迎着喷薄旭日的新生之歌。

这时的于方舟年仅24岁，但是他对于理想、信仰的选择却绝非一时

---

① 于方舟：《方舟歌》，见《宁河县志》，天津社会科学院出版社1991年版，第783页。

兴起的盲目冲动。诗中有热情，更有冷静分析构成的成熟。他深知个人的力量仅仅微如“萍梗”，而自己身处其中的这个团体与组织——中国共产党，也不过刚刚成立，如“苍茫大海”中的“一叶”方舟，年龄尚幼，力量尚弱，经验尚稚，规模尚小——“帆樯了不具”，“何以济群生”——即或如此，她却是一轮喷薄而出的旭日，随着她的冉冉升起，必将光芒万丈，只须吾辈发奋图强，定可励精图治……

这是一曲循着复兴之路的求索之歌。

他深感外对西方列强、内对封建军阀和国民党右派，无论是自己的个人命运，还是自己的祖国和民族——“入世之初，已遭颠扑”，所处世界如“险凶”的“漩涡”。“瞻望前途，如何自奋”？上下求索，却“探得世路不着行”——但是，他依然在不停地拓荒辟路，不仅在天津首创马克思主义研究会，还将在天津首创中国共产党的地方组织，循着中华民族的复兴之路，做一名勇于牺牲奉献的探索者与开拓者……

这是一曲踏着惊涛骇浪的忠勇之歌。

虽然，由于波涛益烈、风雨阴寒，“几许同行逐浪休”——有些曾一路同行的伴者已生倦意甚至悔意，无心破浪，无力搏浪，只能听任世事的摆布而随波“逐浪”，自己亦有孤独漂泊之感——但，身负“渡人之舟”的神圣使命，断不会中途休止、停歇……

这是一曲系着救国救民的仁者之歌。

高贵的理想主义者不是低俗的实用主义和机会主义者，并非仅因为视野中有着满目的光明，才敢于和能够撑起理想的大旗——于方舟和他们那一代革命者的心路历程反而是——恰恰因为有了“狂澜四面严相逼”的困境与绝境，他们才萌发了“群生彼岸须舟亟”的责任感和使命感，才有了舍个人为众人，舍小家为国家的救国救民的情结与情愫……

这是一曲沸着滚烫热血的青春之歌。

尽管明明知道自己曾经或还将“遭境一何逆”——但，决不会变节或逃避，更深感自己“负任一何重”——要努力壮神以坚定信念，努力执舵以坚定方向；哪怕抛洒一腔青春的热血，也要战胜世间的一切鬼魅魍魉；凭这滚烫与沸腾的血性，何愁波峰浪谷凶险、海路航线迢迢？

时至今日，“于兰渚”改名“于方舟”的故事仍在民间广为流传。

一些研究华人如何取名的文章和专著，多将其作为“以志向取名”的范例——早期革命者于方舟，原名“兰渚”，后改名“方舟”，取自中西方古代神话，但更重要的是他决心以天下为己任，愿作一“渡人之舟”，拯救民众于水火。

“‘从将自己的名字改为方舟的那一刻起，他就已经做好了为更多人的幸福而牺牲自己的准备。’于方舟的外孙阎晓明如是说。”①

《方舟歌》尽管“亢歌数句”，却道出了必须时时都要面对“何愁沧海阔”的现实与处处都要“战胜眼前魔”的使命。

果然，就在将“兰渚芳洲”改为“负任方舟”数日后，国共双方正在扬帆竖樯以济群生之际，却有人在国民党一大会场中发出了不和谐的噪音。

1 月 28 日上午，大会讨论国民党章程，广州特别区代表方瑞麟提出，党章应明文规定“本党党员不得加入其他政党”，此提案一出，即有十几人附议，这无疑就给与会的中共党人出了一道很大的难题：按照这一主张，已经加入国民党的共产党员，要么必须退出国民党，要么必须脱离共产党。

如此一来，国共合作的航船还怎能扬帆起航？

在这紧要关头，于方舟看到，自己的导师李大钊又挺身而出了。

当大会执行主席胡汉民宣布：“现在，审查委员李君守常有答复方代表之言，并有声明，即请李君发言”时，李大钊面对右派咄咄逼人和众多代表冷眼以待之势，不卑不亢地走上讲坛，侃侃而谈：

诸位同志们：兄弟深不愿在本党改造的新运中，潜植下猜疑与不安的种子；所以不能不就我个人及一般青年同志们加入本党的理由及其原委，并我们在本党中的工作及态度，诚恳地讲几句话……

我们加入本党，是几经研究再四审慎而始加入的，不是糊里糊涂混进来的；是想为国民革命运动而有所贡献于本党的，不是为个人的私利与夫

---

① 陈玉杰：《于方舟：愿作方舟济苍生》，《河北日报》2011 年 6 月 16 日。

团体的取巧而有所攘窃于本党的……

想脱除列强帝国主义及那媚事列强的军阀的二重压迫，非依全国国民即全民族的力量去做国民革命运动不可。

若想完成此国民革命的事业，非有一个统一而普遍的国民革命党不可。

我们认为在这种国民革命运动中，不宜使国民革命的势力分歧而不统一，以减弱其势力……

本党总理孙先生亦曾允许我们仍跨第三国际在中国的组织，所以我们来参加本党而兼跨固有的党籍，是光明正大的行为，不是阴谋鬼祟的举动……

我们既经参加了本党，我们留在本党一日，即当执行本党的政纲，遵守本党的章程及纪律；倘有不遵守本党政纲、不守本党纪律者，理宜受本党的惩戒……

猜疑防制，实为本党发展前途的障害，断断乎不可不于本党改造之日，明揭而扫除之。①

李大钊真诚坦荡的发言，得到了绝大多数代表的称赞和支持。

就连比较强硬的右派，来自加拿大的代表黄季陆也在《划时代的民国十三年》一文中这样记叙了当时的场面："李大钊的话委婉动听，似声泪俱下的神情，使大会一部分代表为之动容，会场情形几乎为之逆转。"②

作为左派的妇女界代表何香凝则作过这样的回忆："1924 年 1 月，中国国民党改组，在广州召开全国第一次代表大会。那时候，李大钊先生和我都是代表，他的和蔼与诚恳的态度，以及他的透彻而伟大的言论，一见便使人折服。他对孙中山先生的改组国民党与联苏、联共、扶助农工三大政策，发挥了极伟大的理论。现在想起来，那些话是非常正确的……"③

---

① 李大钊：《在中国国民党第一次全国代表大会上的发言》，见中共唐山市委宣传部：《李大钊诗文选读》，红旗出版社 2004 年版，第 305、307、308 页。

② 阎晓明（撰稿、编导）：《长篇电视人物传记。铁肩》，中央电视台军事频道 2010 年 5 月 10 日首播。

③ 阎晓明（撰稿、编导）：《长篇电视人物传记·铁肩》，中央电视台军事频道 2010 年 5 月 10 日首播。

1月30日上午，大会表决通过了中央执行委员会和候补中央执行委员的名单，从而产生了国民党的最高权力机构。

在24人组成的中央执行委员会中，李大钊、谭平山、于树德是中共党员。

在选出的17名候补中央执行委员中，中共党员有7名，即：沈定一、林祖涵、毛泽东、于方舟、瞿秋白、韩麟符、张国焘。

诚如《方舟歌》中的“自警”，于方舟，自此便更要“方舟负任一何重”了……

2.《中国共产党历史》中的于方舟

《中国共产党历史（第一卷）》一书提及于方舟共三处，均集中于第二编《党在大革命时期》的第四章《第一次国共合作的建立和革命新局面的形成》。

在第四章第二节“国民革命联合战线的建立”谈及“推动孙中山改组国民党”时，写到：“从1923年11月到1924年1月，各地共产党人，如北京的李大钊，直隶的韩麟符、于方舟，湖南的毛泽东、何叔衡、夏曦，湖北的刘伯垂、廖乾五，山东的王尽美，浙江的宣中华，山西的王振翼等，都积极参加国民党改组工作。”①

国民党的改组工作，是从1922年9月孙中山抵达上海开始的。当时，他因陈炯明叛乱，被迫离开广州，途经香港，抵达上海。痛定思痛，深感辛亥革命后，一批官僚政客混进了国民党，老党员中有的也发生了蜕变，许多党组织形同虚设。正如孙中山所说：“民国成立以后，我们的党务反不如前，几成了一盘散沙，把从前革命的精神都无形丧失了。”国民党如不彻底改造，不仅不能在中国革命中发挥作用，甚至可能因腐败因素的侵蚀而死亡。孙中山对此深有感触：“吾党本其三民主义而奋斗者历有年

---

① 中共中央党史研究室：《中国共产党历史（第一卷）》上册，中共党史出版社2011年版，第114页。

所……顾其所以久而不能成功者，则以组织未备、训练未周之故。夫意志不明，运用不灵，虽有大军，无以取胜。”如何改变这种严重危机的状况呢？孙中山等认为“补救之策，厥惟重组本党，严格训练党员之思想与行动，使全体党员共负革命之责任”。须重新解释三民主义，制订“主义鲜明、政策切实、而符合民众所渴望的”奋斗纲领，切实“恢复以前革命党的精神，发挥十几年前吾党先烈的精神。”同时要整顿组织，淘汰不良分子，吸收“新鲜血液”，使党员“人格高尚，行为正大”，“立志牺牲，想做大事”①。

对于国民党的改组，国共两党刚好形成了互动。

于方舟加入中国共产党以后，恰逢党的三大召开，大会的主要议题就是讨论共产党员加入国民党的问题。“经过两天的热烈讨论，大会接受共产国际关于同国民党合作的指示，通过《关于国民运动及国民党问题的决议案》《中国共产党第三次全国大会宣言》等文件。这些文件指出：党在现阶段‘应该以国民革命运动为中心工作’，‘采取党内合作的形式同国民党建立联合战线’，‘共产党党员应加入国民党’，‘努力扩大国民党的组织于全中国，使全中国革命分子集中于国民党’。文件还规定了保持党在政治上的独立性的一些原则。”②

于方舟在党的三大之后即赴南京参加团的二大，进一步增强了贯彻落实《关于国民运动及国民党问题的决议案》的自觉性和主动性。回津后在李大钊的领导下积极帮助京津两地的国民党员进行整顿和改组，对参与曹锟贿选的国民党员进行了清除。③

1923 年 11 月 24 日至 25 日中共中央在上海召开的三届一次执行委员会上，天津的工作得到了肯定——“陈独秀对北京、四川、山东、天津、湖南、哈尔滨等地的工作还是比较满意的，这些地方的共产党人都已经帮

① 王功安、毛磊：《国共两党关系史》，武汉出版社 1988 年版，第 29、30 页。
② 中共中央党史研究室：《中国共产党历史（第一卷）》上册，中共党史出版社 2011 年版，第 109 页。
③ 王功安、毛磊：《国共两党关系史》，武汉出版社 1988 年版，第 36 页。

助国民党建立了分部或正在努力进行工作。”① ——“中央局在工作报告中，在肯定北京、天津、湖南、湖北、南京、山东、四川等地贯彻党的‘三大’决议，取得较好成绩的同时，也指出全党在与国民党的关系上，还未能充分执行党的‘三大’决议……为了认真贯彻‘三大’决议，会议通过了《国民运动进行计划决议案》。”②

参加国民党一大之前的于方舟，正如《中国共产党历史》一书中所记叙的那样——“积极参加国民党改组工作”。

《中国共产党历史（第一卷）》在“国共合作的正式形成”一节中写到：中国国民党第一次全国代表大会“最后选举了中国国民党中央执行委员会。共产党员李大钊、谭平山、于树德、毛泽东、林祖涵、瞿秋白、张国焘、于方舟、韩麟符、沈定一当选为中央执行委员或中央候补执行委员，约占委员总数的四分之一。”③

大会选举是在 1 月 30 日上午开始的。

于方舟望着主席台上主持选举的孙中山，觉得他是一个非常认真又充满着纯真的人，富于人格魅力，令人感到信任和钦佩。

孙中山大声地说：“中央执行委员 24 人，连本总理为 25 人。赞成这 25 人之人数者请举手！”④

大会通过了孙中山提出的中央执行委员：孙中山、胡汉民、汪精卫、张静江、廖仲恺、李烈钧、居正、戴季陶、林森、柏文蔚、丁惟汾、石瑛、邹鲁、谭延闿、覃振、谭平山、石青阳、熊克武、李大钊、恩克巴图、王法勤、于右任、杨希闵、叶楚伧、于树德。⑤

接着，又选举通过了候补中央执行委员：邵元冲、邓家彦、沈定一、

---

① 苏杭、苏若群：《绝密档案・第一次国共合作内幕》，人民日报出版社 2011 年版，第 173 页。

② 王功安、毛磊：《国共两党关系史》，武汉出版社 1988 年版，第 36 页。

③ 中共中央党史研究室：《中国共产党历史（第一卷）》上册，中共党史出版社 2011 年版，第 116 页。

④《中国国民党全国代表大会会议录》第 16 号，王功安、毛磊：《国共两党关系史》，武汉出版社 1988 年版，第 63 页。

⑤ 肖效钦：《中国国民党史》，安徽人民出版社 1989 年版，第 130 页。

林祖涵、茅祖权、李宗黄、白云梯、张知本、彭素民、毛泽东、傅汝霖、于方舟、张苇村、瞿秋白、张秋白、韩麟符、张国焘。①

一大前，国民党并未设立监察机构。鉴于国民党纪律松弛，一些党员常不执行决议和命令的现象严重，孙中山决定严格党的纪律性。措施之一便是设立中央监察委员会。于是，在选举中央执委、候补执委后，又选举了中央监察委员会委员：邓泽如、吴稚晖、李石曾、张继、谢持，候补中央监察委员：蔡元培、许崇智、刘震寰、樊钟秀、杨庶堪。

选举结束后，孙中山主持大会闭幕式，他在《闭会词》中强调了三个“重新”，并将这三个“重新”汇聚为一个“新希望”：“我们这次在广州开会，是重新来研究国家的现状，重新来解释三民主义，重新来改组国民党的全体，从此以后，大家分到各地方，便要希望一致去奋斗。……因为见到从前的奋斗尚不充分，所以这次要开大会，把全党改组。从前奋斗不充分的原因，是由于没有办法，从此以后有了办法，就要请君担负责任，拿这个办法，去替国人发生一个新希望。”②

听着孙中山先生的《闭会词》，听着他谆谆教诲的三个“重新”和“一个新希望”，于方舟又不禁想到了一个自己非常熟悉的词汇——“新生”——三民主义的新生，国民党的新生，国共合作即将为中国的国民革命注入新的生机……

国民党一大闭幕后的次日，1924 年 1 月 31 日，于方舟又参加了孙中山主持召开的国民党一届一中全会。会议推选廖仲恺、戴季陶、谭平山为中国国民党中央执行委员会常务委员，处理日常事务；并设立中央执行委员会秘书处及组织、宣传、工人、农民、青年、妇女、军事、调查等“八部一处”机构。

同于方舟有着更为直接关系的是，会议还决定了中央执行委员会和各地执行部直接管辖区域，并分派中央执委、监委驻中央或各地行使

① 肖效钦：《中国国民党史》，安徽人民出版社 1989 年版，第 130 页。
② 苏杭、苏若群：《绝密档案 · 第一次国共合作内幕》，人民日报出版社 2011 年版，第 187、188 页。

职权：

中央执行委员会

直辖区域：广东、广西、云南、福建

中央执委：廖仲恺、李烈钧、戴季陶、谭延闿、杨希闵、邹鲁、谭平山

候补执委：邓家彦、李宗黄、林祖涵、彭素民

中央监委：邓泽如

候补监委：刘震寰、许崇智、樊钟秀、杨庶堪

北京执行部

直辖区域：直隶、山西、热河、察哈尔、绥远、河南、甘肃、新疆、青海、内蒙古

中央执委：李大钊、石瑛、于树德、王法勤、丁惟汾、恩克巴图

候补执委：于方舟、张苇村、韩麟符、张国焘、傅汝霖、白云梯

中央监委：李石曾

候补监委：蔡元培

上海执行部

直辖区域：江苏、安徽、浙江、江西

中央执委：胡汉民、汪精卫、叶楚伧、于右任、张静江

候补执委：毛泽东、邵元冲、沈定一、茅祖权、瞿秋白

中央监委：张继、吴稚晖、谢持

汉口执行部

直辖区域：湖北、湖南、陕西

中央执委：覃振

候补执委：张知本

四川执行部
直辖区域：四川、贵州、西藏
中央执委：熊克武、石青阳

哈尔滨执行部
直辖区域：辽宁、吉林、黑龙江
中央执委：居正
候补执委：张秋白①

于方舟将随李大钊等返回家乡，致力于京、津、冀、晋、热、察、绥、豫、甘、新、青、蒙的国民革命运动。

《中国共产党历史（第一卷）》第三次提到于方舟，是在第二编第四章第三节“开创革命的新局面”中：“共产党员加入国民党后，在各地积极帮助创建和发展国民党组织，使国民党在全国范围内得到空前的大发展。到1926年1月，国民党已有正式省党部11个，特别市党部4个，正在筹备的省党部8个，除新疆、云南、贵州等少数省、区外，已在全国大多数省、区建立起党部组织。这些党部大都是以共产党员和国民党左派为骨干建立起来的，其中许多党部的实际负责人是共产党员。如北京执行部的李大钊、于树德，汉口执行部的林祖涵、李立三、项英，湖北省党部的董必武、陈潭秋，湖南省党部的何叔衡、夏曦，浙江省党部的宣中华、沈定一，四川省党部的吴玉章，直隶省党部的于方舟、李永声，江苏省党部的侯绍裘，陕西省党部的杨明轩、刘含初，热河（时为特别区。1928年改设省。1956年撤销，所辖地分别划入河北、辽宁两省和内蒙古自治区）党部的韩麟符。在上海执行部，毛泽东、恽代英分别主持组织部、宣传部的工作。总之，在国民党中央党部和各级地方党部的工作中，共产党人发

① 苏杭、苏若群：《绝密档案·第一次国共合作内幕》，人民日报出版社2011年版，第188、189、190页。

挥了重大的作用。”①

那么，于方舟是如何在北洋军阀统治最严酷的心脏地带建立起国民党直隶省党部的呢？

在当时的天津，国共两党的地方组织几乎同时由于方舟创立，那么创立伊始又是怎样开展合作的呢？

3.《周恩来选集》中的于方舟

《周恩来选集》上卷封面

1980年12月，《周恩来选集》由人民出版社出版。

8个月后，中国青年出版社便出版了《星汉灿烂·〈周恩来选集〉上卷中的烈士传略》一书。

该书在《编者的话》中介绍：“在《周恩来选集》上卷的许多文章中，周恩来同志以深厚的无产阶级感情，追怀和悼念在民主革命期间为中国人民的解放事业英勇献身的许多革命烈士……为了帮助青年学习周恩来同志的著作和革命先辈们的高贵品质，我们将《周恩来选集》上卷讲到42位革命烈士的生平业绩，编成这本读物。”②

42位烈士中，既有李大钊、瞿秋白、张太雷、恽代英、陈潭秋、何叔衡、陈延年、彭湃、彭雪枫、王若飞、于方舟等共产党人，也有廖仲恺、杨杏佛、杨虎城、李公朴、闻一多等国民党人和民主人士。在于方舟

① 中共中央党史研究室：《中国共产党历史》第一卷（上册），中共党史出版社2011年版，第117、118页。

②《星汉灿烂·〈周恩来选集〉上卷中的烈士传略》，中国青年出版社1981年版，第1页。

传略的最后，作者写到："于方舟牺牲了。但党和人民是不会忘记他的。1943年春，周恩来在《1924年至26年党对国民党的关系》一文中，就提到于方舟，并充分肯定了他的工作。"①

重庆，渝中区中山四路的东端尽头，曾家岩50号。

1938年冬，中共代表团由武汉迁移重庆后，为便于工作，周恩来以个人名义租赁了这幢房子，作为中共中央南方局在市内的一个主要办公地点，对外称作"周公馆"。

1943年的春天，周恩来在这里为中共中央南方局干部学习会作了一次重要的报告，报告的题目即为《1924年至1926年党对国民党的关系》。在这篇后来被收入《周恩来选集》的报告中，周恩来从亲历者的角度论述了第一次国共合作中的经验与教训。

谈到第一次国共合作开始时那如火如荼的大革命，周恩来充满着兴奋与感慨的回忆："当时，国民党不但思想上依靠我们，复活和发展他的三民主义，而且组织上也依靠我们，在各省普遍建立党部，发展组织。""当时各省国民党的主要负责人大都是我们的同志，如湖北的董必武、陈潭秋同志，湖南的何叔衡、夏曦同志，浙江的宣中华同志，江苏的侯绍裘同志，北方的李大钊同志、于树德（那时是共产党员）和李永声、于方舟同志等。"②

周恩来在提到这位曾与他并肩战斗在五四爱国运动中的战友时，一定是在想象着1924年的于方舟，他和江浩、李锡九（李永声）、邓颖超等同志，曾以怎样坚苦卓绝的工作精神，点燃天津那轰轰烈烈的大革命之火……

天津的南京路，车水马龙，热闹非凡，如今已是这座城市的主干道之一。

坐落于路北的耀华中学，隔街而望便是名为"天津世纪都会"的大

---

①《星汉灿烂·〈周恩来选集〉上卷中的烈士传略》，中国青年出版社1981年版，第149页。

② 周恩来：《1924年至1926年党对国民党的关系》，《周恩来选集》上卷，人民出版社1980年版，第112、113页。

商厦。

然而，20世纪70年代之前，这里却全然没有如此繁华的景致。

据父亲说，他1964年从鞍山道小学考入耀华学校读书时，校名为“天津16中”，校门对面还是一条岸柳成荫、恬静宁谧的小河。

河曰“墙子河”。

河上的“耀华桥”正对着学校大门。那时，他常常会走过小桥，漫步河畔。

沿河缓缓西行，不远处便又有一座“张庄大桥”，名为“大桥”，其实是与“耀华桥”同等规模的小桥。两桥之间的南岸街区异常寂静，均是用胡同隔开的小楼群。胡同大都很长，两侧三、四层高的楼房鳞次栉比。

当时的父亲并未注意，就在这些胡同的网格中，有一条胡同叫“义庆里”，在他入读耀华前的40年，这里正是他外祖父于方舟同江浩、李永声等革命前辈建立国民党直隶省党部和天津市党部的地方。

根据中国共产党三届一次中央执行委员会会议通过的《国民运动进行计划决议案》精神——“国民党有组织之地方，如广东、上海、四川、山东等处，同志们一并加入；国民党无组织之地方，最重要的如哈尔滨、奉天、北京、天津、南京、安徽、湖北、湖南、浙江、福建等处，同志们为之创设”。①——于方舟随李大钊自广州返回天津后，立即开始了国民党地方组织的“创设”工作。

大革命时期革命基地旧址（已拆除）

中共河北省委党史研究室田超在描述“国民党党部在北方的建立”时写到：“国民党一大后，回到北京的李大钊，立即着手部署北方国民党组织的筹建和改组工作。李大钊和中共北京区委决定：首先在直隶没有党组织的地方先发展国民党员，后发展青年

①《中共中央文件选集》第1册，中共中央党校出版社1989年版，第200页。

团员，再发展共产党员的方针。1924 年 2 月，于方舟（共产党员、国民党中央候补执行委员）、江浩（共产党员、同盟会员、国会议员）、李锡九（共产党员、同盟会员）等人在天津；韩麟符等到热河分别筹建国民党组织。不久，国民党直隶省临时党部（国民党北京执行部成立后改为省党部）和天津市党部成立，内设常务、组织、宣传、青年、农工、妇女等部。国民党直隶省临时党部的委员全部由共产党员担任，常务部长江浩、组织部长李锡九、宣传部长于方舟、青年部长李逸、农工部长张兆丰、妇女部长邓颖超。”①

墙子河边的义庆里 40 号为一幢砖木结构的二层青砖小楼，上下共有六个房间，前后都有门可进出，面积 114 平方米。

“在大革命时期的 1924 年至 1926 年间，这座小楼曾是国民党直隶省党部和天津市党部所在地……于方舟、安幸生、卢绍亭、江浩、邓颖超等人，经常在这里开会。”②

新中国成立后，天津市人民政府曾将这里以“大革命时期天津革命基地之一”命名，列为天津市级文物保护单位。如今，经中共天津市和平区委党史研究室考证：“大革命前后天津革命基地旧址已拆除，现为天津世纪都会。”③

义庆里小楼虽已不复存在，但是，关于这座小楼的记忆与故事却永远不会泯灭：

——《中共北方区委历史》：“国民党一大后，于方舟等受命筹建国民党直隶省党部和天津市党部。天津的共产党员和社会主义青年团员按照党的指示以个人身份加入国民党，为国民党组织的建立打下了基础。经过于方舟、江浩、李锡九等人的努力，1924 年 2 月底，在英租界义庆里 40 号秘密成立国民党直隶省临时党部和天津市党部。”④

---

① 田超：《中共四大精神在北方的贯彻执行》，见中共上海市委党史研究室：《力量之源》，上海人民出版社 2015 年版，第 413 页。

② 中共天津市委党史研究室：《红色印迹》，中共党史出版社 2007 年版，第 54 页。

③ 中共天津市和平区委党史研究室：《大革命前后天津革命基地旧址》，《天津日报》2015 年 2 月 11 日。

④《中共北方区委历史》，中共党史出版社 2013 年版，第 144 页。

——《中共天津党史大事记》："国民党天津市党部常务部长由于方舟兼任，组织部长为张宝泉，宣传部长为崔溥，青年部长为王乃宽，农工部长为李培良，妇女部长为王贞儒。省、市党部机关设在英租界义庆里40号。"①

——邓颖超（时为国民党直隶省党部妇女部长）："1924年到1925年间，国民党直隶省党部、市党部主要有哪些成员？我只记得国民党和共产党合作时，直隶省党部中有于方舟、李濂琪、我（邓颖超）、江著源、李立三。李立三又名李锡九（秘密党员），他当时留胡子，是我们当中的老人，他一直坚持进步，中华人民共和国成立时是全国政协委员，50年代在北京逝世。当时大家是怎样分工的？我不知道，为什么呢？因为当时很保密，问事可以，问人不行。我当时是国民党省党部委员，妇女部长，还担任了天津地委妇女部长。我在党内外的分工是一致的。"②

——刘清扬（时为天津《妇女日报》总经理、中共北京区委妇女运动委员会书记）："我们觉悟社人员离开天津后，大钊同志就与新生社于方舟、韩麟符联系上。1924年1月于方舟与大钊同志共同参加国民党一大，回来后于方舟建立直隶省国民党省党部，开展工农群众运动。1923年我回国，通过于树德与大钊先生联系，大约在1924年2月。而在达仁小学附近一旅馆中开会，有于方舟、邓颖超。我也参加了天津党与团的组织，年岁大的为党员，年轻的是团员，邓担任妇女部主任，1925年后是王贞儒，党机关在普爱里和义庆里。"③

——吕职人（时为国民党直隶省党部秘书）："同时用李允中的名义租赁了英租界张庄桥附近义庆里40号，作为国民党直隶省党部和天津市党部的筹备机关，也作为国共两党与各方面联系工作的交通站，于方舟和李锡九就住在这里。这时的北方，国民党还处在秘密活动之中，直隶省党

---

① 中共天津市委党史资料征集委员会：《中共天津党史大事记》，天津人民出版社1991年版，第49页。

② 中共天津市委党史资料征集委员会：《天津女星社》，中共党史资料出版社1985年版，第2、3页。

③ 刘清扬：《津京党组织建立的有关情况》，见天津市档案馆：《中共天津历史档案选编》，天津人民出版社2011年版，第613页。

部与各县党部的通信和工作指示均用‘李允中’三字为省党部的化名进行联系。”①

——赵达（时为国民党直隶省党部妇女部工作人员）：“国民党省市党部在40号。吕职人是省党部秘书。住在40号的有地委交通科长周世昌夫妇，我管他爱人叫大嫂子，职人夫妇也住在一起，我管他爱人叫二嫂子。在40号时，送走一部分学生到广东农民运动讲习所（如张明远等），那时农运最发达，在搞农民协会，他们在天津办手续，共受训3个月。再一次是送一批学生到苏联中山大学学习，是地委讨论的，省党部也参加了，讨论送什么样的人（党内培养干部是送东方大学）……”②

——王紫树（时为直隶省文安县左各庄小学教员、中共文安县特别支部负责人），“1924年考入天津直隶省立第一师范，在校期间要求进步，积极参加各种进步活动。后来到天津义庆里40号听于方舟（早期共产党员）讲革命道理，从中得到了教育，了解到各阶层的政治状况，进一步坚定了革命方向。师范肄业后回到本县左各庄小学任教，以教学身份作掩护，做党的秘密工作。1926年4月经北方区委选派到广州参加毛泽东主办的第六届农民运动讲习所学习，受到了很大的启蒙教育，9月结业。回到文安县后，组织文安县的中共党员在左各庄小学秘密召开会议，传达上级的指示。经上级党委批准，于10月建立了中国共产党文安县特别支部，王紫树是特别支部负责人之一。25岁时牺牲。”③

宁谧的墙子河……

静默的张庄桥……

隐秘的义庆里……

这里，是天津大革命的决策策源地——很多活动的策划、筹备、酝酿、讨论、部署，均在这里运筹帷幄。

这里，是天津大革命的交通联络站——各地大批的函件和印刷品邮寄

---

① 吕职人：《回忆李锡九先生》，见《天津文史资料选辑》第34辑，天津人民出版社1985年版，第18、19页。

② 赵达：《天津党活动情况》，见天津市档案馆：《中共天津历史档案选编》，天津人民出版社2011年版，第597页。

③ 河北省文安县地方志编纂委员会：《文安县志》，中国社会出版社1994年版，第711页。

到这里，外地来津的同志也到这里联络、住宿。

这里，是天津大革命的干部培训班——许多同志在这里经过培训，被派往广州黄埔军校和农民运动讲习所，有的还被送到苏联去学习。

这里，是天津大革命的理论宣传网——从理论学习的安排到宣传活动的策划，从标语口号的起草到报纸稿件的处理，都在这里紧张忙碌而又有条不紊地进行。

正如蔡和森所言："在北方作了民党改组的意义和民党改组后新政纲对于革命意义的宣传，使北方知识分子及一般民众改变以前对民党厌恶的观念，并且接近民党和倾向民党的态度，使民党的组织由南方推广到北方，全国都有新的革命组织，使全国民众意识都集中到民党的组织之下。"①

1924 年 5 月 10 日至 15 日在上海召开的中共三届三中全会扩大会议通过《共产党在国民党内的工作问题决议案》，对直隶省和天津市的工作予以高度肯定和良好评价："国民党临时省党部已成立，为我们同志主持，情形最好。"②

甚至在美国学者斯塔夫里阿诺斯所撰写的《全球通史》中，也提到了中国国民党改组这精彩的一笔："在改组国民党的过程中，孙通过由国民党代表大会选举产生的中央执行委员会开始控制了该党。国民党这时首次能作为一个从总部到最小的支部的纪律严明的单位发挥作用。"③ 于方舟，作为此文中提到的"中央执行委员会"中的一员，在国民党"首次""发挥作用"的辉煌时刻，披肝沥胆地工作着……

正是这段艰辛而又难忘的历程，被他昔日的战友周恩来，在山城重庆 1943 年的那个春天深情地追忆……

---

① 蔡和森：《中国共产党史的发展（提纲）》，见《中共党史报告选编》，中共中央党校出版社 1982 年版，第 59 页。

② 中共天津市委党史资料征集委员会：《中共天津党史大事记》，天津人民出版社 1991 年版，第 53 页。

③ ［美］斯塔夫里阿诺斯：《全球通史 · 1500 年以后的世界》，上海社会科学院出版社 1992 年版，第 646 页。

4. 揭开尘封的密档

天津，海河北岸。

1924 年的初春，这里依然寒意料峭。

然而，毕竟已是冬去春来了，46 名分散行走于元纬路和黄纬路一带的男女青年，已无法抑制萌发于心头的融融暖意。

这46 名青年中，有昔日觉悟社社员邓颖超、王贞儒，新生社社员于方舟、韩麟符、安幸生、卢绍亭、陈镜湖，李培良，也有江浩先生的长子江震寰，还有经于方舟介绍即将成为黄埔一期军校学生的蒙古族农民儿子白海风（蒙古名“都固仁仓”）。

他们从这座城市的四面八方，匆匆赶往海河北岸，究竟要做些什么呢？

2 月初，自广州返回天津后，于方舟立即着手进行国民党党部的筹建工作，并很快在当月，就同江浩、李锡九秘密创建了国民党直隶省临时党部，地点设在英租界的义庆里 40 号。根据“李大钊和中共北京区委决定：首先在直隶没有党组织的地方先发展国民党员，后发展青年团员，再发展共产党员的方针”①，3 月初，李大钊即派韩麟符从北京赶来，以团中央特派员②的身份，主持召开中国社会主义青年团天津地方执行委员会成立大会。

这是一份早已尘封的密档——写于 1924 年 3 月 12 日的《团天津地方执行委员会成立致中央执行委员会的报告》：

中央执行委员会：

天津 S. Y. 同志于 1924 年 3 月 9 日照章组织天津地方执行委员会，开

① 田超：《中共四大精神在北方的贯彻执行》，中共上海市委党史研究室：《力量之源》，上海人民出版社 2015 年版，第 413 页。

② 中共天津市委党史资料征集委员会：《中共天津党史大事记》，天津人民出版社 1991 年版，第 49 页。

成立大会于高等工业学校。到会者45人，由韩麟符担任会议主席，照章选出委员5人：于方舟、李廉祺、崔溥、王乃宽、张宝泉。候补委员5人：王贞儒、张儒林、卢硕棠（卢绍亭）、谢曦、邓颖超。

特此报告。

通讯地址：天津黄纬路高等工业学校卢硕棠转于方舟。

天津地方执行委员会

1924年3月12日①

到会的45人，为当时天津全部的社会主义青年团团员：卢绍亭、李逸（李廉祺）、邓颖超、安幸生、江震寰、王贞儒、于方舟、崔溥、王乃宽、张宝泉、李培良、陈印潭（陈镜湖）、张儒林、谢曦、马季康、杨特敢、史中大、苏介肴、白建章、武汉、宋林甫、阎明、周宗莲、白马芳、周有志、梁养正、雷振甲、张昌旭、宋耀先、白海风、董崇高、克继武、王富国、卢文焯、卢光天、刘作民、陈镜清、于蛰先、石之琳、江成获、张仲超、马介人、符琇、武思我、董汝成。②

从选举结果看，团地委的领导成员，恰为不久前刚刚成立的国民党省、市党部的主要骨干。

团地委委员中，于方舟为国民党省党部宣传部长兼市党部常务部长，李廉祺（李逸）为国民党省党部青年部长，崔溥为国民党市党部宣传部长，王乃宽为国民党市党部青年部长，张宝泉为国民党市党部组织部长。

团地委候补委员中，邓颖超为国民党省党部妇女部长，王贞儒为国民党市党部妇女部长。

大量优秀青年的加入，为国民党注入了勃勃生机……

天津青年的中坚力量即将肩负起国民革命的重任……

当年天津团地委的一批秘密档案，均珍藏于中央档案馆，2011年终

① 天津市档案馆：《中共天津历史档案选编》，天津人民出版社2011年版，第5页。

② 中共天津市委党史资料征集委员会：《中共天津党史大事记》，天津人民出版社1991年版，第49页。

社会主义青年团天津地委成立大会会址

于由天津档案馆和中共天津市委党史研究室选编出版，对外公开。这其中有几份于方舟亲笔起草的报告，十分珍贵。

这是天津团地委成立后，于方舟亲笔写给团中央的一份报告：

钟英（指团中央）兄：

4月7日、4月12日手书及通告31号均悉。

津地委已于16日互分职务，结果：于方舟委员长，李廉祺秘书，张宝泉会计，崔溥宣传，王乃宽教育。

对于通告事项之筹备如下：

“五一”下午6时（因过早工人未放工不能到会）假地开会，由同志于可能范围内多约工人到会，演说“五一”与工人关系，并拟照通告所定办法散放传单（但需临时斟酌情形，因津正进行工人补习学校，如此日声势过大，工人将不敢与我辈接近）。

“五四”由学生联合会筹备纪念（现本团同志已要求国民党组学生运动委员会，委员皆我同志；重组学联会，援助北洋保定女师及纪念“五七”）或可作一游行。

“五五”则由C. P. 及本团同志请马克思派学者讲演。

“五七”日津同志已号召市民筹备纪念，同志从中指导，务使放大对日眼光而为对英对美。此日因津市民气甚盛，结果当不恶。

国民运动津同志尽力甚多，结果亦好。

俟有具体事实当再详告，或请指导。专此即祝努力。

4月20日

于此信待发之时收到32号通告及北京转来之团刊第7号，适开支部书记会议，决定于下星期日（27日）假第一中学开全体地方团员大会，并于前一日（星期六）改组地委（按新决议）。详容续报。

天津同志于本团工作外多任国民党工作。而地委诸同志全任国民党各种委员，天津国民党可说无别种势力在内。国民党省委员除本团同志外皆C. P. 同志，以此进行甚利。谨此附告。敬祝努力。

方舟

廉祺（舟代）

4月20日①

在于方舟等人的细致部署和亲自领导下，天津于1924年5月拉开了国共合作时代的帷幕，奏响了大革命恢宏交响的序曲。此时，正值中共中央特派员蔡和森在天津向于方舟下达负责组建中共天津地方执行委员会的指示②。蔡和森的到来为天津这个红色宣传月增添了更为亮丽的色彩——

5月1日：为纪念“五一”节和京汉铁路罢工中被枪杀的施洋烈士，天津党、团组织发动各界举行了游行示威。《妇女日报》专门出版了《五一纪念特刊》，号召劳动者“联合起来，组成一个坚强的团体”，为争取应得的权利，实现劳工专政和共产主义而奋斗。③

5月4日：天津党、团组织通过学联出面召开了有700余人参加的纪念大会。邓颖超以亲历者的身份在会上作了题为“五四之经过史”的报告：“专程来津的蔡和森、马叙伦以及于方舟、黄勖志等发表演说。会议还讨论了取消一切不平等条约及援助北洋大学学潮等议案。同日，《妇女日报》刊登《五四与妇女运动》，阐明了学运与妇运的关系。”④

---

① 天津市档案馆：《中共天津历史档案选编》，天津人民出版社2011年版，第6页。

② 中共天津市委党史资料征集委员会：《中共天津党史大事记》，天津人民出版社1991年版，第52页。

③ 中共天津市委党史资料征集委员会：《中共天津党史大事记》，天津人民出版社1991年版，第52页。

④ 中共天津市委党史资料征集委员会：《邓颖超与天津早期妇女运动》，中国妇女出版社1987年版，第664页。

5月5日：天津党、团组织举行报告会，纪念马克思诞辰106周年，蔡和森应邀到会发表演说。刘清扬也在《妇女日报》头版发表纪念文章，指出："我们应该纪念他是一个大经济学者，因为他在经济学上发明了独特的价值论和剩余价值说，我们应该纪念他是一个大社会学者，大历史、哲学者，因为他发明了唯物的历史观，使我们懂了人类社会历史运动底原则，使我们懂了研究社会学、历史学之科学的方法，我们应该纪念他是一个最有力的社会主义者，因为他发明了阶级斗争说和劳工专政说，使全世界无产阶级都得了自救的方针"，号召人们学习马克思，"做一个苦战奋斗的战士"。①

5月7日：是袁世凯承认亡国21条的国耻纪念日。中午12时，全市80余群众团体及市民2万余人，在南开操场召开了纪念"五七"国耻市民大会，通过了包括邓颖超提议的"通电全国，驱逐外国驻华三大舰队"，王贞儒提议的"截止交纳庚子赔款"等议案。下午3时许，人们挥动小旗，高喊"挽回国权，收回国土""反对一切不平等条约""反抗帝国主义侵略"等口号，举行了全市大游行。②

此前，党团组织于4月14日、27日两次召开纪念"五七"筹备会，推举于方舟、邓颖超起草抗议日本及英、美、法侵略中国的传单，通过了"五七"游行时的口号。③

于方舟亲笔所写的另一份报告是这样的——

钟英兄：

4月26日接33号通告。同日地委同仁按新章重新分配工作，结果：秘书于方舟，组织张宝泉，宣传崔溥，农工王乃宽，学生李逸，即李廉祺。

---

① 中共天津市委党史资料征集委员会：《中共天津党史大事记》，天津人民出版社1991年版，第53页。

② 中共天津市委党史资料征集委员会：《邓颖超与天津早期妇女运动》，中国妇女出版社1987年版，第397页。

③ 中共天津市委党史资料征集委员会：《中共天津党史大事记》，天津人民出版社1991年版，第53页。

天津地方已成支部6处：第一，工业专门学校，分4组；第二，法政专门学校，分3组；第三，南开中学，分3组；第四，汇文中学；第五，官立中学（即省立第一）；第六，达仁女学，［以上］皆未分组。此外尚有邮政总局、扶轮中学、南开大学皆未成立支部。地委同仁已按时分配每周列席各支部开会。

27日假官立中学理化教室开全体大会。到会者42人，因病及事不到者4人，3人未请假不到。是日开会内容：

1. 报告中央通告即天津经过——于方舟。
2. 各支部书记报告各支部概况。
3. 解释第二次决议案及宣言——李逸。
4. 解释纪律问题及［国］民党事项（团刊7号）——崔溥。
5. 说明在津活动范围、方法及态度——方舟。
6. 各支部开具名单。
7. 规定各支部常会。
8. 批评内政——C. P. 同志李立三（李锡九）。
9. 说明外交问题——王卓吾（王贞儒）。
10. 说明对太戈尔之态度——谢曦。
11. 中俄交涉——张儒林。
12. 解释“五一”、“五五”及报告纪念方法——邓颖超。
13. 自由发表意见。
14. 收团费。

此日决议案有六：

1. 同志每人每日以一小时（至少）作宣传工夫［作］。
2. 努力协助各学校学生会及天津学生联合会成立。
3. 鼓吹“五七”日示威运动。
4. 印调查表分与各同志调查天津工厂及工人。
5. 各支部设立售卖书报部。
6. 努力协助妇女运动——整顿女权运动同盟。

是会历时3小时，同志精神甚盛。日来正努力筹备“五一”、“五四”、“五五”、“五七”，过后详情当再报告，以请指导。

新章既规定分伍［五］各［个］部工作，如事繁之部（如学生）可否由地委指定同志（非委员）协助？望复示！新同志加入经过章定手续后是否立时报告中央？如需立时报告，是否即用调查表寄上，若如此，则新加入不满一表，亦须寄上一张，则此地调查表将不敷用，如何之处请示知！此上。即祝努力。

钟英通讯处请示知！中夏兄转方便否？

方舟

4月28日[1]

这份报告揭示，在紧张筹备5月活动的同时，团地委的工作也安排得非常细致，细致到发展新团员向团中央是一人一报还是一批一报。这也向我们透露出，尽管当时尚属党及青年团的初创期，却已显示出组织的严密和纪律的严明

更为重要的是，天津团组织正在迅速健全；团员们所关心的社会问题，既有内政，又有外交，的确已将国家的命运和民族的危亡时时牵挂在了心上；学生运动、妇女运动、反帝爱国运动都已提上了议事日程；并且，难能可贵的是已经开始自觉地深入工厂，到工人群众中去了解他们的疾苦与屈辱……

另一封亲笔信是化名“老渔”写给邓中夏的，已在前文中披露，这里不再赘述。

这批秘密档案中还有天津团地委其他同志代于方舟写给团中央的报告，从中可以看到于方舟密集的工作印迹——

1924年7月的报告：

组织工作方面，截止6月30日，天津团员已发展至65人。

团员教育方面，规定《团刊》、《向导》、《中国青年》为每人必须订

---

① 天津市档案馆：《中共天津历史档案选编》，天津人民出版社2011年版，第6、7页。

阅刊物；《社会主义讨论集》《达尔文主义与马克思主义》《马克思学说概要》《共产党宣言》为团员初步必读书籍。

宣传工作方面，每人每日至少须以一小时时间读关于主义之书籍或宣传主义于非团员；积极参加天津平民教育运动，尽力去担任教员，实行向无产阶级宣传；组织学术讲演会，每二周举行公开讲演一次，专为宣传革命思想及社会主义，除学术讲演会外还拟建立“社会科学研究会”。

农工运动方面，号召团员暑假返乡时实际参加农民生活，调查其实际真正生活状况，并就各地的需要和实际所受痛苦、压迫入手向农民宣传，尽力在各地组织平民学校以助宣传；号召团员着手调查各工厂详情及工人生活状况，在各工厂内组织平民学校，在各学校内组织校役夜班，并协助C. P. 做工人运动的筹划，分头联络、接洽工人……①

1924 年 10 月 22 日的报告：

10 月 19 日召开了天津团地委改组大会。

于方舟就“在粤开会情形及右派反动高潮”“在沪 C. P. 会议案及宣传的解释”“津地过去的半年”“此次东南、东北战争之背景（帝国主义真面具）”等四个议题作了报告。

那么，于方舟在报告中提到的“在粤开会”，究竟是一次怎样的会议？他所提到的“情形”，又是怎样的一种情形？而“右派反动高潮”，又是指的什么事件呢？

这些内容，在天津以往的近现代史和党史研究中似乎鲜有涉及与披露。

5. 一幅曾被误读的珍贵照片：20 名与会代表同孙中山的合影

这幅照片首现于李宗黄所编的《中国国民党史》，系该书的首页插图。

当时的文字说明，是孙中山同国民党一届一中全会与会代表的合影。然而，国民党一届一中全会的会期是 1924 年 1 月 31 日至 2 月 6 日，当为

① 天津市档案馆：《中共天津历史档案选编》，天津人民出版社 2011 年版，第 9、10 页。

冬季。广州虽无严冬，却也不应如这幅照片上人物的衣着——身着夏衣，手持草帽。

但是，这样的衣着却与国民党一届二中全会召开的时间与季节相吻合——1924年8月15日至9月1日。为此，有学者在考证季节与会期后进一步指出："同时确认后排左三为共产党人瞿秋白，他在这次会议上力驳国民党右派的所谓'弹劾共产党案'，因此这幅照片具有有重要的历史价值。"①

除以上可作为佐证该照片弥足珍贵的元素外，笔者还认为，国民党第一次全国代表大会后共召开过三次全会，其中一届三中全会召开时，孙中山先生已经谢世。也就是说，孙中山先生本人仅参加过两次全会，而一届二中全会是他最后一次召开全会，所以这幅照片尤为珍贵。

虽然李宗黄编《中国国民党史》对此幅照片的时间说明有误，但对人物的说明是正确的。

1924年8月15日至25日，国民党中央执行委员会一届二次会议在广州召开，讨论"国民党内之共产派问题"图为孙中山同与会者合影。前排左起邓泽如、张继、恩克巴图、廖仲恺、柏文蔚、孙中山、谭延闿、刘震寰、李烈钧、白云梯、丁惟汾；后排左起：邹鲁、覃振、瞿秋白、傅如霖、沈定一、韩麟符、于方舟、张苇村、李宗黄、王法勤。

那么，与孙中山合影的这20人都是怎样的人物呢？

除本传记传主于方舟和他的挚友韩麟符无须再作介绍外，现对其他

① 王耿雄：《孙中山历史照片辨误》，《团结》2002年第2期，第33页。

18 人速写如下：

邓泽如（1869—1934），名文恩，字远秋，号泽如。广东新会人。清光绪年间，以契约劳工身份到马来西亚，逐步发展为南洋知名实业家。1907 年加入同盟会，任马来西亚分会会长，积极为孙中山领导的革命筹款。1920 年 11 月应召回国，任广东军政府内政部矿务局长兼广东矿物处长。1923 年 10 月被孙中山指定为国民党临时中央执行委员会九委员之一，参与国民党改组事务。1924 年 1 月在国民党一大当选中央监察委员。1924 年 6 月他与张继、谢持等上书孙中山，反对联俄、联共政策，弹劾共产党，抹黑国共合作。孙中山逝世后，又与胡汉民等多次策划“清党”，支持西山会议派的反共活动。1927 年 4 月，积极促使蒋介石发动四一二反革命政变。1934 年 12 月 19 日病逝于广州。

张继（188—1947），字溥泉。直隶（河北）沧县人。1905 年在日本加入同盟会。1911 年回国，任同盟会本部交际部主任。1916 年任孙中山护法军政府驻日代表。1921 年任国民党广州特设办事处干事长，中国国民党宣传部部长，北京支部部长。他曾是国共合作的积极倡导者，1922 年 9 月经他介绍，孙中山亲自主盟，陈独秀、李大钊等先后正式加入国民党。同年 11 月 5 日，他携孙中山亲笔信函从上海到北京会晤越飞，商讨联俄容共问题。1923 年 10 月他同李大钊等五人，被孙中山委任为国民党改组委员。1924 年 1 月，当选为国民党一大中央监察委员。此后便成为参与国民党右派分裂活动的积极分子。1924 年 6 月 19 日，与邓泽如、谢持等联名向孙中山及中央执行委员会提出“弹劾共产党案”，受到孙中山斥责。1925 年 11 月，积极参与国民党右派西山会议派活动。1928 年后，历任国民党南京政府立法院副院长、北平政治分会主席、国民党党史史料编纂委员会主任委员、国史馆馆长等职。1947 年 12 月 15 日病逝于南京。

恩克巴图（1882—1944），字子荣。蒙古族。内蒙古察哈尔人。早年出家在北京雍和宫当喇嘛。清末留学日本。民国初年开始追随孙中山从事民主革命活动。1924 年 1 月当选为国民党一大中央执行委员，2 月任国民党察哈尔省临时执行委员会筹备员。1925 年参加通电反对西山会议。此后，曾任中央监察委员、南京政府立法委员、国民政府委员等。1928 年在国民党中全会上提出实行蒙古民族自治。1939 年 8 月同汪精卫合流，任（汪派）国民党中央委员。1940 年为汪伪国民政府要员。1944 年病逝。

廖仲恺（1877—1925），原名恩煦，又名夷白，字仲恺。广东归善（今惠阳）人，生于美国旧金山华侨家庭。1903 年留学日本时结识孙中山，其后参加了辛亥革命、二次革命、反袁护国斗争、两次“护法”运动。1923 年初，受孙中山委派飞赴日本同苏俄政府特使越飞会谈，促成“孙文越飞联合宣言”的发表；同年 1 月任广东省省长，受孙中山委托开始致力于国民党的改组和国共合作的推进；10 月中旬同李大钊等 5 人奉孙中山特令，担任筹划改组国民党事宜的改组委员。1924 年 1 月当选为国民党一大中央执行委员，并在大会上发言支持国共合作：“彼（指共产党员）等加入，是本党一个新生命”，“彼等亦不是来拖累我们的，是与我们同做国民革命功夫的。”孙中山逝世后，廖仲恺忠实执行孙先生的遗嘱，继续同中国共产党亲密合作，在国民党内起到了中流砥柱的作用。1925 年 8 月惨遭国民党右派暗杀，为革命流尽最后一滴血。

柏文蔚（187—1947），字烈武。安徽寿县人。1905 年加入同盟会，辛亥革命时任革命军第一军军长、北伐联军总指挥。1913 年宣布安徽独立，讨伐袁世凯。1923 年，孙中山指派他参加改组国民党。1924 年 1 月当选国民党一大中央执行委员，他在国民党一大所作的军事报告，对正式形成第一次国共合作起到积极作用。之后赴北方策动军队，为北伐做准备。1925 年春，奉命赴河南，协调国民革命军第二军、第三军的团结，并应李大钊之邀，为胡景翼国民二军创办的“北方联合军校”担任校长。1927 年蒋介石发动反革命政变，捕杀共产党人，柏文蔚强烈反对，率军通电宣布拥护孙中山的“联俄、联共、扶助农工”三大政策，敦促蒋介石下野。被撤销军长职务后，仍掩护、营救了许多共产党人。1937 年卢沟桥事变后，数次请缨抗日均未获准，曾作春联贴大门：“渴望国共合作，倭奴奸暴终必灭；吾神威灵显化，土豪劣绅不容昌。”1947 年登报声明辞去国民党中央执委和国民政府委员等职，以示同蒋介石独裁统治的彻底决裂。同年 4 月 26 日病逝于上海。

谭延闿（1880—1930），字组庵。湖南茶陵人，生于浙江杭州。1902 年中举人，1904 年中进士。1911 年武昌起义后，任湖南军政府参议院议长、民政部长、湖南省都督。1915 年参与护国运动。1916 年任湖南省长兼督军。1924年1月当选国民党第一届中央执行委员会委员、中央政治委员会委员兼大本营秘书长。1925年参加通电反对西山会议。1930年病逝于南京。

刘震寰（1890—1972），原名瑞廷，字显臣。广西马平人。1911年加入同盟会。武昌起义后在柳州起义，任右江国民军第一支队司令。1923年受孙中山密约任西部讨贼军桂军总司令，与滇军总司令杨希闵挥军南下，驱逐陈炯明出广州。1924年1月当选国民党第一届候补中央监察委员。后居香港，于1972年病逝。

李烈钧（1882—1946），字侠如，号侠黄。江西九江人。青年时期便追随孙中山革命。1911年辛亥革命爆发后，被推任江西都督副参谋长、海陆军总司令。1912年中华民国成立，被孙中山任命为江西都督。1924年1月参加国民党一大被选为中央执行委员。拥护孙中山提出的“联俄、联共、扶助农工”三大政策。1924年11月随孙中山北上至天津。1931年九一八事变后，主张对日抗战。1946年病逝重庆，周恩来、董必武、邓颖超等亲往吊唁。

白云梯（1894—1980），字巨川。蒙古族，内蒙古卓索图盟喀喇沁中旗（今赤峰市宁城县）人。1911年入北京国文专修馆。1912年入北京蒙藏学校。1918年赴广东参加孙中山召开的非常国会，追随孙中山从事革命活动。1924年1月当选国民党一大中央候补执委。11月随孙中山北上，奉命在内蒙古开展国民党党务活动。他同时积极筹组内蒙古人民革命党，1925年10月出席内蒙古人民革命党第一次代表大会，当选为中央委员会委员长。1927年9月发表“内蒙古国民党反共宣言”，11月抵南京，历任国民党中央候补执委、执委、国民政府委员、中央政治会议委员。1948年任蒙藏委员会委员长。1949年赴台湾，1980年病逝。

丁惟汾（1874—1954），字鼎丞。山东日照人。1903年入保定留日预备学校，次年赴日留学，追随孙中山参与反清革命活动。同盟会成立后被推为山东省主盟人。中国共产党成立后，他竭力支持孙中山进行国共合作，与廖仲恺被称为孙中山的“左膀右臂”。1924年1月当选国民党一大中央执行委员。后与李大钊一起负责国民党北京执行部工作。1925年参加通电反对西山会议。1928年，陈立夫、陈果夫在蒋介石的授意下，制造出“蒋家天下丁家党”的说法，发动清党和改造国民党运动，排挤丁惟汾，但他一直担任国民党中央执委。1949 年去台湾后，任国民党评议委员会委员。

邹鲁（1885—1954），原名澄生。广东大埔人。1908 年策划广州新军起义。1911 年武昌起义后，与朱执信、陈炯明、胡汉民在广州起义。1923 年出任孙中山总统府财政厅长。1924 年任国立广东大学（现中山大学）首任校长。同年当选国民党一大中央执委、青年部长。1925 年 11 月参与发起西山会议。1949 年经香港抵台湾，任国民党中央评议委员。1954 年在台病逝。

覃振（1884—1947），字理鸣，原名道让。湖南桃源人。早年留学日本。曾任同盟会总部评议员、武昌首义湘桂联军督战官，大元帅府参议等。1924 年当选国民党一大中央执委并主持汉口执行部。后参与西山会议。1932 年曾代理立法院院长。1947 年病逝于上海。周恩来曾于 1947 年 2 月专程到上海看望病中的覃振。

瞿秋白（1899—1935），原名瞿霜。祖籍江苏宜兴，生于常州。1916 年起在北京大学旁听。1917 年 9 月考入北京俄文专修馆。五四运动中为专修馆学生总代表，参加北京大中学校学生联合会，成为北京学生爱国运动领导人之一。1920 年初参加李大钊组织的马克思学说研究会。1921 年 5 月在莫斯科经张太雷介绍加入联共（布），1922 年 2 月转为中国共产党党员。1923 年在中共三大当选为中央执委。1924 年 1 月出席国民党一大，当选中央候补执委。1925 年在中共四大当选为中央委员、中央局委员。1927 年 8 月任中共中央临时政治局委员、常委、主席。1928 年 7 月在中共六届一中全会上当选为中央政治局委员，同年当选为共产国际执委会委员，在苏联任中共驻共产国际代表团负责人。1930 年 8 月回国，任中央总行动委员会委员、主席团成员，中共中央宣传部部长。1931 年 1 月在中共六届四中全会上被解除中央领导职务后，同鲁迅一起在上海领导左翼文化战线的斗争。1934 年初进入中央革命根据地。同年 10 月中央红军主力长征后，留在南方坚持游击战争。1935 年 2 月在福建长汀被国民党军队逮捕，同年 6 月 18 日慷慨就义。

傅汝霖（1895—1985），字沐波。黑龙江汤原人。北京大学毕业。

1924 年当选国民党候补中央执委。1925 年参加西山会议。1932 年任国民政府立法委员。1934 年任国民政府内政部常务次长。曾任中央银行经济研究处处长，1935 年参与币制改革。1937 年中国实业银行改组为官商合办银行，傅任董事长。后寓居美国，1985 年 3 月 1 日病逝。

沈定一（1883—1928），号玄庐。浙江萧山人。1920 年与陈独秀、李达在上海组建共产党早期组织。1924 年 1 月在国民党一大当选中央候补执委，3 月回浙江组建国民党浙江省临时党部。1925 年 1 月却转而在中共四大上指责党的路线，反对国共合作；同年 5 月赴广州出席国民党一届三中全会，又与戴季陶一起反对国共合作，主张反共；11 月再到北京参加西山会议。1927 年大革命失败后还参与“清党”，并建立专门关押共产党人和革命志士的浙江省反省院，亲任院长。1928 年 8 月突遭枪杀去世。

张苇村（1898—1935），名行海，字苇村。山东郯城人。早年投考保定军官速成学校，在校期间加入国民党。1924 年在国民党一大当选候补中央执委。回山东后组织国民自治军第一路军响应北伐军。后成为 CC 系主要成员。1935 年被暗杀于济南。

李宗黄（1887—1978），白族，云南鹤庆人。国民党陆军中将。早年在湖北陆军中学、保定陆军军官学校学习。1910 年加入同盟会。1915 年参加讨袁护国斗争。1923 年 10 月被孙中山任命为中华民国军政府陆海军大元帅府大本营高参。1924 年 1 月当选国民党一大中央候补执委，代理驻粤滇军第二军军长。1935 年任国民党监察委员。1939 年任国民党中央地方自治计划委员会副主委、代主委。1945 年任云南省民政厅厅长、代省政府主席兼国民党云南省党部主委。1949 年赴台湾，1978 年 6 月 16 日在台北病逝。

王法勤（1869—1941），名励斋。直隶（河北）高阳人。清末赴日本留学。武昌起义后任京津同盟会纠察部长兼天津共和团团长，准备响应起义。1917 年参加护法运动，任海陆军大元帅府参议。1924 年 1 月当选国民党一大中央执委，参与北京执行部工作。1925 年参加通电反对西山会议。1927 年后追随汪精卫反对蒋介石。1932 年蒋汪合作，王法勤任国民政府委员，负责督导华北党务。抗战爆发后离开北平转至四川。1939 年任国民党中央执委常委。1941 年 5 月在成都病故。

通过以上人物小传可以看到：第一，与孙中山的合影者均为参加国民党一届二中全会的中央执行委员、候补执行委员和监察委员。第二，本次会议的重要议题是讨论“弹劾共产党案”，那么，照片上的20人中，共产党员为4人，（其中沈定一一年后转而反对国共合作，参加西山会议），当时强烈反对国共合作的5人，当时坚决支持国共合作的6人，持中间态度的5人。从各派人数的比例上，便可知会议中的争论与斗争该会多么激烈。

“弹劾共产党案”是1924年6月18日由国民党中央监察委员邓泽如、张继、谢持向孙中山和国民党中央提出的。

他们在弹劾书中指控“中国共产党及中国社会主义青年团员之加入本党为党员者，实以共产党党团在本党中活动，其言论行动皆不忠实于本党，违反党义，破坏党德，确于本党之生存发展有重大妨害。”因而提出：“为本党之生存发展起见，认为绝对不宜党中有党。”要求孙中山“督促中央执行委员会从速严重处分，以维根本。”①

弹劾案一出，汉口、北京、上海、广州、港澳等地的国民党右派势力纠集起来，纷纷上书攻击“跨党”的中共党员和青年团员。何世桢等人要求孙中山“命令共产党员全数退出本党，并予倾向共产党者以严重制裁。”②

正是在这种斗争日益激化的严峻形势下，于方舟远赴广州参加国民党一届二中全会，决计以国民党在直隶和天津迅速发展的事实，驳斥国民党右派的诋毁，捍卫共产党人的尊严。

8月15日至9月1日，国民党一届二中全会在广州举行。

会议的重要议题，是讨论弹劾案问题。

19日的会议，由廖仲恺主持。

原提案人张继在发言中重述弹劾案的意见，继续主张国共“分立”。

覃振发言支持张继。

瞿秋白当即起立发言：“若不分立，则共产党之发展，即系国民党中

① 《中国国民党史文献选编》，第32、37页。

② 王功安、毛磊：《国共两党关系史》，武汉出版社1988年版，第108页。

一部分之发展，何用疑忌？”①

瞿秋白的发言不但表达了于方舟的心声，而且雄辩地说出了共产党人正在以最大的努力推进国民党发展的事实。

作为一名共产党员，自上次出席国民党一大和一届一中全会返回天津后，于方舟并没有首先考虑本党利益，而是按照李大钊等中共领导的部署，最先建立的则是国民党直隶省和天津市的组织机构，从速发展国民党员，而后才着手建立了社会主义青年团天津地方委员会，而共产党的天津地方委员会直至目前也还没有正式建立。共产党人所作的种种努力恰恰正在壮大着国民党的组织，正在有力推动着两党一致开展的国民革命事业。

8 月 21 日的会议，是讨论前一天由孙中山主持通过的《国民党内之共产派问题》《中国国民党与世界革命运动之联络问题》两个提案，并予以通过。

会后，中央执行委员会根据上述两提案，发表了《中国国民党中央执行委员会颁发有关容纳共产分子问题之训令》。《训令》重申国民党一大的精神，再论国共合作的必要，并严肃指出：“为本党因有共产党员之加入，而本党主义遂以变更者，匡谬极戾，无待于辩。所谓本党因有共产党员之加入，而本党团体将以分裂者，亦有类于杞忧。证之本党改组以后发展情形，益可以无疑。”并进而提出希望：“凡我党党员当知所负革命责任之重大，与同志间之感情固结，为团体生命所不可缺之条件。前此争议，付之淡忘，惟相与努力于将来，以完成国民革命的工作。”②

由于共产党人和国民党左派努力坚持孙中山所确定的联共政策，对破坏这一政策的言行进行了针锋相对的斗争，这场由弹劾共产党案而引起的轩然大波得以平息。但是，会议仍提出对加入国民党的共产党人要施以“周知”法和“过问”法——“中国共产党之活动，其有关于国民革命者，本党实有周知之必要”，“尤于本党之党务进行、党员纪律有直接间接之关系，本党更不能不过问。”③ 为达“周知”与“过问”的目的，决

① 瞿秋白：《对于监察委员弹劾案之答辩词》，转引于王功安、毛磊：《国共两党关系史》，武汉出版社 1988 年版，第 110 页。

②《中国国民党历次代表大会及中央全会资料》（上），第 73、75 页。

③《中国国民党历次代表大会及中央全会资料》（上），第 74 页。

定在国民党中央政治委员会内设“国际联络委员会”，该委员会的职责是直接与共产国际联络，协商中共的活动与国民党有关系者的联络方法。这就使得中国共产党的活动不仅可以令国民党“周知”，还随时可能会受到国民党的“过问”……

照片上3位最年轻的合影者均为共产党员，而于方舟则是其中最年轻者——瞿秋白时年25岁，韩麟符24岁半，于方舟则刚满24岁。

他们深知，刚刚从上海起步、从南湖启航的中国共产党，注定要迎着风雨、一路壮歌地前进……

他们深知，未来的革命之路，注定会布满荆棒，注定会铺满坎坷，注定会充满风险，从而必须付出最大的努力，甚至牺牲……

他们深知，即使注定要在风雨中砥砺前行，即使会以生命作为代价，他们也要迈出最为坚实的步伐，决不踌躇，决不犹疑，决不回头，决不背叛……

于是，在10月19日的天津团地委改组大会上，于方舟便将这样的精神与境界，传导给了每一颗年轻的心……

接着，崔溥就“国民革命性的青年组织问题”“工学运动孰应重要”“S. Y. 运动应以政治、本身利益为重”“宣传问题”解释了大会议案。

宋树蕃陈述了天津地毯厂设立两所平民学校，招收1000名学生的情况。

张昌旭介绍了组织“青年同志社”的情况。

大会选出了新的团地委：秘书崔溥（崔武起）、农工李志新、教育宣传汪志清、学生苏楣、组织张昌旭。候补委员宋树蕃、宋林甫、阎峻忠。① 后因宋树蕃、宋林甫返里未归，补选史汉清、邓颖超为候补委员。②

10月19日的改组大会表明，南开大学学生崔溥开始负责团地委工作，于方舟已不再担任天津团地委的负责人。

那么，这一改组的背后，究竟有着怎样的背景？

---

① 天津市档案馆：《中共天津历史档案选编》，天津人民出版社2011年版，第13、14页。

② 中共天津市委党史资料征集委员会：《中共天津党史大事记》，天津人民出版社1991年版，第57页。

于方舟离开团地委的原因，仅仅是因为他同时负责国民党省、市党部的繁忙工作而实在不能过多地兼职，还是另有其他的玄机呢？

6. 山西路大红门

天津市和平区山西路98号——中共天津历史纪念馆。

“中共天津历史纪念馆是在原中共天津建党纪念馆的基础上迁移扩建而成的，2001年7月1日正式开馆，是地方党史展览馆，同时也是天津市爱国主义教育基地。”①

这是一幢3层小楼，占地面积933平方米，建筑面积1760平方米。附近的老居民都知道，此楼改为“中共天津历史纪念馆”之前是“天津市和平区图书馆”。

然而，在建立区级图书馆之前，这里又曾有过怎样的建筑，又曾有着怎样的人家居住呢？

中共天津历史纪念馆

父亲告诉我，20世纪50年代，这里没有楼房，却有一处大院。院内都是平房。临山西路的大门，是两扇木制的厚厚的红门……

1961年，设在长春道普爱里的天津建党纪念馆开馆之前，邀于方舟亲属提前观展，刚读小学三年级的父亲就曾两次随我的曾外祖母、奶奶、爷爷前往参观，印象极为深刻。1997年滨江道商业区改造，建党纪念馆因原址拆除迁往山西路98号。当父亲带我赶去新馆参观时，不由得为自己一家与这两个馆址的缘分而萌发了一种奇特的巧合感：

① 中共天津市委党史研究室：《红色印迹》，中共党史出版社2007年版，第200页。

——长春道旧址，曾是曾外祖父于方舟1924年秋创建中共天津地方执行委员会并当选委员长（1925年1月中共四大后改称书记）的地方。

——山西路馆址，则是曾外祖母、奶奶、爷爷和父亲、姑姑在1956年以前居住的地方。即使1956年从那里搬走，爷爷、奶奶、父亲依然将那里习惯地称为“山西路大红门”。

父亲说，他6岁以前住在这个大院。大院是天津市公安局的宿舍，里面住的叔叔伯伯都同父亲穿一样的制式服装。他依稀记得院内高低凹凸不平，仿佛像一面小山坡，自己家住在半坡处，而坡上那排平房的最左侧是许伯伯家。后来这个大院好像改为公安派出所了，自己家和许伯伯家都搬到了同一条小街，他还常去找许家的建军哥哥玩。

不曾想，若干年后大院变成了小楼，再后来竟建起了“中共天津历史纪念馆”。

其中一间展室，在复原普爱里陈列的基础上又增塑了一组铜雕，再现了当时中共天津地委召开会议的情景——于方舟、江浩、李锡九3人围桌而坐，另一站立的人挥动右臂在讲着什么。有资料介绍，站立者为前来主持会议的赵世炎。① 他应李大钊要求，刚刚从苏联回到国内，即被中共中央任命为中共北京区委兼北京地委委员长。②

有了这样一组雕塑，历史的时光便栩栩如生地塑型于1924年那个金色的秋天了……

1924年，注定是于方舟最为繁忙的一年。

1月，参加中国国民党第一次全国代表大会。

2月，创建中国国民党直隶省临时党部和天津市党部。

3月，重建中国社会主义青年团天津地方委员会。

5月，组织“五一”“五四”“五五”“五七”等一系列大型纪念活动——就在这个最为忙碌月份的月初，负责中共北京区委兼北京地委日常工作的蔡和森便在天津同于方舟开始商讨建立天津党组织的筹备事宜，中

---

①《中共天津地方执行委员会成立大会旧址》，见中共天津市委党史研究室：《光辉的印迹》，天津人民出版社2000年版，第52页。

②《中共北方区委历史》，中共党史出版社2013年版，第103页。

国共产党天津地方执行委员会的正式成立已经提上工作日程。

8 月 15 日至 9 月 1 日，赴广州参加国民党一届二中全会。回津后，即投入中共天津党组织的创建工作。

还是在广州参加国民党一大时，李大钊便指示于方舟、江浩、李锡九等人，返津后加紧筹建中共天津地方组织和国民党地方组织。于是，“在组建国民党地方组织的掩护下，于方舟、江浩、李锡九等人秘密地进行着中国共产党天津地方组织的筹建工作”①。

李大钊之孙李建生也说：“1924 年 1 月，国民党一大在广州召开，李大钊被孙中山指定为五人主席团成员之一。大会结束后，他指示于方舟、江浩、李锡九等人，返回天津筹建天津地方党组织。同年 9 月，中共天津地方执行委员会正式成立，于方舟任委员长，江浩任组织部主任，李锡九任宣传部主任。从此，天津人民的革命斗争有了坚强的领导核心。”②

对此，吕职人回忆了其中的一些细节：“1924 年 1 月国共第一次合作，国民党召开第一次代表大会。会议结束后，由于党的统一战线工作需要，中央赋予于方舟同志建立国民党直隶省党的工作任务。于方舟和韩麟符遂邀李永声（字立三，后改字李锡九）、江浩回北方组建直隶省国民党的工作。李永声和江浩是老同盟会会员，曾参加过辛亥革命。中华民国成立后，分别被选为参众两院议员（李为参议员，江为众议员）。以后他们又参加过‘讨袁护法’运动，并反对张勋复辟和曹锟贿选等活动，思想进步，始终站在民主革命运动的前列，并且为了革命都把自己的家产大部分用在革命运动上。在俄国十月革命和中国‘五四’运动，以及中国共产党诞生后，他二人的思想更前进了一步，和李大钊同志时有接触。国民党‘一大’时，孙中山改组了国民党，提出了‘联苏、联共、扶助工农’三大政策，实现了国共合作。这对他们也是个很大的启发和推动。于是，经中央慎重考虑，认为他们过去一贯表现很好，遂同意他们回津做国共两党工作。中央并决定：因为天津党已有了相当发展，要求于方舟回天津

① 中共天津市委党史研究室《中国共产党天津历史（第一卷）》，中共党史出版社 2005 年版，第 65 页。

② 李建生口述，孙健整理：《铁肩道义，始终不渝——回忆我的爷爷李大钊》，《天津日报》2016 年 12 月 20 日。

后，立即把党团员分开，成立天津党的地委和团的地委，以便更好地开展工作。”①

的确，在此之前，天津党团建设便已有了良好的基础和“相当发展”。在中国共产党早期组织的58名成员②中，当时至少有5名同天津有关，也都是于方舟的良师益友：曾在天津求学读书的李大钊，是发现和培养于方舟等革命青年的导师；从天津抵达欧洲不久便参加旅欧中共早期组织的周恩来、刘清扬，是同于方舟等在五四运动中并肩战斗的战友；作为北京共产党早期组织成员的江浩，与于方舟共同创建了中共天津地方执行委员会和国民党省、市党部；曾与于方舟在五四运动中建立了革命友谊的张太雷，也是北京共产党早期组织成员，他亲自创建了天津第一个社会主义青年团组织。

1920年8月，张太雷参与筹建了中国第一个社会主义青年团组织——上海社会主义青年团。之后，又奉李大钊指示，负责在天津筹建社会主义青年团。经过积极筹备，1920年10月，天津社会主义青年团在特别二区大马路一家裁缝店正式成立。参加成立会的共7人，有张太雷、谌小岑、胡维宪、吴南如、郑德等，张太雷任书记，并创办以宣传工人运动为主要内容的《劳报》。1921年1月，张太雷受党组织派遣到俄国伊尔库茨克担任共产国际远东书记处中国科书记，天津团的活动随之暂停。1922年初，邓中夏受北京党组织委派到天津着手重建社会主义青年团组织。3月12日，社会主义青年团天津执行委员会在宇纬路东兴里天津工余补习学校内正式成立，书记部主任为法政学校教员、与于方舟同为北京大学马克思学说研究会会员的于树德，副主任为达仁女校教员李峙山，出版部主任为高等工业学校吕一鸣，副主任为水产学校学生李腾，宣传部主任为津奉铁路局运输科员冯志尧，副主任为南开学校学生李季扬；会计为新报馆主笔李奕涛；团员还有法政学校教员安体诚，久大工厂练习生觉吾，妇女

① 吕职人：《天津早期革命工作和顺直省委的建立》（原载《天津文史资料选辑》第19辑，第1、2页），中共天津市委党史研究室：《江浩传及其史料》，天津新出图字（96）第006113号，1996年版，第82页。

②《中国共产党早期组织成员名单（58人）》，见中共中央党史研究室：《中国共产党的九十年（新民主主义革命时期）》，中共党史出版社、党建读物出版社2016年版，第30页。

补习学校教员徐颖溪，以及甲商学校学生、新生社社员、与于方舟共同炼狱 170 天的李培良共 11 人。1923 年下半年，于树德、安体诚被党组织派往外地工作，加之一些学生团员毕业离津，人员减少，组织活动再次暂停。① 但是，从张太雷的开创，到于树德的努力，天津社会主义青年团的发展毕竟有了相当的基础。

在党组织的建设方面，国民党一大后，于树德等 5 名党员和候补党员于 1924 年春成立了天津党小组，于树德为组长。天津党小组按照党章中“所在地方尚无地方支部时，则由区执行委员会直辖之”的规定，直接隶属于中共北京区执行委员会。②

党小组成立数月后，中共北京区委根据中共中央和团中央关于党团组织分开、经过审查将超龄团员尽量转入党组织的精神，指示天津党、团组织立即着手这项工作。于是，天津团地委在 7 月份写给团中央的报告中有了这样的内容：“本处有超过法定年龄之团员 9 人，已介绍入 C. P. 者两人。此后当尽量介绍其余加入 C. P. 。”③ C. P. 即中国共产党，C. Y. 即中国社会主义青年团。据此，到 1924 年 9 月，天津社会主义青年团已有 10 余名团员陆续转为中共党员，天津党员人数已近 20 名，具备了建立中共天津地委的条件。④

为筹建中共天津地委，时年已 44 岁的江浩开始精心选择秘密地址……

据江浩的女儿江韵清回忆：“1924 年春，奉党中央命令，到天津同于方舟同志等建立党的组织。事先父亲要我租了一所房子，地点就是现在的和平区长春道普爱里 21 号，房子不大，一楼一底，母亲和妹妹也住在这里，作为掩护。就在这座小楼里，建立了天津的党组织——中国共产党天津地方执行委员会。父亲任地委委员。”⑤

---

① 于建：《天津现代学生运动史》，天津古籍出版社 2006 年版，第 82、84、85、87 页。
② 中共天津市委党史研究室：《中国共产党天津历史（第一卷）》，中共党史出版社 2005 年版，第 65 页。
③ 天津市档案馆：《中共天津历史档案选编》，天津人民出版社 2011 年版，第 12 页。
④《中共北方区委历史》，中共党史出版社 2013 年版，第 118 页。
⑤ 江韵清：《父亲江著源的革命生活片断》，《天津日报》1961 年 7 月 4 日。

江浩的女婿王积衡则于1982年4月回忆了更多的细节："1921至1924年，我在天津直隶省立高等工业学校读书。1922年前后，江浩大女儿江韵清回到天津，在直隶第一女子师范学校第一附小任教，从她那里知道江浩在南方的一些情况。1923年底，江浩来信要他女儿江韵清在法租界租一所房子，准备他来津住。江韵清租了普爱里5号一楼一底的房子。1924年初江浩来津，并把家眷也接来天津。他家住在楼上，布置简单朴素，楼下一间空着，摆一张方圆两用桌，几把椅子，接待来客，吃饭也在这里。住在楼上，摆一张双人床，一张两屉书桌，一个书架。所陈列的多是一般书籍，如史书、历史小说、四书五经、圣经、东方杂志、益世报等，看不出进步迹象。"①

这栋小楼前后有门，东面是新兴的繁华商业区，西面是庄稼、芦苇丛生的老西开旷野，一旦发生意外，既可进入混杂的人流，又可穿过旷野疏散隐蔽。胡同的南口是现在的滨江道，北口是长春道，交通便利。1924年春，江浩以参议员的身份携妻子刘喻莲和小女儿江汰清，由上海启程来津，住在这里，利用这个环境掩护革命活动。②

中共天津地方执行委员旧址滨江道普爱里21号（已拆除）

① 中共天津市委党史研究室：《江浩传及其史料》，天津新出图字（96）第006113号，1996年版，第95、96页。

② 刘平：《普爱里21号：党在天津的首个领导机关诞生地》，《天津日报》2011年6月24日。

那是1924年9月极为普通的一天。

天津的共产党员陆陆续续来到这栋小楼中。

刘喻莲和江汰清以干家务活为掩护，在门口负责放哨。

谁也不会想到，中国共产党天津地方执行委员会成立大会就在这僻静的胡同、宁谧的小楼中秘密举行。

大会根据中共三大通过的《中国共产党第一次修正章程》第六条关于“一地方有10人以上，经中央执行委员会之许可，区执行委员会得派员在该地方召集全体党员大会或代表会，由该会推举3人组织该地方执行委员会”[①] 的规定，正式成立了中共天津地方执行委员会（简称中共天津地委）。[②]

大会讨论了中国共产党在天津工作的具体方针和行动纲领。

于方舟当选为中共天津地方执行委员会委员长（翌年一月中共四大后改称为书记），江浩为组织部主任，李锡九为宣传部主任。原中共天津小组组长于树德则专门从事国民党北京执行部的工作。不久，天津地委增设农工部，主任为李培良。同时，中共北京区委派陈为人来津协助开展工人运动。

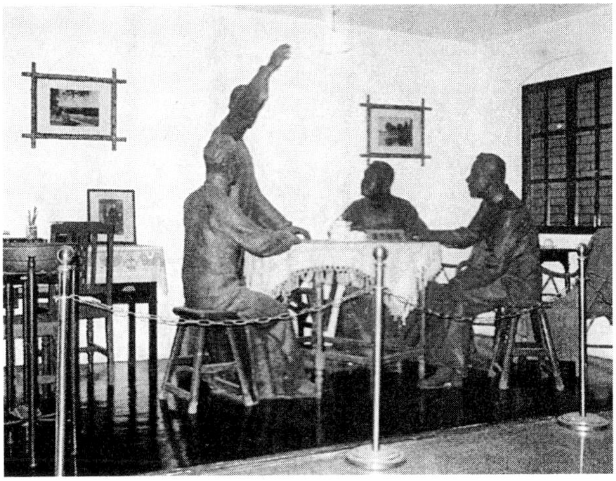

中共天津历史纪念馆内景

①《中国共产党第一次修正章程》，中央档案馆：《中共中央文件选集》第1册，中共中央党校出版社1989年版，第159页。

②《中共北方区委历史》，中共党史出版社2013年版，第119页。

1961年，中共天津市委在普爱里21号设立中共天津建党纪念馆。

1966年“文化大革命”开始后，纪念馆停办。展品、资料大部分散失，馆舍被占用。

1991年7月1日纪念馆得以恢复，1994年被市政府命名为天津市爱国主义教育基地。

据工作人员介绍，恢复后的建党纪念馆，除普爱里21号外，还征用了相邻的17号、19号和23号，合并使用。

展室文物陈列共分两部分：第一部分是中国共产党天津地方执行委员会成立旧址的复原陈列，真实地再现了中共天津地委当时召开会议的场景；第二部分是辅助陈列珍贵的革命文物、文献资料及历史照片，展现了马克思主义在天津的传播、中共天津地方党组织的建立和天津革命形势蓬勃发展的光辉历程。

2001年，该馆迁至山西路98号，更名为中共天津历史纪念馆。①

中共天津地方执行委员会旧址内景（已拆除）

“中共天津地委的成立，是中共天津历史上的重大事件，也是近代天津革命历史上的重大事件，天津人民的革命斗争，从此有了更加有力的领导核心。中共天津地委成立后，为推动天津的革命斗争，发展天津的革

① 刘平：《普爱里21号：党在天津的首个领导机关诞生地》，《天津日报》2011年6月24日。

命形势，先后作出了关于开展工人运动、农民运动、学生运动和妇女运动等决议。中心任务是发动工人和各界群众迅速投入日益兴起的国民革命运动，迎接即将到来的革命高潮。”①

努力壮尔神，

努力壮尔舵，

方舟负任一何重，

何愁沧海阔……

于方舟这些自警自励的诗句正在变为现实……

正如天津市社会科学院刘民山研究员所言：“1924年秋，中共天津地委正式成立，于方舟任委员长。于方舟当时仅24岁，一身肩负着党、团地委委员长的工作，责任是相当艰巨的。他一直在李大钊的培养领导之下，起初主持新生社，创办‘全带社会主义色彩’的刊物《新生》。他是北京马克思主义研究会成员，又在天津组织建立起马克思主义研究会，经李大钊介绍入党。可以说，他是在李大钊较长时间指导下成长起来的坚强的共产主义战士。后来，他和李大钊一样，为共产主义事业献出了自己的生命，为天津的革命斗争作出了重要的贡献。”②

---

① 中共天津市委党史研究室：《中国共产党天津历史（第一卷）》，中共党史出版社2005年版，第67、68页。

② 刘民山：《李大钊与天津》，《天津文史资料选辑》第40辑，天津人民出版社1987年版，第54页。

第十章　劳工神圣

1. 工人："共产党在哪里？"李培良："在天津！"
工人："工会在哪里？"李培良："在你身上！"

李培良比于方舟小 3 岁。

李培良没有留下他自己任何一张的单人照片，只有 1920 年 7 月从监狱中释放时与于方舟等被捕代表共同拍摄的一张用于留作纪念的合影。

合影上的李培良是个"娃娃脸"，当时 17 岁的他还分明是一个稚气未脱的孩子。由于没有其他的影像，李培良的形象便永远定格在那张充满天真与单纯的"娃娃脸"上了。

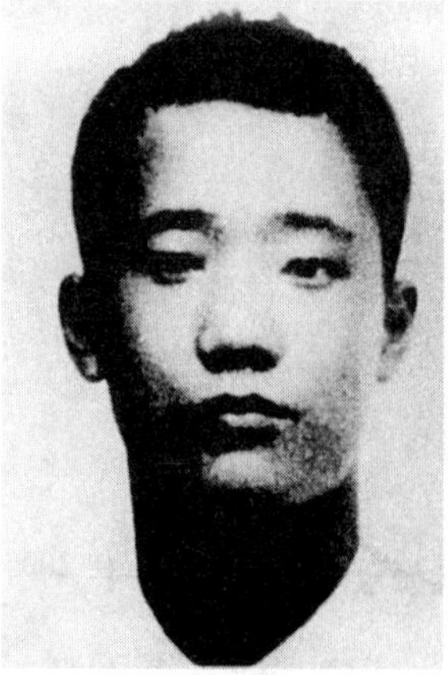

李培良

然而，就是这样一张"娃娃脸"，19 岁便已成为中国劳动组合书记部天津支部的主要领导人之一，21 岁时又在刚刚成立的中共天津地委担任农工部主任。

他这个主任并没有固守在秘密党部中，也没有漂浮在天津卫的市井上，而是扎扎实实地住进了海河东岸的宝成纱厂平民学校。

中共天津地委成立之前，中共中央就在 1924 年 5 月召开的扩大执行委员会会议上指出，劳动运动尤其近代产业工人运动是我们党的根本工作，要求各地努力发展工会组织或互助俱乐部、普遍教育学校等机构，启发工人的政治觉悟。

中共天津地委建立后，于方舟和同志们立即把开展工人运动作为党的中心工作。据王贞儒回忆："1923 年方舟由李大钊同志介绍，加入了中国共产党。自入党后，在党的培养教育下，他对人民的解放事业，更为积极努力。在党的领导下，他先筹划怎样发展党员和建立天津党的组织；着手的方法是先办直隶全省和天津各工厂的工人平民学校，并自己编写平民课本 3 册。1924 年天津各纱厂成立了平民学校；当时有李培良、安幸生、卢绍亭等同志参加了这一工作。在办理平民学校的同时，宣传工人组织工会，发展工人党员，为工运打下了基础。"①

从《地方问题发端》那篇论文中，已经可以见到于方舟对地域经济和社会情况的分析能力。担任中共天津地委委员长并确定将工人运动作为党的中心工作后，他立即同地委一班人认真分析了天津工业发展及工人分布的状况。

当时，天津作为华北最大的工商业城市，纺织、面粉、火柴、制碱、地毯、搪瓷、印刷等轻工业已有相当基础，还有一定数量的机器制造和修配工业；天津还是京津、京奉、津浦三大铁路的交汇点。全市近代企业中的工人已达 10 万人以上，加上码头搬运工人、人力车夫、泥瓦匠、木工、鞋匠等劳动群众有近 20 万人。从天津工人队伍的分布来看，纺织工人人数最多，约有 3 万多人，占工人总数的 1/3 左右。此外，铁路工人、印刷工人、码头工人、面粉工人等也相当集中。

在对全市工业状况进行精确分析的基础上，于方舟和同志们确定了工作重点，并作了具体分工：李培良、卢绍亭负责纱厂工运。安幸生负责码头工运。李宝森（李震瀛）、王仲一负责铁路工运。李志新负责印刷工运。

根据中共天津地委的决定，从 1924 年秋开始，李培良、卢绍亭、周

---

① 王贞儒：《回忆五四时期的于方舟烈士》，（原载《天津历史资料》1964 年第 1 期），《五四运动回忆录（续）》，中国社会科学出版社 1979 年版，第 264 页。

世昌等人肩负着党的重托，深入到纺织工人比较集中的海河东岸郑庄子、海河西岸小刘庄和河北新开河一带，分别以开办平民学校的方式，组织工人群众，开展工人运动。①

2007 年，为纪念曾外祖父牺牲 80 周年，由父亲担任撰稿和编导，开始拍摄大型电视文献纪录片《津门之光》。他告诉我，当他率摄制组赴海河东岸的郑庄子拍摄时，那里密如织网的小胡同还在，当年的裕大纱厂还在，同当年平民学校建筑几乎毫无二致的房子也在。更令父亲深感震撼和感动的是，纱厂的普通工人们竟然都知道于方舟和李培良这两个人……

1924 年的郑庄子，有两个纱厂，一个是宝成纱厂，一个是裕大纱厂，这两个纱厂仅一墙之隔。当时的工业区和居民区，有许多书场和“落子场”，为说评书，说相声，唱落子（评戏）的场所。李培良在两个纱厂附近的庆元里，租下了一处原为书场的房子。

郑庄子庆云里平民学校

这是一间坐北朝南、纵短横长、约 50 多平方米的红砖平房，中间两扇合叶门，一边一个大窗户。

李培良在屋外墙上挂了一块白地黑字的木牌子，上面书写“平民学校”4 个大字。

屋内摆放十几条板凳和一张桌子。

房后有个小院，院里有间小屋，屋里仅能放下一张单人床铺和一方小桌。

21 岁的李培良就住在这里。

为了吸引工人到平民学校学习，每逢工人上下班的时间，李培良便来到厂门口，主动跟工人们打招呼：“我是平民学校的先生，请大家下班后到平民学校学习吧！学校不收学

① 中共天津市委党史研究室：《中国共产党天津历史（第一卷）》，中共党史出版社 2005 年版，第 68、69 页。

费，还发课本和铅笔、纸张！”

他还深入到工人宿舍去宣传识字的好处。

有的工人见李先生和蔼可亲，便抱着试试看的态度上了平民学校。入学后，听李先生讲课，很受教育，于是奔走相告，说平民学校是给工人办的，入学者越来越多。工人们把平民学校当成自己的家，把李先生当成亲人。①

刚刚成立的天津地委就是以如此艰苦细致、脚踏实地的工作，开拓着工人运动的新局面。

作为新生社的主要骨干成员、于方舟最亲密的挚友，李培良在郑庄子平民学校的故事感人至深，直至新中国成立后还在工人群众中传颂。

以下，便是他们在1959年时亲口讲述的真实故事——

沈玉山：

1921年我在上海失业，听到我哥哥沈河玉在天津新开的宝成纱厂细纱车间当机器工人。我来到天津，找我哥哥沈河玉，介绍我在宝成纱厂摇纱车间当一名修车工人。

郭家来、张金有等：

宝成纱厂是南方人开办的，工人中的高级职员、堂官、有技术的工人多是南方人。当时在宝成纱厂工人中，分成上海派、天津派、河南派、山东派，资本家就利用这些来挑拨和破坏工人的团结，分裂工人。

沈玉山：

我爱人也在粗纱上工作，我俩在宝成已度过了三四个年头。

至1924年，宝成纱厂后面郑庄子上，开了一所义务学校，那位李先生和蔼和亲。

姬兆生：

房子外面挂着平民学校的牌子，光教工人不教别人。去的先生是李培良同志（党的领导人）。他就住在那间小房子里，是学生出身的，和我的

---

① 参见中共天津市委党史研究室：《光辉的印迹》，天津人民出版社2000年版，第58、59页。

年岁相差不多，23、4岁，长方脸，大鼻梁。

沈玉山：

因为我自小读过六七年私塾，有些浅薄的文化，他和我一见如故。

姬兆生：

我有一个老乡叫董兆义，因家穷来到天津宝成摇纱科做工。董兆义和李培良联系上了，就把我也联系到平民学校去了。

见了李培良，他就问：“下班了？吃饭了吗？识字吗？姓什么叫什么？”

他还说：“识字好。”叫我常去玩，他说：这里有象棋、茶水等。我虽然答应了李培良，但我脑子没打算去。

沈玉山：

我们（同李培良）一谈便情投意合……

姬兆生：

董兆义仍动员我去，不好意思不去。

去了，李培良就问：“厂里打人吗？”

我说：“哪儿有不打人的，一打就是5个手印。”

他问：“罚钱吗？”

我说：“罚。”

问：“开除人吗？”

我说：“有错就开除，例如捆［纱］，工头成心拉，三拉两拉就拉开了扣，就罚工人钱。”

李培良说：“我教你识字白教，不要钱，识字了，你写个信嘛的多好啊。”

沈玉山：

我对封建呀、社会呀、阶级呀这些词句，还认识得很模糊，经李先生和我一一的解释，我胜读了十年书。

姬兆生：

第二天下班我又去了，李培良叫我们坐下聊天。

我去了几天就感觉到他和过去的先生不一样，他什么都问，过去的教书先生见了就害怕，这个先生这么好呢!?

这样我就自动地想去找他了，我不去，他想我，以后我们就离不开了。

李培良问我："你发多少钱你知道吗?"

我说："知道，半个月发了3块，一个月发6块。"

他说："拿工资当资本家赏的是不对的。你一个月生产多少东西，应得多少钱，你若是识字不就知道了吗?发给你的钱很少，资本家都赚走了，你知道吗?"

我说："我不知道。"

他问我家里都有什么人，我告诉他我家有几口人。

问我有多少地，我说没有，我爷爷和我父亲都给地主扛活，我给地主打草，我姐是童养媳，后来到天津做工，不够吃的，我母亲带着我们要饭吃。我因给地主干活太受罪跑出来的，到天津姐家，后来进了宝成纱厂。谈了这些，李培良对我的历史就了解了，他说："行了，你受苦了。"

开学了，一个人发了一个本，上面写着"先生教学生，学生学先生，先生教书，学生读书……"

他讲过一课，讲"工人"，他说："你们看，'工'字底下一个'人'字，就是他们受压迫，再没有他们苦了。"

以后我们都变成了积极分子。

沈玉山：

那几年我常在报上留心俄国的革命和国内爱国运动和共产党的消息，我特地到商务印书馆去，买了一本《绥卫略夫》的书，我同情俄国工人绥卫略夫的失业，认为我们工人的生活确实没有保障，开除、失业是件常事，我就相信国家会到共产主义的一天，只有实行共产主义，工人才有翻身的日子，所以我私心早已仰慕苏联的共产党，也希望中国的共产党快快地发展起来。

姬兆生：

李培良讲到党的问题，谈共产党，问我愿意有共产党吗?

我问他什么叫共产党。他说你愿意在共产党吗?在共产党得是穷人，有钱的咱不要。

我说："我不懂。"

他说："你不懂，我告诉你。"

沈玉山：

我问李先生说："中国的共产党在哪里?"

李先生接口说："在天津。"

我心中便猜着了几分。

姬兆生：

他后来讲："工人受资本家的［压迫］就没法？我看有法，把工人组织起工会来，向资本家反抗。"

我问："工会在哪里?"

他说："在你身上。"

沈玉山：

我把我的意思告诉了李先生，要求他介绍我参加共产党。

当时李先生点头应允，并指示我要在工人中多联系群众，多结交朋友。

我那时在摇纱车间和一班摇纱工人，关系搞得非常好，我在他们中间排难解纷，替有困难的人代募捐款，经常代写书信等等。

这时的姬兆生和董兆义是在我一班上的二位摇纱工友，他们和我感情很好。许多山东工友，董兆义、姬兆生等感到我是他们的忠实朋友。

潘学文、张广秀等：

沈玉山是南方人，当时是宝成摇纱车间修理机器的头目人，每月挣24元，是在工人中收入较多的人，在南方工人中有一定威信。

沈玉山：

1924年冬，李先生介绍我和董兆义、姬兆生3人一同加入了共产党。

李先生代填一纸表，没有什么宣誓和转正。

在一个晚上，李先生领我和董兆义到俄国公园苏联领事馆去，开了一次会，听领事的报告说苏联的新经济政策好转等等。

在这时期，为了说服我爱人丁爱根，李先生曾在天津学生会邀来一个女同学，来动员我爱人。结果仍说不服，不过她不像过去那样反对了。

姬兆生：

他举例子说：筷子若拿一根，一撅就断了，拿几根比一根就费点劲，你若拿一把还能撅断吗？①

宝成纱厂

就这样，李培良在宝成纱厂培养了第一批工人党员，建立了全市纺织业第一个党支部和党领导的工会，不久又在裕大纱厂建立了工会组织，在不久之后的“五卅运动”中，为天津革命史册写下了惊心动魄的一页……

2. 卢绍亭的“话匣子”

“共产党在哪里？”

“在天津！”

“工会在哪里？”

“在你身上！”

① 参见《1959 年 1 月 10 日访问沈玉山记录》，《1959 年 1—2 月访问姬兆生的记录》，《1959 年 4 月 8 日访问姬兆生等 8 位老工人记录》，天津市档案馆：《中共天津历史档案选编》，天津人民出版社 2011 年版，第 573、574、585、586、588、589 页。

就在李培良用这种最为独特的方式，向海河东岸的纺织工人讲述要在共产党的领导下，自己解放自己的道理时，新生社的另一位骨干社员卢绍亭已在海河西岸的裕元纱厂“唱”开了“话匣子”——里面，竟奇妙地发出了孙中山先生讲话的声音……

关于“唱话匣子”的故事，来自《1959年2月5日访问司呈祥记录》。

司呈祥，老家在山东，18岁时到天津裕元纱厂当学徒，26岁时遇到卢绍亭，后来司呈祥入了党，参加过大罢工和彭真1927年领导的“五村反霸斗争”，1984年还曾受到彭真亲切接见。

司呈祥说：“卢绍亭烈士在民国13年时，在裕元纱厂的大门外贴了一张平民学校招生的布告，学校的地址就是现在的西宿舍，有3间房子，老师就是卢绍亭。我们裕元的工人见了布告有几十个人报了名，从此我们就在那儿学习。后来老师从学生中找了一部分人，经常留在校内讲故事。有一次放学后，他把我和何玉亭、孙树宗等都留下了，说给我们唱话匣子听……”①

“话匣子”一语本有两种意思。

一是比喻话多的人——话多的人开始没完没了地说话叫打开话匣子。

二是指收音机，但《现代汉语词典》的解释是“原指留声机，后来也指收音机”。

卢绍亭在1924年“唱话匣子”给司呈祥等工人听的，就是留声机——

“他把门关上，把唱片拿出。正在这时外边来了一个矮个子，找他商谈事，这人就是李培良。李培良走后，他就给我们放唱片，内容是孙中山的讲话。”②

可以想见，孙中山那带有粤语口音的讲话录音在一位山东籍工人听来该有多么新奇。

---

①《1959年2月5日访问司呈祥记录》，天津市档案馆：《中共天津历史档案选编》，天津人民出版社2011年版，第582、583页。

②《1959年2月5日访问司呈祥记录》，天津市档案馆：《中共天津历史档案选编》，天津人民出版社2011年版，第583页。

“我们听完后，卢老师不叫我们往外讲。从此，我们每天把厂内的一切情况都告诉他，如工人被打等。他给我们讲苏联的故事，他说苏联的工人不挨打，我们要想不挨打必须组织工会。我们很同意他的意见。他叫我们秘密地组织工会，人数不限。”①

卢绍亭比李培良大两岁，是继李培良之后的中共天津地委第二任农工部部长。

他所深入的裕元纱厂，就是新中国成立后非常著名的“天津棉二”。

厂子坐落在海河西岸的小刘庄。占地 262 亩。1918 年 4 月 17 日开业生产。

中共天津地委刚一建立，卢绍亭就来到裕元纱厂附近的小刘庄耦耕里，用东头两间平房开办了平民学校，负责裕元和北洋两座纱厂的工人教育。

裕元纱厂

司呈祥在 1979 年 11 月发表的一篇回忆录中，对平民学校和卢绍亭的回忆比 20 年前的那次受访，增添了更多的故事和细节：

1924 年初秋，厂子大门外对面墙上贴出一张“平民学校”招生广告，写着工人业余上学免收学费，还供给纸笔等文具。我见到这张广告真是喜出望外，平民学校就设在裕元附近，我去报名就录取了。

① 《1959 年 2 月 5 日访问司呈祥记录》，天津市档案馆：《中共天津历史档案选编》，天津人民出版社 2011 年版，第 583 页。

学校有两个老师，一个叫卢绍亭，另一个叫李培良，都是20多岁学生模样的人，报到时对我问话十分亲切和蔼。他们问到纱厂工人的工作情况、生活待遇，以及我个人的家庭生活情况，问得特别详细，并且还作了记录。

平民学校的课本是老师们自己编印的，记得内容有什么：“你织布，我纺纱，赚得钱来都归资本家……”

卢老师还给学生讲俄国工人阶级在布尔什维克党和列宁领导下夺得十月革命胜利以后，又如何加强建设，改善工人的生产条件和生活条件。当时，有人提问：“为什么中国工人的生活这样苦？”老师就给学生们讲解：中国工人还没有组织起来，只有组织起来，团结起来，才能有力量，资本家就不敢任意欺压工人了。启发工人群众的阶级觉悟。

工人们踏进了平民学校的门槛，在卢、李两位老师的教育下，第一次听到了劳动群众斗争求解放的真理，听到了马列主义革命理论。于是我们就着手在工厂里秘密组织工会。当时，裕元纱厂的各工场都成立了工会。

工会的存在，在劳资斗争中明显地发挥了作用。例如，裕元纱厂每次发工资，工人们总要花费很多时间去排队，队排得不整齐了，旁边的厂警不是骂就是打，工人只有忍气吞声。有了工会以后，情况可就不同了。有一次开支，因为人们等候时间较长，有些不耐烦，队伍也有些乱，厂里豢养的厂警出来干涉，工人们没理他，厂警就张嘴骂人，又举手打人。当时，摇纱车间工会负责人之一孙树宗挺身而出，和厂警分辨是非，而厂警依然有恃无恐地抖威风，冲着工人吼叫，群众中不知是谁喊了一声“打”，工人们一拥而上，厂警见势不妙，回头便向警卫室跑，工人们接着包围了警卫室。厂警班长出来向工人赔礼道歉，工人还是不依，最后，人事科长杨筱泉（外号羊羔子）来向工人保证由他负责开除打人的厂警，这件事才算平息。

由于反对厂警打骂工人的斗争取得了胜利，工会初次显示出力量。工会组织公开以后，报名参加工会的人更踊跃了。从此，工会就更加壮大起来了，这样就为 1925 年的“五卅”运动支援上海工人大罢工准备了条件。①

无论是李培良在海河东岸对宝成、裕大两大纱厂工人的发动，还是卢绍亭在海河西岸对裕元、北洋两大纱厂工人的动员，均在随后到来的五卅运动中爆发出巨大的威力。两位年轻人的工作效率不禁令人叹服，令人钦佩。在那个信息并不发达的时代，他们能够如此高效，必定有着他们独辟蹊径的秘笈。

是的，他们有独特的联络通道。比如，司呈祥不经意地说，他在卢绍亭处见到了李培良。说来容易，海河两岸的人见个面却也很难，那时的海河上没有多少桥。但是，他们却有秘密通道——“杨庄子西大街东口，曾是通往海河东岸郑庄子的一个摆渡口，中共地下党组织经常利用这个偏僻的渡口，将宣传品送到宝成和裕大两大纱厂的工人手中。”② 当然，两位地下党员也会通过这一秘密渡口往来联络了。

他们有独特的宣传手段。那个时代的留声机即“话匣子”并不普及，当属奢侈品之类。但是，当他们将此运用于工人群众的文化教育和革命教育，就不能不说是一种突发奇想的先进手段了，在全国同类题材的故事中也尚属罕见。当然也果真极具吸引力，很生动，很直观。难怪几十年后，工人们仍对那情那景那声音记忆犹新。

他们还有独特的教育方法。他们不但有器物上的“话匣子”，更有心灵上的“话匣子”，能与工人打成一片，既能津津有味又能苦口婆心地与工人促膝而谈，无论跟工人们拉家常、问冷暖，还是教文化、讲马列、宣传革命道理，不都能推心置腹地打开“话匣子”尽情畅谈，交心深谈么？

在平民学校的各个活动点，也常常出现于方舟的身影。

正如吕职人回忆的那样：“为了深入工人群众开展工作，地委决定在

① 司呈祥：《参加天津早期革命活动的回忆》，见《天津文史资料选辑》第 10 辑，天津人民出版社 1980 年版，第 69、70、71 页。

② 司呈祥：《河西区变迁杂谈》，见《天津文史资料选辑》第 80 辑，天津人民出版社 1998 年版，第 141 页。

小刘庄工厂区及适当的市民区设立工人识字班或平民学校，借以接近群众。在此之前，即在‘五四’时期，于方舟就和卢绍亭、安幸生、李培良等同志在工人中间开展过平民识字运动。这时，李培良、卢绍亭、安幸生等人均已加入共产党，他们便成为组织工人识字班及平民学校的骨干力量。方舟同志编写课本，自刻自印；经费不足，便向家中筹借。方舟同志经常化装到各夜校接触群众，宣讲国内外政治形势、工人前途及团结斗争等问题，很快就在裕元、裕大、宝成、恒源等工厂组织起党的支部，团结群众，开展斗争。”①

李培良、卢绍亭高效而出色的工作，固然源自他们个人出众的才华和对信仰的坚定不移，同时也与于方舟周密的统筹安排和出色的领导素质密切相关。

《1949 年 4 月 30 日访问郝久亭记录》中，就有这样一段话：

与于方舟同志同居一载（大革命时的义庆里和大东旅馆），深感其对革命工作有几点特长：

第一，机警过人、判断敏捷。每于仓促之间，遇到问题，方舟能于转瞬间得到正确答案。先烈安毓文（安幸生）同志常言于方舟只要（脑瓜儿）一转就有好主意。

第二，富有创造性，能在五四运动中创造跪哭团，跳河团等。五四运动后，创立新生社与马克思主义研究会等团体。

第三，更富有组织天才，在建立天津党、地方党与党团划分之际，组织与工作环境按照同志的能力与兴趣，均能恰当其可地分配适合的任务。

第四，是有健全的顽强性。他自己常说共产党员每个人都应具有十足并能发展的毅力，如被压扁或被撞瘪，必然立即自动复原，更能超过原来状态，这种顽强精神是无产阶级政党天然的优美条件。②

---

① 吕职人：《于方舟同志革命的一生》，见《天津文史资料选辑》第 23 辑，天津人民出版社 1983 年版，第 16 页。

②《1949 年 4 月 30 日访问郝久亭记录》，见天津市档案馆：《中共天津历史档案选编》，天津人民出版社 2011 年版，第 570 页。

郝久亭，在中共天津地委建立后，曾与张兆丰一起，先负责农运，后负责军运。《1958 年 2 月 2 日访问郝久亭记录》的开篇曾这样介绍郝久亭："郝久亭，天津市水产专门学校学生，在天津参加五四运动，是学生联合会评议部委员，天津建党时直隶省委委员。被捕后脱党，现河北省人委参事。"①

尽管郝久亭由衷地发现了于方舟如此之多的优长，但他与于方舟近距离接触的时间远比卢绍亭、李培良要少。

卢、李二人同于方舟皆为新生社和马克思主义研究会成员，李培良与于方舟还曾共同炼狱半年，于方舟入狱时卢绍亭还前往送去自己的棉被，重建天津团地委时，他们 3 人也曾在一起紧密配合，感情之深厚、合作之默契是可以想见的，像郝久亭所描述的那些相互间的钦佩感肯定是有的。

有一张于方舟与卢绍亭的二人合影，估计是卢绍亭调往外地工作之前拍照的，两人流露出来的依依不舍之感，沁观者心脾。奶奶说，卢绍亭的一位亲戚曾到天津与她联系过，是一位农村老妇。后来父亲有机会到冀东烈士陵园纪念馆拍摄电视片，面对卢绍亭曾为狱中的于方舟送去的那床棉被，他伫立良久，几乎落泪。

问及卢绍亭先烈是否还有亲人。

纪念馆工作人员答：似有侄女，在乡下。

问者，热泪夺眶而出……

3. 安幸生"扛大个儿"

卢绍亭与于方舟的另一幅合影，显然摄于新生社或天津马克思主义研究会时期。共 4 人。皆为这两个团体的主要骨干。另 2 人为韩麟符、安幸生。

① 天津市档案馆：《中共天津历史档案选编》，天津人民出版社 2011 年版，第 572 页。

新生社和天津马克思主义研究会骨干成员，左起：卢绍亭、于方舟、韩麟符、安幸生

从2011年版的《中国共产党历史（第一卷）》上册关于“热河党部的韩麟符”① 的记载，可以得知，与于方舟同时当选国民党一大候补中央执行委员的韩麟符，已在热河创建国民党党部。

另据2013年版的《中共北方区委历史》记载：“1925年年初，随着大革命形势的发展，中共北京区委在帮助国民党建立北方地区党组织的同时，决定建立中国共产党热河、察哈尔、绥远特别区和包头四个工作委员会，以开展党在少数民族地区的工作，在蒙古民族群众中发展组织，培养先进分子。共产党员于树德、韩麟符等被派赴三个特别区指导组建工作。中共热河特别区工作委员会，负责人陈镜湖、杜真生。工委机关设在承德南营子三条胡同上口，公开挂出的是中国国民党热河特别区党部的牌子，陈、杜以党部执行委员的身分开展活动。”②

如此看来，与于方舟同为省立一中和南开大学同学，同为新生社和天津马克思主义研究会的成员，同赴广州参加国民党一大的韩麟符和陈镜湖，已然向着天津之北前去播火了。

而留在天津的安幸生，则在海运码头上“扛大个儿”……

在《现代汉语词典》中，“扛大个儿”是“指在码头、车站等用人力搬运重东西”，换言之，“扛大个儿”的人，就是比一般搬运工还要更苦

① 中共中央党史研究室：《中国共产党历史（第一卷）》上册，中共党史出版社2011年版，第118页。
②《中共北方区委历史》，中共党史出版社2013年版，第120、121页。

更累的“重体力搬运工”。

天津“扛大个儿”的人多，主要是由于天津海运发达。

“开埠之初，天津的欧洲人普遍看好天津的水运交通。实际上，开埠初期的海运也发展较快。天津英法租界首先在海河沿岸修筑海运港口码头，1924 年后租界码头改建钢筋混凝土结构。轮船的到来使通海河道一下子繁忙了起来。”“海关税务司在天津开埠之初就对此评论到‘在中国除去上海或许还有广州，没有任何一个口岸像天津这样有着同内地如此良好的水路交通’”。①

“李鸿章在天津遥控”的轮船招商局也“经营上海至天津的轮船运输”，“时人曾赋诗称：‘报单新到火轮船，昼夜能行路几千；多少官商来往便，快鸟如飞过云天。’”②

为此，于方舟和安幸生早就关注到天津的码头工人。《李大钊传》就曾写到：“在广泛宣传马克思主义的同时，大钊同志又领导北京的共产主义知识分子开始到工人中去进行活动，与工人群众相结合。”“在促进知识分子与工农群众的结合方面，大钊同志并给了天津的革命知识分子以积极的影响。”。“在大钊同志的启发和帮助下，不久，天津的革命知识分子也开始深入到工农群众中去活动。周恩来、郭隆真等同志去法国勤工俭学，于方舟同志等则投身到码头工人中去。”③

“中共天津地委建立后，首先把开展工人运动作为党的中心工作”，“安幸生负责码头工运”。④ 当李培良和卢绍亭两位曾经的“社友”（新生社）“会友”（天津马克思主义研究会）正在海河两岸同纺织工人促膝谈心的时候，同样从新生社那扇百叶窗后走出的安幸生，“衣着与码头工人一样，并且亲身到海运码头上去扛大个，拉大车，劳动、生活在码头工人之中。由于他能够深入群众，与工人打成一片，所以工人们愿意接近他，

① 张利民：《解读天津六百年》，天津社会科学院出版社 2003 年版，第 10、204 页。
② 来新夏主编：《天津近代史》，南开大学出版社 1987 年版，第 112、113 页。
③《李大钊传》编写组：《李大钊传》，人民出版社 1979 年版，第 92、99、101 页。
④ 中共天津市委党史研究室：《中国共产党天津历史（第一卷）》，中共党史出版社 2005 年版，第 68、69 页。

也能够信赖他。这样，他就比较好地领导与组织了码头工人的革命斗争和相关的活动。海运码头工人参加组织并能参加活动的人数由十来人发展到百余人，其中也培养出一些工运骨干。”①

1959 年 11 月，曾为觉悟社骨干社员、中国最早的女共产党员之一的刘清扬，在回顾这段历史时也不无动情地谈到了安幸生与码头工人的鱼水关系：“五四运动后，觉悟社的领导人有的出国或离开天津。于兰渚和安幸生同志等仍留在天津活动，后与李大钊同志取得联系而加入共产党，于 1924 年 4 月接受党中央的指示，由于兰渚（又名于方舟）同志负责建立天津党的组织，并开展工人阶级的革命工作，安幸生同志等参加天津党的市委工作，并负责领导码头工人运动。为了发展团结工人的任务，安幸生同志刻苦深入的努力。他虽然是学生出身，但［为］与工人接近的便利，他便把自己打扮成工人模样，经常混在码头工人队伍中，同样做搬运工作，这样与工人才能打成一片。建立了工会的组织，在天津这才真正打下了工人阶级斗争的基础。”②

想必刘清扬在讲述时也会十分感动与感慨的吧？

安幸生汉白玉半身雕像

是啊，面对一个“扛大个儿”的安幸生，怎能不令人肃然起敬？

“安幸生，原名安毓文，号仁岗。1902 年生于天津近郊三河头村一个富裕的农民家庭。他聪颖过人，擅写作，长雄辩。”③

就是这样一个从富裕家庭走

---

① 董恂如：《永不磨灭的忆念》，见《天津文史资料选辑》第 10 辑，天津人民出版社 1980 年版，第 57 页。

②《1959 年 11 月访问刘清扬记录》，见天津市档案馆：《中共天津历史档案选编》，天津人民出版社 2011 年版，第 610 页。

③ 中共天津市委党史资料征集委员会：《战斗在天津的共产党人》，天津人民出版社 1991 年版，第 160 页。

出的、衣食无忧且酷爱读书的青年学子，为了心中的信仰和世道的公平，竟能用肩膀和脊梁去扛那自己从未扛过也几乎无法扛起的重量，一步一步地走向前去……

同李培良和卢绍亭相比，安幸生与于方舟结识得更早。

“1918 年，他以优异成绩考入天津直隶省立一中……常与高年级同学于方舟探求救国济民之理，初步树立起为振兴中华而奋斗的信念。”①

那时，他们也一定读过 1918 年 10 月 15 日出版的《新青年》第 5 卷第 5 号了。

那一期的杂志上，有《关于欧战的演说三篇》。其中，除有他们熟读的李大钊的《庶民的胜利》，还有蔡元培先生的《劳工神圣》——“此后的世界，全是劳工的世界呵！”“我们都是劳工，我们要自己认识劳工的价值。”“劳工神圣！”“劳工神圣！”② ——在以后的日子里，于方舟和安幸生都关注到，工人们似乎最喜欢以这 4 个字宣称自己的价值；而在学习马克思学说的过程中，他们又发现蔡元培先生两次高呼的这个短语，竟暗合无产阶级解放高于一切的真谛；渐渐地，他们竟能从内心深处感悟劳工阶层的伟大与神圣了——1920 年的 5 月 6 日，即使入狱 3 个多月，即使仍被关押在检察厅中，于方舟和新生社社员李培良仍斗志昂扬地办起了狱中洗衣部，自己动手为狱友洗衣，周恩来在《检厅日录》中说他们“借此尝试劳动的生活”。

1922 年，中国劳动组合书记部由上海迁至北京，在天津设立了支部。与于方舟同为马克思学说研究会会员的安幸生，经研究会推荐，与另一位新生社成员李培良共同担负起了天津支部的工作。

中国劳动组合书记部，是“中国共产党早期领导工人运动的总机关。1921 年 8 月在上海成立。1922 年总部迁往北京。张国焘、邓中夏先后任主任。主要任务是对工人进行宣传教育，启发阶级觉悟，组织工会，开展

① 中共天津市委党史资料征集委员会：《战斗在天津的共产党人》，天津人民出版社 1991 年版，第 160 页。

② 蔡元培：《劳工神圣》，见《新青年、精选本》（中），中国书店 2012 年版第130 页。

罢工斗争。出版《劳动周刊》（后改名为《工人周刊》）。1922 年 5 月第一次全国劳动大会决定，在中华全国总工会成立之前，书记部为全国工运总通讯机关。同年七八月间在全国掀起劳动立法运动，并拟订了《劳动法大纲》。1925 年 5 月中华全国总工会成立后撤销。”①

在劳动立法运动中，安幸生、李培良所负责的天津支部积极响应，于 1922 年 8 月致电国会众参两院：“世界人类所衣者、食者、住者，何莫非由我农工劳动者所供给，彼掠夺阶级之资本家、军阀、官僚等在政治上、法律上、经济上、社会上概享有种种特权，而我供给人类幸福之源泉者，不但不能得一温饱，且在政治上、法律上、经济上反受尽种种残酷待遇。”② 强烈要求国会迅速通过《劳动法大纲》。

1922 年 10 月，唐山开滦五矿举行总同盟罢工。安幸生、李培良又领导劳动组合书记部天津支部，积极开展募捐后援活动，给罢工工人以有力支持。

虽然没有像安幸生、李培良那样直接参与劳动组合书记部的工作，于方舟却也时时将“劳工神圣”记挂在心上。

还是在南京参加中国社会主义青年团第二次全国代表大会时，于方舟就从邓中夏那里学会了这支歌：

如今世界太不平，重重压迫我劳工。
一生一世作牛马，思想起来好苦情。
北方吹来十月的风，惊醒了我们苦弟兄。
无产阶级快起来，拿起铁锤去进攻！
红旗一举千里明，铁锤一举山河动。
只要我们团结紧哪，冲破乌云满天红！③

这是邓中夏在 1921 年“五一节”组织北京长辛店工人罢工时所作的

---

①《辞海》，上海辞书出版社 1989 年版，第 1601 页。

②《益世报》1922 年 8 月 22 日。

③ 邓中夏：《诗一首》，见萧三：《革命烈士诗抄续编》，中国青年出版社 1982 年版，第 137 页。

励志诗，当时便谱了曲，被工人广为传唱。

于方舟又将此歌传唱于安幸生、李培良、卢绍亭。

从此，“无产阶级快起来”那铿锵有力的歌声，也开始响彻海河两岸的大型工厂和海运码头的波峰浪尖。

第十一章　上书中山

1. 在“世界视野下的孙中山与中华民族复兴——纪念孙中山先生诞辰150周年”国际学术研讨会上

初冬时节，北国天津早已寒风凛冽，而位于珠江出海口之一的广东省中山市，却依然绿树葱葱、暖意融融。

《纪念孙中山先生诞辰150周年国际学术研讨会论文集》封面

2016年11月13日，我从天津经由北京西站赶赴这里，参加纪念孙中山先生诞辰150周年国际学术研讨会。

新华社广州11月14日电（记者黄浩苑）“世界视野下的孙中山与中华民族复兴——纪念孙中山先生诞辰150周年”国际学术研讨会14日至16日在广东省中山市举行。海内外近70家学术机构的130余名学者共聚孙中山先生故乡研讨孙中山先生的丰富遗产。

本次研讨会旨在探讨孙中山先生为实现中国的民族独立、民族自由、民生幸福而无私奉献的人生轨迹，总结新时代下实现国家统一、富强和中华民族伟大复兴的历史经验。

大会吸引了来自中国大陆、港澳台及美国、俄罗斯、法国、澳大利亚、新西兰、日本、韩国、新加坡、越南等国家和地区的近70家学术机构的130余名学者参会。经专家组严格评审，从数百篇学术论文中评选出90篇论文，分为“政治军事外交”“思想文化”“经济社会”“人物关系”四个讨论组进行讨论研究。

研讨会由中国社会科学院和广东省政协共同举办。①

在这些“经专家组严格评审，从数百篇学术论文中评选出90篇论文”的篇目中，有两篇来自天津。其中一篇是天津师范大学历史文化学院教授、博士生导师李学智先生的《孙中山、伍廷芳关系论述》。另外一篇就是笔者（时为南开大学周恩来政府管理学院社会学系人类学硕士研究生）的《孙中山北上莅津与天津国民会议运动的兴起》，而这一近2万字论文的形成，正是得之于我平时对曾外祖父于方舟生平史料的搜集与整理——“在很大程度上是因为我在搜集整理曾外祖父于方舟的资料时，所发现的具有‘天津样本’意义的一些事件。”②

其实，早在2016年9月，距孙中山先生诞辰150周年纪念日还有两个月时，我便接到中国宋庆龄基金会研究中心打来的电话，为纪念孙中山先生诞辰150周年，特邀海峡两岸20余名青年学者在北京宋庆龄故居召开“孙中山与宋庆龄”研讨会。电话中说，因中国社会科学院近代史研究所所长王建朗研究员亲自将《孙中山北上莅津与天津国民会议运动的兴起》推荐给宋庆龄基金会研究中心，所以笔者也在应邀学者之列。

不久，我便接到会议正式通知。

然而，就在准备赴京参会时，我又接到10月14日赴上海参加由全国哲学社会科学话语体系建设协调会议办公室主办、中国社会科学院和中共上海市委宣传部承办的“第三届全国哲学社会科学话语体系建设理论研讨会”的通知。在分身乏术的情况下，考虑到已被收入《第三届全国哲

① 黄浩苑：《“纪念孙中山先生诞辰150周年国际学术研讨会”在广州举行》，新华网2016年11月14日。

② 阎焱：《于方舟与孙中山》，《天津日报》2016年12月16日。

学社会科学话语体系建设理论研讨会论文集》的《用中国的话语体系讲述“人类命运共同体”的世界故事》一文与所学专业有着更为直接的密切关系，文中所谈“人类学在加强话语体系建设中应有所作为，它可在人类命运共同体的文明交流和讲述世界故事中发声——在和而不同的多元观中发声，在相互尊重的交流观中发声，在彼此借鉴的融合观中发声”，均系从人类学的学科建设和话语体系建设有感而发。于是，只得舍弃了北京宋庆龄故居的会议而转向上海浦东干部学院。好在，北京很快就寄来了会议的文字资料和全部发言录音，也算得到了一次“函授”机会。

不久，《人民日报》便以《两岸学者在京研讨孙中山思想：中山思想是两岸共同精神财富》为题对会议进行了报道：“第四届孙中山与宋庆龄研讨会近日在北京举办。由中国宋庆龄基金会、台湾中山学术文化基金会共同主办的研讨会，已连续举办 4 年。今年适逢孙中山先生诞辰 150 周年，研讨会以‘孙中山思想：历史、现实、未来’为主题”，“聚焦孙中山先生的法治、监察、福利、民生等方面的思想。回溯孙中山学医从医、北上、赴台等方面的史实，探讨两岸孙中山研究在大陆和台湾的现状与趋势。”① 而我的《孙中山北上莅津与天津国民会议运动的兴起》，研究的恰恰是孙中山先生“北上”的史实。于是，虽未亲自到会，但该篇论文却已将于方舟如何殚精竭虑地接待、支持、配合孙中山先生北上的“天津故事”讲到了全国和海峡两岸。

值得庆幸的是，一个月后，笔者又于 11 月 14 日应邀赶赴孙中山先生的家乡广东省中山市，参加纪念孙中山先生诞辰 150 周年国际学术研讨会。

敬献花篮于孙中山先生雕像前……

徜徉瞻仰于孙中山故居纪念馆……

满怀崇敬置身《孙文全集》首发式……

同全体与会代表在孙中山纪念馆正门合影留念……

① 孙立极：《两岸学者在京研讨孙中山思想：中山思想是两岸共同精神财富》，《人民日报》2016 年 11 月 3 日。

在中山先生故乡的系列学术考察活动，仿佛令我近距离地看到了中山先生率志士仁人前赴后继，探索救国救民之路，进行可歌可泣抗争的一组组立体的雕塑、一幅幅生动的画面。

来到中山先生的故乡，且行且看，所闻所观，不由令我设身处地般想起了11月11日那天习近平在纪念孙中山先生诞辰150周年大会上的讲话——“150年前，孙中山先生出生之时，中国正遭受帝国主义列强的野蛮侵略和封建专制制度的腐朽统治，战乱频发，民生凋敝，中华民族陷入内忧外患的灾难深渊，中国人民处于水深火热的悲惨境地。在那个风雨如晦的年代，中华民族从未屈服，无数仁人志士前仆后继，探求救国救民的道路，进行可歌可泣的抗争。孙中山先生就是他们中的杰出代表。青年时代，孙中山先生目睹山河破碎、生灵涂炭，誓言‘亟拯斯民于水火，切扶大厦之将倾’，高扬反对封建专制统治的旗帜，毅然投身民主革命事业。”①

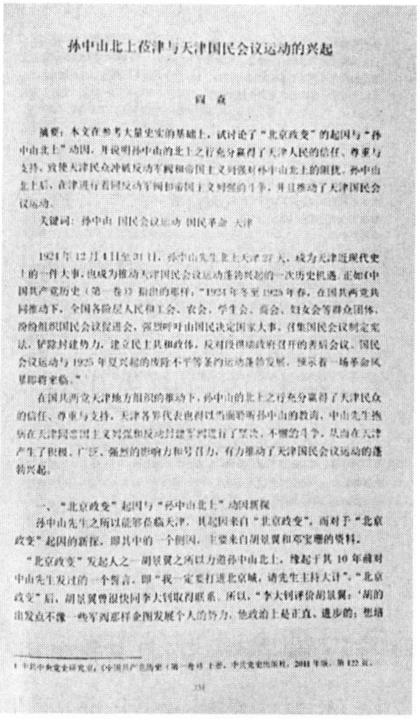
孙中山北上莅津与天津国民会议运动的兴起

阎森

摘要：本文在参考大量史实的基础上，试讨论了“北京政变”的起因与“孙中山北上”动因，并说明孙中山的北上之行充分赢得了天津人民的信任、尊重与支持，致使天津民众冲破反动军阀和帝国主义列强对孙中山北上的阻扰。孙中山北上后，在津进行着同反动军阀和帝国主义对垒的斗争，并且推动了天津国民会议运动。

关键词：孙中山　国民会议运动　国民革命　天津

1924年12月4日至31日，孙中山先生北上天津27天，成为天津近现代史上的一件大事，也成为推动天津国民会议运动蓬勃兴起的一次历史机遇。正如《中国共产党历史（第一卷）》指出的那样，“1924年冬至1925年春，在国共两党共同推动下，全国各阶层人民和工会、农会、学生会、商会、妇女会等群众团体，纷纷组织国民会议促进会，强烈呼吁由国民决定国家大事，召集国民会议制定宪法，铲除封建势力，建立民主共和政体，反对段祺瑞政府召开的善后会议。国民会议运动与1925年夏兴起的废除不平等条约运动蓬勃发展，预示着一场革命风暴即将来临。”

在国共两党天津地方组织的推动下，孙中山的北上之行充分赢得了天津民众的信任、尊重与支持，天津各界代表也得以当面聆听孙中山的教诲，中山先生抱病在天津同帝国主义列强和反动封建军阀进行了坚决、不懈的斗争，从而在天津产生了积极、广泛、强烈的影响力和号召力，有力推动了天津国民会议运动的蓬勃兴起。

一、“北京政变”起因与“孙中山北上”动因新探

孙中山先生之所以能够莅临天津，其起因来自“北京政变”。而对于“北京政变”起因的新探，即其中的一个侧因，主要来自胡景翼和邓宝珊的资料。

“北京政变”发起人之一胡景翼之所以力邀孙中山北上，缘起于其10年前对中山先生发过的一个誓言，即“我一定要打进北京城，请先生主持大计”。“北京政变”后，胡景翼曾很快同李大钊取得联系。所以，“李大钊评价胡景翼：‘胡的出发点不像一些军阀那样企图发展个人的势力，他政治上是正直、进步的；思想

1 中共中央党史研究室：《中国共产党历史（第一卷）》上册，中共党史出版社，2011年版，第122页。

231

收入论文集的文章

11月14日，广东省中山市喜来登酒店四层聚福厅，研讨会开幕式和主题报告会正在举行。

中国社会科学院近代史研究所所长王建朗研究员主持开幕式，中共中央文献研究室原常务副主任、中国史学会原会长金冲及研究员主持主题报告会。

“中国社会科学院院长、党组书记王伟光在会上指出，在孙中山先生诞辰150周年之际召开这个学术研讨会，一方面要缅怀他为近代中国的民族独立、国家富强、民生幸福而不懈奋斗的伟大精神；另一方面又要从学术上总结有关孙中山

① 习近平：《在纪念孙中山先生诞辰150周年大会上的讲话》（2016年11月11日），《人民日报》2016年11月12日。

先生及其伟大事业的既有成果，共同研讨未来学术研究的新方向，科学地推进相关问题的学术研究，深入阐发孙中山先生思想与精神的历史价值和现实意义，为推动实现中华民族伟大复兴的中国梦及促进人类的和平与进步贡献学者的智慧。”①

我被分在A组，即“政治军事外交”组。

14日下午，著名史学家、中国社会科学院荣誉学部委员杨天石在小组做《再论“倒孙风潮”与蒋介石刺杀陶成章事件》的精彩演讲。

15日上午，北京大学历史学系著名教授王晓秋做《孙中山民族复兴的宏愿和苦心》的小组发言。

15日下午，由王晓秋主持，日本中央大学深町英夫教授作为评议人，进行小组内报告。在喜来登酒店四层的赐福厅，即研讨会的第一会场，西南大学历史文化学院讲师王刚、陈志刚，中国社会科学院近代史研究所研究员李长莉，南昌大学人文学院讲师刘杰相继发言后，笔者也以《孙中山北上莅津与天津国民会议运动的兴起》为题作了发言，并得到在场专家、学者的评议与指导。

大会期间，《孙中山北上莅津与天津国民会议运动的兴起》一文还入选刊印于《世界视野下的孙中山与中华民族复兴——纪念孙中山先生诞辰150周年国际学术研讨会论文集》。

于是，于方舟24岁时负责欢迎、接待、配合、支持孙中山先生在天津活动27天的史料和史实，又登上了国际学术研讨会的大平台，纳入了世界性的大视野。

而这样一段极为重要的史实，也有力印证了习近平的论断——“中国共产党人是孙中山先生革命事业最坚定的支持者、最忠诚的合作者、最忠实的继承者。在他生前，中国共产党人坚定支持孙中山先生的事业。在

① 武勇：《多角度深化拓展孙中山研究——纪念孙中山先生诞辰150周年国际学术研讨会召开》，《中国社会科学报》2016年11月21日。

他身后，中国共产党人忠实继承孙中山先生的遗志……"①

2. 听胡景翼长孙讲述"北京政变"

1924 年 12 月 4 日至 31 日，孙中山先生北上莅临天津 27 天，成为天津近现代史上的一件大事。诚如马际融先生 1984 年主编的《津门忆旧》所言："上一个甲子年的隆冬岁暮，有一件彪炳天津近代史册的大事，就是孙中山先生北上时，过津小住。"②

从筹备欢迎直至欢送孙中山赴京，作为国民党省、市党部主要负责人，于方舟主持了一系列工作。譬如，孙中山抵津之前的"12 月 1 日，在于方舟主持下，国民党天津市党部召开全体党员大会，到会党员 200 余人。会议讨论了欢迎孙中山的具体事宜，决定将全体党员分别组织为维持队和宣传队，负责有关的具体工作。次日，各界代表再次集会，讨论通过《上孙中山意见书》。"③

孙中山之所以能够莅临天津，天津各界代表之所以能够当面聆听孙中山教诲，并能上书中山、直抒政言，其起因则来自"北京政变"。

"北京政变"发生于 1924 年的第二次"直奉战争"中。

所谓"直奉战争"，即直系军阀和奉系军阀之间的战争。

直、奉军阀皆为北洋军阀派系之一。

直系军阀先以直隶（今河北）籍军阀冯国璋、曹锟，后又以吴佩孚为首领，在 1920 年直皖战争和 1922 年第一次直奉战争中，先后打败皖系和奉系军阀，控制北京政府，背后有英、美两国支持。

奉系军阀以奉天（今辽宁）籍张作霖为首领，长期占据东北，并不断率兵进入山海关与其他军阀混战，背后有日本支持。

1924 年 10 月第二次直奉战争期间，直军第三路司令冯玉祥回师北

---

① 习近平：《在纪念孙中山先生诞辰 150 周年大会上的讲话》（2016 年 11 月 11 日），《人民日报》2016 年 11 月 12 日。

② 马际融主编：《津门忆旧》第三集，中共天津市委对台办编印，第 1 页。

③ 中共天津市委党史研究室：《中国共产党天津历史（第一卷）》，中共党史出版社 2005 年版，第 79 页。

京，发动政变，囚禁贿选总统曹锟，将废帝溥仪逐出皇宫。并联合胡景翼、孙岳等，将所部改称“国民军”，联合奉系军阀张作霖，推段祺瑞为临时执政，同时电请孙中山北上共商国是。此即“北京政变”。

“北京政变”发起人之一胡景翼之所以力邀孙中山北上，是因为他10年前对孙中山先生曾经发过的一个誓言；而“北京政变”之后，胡景翼又立即同李大钊取得联系——“李大钊评价胡景翼：‘胡的出发点不像一些军阀那样企图发展个人的势力，他政治上是正直、进步的；想培养力量和军阀势力对抗。把胡培养起来，将来同我们党合作是可靠的。’”①

2010年，我的父亲、母亲在西安写作电视剧本《横山起义》时，曾采访了胡景翼的长孙胡畯。

横山起义，是解放战争初期，中共中央西北局书记习仲勋策划并领导指挥他小学同学胡景铎、胡希仲，在陕北榆林地区横山县进行的一次起义。

这次起义虽然规模不大，意义却极为重要。诚如著名军旅作家王树增所写：“内战初起时，蒋介石没有力量顾及西北，陕甘宁解放区的晋绥联防军乘机向北扩张，占领了陕北无定河以南约五千平方公里的地区，并在这一地区建立起共产党地方政权——当时的共产党人不曾想到，就是这个小小的战果，在未来的战争进程中起到了预想不到的历史作用——当胡宗南的二十万大军进攻延安时，包括毛泽东在内的中共中央和中央军委，正是在这片干旱贫瘠的小小区域内得以回旋。”②

在横山起义的中心——榆林市横山县波罗堡要塞，父亲眺望着那宽广壮阔的无定河，思绪不禁如滚滚河水、绵绵蜿蜒——起义时要塞镇守官的身份引起他的极大兴趣——胡景铎，是胡景翼最小的弟弟；胡希仲，则是胡景翼的长子——他很想在写作他们故事的同时，了解一些胡景翼的轶事。因为胡景翼同孙中山、李大钊、“北京政变”之间的传奇，也同于方舟1924至1925年的那段经历息息相关。

---

① 王浩：《李大钊北京十年》，中央编译出版社2010年版，第83页。
② 王树增：《解放战争》，人民文学出版社2009年版，第143页。

从横山回到西安，父亲特意到胡畯家，请胡老讲述其祖父与“北京政变”的关系之秘、与李大钊先烈的交往之谜……

胡景翼

据笔者后来的查阅核实，胡畯的讲述亦可从很多资料中得到印证。

胡畯说，在你们的印象中，“北京政变”就是一场军阀之间争夺势力的混战；但是，在我们看来，这其实是祖父胡景翼在践行曾向孙中山先生许下的一个诺言。

胡景翼，名笠僧，字励生。陕西富平人。1908 年，17 岁的胡景翼抱着救国救民的伟大理想，考入西安健本学堂，1910 年 3 月加入同盟会。1911 年 10 月武昌起义爆发，在陕的革命党人遥相呼应，胡景翼于耀县药王山起义，攻占了关中重镇三原。“1914 年，东赴日本，在浩然庐学社学习军事。在于右任的陪同下，谒见了孙中山，并发誓说：‘我一定要打进北京城，请先生主持大计。’这句掷地有声的话语，从此成为胡景翼终生奋斗的目标。”① 同年 9 月，胡景翼受孙中山的重托，回西北开展革命，参加“华山聚义”，策划“反袁护法”。1916 年 5 月在富平聚歼袁世凯亲信陆建章的“中坚团”，俘虏其旅长，威震关中。在渭北各地武装的拥戴下，建立了靖国军。

父亲说，当时胡畯即取出胡景翼的书法予以展示——“龙马精神”和“同纾国难”为魏碑；“摧枯逾百战，拓地远三千”为行草；皆大气磅礴，一看便知不是出自一般武人之手。字如其人，文如其绩！正如姜克夫《民国军事史略稿》指出的那样：“胡景翼、杨虎城陕军，是孙中山领导的革命事业在北方最积极的支持者，在辛亥革命以及护国、护法战争中，均著有战绩。”但同时指出“直皖战后，曹、吴派大批北洋军入陕，胡景

① 王洁：《李大钊北京十年》，中央编译出版社 2010 年版，第 82 页。

翼率部投降直系”，从而成为冯玉祥的部下。①

提及此事，胡畯说，此事相当复杂。他当即给兰州的邓成城打电话，请他速寄一本《邓宝珊传》来。并告知我父亲，待此书寄来，再续谈。我父亲曾在甘肃工作25年，而邓宝珊既是甘肃人又曾于新中国成立后任甘肃省省长，所以他对邓宝珊及邓宝珊之子邓成城的经历也算熟悉，知道邓宝珊曾系胡景翼的部下，也同李大钊先烈关系密切，但不知胡畯为何非要等《邓宝珊传》寄到后再谈？

再访胡畯时，胡翻开《邓宝珊传》给我父亲看。原来，其中有孙中山致邓宝珊的信。

信中，孙中山对胡景翼“换旗”之举严词谴责：“宝珊仁兄惠鉴：陕西靖国军起义以来，血战历年，苦心孤诣，中外共仰。乃闻立（励）生忽受奸人蒙蔽，招集少数无赖之徒，托名国民大会，变更靖国军名义。以堂堂护法之师，受伪廷督军之改编，不但败坏纲纪，为西南各省所不容，即于其个人操节，亦有大亏……”②

“邓宝珊把信呈给我祖父阅看的时候，我祖父只能慨叹‘关山阻绝，先生不了解我们的苦衷！’”胡畯说，“1921年8月，冯玉祥任陕西督军，当时摆在祖父面前只有两条路：一条路，是同直系对抗，肯定会全军覆没；另一条路，受直系改编，但要被革命党人视为投降和背叛！祖父为了保存靖国军的实力，走了第二条路，忍辱负重，力排众议，改编靖国军，在冯玉祥部下任第一师师长。1925年4月，祖父在临终遗嘱里说明了他的用意：‘既思不入虎穴难得虎子，遂率师出关，佯附曹吴，以成去岁中央革命之举。’说得很明白，只有假意依附曹锟、吴佩孚的直系，才能做成1924年的‘中央革命’即‘北京政变’，才能实现他当年‘一定要打进北京城，请先生主持大计’的诺言。”

“难道，‘北京政变’真正的主策划是胡景翼将军？”父亲好奇地请教。

---

① 姜克夫：《民国军事史略稿》第一卷，中华书局1987年版，第143、219页。

② 转引自王劲：《邓宝珊传》，甘肃人民出版社2005年版，第52页，（原载《孙中山全集》第5卷第619页）。

“这就是请你读《邓宝珊传》的用意!”胡畯不无深意地将书交给父亲带回天津，我也才有机缘读到此书，才从另一个视角，了解到一个鲜为人知的“北京政变”……

——“胡景翼出关后，吴佩孚及其亲信始终视其队伍为‘杂牌’，时而利用，时而鄙弃，饷项服装、武器弹药均不能按最低需要发给。官兵每月除伙食费外，所余之费不足买一双鞋袜。同时，胡景翼同情京汉铁路工人大罢工，‘二·七’惨案中拒绝执行吴佩孚镇压工人的命令，受到京汉线铁路工人爱戴，来往给予热情招待，胡曾书‘劳工神圣’匾额以谢工人，这更引起了吴佩孚的猜忌与不满。以上，是胡景翼策划反直的直接原因。”

——于是，“邓宝珊对胡景翼分析形势时说：曹、吴已陷入‘内忧外患’的深渊中，将来非沉没不可……我们如能通过孙二哥（指孙岳）的关系把冯玉祥拉上一起干，再和南方（指孙中山）取得联系，就可实现你‘打到北京，迎接孙中山主政’的愿望了。胡景翼听着，突然兴奋起来，一改往日沉稳作风，急切地问：‘焕章能拉得过来吗?’邓宝珊又讲了一番冯玉祥的处境和经历、思想，认为冯无论在利害上或是爱国救民的道义上都会走上公开反对曹、吴的道路，并向胡说明：‘孙二哥与冯焕章是无话不说的朋友，由他出面联系，必然能结成联盟……’听到这里，胡景翼大动感情地向邓宝珊追述往事说：‘宝珊老弟，我的心迹你是明了的。民国三年我在东京谒见中山先生的时候，就曾向先生许下宏愿：待我他日打到北京，当迎先生先入。陕西护国、护法之役我都适时加入，何尝不是为践前约。靖国军接受改编，只是我曲线革命之谋。孙总理、于（右任）先生误解我，目为叛逆。换旗前我夜往于先生住处明己志，他竟闭门不纳，我久叩扉环求他一晤，他终是不理。只好洒泪而去……’邓宝珊安慰他说：‘大哥的心事我全明白……如今，可是你履践前约的机会啊。’”

——“这样，由邓宝珊向孙岳说明胡景翼的态度，孙岳乃于1924年9月10日以补祭昭忠祠（冯玉祥设于南苑的阵亡官兵陵园的纪祠）的名义到北京南苑冯玉祥处访问，两人经过一番试探后，各自亮出了底牌……

冯、胡、孙反对曹、吴的秘密联络，从此正式开始。”①

1924 年 10 月 22 日，冯玉祥一夜之间控制北京，“北京政变”成功。24 日，冯玉祥通电全国，宣告成立“中华民国国民军”，冯玉祥任总司令兼第一军军长，胡景翼、孙岳为副司令，分任国民军第二、第三军军长，并邀请孙中山北上主持大计。

1924 年 10 月 27 日，孙中山电复冯玉祥：“诸兄功在国家，同深庆幸。建设大计亟应决定，拟即日北上与诸兄晤商。”②

在天津，于方舟自 1924 年 1 月赴穗参加国民党一大后，已以时不我待之速，相继成立了国民党省、市党部，天津团地委；同年 8 月在穗参加国民党一届二中全会于 9 月初返津后，即成立了中共天津地委。当这一年即将进入尾声的时候，他和他的同志们又要开始欢迎孙中山先生的莅临了……

3. 马千里：“午后两点邓颖超、于兰渚来找我”

1924 年 11 月 23 日

早起到直隶省教育会临时开全体委员会，通过加入欢迎孙中山先生大会。午后两点邓颖超、于兰渚来找我，谈国民党直隶省党部欢迎会事，并商定合作。

——《马千里先生日记摘抄》③

马千里先生的这则日记，折射了于方舟等人在欢迎孙中山莅津那忙碌日子中的普通一天。

然而，欢迎孙中山莅津，却绝非仅是迎来送往那般寻常。

因为，在孙中山要不要北上、能不能北上、如何北上的问题上，曾有

---

① 王劲：《邓宝珊传》，甘肃人民出版社 2005 年版，第 61、60 页。

② 孙中山：《致冯玉祥等电》（1924 年 10 月 27 日），见《孙中山全集》第 11 卷，中华书局 2006 年版，第 252 页。

③ 天津市政协文史资料研究委员会：《20 世纪初天津爱国教育家马千里先生》，1985 年版，第 119 页。

着颇不顺畅的一波三折。

“北京政变是国共合作期间具有重大影响和进步作用的政治事件。它推翻了直系军阀曹锟、吴佩孚政权，从而使以张作霖为首的奉系军阀更为孤立，使统治中国10余年的北洋军阀集团处于分崩离析的状态。”①

可是，北京政变之后，在要不要支持孙中山接受冯玉祥等人邀请北上的问题上，《中国共产党历史（第一卷）》一书中却这样写道：“中共中央接受加拉罕、鲍罗廷及广东区委的意见，支持孙中山北上”。② 也就是说，在没有接受加拉罕、鲍罗廷及广东区委意见之前，中共中央是不支持孙中山北上的。

历史果真如此吗?

的确，“中国共产党对于孙中山北上，最初担心他‘此次北上受军阀和国民党右派之包围’，与各军阀妥协。”③ “中国共产党人提醒孙中山：这次直奉战争与北京政变的结果，必然要完成帝国主义宰制中国的所谓和平会议。中山先生对于军阀而实在是帝国主义在京津之间召集的和平会议采取什么态度呢? 对于军阀召集的会议，在原则上和策略上，中山先生不仅在消极方面要拒绝参加，而且要在积极方面号召人民起来反抗帝国主义宰制中国的阴谋根本否认帝国主义的工具——祸国殃民应受国民制裁之军阀有召集会议冒称解决国是之权限……在国民党中央委员会内，也出现了反对孙中山北上的意见。反对者认为：国民党要捍卫自己曾经发表过的所有激进的宣言和纲领，就不能同北京政变的胜利者进行合作，因为后者当然不会同意国民党的激进纲领……这些看法使本来就犹豫不定的孙中山，更加拿不定主意。”④

值此紧要关头，为孙中山担任顾问的鲍罗廷、苏联驻华大使加拉罕均指出，孙中山应该北上，在各地公开捍卫自己的立场和口号，因为“北

---

①《中共北方区委历史》，中共党史出版社2013年版，第160页。

② 中共中央党史研究室：《中国共产党历史（第一卷）》上册，中共党史出版社2011年版，第122页。

③《中共北方区委历史》，中共党史出版社2013年版，第162页。

④ 苏杭、苏若群：《绝密档案：第一次国共合作内幕》，人民日报出版社2011年版，第270页。

京政变及其后发生的事件给国民党提供了一个登上国民革命斗争大舞台并成为大政党的极好机会。”① 曾帮助中共建党并推动国共合作的维经斯基（俄共［布］中央远东局海参崴分局全权代表）也认为：“孙逸仙参加天津战胜者会议是在政治上迈出了正确的一步……孙逸仙在为自己的活动赢得了扩大的政治舞台之后，应该利用这个舞台使中国广大民众看到，目前他在为国家的统一，为反对外国的压迫而斗争，而不是在争夺总统职位，不是在为国民党一党争夺政权。”②

加拉罕、鲍罗廷等人的态度，促使中国共产党人改变了看法，转而支持孙中山北上。在中国共产党的支持下，11 月 10 日，孙中山以中国国民党总理名义发表《北上宣言》，提出对外取消一切不平等条约和对内扫除军阀两大目标，主张召开国民会议，争取国家的和平统一。11 月 13 日，孙中山离开广州，开始北上。

身在天津的于方舟，一直密切关注着事态的变化。

11 月 19 日，《中国共产党对于时局之主张》发表。于方舟通过认真研读中央文件，深感“国民会议”既是党的一以贯之的主张，也是今后一个时期的主要任务，应该通过欢迎孙中山的到来，向天津市民作广泛深入的宣传，让民众关心和参与这一运动。于方舟清楚地记得，1923 年 7 月，党的《第二次对于时局的主张》，曾首次阐明“国民会议”的主张，提出以国民会议取代国会，成为民意机关和立法机关，并具有组织政府的权力。此次《中国共产党对于时局之主张》，在支持孙中山北上的同时，再次强调“挽救此迫在目前的危机之方法，不是各省军阀的和平会议或国是会议，也不是几头元老的善后会议，乃是本党去年所主张的及中国国民党现在所号召的国民会议。只有这种国民会议才可望解决中国政治问题，因为他是由人民团体直接选出，能够代表人民的意思与权能。”③ 有

---

① 苏杭、苏若群：《绝密档案：第一次国共合作内幕》，人民日报出版社 2011 年版，第 271 页。

②《维经斯基给季诺维也夫的电报》，1924 年 11 月底于上海，见《共产国际、联共（布）与中国革命档案资料丛书》，北京图书馆出版社 1997 年版，第 555、556 页。

③《中国共产党对于时局之主张》（1924 年 11 月 19 日），见《建党以来重要文献选编》第 2 册，中央文献出版社 2011 年版，第 169 页。

了这样认真的学习和深刻的解读，于方舟迅速地开始行动了。

从11月19日中央发出支持和欢迎孙中山北上的《主张》，到11月23日午后2点于方舟和邓颖超找到马千里共商欢迎事宜，中间仅隔4天。在这4天中，于方舟显然已同邓颖超以及中共天津地委、国民党省市党部其他有关负责同志作过多次讨论并达成了一致意见，随后才去与马千里先生“商定合作”的。

正如齐植璐先生《孙中山的三次天津之行》一文所言：“天津人民听到孙中山先生北上来天津的消息，群情十分振奋。当时的天津中共地委负责人、同时也是中国国民党中央候补执行委员与直隶省党部负责人的于方舟与江浩等同志，即以国民党省党部公开名义，四处联络。筹备欢迎孙中山先生的盛大活动。11月22日，首先联系到著名教育界人士马千里，请其出面发起组织天津市民欢迎孙中山先生筹备处，并登报启事，发动工、商、农、学各界人士参加。24日，筹备处在直隶省教育会内正式宣告成立，有安幸生领导的天津反帝大同盟、邓颖超领导的学术讲演会等30余团体参加。”①

于、邓、马3人会晤的第二天，便召开了天津市民欢迎孙中山筹备会。

《中共北方区委历史》的记述是：“11月24日，天津地委召集41个团体的代表50余人举行迎接孙中山的筹备会议，推举于方舟为‘欢迎孙中山筹备会’书记，邓颖超、宋朝义等8人为联络员，谢宝光、史汉清等8人为庶务员。”②

《中国共产党天津历史（第一卷）》的记述为：“24日，天津地委召集各界41个团体的代表50余人举行会议，商讨、布置迎接孙中山的有关筹备工作。天津地委组织部主任江浩以国民党特派员的身份主持会议。会议推举于方舟为欢迎孙中山筹备会书记，邓颖超、宋朝义等8人为联络员，谢宝光、史汉清等8人为庶务员。会议就各项具体事宜作了分工，决

---

① 齐植璐：《孙中山先生的三次天津之行》，见《天津文史资料选辑》37辑，天津人民出版社1986年版，第10、11页。

②《中共北方区委历史》，中共党史出版社2013年版，第165页。

定由江浩、马千里负责与孙中山接洽，于方舟负责起草文稿、制作传单等工作。”①

1924年11月26日的《大公报》记载的最为原始、最为详尽：

天津市民因孙中山先生将于月内来津，特发起筹备欢迎。各团体参加者甚为踊跃。欢迎筹备处特于24日下午7钟假天津县教育会召集第一次筹备大会。

到会者有省教育会代表张景韩、康牖民，县教育会代表李少轩、张际和、李体乾，天津学生联合会代表谢宝光，团体代表会代表刘铁庵，中华自治会代表王幼贤，京汉铁路总工会驻津办事处代表袁正道、韩德明，湖南劳工会津支部代表熊觉否，国民外交协会代表卢濂，公民救国牺牲团代表宋朝义，天津学生同志会代表宋廷玉、钱仲玖，市民救国会代表郭绪荣，反帝国主义运动大联盟代表安幸生、赵奈因，学术讲演会代表邓颖超、马季康，青年救国团代表宋树蕃，学术研究会代表杨鸿涛，青年同志社代表冯绍异，社会科学研究会代表刘景修，中国国民党直隶省党部代表于方舟、江著源，天津国民党市党部代表史汉清、苏楣，津保青年社代表张昌旭，青年文艺社代表陈声元，天津印刷工界联合会代表陶卓然，天津良心救国团代表张文治，天津同志新剧社代表刘家狻，国货售品所代表宋则久、王铭孙，青年社代表江韵清，乙种工业学校王南复，省议会议员张寺晨，新民意报总编辑马千里，妇女日报社代表李峙山，建国日报筹备处代表胡逸民、宗寄文，新中国通信社胡倾白，捷闻通信社王仲英，明星通信社谌小岑等41团体代表50余人。此外尚有已函告加入筹备之团体及个人。未到会者甚众，不及备录。

公推江著源为临时主席，于方舟书记。

首由国民党代表于方舟报告开始筹备经过。谓国民党方面所以开始较迟者，因孙先生行期不定。收到孙先生已由上海启程之报告，遂召集党部开会。对于细节，已略有讨论。继又见报上有市民欢迎筹备处之组织，发起人中有马千里、李峙山先生，故派代表与之联系，与马先生约定于今晚

---

① 中共天津市委党史研究室：《中国共产党天津历史（第一卷）》，中共党史出版社2005年版，第78页。

开第一次筹备会，故有此次会议之产生。

继由马千里、李峙山报告筹备及与各方联络之经过，其来函参加筹备各团体之名目，并提议派联络员联络尚未加入之团体，如商会、基督救国会、律师公会、红十字会、女星社、女权同盟、女权请愿团、救国联合会天津平民教育总会及其他团体，一致赞成。并推定马千里、刘铁庵、张际和、李峙山、张景韩、宋廷玉、邓颖超、宋朝义8人为联络员。

次讨论欢迎方式。议决由各团体各派代表2人赴码头或车站欢迎。由国民党定礼旗若干面分给欢迎代表。再期假一适当地点，请中山先生演说。由市民筹备处委托国民党预备入场券4000张，编订号数，归庶务员分配。演说日期，推定江著源、马千里二人与中山代表接洽，并公推马千里为总指挥，江著源为主席。会场地点请刘铁庵、刘家狻二人接洽，暂定南开中学大礼堂、广东会馆、大舞台3处，会场一切布置，归庶务员完全负责办理。庶务员推定为张寺晨、刘铁庵、王铭孙、谢宝光、李峙山、史汉清、苏楣、阎克明8人。会场中应有之军乐队，请张寺晨君接洽。

会场中传单，公推于方舟起草。埠外各团体场内任意散发。

会场秩序，由刘家狻负责，请童子军联合会派人维持。记事公推赵奈因、刘家狻二人负责分请。通信地点定新民意报及国民党省党部两处，再在各报上登新启事，联络各团体，一切费用由各团体自由捐助，不够再分摊。

时至10时遂散会。①

“根据党中央的要求，以于方舟为核心的中共天津地委迅速行动起来，组织成立了天津市民欢迎孙中山大会筹备会，并组织党员到各工厂、学校和繁华地区宣讲召开国民会议的重要意义。”②

然而，有人在组织欢迎，也有人在搅扰挑衅……

从天津某些对于“殖民文化”“北洋（军阀）文化”那留恋情结的挥

---

①《大公报》1924年11月26日。

② 中共天津市委党史研究室：《愿做方舟渡众生——纪念于方舟烈士牺牲80周年》，《天津日报》2008年1月21日。

之不去的现象，即可得知当年对孙中山的欢迎该有多少艰难险阻和暗流涌动。

4. 冲破涌动的暗流

1924 年 11 月 24 日，就在于方舟向“天津市民欢迎孙中山先生大会筹备会”的全体与会人员报告“收到孙先生已由上海启程之报告”的时候，他肯定已经知道，中山先生在上海曾为北洋军阀们最新登场的“闹剧”而愤慨——

“11 月 17 日‘春阳丸’抵沪。沪报披载：张作霖、卢永祥、冯玉祥、胡景翼、孙岳 5 人，已于 15 日联名通电，拥戴段祺瑞为临时执政。中山先生与同行诸人阅后，异常愤懑。孙、段、张既联盟合作于前，又电请北上共商国是，旋复寒盟于后，听信谣诼（杨永泰等谓中山北来是为竞争领袖，此时宜即将元首推定。同时散布谣言，中山北来带来许多暗杀党，专谋段合肥［祺瑞］、张雨帅［作霖］二人），竟不待征得先生同意，贸然推定国家元首，于公则阻碍国家统一，于私则失友道，实为背信弃义。然中山先生为救国救民宣传革命理论，决不能因此而中止北上。”①

暗流与暗礁不仅来自国内的军阀势力。

1924 年 11 月 24 日，就在于方舟向“天津市民欢迎孙中山先生大会筹备会”的全体与会人员报告“收到孙先生已由上海启程之报告”的时候，他也通过报纸了解到孙中山在上海曾遭到帝国主义的排斥与挑衅。

1924 年 11 月 18 日的上海《申报》，刊登了孙中山接受该报记者采访时的一席话：“现在上海虽然是租界，但是根本上还是中国的领土。我是中国的主人，寄居上海的那些外国人都是客人。主人在自己的领土之内要做什么行动，当然可以做什么行动。他们客人决计是不能够干涉的。倘租

① 刘星楠：《孙中山先生逝世侧记》，见《天津文史资料选辑》第 37 辑，天津人民出版社 1986 年版，第 33 页。

界当局有意阻碍吾在租界之居住，则吾对之有坚决手段之决心。中国人民早已不能忍耐外国侨民在中国领土之飞扬跋扈。”①

于方舟读着这样的新闻时，已猜度出孙中山先生在上海可能遭致不能进入租界居住的境遇；当然于方舟并没有预测出数日之后自己也因欢迎孙中山而被天津的英国工部局“驱逐出境”；于方舟更没有料到英国报纸会对孙中山进行诬蔑、诋毁和谩骂——“就在孙中山即将抵达上海的前夕，英国的《字林西报》发表一篇评论，扬言：‘上海不需要孙中山，应阻止他登岸。’胡说什么：‘孙中山是广州大本营的大元帅，一举一动，都负有政治上的任务。上海租界之内完全是商务性质，负有政治任务的大元帅，住在这样的地方，是不是相宜?’英国的《大陆报》更发出恶毒的叫嚣：‘要驱逐孙中山出上海’；‘绝不要理睬孙中山所提出的废除不平等条约的要求’。”②

于方舟可能不知道帝国主义这些攻击孙中山北上的具体言论，但他非常清楚——因为中山先生在《北方宣言》中已明确提出“一方在取消一切不平等之条约及特权；一方在变更外债之性质，使列强不能利用此种外债以致中国坐困于次殖民地之地位。”③——必定会引起帝国主义的憎恨。更令这些国家忌惮的是，万一孙中山真能到北京执政，就会对它们采取强硬政策，所以它们肯定会极力阻挠和破坏孙中山北上。

不过，于方舟深信各地共产党组织的工作效率，想必中山先生经过这一阶段的国共合作，对于共产党人的素质与力量，也早已心知肚明——有共产党人作中山先生的坚强后盾，遭遇再多的暗流与暗礁，他也无须畏惧了。

果然，蔡和森在《向导》91期上发表了题为《欢迎孙中山先生离粤来沪》文章，文中指出：“中国共产党提议中山先生必须面向全国进行革

① 上海《申报》1924年11月18日。

② 苏杭、苏若群：《绝密档案：第一次国共合作内幕》，人民日报出版社2011年版，第274页。

③ 孙中山：《北上宣言》（1924年11月10日），见《孙中山全集》第11卷，中华书局2006年版，第294页。

命宣传和组织工作”，以“造成全国的舆论及民众的后援，庶几进可致胜军阀，退可扩大宣传。”①

果然，“中国共产党人在上海组织了热烈的欢迎队伍。当孙中山等人所乘的日本‘春阳丸’号邮船于11月17日抵达上海吴淞口时，万余民众汇集码头，齐声高呼‘打倒帝国主义！’‘打倒军阀！’”②

共产党人对于孙中山的鼎力支持是显而易见的。

以至于在北洋军阀中都有了一种“拥孙必共”的认同——凡是欢迎孙中山北上的，必定是共产党人。

这可从冯玉祥在天津亲身经历的一段故事即可看到——

“北京政变”后，孙中山抵津前，蛰居于天津的段祺瑞为独吞胜果、抵制孙中山，特将冯玉祥催至天津开会。在会场，冯玉祥便领教了军阀们散布“拥孙必共”的一幕——“这伙家伙，在曹、吴未倒、大敌当前的时候，谁都表示得光明磊落，但这时事过境迁，当时的诺言也就抛到九霄云外，全不承认，又重新勾心斗角，只从个人私利着眼了。他们都怀着鬼胎，在言谈之间，对于真诚欢迎中山先生北上的国民军，不免常常流露歧视之情。其中吴光新坐在席上，老是把头低者，一言不发，过了好一会儿，忽然抬起头来贸然说道：‘孙岳是个共产党！我们大家都要小心他。’我知道这般小子的居心，在他们的心意，凡是诚意欢迎中山先生北来主持国政的人，都当加上一个共产党的头衔。我就滑稽地说道：‘你把孙二哥看得太高了，他每天要吸二两大烟呢，有这样的共产党吗？’这话说完，大家便你一句我一句地随便谈笑起来，每人都带着一副假面具，听不见半句真话。大家这样胡扯了一段，便算结束了一场会议。”③

就在皖、奉两个派系的军阀聚集天津，商议如何对付孙中山的时候，于方舟和他的战友们正在以极大的热情和极高的效率，随时准备冲破帝国主义和北洋军阀布下的座座暗礁和股股暗流，大张旗鼓地做着欢迎孙中山

---

①《中共北方区委历史》，中共党史出版社2013年版，第163页。

② 苏杭、苏若群：《绝密档案：第一次国共合作内幕》，人民日报出版社2011年版，第274、275页。

③ 冯玉祥：《我的生活》，世界知识出版社2006年版，第336页。

的种种准备：

11 月 25 日，天津召开第一次筹备大会的第二天，英租界义庆里 40 号门前，中共天津地委宣传部主任、国民党直隶省党部负责人李锡九，国民运动委员安幸生，职工运动负责人李培良、卢绍亭，天津团地委负责人崔物齐等一批共产党员和青年团员，你来我往，将一摞摞宣传召开国民会议的传单、旗帜搬上黄包车。①

11 月 26 日，在达仁女校校长办公室，校长马千里，教员邓颖超、冯吾我，热情地接待着为欢迎孙中山先生前来报到的女界各团体代表。②

11 月 27 日，欢迎孙中山的活动开始进入高潮。一辆辆国民党直隶省党部、天津市党部的宣传车，分别在围城马路、估衣街、各租界特别区徐徐行进。车上插着的门旗赫然写着："欢迎首造民国的革命领袖孙中山先生抵津""打倒卖国军阀""打倒帝国主义"。车后传单在空中飘扬，人们争抢传看。以学生为主体的宣传员，奔赴大街小巷公共场所，手持用硬纸做成的广播筒，声泪俱下地宣传着。③

尽管于方舟和中共天津地委的同志们将这一切都进行得如火如荼，却依然无法斩断日本帝国主义伸向天津和北京的黑手。从广州随孙中山一起出发的鲍罗廷一直觉得日本人种种表象的背后大有文章：

——"孙逸仙本应 11 月 6 日而不是 14 日从广州出发。他应该乘英国的轮船由香港启程。由于最近他在广州与英国人进行了斗争，他不愿意这样做。9 日从香港有一艘美国轮船开出，孙本来可以乘坐这艘轮船去上海。但是驻广州的日本人热情地建议孙乘 14 日的日本轮船……我当时还提醒他注意日本人突然表现出这种殷勤可能有什么于北方局势有关的目的。我问他：'您是否认为，他们在尽力拖延您此行的时间。即使拖延几天也有很大意义，因为您不在北方，日本较容易利用北京的政变。'孙觉

① 中共天津市委党史资料征集委员会：《海河不会忘记》，天津教育出版社 1991 年版，第 33 页。

② 中共天津市委党史资料征集委员会：《海河不会忘记》，天津教育出版社 1991 年版，第 33 页。

③ 中共天津市委党史资料征集委员会：《海河不会忘记》，天津教育出版社 1991 年版，第 34 页。

得这不可信……”① 鲍罗廷，这个1884年出生于俄国西部维特比斯克省的犹太人，以他青少年时期做过船夫、码头工人，1903年加入俄国社会民主党，1904年随列宁到瑞士进行革命，1907年春赴美国侨居、结婚，并在芝加哥加入美国社会党，十月革命后回俄国在苏俄外交人民委员会工作，1919年3月出席共产国际第一次代表大会，之后又曾到美国、墨西哥、英国等地从事地下工作的丰富经验②，敏锐地发现日本人似在有意拖延孙中山北上的时间。可惜，中山先生似乎并未察觉。

——“孙逸仙北上取道日本的问题是国民党代表团途中的第一个暗礁……在上海，为了孙逸仙取道日本北上，日本人也做了不少工作。我认为，他们在这里也是为了同一目的：尽量使孙逸仙远离北方。与此同时，日本人催促段祺瑞赴京……”③

事态不幸被鲍罗廷言中，段祺瑞果然按日本人的时间表马不停蹄地赶制了“催冯抵津”、“奉军入关”、“赴京篡政”、“逼冯下野”四部曲。且看冯玉祥自己的回忆：

“催冯抵津”——“段祺瑞即速来数电约我到天津讨论政治机构改进的问题，当时我因中山先生已在北来途中，故复电说须等中山先生到天津的时候，我再去不迟。过了没一天，段祺瑞又派了一位曾为陆军部军需司长的罗某来促我早日赴津。我想如果坚执不去，必因猜疑而生误会，若先去一谈，一则可示我坦白之怀，二则也可以欢迎中山先生的来津，觉得未尝不可。遂决定赴津……”④

“奉军入关”——“在天津，最使人气愤的一件事，便是王承斌的被迫出走。首都革命的计划，王本可算是一个预谋着，如今张作霖竟违背不进兵关内的诺言，把王用武力驱走，岂非是十足的马贼行为！张作霖那次到天津住在曹家花园，门口的岗兵，都和义和团似的拿着长枪大刀，枪长

① 《鲍罗廷〈关于国民党〉的书面报告》，1925年1月24日于北京，见《共产国际、联共（布）与中国革命档案资料丛书》1，北京图书馆出版社1997年版，第569页。
② 王洁：《李大钊北京十年》，中央编译出版社2010年版，第7、8页。
③ 《鲍罗廷〈关于国民党〉的书面报告》，1925年1月24日于北京，见《共产国际、联共（布）与中国革命档案资料丛书》1，北京图书馆出版社1997年版，第567、568页。
④ 冯玉祥：《我的生活》，世界知识出版社2006年版，第336页。

二丈，刀长一丈，一对对十数对两边站立，排成行列。那种气派真叫人哭也不是笑也不是，如此人物怎样能与共谋国事！”①

“赴京篡政”——在天津开会，“其时外间关于我的谣言很多，不是说被刺，便是说被扣。我为了消释这些无聊的揣测，不多几天便回北京去了……我回到北京不久，段祺瑞、张作霖都先后到了北京。段在北京即对国民军岗兵拒而不用，另以唐志道所部2000人为其卫士……段就了临时执政……于是一批批安福系余孽都联翩入京，瞪着眼珠，急于想在新政权里分些赃品。局面急转直下，演变至此，糊糊涂涂混下去，岂不是为强盗马贼当伙计？如此一想，不由得我对新局面万分消极……这次革命的意义已在奉系军阀与皖系政客为私人势利的合作之下断送了！段祺瑞这回初到北京执政，谁都希望他有一番新的觉悟，使国家人民少受些弊害。谁知上台不久，就证实了：不但旧有的虱子未除，反倒加了臭虫。官僚买办、二花脸、三花脸，等全都来了，成天抢官、抢权、分赃打架，闹得昏天黑地。同时他又宣言‘外崇国信’，承认金佛郎案，维护帝国主义的特权，以与中山先生的取消不平等条约相对抗：一面召集善后会议，俾军阀官僚政客买办分赃攫利，以与中山先生的召开国民会议的主张相对抗。种种乖谬措施，总要使中山先生纵毅然来到北方，亦无法进行其为国为民的革命方策。”②

“逼冯下野”——“我看着前途一团漆黑，没半点光明的气象，遂决定避入天台山，以示消极……后来段祺瑞派人来告诉我，说我们的部队都已另新编制好，任我为西北边防督办，请我到张家口去……”③

天津市和平区鞍山道38号，即显赫一时的“段公馆”，自1920年建起之后，就成为日租界最为豪华的私人公馆式住宅。段祺瑞于1920年在直皖战争中被击败下台后就寓居这里，此前，他曾任民国政府的总理。

段祺瑞，字芝泉，安徽合肥人，皖系军阀首领；1885年来到天津，那年20岁，考入天津武备学堂炮科；31岁时任小站新建陆军炮兵学堂总

① 冯玉祥：《我的生活》，世界知识出版社2006年版，第336页。
② 冯玉祥：《我的生活》，世界知识出版社2006年版，第336、338页。
③ 冯玉祥：《我的生活》，世界知识出版社2006年版，第338、339页。

办兼炮兵统带，与王士珍、冯国璋并称“北洋三杰”。他在天津的这处豪宅，为混合结构三层楼房，首层为起居室、会客厅、舞厅、餐厅等，二、三层为卧室等私密空间。第二次直奉战争后，他就在这里同奉系军阀及日本方面密谋，并在距此不远处同冯玉祥、张学良等开会，赶在孙中山抵津之前便匆匆赶往北京就任“中华民国临时执政”去了。

就这样，一度蛰居天津的段祺瑞与奉系军阀张作霖联手，共同向冯玉祥施压，连电冯玉祥，促请赴津会商收拾大局办法，冯不得已赴津。奉军也同时违背过去不入关的约定，将大批部队开进山海关，并陆续向京汉、津浦两路进兵，大有席卷关内之势。冯玉祥从天津会议的气氛中，已嗅出段、张联合对付自己的味道，深感处境不妙。天津会议后，由冯玉祥打开的新局面已不复存在，北京政府又做回了北洋军阀政府，召开国民会议谋求和平统一出现了极大的困难。11 月 28 日，冯玉祥即向段祺瑞提出辞呈，发出了下野通电，避居于京西的天台山……

面对如此困难的局面，无论是孙中山还是天津的共产党人，都表现出了正义凛然的大无畏精神，坚决地迎着种种逆流破浪前行。

孙中山依然宣布，自日本直赴天津。

而在天津，就在冯玉祥发出下野通电的第二天，便又召开了第二次欢迎孙中山筹备会。据 12 月 1 日《益世报》报道：“前日（29）晚 7 点，在学界俱乐部开天津市民欢迎孙中山先生筹备会。到会者 200 余人，公推江著源主席。首由主席报告上次议决调查中山到京日期及联络各方面，本席亦为调查中山到津日期之一人。现查中山先生 30 号由日本门司起身，约 3 号到津，据汪精卫先生意见，拟定于 4 号开欢迎会……”①

就在大家紧锣密鼓地开展各项筹备工作时，于方舟正在奋笔疾书，因为他正在承担着负责起草文稿、制作传单等项工作。

①《益世报》1924 年 12 月 1 日。

5. 起草《上孙中山意见书》

《大公报》在报道11月24日的第一次欢迎孙中山筹备会时，曾提及“会场中传单，公推于方舟起草”。11月27日，《益世报》便刊发了于方舟起草的第一份传单：

中国国民党直隶省党部、天津市党部，日昨散发《告全津市民传单》，上并印有该党总理孙中山肖像。

传单文云：

全津的市民，全国的国民，开创民国的本党总理孙中山先生，携救国大计北来了。

我们全国民众，应如何热烈的表示？使先生的主张实行，致国家于富强，人民于衽席。

吾国年来，外有帝国主义之侵略，内有军阀之跋扈，政象昏暗，民生疾苦。

吾党主义，未能实现于万一。皆因帝制余孽，如袁世凯以至曹、吴，及现存各派军阀，拥兵自固，争夺权利，外国帝国主义国家，各助一派军阀，供以军械借款，助长中国内乱，以逞其侵略之野心。故中国历次政变，全以各派帝国主义国家之外交策略为转移。盖军阀欲固其地位，不得不借助外人，外人欲施其侵略，又正可利用军阀。因此，帝国主义养军阀为爪牙，军阀倚帝国主义为外应。各派帝国主义国家与军阀势力，互相消长，吾国内乱，乃无已时。

驯至今日，不但各种建设事业，不遑进行。反使国家地位，降为半殖民地。

吾党总理及各同志，鉴于改造之未能彻底，仍张革命旗帜，奔走号召，以唤起民众改革之决心。

乃全国民众，则安于故常，鲜问国事，一任列强军阀重苦吾民。

此次政变，虽曰革新，究不外各派帝国主义，与军阀间势力之互相消长而已。

所谓和平会议，恐仍不过各派帝国主义与军阀之暂时妥协，利益之分配。稍有不均，决裂伙并，不待旋踵。欲谋彻底改革，端在国民之自奋。

本党总理已发布其召集国民会议，废除不平等条约之主张。全国民众正好群起力争，依之实现。则政权不致再付军阀，国家前途，庶几有望。

望我同胞，一改从前不问国事之惰习，奋然兴起，力谋改造，吾党同志随我总理誓作前驱云。①

从这份传单的文字，可以读出于方舟那深埋于心的忧患意识。对于国民革命运动，他既不存在盲目的乐观，也未有过莫名的激愤，而是清醒地意识到，由于长期以来“各派帝国主义国家与军阀势力互相消长”，“吾党主义，未能实现于万一”，所以早已抱定了任重道远、必做长期艰苦奋斗的精神准备。同时，他也知道，此次孙中山的北上，仅仅是一次“前驱”式的突破。但是，尽管这样，他仍在传单中发出了勇往直前的誓言——“吾党同志随我总理誓作前驱”……

从现存的照片，亦可读出于方舟那深埋于心的忧患意识。他从来都是不苟言笑，从来都是沉思默想，或充溢着果敢、坚忍与毅力。但是，在工作中他是热情洋溢的，这种洋溢的热情也传染给了每一位同志。

1925 年 1 月 26 日，中国社会主义青年团第三次代表大会在上海召开。天津代表史汉清出席会议，并作《津地实际工作报告》。他在报告中回忆不久前在天津开展欢迎孙中山的种种筹备工作时，仍热情洋溢：“‘市民欢迎孙中山先生大会’是由本团同志和 C. P. 同志发起，召集天津市民团体所组成的团体，共有 90 余团体。当中山先生未到以前 3 周，我们着手进行，印成各种口号，如‘打倒军阀’‘打倒帝国主义’，向天津各处张贴起来，本我们主义用市民名义印成各种传单，组织讲演队，每日往各马路露天演讲，又借宣讲所作大规模的讲演，坐汽车（插）上了旗，往天津各（处）散发传单。当时各（同）志昼夜不分努力工作，交通队咧，

① 《益世报》1924 年 11 月 27 日。

号铜队咧，演讲队咧，通信社咧，异常忙碌。”①

异常忙碌的工作，自冯玉祥下野、形势突遭不利的情况下，更为明显。

12 月 2 日，于方舟亲临东马路宣讲所讲演。“到厅听众人数约到三四百人，济济一堂，大有人满之患。西讲演所情形，听众极为踊跃，约有五百余人。讲员为省党部委员于方舟，市党部委员阎峻钟、杨令晨。首由于方舟讲演国民党与中国及全国人民。略谓：吾人为革命党，今与诸位市民同胞一谈革命。诸位须知，革命乃极有利于平民之举，除去皇帝军阀等少数恶魔，平民正宜欢迎之，而不必害怕。自三十年前，即有吾党总理及众同志奔走号召为推翻满清之运动。满清即倒，政权为军阀所得，经年扰乱，民不聊生，仍须要彻底革命。故吾党总理先生及各同志，仍为革命而奔走。吾党之革命主义为三民主义，而目前最小限度则因鉴于吾国纷乱之源，确为帝国主义及军阀二者之勾结，故制为对外对内之政纲，为目前救国良药。对内政策其多简举之，即打倒军阀。对外主要者为打倒帝国主义，取消一切不平等条约。而对于最近时局，则主张召集国民会议。此皆吾党视为救国救民唯一方法，务望大家群起自决，作吾辈之后盾。又解释三民主义及帝国主义甚详，兹不多述。末复谓，孙先生此次北来，完全是为全国人民利益而来，不日到津，大家当有机会听其主张云。”② 号召民众团结起来、行动起来，积极支持孙中山先生北上的革命活动。

同样在 12 月 2 日这一天，“晚 8 时，假国货售品所楼上召开欢迎孙中山先生筹备会，决定宋朝义等 10 人为市民代表，晋谒孙先生，陈述天津市民对解决国事的意见。陈述意见的次序，决定由邓颖超、宋则久发言，其余人等随时补充。”③ “各界代表再次集会，讨论通过《上孙中山意见书》。”④

① 天津市档案馆：《中共天津历史档案选编》，天津人民出版社 2011 年版，第 22、23 页。

②《大公报》，1924 年 12 月 4 日。

③ 葛培林：《孙中山先生第三次来天津纪实》，见《天津文史资料选辑》第 37 辑，天津人民出版社 1986 年版第 16 页。

④ 中共天津市委党史研究室：《中国共产党天津历史（第一卷）》，中共党史出版社 2005 年版，第 79 页。

《上孙中山意见书》由负责起草文稿、制作传单等工作的于方舟起草。

如今虽未找到这份意见书的全文，但通过一份当时的传单，仍可看到《上孙中山意见书》的8项内容。

孙中山抵津的第二天，《大公报》便于12月5日全文刊发了于方舟起草的这份传单。

传单全文如下：

《正在向导民众向革命的道路上突进着的孙中山先生》

在这次日、法、英、美间接战，军阀直接战，双方战斗中心的天津市全体市民80万人，于剧烈的损失与恐怖之中，来欢迎革命领袖中山先生，顿觉日月重光，前途涌现着新生的希望。

市民的欢迎，并非为了先生的位望而出之以虚伪的社交，更不是因为先生手创过中华民国的英雄崇拜，而是为了先生13年以来的孤单的往战……

总之，全民众的利益重担，是负在先生双肩，民众生存与死的命运，只有先生能将这死的命运挽回。市民们诚恳的欢迎先生，只是为了这个。

市民对于这次政变，并不再生奢望，因为历次的经验已经显明警告过我们了。我们现在只感觉着帝国主义者的势力更为统一集中了，政局正映射着更悲惨的曾领教过的循环影片，整齐的战斗似乎的停止了，局部的战斗，更为普遍的进行着。

我们还想望着什么呢？想望黑暗之外的黑暗罢了！用市民们的目的要求，可以随知全民众的要求是什么。全市民所要求的，是请先生摆脱了一切军阀与帝国主义的包围，抛弃了已得与未得的不成熟的政权，到我们民众的行动中来，领导我们从黑暗中，死之道路外，另寻一条爝火！

我们自信，也只有我们能帮助先生夺取最后的政权。

现在我们于极热诚的希望实现了三民主义、五权宪法、与夫下令的宣言政纲外，最低的限度，请先生作到下列各条：

（一）收回海关权、租借地、领事裁判权，撤销一切不平等条约。

（二）取消一切苛税、杂税。

（三）取消历年以来，一切不合法的法令，治安警察法、盗匪惩戒条例、出版条例、罢工刑律……

（四）将曹氏兄弟及其同党非法取得的财产没收，以济兵水旱灾。

（五）将学校及民房，驻兵撤出。

（六）解散国会，取消伪宪。

（七）取消督军，及从属一切军职名称。

（八）恢复教育原状，使教育经费完全独立。①

这份传单显然起草于冯玉祥通电下野之后。

虽然在此之前的那份传单，于方舟对“北京政变”早已不持乐观态度，明确指出“此次政变，虽曰革新，究不外各派帝国主义与军阀势力之互相消长而已”；而写于冯玉祥正式下野后的这篇文章，字里行间更透露出他那痛心疾首的忧患意识：“对于这次政变，并不再生奢望，因为历次的经验已经显明警告过我们了。”

但是，他仍在“黑暗之外的黑暗”中抱定了革命到底的信念，相信孙中山先生的此次北上，正在“摆脱一切军阀与帝国主义的包围”，正在“到我们民众的行动中来，领导我们从黑暗中、死之道路外，另寻一条爝火！”

为了高擎起国民革命的火炬，他带领天津人民给了孙中山先生以最为隆重和热烈的欢迎……

6. 从美昌码头到国民饭店

天津市社会科学院刘民山研究员曾这样描述和评价天津人民对孙中山的欢迎：

“斗争形势是严重的。

①《大公报》1924 年 12 月 5 日。

“但在共产党人、国民党左派的组织下，40 多个团体的代表和 2 万多群众，在码头上热烈欢迎孙中山的到来。‘孙中山万岁！’‘国民会议万岁！’的口号声，此起彼伏。

“天津人民献给孙中山一面写着‘代表全民众而奋斗’的锦旗。

“由于方舟起草的欢迎传单写着：‘全民众的利益重担，是负在先生双肩。民众生存与死的命运，只有先生能将这个死的命运挽回。’

“在北洋军阀的老巢天津，能够对孙中山如此热烈的欢迎，能够给孙中山如此崇高的评价，充分表达了天津人民对孙中山的信赖与支持，也说明天津人民的殷切愿望已经和孙中山北上的目的紧紧地连接在一起。”①

这一恰如其分的评述，将历史的影像拉回到了 1924 年那个寒风凛冽却又热情似火的冬天……

启事一：1924 年 11 月 23 日《大公报》

迳启者：本党总理孙中山先生将即到津，一切欢迎手续本党部均与各团体筹备妥切，各团体有欲加入欢迎者，迳函英界义庆里40 号交可也。

中国国民党直隶省党部、中国国民党天津市党部启②

启事二：1924 年 11 月 23 日《大公报》

启者，现因中华民国革命元勋孙中山先生日内抵津，同人等特组织天津市民欢迎筹备处预备欢迎，凡我学、农、工、商团体或个人，有愿意加入欢迎者，请函致下列各通信地址转交筹备处，以便定期召集正式筹备大会，商讨欢迎办法，并预备一切。此启

通信地址：东兴大街新民意报馆马千里先生，日租界旭街大公报转交蔡叔瑜先生，日租界熙来大饭店余寄文先生，河北大经路达仁里女星学校李峙山先生。③

---

① 刘民山：《李大钊与天津》，见《天津文史资料选辑》第 40 辑，天津人民出版社 1987 年版，第 56 页。

②《大公报》1924 年 11 月 23 日。

③《大公报》1924 年 11 月 23 日。

启事三：1924年12月4日《大公报》

孙先生约于4日午可抵达法租界美昌码头。凡曾加入筹备欢迎各团体，务于4日上午8时前，持旗齐聚南马路学界俱乐部，以便同往欢迎。天津市民欢迎孙中山先生筹备处。①

启事四：1924年12月4日《大公报》

孙中山先生约于4日抵津，务请4日起悬挂国旗两天，以表欢迎。

天津市民欢迎孙中山先生筹备处②

孙中山北上抵津

启事五：1924年12月4日《大公报》

北京来天津欢迎孙中山先生诸君鉴：孙中山先生准于本日午前12时抵埠，请届时前往法界美昌码头集合欢迎。再，现假熙来饭店58号房为临时办事处，如有事件请移玉接洽为荷。又，请于本日上午10时前到办事处取徽章。同人公启。③

海河西岸，如今已建为美丽的海河带状公园。

在对着营口道东口附近的绿茵上，有两处相距不远、风格各异的雕塑。

一处为钢塑铁锚，约一人高，意为当年这里曾设有码头，可以停靠轮船。

一处为邮政起源的雕塑，共4组，一组为驿驼，一组为驿马，一组为骑自行车的邮递员，还有一组是接邮员在欢呼着迎向正在靠近的邮船……

这一带，当初曾有密集的码头。新中国成立后，对着“大连道”路口的被天津人称为“大连码头”，在此登上客轮便可通往烟台、大连或上

①《大公报》1924年12月4日。
②《大公报》1924年12月4日。
③《大公报》1924年12月4日。

海。后来，在海河入海口附近修建了“海河大闸”，海轮便不能再入海河。

1924 年 12 月 4 日，孙中山所乘的轮船，一说到达今承德道东头的法租界大阪码头；一说是到达今赤峰道和营口道东头的美昌码头。齐植璐的《孙中山先生的三次天津之行》认为“两码头密迩相邻，当时可能已连成一片。”①

据天津文史专家章用秀介绍：“孙中山到达的那天，是入冬以来最冷的一天”。② 然而在于方舟等人的组织下，美昌码头却出现了多年不见的“最热的一天”，1924 年 12 月 5 日的《大公报》便直接将“热”字写入醒目的标题——《各团体之欢迎孙中山热》。

1924 年 12 月 5 日的《益世报》这样报道 12 月 4 日的盛况：“孙中山氏已于昨日到津。在孙氏抵津前，天津市民之赴码头欢迎者，跻跻跄跄，途为之塞。欢迎筹备处于前夜即发出紧急通告，送登各报：凡参加欢迎各团体之代表务持旗于上午 8 时齐集学界俱乐部，前往美昌码头欢迎，并在码头附近，借定某货栈为欢迎者憩息之所。昨日上午 7 点，即有人赴学界俱乐部探听消息。至 8 点半钟，各团体代表来到者，颇形拥挤，筹备处请其分途通知租界各团体，就近赴码头欢迎，不必再来齐集。至 10 点一刻，在学界俱乐部齐集之各团体，一律持旗向码头出发。事前已由交涉署与租界工部局交涉妥洽，凡备书团体名义之旗帜，可以通过无阻。各团体代表抵码头时，已有天津国民党及北京来津欢迎之各民党要人在码头等候，并有巡捕维持秩序。京汉铁路总工会特自制大旗一面，在码头上临风飘扬。国民党员之青天白日旗，亦甚引注意。北京来津欢迎者，胸前各配胸章一枚，民党分子另有铜徽章为记。”③

《中国共产党天津历史（第一卷）》这样记载 12 月 4 日的盛况：“12

① 齐植璐：《孙中山先生的三次天津之行》，见《天津文史资料选辑》第 37 辑，天津人民出版社 1986 年版，第 11 页。

② 章用秀：《露香赫赫垂青史》，见《天津的园林古迹》，天津古籍出版社 2004 年版，第 236 页。

③《益世报》1924 年 12 月 5 日。

月 4 日上午 11 时，京津国民党和各团体代表以及天津各界 50 多个团体的欢迎群众近万人，打着‘打倒帝国主义’、‘打倒军阀’的旗子，聚集在天津法租界美昌码头（今营口道东口）。约 11 时 40 分，孙中山乘坐的‘北岭丸’号轮船缓缓靠近码头。这时，欢迎人群中响起嘹亮的军乐声。随后，于方舟、江浩、李锡九、马千里、邓颖超等各界代表登船欢迎。孙中山激动地对欢迎代表说：‘兄弟为谋救国之策，曾两次来天津，这次抱病北来，不是争权力的，而是为了消除内战，主张南北议和，促进国民会议，废除各列强不平等条约。’随后，孙中山一行在欢迎代表的陪同下由桥板缓步而下，欢迎群众中响起一阵阵‘孙中山先生万岁’‘中华民国万岁’‘国民会议万岁’的口号声。孙中山微笑着向欢迎人群致意，随后前往日租界张园下榻。”①

时为天津裕元纱厂工人的司呈祥这样回忆 12 月 4 日的盛况：“那天在码头参加欢迎的群众达数千人。中共地下党也派来代表若干人，以各种不同的身份前来欢迎孙先生。如于方舟是天津学联代表；江浩是参议员；辛璞田是天津学联主席；安幸生是天津《泰晤士报》记者。中共地下党员李培良亦率领各纱厂地下工会代表 20 余人来到码头。我当时是裕元纱厂地下工会领导人之一，与杨泽轩、马筱峰等人以平民学校学生代表身份，随李培良同往码头。铃铛阁中学来的学生最多。孙中山先生下船后并未向欢迎群众讲话，只由汪精卫致简短的谢辞，随即乘警察厅准备的汽车前往日租界张园。”②

齐植璐这样描述 12 月 4 日的盛况：“在孙先生与随从人员乘汽车从码头经法租界梨栈大街（今和平路、滨江道劝业场一带）、日租界旭街（今和平路锦州道口以北）到宫岛街张园（今鞍山道 59 号）行馆途中，沿街商民夹道欢呼、鸣放鞭炮，盛况为天津城从来少见。”③

---

① 中共天津市委党史研究室：《中国共产党天津历史（第一卷）》，中共党史出版社 2005 年版，第 79 页。

② 司呈祥：《天津欢迎与悼念孙中山先生的两次活动》，见《天津文史资料选辑》第 37 辑，天津人民出版社 1986 年版，第 30 页。

③ 齐植璐：《孙中山先生的三次天津之行》，见《天津文史资料选辑》第 37 辑，天津人民出版社 1986 年版，第 11 页。

当时的报纸还特别注意到了此次欢迎活动所独具的天津有史以来的与众不同："天津为我国著名商埠，其实为我国政枢之卫要，凡各界伟人，莫不于此暂驻襜帷，而送往迎来，固已司空见惯。"但是，"昨日孙中山之莅津，殆为近日欢迎之极盛矣。"尤为不同的是，"盖其他要人之来，从事于欢迎者，官场而已，军警而已，与来者有关系之一派人而已，于市民无与焉。欢迎孙中山者，则于上列各类以外，大多数为全埠之市民。"那么，谜底何在呢——"人民之所以热情欢迎者，非震于其名位之高，非慑于其权威之大，实为其革命巨子也，为其为共和元勋也，为其抱有改革不良政治之宏愿也，为其具有制造平民国家之魄力也。"① 而天津人民能够冲破北洋军阀那密不透风般的思想禁锢，转而对孙中山有了正面了解和热情拥戴，当与于方舟和同志们广泛深入的动员宣传息息相关，这也是天津近现代史上不可忽视的一次民众思想解放史。

孙中山下榻的"张园"，系清末驻武昌第八镇统制张彪的私人花园。1915 年始建，1916 年交付使用。初名"露香园"，因园主人姓张，后来人们便将其称为"张园"。

如今"张园"的建筑是七七事变后日本驻军占有后重建的，已非 20 世纪 20 年代的原貌。

孙中山入住时，园内主建筑名为"平远楼"，楼房四周长廊环绕。从孙中山与天津各界代表的合影中便可看到当时建筑的这一特点。

12 月 4 日迎接孙中山抵达后，"当天下午，于方舟、江浩、马千里前往张园商议邀请孙中山讲演和会见群众等事宜"②。

马千里在日记中写入了此事："孙到张园，我与江著源、于兰渚到张园找张继、徐谦、王法勤、汪兆铭与之商量孙中山演说事。"③

然而，据《中国共产党天津志》记载，还是在 12 月 4 日这一天，

---

①《大公报》1924 年 12 月 5 日。

② 中共天津市委党史研究室：《中国共产党天津历史（第一卷）》，中共党史出版社 2005 年版，第 79、80 页。

③ 天津市政协文史资料研究委员会：《20 世纪初天津爱国教育家马千里先生》，1985 年版，第 120 页。

“中共天津地委秘密联络站、国民党直隶省党部机关义庆里40号遭到英国工部局的搜查，于方舟、韩麟符被传，安幸生、杨时敏被捕。”①

查阅1924年12月6日《大公报》，有题为《英国工部局检查国民党部》的消息：“英界义庆里中国国民党直隶党部于今日（5日）上午十点突有英工部局副局长带人搜查传单印刷品，并传中央执行委员韩致祥、直隶省党部委员于方舟，计搜去中国国民党直隶省党部、津市党部报告市民及市民方面存放之欢迎中山先生传单约千余张。”此条消息中还披露了“该党部安幸生与工部局总办（即局长）英文克君谈话”。②

这一事件，在2011年解密以后公开出版的中共天津历史档案《1925年初关于天津地方工作情况给团中央的报告》中也可得到证实：“在租界内，帝国主义者正如国王之在其王国内一样！一切囚禁予夺之权，完全操于几个领事手内……最近搜查国民党省党部，逮捕散放欢迎中山传单的人。”③

而在1991年由中共天津市委党史资料征集委员会编著的《天津党史史话·海河不会忘记》一书中，则以更多的细节讲述了这次搜捕事件：

一队英国巡捕突然包围了义庆里40号。

巡捕房侦探处长饶伯泽拿着一沓照片，把于方舟、李锡九、安幸生、卢绍亭押出了房间。后面的一群巡捕，抄去欢迎孙中山先生的旗帜4000多面和许多印刷品。

于方舟愤怒抗议：“这是国民党直隶省党部，你们侵犯我国主权。”

饶伯泽瞟了于方舟一眼：“别忘了，我是中国通。这儿是英租界，你们宣传赤化，违反租界法，被传讯了。”

安幸生道：“欢迎孙中山先生北上，是我国人民的合法行动，你们无权干涉。”

“少废话，带走！”

中共天津党组织得知同志们被捕的消息，立刻上下奔走，联合各界名流，向英国工部局提出严正抗议。

---

① 天津地方志编修委员会：《中国共产党天津志》，中共党史出版社2007年版，第29页。
②《大公报》1924年12月6日。
③ 天津市档案馆：《中共天津历史档案选编》，天津人民出版社2011年版，第18页。

英国工部局在义庆里40号未获得有力的宣传赤化的证据，考虑到天津目前的形势，迫于社会压力，只有以诽谤罪的名义将于方舟等人“驱逐出境”。①

对于于方舟等人组织的欢迎孙中山活动，不仅英国工部局极端仇视、百般干扰，法国工部局也节外生枝、竭力阻挠……

建于1923年的国民饭店，位于法租界（今和平区赤峰道58号）。

高大的爱奥尼克圆柱，构成了饭店大门。

大门顶部正中，雕有花纹装饰。

宽敞的院落，使得国民饭店成为当时天津饭店中唯一可供汽车进出的庭院式饭店。

然而，就在这座刚刚落成一年的豪华饭店中，欢迎孙中山的活动又遭阻碍……

葛培林文章说：“4日晚6时，天津各界代表齐集国民饭店，为孙中山先生开欢迎大会。但法国领事通知说，‘只许致欢迎词，不许演说’。”②

齐植璐文章说：“天津各界人士原定在4日当晚，在法租界国民饭店欢宴孙先生一行。法工部局先是不准，后经交涉获允，时已到9点。孙先生因病，特派汪兆铭、孙科代表参加，并致谢意。”③

马际融文章说：“孙中山先生此来，给天津的革命运动带来巨大的鼓舞，但帝国主义者则大为恼火，法国驻津总领事公然干涉租界内的政治活动，英租界当局悍然非法搜查了国民党直隶省党部。”④

解密档案——1925年初的文字报告记载：“严厉拒绝中山入租界宴会，封罚印传单的印字馆……处处都表现出他们在中国之蛮横欺压！”⑤

---

① 中共天津市委党史资料征集委员会：《天津党史史话·海河不会忘记》，天津教育出版社1991年版，第36、37页。

② 葛培林：《孙中山先生第三次来天津纪实》，见《天津文史资料选辑》第37辑，天津人民出版社1986年版第16页。

③ 齐植璐：《孙中山先生的三次天津之行》，见《天津文史资料选辑》第37辑，天津人民出版社1986年版，第13页。

④ 马际融主编：《津门忆旧》第三集，中共天津市委对台办编印，第2页。

⑤ 天津市档案馆：《中共天津历史档案选编》，天津人民出版社2011年版，第18页。

解密档案——1925年初的大会发言讲道："市民欢迎孙中山先生大会……英法帝国主义者很表示反感……"①

马千里的日记则是最原始的记录："夕在国民大饭店欢宴孙等一行。法工部局先是拒绝，后允许时已9点，汪兆铭、孙科代表去。孙中山以肝胃病辞，饭后我与汪兆铭接洽明天大舞台讲演也改期。"②

所以，刘民山在研究孙中山先生北上的这段史实时指出："当孙中山途径上海时，帝国主义者公然散布不许他在上海逗留。到达天津时，法国工部局起初不许他通过法租界，后来又不许在法租界的国民饭店开欢迎会，经过交涉后可以召开欢迎会但不许作政治性演说。英国工部局则于孙中山到津的第二天，非法搜查设在英租界内的直隶国民党省党部，非法拘捕了负责人韩麟符、于方舟和安幸生。很明显，这是帝国主义对孙中山北上的挑衅行为。""孙中山为革命不怕艰难险阻的精神，确实是值得称颂的。当然，他也清楚，在北京、天津，有以李大钊为首的共产党人所组织的广大群众在作他的后盾。"③

是的，孙中山在天津的27天里，经历了许许多多风狂雨骤的斗争。

而在这些惊心动魄的斗争中，以于方舟为首的天津的共产党人，始终是中山先生坚强的后盾。

7. 孙中山在津27日

从轮船抵达美昌码头的那一刻，中山先生在天津的每一天，都处在战斗状态之中——同军阀斗，同病魔斗，同军阀背后的帝国主义斗……

作为国民党直隶省党部和天津市党部负责人的于方舟，作为曾于国民党一大会场坐在第一排聆听先生重要讲话的于方舟，作为三个月前还在广州与先生共同参加国民党一届二中全会并且合影留念的于方舟，也在这

---

① 天津市档案馆：《中共天津历史档案选编》，天津人民出版社2011年版，第23页。

② 天津市政协文史资料研究委员会：《20世纪初天津爱国教育家马千里先生》，1985年版，第120页。

③ 刘民山：《李大钊与天津》，见《天津文史资料选辑》第40辑，天津人民出版社1987年版，第55、56页。

27日的每一天，都关心和支持着孙中山先生的战斗……

12月5日曹家花园——

坐落于新开河畔的解放军254医院，是当年曹家花园的所在地。

曹家花园，西起元纬路，东至日纬路，南至五马路，北至新开河堤，顾名思义，应是直系军阀、贿选总统曹锟的私家花园。

然而，这里最初则为“孙家花园”，系军火商人孙仲英于1903年建造。

1922年，曹锟做寿时倚仗权势，将此园买下。

谁曾想，两年以后曹锟便因“北京政变”而下野，曹家花园也就成为“你方唱罢我登场”“城头变换大王旗”的胜方领地。据说，冯玉祥、李景林、褚玉璞等都曾在此落脚。

孙中山北上抵津时，曹家花园的主人又换成了张作霖。于是，以愈挫愈勇而著称的革命斗士孙中山，入住张园的第二天，便不顾途中受寒和车马劳顿，赶往曹家花园会晤张作霖。

李烈钧以文言文体记述了这次会见：

作霖知总理将至，警戒甚为严密。

既至，学良出面迎接。

总理与同行诸人，下车入客室，久之始见一短小而体瘦弱者出，踞上座，意气傲岸，旁若无人。

坐既定，宾主默然无一言，因总理未先接谈，同行诸人，皆不便启齿也。

总理乃曰：“昨日抵埠，承派军警迎接，盛意可感，特来申谢。”又云：“此次奉直之战，赖贵军之力，击破吴佩孚，实可为奉军贺。”

作霖答曰：“自家人打自家人，何足为贺。”言次呈不悦状。

余目睹同人诸友，均无一言。

余乃起立，向总理与作霖点首为礼，并谓“事虽如此，若不将国家之障碍，如吴子玉诸人者铲除，则欲求国家之进步与人民之幸福，终属无望。总理孙公之贺，实有价值，亦唯公能当之也。”

作霖乃大笑。

总理徐徐曰：“协和之言是也，自民国成立以来，得我之贺词者，亦唯雨亭兄一人耳。”

语至此满座皆欢，作霖举杯请茶，总理与之握手，兴辞而出。①

另一位在场的见证人鹿钟麟，则以白话文记述了这次会见：

那次张在天津是住在河北曹家花园，他得悉孙先生要来拜访，立即传谕部属，警戒得非常森严。

等孙先生一行到了张的行辕门口，张摆起了架子，没有亲自出迎，是由张学良出来把孙先生等迎接进去的。

到了会客厅，张也并没有立即出来会晤，等候许久，他才走来见面，意气傲岸地踞在上座，显示出唯我独尊、盛气凌人之概。孙先生看到这个样子，当然心中不高兴。宾主之间，默无一言，一时竟陷入僵局。

经过一度静寂和沉闷，还是孙先生先开口说："我昨天到了天津，承派军警前往迎接，对于这种盛意非常可感，所以今天特来访晤，表示申谢。"接着又说："这次直奉大战，赖贵军的力量，击败了吴佩孚，推翻了曹、吴的统治，实可为奉军贺喜。"

张听罢，这才开口说："自家人打自家人，有什么大惊小怪的，更谈不上什么可喜可贺了。"张谈时，眉宇间流露出一番不欢喜的样子。

这时李烈钧看到随孙先生前去的人全都很窘，忍无可忍，离座站起来说："事情虽然是这样讲，要不是把国家的障碍像吴佩孚这流人铲除，虽想求一国家进步和人民的幸福，这是没有希望的。今天孙总理对雨亭之贺，实有可贺的价值，也唯有雨亭能当此一贺啊！"

张闻李言，这才显示出一副笑容来。

这时孙先生又徐徐地说："协和（李烈钧）的话说得对，回想自从民国以来，当面得到我的贺词的也唯有雨亭一人而已。"

谈至此，满座欢笑，才扭转过来方才的僵局。

就在这时，张很神气地举起了茶杯请大家喝茶，孙先生明白这是意味着送客，就起身与张握手作别。②

---

①《李烈钧自传》，转引自齐植璐：《孙中山先生的三次天津之行》，见《天津文史资料选辑》37 辑，天津人民出版社 1986 年版，第 12 页。

② 鹿钟麟：《孙中山先生北上与冯玉祥》，见《孙中山生平事业追忆录》，人民出版社 1986 年版，第 481 页。

总的来看，张作霖对待孙中山，一是仍存猜忌与戒心，对于“中山北来带来许多暗杀党，专谋段合肥（祺瑞）、张雨帅（作霖）二人”的谣言并未消除怀疑，所以警戒甚为严密，近乎壁垒森严；二是态度极为冷淡与傲慢，已将不可能合作的意思明显地写于脸上和躯体语言之中。

12 月 6 日张园——

旅途劳累和感染风寒，更加之失望的心情，使得孙中山突然病倒。

闻知中山先生患病，于方舟极为挂念，很快，便赶赴张园探望。

据当时《华北新闻》记者周拂尘回忆：“12 月 6 日，周拂尘随各界代表宋则久、江著源、安幸生、于方舟、马千里、李锡九等人一起到张园晋谒孙中山先生。孙先生在病榻上给他们讲解联俄、联共、扶助工农三大政策的重要意义。其后，周拂尘经当时主持国民党直隶省和天津市党部工作的共产党员江著源、于方舟介绍，加入国民党。”①

马千里也在 1924 年 12 月 6 日的日记中写道：“9 点到售品所，李仲吟、宋朝义、邓颖超去。我同他们到张园看望孙中山。宋则久、鲁嗣香已在那里等候。少时汪兆铭接见我们谈了半天孙中山病状。”②

孙中山北上抵达天津

① 周拂尘：《我和〈华北新闻〉》，董效舒：《天津〈华北新闻〉报》，见《天津报海钩沉》，天津人民出版社 2003 年版，第 117、118 页。

② 天津市政协文史资料研究委员会：《20 世纪初天津爱国教育家马千里先生》，1985 年版，第 120 页。

12 月 6 日国民饭店——

身体不适的孙中山，未能出席当晚在国民饭店举办的欢迎茶话会。

茶话会上，汪精卫起立发言说："中山先生因胃病不能来，令鄙人代表，蒙诸君盛意欢迎，至深感激。拟令 7 日赴京，与合肥共商治国方法，将来到津，再与诸君畅谈。"①

12 月 6 日义庆里——

令中山先生倍感欣慰的，是于方舟和他的同志们，在做自己的坚强后盾——从张园探视孙先生病情后，"12 月 6 日，中共天津地委发动印刷工人，连夜赶印数万张传单，以国民党直隶省党部和市党部的名义广为散发。同时组织各大、中学校学生上街宣讲，号召人民团结起来，打倒帝国主义，废除不平等条约；打倒军阀，统一中国；拥护国民会议召开，解决国是。"②

据吕职人回忆："当时天津街道上遍贴革命标语，散发了传单数十万份，形成一次极为广泛而热烈的革命群众运动。方舟同志在地委提出，要利用大好时机，加速发展国民党，并适当地吸收觉悟较高的人加入共产党。为了宣传召开国民会议，组织了 3 次大规模的讲演活动，请随同孙中山北上的国民党中央委员讲演对国是的主张，对天津各阶层的影响很大。"③

在解密档案 1925 年初《关于天津地方工作情况给团中央的报告》中也披露："所备传单甚多，是日散放者，只是反［对］帝［国］主［义］及民校刊物，在各街墙上或电杆上粘贴'国民会议万岁''打倒军阀''打倒帝主'等纸条。每日午后及晚上在各马路讲演所讲演国民党主张，及人民苦痛，须'打倒军阀帝［国］主［义］'之理由，听众

① 葛培林：《孙中山先生第三次来天津纪实》，见《天津文史资料选辑》第 37 辑，天津人民出版社 1986 年版，第 16 页。

② 中共天津市委党史资料征集委员会：《天津党史史话·海河不会忘记》，天津教育出版社 1991 年版，第 35、36 页。

③ 吕职人：《于方舟同志革命的一生》，见《天津文史资料选辑》第 23 辑，天津人民出版社 1983 年版，第 17 页。

甚为激动，如此讲演有旬日之久，后以警厅干涉遂止。”① “民校”亦为当时秘密文件中的暗语，“大学”指共产党，“中学”指青年团，“民校”指国民党。

对此，《中共北方区委历史》一书评价到：“为了进一步发动群众，中共天津地委组织党团员深入工厂、学校、街道讲演，散发传单、广泛宣传天津各界的8项主张，号召人民群众团结起来，打倒列强，废除不平等条约，拥护国民会议的召开。这些活动既有力地支持了孙中山，也唤起了天津民众。”②

12月7日张园——

“下午1时许，日本驻津领事吉田特介绍东亚医院院长田村前往张园给孙先生诊病。田村诊断认为，先生所患系胃病，并无何等异状，因肝火太盛，胆之右部膨胀，为胆囊炎。北方天寒，孙先生体质素健，只须静养四、五日即可恢复，并非何种大病症。”③

12月8日张园——

“于方舟、江浩等天津各界代表晋见孙中山。

“孙中山抱病会见各位代表，并发表谈话。

“他在谈话中历数帝国主义利用军阀摧残革命的罪行，明确提出，革命要获得成功，必须铲除帝国主义和军阀势力。

“他对天津各界代表给予亲切鼓励，对天津的革命运动给予热切希望。”④

“孙中山抱病会见代表并发表谈话，称：天津国民革命的兴起，打破了北方封建军阀、帝国主义最牢固的堡垒，使我看到了三民主义、五权宪法的曙光，这是同诸君精诚努力分不开的，希望全党上下更加戮力同心，

① 天津市档案馆：《中共天津历史档案选编》，天津人民出版社2011年版，第21页。
②《中共北方区委历史》，中共党史出版社2013年版，第165、166页。
③ 葛培林：《孙中山先生第三次来天津纪实》，见《天津文史资料选辑》第37辑，天津人民出版社1986年版，第17页。
④ 中共天津市委党史研究室：《中国共产党天津历史（第一卷）》，中共党史出版社2005年版，第80页。

促成国民会议的召开。”①

《天津党史史话·海河不会忘记》则披露了其中些许细节：“孙中山打电话约请直隶省党部各位负责人谈话。那天，孙中山倚着枕头，半躺着同于方舟、江浩等人一一握手，然后说道：‘国民革命的目的，是在于人民的利益，谋求中国的自由与独立；善后会议是段祺瑞欺世盗名的御用工具，是完全非法的……”②

12 月 8 日下午《新民意报》报馆——

先生关于“促成国民会议的召开”的教诲，催奋着于方舟，晋见孙中山的当日，他便开始行动。

于是，在马千里 12 月 8 日的日记上出现了这样的文字：“下午到《新民意报》馆见江著源、于方舟，他们二人与我商量在天津联络几个人发起国民会议促进会。”③

12 月 8 日、9 日《益世报》——

天津的革命形势亦鼓舞着病痛中的孙中山。

12 月 8、9 两日，他激情满怀地在天津《益世报》连续发表长达 1600 字的抵津之后宣言书。

他在宣言中指出：“国民革命运动之志望，及在为人民之利益，而谋中国之自由与独立……1911 年之革命，将满洲专制政治推翻，其志望殆完全实现。然至今日，已为列强帝国主义立于背后之中国军阀所破坏，而使革命之志望，归于无效。”“13 年来，军阀与帝国主义之联结，是实现上述目的与志望的主要障碍，此项障碍现当打破之。”“国民党提议召集一国民会议。国民会议之主要任务，惟在谋国家之统一与重新建设。但在此国民会议可以召开之前，必须召集一预备会议，以决定各种主义与方法，而此主义与方法，乃用以约束国民会议之选举及其行动。”④

---

①《中共北方区委历史》，中共党史出版社 2013 年版，第 165 页。

② 中共天津市委党史资料征集委员会：《天津党史史话·海河不会忘记》，天津教育出版社 1991 年版，第 36 页。

③ 天津市政协文史资料研究委员会：《20 世纪初天津爱国教育家马千里先生》，1985 年版，第 120 页。

④《益世报》1924 年 12 月 8 日、9 日。

12 月 10 日下午 2 时天津南开女中——

两天前，于方舟、江浩、马千里在《新民意报》报馆筹划成立国民会议促进会，与孙中山同日在《益世报》上发布的宣言不谋而合。而时间刚刚过去两天，天津女界便率先响应了。

正如 12 月 12 日《大公报》所报道："天津妇女运动之发达，素驾于全国各省。妇女运动之组织，除女权运动同盟外，尚有女权请愿团、女子家庭救国会、女星社、妇女日报社等团体，对于社会服务，素极热心，新出版之刊物，遍传全国。此次孙中山北上，市民欢迎会之发起者，即有女界著名分子邓颖超、李峙山诸人在内。最近女界又复联络女学界发起组织天津妇女国民会议促成会，于同日下午 2 时在南开女中学举行第一次筹备会……公推邓颖超主席，报告开会宗旨，略云：……现在经北京政变后，新政府之宣言，亦有以民意为依归之表示，孙中山先生又发起国民会议，谋完全根据民意以解决国是，此正吾女子参政之绝好机会……继由各女士相继发表意见，议决本会定名为天津妇女国民会议促成会。定本月 14 日（星期日）下午两点仍在南开女中学开第二次筹备会。"①

原来，"中共天津地委建立不久，设置了妇女部，由邓颖超任部长"②。孙中山北上莅津后，妇女运动便根据地委的工作计划，抓紧筹组天津妇女国民会议促成会。于是，便有了 10 日的南开女中筹备会，邓颖超在会上阐述了成立妇女国民会议促成会的意义和奋斗目标，并于 14 日的第二次筹备会上确定了该会章程的基本内容，公推江韵清为章程起草员。

12 月 18 日张园——

在美昌码头欢迎时，便从天津警察厅差遣队派到孙中山身边担任临时卫士的李宝荣，已经入住张园半个月了。这一天，他又见到了 15 天前他架过的那位许世英。

那天，在美昌码头"段祺瑞派来欢迎的代表许世英是个小矮个"，李

① 《大公报》1924 年 12 月 12 日。

② 中共天津市委党史研究室：《中国共产党天津历史（第一卷）》，中共党史出版社 2005 年版，第 75 页。

宝荣回忆道，“他看到我这高大的警士，把我叫过去说：‘你再找一个人，等轮船一靠岸，你们把我送上船去，我要抢在别人前头，第一个见总统。’不久，轮船缓缓靠岸，只见甲板上站着很多人，孙中山先生和夫人宋庆龄站在前面，向欢迎人群挥手致意。在鼓乐喧天、万众欢呼声中跳板搭好了，我和郑宝善两人架着许世英的胳膊首先飞步冲上船去。许世英跑到孙先生面前行礼后说：‘报告总统，我叫许世英，是段执政的代表，来欢迎总统，请总统下船。’孙先生略问了一两句就带着扈从走下船来。”①

12 月 18 日，李宝荣在张园又看见这位许世英了——“段祺瑞的代表许世英、叶恭绰来张园，孙先生就在病榻上接见了他们。他俩转达段政府正在筹备‘善后会议’和参加该会议各方的规定，希望孙先生参加，并予以支持。后来据马副官说，孙先生听后非常气愤，一一驳斥他们这些措施和主张，并说段执政如果一意孤行，我要号召舆论声讨段政府。谈话的气氛很紧张。许、叶走后，孙先生的病情加重，加以日夜工作，身体很衰弱。张园内外的工作人员，莫不为他的健康担心。”②

那一天，许世英向孙中山报告说，执政府已行文通告各国使节，尊重历来所订的条约。中山先生得知段祺瑞要“外崇国信”和召开“善后会议”的活动，完全和他的反帝爱国召开国民会议的主张背道而驰时，极为愤慨地指出：“我在外面要废除那些不平等条约，你们在北京偏偏尊重那些不平等条约，这是什么道理呢？你们要升官发财，怕那些外国人，要尊重他们，为什么还来欢迎我呢？”许、叶二人劝孙不要太过于“激烈”，免得引起他们的干涉等等。孙先生气愤地回答：“假如不打倒帝国主义，我就不革命了！”③

那一天，孙中山精神上又受到很大刺激，感到自己所主张的改善内政、外交之途，业已绝望，愤恨北方军阀麻木无知，既不可理喻，又不可

① 李宝荣：《回忆孙中山先生在天津的情况》，见《天津文史资料选辑》第 37 辑，天津人民出版社 1986 年版，第 26、27 页。

② 李宝荣：《回忆孙中山先生在天津的情况》，见《天津文史资料选辑》第 37 辑，天津人民出版社 1986 年版，第 28 页。

③ 葛培林：《孙中山先生第三次来天津纪实》，见《天津文史资料选辑》第 37 辑，天津人民出版社 1986 年版，第 20 页。

与之同群，满怀忧郁，遂触发了潜藏数年的肝癌发作。①

12 月 18 日晚 8 时。

同样在 12 月 18 日，与北洋军阀形成鲜明对照的是中共天津地委——

“经过于方舟、江浩的领导发动，18 日举行了欢迎孙中山先生的大会，到会的除国民党省党部的于、江二人外，还有国民党市党部的史汉清，马克思学说研究会的崔物齐，反帝大同盟的安幸生，学术讲演会的邓颖超等 50 个团体的代表。

“会上同时发起天津国民会议促成会，当场签名加入者，有马千里、时子周、宋则久、鲁嗣香、商会会长卞月庭、直隶法政专门学校教员王南复、裕元纱厂总工程师张万里、印刷工会陶卓然、平民夜校宋朝义、农民代表李凤和和天津第一师范学校学生辛璞田、吕职人。”②

12 月 19 日张园——

“这时孙先生病情有所加重，19 日午后忽患呕吐，体温上升，出汗不止，急延德医诊治（已两日没有延医）。德医诊视后说，尚无大碍，惟久病新愈，起居饮食一切加慎，在此数日内，尤应绝对不可会客，勿为劳心之事。但据先生左右人说，数日来，孙先生觉病已就痊，会客时，或长谈或不时批阅函电及随意观书，也是导致病重的原因。”③

12 月 21 日下午 3 时南开女子中学礼堂——

“21 日下午 3 时，天津妇女国民会议促成会在南开女子中学礼堂，开成立大会。到会 70 余人，邓颖超主席、陈哲西记录……讨论宣言及草章，经众酌加修改，全体通过。”④

12 月 24 日北京——

段祺瑞不再考虑孙中山的意见，于 12 月 24 日匆匆公布善后会议

---

① 刘星楠：《孙中山先生逝世侧记》，见《天津文史资料选辑》37 辑，天津人民出版社 1986 年版，第 34 页。

② 齐植璐：《孙中山先生的三次天津之行》，见《天津文史资料选辑》37 辑，天津人民出版社 1986 年版，第 13、14 页。

③ 葛培林：《孙中山先生第三次来天津纪实》，见《天津文史资料选辑》37 辑，天津人民出版社 1986 年版，第 20、21 页。

④ 上海《民国日报》1924 年 12 月 31 日。

条例。

该条例规定只有 4 种人可参加善后会议：

⑴有大功劳于国家者；

⑵此次讨伐贿选制止内乱各军最高首领；

⑶各省区及蒙藏青海军民长官；

⑷有特殊之资望学术经验，由临时执政聘请或派充者，但不得逾过 30 人。

照此规定，善后会议必将完全为军阀官僚所垄断，与孙中山北上宣言中所号召的由公民团体代表参加的国民会议背道而驰。①

12 月 26 日天津——

对于《善后会议条例》的突然抛出，孙中山颇为气愤，遂于 26 日在天津发出通电，对《善后会议条例》严辞反对与谴责。全国舆论大哗。

孙中山不为段祺瑞的行为所动，仍然坚持召开国民会议的主张。为了促进国民会议早日召开，他陆续派出宣传员，代表他到辽宁、吉林、黑龙江、热河、绥远、直隶、山东、河南、江西、山西、陕西、甘肃等地，宣传召开国民会议的意义，动员各界民众支持召开国民会议。

“于方舟、江浩、于树德、叶善枝被指定为直隶省宣传员。”② 这批宣传员被孙中山视为“有志之士”，寄予厚望。

曾在天津南开中学就读的屈武，后来回忆孙中山派他去陕西宣传国民会议时的情景非常生动传神，或许从中更容易读出“宣传员”的意义与作用——“那时，我在北京大学念书，中山先生要我赶到天津去见面……中山先生说：‘现在，军阀混战，民不聊生，长此下去，中国的政治无清明之日，民众将长期处于水深火热之中。唯一的办法，要举行有各省代表参加的国民会议，选出代表民意的合法政府，由民众来管理国家大事。’中山先生还说，他要派一批有志之士，到各地去宣传他的主张，希

---

① 苏杭、苏若群：《绝密档案：第一次国共合作内幕》，人民日报出版社 2011 年版，第 281 页。

② 中共天津市委党史资料征集委员会：《中共天津党史大事记》，天津人民出版社 1991 年版，第 60 页。

望我作为中山先生的私人代表，回到陕西家乡做这番工作。临分别时，中山先生交给我一份印好了的宣传大纲和一些宣传资料。我回到北京，就准备去陕西执行中山先生交给我的任务。那时，在北京的我的老岳丈于右任先生劝我不要冒险。我不听，留下一张条子，上写‘风萧萧兮易水寒，壮士一去兮不复还’，就背着他到陕西去了。”①

为了进一步掀起宣传国民会议的热潮，中共天津地委组织讲演队以《国民党与中国及全国人民》《中国之现状》《为什么欢迎孙中山先生》、《国民应当怎样拥护中山先生的主张》为题，开展宣讲活动。中共天津地委成员卢绍亭在讲演中强调：国民革命的步骤首先是宣传民众，其次是联合民众，再次是武装民众，最后是直接行动——夺取政权。②

12月27日晚8时天津学界俱乐部——

“天津国民会议促成会筹备会，于前日（27）晚8钟，假学界俱乐部，开第二次筹备会，到会者40余团体，计约百余人。

“于方舟提议，在三日后开成立大会，并登报，有团体愿加入者，务在三日内来函加入，仍由各代表，向各方联络。

“主席又提议举员拟定会章，公举马千里、邓颖超、于方舟、江著源、张寺晨五君为起草委员。

“于方舟提议，开成立大会后，应发宣言及通电各省，并联合各省促成会，或在上海，或在京、津，组织一联合机关（众赞成）。

“于方舟又提议，将章程宣言寄送直隶各县、各团体，请其组织促成会（众赞成）。

“议毕至11点余钟闭会云。”③

12月30日张园曹家花园——

段宏业代表其父段祺瑞到天津，请中山先生入京。

---

① 屈武：《三见孙中山》，见《回忆与怀念·纪念孙中山先生文章选辑》，华夏出版社1986年版，第42、43页。

② 中共天津市委党史资料征集委员会：《中共天津党史大事记》，天津人民出版社1991年版，第61页。

③《大公报》1924年12月29日。

然后，段宏业又赴曹家花园谒见张作霖。

“是参加善后会议？还是坚持召开国民会议？是孙中山在北京面临的第一个重大问题。”①

12月30日晚7时。

早在段祺瑞策划善后会议的过程中，“1924年12月3日，《向导》周报即指出，段祺瑞拟召集的各省军民长官的善后会议，完全是想制造一个御用的、欺骗民众的会议。在善后会议条例公布以后，中国共产党立即指出其反人民的性质，号召全国人民一致起来反对。”②“中共天津地委坚决响应党中央的号召，‘根本反对善后会议’，指出善后会议是完全非法的。”③ 得知中山先生即将离津赴京的消息后，于方舟等人立即将反对善后会议的宣传同欢送孙中山离津的活动有机地结合起来……

12月30日晚7时，天津市民团体召开欢送孙中山大会。

到会有50余团体的代表100多人。通过致孙中山先生的一封信：

中山先生大鉴：

先生之来也，帝国主义之强暴及祸国军阀之狡展，处处与先生主张以阻挠，亦即处处与民众利益以残害。军阀所主张之善后会议，愚民欺世，更辱我公，望能坚持宣言3点。慰苍生之喁望也，吾辈唯有以政权归民之义，为吾辈领袖之后盾，临颖神驰，务望先生为国珍重，为国努力。

天津市民大会上④

12月31日天津老龙头车站——

天津人民和国共两党对召开国民会议的热烈支持，鼓舞和促使着孙中山抱病赴京，决心为促成国民会议召开而奋斗。

孙先生于12月31日晨8时从张园启行，随行者有汪精卫等30人。

---

① 苏杭、苏若群：《绝密档案：第一次国共合作内幕》，人民日报出版社2011年版，第284页。

② 中共天津市委党史研究室：《中国共产党天津历史（第一卷）》，中共党史出版社2005年版，第83页。

③ 中共天津市委党史资料征集委员会：《中共天津党史大事记》，天津人民出版社1991年版，第61页。

④ 葛培林：《孙中山先生第三次来天津纪实》，见《天津文史资料选辑》37辑，天津人民出版社1986年版，第21、22页。

铁路局备专车308号卧车即212号餐车、101号京奉包车等系列。又通令京津沿线驻军加意护卫。

上午10时，孙先生离津赴京。

“于方舟、江浩、马千里、邓颖超、安幸生、卢绍亭等各界代表200余人到东车站送行。登车前，孙中山挥动着颤抖的双手动情地说：‘谢谢诸君的好意，我因病不能再发表演讲了，天津、直隶各方面的革命运动，仰仗吾辈努力了。’”①

继而，又向各团体代表散发宣言一份，车遂开行。宣言全文为——

中华民国主人诸君：兄弟此来，不是为争地位，不是为争权利，是为特来与诸君救国的。13年前，兄弟与诸君推翻满洲政府，为的是求中国人的自由平等，然而中国人的自由平等，已被满洲不平等条约里卖与各国了，以致我们仍然处于次殖民地之地位，所以我们必须救国。关于救国道理很长。方法亦很多，成功也很容易。兄弟本想和诸君详细的说，如今因为抱病，只好留待病好后再说。如今谢诸君盛意。

中华民国13年12月31日孙文

孙中山先生到京后，又于次日发表致天津各界的一则《孙文启事》：“文此次到津，备荷各界各团体盛意欢送，深滋渐感。乃以卧疾兼旬，不能分别接见，稍罄鄙意，岂胜歉怅。兹医者谓以京中休养为宜，故于31日进京疗养。俟贱体稍愈，再当返津与诸君把晤，商榷国事。临时匆匆，未及遍辞，伏冀鉴谅。”②

中山先生启程离津赴京那日，适逢大雪。马千里日记载：“1924年12月31日，夜间大雪早起甚冷，先到达仁女学，9点半同邓颖超赴新车站（欢送）。”

望着大雪之中徐徐驶去的列车，于方舟深感中山先生那“天津、直隶各方面的革命运动，仰仗吾辈努力了”的话语依然犹响耳畔。

自己作为国共两党在天津的负责人、一名有着共产党员身份的国民党

---

① 中共天津市委党史研究室：《中国共产党天津历史（第一卷）》，中共党史出版社2005年版，第80、81页。

② 葛培林：《孙中山先生第三次来天津纪实》，见《天津文史资料选辑》37辑，天津人民出版社1986年版，第23页。

中央候补执行委员，肩上的担子该有多重……

必须尽快开拓国共两党共同制订的革命目标与任务——明天，就要跨入1925年了……

1925——时不我待……

8. 元旦，1925

1925年1月1日

两点到县教育局，江著源、于兰渚、邓颖超去，研究国民会议章程及宣言书。

饭后到学界俱乐部开国民会议促成筹备会，讨论章程，通过宣言。

——马千里日记①

他们正在同时间赛跑——

因为任务繁重……

从马千里先生的日记即可看出，自12月27日那晚，于方舟与江浩、马千里、邓颖超、张寺晨被推为国民议会促成会的起草委员，负责章程、宣言、通电等文件的起草工作以来，便一直在超负荷地工作着，刚于1924年的最后一天送孙中山先生离津赴京，又于1925年元旦聚在一起讨论这些文件了。

他们必须同时间赛跑——

因为形势严峻……

“孙中山先生北上的时候，正是全国反帝国主义废除不平等条约的运动和人民的国民会议呼声最高的时候，也正是段祺瑞初上台，还当着缓冲式的工具，表面上赞成召集国民会议的时候。”瞿秋白在《中国革命史上的1925年》中如是说，“可是孙中山先生入京的时候，就是1925年的第一天，段祺瑞政府早已成了奉张帝国主义所牵掣指使的走狗。段政府不顾

① 天津市政协文史资料研究委员会：《20世纪初天津爱国教育家马千里先生》，1985年版，第121页。

孙先生的主张和全国人民的意见，悍然召集军阀、官僚、政客学者（当然只有几个人）的善后会议。”①

他们的确同时间赛跑——

历史可以见证……

1925年元旦后的第三天，天津国民会议促成会终于应运而生。

“1925年年初，天津各界人民国民会议促成会成立，共有70余个团体参加，于方舟当选为宣传科主任。在他的组织和领导下，宣传活动从市区深入到县城，各县国民会议促成会也纷纷建立起来，从城市到农村形成了国民会议促成会的高潮，进而有力地推动了北方革命形势的发展。”②

《中国共产党历史（第一卷）》上册指出：“1924年冬至1925年春，在国共两党共同推动下，全国各阶层人民和工会、农会、学生会、商会、妇女会等群众团体，纷纷组织国民会议促成会，强烈呼吁由国民决定国家大事，召集国民会议制定宪法，铲除封建势力，建立民主共和政体，反对段祺瑞政府召开的善后会议。国民会议运动与1925年夏兴起的废除不平等条约运动蓬勃发展，预示着一场革命风暴即将来临。”③

天津《益世报》连续3天，对天津国民会议促成会的成立大会进行了详尽报道，这份历史的见证可以令我们感受那个革命年代呼啸而来的潮声……

——《天津国民会议促成会成立》

天津国民会议促成会，业经筹备就绪，于前日（3日）晚8时，仍假县教育会事务所开成立大会，计加入者70余团体。

是日到会者40余团体，代表70余人，由国民党省党部代表江著源主

---

① 瞿秋白：《国民会议与五卅运动·中国革命史上的1925年》，见《新青年·精选本（下）》，中国书店2012年版，第353页。

② 中共天津市委党史研究室：《愿做方舟渡众生——纪念于方舟烈士牺牲80周年》，《天津日报》2008年1月21日。

③ 中共中央党史研究室：《中国共产党历史第一卷（1921—1949）》上册，中共党史出版社2011年版，第122页。

席，安幸生为临时书记。

成立大会闭会后，又接开第一次委员会，通过各项职员，时至午夜12时10分，始行散会。①

——《天津国民会议促成会选举之职员》

总务委员：马千里、宋则久、江著源、邓颖超、王南复。

宣传科：主任于方舟，委员李仲吟、李伯埙、江韵清、阎峻钟、郭绪荣、翁贻训、程介三、张昌旭、冯绍异、潘乐天、宋朝义。

文书科：主任安幸生，委员吕职人、史汉清、吴剑秋。

交际科：主任李散人，委员张象东、刘铁庵、陶毅、李凤和、陈祖香、张万里、池镇仑。

事务科：委员张寺晨、王卓忱、刘家狻、门乞中、刘席斋、朱子奇。

共35人。②

——于方舟等人起草的《天津国民会议促成会简章》

第一条：本会定名为天津国民会议促成会。

第二条：本会以鼓励国民督促政府，早日实现国民会议为宗旨。

第三条：本会暂假天津县教育会为会址。

第四条：凡天津各种团体，赞成本会宗旨者，均可加入本会。

第五条：凡加入本会之团体，各举代表二人出席代表大会，决议本会进行方针。

第六条：由代表大会挑选委员35人，组织委员会，办理本会一切事务。

第七条：由委员会互推总务委员5人，总理一切会务，并为本会对外代表。

第八条：委员会分宣传、文书、交际、事务4科。宣传委员12人，

---

①《益世报》1925年1月5日。
②《益世报》1925年1月5日。

文书委员4人，交际委员8人，事务委员6人，由委员自认一科。各科各设主任1人，由各该科委员互推。

第九条：代表大会之召集，由全体委员会决定之。全体委员会每半月开常会一次，遇必要时得开临时会，由总务委员召集之。各科委员会由主任临时召集之。

第十条：大会及委员会之主席，由总务委员轮流担任之。

第十一条：凡加入本会之各团体，须纳1元之入会金，作为本会经常费用。本会经费不足时，得募集特别捐。

第十二条：本章程如有未妥处，在代表大会时，均可提出修正。①

——于方舟等人起草的《天津国民会议促成会宣言》

今日之中国，有两大问题，亟须以国民力量谋解决者，否则将由半殖民地而殖民地，终且底于灭亡。

其问题为何？

一曰将何以收回经济政治全权于帝国主义者之手，一曰将何以将政权从军阀过渡于人民。累次之战争，皆为帝国主义操纵于其后；累次之政变，政权只循环于一二军阀之手。凡在民国，习闻习见，故居今日而谋中国，亦曰外以攘帝国主义，内以除祸国军阀而已。

第观乎国民政治观念之薄弱，政治能力之希微，徒言攘除，只虚语耳。

然则谋之之道为何？亦曰于培植国民之政治技能而外，在政治经济之诸种条件上，亟需要一德谟克拉西（民主主义）会议之成立，于民主政体之下。一德谟克拉西会议之要求，尚见其难能可贵，吾人愈悟历来北京政府民治招牌之假冒，而此种德谟克拉西会议之要求，较之帝国主义所盛倡欺骗政策之（德谟克拉西的和平会议）迥异其趣。

故只有国民握得政权，然后始于脱离帝国主义之羁绊；只有国民会议真正的实现，然后国民始克从军阀掌握夺回政权。即令不成，国民亦可于

① 《益世报》1925年1月6日。

此种各派势力政策之比较上，得一孰敌孰友之认识。兼而促发国民的政治意识，训练国民政治的技能，此吾人就理论上衡量革命领袖孙中山所倡导之国民会议，真当世救国济民之急务也。

若必曰：于今恶劣局面之下国民以国民会议为工具，而定获得德谟克拉西之政权，吾人尚不敢有此幻想。

然于革命领袖倡导，军阀虚情假意之下，益之以国民热烈之要求，则至少亦可使民众得以下最低限度之具体的利益：

1. 取消国际帝国主义对我之一切不平等条约也。

2. 停止卖国交易，如金佛郎案之进行也。

3. 中央与地方之分权也。

4. 取消六年以来一切限制人民自由之非法法令也。

5. 救济此次东南东北战区之人民也。

6. 恢复教育交通之原状也。

7. 保护劳工、改善工人生活也。

8. 妇女在政治经济教育职业上，与男子享同等的权利也。

9. 实行废除真正的与变相的督军巡阅使、与夫裁兵及改善兵士生活也。

10. 抄收祸首财产，以赔偿人民损失也。

11. 取消一切苛捐杂税也。

似此平淡无奇之要求，苟能由国民通力合作，持以勇毅，得之良易。此吾人就实际要求之上，以衡量革命领袖孙中山先生所倡导之国民会议，真出斯民于水火实筏也。

国民会议为国民实行德谟克拉西政治之实验，而此实验之良好结果：

1. 须建基树本于民众力量之上。

2. 须民众的力量不为军阀的力量所压服始克发符。

国民应凭藉其以往之经验，而估量未来之事实。慎勿一任军阀段张为幻，重入骗局。则国民会议前途，正未可量。孙中山先生曾忠实的指示国民在国民会议中之地位，吾人应如何审慎，勿使此国民会议堕落为一内军阀而外国民之国民会议也。

欲得子，须自为母。民众利益，唯以民众之力量而获得。

丁兹帝国主义已行于最后之阶段，祸国军阀已至分化坐削之末路。返观民众力量，正达高潮极峰之境，吾人应如何审慎，运用珍重自视耶？

努力！努力！

胜利在候我辈。

吾津80万市民之国民会议促成会，已于14年1月3日正式成立，以后种种，试观全国人士与我辈之努力。

兹谨就所见，以质诸当世。①

根据《天津国民会议促成会简章》第九条“各科委员会由主任临时召集之”的规定，1月4日凌晨才刚刚结束国民会议促成会成立大会，于方舟便趁热打铁，第二天就主持召开了国民会议促成会的宣传工作会议。

会议决定各讲演队分赴东、西、北讲演所讲演，宣传委员会的12名委员轮流值班，妇女国民会议促成会组成家庭讲演队入户宣传……②

自五四运动就同于方舟并肩战斗的邓颖超，把自己所负责的学术讲演会和妇女国民会议促成会全部动员起来，倾尽全力紧密配合，激情满怀地投入了国民会议运动。

时为国民会议促成会文书科委员的吕职人在《于方舟同志革命的一生》中回忆到：“为了推动革命运动前进，积极展开宣传活动，方舟、江浩等同志亲自出马，在东马路通俗讲演所、青年会礼堂及繁华地区的娱乐场所，每周一、三、五晚间或星期日举办讲演会，大声疾呼反对帝国主义及封建主义，动员广大工人、学生、店员、社会人士及居民参加以召开国民会议为中心内容的革命运动。同时通过统战工作，推动中上层人士也投入这一运动中来。”③

天津国民会议促成会还深入到周围地区开展活动。

---

①《益世报》1925年1月7日。

② 中共天津市委党史资料征集委员会：《中共天津党史大事记》，天津人民出版社1991年版，第62页。

③ 吕职人：《于方舟同志革命的一生》，见《天津文史资料选辑》第23辑，天津人民出版社1983年版，第18页。

一些共产党员和骨干分子被派往京汉路的清苑、正定、藁城、石家庄、邢台、磁县、安平、饶阳、安新等地进行宣传发动工作，进一步扩大了国民会议运动的声势。①

然而，在举国一片反对声中，善后会议依然于2月1日粉墨登场、悍然开会（至4月20日闭会）。

此前，1925年1月11日至22日在上海召开的中国共产党第四次全国代表大会宣言中已明确指出“善后会议是段祺瑞要用军阀制度而借着帝国主义的帮助，以统治中国人民的工具”。

孙中山亦于1月7日发表“为反对包办善后会议事致段祺瑞电”，对“人民团体无一得与”的善后会议的性质提出质疑，要求善后会议必须加入人民团体的代表，会议所议事项最后决定权应归之于国民会议。

国民党也在善后会议召开前夕，于1月31日指示全党抵制善后会议。

——两个性质完全不同的会议，已将短兵相接的博弈拖入了白热化……

于是，于方舟以更加顽强的斗志投入到国民会议运动的推动工作中。

首先，积极支持天津妇女国民会议促成会“致函各地妇女国民会议促成会，请一致派代表到京，参加全国国民会议促成会筹备会，并在京组织全国妇女国民会议促成会”。

同时，通电上海、广州、杭州、温州等地妇女国民会议促成会——“务望于最短时期速派代表到京，共谋进行”②。

2月5日下午2时，邓颖超在北京大学参加中华妇女协会第一次筹备会，“天津代表邓颖超，保定代表张锡瑞登台演说。除报告本地情形外，并希望各地妇女各团体联络，力求组织统一，共策进行。”③

与此同时，于方舟本人也亲自赴京进行全国国民会议的推动工作。

1925年2月7日北京《晨报》记录了其中的一次活动：

---

① 中共天津市委党史研究室：《中国共产党天津历史（第一卷）》，中共党史出版社2005年版，第82页。

②《益世报》1925年2月1日。

③ 北京《晨报》1925年2月6日。

日昨（2月6日）北京国民会议促成会各股主任邀集天津来京国民会议促成会代表于方舟，山东代表王乐平，正定代表王国光，天津妇女国民会议促成会代表江韵清、邓颖超，保定女界代表张锡瑞等，开联席会议，由北京促成会总务股主任顾孟余主席。

先由各地代表报告该省会务情形，次议决：

1. 再发一次通电与各省各地促成会，拟定本月20日总会开会，催各代表赶速来京。

2. 促成会以特别区各县治为单位，特别区之解释，由将来大会定之。

3. 通知各省区促成会希望其催各县各特别区速组织促成会。

4. 用总会筹备处名义，通电各省省议会、商会、农会、教育会，请其不去参加善后会议之专门委员会……①

这当是京津冀共产党人和国民党左派极具开拓意味的一次大联合、大协作。于方舟参与其中，积极筹划，献计献策，纵横捭阖，对加快召开全国性的国民会议促成会，无疑起到了重要的推动作用。

那么，在他左冲右突的背后，是谁在调兵遣将呢？

原来，就在天津国民会议促成会召开成立大会的第二天，北京国民会议促成会也于1月4日在北京大学三院召开了成立大会。

李大钊参加成立大会，并应邀担任国民会议促成会讲演大会的宣讲人，后于1月17日在北师大作题为《帝国主义侵略中国后之国民运动》的讲演。据当时的《京报》报道，李大钊在讲演中指出："现在孙中山先生看清帝国主义对于中国之祸患，高树国民革命的旗帜，以取消一切不平等条约相号召，全体国民都应在此旗帜下，努力奋斗。"

2月1日善后会议开始后，李大钊不得不加快了对全国国民会议促成会的筹划，而为了保证提速的成功，他立即将于方舟召至北京一线冲锋陷阵，以做披荆斩棘式的战斗，督促全国各地加快进度。于是便有了2月7日《晨报》的那则报道。

另据《中共天津党史大事记》载，至2月20日，天津的于方舟、江

---

① 北京《晨报》1925年1月7日。

浩、马千里、辛璞田、张寺晨等多人被抽调至北京参与全国代表大会筹备工作的最后攻坚之战……

“努力！努力！胜利在候我辈！”

忙碌之中，他默诵着自己和同志们起草的那份宣言……

“努力！努力！胜利在候我辈！”

终于，于方舟以脚踏实地的工作，迎来了国民会议促成会全国代表大会开幕的日子……

9. 为中山先生护柩

一致促成国民的国民会议

努力建设民主的独立国家

这，是“国民会议促成会全国代表大会”会标两侧的对联。

1925 年 3 月 1 日，国民会议促成会全国代表大会在北京开幕。

据当时的报纸报道：“是日北大第三院门前高搭彩牌坊一座。上悬大会名称。两旁对联为‘一致促成国民的国民会议，努力建设民主的独立国家’。自 9 时起，各地代表来宾及参观者均陆续到会”。

200 多名代表来自 20 多个省、100 多个地区，其中共产党员和青年团员达 100 多人，如上海代表恽代英、向警予，天津代表于方舟、邓颖超、江浩、辛璞田，山东代表王尽美等。

为贯彻中共四大关于“中国的民族革命运动，必须最革命的无产阶级有力的参加，并且取得领导的地位，才能够得到胜利”的精神，会议开始后李大钊又召集参加大会的各地党的负责同志，由赵世炎、朱务善等同志负责，组成大会党团，对重大原则问题均于事前讨论，确保大会的正确方向。①

赵世炎，小于方舟 1 岁，四川酉阳（今属重庆市）人。1914 年随二

① 阎晓明（撰稿、编导）：《长篇电视人物传记·铁肩》，中央电视台军事频道 2010 年 5 月 10 日首播。

哥到北京，考入北京高等师范附中，在校期间结识李大钊。1919 年参加少年中国学会。1920 年赴法国勤工俭学，与周恩来等建立少年共产党，被推选为书记。经胡志明介绍加入法国共产党。1923 年 3 月赴莫斯科东方大学学习。1923 年“二七”惨案发生后，北方地区党的力量削弱，根据李大钊的要求，中央决定调派赵世炎回国，担任北方地区党的领导工作。1924 年秋，赵世炎到北京，接替何孟雄担任中共北京区委兼北京地委委员长（1925 年 1 月后改称书记）。中共天津地委成立大会即由赵世炎自京抵津主持，同于方舟颇为熟识。于方舟也曾听李大钊称赞自己身边的这位主要助手：“世炎脑子快，很多问题对我很有启发。”

朱务善，长于方舟 3 岁，湖南津市人。1919 年考入北京大学，同年当选为北大学生会主席，后又当选北京学生联合会主席。1920 年参与发起组织了北京大学马克思学说研究会。五四运动中，于方舟便与朱务善有过接触，后又因参与该研究会与朱进一步相互了解。朱务善于 1921 年经李大钊、邓中夏介绍加入中国共产党。1923 年底在北京组建社会主义青年团，并当选团中央委员。1924 年任中共北京区委委员。为此次国民会议促成会全国代表大会代表。会上，几十名共产党员代表组成党组织，朱务善任党组书记。

“十时刻一（注：10 点 15 分）开会，公推顾孟余为主席。主席宣布开会宗旨，大意谓：今日国民会议促成会全国代表大会，有三种意义：(一) 为人民之自由与权利，应由人民力争，不以希求实力阶级之赏赐。(二) 为人民不要怀疑自己的实力，而应有打倒军阀与打倒帝国主义之坚定信仰。(三) 为今日吾人要求国民会议，实因国民会议可团结全国人民为战斗与夺取权力之机关。今日之会，是历史上国民自决运动之第一次有组织的表示，故吾人当努力以完成此历史的使命云云。次由朱务善报告筹备经过。报告毕，由来宾汪精卫、林森、徐静、李守常等相继讲演，历时甚久。其他各省区代表尚有报名演说者，因为时间已晚，暂时停止。主席遂请全体代表来宾起立，唱国民革命歌三首，高呼‘打倒军阀’、‘打倒帝国主义’、‘国民革命万岁’、‘国民会议万岁’等口号。时已下午一时，军乐队奏乐，主席宣告散会，摄影而散。”①

国民会议促成会全国代表大会历时一个多月，于4月15日闭幕。大会揭露了善后会议反人民的性质，根据中国共产党的主张，讨论了中国革命的一些基本问题，通过了国民会议的方针和组织大纲。这次会议在反对善后会议，传播革命主张，引导人民群众参加国民革命方面产生了相当大的影响。

对此，瞿秋白曾有这样的评价：“国民党共产党所领导的国民会议促成会运动（大会于3月1日在北京开会）俨然与善后会议对抗（2月1日开会至4月20日闭会）；国民会议促成会的全国代表大会，组织集中中国最觉悟的农工平民以及妇女的革命分子，决定对外对内的革命政纲；继之以孙中山先生逝世后的追悼宣传——国民会议重建民国和废除不平等条约以解放中国民族的口号，正在此时普及全国——这是中国革命史上第一次明了的、切实的、共同的革命目标之规定，并且是将来中国平民共和国的新建设——国民会议制度之第一次确定的关键。”②

正如瞿秋白所言，国民会议促成会全国代表大会与“继之以孙中山先生逝世后的追悼宣传”是相互联系的……

1925年3月12日，国民会议促成会全国代表大会“开第二次大会，选举主席团……临时动议，革命领袖孙中山先生于该日晨逝世，应有严重表示，议决停会三日，停会期内停止一切宴会。又发表宣言，发起追悼会，下半旗志哀，左臂佩黑纱一星期。通知各地促成会一致进行，在停会期内尽力宣传，联络各团体，组织追悼会。停会期终止后，每星期一、三、五下午开代表大会。”③

惊闻孙中山先生逝世，天津国共两党党员立即于3月14日举行集会沉痛悼念。因于方舟、江浩、邓颖超、马千里均在北京开会，所以于方舟的两位挚友安幸生、辛璞田组织了天津的追悼活动。

---

① 北京《晨报》1925年3月2日。

② 瞿秋白：《国民会议与五卅运动·中国革命史上的1925年》，见《新青年·精选本（下）》，中国书店2012年版，第353、354页。

③《益世报》1925年4月8日。

“14 日下午 2 点为天津全市党员遥祭大会之日。场中高悬青天白日满地红之国旗及党旗各一面，并有‘继承总理遗业革命到底’之白布大旗，场中充满哀愤空气。

“安幸生致哀悼词，声显而哀，泪如雨下，全场大恸。

“辛璞田报告宣传办法，且说且泣，至不成声，全场俱大哭。

“开会之终，全场大呼，孙中山主义万岁！中华民族解放万岁！世界被压迫民族联合起来！国民党万岁！声震大地，盖津市数千国民党员之灵已合体矣。”①

会后，国民党直隶省党部、天津市党部联名向天津各界发表泣告书：“全体的同胞们：毕生为拥护民众利益而奋斗的国民革命领袖孙中山，已于 12 日上午 9 时半病故了……中山先生虽再不能领导我们而奋斗，但他所领导的国民党并没有死，他的主义更不死，他毕生奋斗百折不回的精神尤其不会死……同胞们！起来继承中山先生的遗志，为我们自身的利益而奋斗。中国国民党直隶省党部、天津市党部泣告。”②

由于对国民会议运动宣传的广泛、生动、深入，所以，孙中山逝世在天津引起了广大底层人民的强烈反响。正如报端所写：“自去年总理抵津，国民党宣传比较公开些了，虽然露天讲演常受警察干涉，室内讲演实在较前方便些。而先生的坚决之精神与高尚人格，感人尤深，所以近几月来，天津各界人士对国民党态度，已不似去年的漠视了。迨总理逝世，各界人士对先生之精神与人格及本党的主义，遂因哀悼与悲痛，反得更进一步的了解，从 14 日起，各团体之追悼先生者日必数起，而脚行、鱼贩、船户、雕刻作坊、木工等亦各开会追悼以致哀恸，足见先生感人之深也。”③

从 15 日至 22 日，天津共有 70 余处追悼活动的集会。广大民众能够对一位革命领袖如此了解，如此关切，能够对国家内政外交的现状及未来发展如此关心，如此上心，的确为天津近代以来所罕见。

① 上海《民国日报》1925 年 4 月 3 日。
② 上海《民国日报》1925 年 3 月 16 日。
③ 上海《民国日报》1925 年 4 月 3 日。

3 月 15 日，中国共产党发表《为孙中山之死告中国民众》和《中国共产党致唁中国国民党》。指出，孙中山先生的逝世是中国民族运动的一大损失，“然而这个运动是决不会随中山先生之死而停止的”，号召全国民众“更要加倍努力”，继承孙中山的遗志，大力推进国民会议及废除不平等条约的运动，为实现打倒帝国主义，打倒军阀的伟大事业而奋斗。①

“3 月 19 日，孙中山遗体由协和医院移往中央公园（今中山公园）社稷坛畔的灵堂。李大钊、林祖涵等中共党员和国民党中央要员参加了抬棺仪式。”②

据当日《晨报》报道：“孙文灵柩决定由国民党员自行抬送，不用杠夫，以表尊敬之意。闻已派定 24 人，分三组更番替代”，其中第二组为李大钊、于右任等。③

于方舟和江浩、于树德、韩麟符参加了执绋护柩的行列……

上海《申报》在《中山灵柩前往中央公园》的报道中，列出了“引导护柩人名单：左绋：执头吴稚晖，执尾于树德”，“男界”名单中有于方舟、李石曾、戴朝震、李勃海、傅汝霖、张季鸾、黄日葵、袁同礼、陈少白等人；“右绋：执头黄昌谷，执尾朱和中”，“男界”名单中有江浩、韩麟符、丁惟汾、王法勤、茅祖权、杨杏佛、蒋梦麟、路友于、顾孟余、恩克巴图、潘赞化、刘揆一等人。④

上午 11 时，“柩由东单三条胡同医院后门出王府井大街，北转东长安街，直至天安门，入中央公园。”⑤“左右两绋各长十余丈，绋之内，除两旁各有数十人外，中间即为灵柩。灵柩前有一青天白日旗为导。柩之后，宋夫人乘车随之，车亦障以青纱。”⑥

绋，即大绳，特指牵引灵柩的大绳。

执绋缓行的于方舟，不时望着自己右侧的孙中山灵柩，哀恸，且充满

---

①《中共中央文件选集》第 1 册，中共中央党校出版社 1989 年版，第 399、400、401 页。

②《中共北方区委历史》，中共党史出版社 2013 年版，第 168 页。

③ 北京《晨报》1925 年 3 月 19 日。

④ 上海《申报》1925 年 3 月 22 日。

⑤ 北京《晨报》1925 年 3 月 19 日。

⑥《大公报》1925 年 3 月 20 日。

忆念……

一年多来，面见中山先生的每一时刻——从广州，到天津——先生那激情飞扬的音容笑貌，仿佛都在眼前一一再现……

此次来到北京开会，也和邓颖超等前去探望重病之中的孙先生。经于方舟介绍加入中国共产党的江韵清后来回忆："1925 年 2 月我和邓颖超作为天津妇女国民会议促成会代表到北京参加国民会议促成会全国代表大会筹备工作。在北京期间，我们和天津国民会议促成会代表于方舟、王南复等人前去慰问身染重病的孙中山先生。"①

据《邓颖超与天津早期妇女运动》记载："1925 年 3 月 4 日，全国反帝大同盟在北京中央公园为全国国民会议促成会代表举行招待会。同日，邓颖超、江韵清、于方舟、王南复赴东城慰问孙中山先生。"②

执绋缓行的于方舟，不时望着自己右侧的孙中山灵柩，哀恸，且充满忆念……

耳畔，则回响着中山先生的《政治遗嘱》——"余致力国民革命，凡 40 年，其目的在求中国之自由平等。积 40 年之经验，深知欲达此目的，必须唤起民众，及联合世界上以平等待我之民族，共同奋斗。现在革命尚未成功。凡我同志，务须依照余所著《建国方略》、《建国大纲》、《三民主义》及《第一次全国代表大会宣言》，继续努力，以求贯彻。最近主张开国民会议及废除不平等条约，尤须于最短期间，促其实现。是所至嘱！"③

——"第一次全国代表大会"，那是自己作为代表亲往广州参加的大会啊，至今，仍历历在目……

——"《第一次全国代表大会宣言》"，那是自己亲自参加修改的文件，至今，仍字字在心……

---

① 江韵清：《关于参加妇女解放运动的回忆》，见《邓颖超与天津早期妇女运动》，中国妇女出版社 1987 年版，第 596 页。

②《邓颖超与天津早期妇女运动》，中国妇女出版社 1987 年版，第 675、676 页。

③ 转引自苏杭、苏若群：《绝密档案：第一次国共合作内幕》，人民日报社出版社 2011 年版，第 291 页。

于是，执绋缓行之中，他在心中默默草拟着这样的挽词——

同居在惨云愁雨世界中，与弱小民族共申悲悼；

齐集到青天白日旗帜下，向帝国主义联合进攻！①

后来，他读到了李大钊先生所撰著名的《挽孙中山》长联——

上联为："广东是现代思潮汇注之区，自明季迄于今兹，汉种孑遗，外邦通市，乃至太平崛起，类皆孕育萌兴于斯乡；先生挺生其间，砥柱于革命中流，启后承先，涤新淘旧，扬民族大义，决将再造乾坤；四十余年，殚心瘁力，誓以青天白日，满地红旗，唤起自由独立之精神，要为人间留正气"。

下联为："中华为世界列强竞争所在，由泰西（注：指西洋）以至日本，政治掠取，经济侵凌，甚至共管阴谋，争思奴隶牛马尔家国；吾党适丁此会，丧失我建国山斗，云凄海咽，地黯天愁，问继起何人，毅然重整旗鼓；亿兆有众，惟工与农，须本三民五权，群策群力，遵依牺牲奋斗诸遗训，成厥大业慰英灵"。②

如此细读，他更增强了对"由泰西以至日本，政治掠取，经济侵凌，甚至共管阴谋"的反抗意志……

如此细读着，他更加坚定了对"亿兆有众，惟工与农"，"涤新淘旧"，"再造乾坤"的奋斗信念……

---

①《益世报》1925年4月20日。

②《中共北方区委历史》，中共党史出版社2013年版，第168、169页。

第十二章　力量之源

1. 中共四大的召开与天津大革命时代的到来

2015年1月9日。

主题为“力量之源”的纪念中共四大召开90周年学术研讨会在上海市虹口区举行。

中共上海市委常委、宣传部长徐麟出席并讲话。中共中央党史研究室副主任李忠杰为中共四大研究中心揭牌并作主旨发言。

研讨会由中共中央党史研究室第一研究部、中共上海市委宣传部、中共上海市委党史研究室、上海市档案局、中共上海市虹口区委共同举办。

近200名来自全国各省市的党史专家、学者和中共四大代表后人与会。①

由于笔者平日注意收集和积累曾外祖父于方舟的资料，而于方舟恰又为中共四大前后天津党组织的主要负责人，所以便以这些资料作为论据素材，撰写了一篇有关“中共四大在各地影响”方面的论文《中共四大与近代以来前所未有的革命运动——大革命运动的天津样本与社会学解读》。论文递交后即受邀赴沪参加本次“纪念中共四大召开90周年学术研讨会”。

---

①《解放日报》2015年1月10日。

参加研讨会期间，笔者得以同来自全国的党史专家、学者请教、交流，对“中共四大与党的群众路线”“中共四大的历史背景与代表研究”“中共四大与党建及宣传工作”“中共四大与无产阶级领导权”“中共四大与工农妇青运动”“中共四大在各地的影响”等相关领域，学到了新的知识，拓展了新的视野，悟觉了新的心得。自己的论文也因入选《力量之源——纪念中共四大90周年学术研讨会论文集》，可以请全国读者通过这一论述而领略天津大革命时代的河海呼啸与风云激荡。

《力量之源》封面

笔者主修社会学和人类学。所以，尝试以社会学的视角与视野，解读天津大革命那汹涌澎湃的浪潮，解悟搏风击浪于大潮潮头的弄潮者——曾外祖父于方舟……

社会学范畴中的“社会运动”以具有初步的意识形态和组织形式为特征，可分改良、革命、保守、抵抗、表意等不同类型，其中“革命运动”是指那些对社会制度深为不满，并努力按照自己理想中的蓝图重新组织整个社会的运动，目的是推翻现有的社会结构，用新的制度取代。成功的革命运动会引起一场彻底的社会和历史变革，如中国的革命运动。而中国革命运动中的“大革命”即“国民运动”以及引领其持续发展并推向高潮的中共四大，当特别值得纪念与研究，正如古希腊历史学家休昔底德所言：“擎起历史的火炬，引导人类在摸索中的脚步”，在历史与未来之间，燃熠一道可以鉴往启今的金线。

如果说，发生在1924年至1927年的大革命运动“规模之宏大，发动群众之广泛，影响之深远，在中国近代革命历史上是前所未有的”[①]，那

① 中共中央党史研究室：《中国共产党历史第一卷（1921—1949）》上册，中共党史出版社2011年版，第107页。

么，1925年1月11日至22日召开于上海虹口四川北路的中共四大对于这场革命的高潮迭起无疑具有至关重要的历史意义。从数字看，1923年6月中共三大召开时，全国共有党员420名，四大时增至994人，为18个月前的2.37倍；然而到1927年4月五大召开时已骤增为57967人①，是28个月前的58.32倍，四大后革命形势及党的组织建设发展之快可见一斑。从大会产生的文件看，中共四大对民族革命运动、职工运动、农民运动、青年运动、妇女运动、宣传工作、组织工作均分别作出专项“议决案”，这在党的历史上是空前的。尤为重要的是，还在党的历史上第一次明确提出无产阶级在民主革命中的领导权和工农联盟问题。并对中国民主革命的内容作出了更加完整的规定，指出在“反对国际帝国主义”的同时，既要“反对封建的军阀政治”，还要“反对封建的经济关系”，对反封建的内涵有了进一步认识，“这表明，党在这时已经把新民主主义革命基本思想的要点提出来了”②。

随着中共四大对民主革命内容制定的日臻完整，天津作为帝国主义和封建军阀统治最为严密的城市，革命任务既显明突出，又繁重艰巨。这里曾设有英、法、美、德、日、俄、意大利、比利时、奥地利9国租界，在此强占中国领土建立殖民主义统治的列强之多堪称“中国之最”。它们既是列强发动侵华战争的直接结果和罪恶见证，也是帝国主义国家对中国进行军事威胁、政治控制、经济掠夺、文化渗透的侵略基地。“九国租界的总面积为23350.5亩。当时天津城池的面积为2940亩，租界相当旧城面积的8倍”。③ 到中共四大召开时，虽德、奥、俄租界已交还中国，但其他租界的大量存在仍使天津成为帝国主义妄图瓜分中国的一个缩影。天津又是北洋军阀的发祥之地和进行黑暗统治的密谋策划之地，所谓“北京是前台，天津是后台”，当时许多重大历史事件都在这里密谋策划，因而

① 中共三大、四大、五大全国党员数字见《中国共产党历史（第一卷）》上册，第108、126、210页。

② 胡绳主编：《中国共产党的七十年》，中共党史出版社1991年版，第48页。

③ 上海市政协文史资料委员会：《列强在中国的租界》，中国文史出版社1992年版，第119页。

天津被传为首都的“政治后院”。为此，大革命时期天津的党组织和广大人民群众直接面对帝、封两大强敌的斗争态势是全国少有的，其呈现出来的反帝反封建斗争过程在那场席卷中国的大革命中无疑具有典型意义和研究价值，同时，也应被视为当时贯彻落实中共四大精神“窥一斑而见全豹”的一个样本。

卡尔·马克思既是无产阶级革命的导师，也是享誉世界的社会学大师。社会学理论界公认，马克思的社会阶级、关于经济因素在社会生活中的重要作用、社会中社会生活的异化等观点，是对于社会科学的重要贡献。至今，马克思仍被西方社会学界视作社会冲突理论的开创者，“公认马克思是现代冲突理论的大师”①。中国共产党的创始人之一李大钊，是中国最早的马克思主义者。他在中国第一篇较详细介绍马克思主义理论的文章《我的马克思主义观》中，不仅论述了马克思主义的组成部分及其系统，也提到了马克思的社会学：“与他的唯物史观很有密切关系的，还有那阶级竞争说。历史的唯物论者，既把种种社会现象不同的原因，总约为经济的原因，更依社会学上竞争的法则……”并同时介绍了英国社会学家斯宾塞《社会学研究》的学术观点。② 当代社会学家菲利普·史密斯至今依然评价道：“卡尔·马克思是维多利亚时期最杰出的思想家之一”，他认为马克思、涂尔干、韦伯和西梅尔应被视为社会学的“创始之父”，“身为具有超凡智慧的思想家，这几位学者提供了一整套的核心概念和工具，而且这些概念和工具在提出一百多年之后仍然能为我们所用。当代的学者就算没有直接借用他们的观点，很可能也只是在修改、完善或评论这些大约在一个世纪之前产生的思想而已。”③ 作为研究人类社会基本活动、基本群体、基本关系、基本制度、基本问题的一门科学，社会学也同样应该能为我们提供回望那场大革命运动天津样本的视角。

---

① 于海：《西方社会思想史》，复旦大学出版社 2010 年版，第 293 页。

② 李大钊：《我的马克思主义观》，见中共唐山市委宣传部：《李大钊诗文选读》，红旗出版社 2004 年版，第 192、193 页。

③［英］菲利普·史密斯：《文化理论导论》，张鲲译，商务印书馆 2008 年版，第 15、14 页。

视角一——天津大革命时代的高亢主旋：用马克思主义的社会分层理论揭示私有制下社会不平等的根源，在中国新式工业最发达区域夯实全党职工运动的稳固基础。

中共四大《对于职工运动之议决案》特别指出了天津职工运动与全党职工运动的重要关联和利害关系："上海、汉口、天津是新式工业最发达的区域，我们对于这几区的工人，能完全组织在本党指挥之下，则本党职工运动的基础更稳固了。"① 因为天津曾是北方的"洋务"中心，所以的确是中国近代以来"新式工业"最发达的区域之一。

"十九世纪六十年代至九十年代，三口通商大臣崇厚和直隶总督兼北洋大臣李鸿章相继在天津举办'洋务'，创办了天津早期的近代军事工业和民用企业。这些新式工业多已采用新式机器进行生产，雇用了大量产业工人，成为天津最早的工人阶级。"② 到"1922 年，产业工人已有 10 余万人"，其中"天津棉纺工业已仅次于上海而居全国第二位，有职工 11560 人。华新、裕元、恒源、北洋、裕大、宝成等 6 家棉纺织厂，共有资本 1980 万，布机 760 台，纱锭 246072 枚。"③

由于中共四大自建党以来首次明确提出无产阶级必须取得革命的领导地位，而这一地位取得的先决元素则必须是首先壮大阶级力量，开展职工运动，努力发展工会组织。所以当时"中共天津地委认真贯彻中共四大精神，通过卓有成效的工作，进一步加强对工人运动的领导，使天津的工会组织迅速发展壮大，党的组织也得到发展。"④

——唤醒工人，争取根除社会阶层的不平等。

"如今世界太不平，重重压迫我劳工。一生一世作牛马，思想起来好苦情。北方吹来了十月的风，惊醒了我们苦弟兄。无产阶级快起来，拿起

---

① 中央档案馆：《中共中央文件选集》第 1 册，中共中央党校出版社 1989 年版，第 354 页。
② 来新夏主编：《天津近代史》，南开大学出版社 1987 年版，第 120 页。
③ 天津地方志编修委员会：《天津简志》，天津人民出版社 1991 年版，第 1168、245 页。
④ 中共天津市委党史研究室：《中国共产党天津历史（第一卷）》，中共党史出版社 2005 年版，第 70 页。

铁锤去进攻!”[①] 邓中夏的这首诗常常作为歌曲响起在当时天津的各大纱厂。

社会分层在本质上是社会的不平等。在社会分层这一社会学范畴中,“马克思主义阶级分层理论揭示了私有制下社会不平等的根源”,“由于各阶级的地位与利益不同,存在着阶级之间的经济剥削与政治压迫关系,阶级斗争与社会革命构成社会发展的动力”[②]。

天津党组织正是将马克思主义的这些基本原理通俗化地转为工人群众能够理解和接受的革命道理,让工人能够发现和认知资本家剥削的秘密,从而去唤醒工人的自觉意识,行动起来为根除社会的不平等而斗争。

1925 年 4 月,中共宝成纱厂支部和宝成纱厂工会相继成立,5 月 1 日便组织了五一国际劳动节的集会游行。工会还代表工人向资本家提出增加工资、改善待遇的要求。“至 1925 年春,中共天津地委陆续在宝成、北洋、裕元、恒源、华新等纱厂建立了工会组织。同年 5 月,在党的领导下,各纱厂工会代表在宝成纱厂开会,成立天津纺织工会。

设在大东旅社的天津总工会旧址(已拆除)

同年 7 月 18 日,中华海员工业联合会天津支部成立。同年 8 月 4 日,在纺织、印刷、海员、油漆等产业工会的基础上,天津总工会成立,这是党领导下成立的天津第一个全市性的工会组织。”[③]

“此时,铁路工人分别建立起京汉铁路工会天津分会和津浦铁路工会天津分会。码头、地毯、雕刻、绱鞋、扎彩业工人也相继成立了工会。到 1925 年底,全市工会会员有 17900 余人。”[④]

从 1925 年 8 月 12 日天津学联致团中央

① 萧三:《革命烈士诗抄续编》,中国青年出版社 1982 年版,第 137 页。
② 朱力、肖萍、翟进:《社会学原理》,社会科学文献出版社 2003 年版,第 364 页。
③ 天津市地方志编修委员会:《中国共产党天津志》,中共党史出版社 2007 年版,第 851 页。
④ 天津市地方志编修委员会:《天津简志》,天津人民出版社 1991 年版,第 1309 页。

的一封秘密信件中依稀可以感觉到当时汹涌澎湃的工运高潮：“天津海、芳、印、油诸兄（即中华海员总工会天津支部、天津纺织总工会、天津印刷工会、天津油漆工会），全是大学同学（即中共党员的代称）活动，没有邮务，码（指天津码头工会）已成立，并成立总学（指天津总工会），但本校（指天津学联）尚没有人参加。罢的海马二兄（指海员、码头工人）连示威二次，英梅兄（指英美烟草公司）将因受其影响而继起……”①

——发动工人，争取改变国家之间的不对等。

中共四大闭幕4个月后，五卅惨案在上海发生，英、日帝国主义的暴行激起了全国反帝爱国运动的高潮，天津党组织也因势利导，发动全市各行业工人，发起规模空前的罢工斗争。继全市各界和各大纱厂集会示威后，6月11日印刷业党支部发动日本帝国主义的日文《天津日报》全体中国工人罢工。随后，承印英国《京津泰晤士报》的天津印字馆工人“全体辞事”，使英日所办报纸陷于瘫痪。②

7月23日，天津《益世报》报道天津海员大罢工的消息，其反帝爱国、争取民族平等的色彩更为浓烈：“为中国民族争生存而战，为中国民族争自由而战”，“与强暴的英国人反抗，非达到最终目的誓不上工”③。这次海员罢工起因，是英商“怡和”“太古”轮船公司为逃避上海罢工斗争的打击，急令其“惠州”等轮船由上海驶往天津。中共天津地委立即组织南来北上的英商轮船海员罢工。同时，又组织英商太古、怡和码头工人和日商大连、大阪码头工人共2000多人举行罢工。海员、码头工人相互呼应，迫使英日轮船无法开动，码头货物堆积如山，整个港口陷于瘫痪。

---

① 天津市档案馆：《中共天津历史档案选编（1921—1949）》天津人民出版社2011年版，第30页。

② 中共天津市委党史研究室：《中国共产党天津历史（第一卷）》，中共党史出版社2005年版，第97页。

③《益世报》1925年7月23日。

五卅运动掀起的革命高潮，进一步提高了天津工人阶级和各界群众反帝反封建的觉悟，证明了中共四大关于工人阶级是反帝斗争中坚力量的判断与认定，显示了工人阶级和各阶层人民在中国共产党领导和影响下联合起来的巨大威力，有力打击和震慑了帝国主义和军阀势力，也为此后斗争积累了经验。

——组织工人，争取改变社会民生的不均等。

普遍认为，中共四大提出在“反对国际帝国主义”的同时，既要“反对封建的军阀政治”，又要“反对封建的经济关系”，是党对反封建内涵有了进一步认识的证明。

而在当时的天津，帝国主义对中国人民的经济掠夺与剥削也是显而易见的，天津党组织不仅要带领工人阶级反对封建的经济关系，还要直接面对帝国主义的经济掠夺，与其斗争。

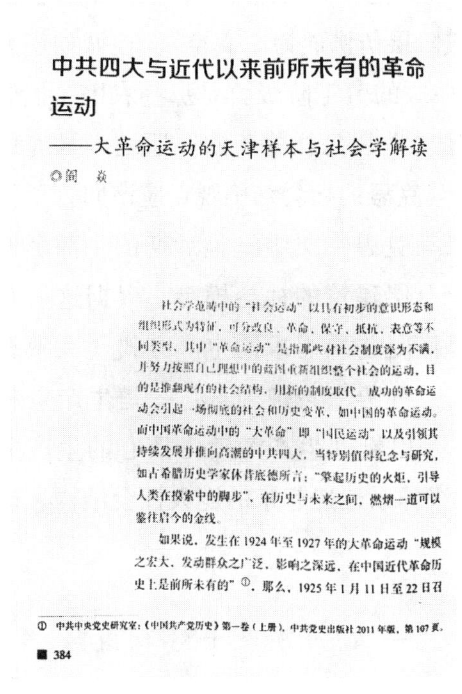
中共四大与近代以来前所未有的革命运动

——大革命运动的天津样本与社会学解读

◎阎　焱

社会学范畴中的“社会运动”以具有初步的意识形态和组织形式为特征，可分改良、革命、保守、抵抗、表意等不同类型。其中“革命运动”是指那些对社会制度深为不满，并努力按照自己理想中的蓝图重新组织整个社会的运动，目的是推翻现有的社会结构，用新的制度取代。成功的革命运动会引起一场彻底的社会和历史变革，如中国的革命运动。而中国革命运动中的“大革命”即“国民运动”以及引领其持续发展并推向高潮的中共四大，当特别值得纪念与研究，如古希腊历史学家休昔底德所言：“擎起历史的火炬，引导人类在探索中的脚步”，在历史与未来之间，燃熠一道可以鉴往启今的金线。

如果说，发生在1924年至1927年的大革命运动“规模之宏大、发动群众之广泛、影响之深远，在中国近代革命历史上是前所未有的”①，那么，1925年1月11日至22日召

① 中共中央党史研究室：《中国共产党历史》第一卷（上册），中共党史出版社2011年版，第107页。

■ 384

收入《力量之源》的文章

五卅运动中，控制天津电车公司的比利时资本家拟对车票涨价，一时民怨沸腾。中共天津地委组织工人编写散发传单，揭露比商敲诈市民的阴谋——租界的外国人本来就享有“国中之国”的种种特权，他们还要在中国人的地面上变本加厉地破坏社会民生、盘剥底层市民，号召全社会起来参加斗争。天津党组织主要负责人秘密深入电车工人宿舍，解除一些工人对罢工的顾虑，成功组织领导了电车工人的罢工，比商的涨价计划被迫取消，不仅给帝国主义一定的政治震慑，

也扩大了党的影响。①

视角二——天津大革命时代的恢宏交响：用马克思主义的社会结构概念透视矛盾关系体，在帝国主义和封建军阀统治最严密的城市，结成广泛的城乡工农联盟。

胡绳主编的《中国共产党的七十年》评价中共四大的“三大历史功绩”时曾指出：“二是提出了工农联盟问题。”②

工农联盟，堪称马克思主义与中国革命实践相结合的一个重大的具有突破性的成果。马克思的阶层划分中仅有三个阶级：“马克思把工业社会分为两个主要阶级和一个少数阶级：资产阶级（资本家）、无产阶级（工人）和小资产阶级（小资本家）。马克思划分阶级有两个标准：他们是否占有生产资料；他们是否雇佣工人。占有生产资料的是资产阶级，没有生产资料的是无产阶级。对于小资本家，他们占有生产资料但没有购买他人的劳动，例如小店店主、医生、律师或其他自我雇佣的人，他们最终会被迫成为工人阶级的。”③ 农民的阶级或阶层仿佛成为“真空”。但诚如李大钊所言：“我们中国是一个农国，大多数的劳工阶级就是那些农民。他们若是不解放，就是我们国民全体不解放。”④ 怎样将工农联盟纳入马克思主义的视野呢？在社会学的范畴中，马克思的社会结构观点应该回答了他所未曾涉及的“中国农民”问题：“马克思在文中（他后期的一部名作《资本论》）提出了后来被称为基础/上层建筑的社会模型。根据这一观点，资本主义社会中的真正推动力是满足物质需求的生产方式（大致相当于经济）。他指出，这种生产方式中有两个关键因素：一是生产资料（如工厂、机械技术）私人所有，一是以剥削生产劳动为核心的生产关系。在此基础上产生的是一个围绕阶级体系建造起来的庞大社会结构。这

① 中共天津市委党史研究室：《愿做方舟渡众生——纪念于方舟烈士牺牲80周年》，《天津日报》2008年1月21日。

② 胡绳主编：《中国共产党的七十年》，中共党史出版社1991年版，第48页。

③ 朱力、肖萍、翟进：《社会学原理》，社会科学文献出版社2003年版，第337、338页。

④ 李大钊：《青年与农村》，见中共唐山市委宣传部：《李大钊诗文选读》，红旗出版社2004年版，第186页。

就把社会划分为所有者与劳动者两端。”① “马克思使用了‘经济基础’‘上层建筑’这样的概念来说明他的社会结构思想。社会结构是矛盾关系体，社会结构是经济基础和上层建筑构成的矛盾关系体。经济基础，也就是社会物质存在的决定层次。社会结构变化的动力来源于社会内部的矛盾运动。”②

透视社会结构的矛盾关系体，审视庞大社会结构中的社会两端，中国共产党人终于做出农民“天然是工人阶级之同盟者”的科学论断。“李大钊在考察中国农民的经济状况后指出：‘中国的浩大的农民群众，如果能够组织起来，参加国民革命，中国国民革命的成功就不远了。’陈独秀强调指出：‘中国工人不但要扩大及巩固自己阶级的联合战线，且急需工农联合之成立。’”③

同样，天津的共产党人也意识到了这一点，从中共四大召开前便担任中共天津地委书记的于方舟认为，中国是“农业立国之国家，国民的最大部分尽在农民”。所以，“不谈改善则已，谈也，必自农村始；不谋进步则已，谋也，必自农民始”④。中共四大前后，天津党组织是“一班人马，三套班子”，既负责中共天津地委的领导工作，也负责国民党直隶省党部和天津市党部的工作，于是以国共合作为模式，在帝国主义和北洋军阀对中国北方统治最严密的城市，结成了广泛的城乡工农联盟。

——建立农村组织。

“1925 年，中共北方区委根据‘四大’精神《使学生能与工人、农民运动结合起来》，派张宗义（在天津直隶省立第一师范学习期间加入中国共产党）来文安县，以津浦线视察员身份发展共产党员，创建中共组织。1926 年 9 月，张重返天津，在法租界天增里 40 号共产党的秘密机关做党

① ［英］菲利普·史密斯：《文化理论导论》，张鲲译，商务印书馆 2008 年版，第 16 页。

② 朱力、肖萍、翟进：《社会学原理》，社会科学文献出版社 2003 年版，第 103、104 页。

③ 中共中央党史研究室：《中国共产党历史第一卷（1921—1949）》上册，中共党史出版社 2011 年版，第 156 页。

④ 于方舟：《地方问题发端》，见中共天津市委党史资料征集委员会：《战斗在天津的共产党人》，天津人民出版社 1991 年版，第 134 页。

的秘密工作。”① 这是《文安县志》关于中共四大后创建农村党组织工作的一段记载，仅反映着当时天津周边一县的农运进展。

据时任中共天津地委妇女部部长王贞儒回忆：“天津建党后怎样进行农民工作？农运分四区：冀东——叶善枝，保定——翟少痴，冀南大名——杨春霖，津南——刘格平。联络红枪会，提倡减租减息，向广州农民讲习所送了不少人。”②

刘格平的回忆佐证了当时天津党组织的这种部署和布局：“于方舟同志誉我为共产党的特派员去津南开辟工作。按照他的部署，我在津南跑了十几个县，建起了一批党支部，几个工委和县委。”③

另一位特派员翟少痴的活动轨迹也有据可循：“1926 年底，顺直省委派翟少痴（河北省饶阳县人），来文安县发展共产主义青年团员。”“1927 年 3 月 5 日在文安县大柳河村小学召开了文安县第一届国民党代表大会。由省特派员翟少痴具体指导，出席代表 32 人。”④

当时负责秘书工作、后于 1927 年曾任中共顺直省委常委的吕职人在《于方舟同志革命的一生》一文中回忆：“吸收了很多人加入共产党或国民党，并分别派往京奉、京汉、津浦沿线各县充实发展新的革命阵地，各县党组织发展迅速。冀南以大名为中心，周围的东明、长垣、清丰、南乐、广平；以磁县、邯郸为中心，周围的肥乡、成安、涉县、武安、永年等；以顺德（即邢台）为中心，周围的沙河、南和、任县、巨鹿、广宗、威县、内邱、隆平、柏乡等；以正定为中心，周围的元氏、井陉、获鹿、赵县、平山、灵寿、藁城、无极、晋县、束鹿、衡水、行唐、新乐、定县、曲阳等；以安平、饶阳为中心，包括深县、武强、安国等；冀中以清苑（保定）为中心，周围的阜平、完县、高阳、任丘、安新、徐水、满

① 河北省文安县地方志编纂委员会：《文安县志》，中国社会出版社 1994 年版，第 727、728 页。

② 天津市档案馆：《中共天津历史档案选编（1921—1949）》，天津人民出版社 2011 年版，第 609 页。

③ 刘格平：《忆于方舟》，《天津日报》1988 年 1 月 14 日。

④ 河北省文安县地方志编纂委员会：《文安县志》，中国社会出版社 1994 年版，第 441、410 页。

城、涞源、易县、固安、涿县、涞水、容城等；冀东以玉田为中心，包括兴隆、遵化、迁安、卢龙、丰润、宝坻、宁河、蓟县；以乐亭为中心，包括昌黎、滦县、榆林、抚宁等；津南以吴桥为中心，包括景县、冀县、枣强、清河、宁津、东光、武邑、阜城等；以沧县为中心，包括庆云、盐山、南皮、交河、献县、河间、文安、大城、霸县、雄县等；冀北包括平谷、密云、顺义、昌平、怀柔等。以上各处均有中共县委或支部以及国民党的县党部组织。"① 表明中共四大以后，天津周边农村革命形势发展迅速。

——开展农民运动。

农民一旦组织起来，在党的领导下，就能形成与封建政治、经济斗争的力量。中共四大后，天津周边的四大农运区均出现了党领导的农民运动。

1925 年麦收期间，保定农运区安平县组织雇农提出"不增加工钱不下地"的口号，短工工钱由每集（当时是 5 天一集）7 角增为 1 至 2 元；雇工节日放假，给 80 个铜板过节费，农忙时涨为双工资。

1926 年，冀东农运区开展了反"旗地变民"运动，该年秋，盘踞在冀东的奉系军阀张作霖，为扩大军费来源，强迫农民购买"旗地"地权，借机向农民敲诈勒索。"旗地"是清初满族"正身旗人"占有的土地，每丁 5 垧的"旗地"平时生产，战时充兵，"壮丁"被编入庄田劳动，受主人的剥削役使。可以说，"旗地"是入关初期满族农奴制存在的基础。辛亥革命后，改为地方官府征税，但是 1926 年强推"旗地变民"就是借此向农民收取高额费用。冀东农运由反对"旗地变民"的抗捐抗税拉开序幕。"从 1926 年秋开始建立党组织，建立了党的玉田中心县委，统一领导玉田、遵化、丰润西部、蓟县东部的党组织和农民运动，农会发展到十万人，配有枪支的农民自卫队约三百人，很多农村政权已由农会

① 吕职人：《于方舟同志革命的一生》，见天津市政协文史资料研究委员会：《天津文史资料选辑》第 23 辑，第 19、20 页。

掌握。”①

1927年，津南农运区开展了“借粮”运动。中共津南特委书记刘格平和河间、献县联合县委书记刘清廉成立了“借粮斗争指挥部”，斗争长达3个月，总计向贪官污吏土豪劣绅借粮300石，天津《益世报》曾以显著标题报道献县“赤匪作乱”、“农民暴动”。

——结成工农联盟。

主要呈现出三种联盟方式：

一是组织农民支援工人运动。在五卅运动中，天津工人运动如火如荼，周边农民纷起声援，据1925年6月24日天津《益世报》报道：“各县已成立后援会者，有沧县、静海、清苑、正定、大名、邢台等一百余县，其他如秦皇岛、石家庄等处，亦均成立救国团体。”②

二是组织农民和工人共同开展运动。1926年文安县左各庄镇建起该县第一个农民协会，加入农协会的有80余户，会员200多人。当年秋后，中共文安县特别支部在左各庄组织农民和脚行（搬运工人）共同举行罢工，要求增加工人报酬。罢工导致码头瘫痪，商团的买卖无法成交，资本家终于为工人增加工资30%。罢工胜利后，群情激昂，农民协会的名声大震，农民协会越建越多。③

三是在农区建立当地工人组织。1925年3月，中共直隶七中支部改组为中共正定县特别支部，除组织开展农民运动外，还在正定城内裕华鞋庄的工人中发展党员，并且建立了第一个工人党支部——中共裕华鞋庄党支部。

这种初期的工农联盟为以后的农村包围城市奠定了最初的基础，到1949年1月15日天津解放时，已充分显示了农村和农民的力量。

视角三——天津大革命时代的华彩乐章：用社会化的再造外部环境实现受化者的再社会化，在唤起民众、改造国民性的基础上提升素质、培养

---

① 张明远：《有关玉田农民暴动几个问题的回忆》，见天津市政协文史资料研究委员会：《天津文史资料选辑》第23辑，第28页。

②《益世报》1925年6月24日。

③ 河北省文安县地方志编纂委员会：《文安县志》，中国社会出版社1994年版，第446、711页。

“雄健的国民”。

在社会学中，社会化的含义，从个人来说是将社会的文化规范内化的过程，并形成独特的个性的过程；从社会来说，就是将一个生物学意义上的自然人教化、培养为一个有文化的社会人的过程，在新的个体社会化的基础上，社会文化得以积累和传递，从而使社会的存在不致中断，并进一步发展；人的社会化，是一个不断发展变化的过程；个人与社会的交互作用越多，对社会化影响的程度就越深，社会的发展也越快。通俗地讲，有怎样的社会就会化出怎样的国民，有怎样的社会文化就会造出怎样的国民心态与素质。

中国共产党诞生之前的中国民众连最基本的主权国家概念和民族意识都几乎没有，历经几千年封建王朝的家天下，知有皇上与朝廷，而不知有国家。虽谭嗣同引颈受死以期用热血唤起民心，民心却依然涣散；虽鲁迅欲以笔作匕首投枪，为麻木不仁的国民施“换心术”以改造国民性，国民却依然死抱“人不为己，天诛地灭”“人人自扫门前雪，莫管他人瓦上霜”的僵死心态，恍如一盘散沙。北京满城庆贺一战胜利时，李大钊却在中山公园的庆祝演说中焦虑地疾呼：“我们中国人贪惰成性，不是强盗，便是乞丐，总是希图自己不作工，抢人家的饭吃，讨人家的饭吃。到了世界成一大工厂，有工大家作，有饭大家吃的时候，如何能有我们这样贪惰的民族立足之地呢?”①

今天，从社会学的视角回望中共四大前后的那场大革命，共产党当时的一大历史功绩，就是在广泛发动工农运动的同时，再造着中国社会化的外部环境，开始实现受化者的“再社会化”，即在社会环境或社会及角色发生大变化时，社会个体为适应新情况而在价值观念、行为准则、生活习惯等方面作出重大调整和重新学习的过程，广大民众从思维方式到行为方式发生了前所未有的嬗变。正如李大钊所期盼的那样，于艰难国运之中，

① 李大钊：《庶民的胜利》，见中共唐山市委宣传部：《李大钊诗文选读》，红旗出版社2004年版，第175页。

惟有雄健的国民，才能冲过“中华民族现在所逢的史路，一段崎岖险阻的道路”① 重振中华。

在这方面，当时的天津同样做了有益的尝试。

——改善社会化场所，为工人兴办平民学校。

从文化教育入手，把文化教育同提高工人觉悟、提升工人素质结合起来，是天津党组织改造社会的尝试之一。

当年平民学校的老师就是这样启发宝成纱厂摇纱工董兆义入校学习的：“你们吃亏就吃在自己身上了，你们每天干多少活、挣多少钱自己不记得，又不会算账，月底发钱时，应该是五块二给你五块，你也不敢找他去。上学吧，上了学认识字，会算账，他少给钱就去找他，就不吃亏了。”从为工人自身利益学习文化开始，逐渐让工人建立人权意识、人格意识、民主意识，最后，董兆义入了党，成为工人运动的骨干，带领更多的工人参加了反帝爱国斗争。②

这样的个案还有很多，油漆业工人张一清回忆：通过平民学校学习后“和几个人组织了一个‘良心救国团’，成员多数是我的同行——油漆业的工人，主要有：团长潘乐天（电话局职工）副团长我（当时叫张贵祥，油漆业工人），团员傅思科、张文涛、田鸣瑞（这三人都是油漆业工人）。从六月初到中旬，天津市支援上海五卅惨案的斗争一浪高过一浪，我们多数是个体手工业，白天都要挣钱糊口，晚间在街头巷尾进行反日宣传，进而提倡抵制日货。戏园子、书场都进去。我们找后台老板，在演出中要求暂停五分钟，上去人进行演说，都得到了支持。”③ 接受了教育的工人，已然今非昔比。

——再造社会化环境，发展同业、同龄、同性团体。

同业团体如工会、农民协会，同龄团体如社会主义青年团，同性团

① 李大钊：《艰难的国运与雄健的国民》，见中共唐山市委宣传部：《李大钊诗文选读》，红旗出版社 2004 年版，第 135 页。

② 天津市档案馆：《中共天津历史档案选编（1921—1949）》，天津人民出版社 2011 年版，第 588 页。

③ 张一清：《我所知道的党在天津的早期活动片断》，见天津市政协文史资料研究委员会：《天津文史资料选辑》第 10 辑，天津人民出版社 1980 年版，第 108、109 页。

体如妇女组织。这些团体具有身份认同、平等交流、情感替代等作用，从中可以进行集体意识、相互协作、恪尽职责、组织纪律、理想信念等教育。

工会活动如："1925 年的'五一'，纱厂的卢绍亭（中共天津市委农工部主任）等开展宣传'三八'制，讲美国芝加哥为'三八'制斗争取得胜利"；"1926 年元宵日，在裕元纱厂附近搭一台，上悬'青工大会'横款，与'无产阶级革命万岁'、'全世界无产阶级团结起来'两红帜。由总工会召集。演说内容有：青工的痛苦，青工的要求，青工与工会，青工与成工，男工与女工，青工与 C. Y. 等。游艺有唱歌（少年先锋、国际歌、国耻歌——工人自唱）。到会人数约有 5000 人，裕元、北洋工人最多，宝成、裕大亦有。呼的口号是：打倒军阀，打倒帝国主义，天津总工会万岁等。"

青年团活动如："每次开支部会时，由各同志分述意见及读书心得。《社会主义讨论集》《达尔文主义与马克思主义》《马克思学说概要》《共产党宣言》为团员初步必读书籍。每人每日至少须以一小时时间读关于主义之书籍或宣传主义于非团员。暑假返里时实际参加农民生活，调查其实际真正生活状况，并就各地的需要和实际所受痛苦、压迫入手向农民宣传。"①

女界活动如："1925 年 3 月 8 日，天津女界在南开女中举行'三八'节纪念大会，邓颖超出席并报告了'三八'国际劳动妇女节历史。中共天津地委书记于方舟到会讲话。"②

——激活社会化传播媒介，创办各种进步报刊。

传播媒介是社会化的社会性手段，在个人社会化方面表现出开放性、介入性、形象性、易感染性等特点。为此，中共四大前后，在中共天津地委的领导下，天津出现了一批面向社会基层的进步报刊。

---

① 天津市档案馆：《中共天津历史档案选编（1921—1949）》，天津人民出版社 2011 年版，第 579、46、8、10 页。

② 中华全国妇女联合会：《邓颖超革命活动七十年大事记》，中国妇女出版社 1990 年版，第 13 页。

中共天津地委在五卅运动期间出版《工人生活》，主要读者对象是各级工会组织和广大工人群众。1926 年 1 月 15 日第八、九、十期合刊在社会公开发行，在内容上既有对总工会升旗盛况和全市各业工会组织恢复建立情况的报道，又有“天津纱业失业工人联合宣言”“工人为什么要求八小时”“俄国工人的好处”“诚告工友们应当明白”等文章。市总工会创办的《工人小报》设有紧要新闻、时事专电、工人生活、工人话匣等栏目。天津团地委则先后主办了《天津青年》《青年文艺》《晨曦》等刊物。刘清扬、邓颖超等人又创办了《妇女日报》，创刊号上发表了中共中央妇女部部长向警予的专稿《中国妇女宣传运动的新纪元》。①

除自办报刊外，还借用社会报刊为己所用。“1925 年 4 月，主办《华北新闻》的周拂尘经当时主持国民党直隶省和天津市党部工作的共产党员江著源、于方舟介绍，加入国民党。聘请时任国民党天津市党部宣传部长的共产党员王德鹏（王芸生，后为《大公报》社长）为《华北新闻》每天写一篇社论。外地共产党组织的宣传材料有些迳寄《华北新闻》发表。国共合作的国民党直隶省、天津市党部的消息多在《华北新闻》发表，并经由华北新闻社转发各报。”②

下属组织机构也有自办报刊的。如中共津南特委成立后，特委书记刘格平在军事委员刘子芳家挖了一个地窖，在地窖里创办了特委机关报《红线》。登载的材料，是由天津党组织寄来的用白矾水密写在《晨报》《大公报》《益世报》等各种报纸空白处的材料，有国共合作北伐战争的消息，有共产党领导打土豪分田地的情况，及在各种报纸和党内书刊摘选的材料。刘格平亲自撰稿刻写，油印出版，每期约百份，按时秘密发送到津南特委各地党组织。③

中共四大的召开，引领着天津大革命时代的到来……

那么，在这气势磅礴的时代大潮里，从天津大革命主要领导者于方舟

---

① 中共天津市委党史研究室：《中国共产党天津历史（第一卷）》，中共党史出版社 2005 年版，第 117、118、73、74 页。

② 天津市政协文史资料委员会：《天津报海钩沉》，天津人民出版社 2003 年版，第118 页。

③ 刘格平：《沧州建团建党时期斗争》，沧州党史网。

的岁月长河中，还能采撷和掬起哪些精彩的浪花呢？

2. 天津妇女第一节

中共中央《关于召开四大的通知》是1924年9月15日发出的。

通知指出，因经费和方便的原因，出席代表定为“每地方一人”，即广州、上海、南京、济南、北京、唐山、天津、武汉、长沙、安源各地区各一人，旅俄组、旅法组、青年团各一人，特别邀请一人，共14人。①

当时，中共天津地委、团地委和国民党直、市党部均刚刚成立，工作千头万绪，于方舟、江浩、李锡九3位主要领导人均无法抽身赴沪参会，故决定派李逸（李希逸、李廉祺）作为四大代表。

李逸，1901年生于北京，在天津高等工业学校读书时参加五四运动。1924年3月12日成立天津团地委时，李逸与于方舟、崔溥（崔物齐）、王乃宽、张宝泉同被选为委员。邓颖超曾说：“李廉祺1924年前后加入了中国共产党，任中共天津地委书记，后来成为叛徒，改名李希逸，现在还在香港。”② 他于1924年以共产党员身份加入国民党并任国民党直隶省党部青年部部长。“后曾当选为共青团中央执行委员会候补委员、国民党中央政治委员会北京分会委员、中共顺直省委委员。曾任中共天津市委书记、代理中共北京市委书记。后参加非组织活动。1933年后辗转进入东北军，随后建立起秘密支部。全国抗日战争爆发后致力于抗日宣传。1949年到香港，曾任《中国时报》主笔、总编辑兼任《星岛日报》主笔。20世纪70年代初在美国定居。1993年3月在美国逝世。”③

---

① 中共中央党史研究室、中央档案馆：《中国共产党第四次代表大会档案文献选编》，中共党史出版社2014年版，第62页。

②《邓颖超同志谈天津女星社》，见《邓颖超与天津早期妇女运动》，中国妇女出版社1987年版，第579页。

③ 李蓉：《关于出席中共四大代表的再探究》，见《力量之源——纪念中共四大90周年学术研讨会论文集》，上海人民出版社2015年版，第139页。

李逸生前曾写过一些参加四大的回忆文章。

李逸从上海返回天津后，中共天津地委在2月份根据四大要求，将地委委员长改称书记，其他各部主任改称部长，地委内所设委员会负责人也称书记，并为此召开了一次特别会议。会后，地委成员做了调整，增补了2名候补委员。由于方舟任书记兼宣传部长，李逸任组织部长，卢绍亭任农工部长，增设了教育宣传委员会和农工委员会，分别由江浩、李锡九和李培良负责。至3月初，邓颖超加入中国共产党，出任中共天津地委妇女部长兼妇女运动委员会书记。①

在这里需要强调的是：天津是中共四大召开后，在于方舟的主持下，最早成立妇女工作组织机构的地方党组织。

“据相关资料记载，中共四大后到五卅运动结束，中共中央及各地党组织设立的妇女组织机构有：1925年5月，中共中央局进行调整，增选向警予为中央委员、中央局委员。同时，设立中共中央妇女部，向警予任主任。同年3月，中共天津地委妇女部成立，邓颖超任部长。同月，中共湘区执行委员会妇女运动委员会成立，缪伯英任主任。8月，中共上海区执行委员会妇女运动委员会成立，陈比难任书记。同月，蔡畅到达广州，任中共广东区执行委员会妇女运动委员会书记。这期间，在中国共产党的领导下，成立的妇女团体组织有：1925年4月，全国各界妇女联合会成立，共产党员刘清扬为大会主席，并当选为总务委员之一……”②

于方舟能够如此高度重视天津的妇女工作，首先是出于中共四大对妇女工作的重视出现了新的高度。

“四大高度重视妇女组织的发展。1922年中国共产党第二次代表大会通过《关于妇女运动的决议》，但没有提出组织妇女运动的具体办法。就连共产国际要求各国共产党成立妇女部的指示，《决议》也只是说‘中国共产党决定在尽快的时期内实现’，没有立即去实施。此后，三大专门通

---

① 中共天津市委党史资料征集委员会：《中共天津党史大事记》，天津人民出版社1991年版，第64、65页。

② 杨青：《中共四大为党在五卅运动中的妇女工作奠定基础》，见《力量之源——纪念中共四大90周年学术研讨会论文集》，上海人民出版社2015年版，第284、285页。

过《妇女运动决议案》，提出了要设立妇女运动委员会，创办一种妇女出版物等。但会后实施仍不够理想，关于妇女组织的问题仍没有实际措施。在四次大会上……中共中央指示各地党组织要发展女党员，要设立妇女部使妇女运动有专门的负责机关。”①

对此，中共四大制定的《对于妇女运动之议决案》提出了具体要求："各地党部应设立妇女部，其无女党员的地方亦应组织妇女部，党的妇女运动才有专门负责的机关，才能一日一日地力图发展。”“各地党部应注意介绍女党员。”②

女星社旧址

根据中共四大的精神，于方舟快速落实相关决议，四大闭幕仅一个多月后即在中共北京区委的指导下将邓颖超从青年团员转为共产党员，并率先在全国设立了党内的妇女部和妇女运动委员会……

于方舟能够如此高度重视天津的妇女工作，也因为天津的妇女运动具有辉煌的历史。

五四运动伊始，刘清扬、郭隆真、邓颖超、王天麟等便发起组织了天津女界爱国同志会，与当时只有男学生代表的天津学生联合会并肩战斗，继而又积极参加天津各界要求收回旅顺、大连的请愿活动。从那时起，天津的妇女团体和诸多妇运领袖便已蜚声国内外。

1922 年，邓颖超、王贞儒、黄勖志又发起了女权请愿团和女权运动同盟会直隶支部。

1923 年，邓颖超、李峙山、谌小岑发起成立著名的“女星社”。

---

① 魏雪莲：《中共四大对群众团体的认识和发展》，见《力量之源——纪念中共四大 90 周年学术研讨会论文集》，上海人民出版社 2015 年版，第 34 页。

②《对于妇女运动之议决案》（1925 年 1 月），中共中央文献研究室、中央档案馆：《建党以来重要文献选编》第 2 册，中央文献出版社 2011 年版，第 251、250 页。

1924 年，刘清扬、邓颖超、李峙山、谌小岑在天津创办《妇女日报》。

1924 年 12 月 21 日，天津妇女国民会议促成会又先于天津国民会议促成会成立。

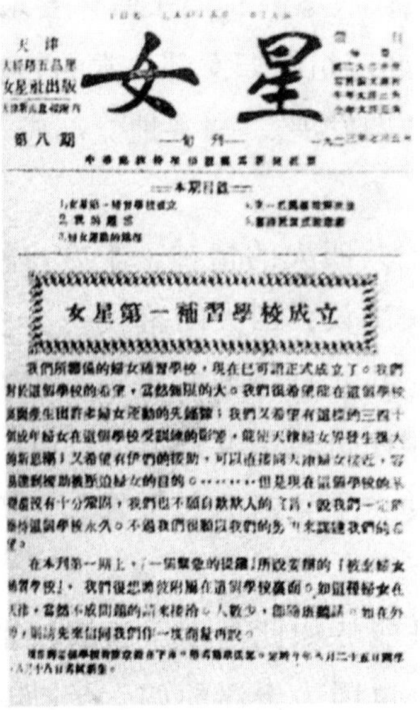
天津
女星社出版
女星
第八期
一旬刊一
本期目錄
女星第一補習學校成立
我們所籌備的婦女補習學校，現在已可謂正式成立了。我們對於這個學校的希望，當然無限的大。

女星社主办的《女星》旬刊

1925 年 4 月 29 日，经天津女界代表邓颖超、江韵清在北京的积极联络、奔走呼吁，全国各界妇女联合会在北京成立，江韵清当选正式委员……

于方舟能够如此高度重视天津的妇女工作，还因为他本人在实际斗争中得到过女同志的热情支持和帮助。

他尤其不能忘记在狱中进行绝食斗争时，邓颖超、王天麟等女学生到警察厅要求替换他们，让男生出狱，女生主动入狱——切身的感受令他认识到，广大妇女一旦得以觉悟和解放，该会释放出多么伟大的力量……

正因为于方舟对妇女工作有着如此充分的认识，所以在成立中共天津地委妇女部的第一时间，便与邓颖超等共同策划组织了天津有史以来第一次纪念国际妇女节的活动。

李德福在《大革命时期的天津妇女运动》一文中写道："01925 年 3 月 8 日，天津各界妇女第一次举行纪念‘三八’妇女节的活动。纪念会是由妇女国民会议促成会发起，在南开女中召开的。参加者有女教师、女学生、女工和家庭妇女等 50 多人。大会主席江韵清强调指出：天津妇女运动应吸收欧洲的经验教训，结合中国的特殊情况，向帝国主义反动军阀和封建礼教发起猛烈进攻。于方舟也作了题为《今后的妇女运动》的讲演，他说：要解决妇女问题，必须从政治和经济革命入手，枝节地解决职业、教育、婚姻、参政，不能解决妇女的根本问题，只有引导无产阶级妇女参加革命，其他枝节问题才能迎刃而解。这些精辟的见解，对天津妇女运动的健康发展，起了积极的指导作用。”①

打开当年的报纸，天津妇女第一次纪念自己节日的气息扑面而来——

本月8日为国际妇女纪念日。天津妇女国民会议促成会，于是日下午2时举行妇女纪念会，到会者50余人，由江韵清主席。兹将其开会情形，简略志下：

1. 主席致开会词。

2. 唱歌（全体）。

3. 国际妇女小史。

4. 钢琴独奏（俞珊）。

5. 讲演（于方舟、李廉祺、邓颖超、门乞中、赵光宸）。

6. 口号：打倒帝国主义。反对蔑视女权的国民会议组织条例。国际妇女日万岁。

时至6时闭会云。②

打开当年的报纸，天津妇女第一次纪念自己节日的见证犹映眼帘——

主席致开会词：

今天是国际妇女节，是全世界妇女开始团结的纪念日，也是我们没组织素无团结的中国妇女应该实行开始团结的一天。

在前二年的中国妇女，不曾注意了它的价值。从去年广州女界，才有第一次纪念和表示，因为是处在革命政府旗帜之下。

今年的三八节，居然增加了天津、保定、北京、上海、杭州、温州妇女界起来纪念，把吾们的口号在今天拿出来。

处在文化经济落伍的中国，吾们的要求自然和欧洲各国妇女的要求不同。吾们要把国内政治、经济状况及妇女特殊情形看清，对帝国主义军阀及旧礼教旧制度，下一个严重的攻击。③

打开当年的报纸，天津妇女第一次纪念自己节日的“讲演：于方舟

---

① 李德福：《大革命时期的天津妇女运动》，见《邓颖超与天津早期妇女运动》，中国妇女出版社1987年版，第520页。

②《益世报》1925年3月10日。

③《益世报》1925年3月12日。

讲词《今后的妇女运动》”① 犹响耳畔——

先进的女界同胞们！

在主席报告妇女节历史的时候，吾们知道全世界的妇女在这天做出许多的轰轰烈烈的运动来，这是一个极光荣的纪念日。

在去年，中国只有革命政府旗帜之下的广州女界，在三八有所表示。

天津今年今日才第一次开始纪念，虽只有几十人到会，但在文化经济落后的天津已竟算是很难的了。

诸君都是些妇女运动的先导，希望在明年的今日，人数逐次增加，达到解放妇女、解放中华民族的目的。

鄙人所要说的，可以分作三段：

（甲）妇女运动缘何发生。妇女运动的发生，是受以下两种原因的影响：（一）人权宣言；（二）产业革命后经济变动。第一种可以说是政治的原因，但此政治的变动，仍是基于经济的受变动的。从经济的变动、旧礼教破产，人权逐渐发达。而妇女受经济变化的影响，不得不从她们的家庭生活度进工厂生活了，和男子接触机会加多，所受直接的压迫逐次扩大，所谓妇女运动，亦因之而发生了。

（乙）妇女问题是些什么问题。据以上看来，妇女问题的本身，并没有单独解决的可能，只不过是因政治经济的变动而发生的一些小枝节而已，所以解决妇女问题，必须从政治的改革、经济的革命入手不可。中国妇女运动的错误，世界的妇女运动一天高似一天，而中国妇女运动的成绩，不只是没有，而作运动的人，反倒一天减少一天，除去几个有特别精神的支撑场面外几乎一般妇女都不曾注意到。它的原因（一）目标不正确，口号要求的不普通、非根本，和大多数妇女要求是隔膜的，所以得不到一般人的同情；（二）参加运动的只是第三阶级，她们是猜忌，少精力、少勇气的，所以没有群众，更无所谓运动了。

（丙）妇女问题的解决方法：（一）不要枝节的解决，因为妇女的问题是受政治经济状况而发生的，若不从根本上作政治的经济的革命，枝节

①《益世报》1925年3月12日。

的解决如职业教育，婚姻，简直没有解决的希望并可能；（二）要引导无产阶级妇女到国民革命道路上。成无产阶级妇女的，是群众有实力的有勇气的可靠的政治革新，妇女所呼吁的一切都不成问题了。①

打开当年的报纸，天津妇女第一次纪念自己节日的成效卓然可见——

是日，会场秩序非常庄严。

讲员词句非常清楚，听众都能明晓。

数日后，签名加入妇女国民会议促成会者约200余人。②

1925年，天津第一次纪念“三八”国际妇女节！

——这无疑是走向开放、文明与进步的一个标志……

——也注定会永远记录于天津这座城市现代史的史册上……

3. 天津劳动第一节

1925年的“五一”国际劳动节，也应载入天津这座城市的文明发展史册。

“是年‘五一’国际劳动节，天津人民第一次公开召开纪念大会。会上，于方舟做了讲演，详细介绍了‘五一’节的由来，指出了劳动人民求解放的方向。”③

于方舟第一次纪念“劳动”这个节日，是在牢狱铁窗内，当时已被拘押了3个多月。

“今天是‘世界劳动节’。”周恩来在他的《检厅日录》中这样记载着他和于方舟等狱友的纪念活动，“我们停止读书，全体工作，早起分室大扫除，直到午饭时才了事。在狱中除此外，也别无可以劳动的事。”④

---

①《益世报》1925年3月12日。

②《益世报》1925年3月12日。

③ 中共天津市委党史资料征集委员会：《战斗在天津的共产党人》，天津人民出版社1991年版，第141页。

④ 周恩来：《检厅日录》，见中国社会科学院近代史研究所：《五四爱国运动》，中国社会科学出版社1979年版，第60页。

同样在那一天，南开大学的第一届学生数十人奔赴周边的大城、青县、王口镇、杨柳青等地进行“五一”劳动节的宣传活动。①

不过，这些活动正如李大钊于当日在《新青年》上发表的《“五一”运动史》所指出的那样：“可是到了今天，中国人的‘五一’纪念日，仍然不是劳工社会的纪念日，只是几家报馆的纪念日，中国人的‘五一’运动，仍然不是劳工阶级的运动，只是三五文人的运动，不是街市上的群众运动，只是纸面上的笔墨运动，这是我们第一个遗憾！”②

此后，虽然“劳工阶级的运动”和“劳工社会的纪念日”仍未出现，但与1920年相类似的“文人运动”和“报上纪念日”还在天津异常可贵地逐年坚持着……

1922年5月1日。

天津派代表赴广州，出席中国劳动组合书记部召开的第一次全国劳动大会。

本次大会讨论的中心内容是组织工会的原则和全国工人的奋斗目标。

大会接受中国共产党提出的“打倒帝国主义”“打倒封建军阀”的政治口号，通过《八小时工作制》和《全国总工会组织原则》等决议案，标志着全国工人运动从分散组建走向统一。③

但就天津本土而言，由于直奉战争爆发，依然没有什么纪念活动。

1923年5月1日。

天津终于有了纪念活动，但仍为知识分子中的、小范围的“文人运动”。

那一天，原觉悟社在津成员邓颖超、李峙山、谌小岑召开纪念“五一”茶话会。

到会的有达仁女学、女师、中西女学等学校及新民意报的来宾23人。

---

① 中共天津市委党史资料征集委员会：《中共天津党史大事记》，天津人民出版社1991年版，第612页。

② 李大钊：《“五一”运动史》，原载《新青年》1920年5月1日第7卷第6号，见《新青年·精选本》，中国书店2012年版，第403页。

③ 中共天津市委党史资料征集委员会：《中共天津党史大事记》，天津人民出版社1991年版，第30页。

由邓颖超主席，并致欢迎词。

与会者共同座谈了“五一”节的意义，天津目前的状况、学运妇运与工运的关系以及今后应做的事等。

这次纪念会对于天津进步群众运动的掀起，起了促进作用。《觉邮》第3期辟为纪念“五一”专号，其中报道了纪念会的过程并登载了全部发言。①

邓颖超在题为《今天的五一节》的发言中首先指出了纪念五一劳动节对于天津这座城市而言意味着什么——“希望在沉寂的天津社会里，也能够接受世界潮流的新声浪，为纪念劳动节的工人、加一种勇气和努力”；同时希望通过这样的纪念聚会“能够生出许多的新事业来”② ——“新声浪”“新事业”，无疑代表着一座现代城市和文明城市的新的活力。对于五一劳动节能否认知和纪念，标志着一座城市是否能够拓开视野、敞开胸襟，去“接受世界潮流的新声浪”，去开辟劳动社会的“新事业”；也验证着一座城市是开放进步还是封闭落后，是充满活力还是一片沉寂。

邓颖超对与会者说：“今天到会的诸君，是很有见地，且具有改革恶社会思想的人，所以我们万分急切的盼望诸君很天真踊跃的发表意见。能痛快的将各人对于天津的感怀发挥出来。使着今天聚会里生出来的新波浪，能够波及全天津。”③ 在这里，她使用“改革恶社会”一词，一针见血地指出了与劳动相关的“新声浪”“新事业”“新波浪”才真正属于真善美的社会事物，而与劳动背道而驰的奢靡无论怎样“摩登”，也属于“恶社会”的范畴，当在“改革”之列。正因如此，她和与会的20余名进步青年面对灯红酒绿的奢华天津，才会发出“沉寂的天津社会”的评判，才会发出“‘五一’节是纪念劳动的日子，是人类谋解放运动的日子，也是纪念人权普遍的日子”的见解，才会发出“我们对劳工的纪念，

---

①《邓颖超与天津早期妇女运动》，中国妇女出版社1987年版，第652页。

② 邓颖超：《今天的五一节》，见《觉邮》第3期，1923年5月17日。

③ 邓颖超：《今天的五一节》，见《觉邮》第3期，1923年5月17日。

也就是人类解放的纪念日，要更加努力才好”[①] 的呼唤。

邓颖超的呼唤，在她成为天津团地委候补执行委员的1924年，部分地得到了回应。

1924年5月1日。

根据4月20日《于方舟、李廉祺关于天津“五一”“五四”“五五”“五七”活动筹备情况等致团中央的信》提及“通告31号均悉”，计划“‘五一’下午6时假地开会，由同志于可能范围内多约工人到会演说‘五一’与工人关系，并拟照通告所定办法散放传单”[②] 的内容看，由于方舟、邓颖超、李培良、王贞儒、卢绍亭等人担任委员和候补委员的天津团地委已按通告关于纪念“五一”的指示做了计划和准备。

《中共天津党史大事记》则记载：“为纪念五一节和京汉铁路罢工中被枪杀的施洋烈士，天津党团组织发动各界举行了游行示威。《妇女日报》专门出版了《五一纪念特刊》，号召劳动者联合起来，组成一个坚强的团体，为争取应得的权利，实现劳工专政和共产主义而奋斗。[③]

但是，由于1924年7月《团天津地委报告》中所披露的一个原因——“工人方面，自以前津埠运动失败后，各处组织毫无，工人对于工会、社会主义等皆非常畏惧”，“如此日声势过大，工人将不敢与我辈接近”[④]；加之于方舟等当时的主要精力，在忙于建党工作，所以1924年的五一纪念活动还没有达到李大钊所希冀的标准，即劳工社会的纪念日和劳工阶级的运动。

当然，5月上旬，活动过于密集也是其中的一个客观原因，相较“五一”，“五四”和“五七”的纪念活动则相对准备得更为充分。1925年初，天津参加全国第三次团代会的代表史汉清在大会发言中便汇报了这两次活动：“‘五四讲演大会’。去年‘五四’由本团同志以学生联合会名义借河北高等工业礼堂，作一大规模的公开讲演，当时讲员有一位蔡和森先

① 邓颖超：《今天的五一节》，见《觉邮》第3期，1923年5月17日。

② 天津市档案馆：《中共天津历史档案选编》，天津人民出版社2011年版，第6页。

③ 中共天津市委党史资料征集委员会：《中共天津党史大事记》，天津人民出版社1991年版，第52页。

④ 天津市档案馆：《中共天津历史档案选编》，天津人民出版社2011年版，第106页。

生，讲者声色俱厉，听者肃然动容，最后三呼万岁的情形，亦公开演讲中之少见者也！‘五七大游行运动’。去年‘五七’，事前我们同志和 C. P. 同志联络天津各界市民团体作大规模之示威运动，可恨亲日派的天津的团体代表会从中作祟，处处加以捣乱和阻力，幸我们同志更加努力，奋斗一烈，终成一惊动全津的大游行。他们虽用尽方法买出警察来压迫我们，我们确得最后之胜利！”①

事情的转机出现在中共天津地委成立之后。

1924 年秋中共天津地委的成立，使得天津劳工社会和劳工阶级的面貌为之焕然一新，加之李培良、卢绍亭等人对工厂的深入和对工人的发动，1925 年的“五一”国际劳动节，天津人民终于第一次公开召开了史无前例的纪念大会，使得这个纪念日终于成为天津的“劳工社会的纪念日”和“劳工阶级的运动”。

1925 年 5 月 1 日。

“‘五一’纪念日。这是世界劳动者，为减少过度的工作时间向资本阶级进攻的纪念日，亦即是被压迫阶级向压迫阶级抗争自由的纪念日。这是个国际的工人的日子。全世界的劳动者，在这一天都要举行一个壮烈的示威运动。我们中国的劳工阶级，在今天应该深深感知这个纪念日的国际的意义，我们中国的全民众，应该在这个纪念日加添些民族的意义。”② ——李大钊在 1924 年发出的召唤，终于在 1925 年的天津实现了。

在姬兆生、沈玉山、郭家来、张金有、潘学文、张广秀、司呈祥、项瑞芝等 8 位老工人的记忆中，那一天是这样的：

——天津是一个革命的城市，有着悠久的斗争传统。自从天津有了共产党，在党的领导下，工人成立了工会以后，工人的斗争更加坚强有力。

——1925 年的 5 月 1 日，天津市工人、学生举行了规模巨大的“五一”大游行。早在 4 月 18 日，就为五一游行做好了准备工作。

——五一那天正是礼拜天，早晨工人们三三两两地通过租界地，去到

① 天津市档案局：《中共天津历史档案选编》，天津人民出版社 2011 年版，第 22 页。

② 李大钊：《这一周》，原载《北大经济学会半月刊》第 24 期，见中共唐山市委宣传部：《李大钊诗文选读》，红旗出版社 2004 年版，第 139 页。

南开操场集会。

——宝成参加游行的人占宝成纱厂工人的三分之一（妇女和童工不能去）。

——10点钟左右，南开操场上挤满了人，有工人也有学生。宝成的工人在腰里围着一面旗子，带到了会场，还带去一根竹竿，支起了旗子。又有洋车拉去好几捆苇子棍做的旗子，每人一个，有红的，有绿的，也有白的。

——10点多钟，在南开操场召开了大会，会后并学习喊口号。口号有："打倒帝国主义!""收回铁路矿山!""取消21条!""言论、集会、出版、结社自由，买卖不要日本货!"

——会后，游行开始了，学生队在前边，浩浩荡荡的队伍从南开操场出发，一路上高呼"打倒帝国主义"等口号。队伍经南马路、东南城角、东马路，一直到天纬路。

——当队伍走至东南城角和日租界交界处时，群众愤怒地向站在日本岗楼上的日本兵高呼："打倒日本帝国主义!"口号声连成了一片，这宏亮的声音震动了整个天津城，也吓得帝国主义胆战心惊。

——游行队伍走过金刚桥到天纬路解散，前边的游行队伍解散了，后边的人还在操场没出来，可见参加游行的人数之多，在天津史上是空前的。

——天津市的第一次大游行，就这样顺利结束了。

——当天夜里12点钟，李培良又召集姬兆生等人开会，布置他们明天到工人中去搜集反映。①

在妇运史学家的记载中，那一天是这样的："天津妇女代表和其他各界在南开操场集会纪念五一国际劳动节。会后举行游行示威，沿途高呼'打倒帝国主义''收回铁路矿山'等口号。"②

在党史专家的描述中，那一天是这样的："是年'五一'国际劳动

① 天津市档案馆：《中共天津历史档案选编》，天津人民出版社2011年版，第590页。
②《邓颖超与天津早期妇女运动》，中国妇女出版社1987年版，第678页。

节，天津人民第一次公开召开纪念大会，会上，于方舟做了讲演，详细介绍了‘五一’节的由来，指出了劳动人民求解放的方向。”①

于方舟的讲演，使人们不禁想到两年前邓颖超在“五一”茶话会上的那次发言：“‘五一’是纪念工人一日工作8小时运动胜利的日子……当1884年10月，美国芝加哥举行了一次国际的并国民的八大团体联合大会，议决以每年的5月1日为要求每日8小时工作制推行为目的的示威运动——全国工人总同盟罢工。并预定在1886年5月1日为第一次示威运动举行的时间……等到1886年的5月1日，美国无论哪种工作的工人，全都停止工作，举行示威运动，并且大家一齐唱着：‘从今以后，一个工人，再不可作8小时以上的工作，工作8小时！休息8小时！教育8小时！’”② ——他们都在反复地向天津这座城市宣传“五一”国际劳动节的起源与发展历程，从而希冀让这座城市追上外面世界前进的时代步伐……

于方舟的讲演，使人们依稀想到了5年前李大钊在《新青年》上的那篇文章：“我们在今年的‘五一’纪念日，对于中国的劳工同胞，并不敢存若何的奢望，只要他们认今年的‘五一’纪念日做一个觉醒的日期……起！起！起！劬劳辛苦的工人！今天是你们觉醒的日子了！”③ 伴随着天津历史上的第一次公开纪念“五一”国际劳动节，这座城市终于在她应该“觉醒的日子”中醒来了……

作为李大钊的学生，于方舟对《“五一”运动史》印象最为深刻的，还是开篇那段极富哲理意味的语言以及美、法两国工人那历经鲜血洗礼的奋斗——“大凡一个纪念日，是吉祥的日子，也是痛苦的日子，因为可纪念的胜利，都是从奋斗中悲剧中得来的。‘五一’纪念日，也是如此……‘五一’这一天，劳工阶级固然得了很多的收获，但是也曾出了

① 中共天津市委党史资料征集委员会：《战斗在天津的共产党人》，天津人民出版社1991年版，第141页。

② 邓颖超：《今天的五一节》，见《觉邮》第3期，1923年5月17日。

③ 李大钊：《“五一”运动史》，原载《新青年》1920年5月1日第7卷第6号，见《新青年·精选本》，中国书店2012年版，第404页。

很大的牺牲。1886 年的芝加角（chicago）悲剧，就是一段极惨的事件……法国的‘五一’纪念日，也曾受过鲜血的洗礼，染印在他的历史上。”①

不久，中国工人也迎来了一次鲜血的洗礼——标志大革命高潮到来的震惊中外的五卅运动……

4. 五卅前夜，地火在天津运行奔突

那已经是五卅运动之后了，1926 年开始的时候，瞿秋白在写于 1 月 22 日的一篇文章中说：“中国的劳工运动，自从 1923 年 2 月 7 日汉口的屠杀之后，一直到去年初，差不多全部在蛰伏之中。”②

尽管蛰伏，但在天津，由于中国共产党天津地方执行委员会的诞生，面貌便顿然改观。在以于方舟为核心的中共天津地委领导下，五卅到来之前的津沽大地，反对帝国主义侵略欺凌的民族正气，宛若岩浆沸腾的地火在地下强劲地运行、奔突，大有蓄势待发之势……

地火的凝聚与存在，首先源于天津具有必须燃烧的客观现实，以及天津党、团组织对于形势的准确研判……

在一份写于 1925 年初的《关于天津地方工作情况给团中央的报告》中，便描述了当时天津民众被帝国主义和军阀政府欺压凌辱的惨状，向人们展示了所谓繁华之外和安乐背后的一个不一样的天津：

——天津为北方重要商埠，亦帝国主义在北方势力的巢穴！在地理上既扼京奉、津浦之要冲，更为海道入口之门户，距京咫尺，一发即到。因之为军阀与帝国主义在政治上与经济上誓死必争之要地！反过来说天津为帝国主义与军阀共同宰割之一块肥肉。

——在租界内，帝国主义者正如国王之在其国内一样！一切囚禁予夺

① 李大钊：《“五一”运动史》，原载《新青年》1920 年 5 月 1 日第 7 卷第 6 号，见《新青年·精选本》，中国书店 2012 年版，第 394、397、401 页。

② 瞿秋白：《国民会议与五卅运动》，原载《新青年》1926 年 3 月 25 日不定期刊第 3 号，见《新青年·精选本（下）》，中国书店 2012 年版，第 354 页。

之权，完全操于几个领事手内。租界以内，只要有现洋，一切在中国法律上所不许为之事，均可明目张胆的为之。所以赌博、打吗啡针、开私娼、贩鸦片烟、贩枪械，都是极发达的。帝国主义认这为戕害中华民族惟一绝妙之陷阱！一般下台官僚军阀群视租界为人间天上，把剥削吾民的脂膏，尽性的逍遥快乐于这种陷阱内。帝国主义者同时出些纸票子吸收我们的现银。租界内外国银行，触目皆是，他们成千累万的发出纸票子，北方的金融，完全由他们所操作。中国民众只有倾家破产，卖妻鬻子，上吊投河，以供帝国主义者的剥削。

——租界内法律是保护洋奴富户的，穿短衣服的劳动者不能进外国公园；衣服破烂的无产者不能在租界内行走；工捕局内囚房，充满了无产者；巡捕可以无故打死车夫；最近搜查国民党省党部，逮捕散放欢迎中山传单的人，严厉拒绝中山入租界宴会，封罚印传单的印字馆……处处都表现出他们在中国之蛮横欺压！

——外国兵士充满了天津，醉酒行凶杀害中国人民之事，日有所闻，津地民众受其侮辱而不敢言！外舰在津河任意冲撞，无人敢问，海关为他们把持，外货如海潮般以极低廉之价输入，推行于天津附近穷乡鄙野，并远至于各县各省。

——租界外的政治，除间接受帝国主义的捣鬼外，又在北方大军阀势力之下领受“刮地皮”的政治，它的情形，正如全中国一个缩影。在直系军阀全盛时，天津无异为曹吴私产。曹锟贿选，费用大半由其家奴□□□筹出，即天津一节，剥削约20余万。吴佩孚东征，巨大的战费，亦多是榨取天津商工农的血汗。各样名目的税捐增加和田赋的苛索，连续不已。不但如此，津地大小官产，悉被专以刮地皮为生的曹吴王家奴占去，他们赂贿，苛索，种种奇妙殃民舞弊的手腕，无所不用其极！至于一切肥缺如财政厅、造币厂、常关、官钱局、征收局，更是为曹贼家奴臣婢吃饭的地方。卖官买缺，直是彰明较著的交易事业。即素以穷苦著称的教育界，也成了曹锟安插家奴的场所，如现今教厅张瑾，前北洋大学校长冯熙运，都是曹锟的亲眷。

——天津官钱局接连不断的发铜子票，现洋多用作军火，送给帝国主义的腰包里去，外币充斥，金融极其紊乱。铜元低落，物价飞涨，人民陷于极困苦穷迫的状态中。

——帝国主义所采用最毒辣最可怕的“文化侵略”也大收其全效。津地虽然兴学通商甚早，教育界及学生之思想则很落后，一般社会还停顿在宗法社会中。①

地火的运筹与运行，还在于天津具有可以燃烧的革命基础，即党、团组织及外围组织正在天津秘密而又快速地形成、发展、壮大……

——1925 年春，在于方舟和李培良、卢绍亭、安幸生、邓颖超、王贞儒、江韵清等同志的精心组织和积极努力下，中共天津地委已陆续在天津各大纱厂建立了工会组织，先后在印刷、纺纱、铁路、学校以及妇女界建立了中共支部。其中印刷工人支部成员有陶卓然、钱才新、邓若良等 10 余人；纱厂工人支部成员有沈玉山、董兆义、姬兆生、于恩荣、白振东、崔桂昌等 10 余人；铁路工人支部成员有王璘书等；第一师范支部成员有吕职人、辛璞田、刘仁瑞、马鸿图、陈临武、赵民悦等；高等工业学校支部成员有王应生、杨凤楼、杨洪涛、何雪等；妇女支部成员有江韵清、邓颖超、赵达、王贞儒、陈奕涛。②

——在中共天津地委的领导下，天津教育界发起成立了孙中山主义研究会。当时《益世报》曾有报道：“该会已于 4 月 19 日（星期日）上午开正式成立会，到会者计 20 余人。总务科，王南复、门乞中等 5 人，督促全会事务进行，并对外代表本会，开会时轮流充主席并书记。事务科，安幸生等 3 人，管理会计庶务等事。编辑科，吕职人、江韵清等 5 人，分理编辑出版等事，并审查演讲稿。研究科 3 人，计划研究方法，并研究所得。研究科必须多提研究材料，并急先规划研究方法，邓颖超临时提出，交总务科、研究科。孙中山主义研究会宗旨：本会以研究孙中山主义为宗旨。”③

---

① 天津市档案馆：《中共天津历史档案选编》，天津人民出版社 2011 年版，第 18、19 页。

② 中共天津市委党史资料征集委员会：《中共天津党史大事记》，天津人民出版社 1991 年版，第 68 页。

③《益世报》1925 年 4 月 23 日。

地火的蓄势与奔突，则通过规模空前的反帝爱国主题活动得以显现，使得天津正在变成一座即将燃烧的城市……

——5 月 4 日，14：00—18：00

天津中等以上学生联合会，发起之五四运动纪念大会，于日昨（4 日）下午 2 时开会。到会学生 1600 余人，由辛璞田主席。

邓颖超报告《五四运动历史》，略谓：今日为全国学生界有光荣之纪念日。五四学生之运动，即革命之运动，查凡尔赛条约，对中国殊不平等，条约中有山东问题，当时驻法中国公使，已将签字。留法学生电告国内学生，故北京学生发起轰轰烈烈之运动。后全国学生，纷纷响应，首先响应者为天津学生，进行非常猛烈，极有成绩……民国 9 年 1 月 29 日，全体学生赴省公署请愿，省长不见，反派军警将学生殴打，受伤者甚多。追忆往事，如在目前。

江竹源讲演，略谓：因五四运动而产生者为学生联合会，所攻者为卖国贼，卖国贼包括两项：为军阀政客；卖国贼投靠帝国主义。故全国学生应联合打倒帝国主义。五四运动由安福系而起，当安福系卖国时，学生界曾受许多痛苦。现安福系又卖国，则打倒安福系为吾辈之责任。

韩麟符讲演：题为《从辛亥到五四，从五四到现在》略谓：辛亥运动为排满，五四运动为打倒帝国主义，现在中国思想界、政治界日渐堕落，欲谋挽救，应研究孙中山之三民主义云云。

讨论之议案：詹纯鉴提议反对段祺瑞所设之参政院、财政委员会、军事委员会、国民会议代表条例等非法行为。安幸生提议，对于段祺瑞之非法制证及一切非法行为，应发通电根本否认（通过）。时至 6 时闭会。①

于方舟讲了五四运动的伟大意义，号召青年们发扬五四运动的光荣传统。这些活动，扩大了革命影响，唤起了人民群众积极投入反帝反军阀的斗争。②

① 《益世报》1925 年 5 月 6 日。

② 董振修：《中国共产党在天津的早期革命活动》，见《天津文史资料选辑》第 10 辑，天津人民出版社 1980 年版，第 12、13 页。

——5月4日，19：00—24：00

昨（4日）下午7点，五七国耻纪念筹备会开第二次会。

于方舟提议分总务股、秘书股、维持股、讲演股、事务股共5股分担各事。

遂推举各股办事人：总务股为江著源、王南复、马千里、辛璞田、靳子屏；秘书股为王慰农、李昔文、于方舟、吕职人、安幸生、陈祖香、潘乐天；维持股（略）；讲演股（附宣传）为宋朝义、邓颖超、江韵清……

推举毕，又于各股中推举主任一人，除总务股以外，秘书股主任为安幸生，维持股主任为马济民，其各童子军则由各该军长指挥，讲演股为史汉清，事务股主任为张寺晨。

又安幸生提议在维持股内，加入自行车队，以传达消息。讨论结果，另组交通股，公推靳子屏为主任。

议决（一）会场预备讲台5个及办公处、签到处、收传单处。号筒由与会者筹备，其游行时所用大旗8面、小旗1000面及标语，由事务股筹备。（二）路线：由南开出发，经南马路、东马路、北马路、西北城角、针市街、估衣街、大胡同，至大经路解散。（三）时间：1点在南开大操场齐集，3点出发。

于方舟提议，如何能使天津全埠市民全加入游行大会，想此事必须设法将天津全城空气鼓荡起来，唤醒同胞勿忘国耻。

闭会时已夜半12钟矣。①

——5月7日，13：00—18：00

天津学生联合会、国民会议促成会及反帝国主义大联盟等60余团体，发起天津市民五七国耻纪念会，是日在南开大操场开会。下午1点开会，3点1刻出发游行，6时在大经路散会。

到会团体之踊跃：中等以上学校22校，小学校50余校，平民学校100余校，共计200余校。团体则工、商、学、报等200余个，人数约在

①《益世报》1925年5月6日。

6 万以上。

议决案：1. 否认 21 条。2. 打倒帝国主义。3. 取消一切不平等条约。4. 促成真正国民会议。5. 打倒一切卖国贼。6. 实行国民革命。7. 努力民族解放运动。

并通电全国一致表示。全国各报馆各团体父老兄弟、诸姑姊妹均鉴：自鸦片战争以还，世界帝国主义国家，以武力政治经济文化之侵略，迫我订立不平等条约，剥夺我全国人民之生计，阻碍我一切建设事业发展，瓜分共管、制造战争，致我国家丧失自由平等，沦为半殖民地，凡有血气、谁不痛心。本日为日本帝国主义以 21 条亡国条约迫我签字之日，全津市民 50 万人聚会纪念游行示威，并决议数事：1. 否认 21 条。2. 取消一切不平等条约。3. 收回租界及外人在我国一切特权。4. 打倒国际帝国主义。5. 以民众联合的力量，从背反民意的政府收回政权，归之全国民众。特此电达，务望全国同胞，共起努力。天津市民五七国耻纪念大会叩虞。

开会之情形：1. 向国旗行礼。2. 致开会词。3. 报告帝国主义侵略我国情形。4. 报告日本以 21 条亡我中华之阴谋及经过。5. 提议决案。6. 讲演。7. 报告游行秩序。8. 报告游行路线及散会地点。

游行之情形：沿途市民皆表示激愤，参加游行者颇众。人人手持白旗一面，各学校各团体及大旗，国民党党旗及反帝国主义大联盟大旗，不计其数。沿途市民预备茶水招待，并有举白旗高呼口号者。

中日警署之戒备：日本警署闻华人游行纪念国耻，由警长率巡捕一大队在东南城角戒备。天津警厅及宪兵营除沿途保护外，并派人一同参加游行。

此次游行示威，为两年来所未有，天津市民运动为全国之冠，中间几年因种种原因，沉寂二载，在去年略有起色，今年大佳，目标及口号则较前更明确矣。①

这，就是五卅前夜的津沽大地……

---

① 上海《民国日报》1925 年 5 月 12 日。

这，就是反对帝国主义侵略压迫的地火在地下运行奔突的天津……

“地火在地下运行，奔突；熔岩一旦喷出，将烧尽一切野草”……

五卅，便是那熔岩喷出的时刻……

5. 五卅，熔岩喷出的时刻

那是一束喷放的熔岩……

那是一簇冲腾的烈焰……

以“五卅”二字的变体雕塑出来的光与火的造像，就这样栩栩如生地矗立于今日上海最繁华的地段之一——南京西路、西藏中路西南侧的一隅……

放眼这座现代意识浓烈的雕塑，直觉到这簇喷放出来的熔岩与烈焰，早已浑然融入周边密集的现代建筑群，似乎会感到它们诠释的，分明是现今与当下，而同1925年的那个晚春毫无干系。

然而，当你把目光投向另一尊青铜雕像时，那段以血与火写就的历史自然就会夺目而矗立于眼前，令你不得不去直面——那是一组动感极强的造像——两名古铜色的工人——生者与伤者——几近匍匐于地的生者，以自己绷直的几与地面平行的腿作为强力的支点，支撑着怀中被枪杀的工友，竭力不让他躺倒在血泊之中——无论是生、是伤、是逝，他们都如喷放的熔岩，怒吼着，向压迫他们的大山发出不屈的抗争……

一座五卅纪念碑，一组凝固的标志性的历史画面，不禁令人联想起天津“五卅”那熔岩喷出的时刻……

瞿秋白有一句堪称名言的评价：“日商工厂里的压迫专制，向来便是绝无人道惨不忍闻的。”他曾同时写到日商专制嚣张的1925年初——由于发生了北京政变，“日本帝国主义者，趁着奉张势力的复盛，一面赞助他压迫国民军，一面便因面纱市场的恐荒，以增加工作、减少工资、裁减工人的方法向中国工人进攻。于是上海的内外棉厂及其他日厂，青岛的日商纱厂相继罢工。”①

1925年2月，上海日资纱厂工人为反对日本资本家打人和无理开除工人，要求增加工资而举行罢工。先后参加罢工的有22家工厂的近4万名工人。日本资本家为避免重大经济损失，被迫答应工人的部分要求，承认了工会组织。4月间，青岛日资纱厂2万多名工人亦举行罢工，历时22天，在党组织的领导和上海等地工人的支持下取得胜利。

到了5月初，第二次全国劳动大会于5月1日至7日在广州举行。大会决定正式成立中华全国总工会，共产党员林伟民当选为执行委员会委员长兼总干事，刘少奇、邓培等当选为副委员长。大会通过了《中华全国总工会总章》，宣布取消中国劳动组合书记部，由中华全国总工会统一领导全国的工会。

然而，上海的日本纺织同业会竟然于5月7日开会议决，拒绝承认工人组织的工会，要求租界当局及中国官方取缔工会活动。日本帝国主义者在中国地面上如此一而再、再而三地无端撒野和颐指气使，酿造了广大工人内心的地火与熔岩。5月15日，日本资本家宣布上海内外棉七厂停工，不准工人进厂。该厂工人顾正红率工人冲进工厂，要求复工和发工资。日本大班（相当于厂长）率领打手向工人开枪，打伤10多人，顾正红身中四弹，伤重身亡。屠杀事件激起上海内外棉各厂工人的愤怒，当天即举行罢工，以示抗议——这，便成为五卅运动的导火线……

于方舟得知此事的时候，不禁回想起自己5年前被捕入狱170天的导火线——

那，也是因日本浪人毒殴调查日货的天津学生而触燃……

日人对国人的残酷剥削、压榨掠夺、打殴暴虐，是一贯成性的！

当我们忍无可忍之时刻，怎能不拼将一腔热血，洗尽身心之上的屈辱？

很快，5月16日和19日，中共中央便先后发布第32和第33号通告，

① 瞿秋白：《国民会议与五卅运动》，原载《新青年》1926年3月25日不定期刊第3号，见《新青年·精选本（下）》，中国书店2012年版，第354页。

指示各区委、地委、独立支部，应即号召工会、农会、学生会以及各种社会团体，发表宣言或通电，反对日方枪杀中国工人同胞，并筹募捐款，援助罢工工人，掀起反日爱国运动。

根据中共中央两个通告的精神，于方舟立即召集中共天津地委进行研究，遂以天津国民会议促成会名义发出《反对日本枪毙华工电》，就声援“顾正红惨案”通电全国，并作出五项决议：（一）反对日本帝国主义；（二）实行与日经济绝交；（三）要求执政府严重交涉；（四）募捐抚恤死伤工人；（五）发起上海日本纱厂惨杀工人雪耻会，声援“顾正红惨案”。①

而在上海，事态则正在进一步激化。

不仅上海学生因走上街头进行反对帝国主义暴行、支援受难工人的宣传和募捐活动而遭到租界巡捕的拘禁，而且上海公共租界工部局还拟于6月2日召开纳税人会议，并将在会上通过几个提案，即一切印刷品须向工部局登记方准出版，否则处以罚款的“增订印刷附律案”；中外商人开办交易所须向工部局缴款的“交易所注册案”；向华人所抽的“码头捐”由3%增加到5%的“增加码头捐案”；同时还无视中国主权，越出租界筑路。这，进一步激起了包括工商业者在内的各阶层人民的义愤。

于是，5月30日，上海各大、中学校学生2000余人分散到公共租界繁华的马路进行宣传、讲演和示威游行。孰料，又有100多人先后被捕，关押于南京路老闸捕房。这更激怒了广大群众、数千人奔赴捕房前，要求释放被捕者。

早有戒备的租界英国巡捕竟突然开枪，打死13人，伤数十人，被捕50余人。南京路上顿时一片腥风血雨——这，也就是五卅运动纪念碑何以会矗立南京西路繁华地带的理由与原因。

5月31日，天津的《大公报》、《益世报》等开始对五卅惨案作详细报道。

---

① 中共天津市委党史研究室：《中国共产党天津历史（第一卷）》，中共党史出版社2005年版，第88页。

在获悉五卅参案发生的当晚，于方舟便主持中共天津地委召开紧急会议，决定立即发动学生、工人，联络其他团体，“唤醒市民，一致行动”。随后召开学生联合会、工会联合会、反帝大同盟及天津总商会等团体开会，决定于6月5日举行全市性示威集会，声援五卅惨案受难同胞，抗议帝国主义暴行。①

根据会议精神，于方舟和他长期以来共同战斗的战友们立即分头开始了紧张的工作。

会后，地委职工运动委员会成员李培良亲自向裕元、北洋等纱厂工会做发动和具体部署。

李培良指出，要尽量扩大6月5日集会的声势，除工会会员外，所有职工包括工头都可以自愿参加。

为保证这次活动的顺利进行，地委还为裕元、北洋等纱厂工人确定了前往会场的路线，即：经小刘庄，绕过英租界到佟楼集中，再到南开操场。②

6月1日下午，学生联合会委员长辛璞田根据天津地委的指示，召开学联紧急会议。

会议通过10项议案，并通告全市人民：“此项惨案，正是我们和帝国主义者徒手相搏之第一幕”，“我们要准备好实力，大家团结起来，勇敢的、不妥协的、此伏彼起的向帝国主义作继续斗争”③。

6月4日，学生联合会再次为援助沪学生被英捕惨杀一案，特开紧急会议。到会者南开大学、女子师范、高等工业、第一师范、南开中学、南开女中、电报学校、新学书院、扶轮中学、甲种商业、法政专门、国民生计、汇文中学、英文商业、官立中学等各学校代表122人，公推辛璞田为主席。

首即报告上海英捕惨杀学生一案，惹起全国民众激忿，如北京、汉口

① 中共天津市委党史研究室：《中国共产党天津历史（第一卷）》，中共党史出版社2005年版，第88页。

② 中共天津市委党史研究室：《中国共产党天津历史（第一卷）》，中共党史出版社2005年版，第88页。

③ 中共天津市委党史资料征集委员会：《中共天津党史大事记》，天津人民出版社1991年版，第70、71页。

各大商埠，均有大规模之表示，此次较“五四”、“五七”更为重要，我天津亦宜有相当表示。现在因要有集会游行宣传等工作，不得不先停课几日，作示威运动，唤起民众之共同奋斗。当即提出暂停课3日，付表决（全体通过），随又讨论各项议案。

（一）各校举代表2人合组特别委员会，筹议一切事务，共同负责（通过）。（二）与商界接洽共同合作。（公决）除由交际股全体10人外，再举10人前往商会接洽。（三）与各小学校接洽共同合作。（四）请愿张作霖及直隶督办、省长、交涉员、教育厅、警察厅，准许学生对外示威运动。（全体通过）

运动大纲：甲、发表宣言，陈述帝国主义压迫我国人民之情形，及沪上英捕惨杀学生之经过（通过）。乙、推举代表分赴京保沪各地调查（通过）。丙、电请外交部严重交涉（通过）。丁、致电北京政府，集中全国军队，预备对外（通过）。戊、罢工罢市（通过）。己、与英日两国不合作即经济绝交（第一步先将英日两国银行存款提出，不兑换英日钞票）（通过）。庚、商店居户均挂白旗志哀。

宣传大纲：各学校每日50人中，举出10人为一讲演队，数多者，递推之。甲、宣布帝国主义罪状。乙、宣布帝国主义步骤。丙、讲演此次惨杀案之经过。

决定5日举行游行示威：甲、下午1时在南开操场齐集游行。乙、游行路线为南马路、东马路、北马路、估衣街、锅店街、大胡同、省署、黄纬路、曹家花园、督办公署、交涉署。丙、公推史汉清、陈怡祥为总指挥，杨鸿涛、杨凤楼为后补指挥。

各界联合会代表安幸生君报告该会希望学生会所作事项如下：一、联络省教育会及教职员会。二、请愿军民两长为人民后援。三、分队讲演。四、停课数日以便宣传。五、作大规模游行。又报告该会对于此次交涉主张应提出条件：（一）撤换英日领事。（二）引渡凶犯送交中国官厅。（三）英日政府向中国道歉。（四）保障不再有此野蛮举动。（五）释放被捕华人。（六）赔偿伤亡损失。（七）收回租界取消领事裁判权。（八）不准外人在华驻兵设警。

报告毕，主席宣布改开特别委员会，讨论一切细目。时已8时，即行散会。①

此外，天津国民会议促成会、天津反帝大同盟、团体代表会及其所属群众团体也相继召开紧急会议，发表通电和宣言，声讨帝国主义的罪恶行径，决定采取一致行动，声援上海人民的反帝斗争，积极投身反帝爱国运动。

正如中共天津市委党史研究室在纪念于方舟牺牲80周年的纪念文章中所言："1925年6月初，上海发生'五卅惨案'的消息传到天津，以于方舟为核心的中共天津地委迅速将各阶层的人民组织起来，'沪案后援会'纷纷成立。"②

五卅运动中天津人民示威游行的队伍

6月5日，南开操场上人声鼎沸，民气激昂。

全市中等以上学校万余名学生和各界各团体群众汇集在这里，中共天津地委于5月31日决定组织的全市性声援示威集会按计划如期举行。

中共天津地委职工运动委员会成员安幸生首先报告五卅惨案经过。帝国主义的暴行激起各界群众的强烈愤慨，会场上不时响起一阵阵口号声。

随后，辛璞田报告学生联合会声援上海群众的八项议案。

中共天津地委书记于方舟宣读大会声援上海的急电电文，并在讲话中

① 《益世报》1925年6月6日。

② 中共天津市委党史研究室：《愿做方舟渡众生——纪念于方舟烈士牺牲80周年》，《天津日报》2008年1月21日。

阐述了天津各界支援上海工人阶级的使命和进一步开展反帝爱国运动的安排。①

时为裕元纱厂工人的司呈祥回忆："地委书记于方舟同志上台讲话。所谓讲台，只是几张方桌拼成的，也没有扩大器，就是手中拿个号筒，对着台下讲话。会场情绪激愤，但秩序很好，几万人的大会都能听得清。于方舟同志向大会宣读了急电上海声援的全文，并讲了天津支援上海工人阶级的使命，和今后反对日本帝国主义的安排。于方舟同志讲话以后，有天津国货售品所的经理宋则久代表总商会向大会宣布总商会关于在天津抵制日货的初步安排。后边还有学联、女界爱国同志会、反日大同盟等各团体的代表，都上台讲了话。"②

会后，举行了声势浩大的示威游行。浩浩荡荡的游行队伍从会场出发，经南马路、东马路向东北角行进。

游行队伍中，各业工人的队伍显得尤为雄壮。

"天津裕元纱厂工会"的大红旗引导着由5000余名工人组成的四路纵队。队列中，一面面各车间工会的旗子迎风招展。

裕元纱厂队伍后面，紧跟着由工会代表王建文、王学之、业明堂等带领的2000多名北洋纱厂职工。

参加游行的群众每人手执一面小旗，不时振臂高呼口号，"打倒帝国主义""声援上海受难同胞""抵制英日货""与英日经济绝交"等口号声此起彼伏。

游行队伍行至东南城角与日租界交界处，日租界驻军如临大敌，荷枪实弹，严密设防。示威群众毫不畏惧，口号喊得更加响亮。

游行队伍转入东马路，道路两边市民群众人山人海，许多商家在门口为游行群众设立了供水站。

大会组织的哀告团的成员们分别到出售洋货的商店，劝告商家采取一

① 中共天津市委党史研究室：《中国共产党天津历史（第一卷）》，中共党史出版社2005年版，第89页。

② 司呈祥：《参加天津早期革命活动的回忆》，《天津文史资料选辑》第10辑，天津人民出版社1980年版，第73页。

致行动，抵制英日货物。

最后，游行队伍齐集东北角，在一阵阵口号声之后宣布解散。

这次集会示威，成为天津人民开展五卅运动的一次总动员。①

就在于方舟率天津人民向日英帝国主义发出严正抗议的同日，中共中央于6月5日发表《为反抗帝国主义野蛮残暴的大屠杀告全国民众》指出："帝国主义在中国的一切特权一日不推翻，中国民族的生命与自由便一日没有担保，随时随地都有被横暴残酷野蛮无耻的帝国主义蹂躏屠杀之危险。全中国人民的生命与自由……只有废除一切不平等条约推翻帝国主义在中国的一切特权才能得到担保。"②

中共中央指示各地党组织在领导群众斗争中，要密切注意"持续的依靠全国民众的自身力量，万不可依赖和相信政府的交涉而中辍民众的反抗。"

中共天津地委按照中共中央的指示精神，决定进一步发动各界民众，把反帝爱国斗争深入持久地开展下去。③

为了便于操作，于方舟和地委同志当即决定，迅速成立一个广泛的统一战线组织，作为开展五卅运动的公开机关。随即，筹备工作迅速铺开：6月7日至9日，中共天津地委发动全体党员分头联络30个群众团体，先后召开三次天津各界联合会筹备会。

从当时报纸资料可以看到，仅6月7日一天，便有4个会议在召开：

6月7日14：00

妇女国民会议促成会加入各界联合会。

天津妇女国民会议促成会，因上海形势日趋险恶，于前日（7日）午后2钟，假南开女子中学校开紧急会议。公推邓颖超主席。首由主席报

---

① 中共天津市委党史研究室：《中国共产党天津历史（第一卷）》，中共党史出版社2005年版，第89、90页。

②《中共中央文件选集》（1），中共中央党校出版社1989年版，第421页。

③ 中共天津市委党史研究室：《中国共产党天津历史（第一卷）》，中共党史出版社2005年版，第90页。

告：5月30日，上海英国巡捕惨杀学生，已激成罢市、罢工、罢课。恶耗传来，莫不共愤。本埠工商学各界，皆相继开会，急筹援助上海办法。本会今日特召集开会，请大家讨论办法，迅速营救上海各界同胞，作外交后援。

经众讨论，其结果如下：1. 拍发上海电报，慰问学生及受伤者。2. 散布传单宣传，并作露天及家庭之讲演。3. 江韵清报告本会参加各界联合会情形，无异议。4. 主席提议：派人与商会接洽，商议实行罢市，与英日经济绝交。①

6月7日15：00

天津妇女为援助上海，特组联合会，于前日（7日）下午3时开会。

公推邓颖超主席。

议决事项如下：1. 讨论进行办法，拟定本会为委员制，采用总会章程。2. 团结天津各女学校，征集会员。3. 宣传本会宗旨，联合妇女加入本会。4. 传单会章等项，公推江韵清、潘丽荪为起草员。5. 联络各女校。6. 组织分股：联络股、宣传股、总务股……②

6月7日15：00

天津中等以上各校，除官中、甲商、南开，均已罢课。各校男女学生于前日（7日）下午3钟在商会开会，到会者13校，计50余人。

公推史汉清主席。

议决事项：（一）拟订各校、分配讲演地点。工专：黄纬路、地纬路、元纬路、大经路；法政：宇纬路、公园至火车站；师范：河北大街及宣讲所；水产：新东站一带；官中：西马路一带；南大：八里台一带；北大：估衣街一带；中西女学：南门至北门；国民生计：南市西南角一带；新学书院有特缘故，暂未指定。（二）联合各界要求参加办法，分别联络

---

①《益世报》1925年6月9日。

②《益世报》1925年6月9日。

各行商、各团体、各银行。（三）由本会派代表到各学校接洽，报告星期一开会并请各校组织严密团体。（四）出版刊物。（五）租界宣传，公推杨凤楼、辛璞田、史汉清、徐铎担任。

议毕至4钟闭会。①

6月7日20：00

天津各界联合会，于日昨（7日）下午8时开第一次筹备会。

到会者：反帝国主义大同盟安幸生，不平等条约研究会李散人，孙中山主义研究会门乞中，教育研究会吕职人，学生联合会辛璞田，医药救国团东马路福音堂朱子琦，妇女国民会议促成会江韵清，学术讲演会邓颖超，国民会议促成会江著源，总商会夏琴西等。公推夏琴西主席。其开会情形如下：

（一）主席报告：商会对上海惨杀案非常注意，已致电政府，请严重交涉。并发布告合令商号悬白旗致哀。

（二）辛璞田报告：各校长教职员允许与学生取一致行动，共同合作。省教育会亦允加入本会。华商公会已在接洽中云云。

（三）议决本会采取委员制。

（四）会址借用商会问题。举夏琴西、李散人、刘席斋、史汉清、王南复、辛璞田与商会接洽。

（五）起草章程案：举安幸生、辛璞田、史汉清、邓颖超、李散人5人为起草员。

（六）发宣言通电。举夏琴西、江著源、安幸生、辛璞田、史汉清、邓颖超、李散人7人为起草员。

（七）联络各团体、省教育会、华商公会、各同业会、海关工人联合会、省议会、省农会、新闻记者团、律师公会、帮界公会、教职员联合会、行商公会。举夏琴西、安幸生、李散人等为交际员，接洽各团体。

---

①《益世报》1925年6月9日。

（八）讲演问题：举安幸生等分配担任……

开会时至11时闭会。①

经过紧锣密鼓的准备，“代表天津80余万众的反帝爱国统一战线组织天津各界联合会在总商会召开成立大会，中共天津地委负责人于方舟主持会议。大会选举邓颖超为主席团主席。大会通过宣言和章程，郑重宣布其宗旨是：铲除帝国主义，取消不平等条约，进行彻底的民族解放运动。”②

“于兰渚提议，本会成立非选员通过宣言即可了事，必须筹备明日进行之工作：（一）每日开代表大会。（二）各股赶速组织成立。（三）筹开市民大会，拟请愿条件。”③

次日，天津各界联合会便发出通电：“英日在沪惨杀华人，暴虐无道，为所欲为。噩耗传来，同仲愤慨。”“外人在华压迫多年，吾人久屈于强权之下，素以奴隶待遇，条约之不平，遂使人权日渐湮灭，有志之士恒引以为耻。”通电号召：“凡我同胞，一心一德，互相维系以谋全”，“保国权”，“维民命”……④

共产党人的务实作风与工作效率在天津的大革命中得到了充分的印证。于方舟和同志们关于“筹开市民大会，拟请愿条件”的意见三天后即付诸实现：

“天津各界于前日（14日）下午1钟，不约而合，计到者200余团体，约10余万人。由各界联合会主席团夏琴西、邓颖超等共同主席。邓颖超报告上海汉口英人惨杀华人之残暴，全团忿极。大呼：此次交涉不得美满结果誓不与英日共立！”“公推夏琴西、邓颖超、江著元、史汉清、安幸生等7人代表赴军民两署请愿，并游行示威。”⑤

---

①《大公报》1925年6月8日。

② 中共天津市委党史资料征集委员会：《中共天津党史大事记》，天津人民出版社1991年版，第72页。

③《益世报》1925年6月12日。

④《大公报》1925年6月12日。

⑤《益世报》1925年6月16日。

于方舟的战友张明远在回忆天津五卅运动时说："五卅惨案发生后，于方舟连夜召开地委紧急会议，发动全市声援活动，并决定成立反帝统一战线组织——天津各界联合会。在6月10日举行的各界联合会成立大会上，有39个团体参加，并选举邓颖超为主席团主席。到6月下旬，各界联合会已拥有几百个群众团体和40余万群众。他们发动学生宣讲惨案真相，动员各界罢工、罢课、罢市，抗议帝国主义暴行，并动员各界人士开展募捐活动，支援上海人民斗争，形成声势浩大的反帝运动高潮。"①

于方舟的另一位战友吕职人在回忆天津的五卅运动时说："方舟和地委同志作了周密的研究和部署：一方面加强工厂区的支部工作，发动各工厂工会组织援助上海工人、声讨英日帝国主义枪杀中国工人的大会；一方面恢复起天津各界联合会，充实学生联合会、反帝运动大同盟、各业工人工会，并筹组天津市总工会以及其他团体，使之包括在各界联合会之中。这时郊区也有了农民协会的组织，李凤和同志就是参加各界联合会的郊区农民协会代表。方舟同志亲自领导各界联合会，辛璞田负责学生联合会，李培良负责小刘庄一带纱厂工作，安幸生负责海员工人及码头工人的工作，组织起海员工会及码头工人工会。"②

行走在地火运行奔突的天津，置身于烈焰怒燃冲腾的天津，于方舟触景生忆，不禁想起了自己曾经写过的《竹枝词》："三岔河口水如梭，千流百汇入海河"，"罢工工人桥上走"，"天津同胞真爱国"。当然，他和同志们虽部署了赴省署请愿和各界罢工、罢课、罢市的行动，却更为清醒地理解着党中央指示的深意："万不可依赖和相信政府的交涉而中辍民众的反抗"。所以，加强了对反动政府、街头巡警和租界内帝国主义势力的警惕与防备，加大了对各大纱厂罢工斗争的领导力度。于是，他又在一首《竹枝词》中记录了如下的场景——那，正是天津这座不屈之城熔岩喷发时刻的历史场景：

① 张明远：《缅怀先烈，继往开来——纪念于方舟同志英勇牺牲60周年》，《人民日报》1988年2月25日。

② 吕职人：《于方舟同志革命的一生》，见《天津文史资料选辑》第23辑，天津人民出版社1983年版，第119页。

省长衙门添卫兵，巡警街头打学生，

日本租界架大炮，六大纱厂罢了工。①

天津的五卅运动在《中国共产党历史（第一卷）》中得到了这样的评价："在中国共产党的领导和推动下，五卅运动的狂飙迅速席卷全国，各阶层广大群众积极参加反帝爱国运动。北京、广州、南京、重庆、天津、青岛、汉口等几十个大、中城市和唐山、焦作、水口山等矿区，都举行成千上万的集会、游行和罢工、罢课、罢市。""五卅运动对中华民族的觉醒和国民革命运动的发展起了巨大的推动作用。"②

"中华民族的觉醒"——这也正是于方舟感触最深的变化……

当五卅运动的狂飙席卷天津的时候，当他高声赞颂"天津同胞真爱国"的时候，又不禁想起在南开大学图书馆一份旧英文报纸上曾经读到的内容："中国的社会是以家庭为最高的组织单元，而家庭的概念不仅仅局限于老婆、孩子，而是家族的群体意识。这也就是说，中国人的价值观，最重要的是要对家族行忠孝之道，充分地尊重和服从，其次，是要效忠家族所在的县、省，最后才是国家。这样的结果是，中国民众从整体上说，极为缺乏民族自豪感和慷慨赴死的爱国主义精神。"③

从"极为缺乏民族自豪感和慷慨赴死的爱国主义精神"，到"天津同胞真爱国""六大纱厂罢了工"，这是何等巨大的变化啊！难怪瞿秋白也满腔热情地写道："五卅运动实际上是开始中国从古未有的群众革命运动，而且处处都是工人阶级当先锋，以最勇敢牺牲的革命精神，以实际群众团结的力量，来争平民的权利，争自己阶级的利益和民族的解放"，"民众运动的发展，一直波及于穷乡僻壤，山西太原等处都有工会的成立，江浙则甚至于小小村镇如双林义乌等处，都起来响应。上海的街头巷口，普通的小商人，十三四岁的儿童，争着写贴'打倒帝国主义，废除不

① 转引自窦爱芝、刘玉芝：《于方舟传》，天津人民出版社 1994 年版，第 91 页。

② 中共中央党史研究室：《中国共产党历史（第一卷）》上册，中共党史出版社 2011 年版，第 132 页。

③《纽约时报》1901 年 2 月 23 日，郑曦原编：《帝国的回忆：〈纽约时报〉晚清观察记》，当代中国出版社 2009 年版，第 71 页。

平等条约’的标语，争着唱五卅流血的时调山歌。这岂不是革命运动深入普遍的民众之明证!”①

然而，《中国共产党历史（第一卷）》在阐述天津等地五卅运动中的罢工斗争时也曾指出：“中国的军阀在运动中很快显露出帝国主义帮凶的嘴脸。奉系军阀在上海、南京、天津、青岛、济南、奉天等地逮捕和杀害工人、学生领袖，殴打群众，封闭工会、学生会等群众团体。”②

那么，天津的工人和学生又遭致怎样的逮捕、殴打和杀害?

天津的五卅运动又经历了怎样的血的洗礼呢?

---

① 瞿秋白：《国民会议与五卅运动》，原载《新青年》1926 年 3 月 25 日不定期刊第 3 号，见《新青年·精选本（下）》，中国书店 2012 年版，第 355、356 页。

② 中共中央党史研究室：《中国共产党历史（第一卷）》上册，中共党史出版社 2011 年版，第 133 页。

第十三章　血的洗礼

1. 秘迎李季达

2011年，为纪念中国共产党建党90周年，《天津日报》文化专副刊中心和天津市档案馆共同开辟了《打开天津红色档案》专刊。

在5月29日的“中共地下党篇”系列中，刊发了署名晓蒙的文章《于方舟——天津建党第一人》。

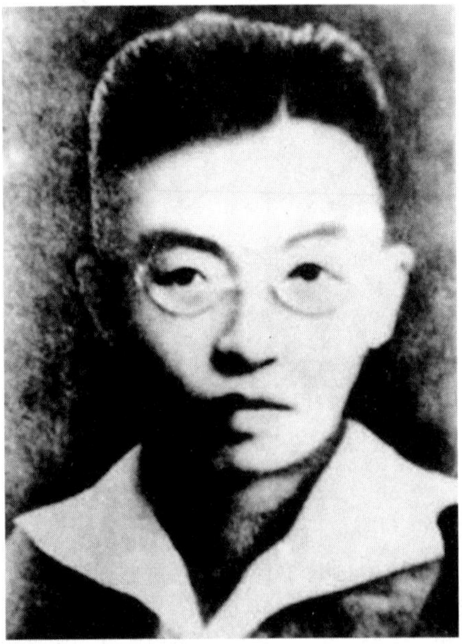

李季达

文章介绍：“天津市档案馆珍藏着一份革命先烈于方舟的档案，内容朴素真诚，感人至深。”提到1925年的经历时，该文写道：“1925年，以于方舟为主要领导人的天津党组织为投入五卅，联合各界开展起革命运动，更掀起码头工人及纱厂工人的罢工。因变节团员王文田勾结军阀帝国主义作有计划的阴谋破坏，群众遭受打击，一部分同志被捕。于方舟随即转入地下，计划恢复已被破坏的工运、学运，至地委书记李季达改组地委，重整工作时，于方舟仍为地委负责人之一，专任国运指导工作，并协助国民军作反奉系军阀的斗争。”① 这里，便引出了于方舟的亲密战友之一李季达……

“李季达（1900—1927），四川巫山人。1920 年赴法国勤工俭学。1922 年加入旅欧中国社会主义青年团。1923 年转为中国共产党党员。同年被派赴苏联，入莫斯科东方大学学习。1925 年 6 月回国，任中共天津地委书记。在五卅运动中，发动领导了天津纺织、海员罢工和各界的反帝爱国斗争。1927 年 8 月任中共顺直省委宣传部长兼天津市委书记。不久被捕。同年 11 月在天津就义。”②

李季达长于方舟半岁多，1900 年 1 月 10 日出生于四川省巫山县城关镇一个工商业兼地主家庭。

李季达与赵世炎既是四川同乡，又是法国勤工俭学和莫斯科东方大学的同学，在法国时，“他和赵世炎等常在一起研究马克思主义，还研究如何在华工中开展工作等问题”③。

赵世炎是应李大钊的要求回国并调来北方工作的——“根据李大钊的要求，中央决定调派赵世炎回国，担任北方地区党的领导工作。1924 年秋，赵世炎到北京，接替何孟雄担任中共北京区委兼北京地委委员长（1925 年 1 月后改称书记）”④。

同样，李季达也是应于方舟的要求而赴津的——“五卅运动在天津如火如荼展开，党的北方区委赵世炎同志偕李季达同志来天津视察并指导工作，谈到了加强天津党的领导工作问题。在方舟同志的要求下，北方区委决定派李季达同志来津并担任地委书记，方舟同志担任组织工作和国民

---

① 晓蒙：《于方舟——天津建党第一人》，《天津日报》2011 年 5 月 29 日。

② 中共天津市委党史研究室：《中国共产党天津历史（第一卷）》，中共党史出版社 2005 年版，第 90 页。

③ 中共天津市委党史资料征集委员会：《战斗在天津的共产党人》，天津人民出版社 1991 年版，第 171 页。

④ 王洁：《李大钊北京十年》，中央编译出版社 2010 年版，第 315 页。

运动工作。”① 时为国民党直隶省党部委员的王积衡也有同样的回忆：“五卅运动期间，北方区委赵世炎来天津指导工作，并带来了李季达同志。其后不久，李季达同志被正式派来天津工作，随同他来天津的有粟泽、李延瑞、傅茂公等人。”②

党对从法国转至莫斯科东方大学学习的那批人才是相当重视的。赵世炎、陈乔年、陈为人等同志从东方大学回国后均留在李大钊身边担任重要工作。“中共四大后，工人运动开始逐渐活跃。中共中央在组织工人运动的过程中，明显地感到力量的不足，一方面缺少工作人员，一方面缺少经费。1925 年 3 月 20 日，陈独秀写信给共产国际执委会，提出两个要求：一是尽量多派一些在东方劳动者共产主义大学学习的中国学生回国工作……”③

正是在这种背景下，“1925 年 4 月，李季达同王若飞等一道，奉命从莫斯科经海参崴返抵上海，投入了方兴未艾的国内革命运动。”④ 6 月，又从上海来到了北方。

于方舟与李季达一见如故，颇有相见恨晚之感。

他非常欣赏李季达那聪慧的天资和学习的优异。交谈中，他得知李季达 5 岁即入私塾，10 岁入县立小学，15 岁以优异成绩毕业后入重庆一半工半读学校学习 3 年。1918 年吴玉章等发起四川留法勤工俭学运动，李季达于 1919 年 7 月瞒着家人，考上留法勤工俭学四川分会设立的成都第二届留法勤工俭学预备学校，学习法文。

于方舟对李季达重视平民教育的那份感情和探索，亦有很强的认同感，因为他自己对平民教育的关注也由来已久。李季达说，他在成都读留法预备学校时，曾与同学成立“劳人团”，尝试从平民教育入手，将“工

---

① 吕职人：《于方舟同志革命的一生》，《天津文史资料选辑》第 23 辑，天津人民出版社 1983 年版，第 19 页。

② 王积衡：《回忆大革命时期我在天津的一段经历》，见《天津文史资料选辑》第 23 辑，天津人民出版社 1983 年版，第 6 页。

③ 苏杭、苏若群：《绝密档案：第一次国共合作内幕》，见人民日报出版社 2011 年版，第 295 页。

④ 中共天津市委党史资料征集委员会：《战斗在天津的共产党人》，天津人民出版社 1991 年版，第 172 页。

读主义”作为“改造社会，解救中国”的救世良方，设想通过工读方式“养成一种勤工俭学的学风，使他们（指人民大众）闻风而动。将来人才日多了，民智日进了，为贵族政府奔走的人一天天少了，贵族的政权社会日益消亡，即平等自由的社会就自然的兴起。”听着李季达的介绍，于方舟不由得联想起自己曾在狱中探讨并演讲的平民教育方法。于是，他也向李季达详细介绍了李培良、卢绍亭等同志在几个纱厂对兴办平民学校的尝试。

于方舟对李季达出国学习的经历亦很羡慕。他听着李季达述说国外学习的那些日子，不禁想念起周恩来、刘清扬、郭隆真、张若茗那些昔日的战友。听李季达说，他于 1920 年 12 月 15 日同 140 多名赴法学生乘法国海轮“智利”号离开上海，海上航行一个多月，于 1921 年 1 月 20 日抵达法国南方大港马赛。李季达一边做工一边自修法文，同时广泛阅读书报。由于于方舟在南开大学也修有法文课程，所以同李季达有了更多的话题。李季达告诉他，就是在法国那段时间阅读了《共产党宣言》《社会主义从空想到科学的发展》《国家与革命》等马列著作和关于俄国十月革命的小册子，开始研究马克思主义，认识到只有走十月革命的道路才能达到改造中国与世界的目的。1922 年秋，李季达加入“少年共产党”即社会主义青年团。1924 年春，就在于方舟从广州返津忙于筹建国民党省、市党部和团天津地委、中共天津地委的时候，李季达也经中共旅欧总支部法国支部转为中共党员，他们由此成为将为实现共产主义理想而共同奋斗的战友。1924 年 9 月，李季达受党组织的选派，同郭隆真、聂荣臻、蔡畅、穆青、傅烈、范易等人一道赴莫斯科东方劳动者共产主义大学深造，在“努力研究，从早回国”的口号下研究马克思主义理论。1925 年 4 月回国。

天津，毕竟是一座开放型的城市，是一座具有世界意识和国际感的城市，它的革命者也自然颇具开放的视野与胸襟。于方舟觉得，李季达曾在诞生《国际歌》的地方法国和世界赤都莫斯科学习革命理论，研究革命问题，这是一段非常难得的经历，也是一位非常难得的人才，这应该是天津革命工作非常宝贵的资源与财富，他的到来，一定能为天津的革命吹进一股强劲的新风……

于方舟对李季达那些志同道合的朋友同样赞赏，并希望多引入一些留学归国的人才。与李季达同时从成都前往法国勤工俭学的粟泽很快也来到了天津，先后担任地委农工部长和组织部长。

粟泽到天津后曾就他原拟担任团天津地委书记后改任中共天津地委农工部长一事写信给团中央。因系秘信，多用暗语，所以如今读来别有意味（括号内均为原注）：“郑容（指团中央）：弟于9月6号夜乘‘爱仁’轮船，已于11号顺适抵津，是夜与津校（指团天津地委）子和先生接洽，云及该校学生前有60余人之多，因此次天津事变后，有因病离校者或自行退校者或到他校转学者，而今开校日久，实际到校人数统计只有27人而已。我此次到津，本拟担任中学教务长（指团天津地委书记）之职，殊抵津后因大学部农工科教授（指农会工会委员）无人在京，数同学要我暂行担任大学部农工科的教授一职，特此函复，敬请刻佳所有校中各种情形，在京同学必将有详细告诉于你，我今不能逐一详告。耑此。敬请公安。粟泽，复。17号”①

这封写于1925年9月17日的信不禁会给人以重重疑问：为什么拥有60多名青年团员的天津团地委，离团、退团者竟然众达一多半，还仅剩27人？这其中的缘由当然是粟泽提到的“天津事变”。那么，在粟泽到来之前，天津发生过怎样的事变呢？

值得注意的还有另外两封秘信，分别写于1925年的8月11日和8月13日，两封信的书写仅隔两日，甚至一日，因为第二封信写于8月13日的凌晨3点，也就是12日的深夜。

第一封信是《克拉新要求整顿团天津地委致团中央的信》。化名“克拉新”的人，至今无从考证，《中共天津历史档案选编》的注解是“此人身份不详”。但从内容分析，应该是8月10日抵津的中共北京区委特派员范鸿劼一行所写。资料显示，1925年8月10日中共北京区委特派员范鸿劼一行来津，同中共天津地委书记李季达商议《中国青年》在津发行事

① 天津市档案馆：《中共天津历史档案选编》，天津人民出版社2011年版，第33页。

宜，决定由李延瑞、于兰田、苏楣为发行代理人。[①] 此事与信中提及的“我们已于10号晨抵津”、“现已找着季达兄”、“中青驻津代理人事已决定李于和店员担任”等时间、地点、人物均相符。该信内容为（括号内均为原注）：“西外总店（即S. Y. 总店，共青团中央代称）：我们已于10号晨抵津，现已找着季达兄，关于中青驻津代理人事已决定李于和店员担任，此店员忠实可靠不会误事（季达另有信来）。现在津地分店（指团天津地委）工作极坏，现只留店员8人，且无一点组织，又无一负责店员。史汉清店员并未回津，此店员实在不可靠（据季达说），望总店速为设法整理津埠分店。我到京后亦当与京店商量，现在津地工运已起，我店生意大有发展之余地，惟店员不敷，实在可惜的很，我明早入京，以后情形再陆续通知总店。〈略〉克拉新，上。8月11日午后。”[②] 信中直言团天津地委“工作极坏”，那么，自李季达6月到任天津以来，团地委究竟出了什么事情？

就在该信谈到史汉清并未回津，且不可靠时，史汉清却正在天津给恽代英写信：“代英：天津运动（罢工），方才有成绩，而我的同学李逸、安幸生、辛璞田、吕职人、杨衡南、陆荇等10余人都是学联、各界、工会的人，被李（指李景林）督办令督察处警察厅看管起来。辛同学死而复苏者3次。工厂方面，裕大（日本纱厂）已罢工。但是李的兵昨日去400余，毙工人2人，重伤20余人，轻伤不计；今日又去兵千余，毙工人20余人，重伤40余，轻者无算。有日本7个人从中指挥，被工人捕到1个。重兵围困裕大纱厂，打算把工人尽成饿鬼，诚言之痛心。他厂（中国）如宝成、裕元等相继援助！此地同学本不多，此番更少了！未捕人正设法求各方援助，但是人财两空（今日李从京中取来钱千数全失）。奈何奈何？工人决战的决心，而我们无从下手，恐怕一网打尽，只好四方游避。但是，也是瞎人骑瞎马，黑夜临深池的样子。大学的方针如何？望知

---

① 中共天津市委党史资料征集委员会：《中共天津党史大事记》，天津人民出版社1991年版，第82页。

② 天津市档案馆：《中共天津历史档案选编》，天津人民出版社2011年版，第29、30、31页。

李大（指李季达）。切切！并望竭力援助！我带来的东西，已由我自己分头发出了，以后再定规。祝你为我们努力！伯超（即汉清）于天津特别二区二马路27号史公馆，1925年8月13日早3点苦缄。”①

史汉清向邓中夏苦诉的事件，便是粟泽所说的“天津事变”。

几封密信，虽有一些相互矛盾之处，但那正表明了当时情况的复杂与残酷。而它们最终都指向了同一个事实——为将工人运动推向高潮，天津的党、团组织曾经遭致一次重创。

是的，要奋斗就会有牺牲——那，是一次震惊中外的大事件……

那场对于天津共产党人与工人群众的血的洗礼，是发生在海河的怒吼与呐喊之中……

2. 河之吼

“在天津，1925年七八月间，爆发纱厂工人、海员工人大罢工、大示威。1925年8月4日，成立天津总工会。随着罢工风潮的高涨，天津资产阶级发生动摇，棉业工会等资方组织要求官方‘速将工会取消，派兵弹压，以维各厂营业’（《棉业工会致总商会函》）。8月11日起，天津总工会、天津海员工会、天津各界联合会等团体先后被封闭。8月14日，督察处、警察厅联合发出布告，严禁罢工，违者按军法究办。天津工人和民众的反帝斗争被镇压下去。”②

《中共北方区委历史》一书对天津工人大罢工作了以上叙述。

“不谈改善则已，谈也必自农村始；不谋进步则已，谋也必自农民始。”③ 李季达担任天津地委书记后，改任地委组织部长的于方舟终于可以将尽可能多的时间和精力投向早就心已系之的广大农民，迅速地将工作重心移向了最为广阔的农村。

---

① 天津市档案馆：《中共天津历史档案选编》，天津人民出版社2011年版，第31页。

②《中共北方区委历史》，中共党史出版社2013年版，第181页。

③ 于方舟：《地方问题发端》，原载《同乡会季镌》第一期，见中共天津市委党史资料征集委员会：《战斗在天津的共产党人》，天津人民出版社1991年版，第134页。

1925 年“夏，在于方舟、翟少痴的帮助下，直隶省容城县建立中共特别支部，受中共天津地委领导”①。这，仅为在农村进行组织发展的其中一例。

在那个火热的夏天，于方舟风尘仆仆地奔走于乡间阡陌，力图同李季达“一工一农，一城一乡”，实现城乡之间遥相呼应的星火燎原……

与此同时，于方舟也尽力抽出时间，在工人运动方面辅助刚刚履新的李季达……

李季达的主要精力自然会放在城市的工人运动方面，这源于他具有丰富的工人运动经验。早在法国马赛勤工俭学时，他便已开始了工运实践。马赛，是法国最大的工业城市，那里的华工也非常多。李季达与他们打成一片，教他们识字，将学到的革命理论用通俗易懂的语言给华工讲解，揭露资本主义的罪恶和北洋政府出卖华工利益的罪行。当时，在勤工俭学学生中又爆发了“反对中法借款”和“占据里昂中法大学”的斗争，李季达和他的“劳人团”的同学们勇敢地投入斗争，愈受锻炼。② 来到天津后，既有配合五卅运动开展的要求，又有原先几大纱厂普遍兴办平民学校、组建工会的良好基础，于是在他的主持下，很快便将天津工运推向了高潮。

一如既往的是，在这期间每逢出现困难时，李季达都会得到于方舟的鼎力相助与默契策应。

始建于 1903 年的天津广东会馆，是中国现存最为完好的清式会馆建筑之一，也是全球众多广东会馆中规模最大、建筑最为精美的一座。

1912 年的 8 月，孙中山先生曾在这里参加同盟会燕津支部为他召开的欢迎大会，并在会馆戏楼舞台上发表“我国四万万同胞同心协力，何难称雄世界”的著名演说，成为天津近现代史上的重大事件。

又是一个 8 月——1925 年的 8 月，诞生于五卅运动中的天津总工会在

---

① 中共天津市委党史资料征集委员会：《中共天津党史大事记》，天津人民出版社 1991 年版，第 80 页。

② 中共天津市委党史资料征集委员会：《战斗在天津的共产党人》，天津人民出版社 1991 年版，第 171、172 页。

广东会馆举行成立大会，同样成为天津近现代史上的又一重大事件。

“在汹涌澎湃的反帝斗争中，工会组织迅速发展，地毯、纺织、铁路、印刷、油漆等行业的工会组织相继建立。1925 年 8 月 4 日，天津 20 余个工会联合会成立了天津总工会，于方舟出席了大会并讲话，他勉励工人同心协力，继续坚持斗争。”①

大会通过总工会章程，并选举成立由刘亚斋、安幸生、伍子康、张寿年等 15 人组成的执行委员会。执行委员会主任为安幸生，下设总务、财政、宣传、组织、纠察 5 部。②

值得关注的是，在力推总工会成立的同时，于方舟还特别关心并一举促成了“济安会”的成立——

就在总工会成立的当天下午，即与各界联合会、学生联合会共同组成负责募集捐款、救济罢工工人的专门机构“天津各界联合会济安委员会”。“开会者各界联合会主席团吕职人、辛璞田、郭静华；经济委员会杨少泉、陈祖香；学生联合会杨洪涛、陆荇、安保生；总工会刘亚斋、伍子康、张寿年，共代表 11 人。吕职人主席。”③

该会成立后即发表《济安委员会宣言》：“天津各界联合会济安委员会成立，于前日发出宣言云：打倒帝国主义的新战略，为国人实行经济绝交，尤以受雇于外人之工人同胞，为更有力者。若坚持长久，我中华民族之解放，指日可期。敝会有鉴于各地及本埠罢工工人日众，为专一事权，及实力援助起见，特组织天津各界联合会济安委员会，于 8 月 4 日宣告成立，地址暂设东马路太平旅馆 63 号。深望各团体志士，勇为捐款。直寄本会，至为企盼。特此电闻，统希亮鉴云云。”④

在评价“济安会”的历史作用方面，《中国共产党天津历史（第一卷)》认为：“加强对罢工斗争的领导，同时发动社会各界对罢工工人给

---

① 中共天津市委党史资料征集委员会：《战斗在天津的共产党人》，天津人民出版社 1991 年版，第 142 页。

②《大公报》1925 年 8 月 6 日。

③《大公报》1925 年 8 月 6 日。

④《大公报》1925 年 8 月 8 日。

予切实的支援，是天津总工会面临的首要问题。”在济安会成立之前，“各界联合会为支援罢工工人曾向社会各界呼吁，并曾致函天津各民族企业，号召工商实业界扩大企业规模，安置罢工工人，以实际行动支援工人的反帝斗争。济安会成立后，开展了更加广泛的募捐活动，如国旗募捐，即通过向各商家分送国旗的方式募捐，还有讲演募捐和在各游艺场、电影院等公共场所募捐等，并将所得捐款按每人每天 3 角发给罢工工人，向他们提供切实的支援。”①

而最先提出并呼吁解决这个最切实的“首要问题”的人，便是于方舟：

——“6 月 13 日，中共天津地委派于方舟、邓颖超参加天津总商会董事会，提出援沪斗争的具体要求。同时以天津各界联合会的名义向全市发出通告，强调要将民众的大力量全部集合到天津各界联合会的下面，做反帝国主义的斗争，只有这样才能抵抗帝国主义的侵略，救国自救的运动才有进一步的发展。”“6 月 25 日，国民党直隶省党部在北京召开代表大会，于方舟、江浩、邓颖超等 9 名共产党员当选为执行委员，大会通过《沪案问题决议案》。”②

——无论是“提出援沪斗争的具体要求”，还是“通过《沪案问题决议案》”，于方舟总是以极为务实的态度，强调要竭力解决罢工工人的生计问题。时为国民党天津市党部妇女委员的赵达曾回忆起这样一个细节：“五卅运动开始后，天津成立了沪案后援会，我就在这时接近了共产党、国民党的组织。我在那时入的是国民党。我参加的第一个会是在竞存学校一个教室开的，以国民党名义召集的，凡参加沪案后援会的组织负责人都参加了，有共产党员、青年团员、国民党员，一个教室内坐了六七十人。会议是天津海员的罢工，那时海员即将罢工，需要经济上的接济，讲话的

---

① 中共天津市委党史研究室：《中国共产党天津历史（第一卷）》，中共党史出版社 2005 年版，第 100、101 页。

② 中共天津市委党史资料征集委员会：《中共天津党史大事记》，天津人民出版社 1991 年版，第 73、74、75 页。

是于方舟（那时我还不知道他的名字）。”①

——在于方舟的再三强调和反复呼吁下，“济安会”终于得以成立，从某种程度上缓解了罢工工人的实际困难与后顾之忧……

然而，尽管于方舟以极为务实的态度设想了很多困难，做出了很多预案，伴随着海河两岸那地动山摇的冲天一吼，一次惊心动魄的血的洗礼还是在天津骤然来临了……

受命于革命形势骤变之际来到天津的李季达，以极大的魄力领导了天津的工人运动。

“在宝成纱厂7月15日和8月8日两次罢工均获胜利的情况下，8月9日，李季达通过联络人员下达了地委关于‘配合全国形势，组织同盟罢工’的指示，并召集宝成、北洋、裕元、裕大四个纱厂工会的代表和骨干开会。地委在东马路太平旅馆设立同盟罢工指挥部，中共北京区委也派干部参加。李季达决定将罢工的重点转向名为华厂实为日人操纵的裕大纱厂。同时通知各厂，一旦裕大有事，大家都要前往支援。8月11日，裕大纱厂工人终于爆发了支援上海工人斗争和争取自身政治、经济权益的大罢工……这，就是五卅运动中天津有名的‘砸裕大’事件”②。

司呈祥（时为天津裕元纱厂工人）：

裕大纱厂，在天津市海河东岸郑庄子附近，是日本资本家开办的。日本资本家是帝国主义向外侵略的先锋，尤其是到中国来“开拓”事业，更是日寇当时亡我野心的一个重要步骤。在天津各大纱厂成立工会的时候，日本资本家立即收买了工人中的一个民族败类、流氓分子赵××，把他封为管事的大头目。赵是青帮的老头子，在裕大纱厂各车间都收有很多徒子徒孙，各车间的大小头目都是他的结盟兄弟。赵利用这些关系作为他的耳目，监视着工人们的行动，形成了一股很大的势力，谁要提起“工会”二字，他就开除谁。负责河东平民学校的老师李培良，在五卅运动

① 《1959年4月访问赵达记录》，见天津档案馆：《中共天津历史档案选编》，天津人民出版社2011年版，第595页。

② 中共天津市委党史资料征集委员会：《战斗在天津的共产党人》，天津人民出版社1991年版，第172、173、174页。

以后召集了裕大、北洋、宝成等厂工会的代表，一起研究如何帮助裕大纱厂的工人起来建立工会。在研究过程中，宝成纱厂的工会代表沈玉山、姬兆生提供情况说：裕大纱厂有个工人叫项瑞芝①……

项瑞芝（时为天津裕大纱厂工人）：

我从裕大纱厂一开厂就在那里作工。在1925年时，我们的兄弟厂（宝成纱厂）在平民学校李先生的领导下组织了工会，由于他们斗争的胜利，对我们裕大纱厂工人的影响很大，因我们工厂是日商，敌人统治很严，因而没有工会组织。宝成的工人说我们不能干，我听到后很生气，于是就和贺志去见了李先生，要求帮助我们组织工会。经过李先生的帮助，我们没过几天就把工会组织起来了。12个人1个小组，每组由工人们自己选出来组长1人。13日，我们向资本家提出了5条要求：（1）要工会办公的房子；（2）工人的工作时间由12小时改为8小时；（3）吃饭休息1小时；（4）要求增加工资；（5）上海的英日纱厂因工人罢工而停工的工厂，叫裕大纱厂负责去电报，叫他们开工（因五卅以后，上海英、日工厂以停工威胁着工人）。日本帝国主义把以上的4条都答应了，就是第5条没有答应，我们开会研究把斗争坚持到底。资方收买军队，等工人下班时，军队已开来了，他们把郑庄子的各个路口都堵塞了，对工人大骂，向工人开枪，于是就起了冲突。当场工人逮捕了日本人1个，军队的副官1人；工人被敌打伤2人，其中有我大哥项瑞成，打死1人叫王贺明。工人见我们的人死了，大家都红了眼。我带着队伍问："大家怕死不怕?"大家答："不怕死!"这时我就带队冲上去了。在这时，裕元、北洋、宝成等厂的工人都来支援了，我们就一拥而上把大墙推倒……②

沈玉山（时为天津宝成纱厂工人）：

那时已在下午4点左右，裕大厂周围已集有数万人，声势浩大，把守在厂门外的保安队吓退到厂的大门以里去了，但是他们仍旧荷枪实弹，驱

---

① 司呈祥：《参加天津早期革命活动的回忆》，见《天津文史资料选辑》第10辑，天津人民出版社1980年版，第76页。

②《1959年2月25日访问项瑞芝记录》，见天津市档案馆：《中共天津历史档案选编》，天津人民出版社2011年版，第584、585页。

逐挡大门的人群。因为大门外除了场地就是海河，保安队他们留着这块场地，不许人站着，要维持他的威力。我在那时写好红旗，上面写着“援助上海五卅惨案，替顾正红报仇”的几个字样，我把红旗送到裕大的东南角上，就被一位工友接了过去，不一会儿这位英勇的工友便高举着那“替顾正红报仇”的红旗站在厂门外的正中央，工友们就响起了一片热烈的掌声和喝彩声，厂里的保安队也发出了吆喝声。正在这喧呼热闹声中，灭绝人性的保安队就对着抓旗的工友开了一枪，这位工友便应声倒地，于是数万工人的愤怒之声响彻云霄。接着另一位工友上去捡起红旗，仍旧高举在厂门中央，不多时保安队又对这人开了一枪，可是数万人的号叫声音真是惊天动地，工友们的愤怒情绪真恨不得把保安队一口吞下去。第三位不怕死的工友又把红旗高举了起来。许多勇敢的工友沿着墙，迎着保安队的刺刀伸手上去抓住刺刀。这时挤进门的人一个接着一个，工友的人群像浪潮一样涌了进去。正在这危急的当儿，两边围墙外一根高大的电线杆被砍断了，哗啦一声，围墙倒下了一大片，大批工人奋勇而入，像猛虎一样向保安队扑了过去……①

项瑞芝：

到夜间时敌人派来了李督察，保走了日本人和副官。在第二天的早6点时敌人就派来了一营李景林的军队，包围了集合在坨地广场上的四大纱厂的工人队伍，李景林的军队向赤手空拳的工人展开了战斗，当场枪杀工人数名，逮捕工人三四百名，这时姬兆生他们就都被捕了……②

沈玉山：

他们抽出姬兆生来痛打，要逼他交出共产党和工会代表来。逼不出来时，便用绳子把姬兆生两手反缚，吊上房檩，吊到两脚悬空，再用皮鞭满身抽打，啪啪的皮鞭声和凄惨的呼吼声，四五百人看的没有一人不在难受。我皱紧双眉，心如刀绞，不敢哼出声来。他们把姬兆生一阵一阵的鞭

---

①《1959年1月10日访问沈玉山记录》，见天津市档案馆：《中共天津历史档案选编》，天津人民出版社2011年版，第575页。

②《1959年2月25日访问项瑞芝记录》，见天津市档案馆：《中共天津历史档案选编》，天津人民出版社2011年版，第584、585页。

挞，吊吊问问，打得姬兆生衣服破烂，遍体血痕，大小便都拉了出来。直到喊声微弱了，才放下来，让姬兆生伏在地上苏醒一忽，然后再牵着姬兆生，在人群中逐一逐二地仔细识别，哪个是共产党，哪个是工会代表。姬兆生弯着背，假装寻找的姿势，一个一个地认着。见到我时，姬兆生对我瞟了一眼，口中一直在连哭带哼地说："没有！没有！他们昨晚上都跑了。"最后还是一个没有。我当时除对姬兆生满身伤痕有些痛苦外，心中非常镇定，因为姬兆生平日热情、勇敢、忠实、义气，知道他是一个有骨气的好汉，所以我交他做朋友，李培良同志发展他为党员，今天考验姬兆生，果然他有坚贞不屈的高尚品质……那天下午3点来钟，来人在各工友臂上缚着一根长绳，野蛮军队，横执着枪，护着我们两项长长的工人队伍，像拉车似地向天津市区行进。我们在行过裕大工房大直沽的道上，见田地中俯卧着一位青年工友，显然是被枪击毙命的，工友们见了都默默地低头致哀，痛恨这班土匪军队。直到那天将晚时，我们的工人队伍被送进天津旧道台衙门，一屋住宿40来个人，不许高声说话，不许站立起来，时值夏末秋初，天津还热，闷得几乎喘不上气……①

李志新（时为团天津地委临时负责人）：

那时被捕的有：安幸生、辛璞田、卢绍亭、李培良、李希逸、吕职人。工厂有：姬兆生、杨宝茹。学运有：杨风楼、谢曦、陆荇。华商工会有：黄琴父、胡英初、杨衡南、李散人……②

被捕之后的共产党人，以其坚贞不屈的英雄气概，赢得一片赞扬之声……

2011年5月8日《天津日报》的《庆祝中国共产党建党90周年——打开天津红色档案》专刊，有一篇蒙秀芳撰写的《天津版〈烈火中永生〉》，便写到了李志新谈及的那次"砸裕大"后的大逮捕与大拘押："珍藏在天津市档案馆的一份档案资料表明，此时敌人的监狱已经人满为患。

① 《1959年1月10日访问沈玉山记录》，见天津市档案馆：《中共天津历史档案选编》，天津人民出版社2011年版，第576、577页。

② 《1959年1月30日、31日访问李志新记录》，见天津市档案馆：《中共天津历史档案选编》，天津人民出版社2011年版，第579页。

但在监狱中，被捕的中共地下党员却不屈不挠，同敌人展开了多种形式的斗争。档案中特别提到学生出身的共产党员辛璞田，他在带领学生支援裕大纱厂罢工时被捕。入狱后，敌人对他施以重刑，企图让他交出党组织的文件与名单，但他却咬紧牙关，一言不发。”① 文章还提到当时同在狱中的李散人的回忆——

李散人（时为天津各界联合会代表）：

帝国主义者勾结军阀当权李景林命令李书凤逮捕了辛璞田，拘进大胡同南口黑暗监狱，谋杀人类“督察处”，立时用皮鞭抽打，死过三回，均用水喷醒，决无一言发出，不吭不语，打得老辛遍体鳞伤，瞳血滴滴，任何死生，任何痛苦，决无一吭一呛，真英雄也。老辛这般强烈气概，我李散人到死也忘不掉。因老辛被捕第二天晚也将李散人等逮捕进入黑暗的“督查处”，这使第三天早起一班看管我们的人吐舌头，呼冷气，佩服姓辛的学生。那时东北的那些军人，最喜爱豪侠气节，他们形容着称赞辛璞田说：好样的，鞭抽了三个死，竟无一言，真是好汉子。老辛是这样，可就鼓起了我们很大勇气，所以我们决心不示弱！老辛，老辛！今日革命成功，五卅天津的流血惨酷运动，给革命留下一段有价值的历史。对辛烈士，要纪念你这段功绩。老辛你岁数比我总少了十岁，我冲你叫一声弟弟！②

马千里（时为天津各界联合会代表）：

（日记）1925 年 8 月 31 日：毛树棠闲谈时，说及吕职人在警厅被严刑拷打时并无一点口供。与共产党有关系者真汉子也。③

吕职人（时为国民党直隶省第一届执行委员）：

共 17 人被捕。方舟同志因病回俵口村休养幸未遇难。方舟同志闻讯后即带病返津，多方联系营救被捕同志，并向永大木器行借钱（本族于姓所开），送到羁押被捕者的看守所，从经济上支援他们，还带进去各种

① 蒙秀芳：《天津版〈烈火中永生〉》，《天津日报》2011 年 5 月 8 日。

②《1957 年 7 月 4 日访问李散人记录》，见天津市档案馆：《中共天津历史档案选编》，天津人民出版社 2011 年版，第 571 页。

③ 天津市政协文史资料研究委员会：《20 世纪初天津爱国教育家马千里先生》，1985 年版，第 123 页。

书刊，鼓励他们在狱中坚持斗争。①

由于被捕的共产党员安幸生、辛璞田、吕职人，以及各界代表中的李散人，都是曾与于方舟在五四运动中就并肩战斗的、中共天津地下党的中坚力量，被捕工人姬兆生、项瑞芝等又是我党在各大纱厂培养出的优秀工人代表，所以，这批同志遭致被捕，令于方舟心急如焚，他呕心沥血、千方百计地竭力营救——“于方舟受地委委托多次给狱中同志写信，告诉他们党正多方设法营救，向他们通报国际国内政治形势和各地革命情况，并设法送进一些书报和衣服、肥皂等日用品”。冯玉祥所部国民军攻占天津后，“12 月 25 日，地委负责人于方舟在与狱中同志取得联系后，当晚租了三辆汽车把尚被关押在陆军监狱的安幸生、辛璞田、李希逸、吕职人、姬兆生、杨衡南、陆荇等 15 名同志迎接出狱，地委书记李季达和于方舟等负责同志在惠罗春饭庄欢迎出狱同志，赠给每人一枚刻有‘革命先锋’字样的纪念章，并和大家合影留念。”②

于方舟脚踏实地、实事求是、一切从实际出发的务实精神，既给了李季达很大的帮助，也给了他很大的感触，他不禁向于方舟讲起回国之前收到任弼时信函的情景——1925 年 2 月 18 日，先期回国的任弼时致信在莫斯科的同志说：此次回国同志“从工作中可以看出，多是缺少实际经验，尤是对于很普通党团及工会组织工作，因我们在莫时没有注意实际研究，以致不够应用，甚至较国内实际工作者尤为幼稚，玄空的理论，事实上在我们实际工作中是没多用处，至多能做点文字宣传上的帮助，然做文章看书又没有时光，且空空普遍的理论，我们出版的刊物上也不觉得十分的需要，这是我们所感觉而感困难的地方”③。

李季达的坦率、真诚与激情，不仅令于方舟非常感动，也更加激发了他向国外归来同志学习的自觉。到了这一年的年底时，终于有了一个学习

---

① 吕职人：《于方舟同志革命的一生》，见《天津文史资料选辑》第 23 辑，天津人民出版社 1983 年版，第 20 页。

② 中共天津市委党史研究室：《中国共产党天津历史（第一卷）》，中共党史出版社 2005 年版，第 110、115 页。

③ 中共中央文献研究室编：《任弼时传》（修订本），中央文献出版社 2004 年版，第 71 页。

的极好机会——“方舟同志与北方区赵世炎同志、地委书记李季达同志都住在总工会，每晚都碰头汇总当日工作情况，研究布置次日工作，并在一起共同学习马列主义经典著作。赵世炎、李季达都是从法国勤工俭学回来的，既有马列主义的理论基础，又有丰富的革命实践经验，方舟同志虚心向他们学习，受益不少。”①

3. 天津首次反涨价的胜利

《星汉灿烂·〈周恩来选集〉上卷中的烈士传略》是这样概述五卅运动中的于方舟的：“1925 年，为了支援上海工人五卅运动，天津裕大纱厂和码头工人举行了大罢工。在中共天津地委领导下，天津市爱国群众和工人举行了两次示威游行，于方舟都担任总指挥。后来他还领导了天津电灯、电车公司工人反对电灯、电车加价的罢工斗争。他亲自编写传单和小册子，并深入到电车工人宿舍中召开会议，发动工人。在于方舟的领导下，这次罢工斗争取得了胜利。”②

就在赵世炎领导李季达、李培良、安幸生发动纱厂和海员大罢工的同时，于方舟具体组织了一次事关全市民众生计的“反电车票涨价”的罢工斗争。

这场“反电车票涨价”罢工斗争的全国背景，是支援上海工人的五卅运动；本地背景则是“控制天津电车公司的比利时资本家企图实行车票加价，一时民心浮动，民怨沸腾”③。

天津，是中国最早出现“房子式”有轨电车的城市。

清光绪二十六年（1900 年），八国联军侵占天津、北京，《辛丑条约》签订之际，比利时公使提出在天津兴办电车、电灯事业的要求，以酬谢其

---

① 吕职人：《于方舟同志革命的一生》，见《天津文史资料选辑》第 23 辑，天津人民出版社 1983 年版，第 21、22 页。

②《星汉灿烂·〈周恩来选集〉上卷中的烈士传略》，中国青年出版社 1981 年版，第 148 页。

③ 中共天津市委党史研究室：《愿做方舟渡众生——纪念于方舟烈士牺牲 80 周年》，《天津日报》2008 年 1 月 21 日。

主持合约谈判之劳。

光绪三十年（1904 年），经直隶总督兼北洋大臣袁世凯奏请朝廷，批准了天津海关道唐绍仪、天津道王仁宝和比利时驻天津领事嘎得斯、比利时商人海礼的世昌洋行等人签署的天津电车、电灯公司合同，使得比利时的世昌洋行取得了在天津经营电车、电灯事业的特权。①

1906 年，以白牌为标志的围城环行有轨电车路线通车，至 1925 年于方舟领导电车工人罢工时，已陆续开通了白、红、黄、蓝、绿五条路线……

对于天津的电车，于方舟是有感情的。

当年从省立一中去新生社的两个活动地点，都会经常以电车代步；而中共天津地委在法租界的普爱里，以及国民党直隶省党部在老西开义庆里两个办公地点的附近，也都有电车通行。

有资料显示，白牌电车，从北大关起，分别向东、西两面沿围城马路环行；红牌电车，由北大关起，经北马路、东北角、沿河马路、金汤桥，至火车站；黄牌电车，从北大关起，经北马路、东马路、东南角、日租界（四面钟）、法租界（劝业场）、海大道（大沽路）至津海关；蓝牌电车，由北大关起，与黄牌电车行驶同一路线，至劝业场后向东行，过法国侨，至火车站；绿牌电车，由老西开教堂经法租界天增里，至火车站。

“由于各国在天津设置租界时，已经是经济上比较发达的资本主义国家，因此在租界的市政建设方面，引进了先进的技术和管理，这就为天津城市近代化提供了新的模式和借鉴。”② 这，也是于方舟对天津电车情之颇深的感念之一。

对于天津的电车工人，于方舟则更有感情。

他清楚地记得，1919 年五四运动中，自己和同学们曾上街去卖《天津学生联合会报》。

每逢有电车驶过，电车工人都会热情地招呼他们：“上来！上来！到

① 天津市地方志编修委员会：《天津之最》第 1 辑，中国铁道出版社 1990 年版，第 41 页。
② 杨大辛：《天津九国租界概述》，见上海市政协文史资料委员会等：《列强在中国的租界》，中国文史出版社 1992 年版，第 135 页。

车上来卖吧！我们免费招待！”

于是，同学们每天都能到电车上去卖报，去演讲，乘客们常为他们的演讲鼓掌助威。

后来，电车工人罢了一天工，全市电车都停了。原来，电车公司闻听学生上车卖报不买票，便下令“凡售票员允许卖报学生不买票的，均扣罚工资”。此令一下，顿时点燃电车工人的反帝怒火，当即决定全体罢工，以示抗议。电车公司只好撤销那道命令，爱国学生又可放心大胆地免费上车卖报了。①

天津电车工人是富于爱国情怀的，是有救国救民之心的，也是有革命传统的。为了使“反电车票涨价”的斗争取得胜利，于方舟首先迈开双腿，带着感情，到电车工人中去进行认真的、深入细致的调查研究……

“他秘密深入到电车工人宿舍，与工人进行座谈，了解工人生活以及对车票加价的反映。”②

据电车工人反映，票价高低的确事关民生利益，牵动市民神经。电车开通之始，因车票昂贵，乘客寥寥，一时间电车竟成了“只闻城间铃铛响，不见人影登车来”的西洋景。对此，比利时商人大伤脑筋。后经华人暗授机宜，采取“先尝后买”的手腕，请乘客免费登车，遂立奏奇效，一时津城万人空巷，齐聚街头，市民以乘电车兜风为一时髦。比利时商人见市民尝到了甜头，立即取消免费一说，实行乘车售票制。③

1921 年，电车公司曾宣布车票涨价，天津市民以“罢坐”开展反涨价斗争，组织者号召市民联合起来，坚决不坐电车，违者以汉奸论处。并组织纠察队，自加价之日起，分到各路检查，防止奸人破坏。又沿马路张贴反对涨价标语。面对全市“罢坐”风潮，电车公司一面宣布暂不加价，

---

① 参见陈铁卿：《津门旧事辑》，见《天津文史丛刊》第 3 期，天津市文史研究馆（市批准书号 311）1984 年版，第 71 页。

② 中共天津市委党史研究室：《愿做方舟渡众生——纪念于方舟烈士牺牲 80 周年》，《天津日报》2008 年 1 月 21 日。

③ 杨长河：《天津有轨电车开通的前前后后》，见《天津文史资料选辑》第 76 辑，天津人民出版社 1997 年版，第 192 页。

一面分路分段悄然加价、变相涨价，那次反涨价实际并未获得成功。①

电车工人还反映，电车是天津一般平民的交通工具，涨价损害的是一般老百姓的利益。因为富人不坐电车，富人区也不通电车。最明显的是英租界，不让电车通过，那里清静、高贵，住在那里的富人外出，大都乘坐自备的汽车，用不着电车。所以，电车票涨价涨不到富人身上，只能是“越穷越吃亏”。反对涨价，当然大得民心，应该下决心开展反涨价斗争。

了解了电车工人对车票加价的态度后，于方舟进而“了解工人生活”，“解除某些工人对举行罢工的顾虑。启发他们的反帝爱国觉悟。”②

电车工人们纷纷反映，“电车公司对于为公司付出主要劳力的中国工人实行极端残酷的剥削。那些少数高高在上、指手画脚的每一个比国人的薪金要比每一个中国工人多好几十倍。十几个比国人薪金总数竟与1000多名中国工人所得的相等。这是多么不平等的待遇！工人们除了受剥削以外，经常又受帝国主义分子及其所豢养的工头们的压迫和侮辱。工人们对此都极为愤恨，在言语行动中不时表现出来。工头们经常看出工人们在赴便所时，最是集合交谈的机会，认为‘如果不采取措施，加以限制，则不止怠工有妨业务，尤恐聚众滋生事端’。公司采纳了这种意见，定出了一种限制大便的‘恭签’制度。按照这种制度，除了帝国主义分子和几个工头可以自由地去大小便以外，中国工人必须领取‘恭签’才准前去，否则就要受罚。”③“每20个工人一块，轮流使用。工人若是不拿牌子上厕所，被厂方发现就罚5角钱。”5角钱是什么概念？钳工高润1924年进厂，“当时工人薪水装车工人新进厂时月薪16元，一年后增资；卖票员新进厂时月薪13块半，也是一年后增资；其他工种工人工资也相差无几。实际上到一年以后能否增资，不得看比国人的高兴，他想给谁涨才能涨。增资一般也只是日增三五分钱，月合一元五角左右；仅有个别的能增7

---

① 陈铁卿：《津门旧事辑》，见《天津文史丛刊》第3期，天津市文史研究馆（市批准书号311），1984年版，第63页。

② 中共天津市委党史研究室：《愿做方舟渡众生——纪念于方舟烈士牺牲80周年》，《天津日报》2008年1月21日。

③ 陈铁卿：《津门旧事辑》，见《天津文史丛刊》第3期，天津市文史研究馆（市批准书号311），1984年版，第69页。

分，几十个人里才有一个。”[①] 也就是说，中国工人若不拿“恭签”去厕所出恭，就要被扣掉一整天的工钱。

电车工人还反映，由于比国工头对中国工人极其残暴，工人激愤日久，都想设法惩罚这些坏家伙们一下。有一名个子很高的比国人，对于工人常要野蛮态度，稍不如意，即拳打脚踢，工人们对他愤恨最深，便联合起来把他打了，这个比国人从此不见，大概因伤回国去了。工人将此事称为“打毛子”。[②]

于方舟说“打毛子”毕竟不是好办法，应该进行有理、合理的罢工斗争。他和电车工人们一起列数字、算细帐，不但要弄清比商是怎样剥削工人的，还应揭出他们如何剥夺市民的秘密。据工人们反映，公司每天电车的收入为2000元；公司一星期的收入，就够一个月之用，这里还包括一切修理费用；公司每年留给中国的利润仅为2.5%，此外再无捐税。[③] 后来的资料也证实：“比国财团垄断天津的电力及交通事业，攫取了巨额利润。据说比利时全国的教育经费，完全由天津电车电灯公司负担。”[④]

根据调查了解的情况与数据，“于方舟亲自编写、散发传单，揭露比商敲诈市民的阴谋。”[⑤] 资料显示，当时在官银号大楼高处贴有巨幅漫画，上面画着一口装满水的大缸，写着“中国财富”，在缸的下边开一洞口，斜通一管，管上写着“电车公司”，大缸的水从管道流到另一口写着“比国”的缸，意思是中国人的钱通过电车公司都流到比国去了。下面表列比商历年获利的统计数字。[⑥] 通过这种生动形象的宣传，号召市民起来抵

① 高润：《天津早期电车工人斗争的回忆》，见《天津文史资料选辑》第29辑，天津人民出版社1984年版，第26页。

② 陈铁卿：《津门旧事辑》，见《天津文史丛刊》第3期，天津市文史研究馆（市批准书号311），1984年版，第70页。

③ 陈铁卿：《津门旧事辑》，见《天津文史丛刊》第3期，天津市文史研究馆（市批准书号311），1984年版，第65、66页。

④ 李文新：《比租界》，见天津市政协文史资料研究委员会：《天津租界》，天津人民出版社1986年版，第15页。

⑤ 中共天津市委党史研究室：《愿做方舟渡众生——纪念于方舟烈士牺牲80周年》，《天津日报》2008年1月21日。

⑥ 陈铁卿：《津门旧事辑》，《天津文史丛刊》第3期，天津市文史研究馆（市批准书号311），1984年版，第63页。

制电车车票涨价，支持电车工人的罢工。

正如当时负责军运的郝久亭所言：于方舟“机警过人，判断敏捷，每于仓促之间，遇到问题，方舟能于转瞬间得到正确答案。先烈安毓文（安幸生）同志常言于方舟只要（脑瓜儿）一转就有好主意”“富有创造性”，“更富有组织天才”①。于方舟在领导电车工人的罢工中也发挥了他的组织天才和创造性——“这次所采取的办法是很特别的。普通罢工，是工人不去工作，而这次则工人照常上班，电车亦照常通行，只是任人随便上车而不售票。一时市民都可整天免费乘车，使得帝国主义受到莫大损失，无不拊掌称快。这样罢工一直延续了将近一周。”②

“经过工人群众团结一致的斗争，比利时资本家不得不宣布取消加价，罢工斗争取得了胜利。”③

直到1932年，于方舟虽已牺牲五年，但他创造的这种“反电车票涨价”的斗争形式还在被天津电车公司的工人们所沿用——“大约是民国二十一年（1932年）一月间，比国资本家为了更多的盘剥人民，擅自决定电车票涨价，围城白牌电车一面城加一个铜子，此事立即引起了全市各界人民的普遍反对。电车公司工人起而响应，在第三工会负责人张广兴的领导之下，发动电车售票员对乘客不卖票，白坐车，以这种方式反对提高票价。这次斗争前后坚持了十几天之久，最后取得了斗争的胜利，比国资本家被迫取消加价。”④

---

①《1949年4月30日访问郝久亭记录》，见天津市档案馆：《中共天津历史档案选编》，天津人民出版社2011年版，第570页。

② 陈铁卿：《津门旧事辑》，见《天津文史丛刊》第3期，天津市文史研究馆（市批准书号311），1984年版，第69页。

③ 中共天津市委党史资料征集委员会：《战斗在天津的共产党人》，天津人民出版社1991年版，第143页。

④ 高润：《天津早期电车工人斗争的回忆》，见《天津文史资料选辑》第29辑，天津人民出版社1984年版，第31、32页。

第十四章　挥笔历兵

1.《毛泽东年谱》中的于方舟

《毛泽东年谱》中有两处出现于方舟。

一处是1924年1月20日至30日："出席在广州召开的中国国民党第一次全国代表大会。中共党员李大钊等二十余人参加。大会由孙中山主持。通过了有共产党人参加起草的、以反帝反封建为主要内容的宣言以及新的中国国民党党纲、党章等，确定了孙中山的联俄、联共、扶助农工的三大政策。大会选举中央执行委员会，共产党人李大钊、谭平山、于树德为委员，沈玄庐、林祖涵（林伯渠）、毛泽东、于方舟、瞿秋白、韩麟符、张国焘为候补委员。"①

另一处是1925年11月7日："国民党中央执行委员汪精卫、谭延闿、谭平山、林伯渠、李大钊、于右任、于树德、王法勤、丁惟汾、恩克巴图，候补执委毛泽东、瞿秋白、韩麟符、于方舟、张国焘通电全国各级党部，指出林森等在北京西山召开所谓国民党一届四中全会为非法。通电说：根据三中全会决议，全国代表大会及中央执行委员会全体会议，'须

① 中共中央文献研究室：《毛泽东年谱》（1893—1949）修订本上卷，中央文献出版社2013年版，第119页。

在广州开会，无论何人不得违反决议’。”①

从共同当选国民党中央候补执委，到联名通电反对西山会议派，正如毛泽东以“子任”为笔名发表的《革命派党员群起反对北京右派会议》一文所指出的那样，他们均投入了一场“实乃继续革命与放弃革命之争”② ……

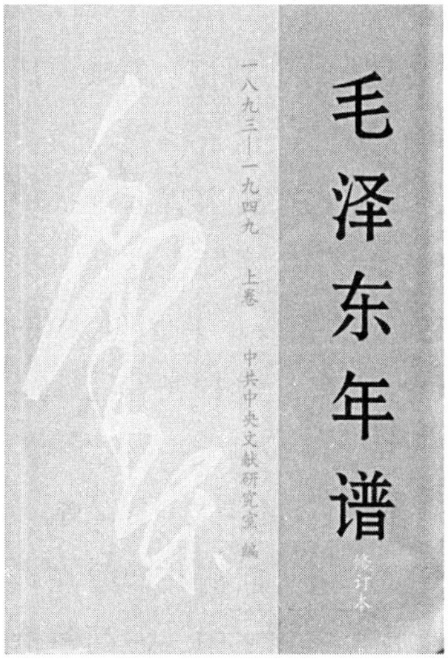

《毛泽东年谱》封面

“西山会议派”及国民党右派中各个派别的反共活动由来已久：

——早在1923年，国民党右派谢持、邹鲁、林森、张继等，就在北京组织了一个“民治主义同志会”，于国民党外另立派别。

——国民党改组后，他们又坚持反对孙中山的三大政策的立场，并于1924年6月提出一个《弹劾共产党书》。

——孙中山病危期间，冯自由等人在北京成立“国民党同志俱乐部”，公开反对广州革命政府，反对共产党。

——孙中山逝世后，西山会议派更加肆无忌惮地进行分裂活动，以国民党元老自居，极力散布分裂国民党和反对国民政府的言论，胁迫北京执行部召集中央执行委员会，遭到李大钊等人拒绝。③

——就在西山会议之前，国民党右派分子于10月25、26日两天，在林森、邹鲁等人的率领下，手持铁棒、木棍，直奔东城翠花胡同8号，企图强占国民党北京执行部和北京特别市党部。他们派人把守大门，把持电话，闯入办公室四处搜查，抢走北京执行部的小印一方，簿册若干种。由于中共北京党组织和国民党左派长期接受李大钊的教诲，对复杂的斗争局

① 中共中央文献研究室：《毛泽东年谱》（1893—1949）修订本上卷，中央文献出版社2013年版，第140页。

② 中共中央党史研究室：《中国共产党历史（第一卷）》上册，中共党史出版社2011年版，第151页。

③ 肖效钦：《中国国民党史》，安徽人民出版社1989年版，第146页。

势早有准备，已将重要文件和资料转移，右派阴谋未能得逞。

——西山会议派欲胁迫北京执行部召集中央执行委员会的企图遭李大钊等人拒绝后，曾打算在张家口召开会议，又为冯玉祥所拒。于是，由叶楚伧提议改在北京西山碧云寺召开。11 月 16 日，谢持、邹鲁、林森、张继、邵元冲、戴季陶等人在碧云寺集会，议决召开中执委全体会议，同时电告汪精卫、谭延闿等人。

——1925 年 11 月 23 日，国民党中央执行委员林森、覃振、石瑛、居正、邹鲁、石青阳、叶楚伧，候补委员邵元冲、沈定一、茅祖权、傅汝霖，中央监察委员张继、谢持、吴敬恒等 14 人，在北京西山碧云寺孙中山灵前，召开所谓“第四次中央执行委员会全体会议”。实际上这是一次未及法定人数（当时国民党中央执委、候补执委、监委委员共 51 人）的非法会议、分裂会议。会议由林森主持，共开会 22 次，到 1926 年 1 月 4 日方结束。①

——西山会议的中心议题是“解决共产派”问题：11 月 23 日的第一次会议，通过了《取消共产派在本党党籍的宣言》和《取消共产派在本党之党籍案》，宣言声称：“若共产党员长此隐混于本党之中，使两革命团体之党人因内部问题而纷扰决裂，致妨碍国民革命之进展，不若分之，使两党之旗垒斩然以命，各为其党之主义而努力奋斗。”并宣布：“凡共产党之加入本党分子，尽数取消其在本党之党籍”②；12 月 2 日的第四次会议，又通过了《开除中央执行委员之共产派谭平山等案》，宣布开除谭平山、李大钊、于树德、林祖涵、毛泽东、韩麟符、于方舟、瞿秋白、张国焘的中央执行委员、候补中央执行委员的职务；12 月 9 日，通过《总理逝世后关于反对共产派被开除者应分别恢复党籍案》；1926 年 1 月 4 日，西山会议又通过了《为取消共产派在本党的党籍告同志书》；此外，还宣布“解雇鲍罗庭在本党之一切职务”，对于当时还坚持联共政策的汪精卫，西山会议也作出了开除其国民党党籍 6 个月的决定……③

---

① 肖效钦：《中国国民党史》，安徽人民出版社 1989 年版，第 146 页。
②《顺天时报》1925 年 12 月3 日。
③ 王功安、毛磊：《国共两党关系史》，武汉出版社 1988 年版，第 118 页。

面对国民党右派连篇累牍的诬蔑、围堵、鼓噪、挑衅，于方舟从来没有弯曲过自己那坚挺的脊梁……

实际上，刚刚从广州参加国民党一大回到北方的时候，于方舟就在李大钊的领导下，开始了同国民党右派的斗争。

"在筹建国民党北京执行部的过程中，以石瑛为首的右派公开违背国民党一大的精神，排斥共产党人和国民党左派进入北方国民党的领导机构"。"中共北京组织联合国民党左派，及时采取措施，在京的国民党中央执行委员李大钊、于树德、王法勤、丁惟汾和候补中央执行委员韩麟符、于方舟、张国焘、傅汝霖等一起研究讨论，通过了有利于左派的三项决议……不仅使国民党右派的意图被全部否定，保证了共产党员、共青团员和国民党左派在国民党北京执行部之大多数的席位，绝大多数部长职位都由共产党人和国民党左派担任；而且肯定了在京的中央执行委员的地位和权威，使得以后的中共及国民党左派在北京执行部的领导权有了保障。"①

在天津建立国民党直隶省党部和天津市党部的过程中，于方舟亦坚持吸收信仰坚贞、立场坚定、意志坚强的同志加入。1924 年 7 月 6 日的《团天津地委大事记》中便有这样的记载："天津同志，于本团工作外，多任国民党工作，而地委诸同志全任国民党各种委员，天津国民党可说无他种势力在内。国民党省党部委员除本团同志外，皆为 C. P. 同志，以此进行甚利。"②

1924 年 8 月 15 日至 9 月 1 日，于方舟赴广州参加国民党一届二中全会，与瞿秋白、韩麟符等共产党员以及廖仲恺等国民党左派人士一起，同提交"弹劾共产党案"的国民党右派进行了针锋相对的斗争。

自粤返津后，于方舟在 10 月 19 日召开的天津团地委改组大会上，首先就"在粤开会情形及右派反动高潮"③ 作了报告。同时还有一项重要内

---

① 中共北京市委党史研究室：《李大钊与第一次国共合作》，北京出版社 1989 年版，第 85 页。

② 天津市档案馆：《中共天津历史档案选编》，天津人民出版社 2011 年版，第 8 页。

③ 天津市档案馆：《中共天津历史档案选编》，天津人民出版社 2011 年版，第 13 页。

容，即“在沪 C. P. 会议案及宣言的解释”①，依然谈的是国共合作问题。

“在沪 C. P. 会议案”，即 5 月 10 日至 15 日在上海召开的中共中央执行委员会扩大会议作出的《共产党在国民党内的工作问题议决案》。于方舟向大家介绍，上海会议分析了国民党左派与右派的矛盾斗争，批评了那种为维护国民党的统一而调和两派斗争的错误，正如《议决案》指出的那样：“照现在的状况看来，国民党的左派是孙中山及其一派和我们的同志——我们同志其实是这派的基本队；因此所谓国民党左右派之争，其实是我们和国民党右派之争。所以，假使现在我们因为巩固扩大国民党起见而取调和左右派的政策，那就是一种错误”。“我们应当用种种方法于思想上和组织上巩固左翼。”②

同时，上海会议还强调要注重宣传工作，只有通过宣传才能使国民党得到全国人民的拥护，中国共产党应该帮助国民党得到工人和农民的支持。

于方舟在报告中对“宣言的解释”，则是指 1924 年 7 月 7 日发表的由汪精卫、邵元冲主持起草的经国民党中央执行委员会第 41 次会议通过的《中国国民党关于党务的宣言》。

这一《宣言》针对弹劾共产党案中的谬论指出：“数月以来，党内党外，间多误会。以为已加入本党之共产党人，其言论行动，尚有分道而驰之倾向；于反对派得肆其挑拨，同志间遂于怀疑而发生隔阂。”

《宣言》郑重声明：“本党既负有中国革命之使命，即有集中全国革命分子之必要。故对于规范党员，不问其平日属何派别，惟以其言论行动能否一依本党之主义政纲及党章为断。”③

于方舟所作的这些理论培训和宣传教育工作，对后来欢迎孙中山北上抵津、建立国民会议促成会、宣传国民革命理论、推动国民革命运动的蓬勃开展均起了重要作用。正如蔡和森所指出的那样：“在北方做了民党改组的意义和民党改组后新政纲对于革命的意义的宣传，使北方知识分子及

---

① 天津市档案馆：《中共天津历史档案选编》，天津人民出版社 2011 年版，第 13 页。
②《中共中央文件选集》第 1 册，中共中央党校出版社 1989 年版，第 186、187 页。
③ 王功安、毛磊：《国共两党关系史》，武汉出版社 1988 年版，第 109 页。

一般民众改变以前对民党厌恶的观念，并且接近民党和倾向民党的态度，使民党的组织由南方推广到北方，全国都有新的革命组织，使全国民众意识都集中到民党的组织之下。”①

时间到了1925年底至1926年初，正是“西山会议派”在北京碧云寺大放厥词之际，与其近在咫尺的国民党直隶省党部内的右派亦闻风而动，质问于方舟、江浩、李锡九等人——是共产党领导国民党，还是国民党领导共产党——并要求召开全省国民党代表大会。

面对如此咄咄逼人的挑衅，“于方舟义正词严地指出，国共合作的基础是孙中山先生倡导的国民革命。至于党内谁领导谁的问题，首先看他是否忠实地执行孙先生首倡的联俄、联共、扶助农工的三大政策。”②

就在“西山会议派”大闹北京香山的那个寒风凛凛的严冬，毛泽东于12月1日在国民革命军第二军司令部编印的《革命》第四期发表《中国社会各阶级的分析》一文，强调：“谁是我们的敌人？谁是我们的朋友？这个问题是革命的首要问题。”提醒人们注意“那动摇不定的中产阶级，其右翼可能是我们的敌人，其左翼可能是我们的朋友——但我们要时常提防他们，不要让他们扰乱了我们的阵线。”③

在天津，于方舟也于这个年底多次提醒同志们：共产党是无产阶级先锋队，担负着消灭一切阶级剥削，解放全人类，实现共产主义制度的伟大历史使命。而国民党是代表几个革命阶级的联合组织，它有左派和右派，也有左右摇摆与投机的中间派，共产党参加国民党就是要帮助和影响它，使它真正成为各阶级的革命同盟，按照共产党的主张前进，否则就可能被其内部的右派所控制，变成反革命的党。④ 言辞之中，理直气壮，字字铿

① 蔡和森：《中国共产党史的发展（提纲）——中国共产党的发展及其使命》，见《中共党史报告选编》，中共中央党校出版社1982年版，第59页。

② 中共天津市委党史研究室：《中国共产党天津历史（第一卷）》，中共党史出版社2005年版，第120页。

③ 中共中央文献研究室：《毛泽东年谱》（1893—1949）修订本上卷，中央文献出版社2013年版，第141、142页。

④ 中共天津市委党史资料征集委员会：《中共天津党史大事记》，天津人民出版社1991年版，第92页。

锵，坦言共产党人在国共合作中，决不会泯灭自己的共产主义理想与信仰，决不会更改自己的无产阶级先锋队的性质与使命……

理论上有这样的阐述，实践上也有这样的行动。

1926年1月17日，国民党天津市党部召开全体党员大会，到会200余人，大会由辛璞田主持。于方舟、江浩报告天津市党部的党务工作，并在报告中分析了形势和帝国主义、反动军阀与人民革命力量的消长。大会选举产生了新的、均由共产党员组成的国民党天津市党部领导机构。辛璞田当选为常务部长，杨衡南为组织部委员，郑重谋为宣传部委员，赵达为妇女部委员，于兰田为青年部委员，安幸生为农工部委员。①

为了给国民党右派破坏统一战线的活动以更为有力的回击，于方舟、江浩等决定首先在天津秘密召开全省共产党员代表和天津国共两党党员会议。会议期间，建立和健全了各县的国民党党部，确定了县代表的推选办法和名额，为全省代表大会的召开奠定了基础。

1926年3月10日，国民党直隶代表大会在天津召开。会上，于方舟作关于《政治现状的决议案》（草案）的报告，阐明了共产党关于统一战线的方针。会议通过了开展工人、农民、青年、妇女、商民等群众运动的决议案，选举于方舟、江浩、李锡九、王积衡、李希逸、吕职人、翟少痴、叶善枝、江韵清等九名共产党员为国民党直隶省党部委员。这次会议的成功召开，粉碎了国民党右派通过这次会议改组省党部、排挤共产党员的图谋，使直隶省、天津市及全省120个县的国民党党部的领导权均掌握在共产党的手中。②

张明远在回忆这段历史时说：西山会议后，“国民党直隶省党部的右派也提出要召开党代会，改组省党部，企图把于方舟等共产党人排挤出去。为了维护两党的团结，于方舟作了大量的工作，在1926年初召开的国民党直隶省代表大会上，得到绝大多数代表的支持，当选为新省党部的

---

① 中共天津市委党史研究室：《中国共产党天津历史（第一卷）》，中共党史出版社2005年版，第120页。

② 中共天津市委党史研究室：《中国共产党天津历史》，中共党史出版社2005年版，第120页。

常务部长，并且通过了关于开展工、农、青、妇运动的决议，从而粉碎了国民党右派的阴谋，使直隶省的国民党组织继续沿着革命方向前进。”①

对于共产党人能够拥有如此势不可挡的神勇之力，一年之后背叛革命的蒋介石曾万般无奈地说：“共产党徒寄生本党，以数量言，当不逮本党同志二十分之一，然彼常能以少胜多，操纵如意者，其组织之严密胜于我，其党员尊重纪律亦过于我也……无如本党同志多不耐严格之训练，往往视党章为具文，甚或不知党章之所制定者究为何事，而各级党部乃徒为跨党分子垄断党务之工具，此最可痛心者也。”②

就在蒋介石于《清党之意见》中慨叹不已时，国民党元老级人物、时为国民党中央组织委员会负责人的胡汉民也在《清党之意义》中发出一声叹息：“我常常想，中国共产党不过是五六岁的乳臭小儿，中国国民党却正当壮年，经验丰富，有作为之年；论份子，中国国民党多他百倍；论势力，中国国民党也大他百倍。为什么倒被这个小鬼捣乱得乱纷纷呢？归根结底还是因为对于主义没有彻底的了解，故没有坚决的信仰，所以也生不出一种力量来抵抗引诱和威迫……这样的党如何能不坍台？”③

在他们高举屠刀却色厉内荏的悲叹之中，不正可看出于方舟等中国共产党人那坚定的理想信念、崇高的精神追求，会迸放出何等令人无法想象的伟力与效率……

2. 大革命中的天津声音

1925 年 7 月 13 日，中共中央调邓颖超赴广东工作。中共天津地委妇女部长由江韵清继任，天津各界联合会主席由辛璞田继任。④

① 张明远：《缅怀先烈，继往开来——纪念于方舟同志英勇牺牲 60 周年》，《人民日报》1988 年 2 月 25 日。

② 蒋介石：《对于第二期清党之意见》（1927 年 5 月），中国国民党中央执行委员会秘书处档案，中国第二历史档案馆藏。

③ 胡汉民：《清党之意义》，《中央半月刊》第二期，1927 年 7 月 1 日。

④ 中共天津市委党史资料征集委员会：《中共天津党史大事记》，天津人民出版社 1991 年版，第 77 页。

于方舟知道，自己的挚友周恩来已于1924年7月从欧洲回国，担任中共广东区委委员长，不久即调任黄埔军校政治部主任，1925年初周恩来随军东征，讨伐趁孙中山病重之机进犯广州的陈炯明。在国共两党的密切合作之中，终于实现了广东革命根据地的统一，1925年7月1日，广州大元帅府正式改组为中华民国国民政府，从而为举行反对北洋军阀的北伐战争建立了可靠的后方基地。

于方舟还知道，周恩来和邓颖超两位战友已建立了恋爱关系。自己的女儿文郁如今都已经两岁多了，于方舟自然也希望他俩能早些团聚。虽然，此时刚刚改任地委组织部长的他，深知北方和天津非常需要邓颖超这样的同志，但还是毅然送别了这位自五四运动以来并肩战斗了7年的亲密战友，请她捎去对周恩来的挂念与问候，盼望他们能够一路北伐打回来，盼望能够与他们会师在海河之滨，北京城头……

然而，一个月后，天津的工人运动却突遭不测。高潮迭起的革命运动引起了帝国主义、军阀和买办资本家的极度恐惧和疯狂镇压。

8月12日，参加几大纱厂同盟罢工的千余名工人遭到1600多军警的镇压，20余人被杀，100余人受伤，400余人被捕。参加海员罢工和码头罢工的2000余名工人遭驱散。天津总工会、各界联合会、学生联合会等爱国团体遭查封。于方舟的那些自五四运动便一路并肩战斗过来的战友安幸生、辛璞田、吕职人、李散人、李希逸等纷纷被捕入狱，生死未卜，党的组织遭受严重损失……

9月11日，中共北京区委派粟泽来津担任中共天津地委农工部长，协助李季达恢复党组织。月底组成了新的天津地委，李季达任书记，粟泽任组织部长，职工运动由李培良、卢绍亭负责，江韵清主持妇女部工作，于方舟则改任国民运动委员会书记兼宣传部长。①

于方舟担任地委宣传部长的时候，正是中国共产党自成立以来最为重视宣传工作的时期。

---

① 中共天津市委党史资料征集委员会：《中共天津党史大事记》，天津人民出版社1991年版，第86页。

在1925年初召开的中共四大上，“中央执行委员会选举陈独秀、彭述之、张国焘、蔡和森、瞿秋白组成中央局。中央局决定：陈独秀任中央总书记兼中央组织部主任，彭述之任中央宣传部主任，张国焘任中央农工部主任，蔡和森、瞿秋白任中央宣传部委员”①。

2015年召开的“纪念中共四大90周年学术研讨会”上，有学者认为：“中央局担任宣传工作的成员3人，占中央局成员总数的60%。这在党的历史上是从未有过的”；“中共四大宣传部的力量，是建党以来最强的，机构也是最健全的”；四大以后“党从中央到地方都加强了宣传部门的领导力量”②。

正是在这种形势下，于方舟担任了中共天津地委宣传部长，又肩负起党的宣传工作。

虽然两年后于方舟担任中共顺直省委组织部长时，彭述之恰也担任中共顺直省委的宣传部长，二人曾有短暂的共事时间，但1925年9月的时候，两人还从未谋面。于方舟只知这位中宣部部长比自己大五岁，理论造诣很深，在莫斯科东方大学时是“旅莫支部”负责人之一，1924年6月出席过共产国际五大，8月作为旅莫支部代表回国，参加中共四大的筹备工作，并主编中共中央机关报《向导》和党的理论杂志《新青年》。对于中宣部的另外两位负责人，于方舟尽管比较熟识，但也知道他们都有过在国外学习的经历，蔡和森是旅法勤工俭学最早的马克思主义者，瞿秋白在莫斯科东方大学时则是彭述之、刘少奇、任弼时等人的俄文和政治经济学课程的教员。面对理论功底如此深厚的中央宣传部人员构成，于方舟深感，中央的要求标准甚高，天津的宣传工作任重道远，必须多做创造性的工作。

今天，著名的天津古文化街北口，是东北角天津解放广场。

在镌有“解放广场”四个镏金大字的纪念碑基座上，塑有两名威风

① 中共中央党史研究室：《中国共产党历史（第一卷）》上册，中共党史出版社2011年版，第127页。

② 李蕙芬：《中共四大与党的宣传工作》，《力量之源——纪念中共四大90周年学术研讨会论文集》，上海人民出版社2015年版，第229页。

凛凛的解放军战士雕像，一名正在吹响冲锋号角，另一名则高举长枪，仿佛正在高声呐喊着冲向前方……

然而，在1925年的时候，这里却是一幢有着23间住房的三层楼房——大东旅社。

这“是当年奉系军阀李景林的旅社。1925年12月至1926年3月，正处在第一次国共合作时期，这里曾是天津党组织的一个公开的重要活动基地。当时，许多革命组织和群众团体的总部都设在这里。”①

李景林，直隶枣强人，保定讲武堂毕业。历任黑龙江督军署参谋长、参战军团长。1921年任奉天第七混成旅旅长。1922年任奉天陆军第一师师长。1924年第二次直奉战争时，任奉天第二军军长，同年11月任直隶督办兼省长。1925年五卅惨案发生后，天津日商裕大纱厂工人举行罢工斗争，在日人唆使下出动军警对工人进行镇压，造成数十人被屠杀、数百人被逮捕的惨案。同年12月被国民军冯玉祥部击败，在天津日本驻屯军小泉司令官庇护下，乘船赴大连经青岛往济南。②

李景林是在国民革命军进驻天津后放弃这座旅馆的。但是，令这些军阀没有想到的是，还在他们占据这里时，负责中共天津地委宣传工作的于方舟却已将这里作为反面教材，暗中邀请一些社会人士前往参观，以揭露反动军阀丑陋腐败的罪恶本质，启发他们对反动军阀起而反之的觉悟。这从天津达仁女校校长马千里的日记中可见其宣传效果：

1925年9月19日

晚同张励臣、王右轩、孙子贞到东北城角大东旅馆参观公开之鸦片烟馆。早有风传省署张秘书长（同礼），军署督办处李处长，天津警察厅丁厅长（振芝），天津县张知事（仁乐），还有几个有势力的人，每人一千元开的旅馆，租给开烟馆的，在那里随便开灯，包管无人干涉，在那里买出烟来准不致犯案。我到各屋窗外参观了半点多钟，各屋总有一二百个烟

① 中共天津市委党史研究室：《红色印迹》，中共党史出版社2007年版，第69页。
② 李克简、朱其华：《天津全书》，天津人民出版社1991年版，第718页。

鬼，这种生意真是发财。我看见真要把肚子气破！①

五四运动中，担任天津各界联合会副会长、抵制日货委员会主席的马千里，曾与于方舟共同炼狱170天。出狱后，创办《新民意报》，任总编。那时，于方舟同马千里也曾合作。据觉悟社成员谌小岑和省立一中的刘家狻回忆，在马千里主编的《新民意报》上“秦丰川和于方舟等主编的《丰台》、《向明》等副刊，也是宣传马克思主义的学术性刊物”②。虽然，《新民意报》已于1925年1月停刊，但具有办报经验以及具有同报人合作经验的于方舟，还是通过创办各种报纸，让天津在大革命中发出了自己的声音。

“1925年12月23日，冯玉祥的国民军攻入天津，国民军第三军军长孙岳出任直隶军务督办兼省长。通过共产党人于方舟的引荐，周拂尘见到了孙岳。孙赠现款1000元，并将没收的原《河北日报》印刷厂拨给《华北新闻》。”③

周拂尘是《华北新闻》的现任主办，而《华北新闻》又曾是北洋政府出资创办的报纸。那么，作为中共天津地委宣传部长的于方舟为何会千方百计地帮助这张报纸？他和《华北新闻》及周拂尘之间又有着怎样的关联和故事呢？

原来，创刊于1921年4月1日的《华北新闻》，是由北洋政府大官僚、奉系背景的张弧出资，曾任上海《新闻报》主笔的钱芥尘主办，“礼拜六”派的名人包笑天为总编辑，曾任上海《申报》主笔的孙东吴为总主笔。日出对开三大张，发行数字达到了3000份，直接威胁到当时号称天津第一大报的《益世报》。然而，刚刚办了一年，1922年4月第一次直奉战争爆发，奉系失败，奉系的梁士诒内阁倒台，身为财政总长的张弧失势，《华北新闻》亦成“树倒猢狲散”之势，急于脱身的钱芥尘便将报社

---

①《20世纪初天津爱国教育家马千里先生》，天津市政协文史资料研究委员会，1985年版，第123页。

② 谌小岑：《孙中山先生北上和〈新民意报〉》、刘家狻：《回忆〈新民意报〉》，见《天津文史资料选辑》第96期，天津人民出版社2003年版，第112页。

③ 董效舒：《天津〈华北新闻〉报》、周拂尘：《我和〈华北新闻〉》，见《天津文史资料选辑》第96期，天津人民出版社2003年版，第118、119页。

无偿让与华北通讯社的周拂尘。

周拂尘是五四运动时天津各界联合会新闻界代表，同于方舟、刘清扬、江浩等人联系密切。孙中山北上到天津时，周曾随各界代表到码头欢迎。翌晨，孙中山的代表汪精卫即访问《华北新闻》报社，赠送孙中山的著作《三民主义》《建国方略》《建国大纲》。周拂尘还随于方舟、江浩、李锡九等一起到张园晋谒孙中山先生。

周拂尘接办《华北新闻》后颇有创新，增办晚报《四点钟》，快速报道当日消息，风行一时。每到下午4点钟，报贩和读者即聚集在报社门口等候出报。出报之前，编辑部把当日重要新闻标题用大字书写，张贴在报社门前，吸引众多围观者熙熙攘攘，奔走相告。

1925年4月，于方舟曾介绍周拂尘加入国民党，在担任中共天津地委宣传部长后，更加强了与周拂尘的联系，以便让《华北新闻》和《四点钟》这两份报纸在轰轰烈烈的大革命中充分发挥作用。

首先，于方舟请周拂尘加紧联络王德鹏。

王德鹏何许人也?

他就是后来大名鼎鼎的《大公报》社长王芸生。

王芸生原名德鹏，天津人，“原为外商企业职员，1925年出任‘天津洋务华员工会’宣传部长，主办油印的《群力报》，鼓动爱国情绪”①。

为什么要联络王德鹏?

原来是让“周拂尘聘请时任国民党天津市党部宣传部长的共产党员王德鹏（王芸生）为《华北新闻》写社论”②。

这样，就可将话语权牢牢掌握在党的手中，确保能够在天津发出国民革命运动的主流声音。

我曾听奶奶讲过她和爷爷在北京见过王芸生的事情。我当时虽不知王芸生为何许人，但通过奶奶的讲述，可知是曾外祖父于方舟的生前好友。

---

①《近代天津报人小志》，见《天津文史资料选辑》第96期，天津人民出版社2003年版，第181页。

② 董效舒:《天津〈华北新闻〉报》，周拂尘:《我和〈华北新闻〉》，见《天津文史资料选辑》第96期，天津人民出版社2003年版，第118页。

在中共天津市委党史研究室纪念于方舟牺牲80周年的文章中曾有这样的描述："于方舟想方设法把党的文件、报刊和宣传品，巧妙、及时地送到直隶省广大农村，促进了当地农民运动的兴起和农会组织的建立。"①

而这种"巧妙、及时"的秘密管道之一，竟然是一种最公开的方式！

这的确是一个大胆的创造——"外地共产党组织的宣传材料有些径寄《华北新闻》发表。国共合作的国民党直隶省、天津市党部的消息多在《华北新闻》发表，并经由华北新闻社转发各报。"②

然而，《华北新闻》的进步性和革命性还是引起了军阀李景林的仇视，他照会法国驻津领事，要求将《华北新闻》的周拂尘逮捕引渡。

于方舟得知此讯后，立即告知周拂尘。

周拂尘紧急避居马大夫医院，即今大沽北路的天津口腔医院。

但是，报纸毕竟已迭经摧残，经济上几乎濒临绝境，晚报《四点钟》只得暂停，日报《华北新闻》勉强维持。

于是，国民军进入天津后，于方舟立即帮周拂尘向国民军寻求支持。

时隔不久，《四点钟》终于改名《华北晚报》出版，进步报刊又可为天津的大革命继续发声了。

除利用原有的报纸为大革命中的天津广造舆论之外，于方舟还以极大精力投入天津地委自行创办的报纸中。

吕职人在《于方舟同志革命的一生》中回忆到："为了加强扩大宣传工作，地委决定出版两个报刊，一是《工人小报》，一是《救国报》。《工人小报》内容通俗，主要报道国内外工人运动动态、天津地方工人活动情况、国内外政治新闻及社会主义浅说等。赵世炎同志在天津期间，每晚亲自看版样。《救国报》是南开中学教员黄琴父（党员）和教育界进步师生集资创办的三日刊，主要对象是各阶层广大群众，内容以国内外政治新

---

① 中共天津市委党史研究室：《愿做方舟渡众生——纪念于方舟烈士牺牲80周年》，《天津日报》2008年1月21日。

② 董效舒：《天津〈华北新闻〉报》，周拂尘：《我和〈华北新闻〉》，见《天津文史资料选辑》第96期，天津人民出版社2003年版，第118页。

闻、国民革命进展情况、各地群众运动为主，并辅以时事评论、理论浅说、文艺杂谈等。《救国报》由方舟同志负责看版样。这两份报刊在广大群众中都曾产生了很大的影响。另外，还有一个《群力》小报，是由王德鹏（即王芸生）、张锦城等自动筹备，并得到方舟同志的协助而出版的，在群众中也产生了一定的影响。”①

这一时期的天津宣传工作，尤其是党的新闻出版工作，不仅得到李大钊的赞赏，甚至得到共产国际的认可。

1998年，中国的党史工作者在俄罗斯国家社会政治历史档案馆发现了一份标有“绝密”字样的文件——李大钊《就1926年第一季度中共北方区委的工作同共产国际执行委员会情报处工作人员的谈话》。

原件没有标明日期，但有收件日期，为“1926年6月30日”。其中提到：“出版工作顺利进行（北京、天津、张家口）所有刊物发行量增加，传播范围扩大。”②

共产国际在收到这个报告之后，立即将其中的内容引用到《关于中国共产党在华北的工作》一文中。③

3. 津门革命第一枪

马千里长于方舟15岁，同于方舟、周恩来、邓颖超都是亦师亦友的忘年交。

就马千里的年龄、阅历而言，40岁的他定当不惑。

然而，1925年冬天的一则日记中，他却极为罕见地对时局发出了“奇怪”的感叹：

“1925年11月25日。今天新闻太奇怪了，奉系内部发生变化，郭松龄联冯实行独立。郭部驻在军粮城、芦台、玉田、丰润、唐山、滦州一

① 吕职人：《于方舟同志革命的一生》，见《天津文史资料选辑》第23辑，天津人民出版社1983年版，第22页。

② 中共唐山市委宣传部：《李大钊诗文选读》，红旗出版社2004年版，第321页。

③ 中共唐山市委宣传部：《李大钊诗文选读》，红旗出版社2004年版，第322页。

带，共有兵力计第四师、第五师、第六师、炮二旅等共4万余人。李景林亦宣布独立。”①

对于马千里先生备感奇怪的这条新闻，《中国共产党历史》是这样介绍当时的历史背景的：“这时，奉系已取代直系成为北洋军阀中占支配地位的势力。张作霖同段祺瑞相勾结，操纵北京政府……1925年冬至1926年初，北京、上海、南京、汉口、开封等地相继爆发反对奉系军阀和段祺瑞政府的群众示威活动……在李大钊的推动下，奉军将领郭松龄与冯玉祥达成联合反奉密约。1925年11月23日，郭松龄在滦州通电反对张作霖，将所部改称东北国民军，迅速回师占领山海关、锦州、新民等地，直逼沈阳。张作霖措手不及，处境岌岌可危。”②

至于“郭松龄与冯玉祥达成联合反奉密约”的缘起与细节，冯玉祥自己是这样描述的：

1925年的秋天，日本举行秋操，约请国民军和东北军前去参观。我们国民军选派军官七八人，以韩复榘为领袖；东北军方面领队者则为郭松龄氏。两方面人员到了东京，同住在一处。却说这位郭松龄虽然列身奉系，为人却是忠正而有血性，目睹国内情状、国际处境，对于张作霖骄横恣纵、殃民祸国的行为，久怀不满之心。

一天郭找韩复榘密谈，说有一件稀奇特别的事，不知可不可以相告。原来这次他被奉派到日本之后，日本参谋本部就有一位重要职员跑来访问，问他这次来日本是否还兼有代表张作霖与日签订密约的任务，他茫然不知所谓。那位重要的职员也就蹒跚地走了。但郭却把此事放心不下，百般探听，才知道最近奉方拟以承认21条为条件，商由日方供给奉军军火，进攻国民军。这个密约已经完全商洽成熟，最近奉方致电日本，说签字代表已经动身，即日可到东京，正式立约云云。恰巧郭于此时来日参观秋操，日方即以为郭是奉张派来的签字代表。其实签字代表乃于冲汉，迟到

① 天津市政协文史资料研究委员会：《20世纪初天津爱国教育家马千里先生》，1985年版，第124页。

② 中共中央党史研究室：《中国共产党历史（第一卷）》上册，中共党史出版社2011年版，第161、162页。

了数日。

郭松龄查悉了这件害国殃民的阴谋，一时激于义愤，不可遏制，便毅然把全部密约条文，对韩复榘坦白说出。当时他愤慨地说道："国家危殆到今日这个地步，张作霖还不惜为个人权利，出卖国家。他这种干法，我无论如何也不能苟同的。我是国家的军人，不是某一个私人的走狗，他若真打国民军，我就打他。"

这回的讨奉战争是民国14年11月22日发动的。揭幕是郭松龄拍发了一个通电，列数奉张祸心，请其下野，以谢国人。措辞极为痛快淋漓。原来他从日本观操后回国，即住在天津的法国医院里。等到他的代表从包头回去，报告我对于他所提各项已经同意签字，他即出院，到滦州召开一个军事会议……把队伍迅速编成四军，星夜向关外挺进……①

郭松龄倒戈之际，冯玉祥所部国民军也挥师进逼天津。

"12月上旬，为了配合国民军攻打天津，筹备国民军攻占天津后的有关事宜，江浩遵照中共北方区委的指示由北京秘密返津，任中共天津地委国民运动委员会书记。"②

于是，便有了马千里1925年12月11日在日记中提到的一次会晤："江著源（江浩）、于兰渚（于方舟）来谈，欢迎国民军大游行事。"③

马千里提到的这次游行于半个月后如期举行了。

"12月26日，中共天津地委以国民党天津市党部的名义组织游行、张贴标语，散发传单，号召各界群众'团结起来，欢迎为民众利益而战的国民军，督促国民军革命到底'，动员群众踊跃参加国民大会，欢迎国民军，以'表示真正民意'。"④

于方舟为筹备这次"群众踊跃参加的国民大会"作了精心准备。

---

① 冯玉祥：《我的生活》，世界知识出版社2006年版，第352、353、354页。
② 中共天津市委党史研究室：《中国共产党天津历史（第一卷）》，中共党史出版社2005年版，第113页。
③《20世纪初天津爱国教育家马千里先生》天津市政协文史资料研究委员会，1985年版，第124页。
④ 中共天津市委党史研究室：《中国共产党天津历史（第一卷）》，中共党史出版社2005年版，第115页。

就在26日大动员的同时，他还在《益世报》上发布了召开国民大会的公启："订于本月27日下午2时，在宫北玉皇阁乙种工业学校先开国民大会筹备会，各团体及各界人士，请即推举代表，届时到筹备会，共同筹备一切为盼。"①

接着，他便于第二天主持了这次筹备会，并在会上阐述国民大会的意义和筹备情况。当时的报纸曾有这样的原始报道："到会30余团体代表50余人，公推于方舟主席。一、主席说明发起国民大会之意义：1. 欢迎国民军。2. 欢迎被拘代表。3. 国民实行主人翁职权：奉系军阀到处苛捐募敛，摧残人民；国民军为民众谋利益，打倒奉系，以人民当表示欢迎，并督促国民军打倒媚外、残民之军阀及外人在中国一切势力，打倒帝国主义，取消不平等条约。各团体代表因救国被捕，受数月痛苦，尤应欢迎，开国民大会，表示真正民意，并组织民意政府云云。二、主席报告发起之经过：略谓发起人18团体，现已达30余团体，以后与各团体协商进行云云。"②

由此，中共天津地委从1925年底至1926年3月下旬，利用国民军进驻天津的有利时机，恢复发展党的组织和进步群众团体，积极开展革命活动，使天津革命形势出现了明显好转。

国民军是12月23日向奉系的天津守军发起总攻的。

正如马千里在日记里所写："夜三点半醒，忽闻炮声大而紧，窗玻璃皆被震动作响，见人皆有喜色。据人云系在汉沟、韩柳墅等处。新天津小报已出号外，北仓为国民军占领，李（景林）退宜兴埠，西路杨柳青亦失败，东路亦退出军粮城。"③

当时的马千里可能并不知道，就在这激烈的枪炮声中，也有天津第一支革命武装队伍——"工人别动队"——打响的"津门革命第一枪"：

——当国民军主力尚在天津市区外围激战时，天津市内的工人别动队

---

①《益世报》1925年12月26日。

②《益世报》1925年12月29日。

③ 天津市政协文史资料研究委员会：《20世纪初天津爱国教育家马千里先生》，1985年版，第124页。

得知国民军一部从廊坊以南进攻北仓，即向敌人发起了进攻。

——工人别动队分几路攻打奉军。其中刘格平率领的一路从日租界旭街豪福洋行大院出发，经东南城角、东马路向北冲，过大胡同南口，一直打到督察署。

——工人别动队攻占督察署后，随即又占领金钢桥，卡住敌人联系的咽喉，进一步打乱了他们的部署。每路的攻击都是利用汽车一边前行一边射击，敌人在这突如其来的打击下惊慌失措，便缴了枪。

——城内已被占领的消息传到前线，敌人更是惊恐万分，于是整连整排地投降。

——国民军乘势前进，很快便开进市区。

——战斗结束后，工人别动队共缴获3700多支枪，许多马匹和三门山炮，还有几十箱银元。①

这支突然现身天津闹市、能够打响“津门革命第一枪”的“工人别动队”，总不会是“神兵天降”吧？

那么，它又是从何而来的呢？

原来，天津的第一支革命武装队伍，是于方舟发起创建的……

于方舟早在1924年1月出席国民党第一次全国代表大会时，便开始重视军事工作和武装斗争了。

“国民党一大正式议决创办陆军军官学校。这所军校因设在广州附近的黄埔岛上，故亦称黄埔军校。1924年5月，黄埔军校开学。”“黄埔军校是一所国共合作的学校。中国共产党十分重视黄埔军校的工作，从各地选派大批党、团员和革命青年到军校学习。”② 正如周恩来回忆的那样：“当时黄埔军校有六百学生，大部分是我党从各省秘密活动来的左倾青年，其中党团员五六十人，占学生的十分之一。”③ 有资料显示：“毛泽东

---

① 中共天津市委党史研究室：《中国共产党天津历史（第一卷）》，中共党史出版社2005年版，第114页。

② 中共中央党史研究室：《中国共产党历史》（第一卷）上册，中共党史出版社2011年版，第118、119页。

③ 中共中央文献编辑委员会：《周恩来选集》上卷，人民出版社1980年版，第115、116页。

参加国民党‘一大’后到上海，负责对长江流域和北方各省转来的考生进行秘密复试和转送的工作。”①

当时，作为有着国民党中央候补执行委员、国民党省市党部负责人和中共天津地方执行委员会负责人多重身份和推荐资格的于方舟，便极为认真地投入了对黄埔军校学生的选拔、推荐工作。

打开中国黄埔军校网，可以看到一份原载于《黄埔军校研究》的《黄埔一期学员入学背景情况》详实名单表。作为一份珍贵的历史档案，该表格显示，李大钊、毛泽东、恽代英等都曾担任“入学军校介绍人”，譬如一期一队 55 号学员蒋先云的入学介绍人就是毛泽东和夏曦。

这份历史档案显示，黄埔一期学员由于方舟担任“入学军校介绍人”的共有七名。他们是：黄埔一期一队的 2 号学员何盼、3 号学员杨其纲；黄埔一期二队 4 号学员江震寰、118 号学员白海风、122 号学员张隐韬；黄埔一期四队 20 号学员宋文彬、94 号学员荣耀先。②

其中，杨其纲、江震寰、白海风、张隐韬、荣耀先五人是共产党员，该档案资料显示了他们的简况：

——杨其纲，生于 1900 年，直隶衡水徐家庄人，通信处为津浦路德州西冀县官道李镇庆和成号，保定育德中学毕业，北京世界语专门学校肄业，毕业后任黄埔军校政治部党务科长兼政治教官，1927 年大革命失败后遭反革命屠杀。另据成文于 1929 年的烈士传记《杨其纲事略》载：“其纲是直隶人。毕业黄埔军校第一期，在黄埔任政治部宣传科长，异常勤奋，同学同事咸敬畏之。1927 年 3 月蒋介石叛变，惨杀黄埔革命青年，其纲乃遭枪决。”③

——江震寰，生于 1903 年，直隶玉田县刘家桥村人，通信处为北京崇文门内美国同仁医院王锐铮先生转，直隶省第三示范学校毕业，1927 年任天津团地委书记时被奉系军阀杀害。

---

① 王功安、毛磊：《国共两党关系史》，武汉出版社 1988 年版，第 74 页。

② http：//www. hoplite. cn/Templates/hpshshwx0061. html.

③ 中央档案馆：《革命烈士传记资料》，中共中央党校出版社 1983 年版，第 343 页。

——白海风，蒙族名都固仁仓，生于1899年，内蒙古卓索图盟喀喇沁右旗人，通信处为热河建平县业柏寿北三家，本旗高等小学毕业，热河师范学校修业两年，后为整编骑兵第二旅少将旅长，1956年去世。

——张隐韬，生于1901年，直隶南皮县城东赫家马村人，县立中学肄业。令于方舟倍感痛惜的是，张隐韬1926年组织指挥津南农民起义中牺牲时年仅25岁。而令于方舟颇为欣慰和骄傲的是，张隐韬在黄埔军校参加东征时，曾在著名的“淡水攻城”中加入“敢死队”，威名远扬。当时，“黄埔军首次参加作战，缺乏攻城经验，而敌人虽弱却有坚城和优越的地势之利。蒋介石根据苏联顾问建议，决定成立奋勇队（敢死队）。奋勇队由官长10人和士兵100人组成。10名官长中，2名是国民党员，即营党代表蔡光举、连党代表冷欣，其余的均是中共党员，即连代表刘畴西、彭干臣、张际春、游步仁、李奇中、张隐韬、李汉藩等。”①

——荣耀先，生于1895年，内蒙古归化土默特旗人，通信处为归化城土默特高等小学校转交，本地高等小学、中学及归化城土默特高等学堂（启运书院）毕业，北京蒙藏专门学校肄业一年，后为第一军第三师第七团团长，1928年去世。

天津的党史研究工作者在《中国共产党天津历史上的第一：第一支革命武装力量》中写到：“1925年，为响应中共中央和中共北方区委的号召，有力开展‘反奉倒段’运动，中共天津地委指派袁子贞、刘格平购买枪支、弹药，在市内建立了由300余人组成的天津工人别动队，有力策应了国民革命军攻占天津，这是党在天津建立的第一支革命武装力量。”②而关于在天津创建“工人别动队”的过程，刘格平在回忆文章中是这样讲述的：

——1925年春，正是要准备组织工农，扩大共产党影响时，奉军李景林率部占据天津。

我在法国教堂旁一所平房里见到于方舟，我向他表示愿意到河南的国

① 王功安、毛磊：《国共两党关系史》，武汉出版社1988年版，第82页。

② 张振勇：《中国共产党天津历史上的第一》，《支部生活（老干部）》2016年第6期，第21页。

民二军去活动。

他听后当即表示："我们可以介绍你去和那里的党团联系。"紧接问我："那里你有什么关系吗?"

我说可以去找。

他又问："去那你有什么打算?"

我说要组织武装力量，配合国民军打倒奉军。

他听后很高兴，并明确地说："现在全国最大的军阀是张作霖，兵力30多万，在关内有10多万，他是坚决反对共产党的。国民军反奉战争是一个进步行动，它配合了南方的国民革命，在国民军管辖地区，我们党可以半公开或者秘密的活动，这将对我们党的发展是有利的。"

于方舟同志这次并为我开了转给河南省党团组织的关系信，并和我亲切握手告别。

——我到河南后，找到天津早期共产党员、我入团介绍人张隐韬同志，当时他受南方党组织派遣在国民二军搞军运工作。

我俩商定一起去新乡国民二军二师四旅史可轩部。因史可轩比较进步(后来他加入中国共产党)，曾向河南党组织要共产党员到他的旅部去工作。

——我俩去后，史可轩十分重用，更赞同我们反对奉军的主张。

经组织研究，决定我去天津，在党的帮助与领导下组织武装，响应国民军进攻天津，搞工人武装起义。

决定张隐韬带一部分武装插到天津南郊占据阵地扩大力量，搞农民自卫军起义。

然后，我俩在津南会师，再与史可轩旅部汇合，在天津以南形成一股革命武装力量。

——我到天津按照于方舟同志事先给的联络地点找他。

我把来意说清后，他说："完全支持。上级党已告诉我们，北方将有一场反对奉军的军事行动。我们要积极发动组织群众，响应这个行动。"他还说："五卅运动时，英日帝国主义和奉系军阀相勾结，极力破坏天津的运动，逮捕了一些反帝运动的领导人。天津人民恨透了奉军，只要把工作做好，天津人民会高兴参加，配合反对奉军。”

——1925 年 10 月，我带了警卫副官，化装从河南新乡进入天津。

我们一行持着河南党给的介绍信，正式见到中共天津地委负责国民运动的委员于方舟和江浩、李锡九等同志。

我说这次来是要指挥天津的暴动，请求天津党组织给予帮助和领导。几位领导人听了都很高兴。

于方舟同志说：“没有问题。我们一定尽量做。”

大家坦率地交换了情报和意见。还约定我们转天去张庄大桥义庆里四十号进一步磋商。

我等按时到达，在那还见到江震寰等同志。

于方舟同志专门给我们介绍了天津总工会负责人袁子贞同志，并嘱咐他要负责帮助我们动员组织工人群众。

我提出最好能动员能持枪作战青年工人二、三百人，待集中后还要进行专门军事训练。袁子贞同志表示说：我要积极从各方面去联系。

——天津党组织还确定于方舟同志直接和我联系并参与组织领导。

——此后，我又找了国民二军驻天津办事处主任彭季强，他也允诺再招募一些人和枪支。在各方协助下，没多久，集合了三百人开始军训。

——在紧张准备的一个月里，我与于方舟的接触就更多了。他对我教育很大，遇事果断、有魄力。他对建党建团和宣传组织群众等工作有丰富的经验，确实能把马列主义和实际情况结合起来。他虽不专门搞军事工作，但在战略和军事分析上都有独特的见解。

——行动的日子终于来临了。

1925 年 12 月 23 日晚，国民军发起总攻。

我们 300 多人的工人武装，乘卡车冲出日租界，从东马路往北，直插到大胡同同奉军李景林侄子李书凤的督察署，较顺利地占领金钢桥。

我带着部队和袁子贞冲到北大关西马路、西南城角。打了一天一夜，奉军溃散下来，被我们缴获大批枪炮、马达，其余大部奉军向山东溃退。

——由于我们在天津里边策应，国民军顺利地进驻了天津。于方舟同志带着我党和国民党一部分同志驻进了官银号大东旅社，从此，我们几乎天天都有接触。各方工作他忙得厉害，要做国民三军和二军的工作，还时常关心我们。当时，史可轩也在天津。

——正在这时，张隐韬在津南揭起农民自卫军的旗帜，打来电报要我立即去。

经方舟同志的同意，我去了津南。可惜，我到后不久，张隐韬在一次作战中被俘英勇牺牲。

我含着悲痛折回天津，向于方舟同志作了汇报。

于方舟同志闻悉张隐韬同志牺牲非常难过。他还安慰我说："张隐韬同志是有作为的一个好同志。干革命，牺牲是难免的，胜利是要付出失败代价方可取得的。"

他的一番话增强了我的信心。我当时就认为他是一个革命乐观主义者。

——不久，局势又紧张起来。吴佩孚与张作霖勾结，奉军张宗昌从山东向天津进攻，在天津的国民三军撤出西退。

这时，住在城里旧时的道尹公署的于方舟等同志，都已作了应变准备。为了提醒他们，我曾派人两次通告他们。

不久，我便去了河南。由于史可轩在豫东，失败化装到天津，我不得不再回天津找于方舟。

正在此时，1926 年 8 月，经于方舟同志和中共天津地委书记李季达介绍我转为中国共产党党员。

此后，于方舟同志又誉我为共产党的特派员去津南开辟工作。按照他的部署，我在津南跑了十几个县，建起了一批党支部，几个工委和县委。①

刘格平作为党的特派员赴津南所开辟的工作，只是当时四大特派员分赴东南西北开辟农村工作的一部分。

这，正是于方舟和他的战友们在燕赵大地掀起的沃野风雷……

---

① 刘格平：《忆于方舟》，《天津日报》1988 年 1 月 14 日。

4. 沃野风雷

燕赵大地的丰沃与丰腴，可谓尽人皆知。

以黄河、海河、滦河形成的冲积平原，是中国粮棉的主要产区，棉花产量居全国重要地位。

白洋淀、七里海养育着一方方的鱼米之乡。

煤矿，铁矿，更引得列强各国的垂涎与掠抢。

当然，巍巍高耸的燕山、太行山，也令这片广袤的平原有着永远高昂的头颅和永远坚挺的脊梁……

然而，在生于斯长于斯的于方舟眼中，这片丰沃的土地上——

触目可及的却是“百姓无食又无衣，旧网残舟守故居”① 的苦寒之景。

充耳即闻的却是“多年百姓受饥荒，恶吏贪残胜虎狼”② 的不公之事。

所以，在他投身革命之初，便立下了“不谈改善则已，谈也，必自农村始；不谋进步则已，谋也，必自农民始”③ 的宏愿。

随着国民革命运动的深入发展，他很快便将精力投向广袤的农村……

王贞儒关于天津建党后分冀东、保定、冀南、津南四区开展农民运动布局的回忆，以及吕职人关于在98县获得农民运动成果的回忆，均已在本书第十二章《力量之源》中的第一节《中共四大的召开与天津大革命时代的到来》中亦有概述。

本节，拟再补充一些细节。

关于津南农民运动特派员的故事，打开“沧州党史网”，很容易便读

---

① 于方舟:《水灾杂诗》，见萧三主编:《革命烈士诗抄续编》，中国青年出版社 1982 年版，第 54 页。

② 于方舟:《水灾杂诗》，见萧三主编:《革命烈士诗抄续编》，中国青年出版社 1982 年版，第 54 页。

③ 于方舟:《地方问题发端》，见《宁河县志》，天津社会科学出版社 1991 年版，第 779 页。

到了刘格平的自传。

一读开头，便觉出了这个人物的身世颇为传奇：“天津以南到黄河岸边，通称津南。我的家乡就在沧县的大堤东村（现属孟村回族自治县）。那时，我家有地千亩，是当时闻名的回族大地主。”①《中国共产党沧州历史》则补充到：“其伯父、父亲为晚清秀才，先后任管辖沧（县）、南（皮）、盐（山）、庆（云）三角地带158个村社会治安的民团总座。”②

更具传奇色彩的故事是，他曾想把父亲的民团改造为反帝反封建的农民革命武装。之所以会产生这种想法，是与他18岁那年的天津之行分不开的。

1921年春，他在南京北洋军阀直系所办的军校毕业。1922年2月，到天津入沧县人兰秀山创办的补习学校学习，准备报考工商大学，实现其实业救国的理想。在这里，他遇到小于子（于方舟的一个本家弟弟，名字已记不清）和张隐韬。9月，经他们介绍加入中国社会主义青年团，为沧州最早的团员。用他自己的话说：“这年秋后，我经组织派遣，返回大堤东村，进行地下革命活动，创建团组织。从此，我就成为地主家庭的叛逆者。”③

他在家乡创建沧州第一个农村团支部后，便开始了筹建农民武装的那个传奇——“1924年春，经天津团组织批准，刘格平在其父刘恒山组织的100多人的乡团中任军事教练。他把一些青年团员和南京军校的一些同学安排为乡团骨干，按照革命的要求，对团丁进行政治、军事训练。同时，他利用一切场合，向团丁讲解革命道理，灌输革命思想，试图将‘防匪保家’的乡团改造成反帝反封建的革命武装。此举引起反动当局的震惊，驻孟村的军阀奉军以‘乡团勾结直军鼓动赤化’为名，抓捕了刘格平兄弟，解散了乡团。后其父花钱，将刘格平兄弟赎出。”④

但是，刘格平要建立农民革命武装的想法却一直没有泯灭，一年多

---

① 刘格平：《沧州建团建党时期的斗争》，沧州党史网。
②《中国共产党沧州历史》，沧州党史网。
③ 刘格平：《沧州建团建党时期的斗争》，沧州党史网。
④《中国共产党沧州历史》，沧州党史网。

后，他终于和张隐韬建立了共产党领导的一支农民武装。

由于方舟作为“入学介绍人”推荐给黄埔军校的张隐韬、杨其纲、江震寰三名共产党员，于1924年3月13日同车南下，5月考入黄埔军校，为二队学员。

根据《张隐韬日记》显示，在军校，他刻苦学习政治课、军事课、游泳术、战术学等，并认真阅读《世界革命史》《中国革命党史》《帝国主义侵略中国史》等著作。参加了扣押广东商团用于阴谋推翻广东革命政府的军火船只等军事行动。1925年2月，张隐韬被编入黄埔学生军军官教导团，参加了讨伐军阀陈炯明叛乱的战斗。在著名的东征中，成为“奋勇队”即威名远扬的“敢死队”队员，同战友们一起，冒着敌人的枪林弹雨神勇作战，终于攻克淡水。

数月后，张隐韬受党组织派遣，于1925年春到国民军二军开展兵运工作，与来自天津的刘格平共同进入史可轩任旅长的国民军二军二师四旅。张隐韬任副旅长，刘格平任上尉副官。二人在四旅建立了军人俱乐部，先后发展军事教练所所长任警哉、独立营营长许权中为共产党员，并在这两个单位建立了党支部。

1925年仲秋，国民军决定攻打盘踞在天津的奉军李景林部。张、刘二人认为创建共产党领导的革命武装的时机已经到来，便立即召开四旅党支部会议，决定张隐韬赴沧州组织农民武装，刘格平到天津组织工人武装，然后两支队伍会师沧州。

“1925年12月，中共党员张隐韬在沧州泊头镇成立了津南民主自卫军，提出‘反对帝国主义’、‘保卫农民利用’、‘镇压土豪劣绅’、‘打倒奉系军阀’等口号。这是中国共产党在北方领导的第一支农民武装。津南民主自卫军所到之处纪律严明，部队很快发展到1200多人，并在盐山县向全国发表了《农民自卫军宣言》，打响了北方农民运动的第一枪。”① 不久，张隐韬电约刘格平前往担任副总指挥，却不幸于1926年2月5日

① 田超：《中共四大精神在北方的贯彻执行》，见《力量之源——纪念中共四大90周年学术研讨会论文集》，上海人民出版社2015年版，第412页。

被俘后壮烈牺牲。

半年之后，刘格平根据于方舟的安排，掩埋好同伴的尸体，擦干身上的血迹，承继着战友的遗志，重振旗鼓，作为直隶省开展农民运动的四大特派员之一，再度返回家乡。

中共河北省委党史研究室的田超在研究中也提到了“农运四区”和“特派员”的史实概念：“为了适应工作需要，根据当时行政区划确定冀东、大名、津南、保定四个农民运动工作区。通过农民运动委员会分别派出特派员前往……建立起农民协会，领导农民开展抗捐、抗税、抗租、抗债的斗争。”①

据《中国共产党沧州历史》介绍：“1926 年 7 月，刘格平经中共天津地委负责人于方舟、李季达介绍，在天津由团员转为共产党员。9 月，中共天津地委和国民党直隶省党部派出了 4 个共产党特派员兼国民党特派员，创建国共两党组织。冀东为张明远，冀南为王维刚，保属为翟少痴，津南为刘格平。”②

刘格平回到沧州，首先在沧县二中发展党员，创建党的组织，9 月建立了沧州第一个党支部——沧县二中党支部。接着，又在泊镇省立第九师范学校建立了沧州第二个党支部——泊镇九师党支部。同月，又到家乡大堤东村创建了沧州农村第一个党支部——中共大东村支部。1927 年 2 月底，以沧州为中心的津南地区 10 余个县有了党组织，建立党支部 20 余个。沧县、盐山、献县、河间、南皮、吴桥、庆云及故城、宁津、乐陵、阳信等地有了党的组织和党的活动，为建立统一的沧州党的领导机关奠定了组织基础。

然而，令今天对“机关大厦”早已司空见惯的人们难以想象的是，这个“统一的沧州党的领导机关”却建立在一个农家屋的“地窨子”里。

“地窨子”，就是人工挖建的地洞或地下室，一般用来贮藏薯类和蔬菜。但是，刘格平却将“中共津南特委”的机关设于其中——“1927 年

---

① 田超：《中共四大精神在北方的贯彻执行》，见《力量之源——纪念中共四大 90 周年学术研讨会论文集》，上海人民出版社 2015 年版，第 411 页。

②《中国共产党沧州历史》，沧州党史网。

2 月，刘格平和刘清廉、邸玉森、刘子芳四人，以拜年访友为掩护，在大堤东村刘子芳家中召开中共津南特委成立会议，刘格平任特委书记。为安全起见，在刘子芳家正房后边的土房里挖了一个地窨子，作为党员住宿、开会和办公的地点。为加强宣传，传播马克思主义，在地窨子里创办了特委机关报《红线》。登载的材料，是由天津党组织寄来的用白矾水密写在《晨报》《大公报》《益世报》等各种报纸上的材料。”①

另一位农民运动特派员翟少痴，曾整理过于方舟诗稿，并撰写过传记《烈士于方舟》，二者一并发表于河北人民出版社 1962 年出版的《河北革命烈士史料》第二集。

1926 年深秋时节，就在刘格平回到家乡开展农民运动的同时，翟少痴来到了他妻子的家乡。

“1926 年底，翟少痴（河北省饶阳县人）来文安县发展社会主义青年团。有刘丕烈（又名刘伯水）、董白滔、王松树、刘学增、郝秀芳等 16 名。刘丕烈为负责人。”②

其中的郝秀芳即翟少痴之妻。在翟少痴和郝秀芳夫妻的影响下，郝秀芳的哥哥郝伯时也加入了共产党和国民党。“郝伯时，文安县文安镇二村人，1907 年农历 8 月出生在一个农民家庭，妹妹郝秀芳是文安县社会主义青年团领导人之一，郝伯时妹夫翟少痴是中共党员（直隶省派遣到文安县发展党员）。郝伯时在本县高小毕业后一方面参加劳动，一方面自修学业。1923 年由叔父和亲友们资助到北京中华大学学习。1926 年 3 月 12 日在天津大舞台参加了孙中山逝世一周年纪念大会，在会上加入了中国国民党，并听了李大钊的讲话；每星期听于方舟（早期共产党员）讲革命概念，受到反对帝国主义、反对侵略等爱国主义教育。同年冬，在天津加入中国共产党。这时在天津，党的机关被破坏，有 10 余人被捕，郝伯时逃回文安县进行秘密活动。1927 年初，郝伯时在左各庄和王紫树住在一

---

①《中国共产党沧州历史》，沧州党史网。

② 河北省文安县地方志编纂委员会：《文安县志》，中国社会出版社 1994 年版，第441 页。

起开展农运。”①

从郝伯时的个人小传中，已经可以看到，由于于方舟等人在天津的高效工作，大革命的影响已经波及和辐射到周边农村，当时文安农村已有一些来自天津的共产党员和青年团员，随着翟少痴深入农村后的工作展开，共产党、青年团和国民党的组织纷纷成立。“1927 年 3 月 5 日在文安县大柳河村小学召开了文安县第一届国民党代表大会。由省特派员翟少痴具体指导，出席代表 32 人。大会选出王紫树、董在毅、刘庆章、李雨亭、沈巨卿、赵振亚、张瑞卿为执行委员。郝伯时、樊振宗为候补委员。大会发出《告民众书》。”②

那么，翟少痴为何会选择王紫树做负责人，众人又为何会选王紫树做负责人呢？

原来，王紫树也是受于方舟影响成长起来的农村党员——“王紫树，文安县左各庄人，生于 1903 年。其父王殿如经商，有‘双合永’杂货铺、钱庄、盐场，还有两只大对槽子船，家庭生活富裕。王紫树于 1924 年考入天津直隶省立第一师范，在校期间要求进步，积极参加各种进步活动，参加了中国国民党，1925 年冬加入了中国共产党。1926 年 3 月 12 日，参加了在天津召开的纪念孙中山逝世一周年纪念大会。后来王紫树又到天津义庆里 40 号听于方舟（早期共产党员）讲革命道理，王紫树从中得到了教育，了解到各阶层的政治状况，进一步坚定了革命方向。王紫树师范肄业后回到本县在左各庄小学任教，以教学身份做掩护，做党的秘密工作。4 月经党组织选派到广州参加毛泽东主办的第六届农民运动讲习所学习。9 月结业，在白色恐怖严格封锁的情况下，带回许多进步书籍。经上级党委批准，1926 年 10 月建立了中共文安县特别支部，王紫树是特别支部负责人之一。同年秋，积极组织农民运动，以教员的公开身份，在左各庄镇创办政治夜校，培养革命骨干，组织农民和脚行工人，成立农民协会，会员达 200 多人，农会成立后提出了行

① 河北省文安县地方志编纂委员会：《文安县志》，中国社会出版社 1994 年版，第742 页。
② 河北省文安县地方志编纂委员会：《文安县志》，中国社会出版社 1994 年版，第410 页。

动纲领。秋末，领导了左各庄脚行罢工运动，要求增加脚行工人的报酬。脚行工人罢工以后，码头陷入瘫痪，运出的货物无人装船，运进的货物没人卸船，商团的买卖不能成交。商团、资本家叫苦不迭，要求工人复工，答应给脚行工人增加工资30%。罢工取得胜利后，群情激昂，名声大震。孙氏村、呈子村一带也纷纷建立起农民协会，要求参加农会的人越来越多，到1926年年底农会会员发展到500多人。”① 关于翟少痴开展农运的历史资料不多，这里，只能通过他在文安县一个点的农运工作以见一斑了。

关于冀东，王凯捷在《天津抗战》一书中写到1938年的冀东抗日暴动时，曾提到“冀东地区具有光荣的革命斗争传统，大革命失败后，中共顺直省委曾在这里发动过玉田农民武装暴动”②。

之所以能够对冀东地区作出“具有光荣的革命斗争传统”的研判，不仅因“曾在这里发动过玉田农民武装暴动”，更因为大革命时期那一声声响彻冀东大地的沃野风雷……

“冀东，系指天津——北京——古北口一线以东河北省东部地区。按抗战前的建制包括密云、平谷、怀柔、顺义、通县、三河、香河、武清、宝坻、宁河、蓟县、兴隆、遵化、玉田、丰润、迁安、卢龙、抚宁、临榆、昌黎、滦县、乐亭等22县和唐山、秦皇岛及塘沽两港，总面积约四万平方公里，人口630万。”③ 王凯捷描述的虽系抗战前冀东的区域简况，但与大革命时期相距不过10年时间，当能概括那个时期。

关于大革命时期的冀东农运情况，田超有这样的描述：“在冀东北方农运特派员杨春霖和玉田特别支部的张明远、肖荫堂等带领100多个村3000多农协会员，在玉田、遵化县农村取得了‘旗地变民’（1926年秋，盘踞在直隶的奉系军阀张作霖，为了扩大军费来源，强迫农民购买‘旗地’地权，借机向农民敲诈勒索，这就是所谓‘旗地变民’）斗争的胜

① 河北省文安县地方志编纂委员会：《文安县志》，中国社会出版社1994年版，第711页。

② 王凯捷：《天津抗战》，天津人民出版社2005年版，第257页。

③ 王凯捷：《天津抗战》，天津人民出版社2005年版，第256、257页。

利，受其影响蓟县、丰润、迁安、博野、蠡县、交河等县农民也进行了‘旗地变民’的斗争，这极大地鼓舞了农民参与革命运动的热情，促进了各地农民协会的建立和发展。”①

张明远也曾回忆：“从1926年秋开始建立党组织，到1927年10月暴动，大约经过一年的时间，在此期间，建立了党的玉田中心县委，统一领导玉田、遵化、丰润西部、蓟县东部的党组织和农民运动，农会发展到10万人，配有枪支的农民自卫队约300人，很多农村政权已由农会掌握。”②

距于方舟故居俵口村不远的七里海畔，有一方“七里海地质遗迹标志碑”。

碑的两侧，便是闻名中外的古海岸牡蛎化石堆层的截面。那活生生的沧海变桑田的实物例证，强烈吸引着四方游客的步履与目光。

而与此相临的，还有另一组景物，更可引起游客们的文趣与忆绪，那就是为拍摄电视剧《红旗谱》而搭建的一组外景地：石碾，泥屋，柴扉，茅舍——仿佛可以让纷至沓来的游人就在一种不经意间的徜徉中走入《红旗谱》人物群像当年生活的真实环境……

然而，这也并非仅仅是一种纯属借地搭景的外在关系，实际上，于方舟与《红旗谱》故事发生地那些革命的人们，也有着一道连接的金线，这道金线就是张兆丰。

《李大钊北京十年》（交往篇）一书的张兆丰小传写道：“1930年，张兆丰受党的委派到河北领导农民暴动。”③ 张学坤等《张兆丰烈士评传》亦写到：“1930年，张兆丰受中共的委派到河北磁县、武安、博野、蠡县等地领导农民暴动。”④ 这次暴动，就是《红旗谱》中写到的

---

① 田超：《中共四大精神在北方的贯彻执行》，见《力量之源——纪念中共四大90周年学术研讨会论文集》上海人民出版社2015年版，第412页。

② 张明远：《有关玉田农民暴动几个问题的回忆》，见《天津文史资料选辑》第23辑，天津人民出版社1983年版，第28页。

③ 王洁：《李大钊十年》，中央编译出版社2010年版，第314页。

④ 张学坤、侯东霖、王存博：《张兆丰烈士评传》，《法制与社会》2009年第13期。

蠡县农民暴动。小说中虽未有张兆丰这一人物出现，但通过贾湘农之口所言："兆丰同志也来过"，就是指的当时中共顺直省委委员兼军委书记张兆丰。

早在中共天津地委和国民党直隶省党部刚刚成立之际，张兆丰就曾负责直隶省的农运工作。据《中共天津党史大事记》记载，中共天津地委成立后"不久，地委增设农工部，主任为李培良，委员有卢绍亭、张兆丰"①。

如今，坊间关于张兆丰传说最多的就是他赠给李大钊防身用的小手枪一事了，因为那把手枪至新中国成立后还保存于中国革命博物馆。而张兆丰后来能够向李大钊赠送此枪，以及先前能够投身革命、加入中国共产党，都与最初同于方舟在五四运动时结下的革命友谊相关：

——张兆丰，1890 年 1 月 12 日生于磁县彭城镇（今属邯郸市）。1908 年考入保定名校育德中学。1912 年考入北京大学，由于家庭困难而被迫辍学。五四运动前夕，他在天津《河北日报》报社当记者。五四运动的浪潮传到天津后，张兆丰积极投入了这场革命运动。不久，他参加了于方舟在天津组织的马克思主义研究会，随后加入了社会主义青年团。②

——1924 年 1 月，国民党第一次全国代表大会在广州召开。当时身在广东的张兆丰，是为陕西靖国军（总司令于右任）第二路军（司令樊钟秀）的教练官。他应邀列席了这次大会，并由出席大会的直隶省代表于方舟、李锡九、江著源推荐担任国民党直隶省党部执行委员。会后他们一起回天津组织省党部。③

——1924 年 5 月，张兆丰经于方舟、江著源介绍参加了中国共产党。④

---

① 中共天津市委党史资料征集委员会：《中共天津党史大事记》，天津人民出版社 1991 年版，第 56 页。

② 张学坤、侯东霖、王存博：《张兆丰烈士评传》，《法制与社会》2009 年第 13 期。

③ 王洁：《李大钊十年》，中央编译出版社 2010 年版，第 314 页。

④ 王洁：《李大钊十年》，中央编译出版社 2010 年版，第 314 页。

——1925 年 5 月 11 日，天津党、团组织发动 16 个团体 40 余名代表举行协商会，讨论执行“五七”市民大会决议案及组织救国联合会等问题。18 日该会推举审查委员会，审查了救国联合会章程，选举共产党员于方舟、张兆丰等为调查员，“调查各团体之情形，以示慎重”①。

——张兆丰入党后负责直隶省的农运工作。他深入农村，秘密组织农民协会，开展反封建军阀和反苛捐杂税的斗争。1924 年 9 月，冯玉祥发动“北京政变”建立国民军，11 月，党组织委派张兆丰到国民军第三军开展军运工作。临行前李大钊会见了他，对如何在国民军中开展工作作了具体指示。经李大钊介绍，会晤了共产国际代表鲍罗廷与苏俄驻华大使加拉罕。张兆丰对李大钊极为尊敬和关心，曾赠送给李大钊一支小手枪。在那些艰苦斗争的年月中，在后来白色恐怖的日子里，李大钊把它带在身边做自卫之用。②

大革命失败后，长于方舟 10 岁的张兆丰亦被通缉。1928 年 12 月，时为中共中央组织部部长的周恩来化装成商人秘密抵津，重新改组中共顺直省委，特将张兆丰调来担任省委委员。此时，于方舟已在玉田领导农民暴动中英勇就义，作为于方舟南开大学校友和五四时期亲密战友的周恩来，将省委军委书记的重任，放在了也曾是于方舟亲密战友的张兆丰的肩上。

1930 年 10 月，张兆丰在领导兵暴斗争中不幸被捕，被敌人杀害。

同为燕赵男儿的他们，毫无吝惜地将自己的一腔热血共同挥洒于那沃野风雷的慷慨悲歌之中。

在轰轰烈烈的大革命运动中，在华北平原农民有史以来的大觉悟、大动员中，于方舟自己也在阡陌纵横的田野上留下过异常繁忙的身影和许多闪光的足迹：

——1925 年 3 月，于方舟、辛璞田、刘伯庄赴正定县检查国共两党

① 中共天津市委党史资料征集委员会：《中共天津党史大事记》，天津人民出版社 1991 年版，第 53、54 页。

② 王洁：《李大钊十年》，中央编译出版社 2010 年版，第 314 页。

党务工作。国民党正定县党部和中共正定七中党支部，在他们指导下，召开了工、农、商、学、兵参加的正定国民会议促成会成立大会。于方舟、刘伯庄在会上讲了话。会后，正定七中党支部根据于方舟的指示，改为正定特别支部，隶属于中共天津地委领导。① 这意味着，正定从此有了中国共产党的县级组织。

——1925 年 4 月，中共北京区委根据党中央关于在全国建立和加强党组织的决定，派于方舟、张仲毅到邢台发展党的组织。不久，在邢台十二中学发展了中共党员。②

——据王贞儒回忆，当时，于方舟还注意在文安、饶阳与天津来往的渔船上发展党员，并通过这些党员及时将天津地委的指示传达到各县基层组织中去。她还记得一个叫刘德仁的人，是于方舟的同乡，在直隶省乐亭县中学任教，常往来于天津乐亭之间，同情革命。于方舟便拜托刘先生，把党的文件和宣传品，杂以史地教科书之类，装在柳条包内，传递给乐亭县党组织。③

——1925 年夏，在于方舟、翟少痴的帮助下，直隶省容城县建立中共特别支部，受中共天津地委领导。④ 容城，也从这时开始有了中国共产党的县级组织。

“萧瑟秋风今又是，换了人间”。就在建立中共容城县特别支部后的 92 年，一件事关千年大计的国家大事，由伟大的中国共产党在这里作出了战略部署——地跨雄县、容城、安新的雄安新区，将在这里设立！

“往事越千年”……

1926 年秋，就在刘格平、翟少痴、张明远等农运特派员在广袤的燕赵大地激荡起沃野风雷之际，于方舟曾为辛璞田赋诗《送璞田赴端村》：

---

① 中共天津市委党史资料征集委员会：《中共天津党史大事记》，天津人民出版社 1991 年版，第 66 页。

② 中共天津市委党史资料征集委员会：《中共天津党史大事记》，天津人民出版社 1991 年版，第 67 页。

③ 王贞儒：《于方舟烈士传》，《天津历史资料》1964 年第 1 期。

④ 中共天津市委党史资料征集委员会：《中共天津党史大事记》，天津人民出版社 1991 年版，第 53、54 页。

安新从来号水乡，遂水烟波纤桨忙，
风雨同舟三百里，他日归来共此航。
十二连桥望端村，燕南赵北起红云，
邵家园边欢相送，要凭双手扭乾坤。①

安新县是辛璞田的家乡。东与雄县、任丘相连，南与高阳接壤，西与清苑、徐水交界，北与容城毗邻。2017 年，一部关于春天的畅想曲，随着雄安新区的设立，即将在白洋淀边的水乡安新拉开壮阔的帷幕。迎着扑面而来的缕缕春风，振奋之余，更加令人想起于方舟这首关于天津和安新"两地诗"中的其人其事……

那一年的秋天，正是刘格平、翟少痴、张明远等四大特派员在全省农村发起农民运动、组织农民协会的时刻。

于方舟等决计要使津海、保定、大名三个地区的各县农运工作联系起来。然而，当时正值军阀混战，津浦、京汉两条铁路大军云集，兵匪不分，交通困难，铁路沿线各县被扰得鸡犬不宁。因此，决定在安新县端村镇召开大会。辛璞田受命前往参加并主持大会。

邵家园，天津的一处河运码头，于方舟就是在这里面船赋诗，挥手送别辛璞田前往白洋淀水乡端村的。

在端村，辛璞田布置了农运工作和党、团组织活动的计划。通过端村大会，津海、保定、大名等地区的农运工作迅速掀起高潮。

正如于方舟在诗中与辛璞田所共勉的"要凭双手扭乾坤"，期盼着"燕南赵北起红云"，他们，无论世间如何的黑暗与苦涩，胸中那红色的理想、奋斗的激情和革命的情谊，都犹如于方舟笔下那"风雨同舟三百里"的征帆——永远高扬……

烈士回眸应笑慰。今天，当具有世界眼光、国际标准、中国特色、高点定位的绿色新城、智慧新城即将崛起于他们曾并肩奋斗的燕赵大地时，他们又怎会不对曾为之献身的复兴中华之浩然伟业倍感自豪呢？

---

① 唐山冀东烈士陵园纪念馆陈列版。

第十五章　大沽口殇

1. 又见大姐郭隆真

大沽口，天津人的心之伤口……

1926 年 3 月 12 日，日本军舰自 1900 年参与八国联军攻占大沽口炮台后，时隔 26 年再次对大沽口炮台进行炮击，并于 16 日纠集原八国联军之八国，向段祺瑞政府发出撤除大沽口国防工事等最后通牒。

3 月 18 日，北京群众 5000 余人集会游行，要求拒绝八国通谍，竟遭段政府镇压，47 死，200 余伤。

据此，3 月 20 日，天津各界联合会召开“废约驱段国民大会”筹备会。据《益世报》报道：会上“推举主席团江著源、于方舟、陶卓然、安幸生、王卓吾 5 人；推举代表团宋则久、郭隆真、马千里、王南复、吕职人”；“推举职员：宣传股郭隆真，监察股辛璞田、于方舟。”①

六年前，为回应日本帝国主义的侵略与挑衅，抗议日本强加给中国的 21 条和抵制日货，于方舟、郭隆真与周恩来、张若名同为四名学生代表被捕炼狱 170 天。出狱后，郭隆真远赴法国勤工俭学。如今，与郭隆真相隔六年再次并肩战斗，还是为了回应日本帝国主义的侵略与挑衅。

与六年前不同的是，上次，日本侵略者铁蹄践踏的是山东半岛；而如

---

①《益世报》1926 年 3 月 21 日。

今，倭寇们的犯罪现场居然就在天津的家门口！

憎爱分明的隆真大姐怎会忍此强盗行径，立即同于方舟等昔日战友，协力抗议日本军舰制造的“大沽口事件”……

郭隆真，六年前的“觉悟社”社员。六年后，当年同于方舟、安幸生、李培良、卢绍亭、辛璞田等“新生社”社员并肩战斗的“觉悟社”社员周恩来、马骏、邓颖超、刘清扬均已离开天津。所以，又见郭隆真，于方舟不禁对这位年长自己7岁的大姐更增添了几分重逢的亲切和由衷的敬佩……

郭隆真

于方舟对郭隆真大姐的敬佩的确是由衷的。

因为，隆真大姐对于黑暗的反叛与抗争，其倔强的刚烈和泼辣的鲜明，几乎令于方舟达到震撼与惊叹的程度……

1894年4月11日，郭隆真出生在直隶省元城县（后并入大名县）金滩镇一个士绅家庭。隆真大姐自幼便具“男女平等”的强烈意识，曾以花木兰、梁红玉、秋瑾等巾帼英雄为例与父亲争辩，终于争得了不缠足以及同哥哥们一样读书的权利。

1909年，就在于方舟还在宁河俵口读小学时，15岁的郭隆真竟已在元城（大名）创办了“女学”，当上了教员兼校长。当时，她在自家大门前破天荒地挂起了“元城县第一女子学堂”的牌子，腾出家里的三间西屋作为教室，自任义务教员，免费招收20多名女孩前来读书。除了学习新课本外，学生们还学唱反对封建礼教的歌谣。这所直隶省农村第一家女子学校赫然成立的消息，不仅轰动本县，也在天津不胫而走。为此，郭隆真于1913年被选送到天津直隶第一女子师范学校上学，她也因此成为本县第一个远赴大都会读书的女子。①

如果说，“郭隆真办学”是她来到天津之前的一个近乎传奇的故事，那么，“郭隆真抗婚”则是她来到天津之后的一桩石破天惊之举。早在她13岁时，父母便为其找了一个门当户对的婆家。丈夫比她小六七岁，是一户地主的独生子。她到天津上学后，婆家一再催促成婚，但郭隆真坚决反对中途辍学，更不同意结婚。为抗婚，她长期住校，假期也不回家。1917年暑假，就在于方舟即将从宁河到天津读书的时候，郭隆真突然接到母亲病危的急信，匆匆回家。到家见母安好，方知被骗，但经母亲苦苦哀求，只好同意结婚。“结婚当天，这位新娘演出了一场惊世骇俗的‘婚礼’，不扮不妆，身着学生服，坐‘亮轿’（不戴盖头，不打轿帘）来到婆家。众位亲戚到齐之后，这位后来的‘天津女界爱国同志会’演讲队长登台演讲，‘婚姻自主！男女平等！礼教害人！’等闻所未闻的‘奇谈怪论’把众人惊得目瞪口呆。没等大家回过神来，她已拂袖而去，进城面见县长，解除婚约。此举不但让死水无澜的大名乡间好一番震荡，也在天津学界传为美谈，不少女同学效仿她，回乡终结了包办婚姻（其中包括张若名）。”② 那一年，于方舟入学不久便听高年级同学将郭隆真的这一惊人之举口口相传，不曾想，“九一廿九”惨案中，他竟同这位奇女子共同作为学生代表坚持狱中斗争长达半年之久。

在狱中，于方舟对隆真大姐印象最深的已不仅是她对待军阀政府的“硬”，而是女性特质中的“软”了——他们从营务处移送警察厅后，郭隆真和张若名被关的屋内有一姓史的中年妇女陪伴。这位史姓妇女自被雇入警厅后就不准回家了。2月17日那天，阴历年快到了，这位史姐要求厅中准假一日，回家去清理一年的账务，警厅司法科不允；史姐又请求将儿子叫来，当面嘱咐他一些事情，又不允，并说她要打算出去，除非不干了才行。郭隆真那同情弱者、悲天悯人的特质立即显示出来，她同张若名

① 林宏、王阳、杨天怡：《郭隆真：觉悟社走出的女豪杰》，《每日新报》2011年6月21日。

② 林宏、王阳、杨天怡：《郭隆真：觉悟社走出的女豪杰》，《每日新报》2011年6月21日。

一起找到赵视察长，问他司法科为什么要这样虐待无辜的人。在郭隆真的努力下，警厅终于允许史姐的儿子进厅看望母亲。①

令于方舟感动不已的是，隆真大姐这份爱憎分明的真性和悲天悯人的善良，在法国勤工俭学那异常艰苦的环境中更加鲜明，更加如珍珠般熠熠闪光。那时，她白天在巴黎郊区一家云母厂做工，夜间补习法语，常以烤马铃薯为食，即使这样，还把自己节省下来的钱，帮助还没有找到工作的张若名去交学费。自己苦成这样，还在怜悯那些更为困苦的同学——当她看到不少中国留学生住在地窖和布棚中艰苦度日，甚至因走投无路选择自杀时，不禁咬破中指，写下“人道血书”，寄至国内发表在 1921 年 12 月 22 日上海的《时事新报》上：“吾国各界仁人君子，请速维持人道！施一粥半缕；隆真饿！隆真冻！隆真的冻饿，只是全人类间一分子之冻饿，何足轻重。不过隆真推想世人不愿见不人道之悲惨，发现在二十世纪新世界人道的真理！请速维持人道！施一粥半缕，以救隆真饥寒交迫，身葬异乡之惨！”② 这封“血书”犹如一颗重磅炸弹，在国内各界爱国同胞中掀起波澜，在国内外舆论压力下，1922 年上半年，“法华教育会”不得不拨款维持在法女学生的生活。

1923 年，郭隆真在法国经周恩来介绍加入中国共产党，1924 年赴莫斯科东方劳动大学学习，1925 年夏回国后在国民党北京市党部妇女部任妇女委员，从事共产党的地下工作。根据中共北方区委的指示，1925 年年底郭隆真来到天津，从事纱厂女工的工作。1926 年元旦，郭隆真参加了天津总工会在新会址大东旅社的升旗典礼，并在会后的总工会领导成员调整中当选天津总工会的委员。③

再见郭隆真，于方舟向大姐问起她和周恩来、张若名、刘清扬等在国外学习的情况，并邀她一起到纱厂工人中去过元宵节——1926 年“2 月

① 周恩来：《警厅拘留记》，见中国社科院近代史研究所：《五四爱国运动》，中国社会科学出版社 1979 年版，第 20 页。

② 林宏、王阳、杨天怡：《郭隆真：觉悟社走出的女豪杰》，《每日新报》2011 年 6 月 21 日。

③ 中共天津市委党史研究室：《中国共产党天津历史（第一卷）》，中共党史出版社 2005 年版，第 116、117 页。

27 日，中共天津地委利用元宵节在小刘庄纱厂工人区组织了以纺织工人为主的 5000 多名工人参加的‘青年工人大会’。于方舟、安幸生、郭隆真、王星五等地委和总工会的负责人出席这次活动，并向工人们发表讲话。他们在讲话中既号召工人群众组织起来，为争取自身的解放而斗争，又总结了‘砸裕大’的经验教训，教育工人要有组织、有领导地同资本家和反动军阀做斗争，在斗争中要注意策略和方法，不能采取砸毁机器的做法。”①

这是于方舟一直想对工人们说的话。

自 1925 年底亲自将安幸生等接出监狱后，于方舟和他们也一直在认真总结经验教训，探讨斗争的策略和方法问题。

于方舟、安幸生、郭隆真的讲话犹如一团团火，给了工人很大的鼓舞。

尽管，面前的海河早已封冻，但工人们向往光明的信念宛若那冰层之下依然腾跃激荡的流水，百折不回地向着壮阔的大海奔去。

尽管，北风呼啸的厂区刚刚经过大雪的侵袭，但工人们反抗黑暗的沸腾热血，早已将心头的阴霾融尽。

那天的活动充满了热情与活力。在一份团天津地委写给团中央的报告中，真实记录了这次活动：

青工大会：27 日（即元宵日）在裕元纱厂附近，开的露天大会。

此会本拟在正月初五日开，因天雪不果。

此会名义上由总工会召集。

会场上搭一台，上悬青工大会横款，与“无产阶级革命万岁”、“全世界无产阶级团结起来”两红帜。

演说内容有：青工的痛苦，青工的要求，青工与工会，青工与成工，男工与女工，青工与 C. Y. 等，均先由地委指定谈话，并规定大纲和给参考材料。另有二三人自由演说。

---

① 中共天津市委党史研究室：《中国共产党天津历史（第一卷）》，中共党史出版社 2005 年版，第 118 页。

游艺有唱歌（《少年先锋》、《国际歌》、《国耻歌》工人自唱）、戏法、双簧、新剧（《警工》，描写资本家压迫工人，与工人团结之胜利，演员均为裕元、北洋纱厂青工）。

开会时间，12 时至 4 时。

到会人数约有 5000 人，裕元、北洋工人最多，宝成、裕大亦有。会场群众，不仅青工，成工亦有，女工约有四五百人。

传单 8 种 3000 份，保护青运 100 本，《工人生活》2000 本。

呼的口号是：打倒军阀，打倒帝国主义，青工团结起来，天津总工会万岁，C. Y. 万岁等。

到会群众甚感兴趣，警厅亦未过问。①

“月子弯弯照九州，几家欢乐几家愁。”望着既苦且乐的工人们，杨万里的《竹枝歌》不禁浮上于方舟的心头——自己同幸生弟、隆真姐的志向，不就是为了让今后的《竹枝词》能改写为“皓月圆圆照九州，家家欢乐无苦愁”么！

想到月圆如镜弯如钩，看到相别六年又重逢的隆真大姐，苏轼的咏月名句又仿佛在耳畔出现：“人有悲欢离合，月有阴晴圆缺，此事古难全”——天下竟有如此的巧事，六年前的元宵节曾与隆真大姐同被拘于警察厅，那时仅在除夕那日共同吃过一次午餐，餐后被迫听警察厅长杨以德训话长达三个小时。就在聚餐时，周恩来听说郭隆真的妹妹将在元宵节来警厅探望姐姐，便将《独身主义》和《我的忏悔》两篇文稿交给郭隆真，请她让妹妹带出去，以便在《觉悟》上发表。但是，警察厅却将文稿扣下了。为此，送别妹妹的郭隆真将那个元宵节变成了不断向警厅抗议、不断讨还文稿的日子。②

忆起六年前的元宵节，于方舟不禁感慨万端，不曾想六年后的元宵节又会如此巧合地同隆真大姐共聚于青年工人中间。

那么，下一个六年之后的元宵节呢？还能同隆真大姐在一起么？倘若

① 天津市档案馆：《中共天津历史档案选编》，天津人民出版社 2011 年版，第 46 页。
② 周恩来：《警厅拘留记》，见中国社科院近代史研究所：《五四爱国运动》，中国社会科学出版社 1979 年版，第 31 页。

真能如此，可当属古今奇谈了！

然而，在场的三位五四悍将和共产党员，已经不可能享有六年之后的那个元宵节了。救国救民之路充满凶险与惨烈，六年之后的元宵节，欢聚于海河之畔小刘庄的这几名年轻的共产党员竟已全部壮烈牺牲：安幸生牺牲于 1927 年 11 月 21 日的北京，于方舟牺牲于 1928 年 1 月 14 日的玉田，郭隆真牺牲于 1931 年 4 月 5 日的济南……

1926 年元宵节过后的第三周，于方舟、郭隆真、安幸生又在为抗议日本军舰炮击大沽口炮台和段祺瑞政府制造的三一八惨案而共商召开国民大会的议案了。

第二天，他们三人在“民气异常激昂”① 的南开大操场组织天津国民大会后，又共同作为请愿代表，前往省督府向直隶督办孙岳和国民军前线总指挥鹿钟麟请愿。

恍惚之间，于方舟又想起了六年之前那次同隆真大姐同为学生代表时的请愿。那次，也是在省公署的大门前……

2. 恩师李大钊：最后的天津之行

大沽口，天津人的心之伤口……

1926 年 3 月 12 日，就在天津民众开始为期五天的纪念孙中山逝世周年活动之际，日本军舰却公然炮击天津的大沽口炮台。《益世报》当即报道：“天津各民众团体，正当热烈纪念中山逝世周年时，突有此事发生，更为激愤。”②

纪念孙中山逝世周年活动开始后，李大钊亲临天津，作题为《帝国主义对中国的侵略》演说。

然而，就在李大钊痛说帝国主义侵略中国的血泪历史之时，日本帝国主义的军舰竟继庚子事变 26 年后再度将侵略的炮口，悍然对准了天津的

① 《益世报》1926 年 3 月 22 日。
② 《益世报》1926 年 3 月 16 日。

大沽口炮台。

是可忍，孰不可忍！

李大钊和于方舟，这对同在纪念中山先生逝世周年活动中进行演讲的师生，面对大沽口炮台那近在咫尺的隆隆炮声，回望中山先生反帝反封的不屈一生，怎能不对日本帝国主义怒火中烧，义愤填膺？

由于孙中山逝世之前曾为国事抱病北上，亲抵天津，而以于方舟为核心的天津国共两党领导机构率全市民众对孙中山的到来曾予史上空前的热烈欢迎，并开展了声势浩大的宣传活动，所以，天津民众对于中山先生的功绩与贡献，是广为赞颂、铭记于心的。当时的一名工人都能对某些内幕细节说说道道："（孙中山）在津期间原准备住在国民饭店，因法租界当局不允，才改在日租界的'张园'下榻。不久便去北京，记得欢送的那天正下着小雪。"①

由于孙中山逝世之前曾在天津居住、工作了 27 天，当时，身为国民党中央候补执委、国民党直隶省和天津市党部负责人、中共天津地委委员长的于方舟，曾亲自部署每日均要对中山先生在津活动情况进行发布、报道，所以，天津民众对于中山先生的音容笑貌、举手投足，是印象深刻、记忆犹新的。

由于孙中山在京病重及逝世时，天津的共产党人于方舟、邓颖超、江浩、李锡九等曾代表天津民众前往探视、守灵、扶绋，所以，天津民众对于中山先生的悼念，是举市哀恸的，对于中山先生逝世周年的活动更是规模空前的。

建于 1915 年的天津"大舞台"，位于南市荣吉街，是当时南市一带规模最大的剧场。

剧场设池座 833 个，楼上 89 个包厢可容纳 712 人，转动式舞台，专以武戏为号召，是天津旧式戏园向现代戏院开始转变的标志。

孙中山逝世一周年的纪念活动就在这里举行。

---

① 张一清：《我所知道的党在天津的早期活动片断》，见《天津文史资料选辑》第 10 辑，天津人民出版社 1980 年版，第 108 页。

1926 年 4 月 15 日天津团地委的一份工作汇报，用含有部分暗语的隐秘方式记录了当时的真实情况：

“中山纪念在南市大舞台开会 5 日，有讲演、新剧、电影等，统计到会人数，约在五六万人左右，以市民为最多，有十数个小学校及汇文中学、中南女校（均教会学校）致祭，汇文、南开中学开纪念会，均请民校人去讲演。事后汇文要求民校再派人去作详细的讲演。街市上均贴有口号，计发出刊物（纪念册、中山先生小册子、相片、广东真相、小传单、汪蒋于讲演集、政治周报、大中二校的传单、发售的政生、中山与中国向导、中青等）约计 30 万份，并出临时纪念刊 5 天，每天 1 万份。征收党员 1500 人，内有学生 400 余人。”①

长达五天的系列纪念活动，对推动国民革命的开展，产生了广泛而又深刻的影响，正如前文曾已介绍的那一典型案例，来自文安县的两名青年王紫树和郝伯时，由于在天津大舞台参加了孙中山逝世一周年纪念大会，便在会上加入了国民党。回到家乡，很快即在农运特派员翟少痴的指导下创建了国民党文安县党部，开始了国民革命的各项活动，充分显示了大舞台纪念活动的“星火燎原”效应。

那么，如何证明 1926 年 4 月 15 日的工作汇报采取了“含有部分暗语的隐秘方式”呢？因为其中许多地方都使用了代号——如：“民校”实指国民党的组织；“大中二校”实指共产党和社会主义青年团组织，“大学”为共产党，“中学”为青年团；“中国向导”实指当时的中国共产党党刊《向导》；“中青”实指团中央的团刊《中国青年》。文中还隐去了人名，如“有讲演”，却并没有写明谁在讲演。其实，那次活动中的讲演人，就是国共两党在中国北方的最高领导人——李大钊。那也是自中共天津地委和国民党直隶省党部、天津市党部成立以后，李大钊第一次到天津来。当然，令人痛惜的是，这也是大钊先生最后一次的天津之行。

那么，李大钊最后的天津之行，除了在纪念孙中山逝世一周年的大会上作过演讲，还会有其他鲜为人知的细节么？

---

① 天津市档案馆：《中共天津历史档案选编》，天津人民出版社 2011 年版，第 48 页。

2011 年《中共天津历史档案选编》出版，一批历史档案解密。其中《革命时期的天津地委》《1924—1925 年天津地下党活动情况》《1925 年天津地下党活动情况》，均系 1949 年 1 月 29 日至 31 日对李志新的访问记录。在这些访问记录中，李志新回忆到，李大钊在参加纪念孙中山逝世一周年活动的同时，还曾到于方舟办公的大东旅社与之亲切长谈，并欣然命笔为于方舟题写了一副对联："李大钊同志来过天津，是在国民军驻天津时看到他的，地址在大东旅社。我记得他给于方舟写了一副对联，词很好，现在忘了。"①

李大钊是孙中山在共产党内最重要也是最亲密的朋友，也是第一次国共合作最有力的推手，所以在百忙之中亲自赶赴天津参加这一活动。

据《中共天津党史大事记》记载："3 月 12 日，孙中山逝世一周年，中共天津地委根据中共中央通告的要求，召开纪念会，并以国民党天津市党部的名义，在南市大舞台举行为期 5 天的纪念活动。李大钊亲临天津，作了题为《帝国主义对中国的侵略》的演说，讲述了帝国主义对中国侵略的历史，赞颂了中国人民反抗帝国主义侵略的英勇斗争，号召人民团结起来，反对帝国主义，推翻军阀的反动统治，挽救中国危亡。会上，谭平山、于树德、于方舟也作了讲演。在这次活动中，党、团组织散发《孙中山纪念册》、《向导》、《中国青年》、《工人生活》等宣传品 30 万份，掀起了一次大规模的反帝、反军阀的宣传运动。"②

于方舟与恩师李大钊上一次在天津晤面，是两年多以前。那一次，大钊先生以回法政母校参加校庆为由抵津，向于方舟等人部署了赴广州参加国民党一大的有关事宜，当时，天津国共两党的组织机构均尚未建立。

此次到津，李大钊高兴地看到，当年"新生社"和天津马克思主义研究会的一批青年，已在他的亲自指导下，将天津的大革命不断推向高潮，于方舟、安幸生、李培良、卢绍亭、辛璞田，都在这里以高负荷量的工作取得了高效率的业绩。

---

① 天津市档案馆：《中共天津历史档案选编》，天津人民出版社 2011 年版，第 581 页。

② 中共天津市委党史资料征集委员会：《中共天津党史大事记》，天津人民出版社 1991 年版，第 100、101 页。

然而，令他们怒不可遏的事情就在这时发生了，日本军舰竟然炮轰天津大沽口！

面对日本帝国主义一而再、再而三的无耻挑衅，李大钊再次向于方舟讲起了14年前他在天津读书时出版的那本《支那分割之命运驳议》。

1912年10月，日本人中岛端所著《支那分割之命运》一书出版。

在出版前的广告宣传中，公然进行蛊惑、鼓噪、鼓动：中国“五万万人口之民族，乱国欤、亡国欤、统一欤、分割欤？混混沌沌，漂泊于洪涛巨浸之中者，非今日之支那耶？盖支那者，20世纪之谜也。能解此谜者，可以霸东亚，可以雄五洲。此书洵为支那民族之三世相，又解谜之良键。凡朝野士夫，苟有雄飞大陆之志者，盍早握此键。”

李大钊与众天津同学看到此书，不禁对中岛端“霸东亚”“雄五洲”“雄飞大陆之志”的狂妄叫嚣气愤填膺，立即协力进行翻译，并详加驳议予以驳斥，以《支那分割之命运驳议》为书名，于1912年12月出版。其目的在“以为国人当头之棒，警梦之钟，知耻知惧，竟奋图存”①。

仅仅过去14年，日本人中岛端狂妄叫嚣分割中国的声嘶力竭之语尚未绝耳，日舰又于1926年再犯天津大沽口，足见其亡华之心从未收敛。李大钊嘱于方舟密切关注局势变化，自己则赶回北京准备随时应对。

然而，随着日本帝国主义者强力支持奉直军阀重返津、京，中国北方尽处一片极为严峻的白色恐怖之中……

1926年的3月到访，竟成李大钊最后的天津之行……

3. 大沽口，天津人的心之伤口

2014年10月，由父亲撰稿、编导的大型电视系列片《回望·天津科技史话》第一季12集，于新中国成立65周年之际，在天津电视台播出。令我记忆深刻的是，在《毛泽东与天津科技事业》一集的序幕部分，他

① 刘民山：《李大钊与天津》，《天津文史资料选辑》第40辑，天津人民出版社1987年版，第39页。

是这样处理的：

画面——毛泽东于1954年4月23日在天津大沽口炮台大炮旁的照片，缓缓推向面部特写，一代伟人仿佛沉浸于对1918年首登此炮台时的回忆；航拍大沽口炮台；大沽口炮台纪念馆中的1860年英法联军登陆图及照片；火烧圆明园的资料；大沽口炮台纪念馆中的八国联军1900年登陆图片、照片；《复兴之路》展览中的“辛丑条约”展版及参观的人们；《湘江评论》封面；桔子洲的青年毛泽东塑像。

解说词——

这张鲜为人知的照片，拍摄于1954年4月23日。

登上大沽口炮台遗址，这位共和国的开国领袖仿佛浮想联翩、心潮澎湃……

1918年的冬天，青年毛泽东和他的同学萧三、罗章龙就曾来到这座悲凉凋敝的要塞炮台，从心灵深处感受着一种“科技落后，就会丧权辱国、任人宰割”的巨大震撼：1860年，就是在这里，英法联军第三次攻破大沽口，入侵首都，火烧圆明园，咸丰皇帝外逃承德；1900年，还是在这里，八国联军攻破大沽口，入侵首都，光绪皇帝、慈禧太后外逃西安。

登临天津大沽口炮台半年后，毛泽东在《湘江评论》创刊号上痛心疾首地写到：中国已“空虚腐败到十二分”，人们“迷信神鬼，迷信物象，迷信运命，迷信强权”，却没有发达的科学思想。从而，他立志改造中国，踏上革命之路……

在这里，由于《回望》展示的是科技历史，该集的主题是《毛泽东与天津科技事业》，编导才将毛泽东两登大沽口炮台的史料同科技事业有机地串连起来。

实际上，毛泽东在1954年重登大沽口炮台的一年之前，对于祖国的海疆与海防，曾同海军官兵谈了很多推心置腹、语重心长的话。《毛泽东年谱》有如下记载：

——1953年2月19日，上午十一时半，乘海军“长江”舰，由“洛阳”舰护航，离开武汉前往南京。在同官兵交谈时说：过去帝国主义侵略中国大都是从海上来的。现在太平洋还不太平。我们应该有一支强大的海军。帝国主义如此欺负我们，我们要争气，要认真对待。我们的海岸线这么长，一定要建设强大的海军。①

——1953 年 2 月 24 日，下午，由陈毅、罗瑞卿、张爱萍、王宏坤、陶勇等陪同，视察海军舰艇部队，并观看鱼雷快艇的表演。在听取汇报时说：一百多年来，帝国主义侵略我们都是从海上来的，不要忘记这一历史教训……②

列强皆从海上来，这个认知，对于毛泽东和于方舟他们那一代人——刻骨铭心……

毛泽东 25 岁和 61 岁两登大沽口炮台——不无深意……

大沽口，天津人的心之伤口……

由于天津大沽口是扼守北京的海上大门，所以，自近代以来，举凡觊觎中国主权的列强，无一不向大沽口屡屡骚扰，挑衅、攻击、进犯、入侵……

这，也正是于方舟自幼闻听最多最痛最悲最愤的事。

仅据《天津全书 · 天津大事记》载，在日本帝国主义者 1926 年制造“大沽口事件”之前，各国坚船利炮的侵扰挑衅就有七次之多——

第一次：1840 年 8 月 9 日，英军舰 8 艘侵入大沽口外；8 月 16 日，直隶省总督琦善依上谕派人至英舰授受“抗议书”；8 月 30 日，琦善与义律在大沽海滩设帐谈判；9 月 15 日，英军悉数南下。

第二次：1854 年 10 月 15 日，英、美公使乘舰至大沽口外，要求修约；11 月 3 日，清政府派崇纶与英美公使谈判，不得要领；11 月 8 日，英美公使率舰南下。

第三次：1857 年 8 月 7 日，俄使普提雅廷乘舰至大沽口，要求与清政府“商定界地”。

---

① 中共中央文献研究室：《毛泽东年谱》第二卷（1953. 01—1956. 09），中央文献出版社 2013 年版，第 33 页。

② 中共中央文献研究室：《毛泽东年谱》第二卷（1953. 01—1956. 09），中央文献出版社 2013 年版，第 38 页。

第四次：1858 年 4 月 13 日，英、法、美、俄四国军舰开始侵入大沽口外；4 月 25 日，4 国分别照会清政府要求进行修约谈判；5 月 20 日，英、法侵略军攻占大沽炮台，5 月 26 日进驻天津城外；5 月 28 日，清廷派桂良、花沙纳赴天津与侵略者谈判；6 月 13 日、18 日、26 日、27 日，分别与俄、美、英、法签订《天津条约》。

第五次：1859 年 6 月 17 日，英、法、美三国公使率军舰抵大沽口外，无理要求带兵进京换约；6 月 25 日，英、法军舰强行闯入大沽口，清军被迫还击，炮台官兵在提督史荣椿率领下击溃英法联军，大获全胜，美使同意自北塘入境换约；8 月 16 日，中美《天津条约》在北塘交换。

第六次：1860 年 8 月 1 日，英、法侵略军在北塘登陆；经塘沽、新河、军粮城于 8 月 21 日将大沽炮台包抄占领；8 月 24 日，侵入天津城；9 月 8 日，英法联军自天津向北京进犯；10 月 24 日，中美、中法《天津条约》在北京交换；同时签订中英、中法《北京条约》，自此天津被辟为通商口岸。

第七次：1900 年 6 月 16 日，八国联军入侵大沽口，提督罗荣光及炮台官兵重创来犯之敌，由于敌我力量悬殊，次日炮台陷落；7 月 14 日，天津城被联军攻陷①……

这一深深的伤痛，对于于方舟他们那一代天津人而言，更为刻骨铭心……

有一个细节，极能说明天津人的民心民意。1925 年底，日本帝国主义公然出兵中国东北，助张作霖杀害郭松龄后，天津的照相馆内竟有纪念郭松龄的明信片发售。马千里的一则日记恰有记录："1926 年 1 月 15 日。在鼎章照相馆买了两张明信片，为郭松龄夫妇生前照的一张；郭夫妇惨遭贼杀害后之照片。郭烈士夫妇可谓不朽矣！为国而死，死有荣焉。"②

带着这样一种强烈的情感，五天以后，即 1926 年 1 月 21 日，马千里便和于方舟共同参加了"反张排日"的相关活动。

---

① 李克简、朱其华：《天津全书》，天津人民出版社 1991 年版，第 772、773、775 页。

② 天津市政协文史资料研究委员会：《20 世纪初天津爱国教育家马千里先生》，1985 年版，第 125 页。

关于1月21日的几个“反张排日”活动，当时的《益世报》均有报道。

报道一：“东三省留日学生归国反张排日团，昨日（21）下午2时在天津总商会，招待本埠新闻界及各团体代表。到会者各界代表及该团团员约共百余人。到会之代表：天津学生倒张反日联合会王建唐、于兰田，天津总工会粟泽，国民党直隶省党部于方舟，天津市党部辛璞田，省党部执行委员会吕职人，团体代表会刘铁庵、宋则久、时子周、鲁嗣香，南开大学查良鉴、郁宗文、梁岩，妇女协会赵达，教育会马千里……开会之秩序：开会；主席致开会词；报告经过情形；来宾演说；交换意见……”①

报道二：“本埠各校学生，自经该团（东三省留日学生同乡会讨张排日团）接洽后，即筹备联合各校学生，组织讨张排日之团体。前日（20）在汇文开讨论会，公决组织天津倒张反日学生联合会，即日成立，并议定依照东三省留日学生同乡会宗旨，实行倒张反日运动。其内部组织分总务、宣传、庶务、交际四部。昨日（21）上午又分头联络各校加入该会。并参加昨日之讨张排日团招待各界大会。”②

报道三：“国民党宣传委员会昨日（21）开特别会议，讨论辅助讨张排日团宣传办法。结果：组织讲演队8队，每日下午1时出发，赴各处讲演，并议定各队担任区域及讲演大纲。兹将讲演队之编制、区域之划分、讲演之大纲录后。（甲）各队编制及区域：第一队队长姚西园，城里及南马路；第二队队长张贵祥，南市一带；第三队妇女协会，东马路及北马路；第四队新民学校，河东及大王庄一带；第七队队长满子亮，西马路及针市街；第八队队长郑重谋，估衣街、北大关及河北大街。（乙）讲演大纲：（1）日本出兵南满真相；（2）奉日密约（已见本报从略）；（3）奉系直系背面之帝国主义；（4）中国之危险；（5）民众现在之工作；（6）工农商学兵联合起来；（7）参加国民大会。团体代表会昨日（21）已发出反张排日之通电及宣言，总工会已联络各工会，参加国民大会云。”③

---

①《益世报》1926年1月22日。

②《益世报》1926年1月22日。

③《益世报》1926年1月22日。

于方舟在会上的演说，未见详细报道，但从与会者那些熟悉的名字看，均系自五四运动开始便一直在抗议帝国主义侵略行径的战友，而于方舟所分管的国民运动，则由国民党宣传委员会全面筹备着即将召开的“讨张排日”国民大会。

经认真筹备，“讨张排日”国民大会于1926年1月24日如期举行。

“自东省留日学生归国到津，津埠遂发生讨张排日之热烈运动。昨日各团体在南开中学新操场，举行国民大会，到会各团体与市民，约10万余人。会场设讲演台5处，各团体代表均有演说。至下午2时，主席团宣布开会，由宋则久主席，通过议案13项，遂出发游行。

“游行之路线：由南开出发，经西南城角，走南马路、东马路，进单街子，走估衣街、竹竿巷、针市街，出南口，至西马路解散云。

“沿路之口号：1. 倒张排日；2. 打倒军阀；3. 打倒一切帝国主义；4. 召集真正国民会议；5. 武力与民众结合；6. 中华民国万岁。

“旗帜之标语：1. 废除不平等条约；2. 打倒帝国主义；3. 组织国民政府；4. 一致倒张；5. 共起排日；6. 坚持到底；7. 努力救国；8. 铲除民众障碍；9. 恢复人民自由；10. 打倒强权。

“议决之各案：（1）请政府免张作霖职，并下讨伐令。（2）致电全国讨张排日。（3）反对对抗国民军一切军阀。（4）反对吴佩孚联张祸国。（5）督促国民军从速讨张。（6）鼓励慰问前敌将士。（7）致电警告日政府。（8）致电日本国民，使其觉悟。（9）对日绝交。（10）致电公使团。（11）否认日本与奉张一切密约。（12）致电广东政府，一致讨张。（13）组织国民代表大会。

“散发之传单：游行时各团体均散发传单，约计数有40余万张。内容大致皆以讨奉排日为言，种类过多，兹均从略。”①

10天后，天津国民“讨张排日”会于2月4日在天津总商会召开成立大会。大会通过章程和10项议案，安幸生、杨衡南等当选为委员。津

---

①《益世报》1926年1月25日。

浦铁路总工会天津分会在宣言中正告日本帝国主义者必须“从东三省滚出去”。[①]

对于天津这座饱受帝国主义殖民统治的城市，其人民最为愤恨的，就是帝国主义列强与中国反动军阀的相互勾结。

在张作霖与吴佩孚相互勾连，背靠日、英帝国主义于2月开始向天津发动进攻的危急时刻，中共天津地委发动各界群众，抗议英帝国主义支持吴佩孚并与日本帝国主义相互勾结，联合干涉中国革命的罪恶行径。

3月1日，在天津地委组织下，天津各界在总商会召开“反英讨吴”大会，到会各界代表300余人。

于方舟主持了这次会议。

大会通过致函英领事团提出抗议等10项议案，选举产生由13位各界代表组成的“反英讨吴”大会委员会。[②]

然而，野心毕露的帝国主义尤其是日本帝国主义，对于中国的觊觎既是蓄谋已久，也是迫不及待的。

时间到了1926年的3月，他们再次将这种野心外化为野蛮至极的挑衅。

天津的大沽口，再次扮演了首当其冲的角色。

而大沽口事件的背后意图和根本实质，就是帝国主义者对中国革命尤其是北方革命的蛮横干涉与残酷镇压……

在革命洪流的冲击下，进入1926年的中国，各方政治力量展开了更加剧烈的角逐，一时间，“乱石穿空，惊涛拍岸，卷起千堆雪”。

1926年元旦，李大钊率部下特意在翠花胡同八号国民党北京执行部和市党部所在地，组织举行升旗仪式。

李大钊在仪式上作题为《青天白日旗帜之下》的演说，强调“正如几点浮云，决遮避不住青天白日一样。我们国民党中的同志，不论他是共

---

① 中共天津市委党史研究室：《中国共产党天津历史（第一卷）》，中共党史出版社2005年版，第121页。

② 中共天津市委党史研究室：《中国共产党天津历史（第一卷）》，中共党史出版社2005年版，第122页。

产主义者，抑是非共产主义者，都应该在青天白日旗帜之下，披肝沥胆的提携起来，把由内部产生的误会或敌人挑拨的造谣而生的疑云障雾，一扫而空之！"

在李大钊的指示下，天津也在1926年元旦举行了3万人参加的国民大会和总工会门前盛大的升旗仪式。

1926年1月4日至19日，在广州举行的国民党第二次全国代表大会通过了《弹劾西山会议决议案》和《处分违反本党纪律党员决议案》，决定将"西山会议"主谋谢持、邹鲁永远开除党籍。至此，国民党老右派的篡权企图基本被粉碎。

然而，同样在1926年元旦，冯玉祥因在与奉系军阀的交战中处境艰难而通电下野，于3月20日踏上了为期半年的苏联考察之旅。也就在这个时刻，不仅他的国民军迎来更为艰险的挑战，国内军事力量也发生着激烈震荡。年初，中外反动派开始酝酿结成"反赤大同盟"，欲置"南北二赤"于死地。"南赤"，指当时蒋介石及其率领的国民革命军。"北赤"，就是冯玉祥及其统率的北方国民军。

于是，反国民革命的炮口开始对准天津大沽口：

1926年2月，奉系的直鲁联军向驻守直隶的国民军发起猛烈进攻。

3月7日，奉系军舰五艘、商船八艘运送直鲁联军6000人在天津北塘登陆，与驻守的国民军发生激战，被击退。

3月8日，国民军为防止奉军偷袭，加强了港口的防守，敷设水雷，熄灭海关灯塔（即大沽口灯船），封锁大沽口，并通知外国船只在战争期间只可于白天通行。

3月10日，国民军的正当自卫防御措施，竟遭外国使团的无理抗议，日、英、美、法等12国公使针对大沽口封锁之举照会北京政府，要求撤销一切入京障碍。国民军与驻津日、英总领事交涉，为避免与帝国主义列强直接冲突，国民军同意拆除水雷。

3月12日，国民军重开大沽口，但要求外轮必须悬挂本国国旗，不得有奉舰尾随混入，不得为奉军运输弹械。然而，向以鸡鸣狗盗之卑劣伎俩，行蝇营狗苟之丑恶目的的日军，竟然真的以流氓角色粉墨登场，演出了一幕偷天换日的无耻勾当。当天下午3时，两艘从旅顺开抵大沽口的日本驱逐舰，公然掩护奉鲁舰队四舰驶入港口。驻守大沽口炮台的国民军发现这一情况与日方所述时间和舰数不符，即以旗语制止，颐指气使的日本军舰非但根本不予理睬，反而蓄意挑起事端，加速前进。国民军遂发空炮警告，而飞扬跋扈的日舰竟悍然以实弹炮击大沽口炮台，致使炮台遭受很大损失，守军死伤十余人。国民军迫不得已开炮还击，将日舰逐出大沽口。

当晚，中国守军就日舰炮击大沽口事件，向日本驻津领事提出抗议。

但是，横行霸道的日本人却颠倒黑白，狡称国民军先向日舰开炮，于3月13日由日本公使为大沽口事件提出“抗议书”。

3月15日，英、美、法、意等国驻天津海军司令官在英舰“福克斯”号上开会，决定各国海军联合提出警告：限国民军24小时内撤出大沽口，拆除大沽口炮台之防备；奉军军舰撤出大沽口海口；大沽口海口由各外国军舰分区域占领。并要求这一公然侵占中国海港的“换防”部署必须于3月16日上午9时前完成，否则各外国海军就要采取他们认为的必要的军事行动。

3月16日，日本外务省再次就大沽口事件“恶人先告状”，强词夺理地要求中国政府向日本政府谢罪，赔偿损失，保证以后不再发生此类事件，并扬言如果这些要求得不到圆满答复，日本将采取强力手段等等。

当日下午4时，外国驻京首席公使荷兰大使欧登科，代表《辛丑条约》关系国英、日、法、美、荷、比、西八国公使，为大沽口事件向北京政府外交总长颜惠庆递交最后通牒，以维护《辛丑条约》为名，向中国政府提出五项要求：（1）由大沽沙洲至天津之航道，须停止战斗行为。（2）除却水雷、地雷及一切其他障碍物。（3）恢复所有航路标志，保证以后不再发生任何妨碍行为。（4）对外国船舶不加任何干涉。（5）停止对外国船只的一切检查。以上各项条款限3月18日正午前答复，得不到满意答复时，“决采所认为必要之手段，以除去其阻碍天津及海滨间之航海自由及安全上一切障碍”。

以“航行自由”为借口所掩盖的罪恶行径——“横行自由”是帝国

主义惯用的卑鄙伎俩。

3月17日，在“航行自由”的吵吵嚷嚷之中，各国军舰20多艘云集大沽口。

日本气势汹汹地叫嚣还可随时出动沪、宁、汉、渝等地的15艘军舰。

驻天津的外国军队也准备采取行动，大有重演八国联军侵略中国之势。

段祺瑞执政府对帝国主义的侵略和威胁，非但不采取措施还击，反而屈服于八国通牒，答应欧登科，声称中国政府遵守《辛丑条约》，对于大沽口事件及各国要求，政府“正在竭力设法，消弭此项障碍”，恢复由天津通往海口之交通……

大沽口，天津人的心之伤口……

日军以流氓手段制造大沽口事件的强盗行径和八国公使最后通牒的挑衅行为，再度揭开了天津人心口的创伤，再度对天津人的尊严进行了肆意的侮辱与蹂躏……

寄居于天津租界的这些政府要员、达官贵人，面对列强时的那副媚态、媚颜、媚骨，再度令津人失望、无望、绝望……

这，便理所当然地激起了天津人民极大的愤慨，点燃了他们心头无法压抑的怒火。

4. 守护津门

笔者曾在《电视系列片〈中国航标史话〉的社会学视野》一文中，对该电视系列片中讲述大沽灯塔人文历史的《守护津门》一集给予了高度关注。文章积极评价电视片中对天津实验中学一堂地理课的展示，以及对天津海事局一位专家的访谈，认为从中可以清晰感觉到天津人那种强烈的海洋意识和守护蓝色国土的意识：“《中国航标史话》所要传扬给观众的就是航标意识，推而进之就是海洋意识。以《守护津门》为例，该片即将结束时编入了一堂中学地理课，教师面对中国版图向学生讲：‘过去我们常讲，中国的版图像一只报晓的雄鸡，但是，面向被视为人类海洋世纪的21世纪，当我们海洋意识得到强化的时候，当我们把国家的领海海域都看作祖国蓝色国土的时候，我们就会发现，中国版图已经不是一只雄鸡的形状了，它更像一支火炬，而南海海域这片蓝色的国土，正是这支火炬的长柄！我希望每一位同学的心中，都有这样一支熊熊燃烧的火炬！'在这个段落之前，编入了一段对专家的采访，他向观众介绍：'灯塔是海洋文化和人类文明的重要标志之一，我们所熟知的灯塔、航标，主要是用作船舶安全导航的一个重要设施，但它还是国家主权的一个标志，一个象征。我们作为海员都知道，只要从海上作业回来，远航归来，看到了灯塔，就感觉到回家了，回国了。所以航标它不仅是船舶航海安全的一个重要标志，也是我们国家主权的一个象征。'该系列片其他各集也多有诸如此类的对于航标意识的呼唤与传扬。"①

后来，在整理曾外祖于方舟1926年与"大沽口事件"和"三一八惨案"相关的资料时，我才发现，天津人的这种海洋意识和守护蓝色国土意识是有着由来已久的历史传统和继往开来的历史传承的。在1926年版"守护津门"中，天津各界数十个团体1万余人因日舰炮击大沽口炮台而齐聚南开操场，"于方舟代表各界群众提出驱逐八国公使出境、推翻段政府组织临时国民政府、致电广东革命政府急速出师北伐等13项议案"。②并作为代表同江浩、安幸生、吕职人、郭隆真等向直隶督办孙岳、国民军前线总指挥鹿钟麟请愿。

面对齐聚大沽口的外国军舰，畏惧"斩首"的军阀政府果然个个奴颜媚骨，作出一派毫无血性的奴颜卑膝之状，但决计守护津门的天津儿女却人人怒目切齿，汇成了一片滚滚怒潮。

那日，同在天津大舞台剧场为纪念孙中山逝世一周年进行演讲的李大钊、于方舟，闻知日舰炮轰大沽口的消息后怒不可遏，师生相约共雪此辱，再唤民众，绝地反击。李大钊立即返回北京。据《李大钊传》描述：

---

① 杜棣华、阎焱：《电视系列片〈中国航标史话〉的社会学视野》，《电视研究》2011年《国际传播专刊》，第141页。

② 中共天津市委党史研究室：《中国共产党天津历史（第一卷）》，中共党史出版社2005年版，第123页。

“帝国主义这种蛮横到极点的挑衅行动，进一步激起了中国人民的无比愤怒。当时的北京，更是舆论沸腾，群情激昂。在党和大钊同志的领导下，3 月 14 日，30 万群众举行了国民反日大会，严重抗议日军炮击大沽口。‘打倒日本帝国主义’的怒吼声震撼了每个人的心”①

3 月 14 日的“北京国民反日侵略直隶大会”，对日舰炮轰大沽口炮台提出严重抗议和要求：立刻撤退津沽一带日本军舰；日本军舰未经中国允许，永远不准在中国境内停泊及行驶；立刻撤退在中国境内的一切外国军警，永远不准复设；日本政府须向中国政府及人民道歉，并撤换驻华公使，严厉惩办炮击大沽口之军舰官兵；赔偿中国大沽口此次所受损失。以上条件日方如不答应，国民立刻宣布与之断交，即刻驱逐日本公使出境。同日，全国学生联合会亦为天津大沽口案通电全国，痛斥“帝国主义横行，爰本匹夫有责之大义，作誓死救亡之呼号”，“翘盼全国同胞，一致奋起，具与汝偕亡之决心，作大规模之反日运动。”②

全国同胞，一致奋起，决心共同守护津门。

津门儿女，亦在行动，誓以热血洗尽屈辱。

“3 月 15 日，中共天津地委发动天津总工会、反帝国主义运动大联盟天津分会、各界妇女联合会、天津同胞反日会、国民党直隶省党部、天津市党部等 70 余团体 4 万余人集会，吁请国民军坚决抵抗，抢救国家危亡。”③

天津各界并于 3 月 15 日发出通电。据《益世报》报道，愤怒的天津人已将大沽口炮台遭日舰炮击视为“庚子后第二大辱”：“自大沽口日舰击我炮台事件发生之后，各方皆甚注意此事。以为此不仅国民军之军事问题，实含有国际间重大意味。天津各民众团体，正当热烈纪念中山逝世周年时，突有此事发生，更为激愤。特于昨日（15）联合发出通电，对日严重抗议。主张国民速起一致表示，并以其日本国处心积虑，在出兵南

---

①《李大钊传》编写组：《李大钊传》，人民出版社 1979 年版，第 202、203 页。

②《中共北方区委历史》，中共党史出版社 2013 年版，第 228、229 页。

③ 中共天津党史资料征集委员会：《中共天津党史大事记》，天津人民出版社 1991 年版，第 101 页。

满，援张杀郭以后，又有此事。而在津以英为首领事团，与北京之东交民巷公使团，实同为中国侵略侮辱之主使者。兹次大沽炮台被击事件，实庚子后第二大辱云”。通电呼吁“全国同胞速起制止军事行动，共图根本大计。”①

3 月 16 日，日本外务省叫嚣中国政府必须向日本政府谢罪并纠集八国公使向中国发出“最后通牒”后，李大钊即于下午紧急指示中共北京地委召集活动分子会议。李大钊在会上郑重指出，英、日、法、美等八国以维护《辛丑条约》为名，向中国北京政府提出最后通牒，是第二个“八国联军”。我们党目前的任务就是要联合国民党左派行动起来，组织大规模的抗议斗争。②

当晚 7 时，李大钊和时任国民党北京特别市党部组织部长的陈毅，又在翠花胡同八号召开教育宣传委员会会议，商定 18 日举行全市示威。

3 月 17 日下午，李大钊在北大三院同 150 多个团体的代表举行紧急会议。会后，共产党员陈毅率 66 人前往国务院请愿，与卫队发生流血冲突，至深夜 11 点半方同国务院秘书长开始交涉。共产党员安体诚、王一飞率 81 人于下午 4 点抵外交部，交涉至 18 日凌晨 4 点。

3 月 18 日，北京各界群众 10 万余人，两百多个团体，在李大钊等领导下，集会天安门，强烈要求中国政府以强硬态度“驳复最后通牒”。然而，当请愿队伍来到铁狮子胡同执政府门前，向着政府发出请求对外国列强强硬起来的呼喊时，对外永患“软骨症”的政府，却突然向这些正在呼喊的手无寸铁的赤子们张开了强硬的枪口——他们居然向人群射击，造成死 47 人、伤 200 余人的三一八惨案，被鲁迅称作“民国以来最黑暗的一天”……

李大钊在头部和双手负伤的情况下，指挥群众撤退。并于当晚召集中共北方区委会议，提出保护、组织和进一步发动群众坚持斗争的办法。

第二天，李大钊又在自己家中——府右街后坑朝阳里四号会见苏联军

---

①《益世报》1926 年 3 月 16 日。

②《中共北方区委历史》，中共党史出版社 2013 年版，第 229 页。

事顾问，并主持了国民党中央政治会议北京分会会议，研究三一八惨案后如何争取国民军，反对段祺瑞及奉系军阀等问题。①

三一八惨案发生后，中共中央于3月20日发表《告全国民众书》，指出：段祺瑞“为拥护辛丑条约而屠杀爱国同胞”，足见“段祺瑞早已不是中国人民的执政，现在又变成彰明较著的卖国凶犯”。《告全国民众书》号召全国各界人民，不论原来持何种政见，现在都应团结起来，打倒惨杀爱国同胞的段祺瑞！肃清一切卖国军阀！取消《辛丑条约》，以雪最后通牒之耻。②

就在《中国共产党为段祺瑞屠杀人民告全国民众》发表的同日，于方舟正在天津旧道署，为第二天即将召开的天津国民大会进行着紧张的筹备。

《益世报》为这次筹备会议刊发了消息：“天津各团体为日舰炮击大沽口炮台，及公府惨杀各界请愿同胞，特在旧道署开国民大会筹备会。”

据这条消息披露，有一个叫赵鹤的人，作为天津工会的代表曾于3月18日在北京参加了请愿。于是，于方舟等特请赵鹤从亲历者的角度向天津同志介绍惨案发生时的情形。赵鹤向大家述说，那一天，请愿队伍在“五代表”即王乐平、丁惟汾、安体诚、陈公翊、谭秀缄的引导下，抵达“公府”即铁狮子胡同的执政府时，已觉情况与往日有异，平日“到公府时，皆闭铁门，而此次大开。进门时有卫队三排，皆持手枪，里边有持大枪卫兵一连。众人进门后，约十分钟，有人报告，执政总理皆不在府。大家议决，向段公馆。将出门时，枪声陡起，请愿者纷纷倒地。西辕门树下，皆伏卫队，当时大家向外边走，由背后击毙者颇多，最后者，小学生女学生，倒后被蹈者颇多。兄弟跑入马号，该处已有五六百人，被卫队用刀砍死者不少，兄弟由墙头跳出，商家皆已关门，沿途受伤者不计其数。卫队开枪有二十余分钟，死伤共有数百人。”

听了赵鹤的讲述，江著源说：“帝国主义之压迫，已经显明，此时不

① 阎晓明（撰稿、编导）：《长篇电视人物传记·铁肩》，中央电视台军事频道2010年5月10日首播。

②《中共北方区委历史》，中共党史出版社2013年版，第234、235页。

作，再作无此机会，对段必有一表示。国民军保护地方，段氏居然残杀，国民军亦须负责，对之亦应有表示。”

继而，于方舟发言。“于方舟云：大沽口案，受八国压迫，奉在满洲，张李（即张宗昌、李景林）在沧州，吴（即吴佩孚）在京汉，军阀与帝国主义合起来压迫国民军。现救死之法，惟有民众团结一致对待：1. 成立永久对待团体；2. 倒段组织国民政府；3. 通电召开国民会议；4. 大沽口案请废除不平等条约。”

于方舟发表意见后，筹备会公决次日在南开大操场召开国民大会，公推吕职人起草致各省的通电，并当场拟就致北京各团体电：“惊闻巧日事变，悲愤无已，‘五卅’乃帝国主义惨杀，3 月 18 日成军阀官僚之屠日，此仇不雪，民族何以偷生……敝会率领全津公民，整伍以待，罢市罢工，皆所不惜，涕泣陈词，以慰死者，并励生人。天津各界联合会废约驱段大会，140 余团体同叩。”①

第二天下午，“天津废约驱段国民大会”在南开大操场举行。《益世报》记录了会议概况：“1. 开会；2. 主席报告开会宗旨：为大沽交涉案，为援助北京惨案（江著源）；3. 报告大沽案经过（于永滋，即于树德）；4. 静默 3 分钟致哀；5. 报告北京惨案真相（安幸生）；6. 静默 3 分钟；7. 报告议决案（于方舟）；吴雨铭临时动议：国葬被难同胞（全体通过）；8. 推举请愿代表（结果）：王卓吾（即王贞儒）、陶卓然、江著源、安幸生、吕职人、于方舟、宋则久、马千里、王南复、郭隆真 10 人，向孙督办鹿总司令请愿；9. 讲演；10. 呼口号。时致 4 时闭会。”②

然而，正如于方舟在 3 月 20 日筹备会上所作的力量对比分析——天津周围的沧州、满洲、京汉早已被反动军阀所包围，又有“八国压迫”——革命力量明显处于劣势——革命事业的发展势必会经历难以想象的艰难与曲折……

于方舟甚至提出了“救死之法”，足见他对形势估计的严峻程度！

---

①《益世报》1926 年 3 月 21 日。

②《益世报》1926 年 3 月 22 日。

果然，天津国民大会召开的第二天，国民军便撤出了天津。曾被国民军从天津驱逐的奉系军阀李景林，摇身一变又成为直鲁联军中的直军总司令，鲁军总司令则是张宗昌。在张作霖、吴佩孚的支持下，他们任命的前敌总指挥褚玉璞于 1926 年 3 月 24 日攻入天津，成为直隶督办兼省长，开始对天津人民进行罕见的暴虐统治，对革命事业进行恣意的残酷镇压。

燕赵大地，一片白色恐怖骤然而起……

“唐宋八大家”之首韩愈，曾有“燕赵古称多感慨悲歌之士”的名句。

就在那些白色恐怖最为严酷的日子里，于方舟和他的战友们，以其每一个人的崇高与壮烈，昂首高唱着一曲曲感天动地的燕赵悲歌……

第十六章　燕赵悲歌

1. 秘战 1926

褚玉璞，山东汶上人。青年时曾两次投考保定军校，均未被录取，便转而纠集歹徒为匪。被剿散后，于 1911 年入上海光复军张宗昌部下当兵，历任营长、团长等职。1918 年张部被江西督军陈光远缴械解散，褚随张投入直系军，旋又投东北军充当宪兵营连长。1922 年，张宗昌任 3 旅旅长时，褚任 55 团团长。1924 年二次直奉战争有功，升任 1 军副军长。1925 年任 6 军军长。1926 年任直鲁联军前敌总指挥，击败国民军，占领天津。同年 3 月任直隶督办兼省长。1926 年 11 月勾结英帝国主义于英租界义庆里破坏中国共产党地下机关，致使江震寰等 15 人惨遭杀害。1927 年 8 月又破坏了设在英租界求志里的中共天津地委机关，地委书记李季达被捕牺牲。1926 年纵火烧毁了直隶省署，使所有天津开埠以来对外交涉档案、债务契约、租界地亩档册、各项矿约、外债以及实业借款合同等资料，全部付之一炬，造成历史档案资料的不可弥补损失。1928 年北伐军进抵天津、冀东一带，褚玉璞化装渔民逃至大连。1929 年潜至胶东收罗旧部，企图再起，1931 年被山东省政府委员刘珍年击溃俘获，将其活埋。①

---

① 李克简、朱其华：《天津全书》，天津人民出版社 1991 年版，第 746 页。

从这份小传即可看出，在此等嗜杀成性的当权者统治下，天津已被祸害成一个何等黑暗鬼魅的世道：

——冯玉祥在自传《我的生活》中曾这样写道："及至李景林卷土重来，就衔恨于心，对地方上大肆报复。第一个吃亏的是国货商场宋则久先生，以亲近国民军为罪，把他逮捕，处以 10 万元的罚金。凡与国民军——甚至一个伙夫有来往者，无不捕去，重刑拷打，索诈财物，不知迫死了多少人命。他们弄得了钱，即在天津买地置产，盖造洋房，以为淫乐之所。"①

——正如冯玉祥所言，这群军阀占领天津不久，褚玉璞即以迫使商民使用军票的方式掠夺人民，激起天津商界市民的普遍反对。随后又滥发直隶省银行纸币 800 余万元，造成多次挤兑风潮。还千方百计对天津的百姓敲诈勒索，横征暴敛，大施淫威。② "捐税种类非常繁多，如百货捐，凡为人民日常所需之货物，如布匹、洋油、木材、粮食、牲畜（一口猪需纳捐 3 元，一口牛或马须 6 元）等均设立专门的税行，招人承包。还有婚姻捐（15 岁结婚者男女均捐 6 元，17 岁者各捐 5 元多，17、18 依次递减，25 以上即免）。还搜刮至死人身上，如所谓坟墓捐等。"③

——据 1926 年 4 月 15 日《李延瑞、吴晓天关于天津 3 月份整治环境组织群众运动给团中央的报告》记载，褚玉璞的队伍"闯入中国地后，秩序大乱，24 日以后，李张才陆续入津。但军队庞杂，情形混乱，警察罢岗，商店罢市，秘探四出，随便抓人。"④ 褚玉璞将青帮头子厉大森委任为督察处处长，督察处每日派出巡逻队，以"弹压地面"为名，大肆搜刮人民。每支巡逻队由 10 多人组成，身背长柄大刀，手持涂着红黑两色油漆的军棍，为首的手执黄布制成的写有"令"字和"褚"字的大令，招摇过市，杀气腾腾，随意搜查戏院、茶馆等公共场所和过路群众。每每

① 冯玉祥：《我的生活》，世界知识出版社 2006 年版，第 357、358 页。
② 中共天津市委党史研究室：《中国共产党天津历史（第一卷）》，中共党史出版社 2005 年版，第 125 页。
③ 天津市档案馆：《中共天津历史档案选编》，天津人民出版社 2011 年版，第 34 页。
④ 天津市档案馆：《中共天津历史档案选编》，天津人民出版社 2011 年版，第 47 页。

搜检讹诈对象的衣囊时，偷偷将宣传革命的传单塞入被搜查人的衣袋中，然后作为“赤党奸细”拘捕，严刑逼供，并示意被捕者须以钱赎命，否则便作实“奸细”罪名，枪毙示众，向褚玉璞报功。因此常有无辜平民被杀，市民对督察处无不谈虎色变。①

——褚玉璞对共产党及其领导的革命力量的镇压，更是到了近乎疯狂的地步。上任后即宣布“反共讨赤”，放出“宣传赤化，主张共产，不问首从，一律死刑”的狠话。接着，便查封天津总工会、学生联合会等所有公开的进步团体，发出一系列禁令，剥夺人民言论、出版、集会、结社等一切自由。7 月 8 日，天津警备总司令和副总司令联名发出布告称：“凡有擅立名义，鼓动工潮者，一经查明，定按军法惩治，决不宽贷。”另据 10 月 15 日《大公报》披露，警察厅为预防各纱厂工潮，向宝成、裕元、北洋、华新、裕大各纺纱厂各派侦探两人，前往侦察工人行动，以防工人群众滋事。两天后，直隶督办公署下令严防共党活动，“发现共党机关应立即破获”。②

此时，不仅是天津，整个北方都笼罩在白色恐怖之中。

在北京，自三一八惨案后，段祺瑞执政府就以“假借共产学说，啸聚群众，屡肇事端”等罪名，下令对中共北方区委书记李大钊及国民党北方主要领导人实行通缉。

3 月底，李大钊和国共两党的北方领导机关一起迁入东交民巷苏联大使馆西院的旧兵营内。

国共两党北方领导机关秘密迁移后，军阀密探和帝国主义间谍千方百计对其内部动态进行侦查。当时，苏联大使馆门口常停放着几辆人力车，一些密探伪装成车夫探头探脑，大使馆有人出来便被跟踪，甚至逮捕。

1926 年 4 月 26 日，奉系军阀以“宣传赤化”罪名查封《京报》馆，逮捕并杀害了该社社长邵飘萍。8 月 6 日，《社会日报》主笔林白水因文

---

① 中共天津市委党史研究室：《中国共产党天津历史（第一卷）》，中共党史出版社 2005 年版，第 125 页。

② 中共天津市委党史研究室：《中国共产党天津历史（第一卷）》，中共党史出版社 2005 年版，第 124、125 页。

章触犯张宗昌，也被扣上“宣传赤化”的罪名遭杀害……

面对骤然恶化的形势和步步逼近的险境，于方舟泰然自若，挥笔写下了“莫因逆境生悲感”① 的诗句，机警而又迅速地带领同志们转入地下，开展秘战。

——在刘格平的回忆中，秘战1926的于方舟是这样的：“不久，局势又紧张起来。吴佩孚与张作霖勾结，奉军张宗昌从山东向天津进攻，在天津的国民三军撤出西退。这时，住在城里旧时的道尹公署的于方舟等同志，都已作了应变准备。为了提醒他们，我曾派人两次通告他们。”②

——在吕职人的回忆中，秘战1926的于方舟是这样的：“国民军在帝国主义和奉系军阀的压力下，被迫于3月22日撤出天津。在撤退前刘格平仓促通知了于方舟。方舟同志一向深谋远虑，对形势逆转早有估计，并有所安排。立即通知学联、妇联及各业工会、各群众团体，采取转入地下的措施，国民党、总工会等机关撤离道尹公署转入安全地点。国民军撤退的当天，奉系军阀潜藏的便衣队四处扰乱，乱杀乱抢，这时我们的人和一切文件都已安全撤出，而方舟同志是最后一个离开道尹公署的。”③

——在王贞儒的回忆中，秘战1926的于方舟是这样的：“方舟得知驻天津的国民三军即将撤退，奉军李景林卷土重来的消息后，当即做出了迅速撤退、转入地下的决定。他镇定自若，井然有序地指挥同志们整理文件，随后，指挥同志们安全撤离办公地点。这时，日租界已冲出李景林的大批便衣队，东马路一带枪声阵阵，秩序大乱。方舟在检查、巡视办公室没有遗漏的文件后，才最后一人携带重要文件离开了党的机关旧道尹公署。”④

——在李志新的回忆中，秘战1926的于方舟是这样的：“我们的活动由公开转入地下，留下的人有于方舟、吕职人、李希逸、张宗一、于兰田

---

①《于方舟烈士诗词选抄》，《河北日报》1962年7月8日。
② 刘格平：《忆于方舟》，《天津日报》1988年1月14日。
③ 吕职人：《于方舟同志革命的一生》，见《天津文史资料选辑》第23辑，天津人民出版社1983年版，第22、23页。
④ 王贞儒：《于方舟烈士传》，见《天津历史资料》1964年第1期。

（日本时被刺）、叶善枝（这是个坏家伙，是他后来把我们解散的）、翟亦赤（翟少痴）、田自召、陈奕涛（田自召的爱人，女星社的）、谭亚宜（住寿康里，不知党员还是团员）。”①

——在张明远的回忆中，秘战1926的于方舟是这样的：“1926年“三·一八”惨案发生后，奉系军阀卷土重来，加强了对城市的反动统治，天津总工会和各界联合会等群众团体被查封；一些公开活动的领导人被调走；不少党员与组织失去联系，革命运动转入低潮。留在天津工作的于方舟不畏艰险，继续战斗。在他的领导下，城市工作迅速由公开或半公开活动转为秘密活动，尽量减少不必要的损失；他抓住军阀政府忙于应付北伐战争，对农村的统治较弱的有利时机，指示各县并派干部到农村发动农民建立农会，开展抗捐抗税、反抗豪绅地主的斗争，同时在教育界开展增资和改革教育的斗争。”②

对于困境和逆境，于方舟早已屡经磨难与历练。当他在五四运动中被开除学籍时，曾写下过这样的诗句：

回首前尘涕泼垂，呼号奔走究何为。
我因救世茹艰苦，谁肯无情论是非。
多少故人齐落伍，几何壮志但成灰。
而今学业全无就，惆怅前途无所归。③

然而，自从建树了共产主义的理想与信仰，于方舟便走出了犹疑与彷徨，跨越了慨叹与悲观。在那些艰难困苦而又危机四伏的日子里，在那些艰难困苦而又危机四伏的日子里，他拿出自己创作的小诗鼓励大家：

方舟困浅水，且置好樯帆。
待得潮来日，乘风飞上天。④

---

①《1959年1月30日、31日访问李志新记录》，见天津市档案馆：《中共天津历史档案选编》，天津人民出版社2011年版，第581页。

② 张明远：《缅怀先烈，继往开来——纪念于方舟同志英勇牺牲60周年》，《人民日报》1988年2月25日。

③ 中共天津市委党史资料征集委员会：《战斗在天津的共产党人》，天津人民出版社1991年版，第135页。

④《方舟诗稿》，载宁河《同乡会季镌》第1期，1922年秋。

当迎来秘战1926时，他更是将个人生死置之度外。

据《中国共产党天津历史（第一卷）》描述："1926年3月25日，即直鲁联军占领天津的第二天，中共天津地委召开紧急会议，对面临的形势和应变的措施进行研究。会议决定，一是隐蔽党的组织和公开的革命团体，将天津地委和天津总工会机关由大东旅社秘密迁往河北五马路，将国民党天津市党部撤回英租界义庆里40号；二是秘密转移公开活动较多，已暴露身份的党组织负责人，江浩、李锡九赴张家口，安幸生赴上海，卢绍亭赴陕西，于方舟、李希逸分别到宁河、北京暂避，其他一些公开活动较多的共产党员也陆续被派往天津周围各县开展活动。"①

但是，据吕职人回忆，于方舟并没有因为遭遇逆境而放弃战斗："地委鉴于于方舟同志在天津时间较久，又经常公开出面，为确保安全起见，决定让方舟同志暂回原籍躲避一时，以防反动军阀的迫害。方舟同志回原籍后也没有停止工作。他在家乡发动了一部分农民作为农民协会基础，吸收了一些国民党员，筹组宁河县国民党县党部。他在家只呆了一个多月又回到天津。"②

对于屡屡遭遇的困境与逆境，于方舟自会用他的理想主义和乐观主义去应对、去抗争、去化解。

"他自己常说，共产党员，每个人都应具有十足并能发展的毅力，如被压扁或被撞瘪，必能立即自动复原，更能超过原来状态，这种顽强精神是无产阶级党天然的优美条件。"③

《星汉灿烂——〈周恩来选集〉上卷中的烈士传略》中写道："1926年春天，奉系军阀卷土重来，白色恐怖越来越严重，革命工作更加艰苦。国民党中央党部已不再给直隶省党部拨发活动经费。脱产工作的一些同志因而生活极度困难。于方舟每天仅仅用一枚铜元的白开水和两枚铜元的大

① 中共天津市委党史研究室：《中国共产党天津历史（第一卷）》，中共党史出版社2005年版，第126页。

② 吕职人：《于方舟同志革命的一生》，《天津文史资料选辑》第23辑，天津人民出版社1983年版，第23页。

③ 郝久亭：《于方舟烈士传略》（1949年4月30日访问郝久亭记录），见天津市档案馆：《中共天津历史档案选编》，天津人民出版社2011年版，第570页。

饼充饥解渴。但他仍然坚持斗争，经常彻夜不眠地紧张工作。”①

我的奶奶于文郁也曾在《回忆父亲于方舟的二三事》中写道：“父亲在日常生活中是省吃俭用的，他不讲究吃穿，更没有任何不良的嗜好。在1926年底到1927年初，同志们在生活上遇到极度困难，父亲常常到亲友处借款，或典卖衣物等来维持工作和生活。母亲结婚时的一些陪嫁衣物，也在这个时候被典卖一空。父亲每天将同志们的生活安排好以后，自己便背了人们到外面去随便吃点什么。他个人每天的生活，仅仅是白开水和大饼。虽然过着这样艰苦的生活，又处在帝国主义随时迫害、军阀随时摧残的困难境遇中，但他没有一点畏惧和退缩，更没有一点怨言，他从革命事业的进展中得到了最大的安慰和幸福。使我尤其难忘的是父亲那件古铜色的皮袍子。这件衣服本是祖父串亲作客时穿的。因为父亲在天津上学，所以才给了他。一年，春节期间同学们都穿上了新衣服，但父亲却仍然穿着他那件短了半尺的古铜色皮袍子。1924年的12月，孙中山先生北来，父亲和江蓍源等同志曾亲自赶去码头迎接。当时盛行穿长袍马褂，可是父亲没有，只好临时借了一件马褂，仍然穿了那件古铜色的皮袍子，脚下穿着一双唯一的旧皮鞋。到生活最困难的时候，这件皮袍子也一改再改，最后竟成了一件夏天穿的单褂了。”②“那时候，父亲和吕职人叔叔都没有经济收入，我们的生活条件很清苦。父亲对母亲说，以后穷人都要有饭吃，农民人人都要有地种，咱们要为孩子们这一代谋幸福，我们是为了造福后人。困苦，就要克服，风险也算不得什么。”“母亲是位性情温和善良的妇女，她尊重父亲的意见，支持父亲的革命活动，曾把结婚时的陪嫁首饰、衣服等物交给父亲去典卖，用于革命活动的经费。”③

2011年5月29日《天津日报》刊登的署名文章《于方舟——天津建党第一人》中写道：“档案记载，于方舟生性机警过人、判断准确，每次危机时遇到问题，他总能于转瞬间得到正确答案。”④ 在秘战1926的形势

---

① 朱适等：《星汉灿烂——〈周恩来选集〉上卷中的烈士传略》，中国青年出版社1987年版，第148页。

② 于文郁：《回忆父亲于方舟的二三事》，《天津日报》1961年8月18日。

③ 于文郁：《我的父亲于方舟》，《天津日报》1983年1月16日。

④ 晓蒙：《于方舟——天津建党第一人》，《天津日报》2011年5月29日。

急转直下时，于方舟也凸显了他化险为夷的机警。

吕职人曾回忆："党的活动转入地下后，方舟同志与地委稳妥地建立地委秘密机关，改进地委与各区各支部的接头办法。由于措施得当及时，在这样重大的混乱局面中，天津党的工作却丝毫未受影响。为了安全，立即通知各区党部暂停往来，一切工作派人联络。同时分别派员沿京奉、京汉、津浦各县重新布置工作，确定秘密通信办法。一切工作尽量以群众团体名义出现，把党组织掩护在群众之中。"①

据奶奶 1983 年回忆，在那些与白色恐怖秘战的日子里，"组织上批准把我们母女俩由原籍宁河县俵口村接到天津市内同住，以便掩护工作。这时候，吕职人叔叔的夫人及女儿，也经批准由原籍搬来天津。当时，敌人迫害很重，虽然有家属掩护，也不得不经常搬家转移。每逢搬家或紧急转移时，为了迷惑敌人，父亲就指定母亲或吕婶带着我和职人叔叔的女儿瑞姐，坐上雇来的车子，把党的一些文件转移到秘密的工作地点。""有一次，母亲照例带着我在房子周围闲转放哨——父亲正在屋里和几位同志开会。忽然发现了形迹可疑的人，母亲立即通知父亲和同志们转移了。还有一次，我家被敌人连续监视了几天，父亲活动受到限制。母亲悄悄雇来一辆马车，用棉被将父亲盖好送上车，伪称送病人去医院治病，使父亲得以安全脱险。"②

在那些与白色恐怖秘战的日子里，北方区委的代号为"白芳渠"，天津地委的代号则为"靳舜之"，"一般书信来往都用'靳舜之'这个名字。'靳'是'津'的谐音，意思是指天津地方。'舜之'是'顺直'的谐音，指顺天府及直隶省。"③

而在赵达的记忆中，那些秘战的日子是新奇、甜蜜却又极为惨烈的……

---

① 吕职人：《于方舟同志革命的一生》，见《天津文史资料选辑》第 23 辑，天津人民出版社 1983 年版，第 23 页。

② 于文郁：《我的父亲于方舟》，《天津日报》1983 年 1 月 16 日。

③ 王积衡：《回忆大革命时期我在天津的一段经历》，见《天津文史资料选辑》第 23 辑，天津人民出版 1983 年版，第 2 页。

2. 爱在逆风飞扬中

黑云压城，逆风猎猎……

自中国共产党成立后，北方的共产党人就一直工作在十分险恶的环境中；到了1926年奉系军阀卷土重来，京津两地愈加危机四伏；而统治天津的褚玉璞更以嗜杀成性而臭名昭著……

在赵达的记忆中，她参与的地下斗争是从疏散干部与积极分子开始的："组织决定天津开始撤退，通知撤退是由我办的，南开、北洋的学生是撤到广州还是哪儿？吕职人、于方舟、韩麟符等指导我，告诉我怎么通知。"①

乐在逆风飞扬中。这样的秘战之于赵达，竟似乎有些新奇——每一步应该怎么做，都由于方舟手把手教她："我找到人后问他：能不能藏起来？是武汉还是广州？随后便告诉他在什么时间，什么码头，什么地点去接头。这样，天津全撤退了，工作完了，我也精疲力尽了。"②

她曾与于方舟及夫人谈芳荪共同住在义庆里40号："住在40号的有地委交通科长周世昌夫妇，我管他爱人叫大嫂子。职人夫妇也住在一起，我管他爱人叫二嫂子，吕职人是省党部秘书。方舟的爱人也住在这里，我管她叫九嫂子"③ ……

其实，义庆里40号原本是他们赵家的宅子。

赵达的伯父赵汝梅毕业于京师法政学堂，20世纪20年代初曾在江苏溧阳、无锡任县长，1924年辞职回津定居时的宅邸便是义庆里40号。

恰在这时，赵的世交、老乡、同窗江浩为建立国民党直隶省党部正在选址，便相中了这里。首先，它与为即将成立的中共天津地委选定的机关

---

①《1959年4月访问赵达记录》，见天津市档案馆：《中共天津历史档案选编》，天津人民出版社2011年版，第597页。

②《1959年4月访问赵达记录》，见天津市档案馆：《中共天津历史档案选编》，天津人民出版社2011年版，第597页。

③《1959年4月访问赵达记录》，见天津市档案馆：《中共天津历史档案选编》，天津人民出版社2011年版，第597页。

地址普爱里，仅隔一道墙子河，联系工作比较方便；其次，两处分属英、法两国租界，遇有紧急情况，便于转移和撤退。于是江浩便向赵汝梅提出借用此房。

赵欣然应允，举家迁往于普爱里毗邻的福利里（现兆丰路）二号。

那时，赵达住在伯父家，是赵公馆里的赵小姐……

父亲说，他曾在北京见过几次赵达的女儿张晓霁。

初见是在复兴路22号楼，她为父亲张明远做秘书工作。

最后一次见，是张晓霁打来电话，说《张明远回忆录》已出版，让他到家里去取。那时，张明远已去世，张晓霁搬到了22号楼街对面的一幢楼中。

那次父亲谈起，有人让他为“延安保小”拍纪录片，张晓霁便取出自己在延安保育院的照片，并说母亲赵达当时就在延安保育院工作。

在与张晓霁的长谈中，父亲得知了江震寰、赵达这对金童玉女般的红色恋人的爱情故事。他似乎很为这个故事感动，多次讲给我听……

从赵达的文字中，可见这是一位风风火火、极为泼辣的女性。

文如其人，她15岁从乡间偷跑到天津的故事，就显得传奇、火爆。

1907年，赵达出生于直隶省（今河北省）玉田县虹桥镇的一个地主家庭。赵家的土地虽不是很多，却在镇上和天津都有买卖。

赵达在县小学毕业后，父亲便不让她再念书了，准备找个婆家嫁人。当时她的大弟在天津上学，她就偷偷来到天津考取了直隶女子师范学校。师范虽不收学费，但总需些花销，大弟便将生活费分一半给她。大弟在家里是十分受宠的少爷，自然不缺钱花，所以姐弟俩倒也不愁生计。一次家里追问大弟为何开销骤增，他信口便诌：“我每天吃一只烤鸭啊！”后来家里知道了原因，也不再多问了。

1922年的天津报端，便已出现了赵达的名字。

在《女权同盟直隶支部成立盛况》的消息中曾有报道：“女权运动同盟会直隶支部，于前日（26）下午1点半钟，在河北天纬路女师范学校大礼堂，开成立大会。到会者会员并男女赞助员及来宾，共450余人，公推王贞儒女士为临时主席……邓文淑（邓颖超）报告支部成立之经过情形……当选之职员：用无记名投票选举法，选评议委员15人，总务正副委员长2人，执行委员59人。”其中评议委员有邓文淑（邓颖超），总务委员长（正）为王贞儒，执行委员中便有年仅15岁的赵达。她们在会上共同高歌：“姊姊妹妹起呀！起呀！走向光明路。四千余年被人压服，牛马也不如；煮饭缝衣看门户，教子相夫是义务，若问权力丝毫无，姊妹痛心不?”①

邓颖超、王贞儒均为赵达的女师学姐，1922年与女师毕业生许广平等同在达仁女校当教员。诚如赵达自己所说：“民国11年，我在天津时，不知道有党团组织，只知道有个女权运动大同盟。河北有个女校，叫达仁女校，邓颖超同志在那里做教员，我认识了达仁女校的人，入了女权大同盟，它是个进步组织，目的是‘男女平等，社交公开’。”②

1923年4月25日，邓颖超、王贞儒等又在大经路五昌里10号成立了女星社，后迁至河北大马路达仁里10号。在《女星》17期刊登的《女星社第二届职员表》中，又出现了赵达的名字——“书记：邓颖超；会计：赵达、钱曾敏；庶务：王卓吾（王贞儒）……教育部委员：王卓吾（王贞儒）、邓颖超、张颖芳、李峙山……”③

玉田赵家所在的虹桥镇与江家所在的刘家桥，相距仅10里。江浩与赵汝梅同为一家私塾的同窗。

就在赵达一边就读直隶女师一边同邓颖超、王贞儒开展妇女运动的时候，江浩的女儿江韵清、儿子江震寰均已参加了革命。1924年3月9日，在于方舟重建中国社会主义青年团天津地委的成立大会上，全市45名团员中就有江震寰。此后不久，赵达便经邓颖超、江韵清介绍加入了国民党。江、赵两家的父一辈、子一辈均投入了革命。江震寰和赵达也开始相识。

于方舟也同江家相交甚深，他不仅与江浩共同在天津创建国共两党的

---

①《益世报》1922年11月28日。

②《1959年4月访问赵达记录》，见天津市档案馆：《中共天津历史档案选编》，天津人民出版社2011年版，第595页。

③《女星》第17期，1923年10月5日。

组织机构，共同领导天津的国民革命运动，还是江韵清加入中国共产党的入党介绍人，也是江震寰进入黄埔军校的推荐人。1924 年 6 月，江震寰赴广州黄埔军校学习，9 月转赴苏联入东方大学学习。

江震寰

初识即别离——远赴广州，继而向着更远的莫斯科奔去的江震寰，还能与赵达再度相见么？

江震寰离津后，赵达更积极地投入了革命运动。

1925 年五卅运动开始后，她在竞存学校第一次参加“沪案后援会”会议，第一次见到于方舟在讲话，那时赵达还不知道于方舟的名字。

经历了一个暑假的工人运动，秋季开学时，赵达却被学校开除了。她回忆说：“秋后学校开学了，我到女师注册，学监陈先生说‘赵达你不能来了’，我就去找党组织，组织同志认为我住在租界，我的伯父是个官僚，家是个大公馆，有公馆小姐作掩饰，到哪去也好办事，认为做交通合宜，我也就加入了青年团。”①

谁曾料到，由于工作需要，江震寰又仿佛从天而降，突然出现在赵达面前。

那是赵达刚做交通员不久的时候，江震寰于 1925 年 9 月 11 日秘密回到天津，以扶轮小学教员的身份为掩护，继续从事革命活动。

两个年轻人又走到了一起，不仅在工作中相助，更在心灵上相知。

赵达曾幸福地回忆与江震寰在一起工作的甜蜜：

——“国民军进天津时，我们都到了大东旅社。前面大楼是国民党省党部，住有江老、方舟、王积衡，楼下是总工会，外说是总工会，实际

---

①《1959 年 4 月访问赵达记录》，见天津市档案馆：《中共天津历史档案选编》，天津人民出版社 2011 年版，第 595 页。

上就是党组织，总工会住有李季达、李希逸，青年团住在二楼后面屋，辛璞田、翟少痴、于兰田、江震寰住一间，我是女的，另住一间。”

——“国民军一进天津，我就不干交通了。团内开了会，有于方舟参加，我是团员，也叫我兼做工厂工作。在国民军在天津时，我在一直跑工厂。我和江震寰常到小刘庄工厂去开会，过了年不久，发展的工人就很多了，首先是组织他们加入工会，当时是宣传三民主义，口号是‘只要团结起来斗争’，宣传品是自写自印。”①

——在那些日子里，赵达经常身着女工装束，整天和纺织女工生活在一起，把工人间的一些问题记下来，回到团委后找同志们问，包括同江震寰交流，第二天再将这些道理向工人解释，甚至一夜不能睡，忙到第二天又去工厂。在江震寰的帮助下，她很快熟悉了工人运动，成为女工们的知音与知心，与此同时，她和江震寰也从相识、相知、相助，发展成为相恋的关系……

也许，因着她在天津女工中的信用度越来越高吧，很快，她便当选国民党天津市党部的妇女部委员了。

1926年1月17日，赵达在国民党天津市党部召开的全体党员大会上当选为妇女部委员，于方舟也是她此次当选的见证者。当时的报纸曾有报道：“前日（17）下午3时，中国国民党天津市党部开全体党员大会，到会者200余人。由辛璞田主席。一、宣读孙中山先生遗嘱。二、江著源报告政治状况，分析帝国主义及军阀与民众势力之消长。三、于方舟报告全部党务进行情况。四、改选市部职员，（结果）常务部长辛璞田，组织部委员杨衡南，宣传部委员郑重谋，妇女部委员赵达，青年部委员于兰田，农工部委员安幸生，书记委员谢曦。”②

也许，对于这个爱唱歌的姑娘来说，与邓颖超、王贞儒共歌“姊姊妹妹起呀起呀走向光明路”的情景固然会深藏记忆，但是她和江震寰一起在电影院中为上千人教唱《国际歌》的一幕将会永驻于心：“1926年1

① 《1959年4月访问赵达记录》，见天津市档案馆：《中共天津历史档案选编》，天津人民出版社2011年版，第595页。

② 《益世报》1926年1月19日。

月 22 日，天津地委在南市平安影院举行列宁逝世两周年纪念大会，北方区委负责人赵世炎亲临指导，会上江震寰、赵达和江韵清一起向与会者教唱《国际歌》。天津总工会也在会上散发了印有题为《列宁和中国工人》、《列宁逝世两周年告天津工友》的传单，会场气氛十分热烈。”① 油漆业工人张一清参加了那天的活动，他清楚地记得：“赵达同志（江震寰同志的爱人）教大家一起唱《国际歌》，我经手用石印印了《国际歌》的歌篇 2000 份带到会场散出去了。”②

也许，好事总要多磨吧，革命中的她和他也总要分分合合……

在赵达的记忆中，就在那次教唱《国际歌》的纪念大会结束后，“不久，江震寰调大同，我仍搞工运。”直至 1926 年 5 月，江震寰在大同暴露了身份，才回到天津担任国民党市党部常务委员。

赵达说：“我和江震寰是 1926 年 5 月结婚。”③

当时，江震寰的父亲江浩已赴张家口工作，不久又去了广州，江浩夫人又已病逝，便由赵汝梅做主，为 19 岁的赵达和 22 岁的江震寰举行了婚礼。

然而，他俩的爱，毕竟飞扬在逆风中……

仅仅度过新婚半年的甜蜜，江、赵之间竟成生死之恋……

逆风猎猎，黑云压城……

在黑云压城城欲摧的天津，共产党人的每一天几乎都游走在生死的边缘……

1926 年 11 月 24 日，马千里先生有一则日记：“见报载昨天下午英租界巡捕同包探将国民党天津市党部查封，并捕去数人，其中有江著源之子（江震寰），倘若引渡到中国官厅，必不能保首领。若将党员登记人名册

① 孙振武：《大革命时期的赵达》，见《天津文史资料选辑》第 97 辑，天津人民出版社 2003 年版，第 110 页。

② 张一清：《我所知道的党在天津的早期活动片断》，见《天津文史资料选辑》第 10 辑，天津人民出版社 1980 年版，第 111 页。

③《1959 年 4 月访问赵达记录》，见天津市档案馆：《中共天津历史档案选编》，天津人民出版社 2011 年版，第 595 页。

得去，必要按图索骥大兴党狱矣。”①

富有政治斗争经验的马千里一眼便看出了这一事件的严重性——“倘若引渡到中国官厅，必不能保首领。”——事态的发展不幸被马先生言中，江震寰等人果然被引渡了……

11月23日午饭前，以国民党天津市党部常委身份正在义庆里40号主持机关工作的江震寰，本应同赵达一起前往赵汝梅家吃饭的，因工作繁忙，只得让赵达自行先去。孰料，赵达刚刚离开，大搜捕便开始了，共逮捕江震寰等共产党员八名，国民党左派五名，以及革命群众二名。二名群众中的韩玉亭其实是赵汝梅家的佣人，当时从赵家去义庆里叫江震寰回家吃饭，竟然也遭逮捕。

事件发生后，天津地委立即设法通知党的组织和有关同志，并通过在华北晚报社工作的共产党员公开报道义庆里事件，向同志们发出警报。尽管马千里先生在事发第二天便从报上见到消息，但仍有一些未接到通知去义庆里联络的同志被卧底的敌人逮捕。

11月25日，英租界工部局将江震寰等15人引渡给军阀当局。帝国主义同军阀当局分明早已相互勾结，沆瀣一气……

正在广州的江浩，派共产党员王积衡携国民党中央拨发的5000元营救费速返津营救。

据王积衡回忆：“我当即返回天津，将款交给了于方舟同志，请其筹划营救，我也竭力向各方奔走。因此案关系重大，据说须奉张作霖令才能处理。我们的营救活动，仅能打通监守人员，里外可以通些信息，随时接济他们一些钱用。”②

营救工作终未获得成功。

马千里先生“倘若引渡到中国官厅，必不能保首领”的预感竟一语成谶。

---

① 天津市政协文史资料研究委员会：《20世纪初天津爱国教育家马千里先生》，1985年版，第128、129页。

② 王积衡：《回忆大革命时期我在天津的一段经历》，见《天津文史资料选辑》第23辑，天津人民出版社1983年版，第8页。

十五烈士临刑前合影

血雨腥风，接踵而至。

1927 年 4 月 18 日，就在蒋介石发动上海四一二反革命政变后的第六天，江震寰等 15 名共产党人和革命志士被反动军阀当局押往南市刑场杀害。

据王贞儒讲述：“震寰同志等于临行前沿途高呼打倒军阀，打倒帝国主义，共产党万岁等壮烈口号。至刑场时，拒跪受刑，挺身骂贼，被敌连击三枪含恨而终，市民为之感泣。他就这样坚决为解放中华民族的事业壮烈而牺牲了，时年 23 岁。”①

赵达在 1959 年 4 月接受天津市革命史编纂委员会的访问时说：“江震寰被捕时，我已怀了孕，组织送我回冀东去，给了我三个任务：一是供应平津党组织，二是掩护地方党组织，三是联系平津党组织。我是 11 或 12 月回家的，震寰在狱中是用的我的号——赵尊山，他牺牲后，报上登了赵尊山，后来听说为我起号的女师校长看了报还说‘可惜了我起的那个名字’。我回到玉田老家后，便与当地的张明远、李大炮发生了联系，后来天津党组织与我联系的方法是寄小朋友等儿童刊物，书边上书缝儿有秘密

①《1949 年 5 月访问王贞儒记录》，见天津市档案馆：《中共天津历史档案选编》，天津人民出版社 2011 年版，第 571 页。

的字，我可以从上面得到党的指示。”①

强忍失去爱人的巨大悲痛，仍然念念不忘组织交办的任务，这就是赵达那一代共产党人所表现出的信仰的力量……

十五烈士纪念碑

更为感人的是江震寰写给赵达的遗书：“敌人虽然打得我们皮开肉绽，但他们得不到任何东西，我们把坐牢看做是休息，牺牲就是个人革命的成功。”又写道：“大好头颅待价估，一朝伏侍相当值，愿卿莫作无谓哭。”他还给未出生的孩子取名“赤星”，嘱“一定要扶孤继承我志，以实现中国社会主义革命为期。”②

在《张明远回忆录》中，张明远写到于方舟当时特意找到他，托付他将赵达带回家乡，好好照顾。

于方舟是一个沉默寡言的人，当时的悲痛不会溢于言表。但，一个是他亲自推荐走进黄埔军校的英俊男儿，一个是他曾手把手传授工作经验的泼辣女孩，且又是江老的儿子与儿媳，他向张明远托付之时的语重心长可想而知……

“江震寰被捕后，党组织考虑到赵达过去参加社会活动较多，已不宜

① 《1959 年 4 月访问赵达记录》，见天津市档案馆：《中共天津历史档案选编》，天津人民出版社 2011 年版，第 595 页。

② 孙振武：《大革命时期的赵达》，见《天津文史资料选辑》第 97 辑，天津人民出版社 2003 年版，第 110 页。

再留津工作。曾打算送她去苏联学习，因有孕在身没有成行。地委组织部长于方舟找她谈话提出两点要求：一是回玉田老家把孩子平安生下来，抚育好烈士遗孤，二是参加玉田党组织的活动……”①

然而，对于强忍悲痛叮嘱赵达“抚育好烈士遗孤”于方舟来说，他刚刚面对了一场父子两代战友情的生死别离，孰料又一个噩耗从北京传来……

3. 恩师就义：“一行热血千行泪，泪有干时血不干”

1927 年 4 月 7 日

报载鲁军第 8 军军长毕庶澄在济南被张宗昌枪毙，因毕在上海谋归附党军受任 42 军军长也。又云日昨北京奉军搜捕俄使馆，将共产党北方领袖李大钊及其党徒男女 40 余人捕去，该处为共产党之北方执行委员会，国民党北京执行委员会之总机关，今则一网打尽矣！②

这是马千里先生的一则日记。他在天津报纸上能够读到的消息，其他的天津人当然也都能够读到，于方舟自然更会关注这条令他悲愤填膺、誓言复仇的消息。

面对李大钊被捕的消息，于方舟不禁想到了 1926 年 3 月“大沽口事件”后与恩师在天津的别离……

1926 年 3 月 19 日，“三・一八”惨案的第二天，段祺瑞政府便发布通缉令，称李大钊等人“假借共产学说，啸聚群众，屡肇事端”，并且“潜赴各省区，迭有阴谋发见”，导致“国家秩序，岌岌可危”，责令“严重查究，以杜乱源”，“并著京外，一体严拿，尽法惩办”。

同样在 3 月 19 日，直、鲁、奉军阀组成的“讨赤联军”12 万人，开始自河南分三路北上围击国民军。

---

① 孙振武：《大革命时期的赵达》，见《天津文史资料选辑》第 97 辑，天津人民出版社 2003 年版，第 110 页。

② 天津市政协文史资料研究委员会：《20 世纪初天津爱国教育家马千里先生》，1985 年版，第 130、131 页。

于是，也是在3月19日，置个人安危于不顾的李大钊主持北方国民党领导人会议，并在会上指出：“当前的任务就是帮助国民军保存有生力量”，建议国民军“4月以前，至迟4月中旬以前，国民军应退出北京，撤到南口山口，在那里加紧修筑防御工事”。

国民军接受了李大钊的建议，第二天即3月20日便开始部署撤退。以致3月24日国民军一夜之间撤出天津后，奉军张作霖对事态的转变之快备感惊疑，认为肯定是国民军的计谋，在整整七天里一直观望、分析，结果丧失了追击的时间，使得国民军登上专门列车开往西部山区。

随后，李大钊率中共北方区委、北京地委及国民党北京特别市党部，由翠花胡同八号迁至东交民巷苏联大使馆西院的原俄国兵营内。兵营内设有庚子赔款委员会、中东铁路办事处、远东银行等机构，国民党人徐谦、李石曾、顾孟余等均为庚子赔款委员会的委员，具有合法身份，便于开展工作。

4月间，奉、直、鲁、晋各系军阀联合向国民军总攻，兵分五路进击北京。

4月15日，国民军退出北京，扼守南口，同北洋军阀展开了持续四个月之余的南口大战。

就在国民军将北洋军阀40万兵力吸引在南口大战之中的时候，在南方，国民政府军事委员会于7月1日颁布北伐部队动员令，7月6日国民党发布《为国民革命军出师宣言》，7月9日国民革命军在广州东校场举行北伐誓师大会，正式出师。

同样在1926年的7月。

那时的北京，有一处“陕西朝邑会馆”。

那时的会馆，住着一个原在国民军征战却因兵败河南而刚刚失散到这里的陕西青年马文彦。

那时的一个黄昏，马文彦在不经意间遇到了自己的老乡和战友——陕西旅京学生领袖、曾在国民军组织学生队的共产党员刘天章。于是，便被匪夷所思地带到李大钊的秘密住所。经俄语测试合格后，不知所措的马文彦被留了下来。李大钊写了一封信，意味深长地叮嘱他，带给住在天津法租界国民饭店的原春雨先生。

然而，当马文彦来到天津国民饭店时，才发现这个神秘的“原春雨”乃是一位大人物的化名。这个大人物便是自己家乡最著名的革命前辈于右任。

在李大钊天衣无缝般的安排下，马文彦作为翻译陪同于右任转道上海，星夜兼程赶往苏联，敦请冯玉祥急速回国参加北伐。

正在苏联担任中共驻共产国际代表团团长的蔡和森以书信向李大钊报告此事时这样写到：“于髯在此与马二接头结果颇佳”。“于髯”即于右任。“马二”当指冯玉祥。

从“原春雨”到“于髯”，再到“马二先生”，一系列的化名和隐语，分明让我们感觉到了那个时期环境的险恶，难怪连温文尔雅的李大钊都配备了防身的手枪……

不过，即使在如此艰险恶劣的环境里，李大钊也依然为着崇高的理想而秘密从事着地下的工作，充分体现着一名共产党人的气高志远和气度不凡……

当时，仅有10万人的北伐军同拥有70万大军的北洋军阀之间，实力相距很大，兵力对比悬殊。为迎接北伐革命高潮的到来，有效阻止吴佩孚部南下，并支援国民军的南口之战，处于白色恐怖之中的李大钊又派人前往直系军阀田维勤部，联系并指示共产党员许权中“相机而动，举行起义”。7月12日，许权中率部在京郊门头沟起义，吴佩孚立即率五个旅围攻起义部队，许权中在妙峰山一带与敌激战三昼夜，迫使敌军溃退。据此，7月31日的《中共中央通告》指出：“吴佩孚自田维勤部下发生反格事实后，已证明其完全不能向国民军作战。”

与此同时，李大钊又于7月间请于右任赴苏联，敦请冯玉祥及早回国统率部队，并三次发电报催促。还为冯制订了“进军西北，解围西安，出兵潼关，策应北伐”的16字军事战略。

8月15日，国民军虽因寡不敌众而在南口大战中失败向西突围，但毕竟已将北洋军阀的大量兵力拖在了南口，大大减轻了南方国民革命军的压力。正如《中国共产党历史（第一卷）》所评述的那样：“1926年4月至8月，国民军坚持了四个月的南口保卫战，最后撤退到绥远。南口战役不仅吸引了张作霖、张宗昌等属下的部队，而且长时间拖住吴佩孚部主力，对北伐军在两湖地区的胜利起了重要的配合作用。”①

9月17日，冯玉祥由苏联返国，在绥远五原誓师，宣誓就任国民军联军总司令，全军加入国民党，经一个多月的整编训练，部队秩序井然有条，官兵士气十分高涨，然而驱师何往却又大计难定。

这时，李大钊派曾晓渊送来密函，密函写到：“奉鲁孙三方的兵力如下：㈠保定一带有兵五万，后方为万福麟。㈡五原之兵，现调北京。有骑兵四旅、步兵一旅，山西接防。包头五原，有两步兵师，一骑兵师。㈢张家口有两旅。㈣北京有兵一万五千。总计奉军关内兵力，约有十万。至直、鲁军在南京浦口者有一万五千人。在泰安徐州者有九万人，尚有两骑兵旅。天津青岛亦有若干。孙军分二部，总共三万五千人乃至四万人。安徽有三万人以上。奉军作战计划，将出兵河南。建议出长安会师郑州。”

冯玉祥接密函后，当即召集高级将领会议，一致决定采用李大钊16字的战略计划，后来果然按李大钊的“路线图”，1926年11月28日解围西安，1927年春出兵潼关，5月26日大败奉军，占领洛阳，5月底同北伐军会师郑州。

那么，在肃杀险峻的白色恐怖之中，作为北京大学的一名教授，李大钊怎么就能做到侦获北洋军阀如此之多且如此准确的情报呢?

后来，在被敌人搜获的文件中，可以发现“白芳渠”这样一个化名。实际上，“白芳渠”既是“北方区”的谐音，也是北方区委的代号，在那些人员被迫大量转移、经费没有任何保障的日子里，李大钊就靠这个代号坚持传递工作计划和各种情报。

他的情报人员甚至潜入张作霖的大帅府，成为“张大帅”的亲随秘书。此人姓董名季皋，长李大钊六岁，1883年出生于天津一个长芦盐商巨富之家，正是于方舟挚友安幸生的岳父。史料介绍：“欧战既终，世界

---

① 中共中央党史研究室：《中国共产党历史（第一卷）》上册，中共党史出版社2011年版，第177页。

思潮日变，董君研究结果，笃信列宁主义”，“张作霖称大元帅时，设计入元帅府充书记，深入虎穴，欲施博浪之锥”①，1926年经其女儿的同学、时任中共北方区委组织部长的陈乔年介绍入党。董季皋写得一笔极好的毛笔字，很受张作霖赏识，张的一切书简几乎都由董季皋抄写。张作霖丰泽园内的签押房是里外间，董季皋就在外间办公，同张作霖的签押房只隔了一层镂花板壁。因为有着如此便利的条件，所以他不仅负责党的情报工作和交通工作，还负责搞军运。到1927年年初，居然在张作霖的大帅府中建立了一个中共地下党支部，支部书记就是董季皋。此时，帅府支部已经得悉张作霖下令逮捕李大钊，便苦劝李大钊尽快离开北京，但大钊同志直至牺牲仍在坚持斗争。当时的形势就是已经险恶到这样的地步，明知自己要牺牲，也要坦然甚至含笑地迎着牺牲走去。李大钊被害半年后，董季皋自己连同女婿安幸生、翁婿双双也都倒在了张作霖的枪口之下……

苦劝李大钊离开北京的，还有中国共产党的总书记陈独秀。1926年9月，陈独秀亲笔写信要李大钊离开北京去武汉工作。当时中央发通告，一般只是由书记签名，只有特别重要的事才写亲笔信的。陈独秀在这封自认为是很重要的信中说：北伐军已节节胜利，不久即可攻下武汉，中央决定用全部力量抓武汉工作，并决定把党中央迁往武汉。所以请李大钊和罗章龙离开北京到武汉工作。

实际上，从1926年4月开始，李大钊就已经陆续选派干部南下了，选派的原则是：第一，身份已经暴露，无法在北京立足的；第二，南方籍党员，尽量回原省，情况熟悉，工作方便；第三，根据工作需要，重点地区重点配备。最早一批南下干部，于国民军撤出北京后即已选派：陈毅，原籍四川，1926年5月李大钊派他回四川做兵运工作，策应北伐；邓培，北方工人领袖，广东三水人，“三·一八”后，调广州担任全国铁路总代表；安体诚，虽然是河北人，但身份已经暴露，无法留北京继续工作，遂调黄埔军校任政治教官；国民党左派顾孟余、陈友仁、徐谦，国民党中委丁惟汾，共产党员、国民党中委于树德等也相继离开北京。

---

① 中央档案馆：《革命烈士传记资料》，中共中央党校出版社1983年版，第316页。

1926年9月，接到陈独秀来信以后，又调罗章龙、陈乔年、张昆弟、贺昌、史文彬等赴南方工作。

1926年底，北京政府的镇压越发残酷。李大钊在东交民巷的一个小门内，召集还没有走的南方籍党员开会，再次动员十几人离开北京。

1927年初，北京的政治形势更加恶劣。李大钊及北方区委决定，将最后一批党员干部撤出北京。临行前，李大钊会见他们时，他们都恳求李大钊暂时隐蔽一下。李大钊坦言，北方很重要，自己很独特，自己一撤，北方就等于丢了，所以他意志已定，冒死也坚守，北方决不丢。

后来陈独秀被开除出党以后谈到此事时还极为激动，他说，守常是一位坚贞卓绝的社会主义战士。从外表看，他是一位好好先生。从实质看，他平生的言行诚如日月经天、江河行地，段祺瑞制造三一八惨案时，他亲临前线，张作霖要逮捕他，他事先也有所闻，组织曾劝他离开，但他坚守岗位，不忍搁下工作。最后视死如归，为党捐躯，慷慨就义，面不改色。世人称他为马克思主义先驱，革命家的楷模，是一点也不过誉的。他对马克思主义的研究，比当时的人深刻得多。

尽管自己坚守，但他却送走了一批又一批青年，在险恶的政治形势下，既保存了革命的骨干，又适应了南方革命形势发展的需要，及时输送了革命力量，正如《李大钊烈士碑文》所指出的那样："他努力为南方的革命运动培养、输送了大批干部。"

就在如此严酷的条件下，李大钊仍肩负国共两党的领导责任，除积极策应北伐，派遣大批共产党员、共青团员和革命青年到北伐军和国民军去，加强北伐力量外，还不断发展壮大国共两党的组织。自三一八惨案至1927年2月，仅北京一地，共产党员便由300余人发展到1000多人，国民党员由2000多人增至4000多人。

正如他1925年至1926年初在《土地与农民》一文指出的那样：中国的农民占人口的70%，农业又为国民经济的基础。发动农民，特别是唤起贫农阶级组织农民协会，组织农民自卫军十分必要。他还领导北方区委派遣大批同志深入农村开展斗争，建立农民协会和农民武装，使河北、内蒙、山西等省的农民运动迅速发展起来。仅据1926年底玉田、蠡县、围场等18个县的统计，就有农民协会会员7295人。

就在这样异常紧张的工作中，北京来到了1927年的春天。

不觉的，奉系军阀张作霖进入北京已经将近一年了。刚进北京时，他就于1926年的4月26号，在天桥东刑场以“宣传赤化”的罪名枪杀了《京报》主编邵飘萍，并放言“宣传赤化，主张共产者，不分首从，一律处死刑”。果然，时隔不久又处决了另一家进步报纸的主编林白水。

越来越紧的恐怖之风，甚至连15岁的李星华都察觉到了，她是李大钊的女儿，她清楚地记得，负责交通的阎振三叔叔蹊跷地失踪之后，上街去买菜的张全印也没有回来……

实际上，随着这些同志的被捕，装扮成人力车夫的特务也在东交民巷多了起来。不久，李大钊在苏联兵营的行踪被隔壁法国医院的值班人员发现，法国使馆立即将此情报通告外交次长吴晋。此外，据后来《世界日报》披露，趁苏联旧兵营需用听差车夫之机，奉军又派四名暗探化装打入内部，“在党部服务经过三日，所有党中一举一动无不知之。各重要分子所住房间号数，俱已调查明晰，并经分别绘图报告。”就这样，奉系军阀通过各种渠道掌握了李大钊等人的行踪……

令奉系军阀感到为难的是，东交民巷为使馆区，根据国际公法规定，是不得轻易擅入搜查的。

然而，令人发指的是，曾以流氓手段制造大沽口事件的日本公使芳泽又以流氓的逻辑教唆张作霖：苏联已经自动取消前俄皇对华条约，不受《辛丑条约》的保护了，围搜苏联大使馆，不致引起国际交涉。

曾在三一八惨案前签署《八国通谍》的首席荷兰公使欧登科，此时又再次出面，于4月4日召集各公使举行秘密会议称，“张作霖元帅的随员一再向他提出，俄国人正在滥用使馆区的庇护，组织叛乱”。各国公使则一拍即合地随声附和：“此乃中国内部之治安问题”，“因俄使已不在辛丑条约国之内”，“使关界内优越权力无享受之可能”，“中国内部之事，应由中国自行处理，使团方面概不过问”。

一桩发生于帝国主义和反动军阀之间的卑鄙、下流、阴险、恶毒的交易，就这样在暗中勾结、私相授受了……

1927年4月6日上午7点半。

京师警察厅总监陈兴亚率300多警察、宪兵、便衣侦探、消防队员赶赴东交民巷，向欧登科呈交公文称："近来，大批共产党人躲避在使馆区内远东银行、中东铁路办事处、庚子赔款委员会"，"煽动学生、工人，预谋在首都暴动"。"这种布尔什维克思想的蔓延，必定损害外国人并破坏地方安宁与秩序"，必须"采取果断措施"，"查抄上述共产党人躲避处"，"请予许可"。

至此，反动军阀张作霖为维护既得利益，不惜与侵略国结盟屠杀同胞，卖国求荣的嘴脸暴露无遗。

早已同张作霖和各国公使达成默契的欧登科于10点20分代表公使团在公文上心照不宣地签了字。

随即，早已等待多时的军警涌入苏联大使馆西侧。

那一天，是1927年的清明节。

李大钊见15岁的星华和7岁的炎华早晨起来换上了新的夹衣，便难得轻松地对两个女儿说："快到外面玩去吧，真是春天了！"说完又匆匆坐回桌前写字去了。

妻子带着小女儿在春天和煦的阳光下踏青，大女儿坐在外间屋的长椅上看报，李大钊则在里间屋静静地写作。

一切都是如此的惬意与宁谧。

但是，顷刻之间，这幅美好的图画就被粗野的恫吓声所撕裂，被疯狂的脚步声所蹂躏，被枪械的碰撞声所吞没。

李大钊与妻子和两个女儿，以及滞留北京地区的国共两党工作人员及苏方人员共60余人一同被捕。野蛮的搜捕持续到晚上9点多钟。而此后的22天，李大钊在警察厅的看守所中度过了他一生最后的时光。

李大钊的被捕引发了社会上的一场震荡，在谴责奉系军阀暴行的同时，社会各界为营救李大钊奔走呼号。

4月9日下午7点，国立北大、师大等9校校长召开校务讨论会，议决营救办法，一致表示："李为九校教员，义难坐视"，推北大校长余文灿，师大校长张贻惠作为代表走访求助于张学良。

4月10日上午10点，两位校长抵文昌胡同八号，因张学良外出，又于下午4点复往，但因张学良再次外出，只得求见一位姓叶的秘书，提出五点要求，其中提到“李大钊系属文人，请交法庭依法审讯，并请即释放李大钊之妻女”。

同日，政界要人，曾在袁世凯内阁当过学部副大臣的杨度和曾依靠奉系当过国务总理的梁士诒，作为北洋政府“政治讨论会”代表，约司法总长罗文干，同往顺承王府会见张作霖，陈述该会“移交法庭”“依法办理”的意见。

4月12日下午4点，北京国立私立25个大学校长再开会，认为“李大钊系一文人，且系静心研究学术者，教育界不能不有种相当之表示”。

同日，莫斯科工人职员示威游行，抗议帝国主义勾结中国军阀的这一阴谋事件。

4月15日，李大钊好友300余人上书“致公民等以同乡关系，愿保李大钊之生命”，“至其眷属妻子，同系囹圄，情殊堪悯，并恳贵军团部念罪不及妻孥之古训，准予先行释放”。

曾在段祺瑞政府担任司法总长兼教育总长的章士钊也前往张作霖的亲信、奉军参谋长杨宇霆处，为营救李大钊“反复讨论甚久”，“恨其无法相救”。

挺进西北的冯玉祥发布的《国民革命军第二集团军总司令宣言》甚至显得怒不可遏：“李大钊等数十同志之生命即本军30万将士全体之生命，誓心竭力保障，不容任何人擅加危害”，倘奉系“胆敢危害李大钊等数十同志之生命，则本总司令实逼处此，亦惟有采取无可如何之报复主义，即以张作霖之残酷手段，还诸奉方人员”。

铁路工人则组织了劫狱队，拟不惜代价地进行营救。消息经董季皋传到狱中后，李大钊要求党内外同志不要为营救他而付出更多、更大的牺牲，并指示各级党组织注意保存革命力量。为此，铁路工人忍痛取消了劫狱计划。

在权倾一方的军阀眼里，民心民意当然轻若微风，尽管外面呼声鼎沸，监狱内还是进行着严酷的秘密审讯。

4月6日，李大钊被捕当日的下午两点便开始受审，4月7日下午一点半再度被讯。

然而，面对军阀的严刑逼供，李大钊毫不隐讳自己坚定的信仰和伟大的抱负，他不仅威武不屈地释放着崇高的气节，而且理直气壮地阐述着他所崇信的主义，毅然将军阀的法庭，当作他向大众阐述马克思主义的讲堂……

当时的《世界日报》和《晨报》报道："李著灰棉袍，青布马褂，满脸须，精神甚为焕发，态度极为镇静，自称为马克思学说崇信者，对于其他之一切行为，则谓概不晓"。在此后的审讯中，李大钊"直认真姓名，并不隐讳。态度甚从容，毫不惊慌"，"对于共产学理及主义，均承认崇信不讳"，"俨然一共产党领袖之气概"。

——当审判官训斥他"你是左派首领，左派与共产混合，当然你就是北方共产首领"时，他抑扬顿挫，侃侃而谈："我是左派首领。惟我所主张共产主义并不是如外间所说，他人之产业即强为我之产业，我之产业强作自己产业。益共产意义，原为共同生产……我是拥护农工利益，要完成中国国民革命"。

——当监狱让他写供词时，他在长达3000言的《狱中自述》中不无自豪地书写着壮怀激烈的一生："钊自束发受书，即矢志努力于民族解放之事业，实践其所信，厉行其所知，为功为罪，所不暇计"。

——当敌人威逼他交出所谓的"罪证"时，他独揽其责，侠肝义胆："今既被逮，惟有直言。倘因此而重获罪戾，则钊实当负其全责。惟望当局对于此等爱国青年宽大处理，不事株连，则钊感且不尽矣！"

——当张作霖的参议杨宇霖以老乡关系之情和高官厚禄之利亲自劝降时，大钊从容作答，字字铿锵："大丈夫生于世间，宁可粗布以御寒，'晚食以当肉，安步以当车'，断头流血也应保持民族的气节，绝不可为锦衣玉食，去向卖国军阀讨残羹剩饭。"

——当问及家中尚有何事需要交代时，据记者报道：他"在狱二十余日，绝不提家事"，仅在《狱中自述》结尾处写道："钊夙研史学，平生搜集书籍颇不在少，如已没收，尚希保存，以利文化。"

李大钊就义前留影

在强大的社会舆论压力下，究竟如何处置李大钊等人，奉系军阀内部也不无分歧意见，甚至连张作霖对杀李也曾一度犹豫动摇，据《顺天时报》报道，张作霖为如何处置李大钊一事，分别电询张宗昌、韩麟春、孙传芳、吴俊升、张作相、阎锡山、吴佩孚七人。复电结果是“五电严办，一电法办，阎无复电”，其中张宗昌复电“谓李大钊是北方革命领袖，‘赤党祸根’，‘巨魁不除，北京终久危险’。”中国青年党党魁曾琦亲自拜见奉系巨头张学良劝杀：“李大钊乃共产党唯一无二之首领，杀之共产党势力必消灭，机会不可失”，“杀一李大钊抵杀千万个共产党”……

1927年4月29日，马千里日记：“报载昨天下午北京特别法庭已判决共产党首领等20人死刑。当日即执行绞毙者人名录下：李大钊……”①

时刻关注恩师安危的于方舟也已知道——恩师已英勇就义……

——对于李大钊的罪恶杀害是突然袭击式的，速度之快令媒体惊讶和咋舌。《晨报》云：“前日方传军法会审尚未正式开庭，而昨日下午党人20名已被绞决矣”，《民国日报》载：“前日方传所谓军法会审，尚未正式开庭，而昨28日下午李大钊先生及其他19同志已被万恶军阀惨绞毙命矣”。

——突然的杀害是在军阀们的一片杀声鼓噪之下完成的。《晨报》在报道《军法会审昨日开庭判决党人20名死刑》时披露：“前晚又得前方某重要将领来电，谓前敌将士因讨赤而死者不知若干，今既获赤党首要人

① 天津市政协文史资料研究委员会：《20世纪初天津爱国教育家马千里先生》，1985年版，第130、131页。

物而不置诸法，何以激励士心?”《世界日报》也报道：“惟因某将领前晚来一急电，谓前方既宣明讨赤，后方捕获赤化要犯，久延不杀，恐不足以服各将领之心。”《民国日报》则称：“据云前晚张作霖得其前方张学良等来电，主张杀害。”

——罪恶的杀害更是在四一二政变的南北呼应之中完成的。《晨报》报道：“最妙者，闻南方某要人亦有电致在京某人，主张将所捕党人速行处决，以免后患。”《民国日报》则称：“同时蒋介石又密电张作霖，主张将所捕党人即行处决，以免后患。”

1927 年 4 月 28 日上午 11 点，由安国军总司令部、京畿卫戍总司令部、京师高等审判所、京师警察厅组成的“特别法厅”对李大钊等人进行“军法会审”，由于接到前一天晚间的催杀急电，所以仅用一个多小时，便以“实系赤党，宣传共产，意图扰乱公安，颠覆政府”的罪名，仓促宣布李大钊等 20 人死刑。随后，将李大钊等用 6 辆汽车押往西交民巷京师看守所刑场。

临刑前，刑官问李大钊，对家属有什么话要说，可“缮函代为转交?”

李大钊说：“我是崇信共产主义者，知有主义不知有家；为主义而死，份也，何函有?”

下午 2 点，“首登绞刑台者，为李大钊先生，闻李神色未变，从容就义”。

由于绞刑架锈蚀失修，刑中李大钊倍受折磨，施绞李大钊上下两次长达 40 分钟之久，惨不忍睹。连在场的看守也不得不为李大钊等人视尊严重于生命的气节所叹服，称“受刑者个性虽殊，然莫不同具慷慨激昂，从容蹈死之慨，无一懦却驽弱而作畏缩状者。”

“被害后，警察厅早为预备 20 具棺木。”“所有棺木均暂停下斜街长椿寺，听由家属领取”。

5 月 1 日，人们聚集在宣武门外长椿寺为李大钊改殓。大家看到身穿灰长袍，头脸肿大的李大钊无不热泪盈眶，哀痛万分。改殓后，李大钊烈士的灵柩移至下斜街妙光阁浙寺的一间东屋里。

李大钊遇难后，5 月 15 日《晨报》和《星期画报》刊登了两幅照片，上图为卧床不起的李夫人，下图为星华、炎华、光华。如今，天津市政法管理干部学院作为李大钊母校的延续，专门设立了“李大钊烈士纪念室”，纪念室中便陈列着《晨报》和《星期画报》上的那组照片。面对照片，凝神端详，不禁令人心酸哽咽……

《晨报》，则以《李大钊身后萧条》为题，报道了家中的清贫。

《顺天时报》报道：“星华带妹妹跟舅爷周玉春到长椿寺认领父亲的遗体”……

不满 15 岁的李星华依然记得在法庭上最后一次见到父亲的情景：“父亲瞅了瞅我们，没有对我们说一句话。脸上的表情非常安定、沉着……”

李大钊是一位非常疼爱孩子的父亲。他为孩子弹琴，他教孩子唱歌，他同孩子们扫雪堆雪人儿，他教孩子们写字念诗，他带孩子们逛街购物游山景，他既同孩子在一起谈古论今，也提醒黄昏中看书的孩子注意保护眼睛，他甚至亲手为孩子们制作军棋……

李大钊是一位非常热爱生活的文人。他喜爱家乡的皮影戏，还写过在当地被称为“影娟”的皮影剧本《刺伊藤》，讲述朝鲜人安重根刺杀日本首相伊藤博文的故事；他喜欢美术、故事和书法，也喜欢瓷器、古玩和菊花，他兴趣最大的是买书和藏书……

不满 38 岁的李大钊牺牲了，他的高风亮节和感人细节却为党内党外、社会各界的人们广为传颂，久久传颂：

当时的报纸便报道，李大钊一生过着清贫的生活，“茹苦食淡，冬一絮衣，夏一布衫”，“常年不乘洋车”。他的工资除全家维持生活外，其余全部用来接济贫寒的青年学生或作为革命的经费，所以“身后极为萧条”，“室中空无家具，即有亦甚破烂”。赵纫兰带子女从拘留所回来时，家中仅剩一元钱。5 月 1 日，赵纫兰携子女回乐亭原籍。

在家乡，大黑坨的乡亲们，为悼念李大钊举行了“望空”仪式。李大钊的启蒙老师单子鳌闻知白发人要送黑发人的噩耗，不禁放声痛哭，在“望空”仪式上哭读自己连夜赶写的歌词：“守常宁死决不降”，“守常宁死节不伤”，“日久共天长”……

李大钊在法庭上连称李星华是自己最大的孩子，并没有暴露自己的长子李葆华。他被捕的那天，葆华因清明节学校放假，一早就骑自行车去小汤山了，晚上返回时路过清华大学，被告知家中出事不能再回，便在著名教授周作人家住了20多天。李大钊的朋友们决定把葆华送到日本留学，但他还差一年才能高中毕业，蔡元培便亲自为葆华开了一个高中毕业证，盖上图章。时为河北省教育厅厅长的沈尹默将化名“杨震”的李葆华按其考入的学校列为官费留学生……

后来，有人曾问陈独秀，都说南陈北李，你比他如何？

陈答，差之远矣，南陈徒有虚名，北李确如北斗。

人问，自谦乎？

陈答，真言实语，毫无虚饰，李对同志的真诚非一般人可比。寒冬腊月，将自己新置棉袄送给同志，青年同志到他家去，没有饿着肚子走出来的。英风伟烈当与天地长存……①

“一行热血千行泪，泪有干时血不干。”②

面对恩师慷慨就义的悲讯，于方舟挥毫写下了这首思考热血与悲泪的诗章。

他深知，流尽千行悲伤的泪，也无法挽回恩师的生命了。

惟有化悲痛为力量，拼将一腔滚沸的热血，将恩师认定的主义薪尽火传地光大下去，将恩师所献身的“背黑暗而向光明”的事业前赴后继地进行到底，才能不会令恩师的鲜血徒然抛洒，才能让恩师的生命在人类最为壮丽的事业中得到永生……

“平凡的发展，有时不如壮烈的牺牲”……

“高尚的生活，常在壮烈的牺牲中”……

面对恩师慷慨就义的悲讯，于方舟惟有在心中一遍遍吟诵着恩师那段关于人生与牺牲的名言：“人生的目的，在发展自己的生命，可是也有为发展生命必须牺牲生命的时候。因为平凡的发展，有时不如壮烈的牺牲足

---

① 阎晓明（撰稿、编导）：《长篇电视人物传记·铁肩》，中央电视台军事频道2010年5月10日首播。

② 于方舟：《自疚》，天津市宁河烈士陵园于方舟纪念馆展版。

以延长生命的音响和光华。绝美的风景，多在奇险的山川。绝壮的音乐，多是悲凉的韵调。高尚的生活，常在壮烈的牺牲中……”①

2009 年 10 月 28 日，习近平在纪念李大钊同志诞辰 120 周年座谈会上指出：“我们要学习李大钊同志坚定的爱国主义精神。”“我们要学习李大钊同志对马克思主义的坚定信仰。”“我们要学习李大钊同志以科学态度学习和运用马克思主义理论，紧跟历史发展和时代进步潮流不断探索的精神。”“我们要学习李大钊同志勇于献身的革命精神和无私奉献的高尚品德。李大钊同志的道德和操守非常崇高。在他身上，凝结着中华民族传统美德，体现着中国知识分子的优秀品格。他作风质朴，不驰于空想，不骛于虚声。他坚持真理，待人宽厚，团结同志，正如后人所赞誉的，‘没有宗派气，内外从如云’。”“李大钊同志是一位真正的革命者，他的伟大人格和崇高风范，将永载中国共产党和中国人民革命斗争的史册。”②

就在这一座谈会召开两天后，由中共中央党史研究室宣传教育局、中共天津市委党史研究室、天津电视台联合摄制的纪念李大钊同志诞辰 120 周年的 12 集长篇电视人物传记《铁肩》，10 月 31 日在中共中央党史研究室会议厅，由中央重大革命历史题材领导小组诸位专家审查通过。作为这部电视作品的撰稿和编导，我的父亲阎晓明始终怀着浓烈的感情进行着创作，因为他知道，这位有着坚定信仰、伟大人格、崇高风范的革命家，是自己外祖父于方舟的恩师与导师……

4. 秘字一号令

《毛泽东年谱》载：“1927 年 4 月 12 日，蒋介石在上海发动反革命政变，大肆逮捕和杀害共产党人和革命人民。18 日，蒋介石在南京另组国民政府，宣布武汉国民政府、国民党中央一切决议为非法，公开通缉鲍罗

① 李大钊：《牺牲》，中共唐山市委宣传部：《李大钊诗文选读》，红旗出版社 2004 年版，第 260 页。

②《习近平在纪念李大钊同志诞辰 120 周年座谈会上的讲话》，《人民日报》2009 年 10 月 29 日。

廷、陈独秀、谭平山、林伯渠、徐谦、于树德、吴玉章、杨匏安、恽代英、彭泽民、毛泽东等共产党人和国民党左派193人。”①

这份多达193人的通缉名单，就是所谓的“秘字第一号令”。

1927年3月6日，蒋介石开始在江西赣州向共产党人举起屠刀，大开杀戒，继而，南昌、九江、安庆，一路逞凶赣皖，直向上海杀来。

3月26日，蒋抵上海，加紧准备“清共”。待反革命政变的一切准备均已就绪后，于4月9日离开上海赴南京，躲在幕后指挥。

从4月12日至15日，蒋介石组织的反革命武装，以诱骗杀害、欺骗缴械、突然袭击等卑鄙无耻的流氓手段，致上海工人300多人被杀，500多人被捕，5000多人失踪。

4月15日，蒋介石发出“清党”通电：“顷奉中国国民党中央监察委员会咨内开：‘经4月2日全体紧急会议议决：举发共产党谋叛证据，并知照以非常紧急处置，姑将首要诸人照附来名单，及经党部举发者，就近知照公安局或军警机关，暂时分别看管监视，免于活动，致酿成不及阻止之叛乱行为，仍须和平待遇。’等因，准此。事关叛乱党国，自应严为防范。除呈覆遵照外，合令各军一体知照，饬属严为侦察。如有上项情事，应即依案执行，以维治安而遏乱萌。总司令蒋中正。”②

腥风血雨，南北呼应。天津立即枪杀江震寰等15烈士。北京残忍绞杀李大钊等20名革命者……

在共产党人和革命群众的血泊中，蒋介石的“国民政府”于4月18日在南京成立。

“南京政府成立后发布的秘字第一号令就是《国民政府通缉共产党首要令》。”③

《通缉共产党首要令》声称：“共产党窃踞武汉，破坏国民革命之进

---

① 中共中央文献研究室：《毛泽东年谱》（1893—1949）修订本上卷，中央文献出版社2013年版，第191页。

②《时事新报》，1927年4月19日。转自《绝密档案——第一次国共合作内幕》，人民日报出版社2011年版，第591页。

③ 王功安、毛磊：《国共两党关系史》，武汉出版社1988年版，第193页。

行……图谋倾覆本党，逆绩昭著，中央监察委员会举发，并致训令国民革命军总司令蒋中正，于最短时期内亟清叛乱。……着国民革命军总司令、各军长官、各省政府通令所属一体严缉，务获归案重办。”①

这份“秘字一号令”所附通缉的“共产党首要”名单为：鲍罗廷、陈独秀、谭平山、林祖涵、徐谦、于树德、吴玉章、杨匏安、恽代英、彭泽民、毛泽东、许苏魂、陈其瑗、夏曦、邓演达、韩麟符、董用威、邓颖超、詹大悲、罗亦农、柳亚子、高语罕、江浩、邓懋修、谢晋、刘芬、邓中夏、许白昊、林育南、李汉俊、罗章龙、李硕勋、李国暄、李国珍、王基永、易礼容、戴晓云、郭亮、谭鼎竹、熊亨瀚、李荣植、刘少奇、凌炳、罗驭雄、范鸿劼、范鸣勋、张国焘、赵干、蔡和森、方志敏、彭述之、王景云、李伯云、汪寿华、侯绍裘、沈雁冰、瞿秋白、施存统、张太雷、林钧、何洛、张曙时、高尔柏、高尔松、王守谦、林剑臣、朱义权、刘端周、金泽宏、史鹏展、刘荣简、丁晓光、苏兆征、郭寿华、周恩来、彭湃、罗绮园、冯菊坡、彭汉垣、阮啸仙、谭植棠、杨章甫、江董琴、胡公冕、宣中华、杨贤江、潘枫涂、门启衷、丁济美、杨之华、余泽宏、熊雄、潘谷公、徐琛、萧楚女、漆树芬、高统勋、章伯钧、光明甫、杨眉山、王贯三、汪志清、徐白民、唐公宪、胡浅因、宋敬卿、黄日葵、赵世炎、刘清扬、夏秀峰、何孟雄、于国桢、江少怀、郭沫若、韩宝华、查人伟、于方舟、陈启修、查济猛、宋云彬、郑恻尘、黄侠生、刘尔嵩、李花白、陆沉、李泪之、王鲲、许广武、华羽中、王松寿、邱学训、宓维琮、马东林、裘英、梁子光、梁绍文、陈东、孙炳文、王平、顾顺章、章郁庵、王根英、徐伟、王承纬、戴卓民、朱英如、王亚章、龙大道、钱介磐、耿丹、李春涛、包惠僧、黎樾庭、宛希俨、彭泽湘、杨石魂、张余生、陈良、孔伟虎、林铮、赵济猛、张德钟、李侠公、严绍彭、王若飞、谢强生、江佑群、黄胤、周逸群、洪振九、张秋人、刘一清、孙靖华、周邦彩、金家济、林平海、孙道清、庄劲秋、戴国鹏、苏眉如、何葆桢、陈国咏、王竞天、杨闇公、刘伯承、李筱亭、陈达三、季外方、季达方、陈

① 王功安、毛磊：《国共两党关系史》，武汉出版社 1988 年版，第 193 页。

志益、张国恩、刘季良、邓希禹、罗贡华、李立三、顾孟余、邓顿刚等。[1]

尽管南京国民政府秘字第一号令发布时，名单中有的已牺牲，有的是化名或别名，加之当时印刷错误较多等原因，各种资料中名单不尽一致；尽管这份名单中出自天津的于方舟、于树德、韩麟符、邓颖超、江浩、张太雷、周恩来、刘清扬，都还在冒着生命危险，各自奋战在不同的岗位上；但一个不争的事实，同样也是一个极为严酷的事实是，作为通缉名单上留在天津的唯一一个“共产党首要”，竟只有于方舟一人了……

不过，很快，“秘字一号令”通缉名单上的另一位“共产党首要”也将调来天津，以弥补李大钊就义后北方领导力量的不足。这个人，就是彭述之……

坐落于南京路、山西路、营口道之间的天津耀华中学，是我和我父母亲的中学母校。

然而，很长时间内，我们并不知道，我们的外祖父和曾外祖父也曾在这里开展过秘密工作。

我的父母就读耀华时，学校大礼堂外是山西路的耀华里，宁谧而又僻静，与相隔不远的墙子河——那沉静的河水、沉默的土堤，共同营造了一方闹中取静的温馨环境。

然而，1927 年夏天的耀华里，释放出来的，却全无一丝一毫的宁谧与温馨。有的，只是白色恐怖之下，那不改的信仰，那不冷的热血，那不泯的无畏与不屈……

自中共北方区委书记李大钊等 20 位共产党人和国民党左派人士在北京被害之后，北方党失去了领导中枢。中共中央为解决北方党的领导问题，在党的五大以后，决定在天津建立中共顺直省委，继续领导北方党的工作。顺直省委的工作范围包括北京、天津、直隶、山西、陕西、绥远、察哈尔、东北三省、河南北部以及山东西部。

中央任命彭述之为顺直省委书记。

---

① 王功安、毛磊：《国共两党关系史》，武汉出版社 1988 年版，第 193、194、195 页。

1927年8月1日彭述之到天津后，即在三安道（现山西路）耀华里2号设立顺直省委机关，中共顺直省委正式成立。

据《中共天津党史大事记》记载："1927年8月1日，中共顺直省委在天津正式成立。省委书记彭述之，组织部主任刘伯庄，宣传部主任李季达，工人部主任兼省委秘书长陈为人。天津地委改为天津市委，李季达兼任天津市委书记，粟泽任组织部长，原宣传部长于方舟调省委工作，傅茂公（彭真）继任宣传部长。这时天津党员数量由400多人减至200人左右。"①

彭述之，长于方舟五岁，湖南邵阳人。1921年赴莫斯科东方劳动者共产主义大学学习，1924年以中共中央代表身份和李大钊一同出席共产国际第五次大会，同年回国。1925年当选中共四大中央执委、中央局委员，任宣传部主任兼党中央机关刊物《向导》主编。1927年5月在中共五大当选为中央委员。

刘伯庄，亦长于方舟五岁，四川南充人。1920年6月赴法国勤工俭学，其间任中国共产主义青年团旅欧区执委会书记局成员兼秘书。1924年回国后先后任北京团地委秘书、委员、书记，1926年1月至1927年4月任中共北京地委书记，同年5月任中共北京市委书记。

李季达，长于方舟半岁，四川巫山人。1920年赴法国勤工俭学，常与赵世炎等研读马克思主义，1923年赴莫斯科东方大学学习，1925年6月回国，任中共天津地委书记，领导了天津纺织、海员罢工。

陈为人，长于方舟一岁，湖南江华人。1920年作为第一批赴莫斯科东方大学学习的中国学生，在那里加入了共产党。1921年奉调回北京，在李大钊指导下开展工人运动，并赴山东、东北发展党的组织。1924年底调回北京，先后担任中共北京区委农工部主任、组织部长，继赵世炎之后，兼任职工委员会书记。

如此之多的有过国外学习经历和丰富斗争经验的同志来到天津、共聚

---

① 中共天津市委党史资料征集委员会：《中共天津党史大事记》，天津人民出版社1991年版，第120页。

天津，令于方舟感到天津革命的领导力量骤然强大了。

然而，出人意料的是，10天之后，中共天津市委的主要领导人李季达、粟泽、王贞儒竟突遭逮捕；半月后，于方舟身边惟一的“新生社”成员、中共天津市委委员、河北区委书记李培良也遭逮捕——从中共顺直省委成立，至8月底，仅仅一个月的时间，整个天津还能联系到的共产党员仅有二三十人了……

笔者就读耀华时，昔日的胡同“耀华里”已不复存在，代之而起的是又一座“哈佛红”色的颇具现代感的教学大楼。就在这座新的教学大楼下，有一座新建的耀华游泳馆，这就是当时的耀华里二号——中共顺直省委机关旧址。无论光阴如何地流逝，街貌如何地改观，发生在这里的故事是不应被忘却，也是我们不曾忘却的……

就在那个白色恐怖笼罩下的墙子河畔，就在这里伏案工作的27岁的中共顺直省委宣传部长、天津市委书记，曾在那严冬坚冰般的严酷环境中，演绎过一段炽烈如火的爱情故事……

5. 冰之恋

听父亲讲，他儿时随父母去看望王贞儒的时候，还是一个小学一二年级的学生。

他恍惚记得，那是一幢小楼的一楼，房间很小。王贞儒坐在写字桌前，我的爷爷奶奶坐在她侧面的凳子上，我父亲坐在一张窄窄的单人床上，床单和被子都是白色的，像是医院病房里的那种。

王贞儒个子不高，说话平和，语速较慢，也很少激动，但似乎有些天津口音。

父亲似乎听不太懂王贞儒同爷爷奶奶在谈些什么，只记得谈话中不时提及“邓大姐”。

许多年后，父亲将一份出版于1958年8月16日的《天津图博》剪报交给我保存，那是一篇署名作者“卓吾”的《于方舟烈士事迹》。

我问：“卓吾是谁”。

得到的答复是："就是王贞儒，她也叫王卓吾。"

父亲说："在我的印象中，王贞儒比起与她同龄的那些妇女，更像是一位老师。因为我小的时候，弄不清知识女性的职业，那时，在我看来，看上去有文化有知识的阿姨或奶奶，无非就是两种人，要么是医生，要么就是老师。"

然而现在，当我们收集了一些天津早期革命的史料时，才发现王贞儒年轻时的确当过老师。不过，在教师身份的背后，却是中共天津地委继邓颖超、江韵清之后的第三任妇女部长。

父亲说，无论如何也想不明白，那么一间小小的陋室，那么一张窄窄的单人床，它们的主人竟是邓颖超最要好的伙伴，是于方舟最为亲密的战友……

父亲记忆中的王贞儒和文字材料中的王贞儒实在是难以重合……

终于，我们在研读资料后惊讶地发现，那位个子矮、说话平、语速慢、少激动的王贞儒的内心，其实却燃烧着一团炽烈与炽热的火……

王贞儒身上的学者气质与风范，是与其诗书传家的家世分不开的。

王贞儒的伯父王襄，是享誉国内外的著名甲骨文专家，为我国最早鉴识及收藏研究甲骨文字者之一。其所著《簠室殷契类纂》、《簠室殷契征文》具有很高的学术价值，为研究甲骨文字的罗振玉、商承祚、王国维所推重。王国维的《观堂集林》便曾引证王襄的"簠室二书"等论著，足见其治学功力之深。[①] 此外，还著有《贞卜文临本》、《流沙附简勘误记》、《秦前文字韵林》、《古文源流臆说》、《古镜写影》、《古陶今释》等书。[②] 新中国成立后，王襄任天津文史馆馆长，将毕生搜集珍藏的全部甲骨及甲骨拓片献给了国家。1965 年去世后，时任中国科学院院长的郭沫若，题写了墓碑"殷墟文字研究专家王襄同志之墓"。[③]

王贞儒的叔父王钊，为天津著名篆刻家，有《王燮民先生印谱》《雪

---

① 龚作家、刘炎臣：《殷墟文字专家王襄事略》，见《天津文史资料选辑》第 76 辑，天津人民出版社 1997 年版，第 352 页。

② 李克简、朱其华：《天津全书》，天津人民出版社 1991 年版，第 701 页。

③ 王成口述、周利成整理：《甲骨收藏家王襄》，《天津日报》2017 年 5 月 9 日。

民印谱》《雪志遗作》传世。

王贞儒的父亲王赞，为天津商会会长王竹林总理账房。

书香门第的耳濡目染，自然会熏陶出一种与生俱来的书卷气。

王贞儒四岁时，母亲汪氏病故，于是，她又得到了这个家族的宠爱。

王贞儒与邓颖超既是同学，也是“闺蜜”，更是战友。她们在五四运动中与周恩来、于方舟等并肩战斗，王贞儒是“觉悟社”第二批入社的社员。1920 年 8 月 18 日，王贞儒与邓颖超暑假毕业后同到北京国立男高师附小任教，后又同到京师公立第七女子高小任教。1922 年 4 月 6 日，二人从北京到天津参观，达仁女校校长马千里邀请她俩来校任教。“8 月 13 日，邓颖超、王贞儒、许广平等应聘到达仁女校任教。”① 此后，二人一边在达仁女校教书，一边共同在天津成立女权运动同盟会支部，创立女星社，创办《女星》副刊，成为天津妇女运动的中坚。

1924 年 3 月 9 日，王贞儒与于方舟、邓颖超共同参加了社会主义青年团天津地方执行委员会成立大会。于方舟当选为委员长（书记），王贞儒和邓颖超均当选为候补委员。在于方舟 4 月 28 日写给团中央的报告中可以发现，4 月 27 日召开的天津团员大会上，于方舟报告了中央 23 号通告以及全体团员在津的活动范围、方法及态度，邓颖超介绍了纪念“五一”、“五五”（马克思诞辰）的活动方案，王贞儒则就外交问题向大家作了报告。“是会历时 3 小时，同志精神甚盛”。②

王贞儒曾表述自己当时的忧国忧民思想：“我国经济正处于帝国主义侵略下，当时的北洋军阀政府完全掌握在帝国主义的手里”。“那时天津市也是受全国的影响，人民生活很苦，如财政部统计，国家有 75% 的经费作为军费，因而工业建设和教育工作根本谈不到什么发展，如那时的教员三两个月才发一次薪，发薪时也不发给全月，只发全月的 20% 左右。那时天津的商人很多，尤其是卖洋货的更多，什么都是日本货，就连吃的

① 中华全国妇女联合会：《邓颖超革命活动 70 年大事记》，中国妇女出版社 1990 年版，第 4 页。

②《于方舟关于地委成员重新分工及团员大会情况给团中央的报告》，见天津市档案馆：《中共天津历史档案选编》，天津人民出版社 2011 年版，第 7 页。

点心都是日本的。日本在天津开了很多的白面馆、大烟馆，其他租界都窝藏了大批的大军阀、政客、奸商、盗匪、流氓及汉奸等，都在租界建起了楼房。当时天津市的人民生活，在这帝国主义、官僚资本的压迫下是非常痛苦的，在劳苦人民中，连自己亲生的子女都养不活，有的卖给人家，有的把女儿卖给妓院。在这样的经济状况和人民生活痛苦的条件下，因此天津市的人民爱国情绪非常高涨。”①

正是持着这样忧国忧民、救国救民的情怀，王贞儒毅然加入了中国共产党。邓颖超曾谈及她和王贞儒的入党时间（正是于方舟担任中共天津地委委员长即书记期间）以及王入党后在天津工作的情况：“天津建党的地点，王卓吾（王贞儒）谈的大概是对的，因她入党后一直在天津，我记不清了。1925 年 3 月地委通知我由团员转为党员，王卓吾比我晚入党，并且也是由团员转为党员的，她入党的时间约是 1925 年 3 月后 7 月前，因我 1925 年 7 月离开天津时，王卓吾已经是党员了。”②

1925 年 7 月 13 日，邓颖超调离天津，中共天津地委妇女部长由江韵清继任，当时，李季达刚刚调至天津任地委书记仅一个月时间。

1926 年 12 月，王贞儒出任中共天津第三任妇女部长。

其时，正值天津白色恐怖最为严酷的时候。11 月 23 日，天津警察当局通过英租界工部局，以“组织党部、宣传赤化、阴谋暴动”为由，搜查义庆里 40 号国民党直隶省党部机关，逮捕共产党员江震寰等 15 人，时隔一天便由英国工部局引渡给中国警察当局。一时间，这一年的冬季显得更加寒冷。

然而，也许正是因着外部世界冷酷至极的严峻，才更需要以一腔滚沸的热血和一颗炽热燃烧的心去予以战胜。因此，才催绽了坚冰之下那美丽盛开的爱情并蒂之花。当然，作为已经 27 岁的李季达也需要有一个家庭来掩护身份。于是，1927 年元旦，李季达和王贞儒正式结婚。

---

①《1959 年 2 月 3 日访问王贞儒记录》，见天津市档案馆：《中共天津历史档案选编》，天津人民出版社 2011 年版，第 561、562 页。

②《1959 年 5 月 14 日访问邓颖超纪录》，见天津市档案馆：《中共天津历史档案选编》天津人民出版社 2011 年版，第 598 页。

他们的婚后生活，虽然艰苦而又艰险，却又洋溢着和谐浪漫与对美好生活的憧憬。多少年后，王贞儒在《悼亡夫季达》中追述：“季达多才多艺，工作累了，他就拿起箫，我则以笙相伴。我们吹《国际歌》，怕人听到，不敢大声只能小声地吹片断。我总觉得不尽兴，说什么时候能完整地吹《国际歌》就好了。季达说：‘等胜利了吧，到时咱们痛痛快快大声地吹，让周围的人都听到！’那时，我们坚信，‘英特纳雄耐尔’一定会实现……”①

于方舟为这一对“大龄”男女的结合而欣喜。

“粉靥香腮带笑开，东原择取手携来。又恐红颜悲寂寞，故将书案伴妆台。”② 他极为罕见地诙谐着，以旧作《供桃》相贺。

自五四运动同王贞儒相识并战斗，算起来已经过去八年。一晃便到了26岁的王贞儒，在那个年代已是大龄新娘了。

然而，欣喜之余，于方舟的心情又是百感交集、万分复杂的——比起寻常百姓家，“革命夫妻”固然别有一番“高幸福感”，同时也会更有不知多少倍的“高危风险”……

于是，严冬时节，高危之下，他又以另一旧作《春雪》与两位步入婚姻殿堂的战友相勉——“瑞雪应时降，谁教插柳前。夭桃无傲性，何力斗春寒。”③

是啊，他刚刚因江震寰被捕而将已经怀孕的赵达送回冀东老家，现在又要为另一对同志的结合，在祝愿幸福的同时更要祝愿平安了……

仿佛当年在狱中所写的那首《浣溪沙》，环顾身边战友时，总要把他们的平安放在首位，挂在心头。想到这些，于方舟又不禁喃喃自语地轻吟起“牢外同学平安否?”了……

现实的确如于方舟担忧的那般凶险。李季达和王贞儒的“蜜月”尚未过去，天津党组织的同志又多遭逮捕。

---

① 王坤：《让全世界都听到〈国际歌〉——追忆我的大姑父李季达》，《天津日报》2017年1月16日。

② 于方舟：《供桃》，载《同乡会季镌》第一期《方舟诗稿》。

③ 于方舟：《春雪》，载《同乡会季镌》第一期《方舟诗稿》。

那是1927年的1月21日，中共天津地委在法租界普爱里72号，即刚刚建立的秘密联络点“天津城市工人俱乐部”召开列宁逝世三周年纪念会，中共天津地委和青年团天津地委的负责人大多到会。

但是，当他们陆续进入会场时，法租界当局已在附近布下了暗哨。

据当时的亲历者张一清回忆：“当时，我用的是张贵祥这个名字，是共产党天津市三部委的委员，住在普爱里这处机关。早晨我起床以后，屋里已经有李志新、严瑞生等几个人。一会儿傅茂公（彭真）同志从外边进来，对我说：‘门口有两个人看样子不是好东西，你出去看看。’我一出去，两个特务马上左右把我挟住，问我干什么去？我说买早点去。他们又问我屋子里人多吗？我说没有什么人。于是，就把我弄到法国工部局西开分局。普爱里附近布满了便衣特务，他们对72号盯得紧紧的，只要有出来的人他们就弄走。最后特务们冲进72号门里，楼上楼下一搜寻，共逮捕了傅茂公（彭真）、粟泽、李志新等多个共产党人……”①

吸取了义庆里事件的教训，普爱里事件发生后，李季达、于方舟等立即设法阻止法工部局将被捕同志引渡给反动残暴的军阀当局。首先通过天津新闻界将事实真相公布于世；同时在上级支持下重金聘请美籍律师艾文斯为此案辩护；并请李大钊出面，通过他的好友、社会知名人士——“法华教育会”、“留法勤工俭学会”和北京中法大学、法国里昂中法大学的创办人李石曾，与法租界当局的关系连夜进行营救。经多方努力，被捕人员在被关押一天一夜后，被法租界当局“驱逐出境”，从而避免了天津党组织的一次大损失。

但是，党在租界内的活动也面临着更加困难的局面。普爱里事件中被捕的同志刚刚获释，1月24日，一部委书记邢克让在同北洋纱厂地下党研究工作时，在场七人被警方突然逮捕……

进入1927年，白色恐怖一日甚过一日。

4月6日，李大钊等40余人遭捕。

---

① 张一清：《我所知道的党在天津的早期活动片断》，见《天津文史资料选辑》第10辑，天津人民出版社1980年版，第112、113页。

4 月 18 日，江震寰等 15 人被杀害。

4 月 28 日，李大钊等 20 名共产党人和国民党左派人士被杀害。

中共北方区委被敌人破坏后，李季达将党的重要文件及天津全体党员名册等，立刻存储在法租界浙江兴业银行保险箱内。地委机关也从英租界小河道（现和平区南京路）集贤里 17 号迁移到英租界松寿里 79 号（现和平区河北路崇仁里）楼下，不久又迁到英租界加的夫道（现和平区长沙路）求志里 17 号。

求志里与我儿时所在幼儿园相距不远。那时，父亲接我回家时，常常会在求志里前停留片刻，向我讲起他所见过的王贞儒，以及她的爱人壮烈牺牲的故事。

尽管不停地转换住址，结婚仅仅 8 个月的李季达和王贞儒还是深陷囹圄了。

1927 年 8 月 11 日，马千里在日记中写到："在局中接典华女校来一信，云昨天校长赵玉玲、冯梅先、王卓吾、张淑贞、李季达等人皆以赤化嫌疑被军警督察处捕去，并被严刑拷问。"①

当时在天津市委一部委工作的司呈祥曾介绍过这次事件的相关细节："1927 年 8 月份，设在小刘庄的海津地毯三厂的中共党支部被敌人破坏了。（市委组织部长）粟泽同志因为不知道已经发生了变化，去接头工作，特务逮捕了粟泽。粟泽同志当时住在三义庄三吾照相馆楼上，特务搜查了粟泽的住处，搜出了他对象赵玉玲的一封信，赵是西南城角典华学校的校长。特务们根据信上的地址逮捕了赵玉玲。由于粟泽的对象是书记李季达的爱人王贞儒给介绍的，当王贞儒得悉粟泽被捕的消息以后，就去典华学校给赵玉玲送信。在典华学校卧底的特务把王贞儒也扣起来了。王贞儒给赵玉玲送信被捕，到半夜未曾回家，李季达同志又到典华学校去找，结果又被卧底的特务逮捕。"②

---

① 天津市政协文史资料研究委员会：《20 世纪初天津爱国教育家马千里先生》，1985 年版，第 131 页。

② 司呈祥：《参加天津早期革命活动的回忆》，见《天津文史资料选辑》第 10 辑，天津人民出版社 1980 年版，第 94、95 页。

"多年后，王贞儒曾和家人回忆说，入狱期间，她被敌人的皮鞭打得遍体鳞伤，连钉板都上过，但最令她悲痛欲绝的是，入狱数月后的一天，她辗转得知，被关押在同一监狱的丈夫在遍尝'压杠子'、'灌辣椒水'和'点天灯'等酷刑后被杀害。"①

在狱中，李季达化名李吉荣，始终坚贞不屈。

亲友探望时送给他的食物和用品，他总是分给难友们共同食用。

党组织曾发动50多家巨商出面具保，亲友也多方营救，但终无效果，除王贞儒、赵玉玲等人因"罪证不足"获释外，李季达等仍遭杀害。

在生命最后的日子里，李季达写信给亲人："这也许是我给家中最后的信，希望哥哥们听从我过去的劝告，不要买田，不要剥削人，要靠劳动养活自己。"他托人把信和一本当年在法国买的字典转交家人作为永久的纪念。他也想到监禁在同一监牢、结婚不久的妻子，虽近在咫尺，却无法向她道声珍重。今后，他不能再尽一个丈夫的责任了，但他深知，志同道合的妻子是会理解自己的。②

王贞儒当然理解她深爱的李季达。李季达牺牲22年后，当天津和北平相继解放时，王贞儒抚今追昔，奋笔疾书："季达，我们胜利了，新中国就要成立了，你的愿望实现了！从你牺牲后我再也没有摸过笙，现在我们可以大声地吹《国际歌》了，让全世界都听到！"③

多年以后，邓颖超在谈天津女星社时说："王贞儒任过天津团地委负责人，坚持地下工作。她的丈夫李季达是1925年天津地委书记。1927年他们被捕，李季达被害，王贞儒因为出身世家，通过关系把她保出来，解放后在天津，参加了历史博物馆的工作。"④

---

① 万力闻、康梦洁：《李季达、王贞儒：白色恐怖下的革命伴侣》，《每日新报》2011年7月19日。

② 中共天津市委党史资料征集委员会：《战斗在天津的共产党人》，天津人民出版社1991年版，第180页。

③ 王坤：《让全世界都听到〈国际歌〉——追忆我的大姑父李季达》，《天津日报》2017年1月16日。

④ 李德福、董卉：《邓颖超同志谈天津女星社》，《邓颖超与天津早期妇女运动》，中国妇女出版社1987年版，第579页。

就在李季达、王贞儒被捕的前三天，中共中央已于 1927 年 8 月 7 日在湖北汉口召开紧急会议（即八七会议）。

很快，新当选的中共中央临时政治局委员、中共北方局书记王荷波便速抵天津，传达贯彻八七会议精神。

为此，于方舟亲自缜密布置，在极度的白色恐怖之下，两次召开中共顺直省委会议……

6. 王荷波、蔡和森紧急抵津

“1927 年大革命失败后，中国共产党所领导的人民革命斗争进入最艰苦的年代。这就是土地革命战争时期。”①

这是《中国共产党历史（第一卷）》上册在第八章“武装反抗国民党反动统治的斗争”第一节“大革命失败后的中国政局”中对当时革命斗争形势和历史背景的概述。

为了审查和纠正党在大革命后期的严重错误，决定新的路线和政策，中共中央于 1927 年 8 月 7 日在湖北汉口召开紧急会议。这就是著名的八七会议。

在极其险恶的环境下，会议只开了一天。

会议总结了大革命失败的教训，讨论了党的工作任务，确立了实行土地革命和武装起义的方针。

会议选出中共中央临时政治局。苏兆征、向忠发、瞿秋白、罗亦农、顾顺章、王荷波、李维汉、彭湃、任弼时被选为委员；邓中夏、周恩来、毛泽东、彭公达、张太雷、张国焘、李立三被选为候补委员。②

8 月 9 日，中共临时中央政治局举行第一次会议。

会议对北方各省工作进行了讨论，决定在北方组织政治分局，由王荷

---

① 中共中央党史研究室：《中国共产党历史（第一卷）》上册，中共党史出版社 2011 年版，第 225 页。

② 中共中央党史研究室：《中国共产党历史（第一卷）》上册，中共党史出版社 2011 年版，第 237、239、240 页。

波、蔡和森、彭述之、张昆弟、刘伯庄等组成，王荷波为书记，蔡和森为秘书长。北方局直接管理顺直、山东、山西、内蒙、满洲等地党的组织和工作。

8 月 11 日，中共中央又对北方局工作进行具体讨论，决定北方局下设组织部、宣传部、军事部。王荷波兼管组织部，蔡和森兼管宣传部及小报编辑。同时决定北方局设在天津。①

9 月 2 日，王荷波、蔡和森抵达天津，主持召开北方局会议。

会议决定，由王荷波、蔡和森、张昆弟三人组成北方局常委会；彭述之、刘伯庄为委员，在天津主持顺直省委工作。

鉴于彭述之的反对，加之天津环境的确险恶，北方局机关改设北京。

王荷波

会议确定，北方局的主要任务是，贯彻八七会议精神，改组各级党的领导机关，彻底纠正党内右倾机会主义错误，重新团结和不断发展党的队伍。

对于王荷波，于方舟并不陌生。

1926 年 2 月 7 日至 16 日，全国铁路总工会第三次代表大会在天津南市第一舞台和法租界国民饭店召开期间，于方舟曾与王荷波有过交往与合作，那次是由王荷波主持大会。一个月后，便发生了天津“大沽口事件”和北京“三一八惨案”。惨案发生后，王荷波每天都和李大钊在一起，共同商讨反帝反军阀的大计，并负责保卫李大钊的安全。② 因为他同李大钊相当熟识，1922 年 6 月，他就是在北京加入的中国共产党，系津浦铁路的第一个工人党员。不久他即到北京中国劳动组合书记部北方分部李大钊身边工作，在此期间，他常去北大二院“亢慕义斋”

① 中共天津市委党史资料征集委员会：《中共天津党史大事记》，天津人民出版社 1991 年版，第 120 页。

② 王洁：《李大钊北京十年》交往篇，中央编译出版社 2010 年版，第 220 页。

与马克思学说研究会的会员一起学习。1924 年，他又和李大钊、罗章龙、刘清扬、彭述之作为中共代表团成员，赴莫斯科出席共产国际第五次代表大会，并在会上作了关于中国工人运动的报告。

于方舟觉得，王荷波的故事极富传奇色彩，他非常羡慕荷波大哥的传奇经历。王荷波年长于方舟 18 岁，少年时家境贫寒，只念了两年私塾，19 岁时从福建福州只身出外谋生，在海参崴、旅顺、大连做过苦工。1916 年夏，到了扬子江畔的浦口，在浦镇机车车辆厂当了钳工。

王荷波早在党的创建初期便开始投身工人运动。1922 年加入中国共产党后，先后组建过浦口、徐州、济南、天津等铁路工会。1923 年组织了津浦铁路沿线工人的罢工，以支援京汉铁路工人的二七大罢工。同年 6 月，在中共三大当选为中央委员，9 月又被补选为中央局委员，任中共上海区执行委员会委员长。1925 年 1 月当选中共四大候补中央委员。不久，当选为中华全国总工会委员长和中华全国总工会执行委员，参与领导了五卅运动。1926 年 7 月北伐战争开始，王荷波遵照党的指示赴福建指导工作，发展统一战线，策应北伐，迎接北伐军开进福州城。1927 年 3 月，他参与组织领导了上海工人第二、三次武装起义，并亲临前线。

蔡和森

来天津之前，王荷波是以中央监察委员会主席的身份出席八七会议的，参与制定了挽救党、挽救革命的正确方针。他的到来，令于方舟看到了大革命失败后天津重启斗争的新的希望。

蔡和森与于方舟就更为熟识了。

1924 年蔡和森任中共北京区委委员兼秘书时，曾专程到天津指导于方舟在天津建党。

于方舟觉得蔡和森的故事同样具有传奇色彩。其实，蔡和森复姓蔡林，名和仙，字润寰，学名林彬，“和森”是他集自己的复姓、名和学名所取的笔名。[①] 他是湖南湘乡人，幼时读私塾，13 岁时因家中困难到堂兄开的店中当学徒，长期遭欺压，从而萌发了反抗意识。16 岁时才入初等小学读书，因年龄大被周围嘲笑为“太学生”。经过刻苦攻读，一个学期后便跳级进入高小。

1913 年，蔡和森 18 岁时考入铁路专门学校，后转入湖南第一师范学校，同毛泽东一起创办了新民学会。会内同仁对蔡、毛二人有“林彬是思想家，润之是实践家”的评价。

五四运动前，蔡和森到北京组织留法勤工俭学时结识了李大钊，得到诸多教益。

1919 年末，蔡和森偕母亲和妹妹蔡畅一起赴法勤工俭学的故事，更在中国青年中广为流传。

蔡和森 1921 年回国后经陈独秀等介绍加入中国共产党。1922 年在中共二大上与妻子向警予一起当选中央委员。继而，又在中共三大、四大、五大当选为中央委员、中央局委员、中央政治局常委、中央宣传部部长。

在大革命失败的紧要关头，蔡和森支持毛泽东的意见，主张独立展开武装斗争。

“八七会议是中国共产党历史上的一个重要转折点，纠正了大革命后期党内的右倾机会主义错误，为中国革命开辟了武装夺取政权的正确道路。”[②] 八七会议后，蔡和森此次再度来到天津，立即找到于方舟，就拟将召开会议的地点、安保和各项筹备工作进行了认真的研究。

作为国家社科基金项目《蔡和森思想研究》（项目编号 07CDS004）和教育部基地委托项目《湘籍无产阶级革命家群体与毛泽东思想形成和发展的历史贡献研究》（项目批号 07JJD710031）两项研究的阶段性成果——《蔡和森与顺直省委改组》，也曾介绍过蔡和森此次来津的背景：“蔡和森之所以被派到北方局工作并负责改组顺直省委，是因为他 1924 年

① 王洁：《李大钊北京十年》交往篇，中央编译出版社 2010 年版，第 9 页。
② 付文：《八七会议会址纪念馆——伟大的历史转折》，《人民日报》2016 年 8 月 13 日。

曾经担任过中共北京区委兼地委秘书和中国国民党北京执行部组织部秘书，对北方情况相对比较熟悉；也因为他在1927年5月中央常委会会议上就陕西、河南、北方等问题向中央提出了一系列的主张，均为中共中央接受。此外，蔡和森自中共五大以来，坚决反对和批评陈独秀和彭述之的机会主义错误，也是中央派他到北方纠正党的机会主义错误的一个重要原因。彭述之就任顺直省委书记后，反对临时中央制定的政策，继续推行陈独秀的机会主义错误，实行家长统治，压制党内民主，发展个人意气的争执和党内派别纠纷，使省委组织上政治上的机会主义及宗法式的积病愈益加甚。”①

此次成立的北方局，另一位常委张昆弟，也长期在北方工作。

张昆弟与蔡和森是湖南第一师范的同班同学。他俩与在八班就读的毛泽东结为好友，并创建新民学会。

1919年10月，张昆弟赴法勤工俭学。1921年底回国。1922年春在北京加入中国共产党，工作于北方劳动组合书记部。不久，即被李大钊派往铁路，与安体诚等六名共产党员，以当时著名的“铁路密查员”身份开展工人运动。

此后，张昆弟一直在北京、河南、山东等地工作，对北方情况非常熟悉……

北方局一经成立，便开始了高速运转。

1927年9月14日，中共北方局发布《关于八七中央紧急会议各决议（尤其是反对机会主义）展开党内讨论》的第一号通知。通知指出：北方局的重要任务是根据中央紧急会议的各项决议，彻底澄清过去一切机会主义的习惯，重新团结党的队伍，改选各级党部。要求各地对八七会议文件进行党内讨论，改组支部、区委、市县委及省委，在改组时至少要有三分之一的工农同志参加党的领导机关。②

关于加大工农同志参加党的领导机关的比重，是在八七会议中提出来

① 李永春：《蔡和森与顺直省委改组》，《党史研究与教学》2009年第4期，第55、56页。
② 中共天津市委党史资料征集委员会：《中共天津党史大事记》，天津人民出版社1991年版，第121页。

的。八七会议在总结党在大革命后期所犯错误的教训时，认为党的领导机关里绝大多数是知识分子和小资产阶级的代表，是一个重要原因，因而要求提拔工人同志到党的委员会负重大责任。受这种认识的影响，会后不久发出的中央通告第二号指出：党在政治上的机会主义，必然影响到党的组织。其主要表现是党的各级指导机关的成分，工农分子向来只占绝对少数。为改变这种状况，通告指出：党的指导机关的成分要工农化，提拔在斗争中表现积极的工农分子到各级党的指导机关负责；党员成分要工农化，坚决地赶紧地大批吸收工农分子入党。《中国共产党历史（第一卷）》一书指出："会议还不适当地强调党的领导机关和党员的单纯工人成分的意义。""这种不适当地强调领导机关和党员单纯工农成分的指导思想，脱离中国社会和党的实际状况，对日后党的建设产生了消极影响。特别是'左'的错误在中央占统治地位的时期内，一再强调'唯成分论'，严重地妨碍党的组织的健康发展。"①

9月中旬，北方局举行常委会议，"由蔡和森传达了中央关于改组顺直省委的指示，并讨论省委改组问题。彭述之反对改组省委，在会议作出改组省委的决定后，彭述之采取强硬对抗办法，'并谓北局是北局，顺直省是顺直省'，使省委与北方局在改组问题上对立起来。在这种情况下，王荷波主张'完全改组'省委，对彭述之问题'根本解决'。蔡和森坚持中央既定方针，主张彭述之仍应留在省委，不作书记。"最后，"决定改组省委时将彭述之改任省委委员，刘伯庄调往山东，陈为人参加满洲临时省委"② ……

如今，天津地铁1号线的"鞍山道"站东侧，是一处绿茵如毡的街头公园——"和平空竹园"。

绿荫下，花丛里，三三两两的空竹爱好者经常聚在这里切磋技艺，交流心得。随着他们跃上那面平展宽阔的圆形竞技台，随着手中绳线的抖展与舞动，旋转于一条条绳线上的空竹，便会发出一阵阵奇特的声响……

① 中共中央党史研究室：《中国共产党历史（第一卷）》上册，中共党史出版社2011年版，第240、239页。

② 李永春：《蔡和森与顺直省委改组》，《党史研究与教学》，2009年第4期，第56页。

空竹，以竹制成。举凡竹制可发声响的器物，或笙或箫或笛，可飘逸可幽远可清脆，却绝无咆哮呼号之声。而空竹在急速的抖动旋转之中，却可迸发出将空气凝聚的呼啸，尤其数十人上百人一起抖响空竹的时候，那气势磅礴的竹之啸更加震撼人心……

原本，那些年轻的共产党人，多是一些胸存爱竹的书生与文人。

他们原本心向竹的傲岸高挺、雅静高洁，心向竹的进取高拔、亮节高风。

他们原本愿做那重礼重节的纤纤翠竹，愿做那梅兰竹菊的谦谦君子，愿做那如泣如诉的笙管笛箫。

然而，世所罕见白色恐怖和肆无忌惮的残忍屠杀，迫使这些修竹一般美丽的青年，宛若在疾风之中急速旋转的空竹，发出了宣示抗争的愤怒吼声。

就在这方空竹争鸣的土地上，20世纪20年代却密布着一片网状的胡同群。1927年的秋天，王荷波与蔡和森就在这里主持召开了中共顺直省委改组会议，传达着党的八七会议精神，部署着进行抗争的武装暴动。

据中共天津市委党史研究室编辑的《红色印迹》一书介绍："由于顺直省委书记彭述之坚持陈独秀右倾机会主义路线，1927年9月，中共中央派北方局书记王荷波和蔡和森来到天津召开中共顺直省委扩大会议（后称改组会议），以肃清右倾机会主义思想的影响。经与顺直省委委员于方舟接洽，确定在天津日租界松岛街神户里（哈密道四箴南里21号，已拆除）召开会议。为保证会议的顺利召开，先安排省委秘书吕职人携家眷提前住进四箴南里21号。9月22日，以为吕职人二女儿满月贺喜为名，聚集在这里秘密开会。"①

党史专家黄小同撰写《"八七"精神映津门——蔡和森来津贯彻八七会议精神与玉田暴动》一文时，四箴南里还没有拆除，而他于上世纪60年代在耀华中学读书时，门前的墙子河也还没有成为今天地铁一号线的地下铁道。所以，他的描写更能还原顺直省委改组会议会址的街区概貌——

① 中共天津市委党史研究室：《红色印迹》，中共党史出版社2007年版，第80页。

“1927 年，天津。墙子河蜿蜒着从法租界南面流过。河边虽说也是租界地，但街道不如租界别的地方整齐。尤其是四箴南里一带，大胡同套着弯弯曲曲的小胡同，再加上楼房都有前后门，不熟悉这里的人就是有地址也很难找到要找的地方。要是这里藏个把人，那找起来就更难了。当时的天津地下党正是看中了这块地方，所以经常在这里活动。”①

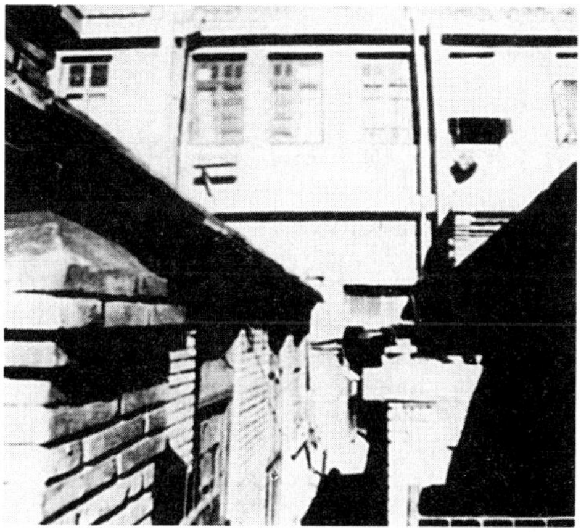

中共顺直省委改组会议旧址（已拆除）

据吕职人回忆，于方舟为开好这次会议做了大量认真的工作，进行了精心准备：“在当时白色恐怖极端严重的形势下，这两次会议均由方舟同志亲自缜密布置：一次在日租界神户里，以给我的小孩做满月为名；一次在法租界文兴里，对外扬言作寿。开会时，外围布置岗哨，规定警号及紧急情况时的出走路线等。两次会议均开得很成功，很安全。”参加会议的，有“京、津、唐（山）、保（定）、察、绥及全省大部分县负责同志……数十人出席。”②

会上，王荷波作了简短发言后，蔡和森传达八七会议精神，他同时作了题为《党的机会主义史》的长篇报告。报告全面总结了党的五大以来的历史经验教训，批判以陈独秀为代表的右倾机会主义，提出整顿全国党组织的主张。蔡和森说：“八七紧急会议有非常伟大的历史意义，救中国共产党于机会主义的破产之中，挽回了全国工农群众惶惑恐慌的大危机，树立了工农革命苏维埃政权的新大旗。”他又说：“八七以后，只有反革

① 黄小同：《“八七”精神映津门——蔡和森来津贯彻八七会议精神与玉田暴动》，见中共天津市委党史资料征集委员会：《海河不会忘记》，见天津教育出版社 1991 年版，第 60 页。

② 吕职人：《于方舟同志革命的一生》，见《天津文史资料选辑》第 23 辑，天津人民出版社 1983 年版，第 24、25 页。

命资产阶级的政党国民党四分五裂，不成东西，我们的党在新方针之下不仅重新团结了党员群众，而且领导广大的工农群众到新的革命高涨上来，这是值得我们自夸的。”① 这篇报告从中共成立一直讲到八七会议，主要是讲五卅运动后党的斗争情况，叙述了陈独秀等中央领导人和共产国际代表在北伐、联合国民党、工农运动等重大问题上的主张，回顾了陈独秀右倾机会主义的历史，剖析了这一错误的实质及共产国际代表应负的责任。这是一部在当时有过重要影响的党史理论著作。②

“会议还根据中央指示精神，撤销了彭述之顺直省委书记职务，并选举产生了包括6名工农分子和7名知识分子组成的新省委领导机构。”③“由上海来津的朱锦堂（工人党员）任书记”④，“于方舟任组织部长，彭述之任宣传部长，王仲一负责工运，杨春霖负责农运，并由这五人及吕职人组成省委常委会。会后，北方局和顺直省委即把主要力量投入到组织暴动、开展武装斗争上来。”⑤

“昨夜风涛多险凶，浪如山倒势排空”。

“方舟遭境一何逆，方舟负任一何重”！

——面对大革命失败后的严酷环境，迎着反动势力掀起的一波又一波的血雨腥风，受命于危难之中的于方舟，再次高吟着他的《方舟歌》破浪前行：“努力壮尔神，努力执尔舵，战胜眼前魔，何愁沧海阔！”

1927年9月23日中共顺直省委改组会在天津结束，王荷波于次日便

---

① 黄小同：《“八七”精神映津门——蔡和森来津贯彻八七会议精神与玉田暴动》，见中共天津市委党史资料征集委员会：《海河不会忘记》，天津教育出版社，1991年版，第60、61页。

② 中共天津市委党史研究室：《中国共产党天津历史（第一卷）》，中共党史出版社2005年版，第148页。

③ 中共天津市委党史研究室：《红色印迹》，中共党史出版社2007年版，第81页。

④ 黄小同：《“八七”精神映津门——蔡和森来津贯彻八七会议精神与玉田暴动》见中共天津市委党史资料征集委员会：《海河不会忘记》，天津教育出版社1991年版，第60、61页。

⑤ 中共天津市委党史研究室：《中国共产党天津历史（第一卷）》，中共党史出版社2005年版，第148页。

赶到玉田，召开中共玉田中心县委扩大会议。①

张明远在回忆录中写到："我当时担任中心县委书记。1927 年 9 月，北方局书记王荷波同志曾亲自来到玉田，向我们传达党中央八七会议精神，明确提出要我们响应南昌八一起义和配合南方秋收暴动，在北方农村举行武装暴动，建立农民武装，实行土地革命。"②

10 月 10 日，王荷波再赴玉田。

张明远回忆到："10 月 10 日召开群众大会，检阅了万余人的农会和农民武装力量，并作了战斗动员。这些工作，都是在王荷波同志亲自指导和参加下进行的。"③

《中国共产党天津历史（第一卷）》载："10 月 10 日，是玉田县城的集日，王荷波在玉田参加了玉田中心县委以庆祝国庆为名召集的群众大会。大会宣传土地革命政纲，号召群众起来暴动，推翻军阀政府的反动统治。会场上，上万名群众高呼革命口号，情绪激昂。会后举行了大规模的环城示威游行。这次会议成为暴动前一次有力的动员。"④

经于方舟安排返回故乡的江震寰遗孀赵达，负责接待工作，她回忆到："1927 年冬玉田暴动是北方局领导的。书记王荷波在暴动前到了玉田。我只知道他叫荷波，黑胡子，与方舟一般高。荷波住在我家西院厢房里，张明远、解学海、李大炮等 3 人向王荷波作了汇报。我当时是供给部长。我只后悔没有很好地招待他，据说王荷波同志从（玉田）江桥回到北京后被捕牺牲了。"⑤

正如赵达所言，王荷波回到北京后仅一周时间便遭逮捕，不久即壮烈

---

① 中共天津市委党史资料征集委员会：《中共天津党史大事记》，天津人民出版社 1991 年版，第 122 页。

② 张明远：《有关玉田农民暴动几个问题的回忆》，见《天津文史资料选辑》第 23 辑，天津人民出版社 1983 年版，第 29 页。

③ 张明远：《有关玉田农民暴动几个问题的回忆》，见《天津文史资料选辑》第 23 辑，天津人民出版社 1983 年版，第 29 页。

④ 中共天津市委党史研究室：《中国共产党天津历史（第一卷）》，中共党史出版社 2005 年版，第 149 页。

⑤《1959 年 4 月访问赵达记录》，见天津市档案馆：《中共天津历史档案选编》，天津人民出版社 2011 年版，第 597 页。

牺牲。

“出师未捷身先死，常使英雄泪满襟”。

亲自指挥过上海工人武装起义的王荷波，终究未能亲自指挥玉田暴动，便先于方舟而去了……

踏着王荷波等先烈的足迹，于方舟奔赴冀东，亲自领导了这次玉田暴动。

令于方舟泪洒满襟的是，与王荷波共同就义的，不仅有着18名志存高远的共产党人，这其中，还有自己的同窗好友安幸生及其岳父董季皋……

7. 万里长空且为忠魂舞

忠诚

——对国家、人民、事业、领导、朋友等尽心尽力。

如：忠诚老实、对祖国忠诚……

2012年，在中国共产党中央监察委员会成立85周年之际，一部以王荷波为主人公的电影故事片《忠诚与背叛》同中国观众见面。

在这部电影中，力主创建中央监察委员会的王荷波，既是共产党人忠诚特质的维护者，又是高举忠诚之旗的垂范者。

在王荷波的身上，观众看到了倍感亲切、金子一般珍贵的——“忠诚”。

1927年10月中旬，王荷波从玉田暴动的筹划地折返北京后，即与其他十余人同遭逮捕，在从被捕至被害的20多天里，这批人同样演绎了一次抉择迥异的《忠诚与背叛》。

当时的亲历者、安幸生的新婚妻子、董季皋的女儿董恂如曾披露过其中的诸多细节：1927年“中秋节前后，一份‘清党’名单从南京传递到北京。名单上不仅有蔡和森、安幸生、董季皋、王荷波等党内干部的名字，还有普通工人党员的名字。我的父亲从大帅府（注：董季皋系张作霖的亲随秘书）获得了这个紧要情报。”为了将这一情况通知其他同志，

"按预定时间提前一些，幸生、荷波和剔庄（刘剔庄）去到宣武门参政院旧址，把敌人即将动手捉人和转移事项告诉了一部分同志，要求大家立即隐蔽。张昆弟等一些同志走了，幸生他们正要离开的时候，京师警察赶到。幸生、荷波、剔庄等被捕"。"幸生、荷波被捕后，敌人施以严刑拷打与利禄诱供，彭述之的秘书李渤海叛变了"，"在敌人面前证实了全案被捕人的共产党员身份"。于是，一部真实版的没有丝毫虚构的《忠诚与背叛》在北京这座古城出现了，"除李渤海叛变并由其家属用重金赎出监外，其余18位共产党人都坚贞不屈。就是年龄不足20岁的女同志吴可，在敌人的酷刑下，也没有吐露党的任何机密，也没有被敌人的气势汹汹所吓倒。张作霖咬牙切齿，判处了18位同志死刑。1927年农历十月十八日，在京师法院地方看守所后门，18位忠贞的共产党员同时被张作霖杀害。"①

有一篇写于1928年1月7日晚的《吴可事略》，曾以这样一些文字写了董恂如提到的吴可："吴可君！你死了！你终于在胡匪张作霖的手中死了！听说你们18个人在阴历10月18日的黑夜间临就义的时候，还大声的呼着'中国共产党万岁''世界革命成功万岁'的口号，吓得一般小走狗手足无措，也没有敢请你们跪下，就枪毙了！这是何等的雄壮与沉痛呵！共产党员的真精神原来如此，也应当如此！就是在临死前的一刹那，反动派的兔子狐孙还在面前发抖。""吴可同志！论起私情来，我们俩不惟是小同乡，并且还是好朋友，但是我不哭你，因为哭是弱的表现。我应当擎着赤色的大旗，唱着前进的壮歌，踏着你们的血迹，努力杀贼！""你们在北方之死，与最近南方的一片暴动声，实俱有同一的价值，真不知警醒了多少酣睡的民众！亲爱的吴可同志呵！你们死而有知，在地下一定也要唱胜利之歌吧！"②

这篇文字于1929年被编入一本叫作《牺牲》的小册子，小册子中同样有一篇《王荷波事略》："王荷波及其他18个革命战士，于1927年10

① 董恂如：《永不磨灭的忆念》，见《天津文史资料选辑》第10辑，天津人民出版社1980年版，第61、63、65、66页。
② 中央档案馆：《革命烈士传记资料》，中共中央党校出版社1983年版，第313、314页。

月中旬（农历）惨死于北方军阀张作霖枪弹之下了。无论南方或北方的军阀，均以残酷的白色恐怖对付工农及其领袖，每次的屠杀成千累万，所以这次张作霖杀戮王荷波等19人，在统治阶级视之，并算不得一回什么事，而在中国革命的民众则以为此次北方19战士之死，尤其是王君之死是一件很大的损失。王君荷波是中国工人群众中觉悟最早而奋斗最力的一员。最初，他是在津浦铁路车上当伙夫。1921年，他负责组织铁路工人俱乐部，领导铁路工人而奋斗。1925年，他被举为中华全国铁路总工会委员长。王君加入中国共产党很早，是共产党领袖之一。中国共产党第三次全国代表大会中，他被选为中国共产党中央执行委员，并代表中国共产党出席共产国际第五次代表大会。中国共产党第五次代表大会中，他当选为中央监察委员会委员。1927年，中国共产党中央政治局八七紧急会议之后，王君被派为共产党北方局主任。是年10月中旬他在北京被捕，不久即遭枪决。王君是中国革命工人的模范。他的死是值得中国千百万工人所悲悼的。”①

电影《忠诚与背叛》的片尾曾打出字幕：“中央监察委员会在成立后的一年多时间里，10名委员和候补委员都经受住了艰苦卓绝的土地革命战争血与火的考验，先后有8名成员为革命英勇牺牲，却无一人叛党投敌……”

值得一提的是，与王荷波同遭被捕而牺牲的安幸生，曾是天津“新生社”的社员，而这一团体中的7名男社员——于方舟、安幸生、辛璞田、卢绍亭、李培良、陈镜湖、韩麟符，则令人震撼地几乎全部选择了为革命牺牲……

忠烈

——指对国家或人民无限忠诚而牺牲生命的人。

如：缅怀忠烈、满门忠烈……

1928年6月18日至7月11日，中共六大在莫斯科召开，会议期间组织与会代表撰写的烈士材料中，便有当年“新生社”两名骨干于方舟和安幸生的传记。

---

① 中央档案馆：《革命烈士传记资料》，中共中央党校出版社1983年版，第311、312页。

《安幸生同志传》中写到他同于方舟自天津分别以后的经历："五卅后，天津工人成立天津总工会，安同志遂被选为委员长。次年奉军入天津，解散天津总工会，安同志遂赴上海参加上海总工会的工作。国民军北伐占领武汉，安同志由全国总工会派往汉口，担任武汉纺纱业总工会指导工作。武汉政府反革命后，遂被派到北京，担任北京总工会的工作。1927年秋，因准备暴动而被奉系军阀捕杀。"①

安幸生1927年抵达北京时，同他的夫人董恂如还不认识，董恂如在《回忆和烈士安幸生一同生活的日子》口述史中说："1927年4月蒋介石叛变，国共分家，党决定撤销北方区，建立南北方局。同年5月，党派蔡和森、王荷波、张昆弟、李一纯和幸生同志5位同志北上，筹建北方局。这时我住在北京西市大盆胡同10号，北方局就设在我的家。"②

北方局何以会设于董恂如家？因其父——地下党员董季皋身份特殊，便于掩护。

1929年的烈士传记《牺牲》一书有《董季皋事略》云："董君名恩崇，季皋其字也，原籍浙江。其先大父为长芦盐商，遂入籍天津。董君系富商子，秉性聪颖，恒以放达不为乡里戚党所称道。年17操天津银行业，以长于钩稽帐理，深得经理之信任。而董君终以此种事业无补于人类实际之利益，遂慨然舍去，决意从戎，卓然有澄清天下之志。时清张之洞督两湖，董君遂只身赴武昌，谒张督而投向强军，在军中入同盟会，运动革命。辛亥前一年，因丁父艰回津，家居一载。嗣见革命主义不能贯彻，一心研究学理，探革命的精义，并在内务农商各部任事，借为生活。欧战既终，世界思潮日变，董君研究结果，笃信列宁主义，及于民国15年加入中国共产党，努力工作。张作霖称大元帅时，设计入元帅府充书记，深入虎穴。欲施博浪之锥，以久未得隙，不果。嗣以董君私寓为北方总机关部"。③

---

① 中央档案馆：《革命烈士传记资料》，中共中央党校出版社1983年版，第39页。
②《回忆和烈士安幸生一同生活的日子》（1959年5月30日访问董恂如记录），见天津市档案馆：《中共天津历史档案选编》，天津人民出版社2011年版，第602页。
③ 中央档案馆：《革命烈士传记资料》，中共中央党校出版社1983年版，第316页。

由于北方局设于董家，所以董恂如说：“开会办公等活动也都在我们家的后院里进行。因此，我们相互接触比较多。蔡和森和李一纯以及我的父亲都有意让我与幸生结婚。因为他们得知幸生妻子亡故，而他才25岁，应该续弦。我坦率地表明了对幸生的敬爱。”但天津的“伯父们都不以为然，写信给我的父亲，说我与安幸生的婚事有三个不妥当：第一是董安两家门户不当；第二是男虽有才，而相貌不扬（安幸生同志身材比较矮小而敦实，面部有不多，但明显的麻子）；第三个最不妥当之点，就是干‘危险’活动的革命党，身家性命都没有保障。父亲当着幸生的面，将伯父的信拿给蔡和森、王荷波、刘剔庄等同志看，大家哈哈大笑，询问我的意见。我说：‘我们都是提着脑袋干革命，有志同道合这一条，就什么也不在话下。’1927年（农历）8月23日（公历9月18日），我与安幸生同志结了婚。”①

然而，从新婚燕尔到被捕牺牲，安幸生与董恂如的新婚生活仅仅只有短暂的一个月！

即便在两人能够相依的日子里，新郎在新娘的眼中也是这样的：“为了积极开展党的活动工作，保护革命利益，幸生经常化妆成工人、学生、公务员的样子，甚至一天几变，用各种身份活动在工厂、机关、学校、报社的职工群众和学生当中。并经常利用打牌、吃饭、演戏等形式召开党的秘密会议，传达上级党的指示和党的斗争策略。幸生还经常到保定、长辛店、海淀一带给工人开会，进行宣传和组织工作。一走就是几天，白天晚上活动，夜间睡在郊外草垛里，以防止特务搜捕。衣服脏了，皮鞋底磨漏了都舍不得时间去洗、去修，通宵通宵的工作是平常的事情。”②

令人震颤的是，安幸生是同岳父董季皋共同走向刑场的！

董恂如回忆到：“李渤海叛变，不仅在敌人面前证实了全案被捕人的共产党员身份，也向敌人提供了幸生与我父亲的关系以及我的一些情况。

① 董恂如：《永不磨灭的忆念》，《天津文史资料选辑》第10辑，天津人民出版社1980年版，第59、60页。

②《回忆和烈士安幸生一同生活的日子》（1959年5月30日访问董恂如记录），见天津市档案馆：《中共天津历史档案选编》，天津人民出版社2011年版，第602页。

（农历）10月1日午夜两点多钟，敌人砸开大盆胡同10号的大门，冲进我家里，抄了我们的家。前院的五间正房，后院的五间正房都抄查了，唯独没有进东西厢房，更没有到西边溜头的小屋里去”，所以我得以逃回天津北门内任家横胡同的老家。

而董季皋、安幸生翁婿却同时牺牲于同一个刑场上。

实际上，董季皋和董恂如都是刘少奇夫人王光美的长辈。王光美的母亲董洁如，是天津直隶女子师范学校的学生，与刘清扬是同班同学。据王光美说，董家是天津比较有名的大家，盐商。她曾听母亲说，自己的家庭本同共产党的关系源远流长，其中有亲属在大革命失败后被杀害，是革命烈士。对此，王光美却一直没机会弄清是谁。直至上世纪90年代，经王光美的六哥王光英多方查找，才证实：一位叫董季皋，是董洁如的叔叔；一位叫安幸生，是董洁如堂姐董恂如的丈夫。如此说来，安幸生应该是王光英和王光美的姨父了。

忠勇

——忠诚而勇敢。

如：忠勇的战士……

同于方舟一样，新生社社员辛璞田当年也是搭乘本村渔船赴津求学的。

1923年，辛璞田经于方舟、江浩介绍加入中国共产党。他在五卅运动时领导工人罢工、被捕后坚贞不屈的忠勇故事，早已经李散人之口讲得极为鲜活生动了。后来，于方舟亲往监狱，将辛璞田和全体被捕代表接出。据《中国共产党天津历史（第一卷）》介绍，辛璞田1925年“8月遭奉系军阀逮捕，狱中坚贞不屈。年底，国民军进驻天津被营救出狱。后赴黄埔军校学习，不久参加北伐。大革命失败后在北方从事党的军事和农运工作。1927年底在北京被捕，1928年1月英勇就义。”①

① 中共天津市委党史研究室：《中国共产党天津历史（第一卷）》，中共党史出版社2005年版，第64页。

编成于1929年的《牺牲》便描述了他牺牲时的忠勇故事。辛璞田，字瑾涵，号赤生，又名田河、绍卿。《牺牲》之《辛绍卿事略》记载了他同于方舟告别离开天津之后的经历："辛君绍卿，一勇敢之兵士也。入共产党后任广东陆军政治部指导，随军北伐，占领南昌，调充共产党秘书。国民党叛变后，绍卿同志赴京绥间进行军事工作，在北京被张作霖捕获审问数次，卒判决死刑，被害于北京天桥南先农坛。北京报载辛同志赴刑场时，观者甚众，绍卿同志高呼无产阶级革命万岁，并谓今日之死，系为民众而死，且又有许多民众为我送死，何等荣耀。就刑时，尚喜笑自若云云。观此，能推想辛同志之勇敢忠实也。"①

在广州，辛璞田担任北伐军第六军政治指导员，后转战于江西，参加了收复南昌的战役。

1926年冬，在大革命的高潮中，辛璞田奉调回到北方，在内蒙古主持军运兼管直隶10县（宣化、赤城、万全、龙关、怀安、怀来、延庆、阳原、蔚县、涿鹿）的农运工作。当时，口北正处于军阀统治非常残酷的时期，奉系军阀处心积虑地成立了什么"旗产、官产清理处"，借此欺诈百姓，广大农民苦不堪言。1927年5月3日，根据党的部署，辛璞田组织延庆县32村6000贫苦农民举行起义。县长唐玉书被迫声明"凡未征款的旗地一律缓登缓办。除口头答复外，并张贴布告"。农民起义获得胜利，口北10县的农民运动迅速开展起来。

1927年冬，辛璞田到北京汇报工作，不料交通站已被敌人破坏，出了叛徒。辛璞田因此被捕。张作霖的北京警察总监陈兴亚、陆军裁判处长严文海、情报军事总长何奉林轮番上阵，先后亲自审讯。辛璞田痛斥：奉系军阀，纵兵卖国，搜刮军饷，官贪吏虐，祸国殃民，罪大恶极，是日本帝国主义的无耻走狗！众审官均恼羞成怒，对他施以毒刑。最后于1928年1月19日上午11时押赴天桥刑场杀害。此时，他并不知晓，他的入党介绍人和亲密战友、新生社的发起者和组织者于方舟，已于五天前惨遭杀害。

不过，大地上生生不息的万物，总是他们那永远不会泯灭的信念与理

① 中央档案馆：《革命烈士传记资料》，中共中央党校出版社1983年版，第320页。

想了；天空中日起日落的飞云流霞，总是于方舟《送璞田赴端村》那咏诵“红云”的诗行了：

安新从来号水乡，遂水烟波纤桨忙……
风雨同舟三百里，他日归来共此航……
十二连桥望端村，燕南赵北起红云……
邵家园边欢相送，要凭双手扭乾坤……

忠贞

——忠诚而坚定不移。

如：忠贞不贰、忠贞不屈、忠贞不渝……

2016年12月21日晚，大型电视纪录片《渭华起义》第三集正在中央电视台纪录频道播出。

这时，全片最为感人的一幕出现了——一位年过六旬的老同志——中共渭南市华州区（原华县）委党史研究室研究员邵拉雄哽咽着讲述：“（西北工农革命军）政治部主任廉益民，这个时候就是27岁。他曾经在天津搞过学生运动和工人运动。在牛峪口这个战斗中，腔子（胸口）这个地方被敌人一枪击中。他知道自己不行了。当时大家都要抬着他赶紧走。他说，对咧，你们现在不要抬我，赶快撤！你把我放到那个刺蓬（荆棘丛）里！同志们流着眼泪，把他抬到荆棘丛中。你想，廉益民胸膛的血不停地流，鲜血染红了牛峪山坡上的绿草……这个同志就在我们渭南的热土上，静静地牺牲了……这些人现在尸骨在什么地方，我们都不知道……”说着，竟已老泪纵横了。

然而，这里似乎出现了一个令人费解的谜团——廉益民，这位壮烈牺牲的渭华起义领导人之一，究竟何时在天津从事学生运动和工人运动的呢？为什么在中共天津党史的资料中，竟然寻觅不到廉益民的任何痕迹呢？

对此，我的父亲在系列文章《津戎熠旭》之《渭华起义领导者中的天津人》中写道：“2015年6月11日，为撰写纪念抗战胜利70周年的系列文章《御侮轶叙》之《投笔从戎》，我曾专程到天津桃花堤畔的河北工业大学采访。校党委宣传部霍占良副部长带他步入校史馆，早已等候在校史馆内的老部长陈德第，不仅向我和前往参观的同学们讲述了杨十三、洪麟阁两位教授投笔从戎成为国家民政部公布的第一批抗日英烈的传奇故事，在得知我是于方舟的外孙后，又向我讲述了校庆110周年时，曾组织学生从与学校有革命传统渊源的五个地方，点燃火炬，传回学校纪念大会会场的情景。那五个地方就包括陕西省华县（现渭南市华州区）高塘塬的‘渭华起义纪念馆’。陈德第向我介绍着校史展版上在‘渭华起义纪念塔’前点燃火炬的照片：‘纪念塔正面是邓小平的题词，塔身高度19.28米，象征着起义发生在1928年；塔下建有5层台阶，寓意为5月是起义的爆发时间。我们学校的校友，也是你外祖父的亲密战友卢绍亭，就是渭华起义的五大指挥者之一。’原来，‘廉益民’就是卢绍亭的化名。自他进入陕西后便一直使用这个化名。所以，津人不知‘廉’，陕人不知‘卢’。我久久凝望着展版上于方舟与卢绍亭的二人合影，那应该是卢绍亭调离天津时与我外祖父最后的合影。此照便成二人的永别，在此后不到3年的时间里，二人便双双为共同的革命理想而捐躯……”①

卢绍亭是1925年6月天津地委改组后调往京绥铁路总工会南口分工会担任秘书的。临行前，他和于方舟合影留念。20世纪80年代，卢绍亭的后人曾持此照片，从唐山农村到天津，寻访我的奶奶——于方舟的女儿于文郁，互通亲人失去后的境况。

1926年9月之前，卢绍亭还曾担任中共张家口地方执行委员会职工运动委员会书记。9月，卢绍亭参加冯玉祥部队的五原誓师，被选为国民军联军特别党部候补执委，兼任弓富魁师政治处处长，随军转战绥远、宁夏、甘肃、陕西等地。

1927年5月冯玉祥率师东出潼关，参加北伐，卢被任命为国民革命军第二集团军中路军第一路政治部主任。1927年7月，冯玉祥追随蒋介石在豫、陕“清党”反共，卢绍亭和一批共产党员脱离冯部，潜入陕西，他暂在王尚德主办的渭南赤水职业学校向师生进行宣传教育。

① 阎晓明：《津戎熠旭（八）——渭华起义领导者中的天津人》，《天津日报》2018年6月22日，第16版。

1928年1月，以中共党员许权中为旅长的国民革命军新编第三旅驻防洛南，中共陕西省委派化名廉益民的卢绍亭到许旅教导营做政治工作。当许权中得知这个廉益民，曾与张隐韬的黄埔推荐人和刘格平的入党介绍人于方舟长期共事后，格外高兴，亦非常欢迎，因为张隐韬、刘格平都曾是自己革命的引路人。2016年5月16日中央电视台播出的纪录片《人民英雄刘志丹》中多次提到廉益民，其中许权中的孙子许红星在访谈中也谈及"……廉益民等共产党员都来到许旅!"

的确，在陕西，已无人知晓"卢绍亭"这个名字了。难怪我父亲在西安向中共陕西省委党史研究室副主任熊美杰提到卢绍亭时，熊主任一脸茫然呢……

中共许旅委员会成立后，卢绍亭被选为旅党委委员。1928年5月，他随许旅由洛南到潼关又到华县瓜坡镇，宣布参加起义。接着，随军再至渭华起义中心地区华县高塘镇，任西北工农革命军军委委员兼政治部主任，积极参与起义的决策、计划和组织领导工作，协助刘志丹、唐澍指挥起义部队作战。6月20日，陕西省政府代理主席宋哲元以三师之众向起义地区扑来，驻华县高塘塬的起义部队和农民赤卫队沉着应战，边打边沿牛峪口山路向秦岭山区撤退……

多年以后，当一位曾在天津求学的广东小姑娘已成为年迈的中学女教师时，她深情讲述了一个关于她和卢绍亭之间的非常温暖的故事："1923年5月间，天津一群具有高小毕业程度的女青年，在升学前途上徘徊苦闷——华采菱、陈学荣、沈希咏等向我打听严氏女中何时招生，她们准备报考。因我即将在严氏女中毕业，又是天津学联评议员，便帮她们打听。严老先生却说：'你们是我空前绝后的女学生了。限于财力、精力，不拟续办啦!'女青年听到这种回复，大失所望。正当这个时候，卢硕棠（即绍亭）在天津直隶省立高等工业专门学校机械系学习。他和我自五四至当时都在学联作爱国运动。他也知道我在暑假前毕业。他即在《新民意报》用'卢硕'名字发表了一封给我的公开信。内容是说，妇女运动首先要有文化、知识和能力，才能担负起一切工作。所以你们必须先争得和男子受同等教育的权利。你今年中学毕业了，应该升学，更要连同要读书的女青年向所有学校校名上没标明‘男子’字样的学校都去报名，把它们的大门敲开，争取男女受平等教育的权利。这封富有革命性的信发表后，不但对我个人启发鼓舞很大，即对全体女生都打了强心针。大家奋勇起来，把要求读书的运动发展得像汹涌的浪潮，澎湃起来了。南开中学校长张伯苓先生很顺利地接受我们的请求，即在暑假租男校附近的六德里民居，开办南开女中部。我们中学毕业的女同学都升入了南开大学……”①

在渭华起义牛峪口战斗最为激烈的时刻，卢绍亭还能记起在他鼓励下考入南开大学的那些女生们么？

其实，这个厚道的青年学子，对自己做过的好事和义举总是常常忽略和忘怀的。

他似乎永远在想着应该怎样竭尽全力地去帮助那些所有需要帮助的人，而不会考虑一丝一毫的回报。

此刻，面对敌人的重重包围，卢绍亭早已忘却了个人的生死安危，他操着生硬的刚刚学会不久的陕西方言，高唱秦腔和华阴老腔，为起义勇士鼓劲助威。

突然，一颗子弹飞来，击中他的胸部。

为不影响部队行动，他拒绝用担架抬他后撤，并说服为自己包扎伤口的医生，将其隐蔽至附近草丛，待夜幕降临时再爬出去追寻队伍。

然而，他终因失血太多而牺牲。

于是，便有了中共渭南市华州区委党史研究室邵拉雄研究员谈及廉益民牺牲时的动情哽塞和老泪纵横……

令人心痛的是，当卢绍亭鲜血流尽的那一刻，恐怕还不知昔日的新生社好友安幸生、于方舟、辛璞田均已先他而牺牲。

1966 年，我的父亲不满 15 周岁便从天津登车赴河西走廊参加生产建设兵团的拓荒大军。车行漫长的八百里秦川时，他还不知卢绍亭血洒渭华的故事。后来，他屡经秦岭，甚至登临秦岭主峰太白山，但他仍不知晓卢

---

① 黄勖志：《关于天津女权请愿团的回忆》，见《邓颖超与天津早期妇女运动》，中国妇女出版社 1987 年版，第 574、575 页。

绍亭牺牲于秦岭之麓。再后来，当他知道卢绍亭的牺牲地，并终于在2007年有了一个赴华县对华县皮影进行采风，筹拍相关题材电视剧的机会。然而，日程安排太紧，尽管他反复观看了华县皮影戏在不同环境的表演，甚至观看了当时难得一见的华阴老腔表演，但却未能前往华县高塘镇的渭华起义纪念馆和纪念塔拜谒。

于是，他便时常带我前往卢绍亭办平民学校的小刘庄一带漫步，也曾到海河对面的郑庄子去寻访李培良为工人办校的踪迹，向我讲述那些虽已年代久远，却依然可以睹景思人，激活岁月沉淀的红色故事……

在新生社成员中，李培良和于方舟是五四运动“九一廿九”惨案被捕炼狱170天的狱友，也是奉系军阀重占天津后未被疏散保护、坚守天津工作的战友。

1926年5月，安幸生、辛璞田、卢绍亭陆续离津之后，中共天津地委对所属组织进行了调整，按地区设立三个部委员会，简称部委，分片开展党的工作。一部委工作范围为河西小刘庄及河东一带，主要工作对象是海河西岸的纱厂和地毯厂；二部委工作范围为河北一带，主要是租界以北地区，工作对象为这一区域内的铁路、纱厂、地毯厂工人和进步青年学生；三部委工作范围是租界一带，主要工作对象是租界内的各行业工会。李培良为一部委书记兼宣传委员，实际上他一人兼做了过去他和卢绍亭两人的工作，可见工作之繁重与艰辛。

到了8月，刚刚调至天津的傅茂公（彭真）接任了李培良的工作，李培良调任二部委书记。

李培良病逝于1931年，时年28岁。应该可以认定，他并非身患疾病去世，而是被敌人活活打死的。

大革命失败以后的北方大地，白色恐怖日甚一日，反共声浪甚嚣尘上，正如于方舟在一首诗中所叹：“计指故人半零落，举头前路正苍茫”。[①] 然而，李培良不改信仰的初衷，依然坚持革命，先后担任中共北平市委书记、唐山市委书记。1927年8月中旬，就在李季达、王贞儒被

---

① 于方舟：《初春遣归》，载《同乡会季镌》第一期《方舟诗稿》。

捕数日后，正在担任中共天津市委委员、河北区委书记的李培良也被国民党当局逮捕。[①] 在狱中，虽然备受折磨，仍坚贞不屈，1929 年经党组织多方营救方才出狱，一年多后终因被酷刑摧残过重而逝去。

在酷刑摧残中渐渐耗去生命，其生不如死的难耐苦痛，是常人难以忍受的。

然而，难能可贵的是，当他的肉体在这样的啃啮中被慢慢吞噬时，他的信仰与意志却没有任何的消损与消沉。

这，就是共产党人无往而不胜的秘诀所在——忠贞。

与李培良几乎同时被捕的，还有天津工人运动负责人袁子贞——就是两年前在张庄大桥义庆里于方舟介绍给刘格平，请他们共同创建天津工人别动队，打响津门革命第一枪的那个袁子贞。

在于方舟的战友中，袁子贞的身份极为特殊。他也是从法国回来的众多“海归”之一员。然而，与众不同的是，他并非留学生，而是华工——还不是一般的华工，而是著名的华工领袖。

当然，也不是没有机会成为留学生的，在法国工作 11 年后，他先回国在正太铁路总工会担任秘书，很快便有了一个赴苏联东方大学学习的机会，然而在莫斯科仅仅停留了一个月便匆匆回国了。这其中的故事非常曲折。

袁子贞是直隶（河北）霸县（现廊坊市霸州区）人，比于方舟大 13 岁。于方舟还是小学生时，袁子贞已于 1916 年抵达法国了，那一年，他 29 岁。后来，他便结识了赴法勤工俭学的中国学生，与赵世炎等交往甚多，在华工中做了很多工作。1922 年加入社会主义青年团，1923 年当选为社会主义青年团旅欧支部候补执行委员。后加入中国共产党。

1924 年赵世炎在中共北京区委工作期间，调袁子贞回国到石家庄开展工人运动。1924 年 11 月又派他赴苏联学习。当时，李大钊刚巧也在莫斯科，他刚刚参加完共产国际第五次代表大会，留在苏联担任中国共产党驻共产国际代表。

---

① 中共天津市委党史研究室：《中国共产党天津历史（第一卷）》，中共党史出版社 2005 年版，第 153 页。

就在袁子贞刚刚抵苏的时候，国内又突然发生了大变故，孙中山于11月10日发表北上宣言，宣布召开国民会议的主张，北京形势发生骤然的重大变化，急需李大钊回国主持北方工作。于是，党组织派袁子贞随李大钊于12月3日启程，12月中旬回到北京。

随即，袁子贞于1925年担任中共天津地委工委书记、天津总工会委员，在此期间受命与刘格平共同组建了天津第一支革命武装。

1927年8月13日，袁子贞在天津遭奉系军阀逮捕，11月18日被杀害。①

于方舟又一位亲密的战友倒在了血泊中……

忠义

——忠诚，讲义气。

如：忠义之士……

有一部电视剧叫《打狗棍》，表现了革命年代热河地方的各等人物与故事。其中第23集出现了一位革命人士——师范学校教师、戴家大小姐的偶像——高镜湖。据编导介绍，其实热河地区历史上有位真实的革命志士——陈镜湖。此外，央视电影频道播过一部电视电影《陈镜湖1926》，讲的是陈镜湖在陕西蒲城当县长的故事。

作为新生社社员，陈镜湖与于方舟既是省立一中的中学同学，也是南开大学的大学同学，并同时以共产党员身份赴广州参加国民党一大。返回天津后，陈镜湖便被派往热河。

1925年初，以李大钊为首的中共北京区委决定，在热河、察哈尔、绥远、包头等地建立四个党的工作委员会，陈镜湖为中共热河工委负责人。同年10月，中共北方区委在张家口召开工农代表大会，成立内蒙古工农兵大同盟，组成同盟中央委员会，李大钊当选为书记，赵世炎、韩麟符为副书记，陈镜湖为执行委员。同时，陈镜湖还在由中共领导组编的“内蒙古特别民军”中担任第二骑兵纵队司令。不久，该纵队改编为骑兵

---

① 王洁：《李大钊北京十年》，中央编译出版社2010年版，第286页。

旅。陈随军加入国民军，在热河同张作霖奉军作战。

同卢绍亭一样，陈镜湖也于9月17日参加了冯玉祥的“五原誓师”，部队改称“国民军联军”，西进甘肃、宁夏、陕西，并在陕西出任蒲城县县长。

1927年7月冯玉祥将共产党人“礼送出境”时，陈镜湖辞去县长职务，在严酷的环境中与党组织失去联系，毅然长途跋涉抵达苏联，找到共产国际，接上组织关系，回国后恢复内蒙特委，担任书记。

九一八事变后，他以内蒙特委名义向蒙汉各族人民发出“团结全国各民族，反对日本帝国主义侵略”的号召，组织“民众抗日后援会”，发动和组织人民群众进行抗日救亡斗争。

1933年春，冯玉祥、吉鸿昌拟在张家口建立“察哈尔民众抗日同盟军”。陈镜湖根据党的指示，速率部分同志从围场赶赴张家口，协同冯玉祥组织长城内外各旗县武装民团参加抗日同盟军，并出任同盟军总司令部参议。5月12日，陈镜湖同参谋、警卫员从张家口乘汽车赴张北点验抗日武装队伍，途中遭反动民团袭击。战斗中，不幸中弹牺牲，时年32岁。

陈镜湖牺牲一年后，新生社社员韩麟符，于1934年9月21日在自己的原籍山西省榆次县东苏村被国民党军统特务暗杀。

鲜为人知的是，“韩麟符是八一南昌起义组织者、领导者之一。1927年8月1日，起义爆发，韩麟符任中国国民党革命委员会党务委员。次日，受各代表公推向革命委员会各机关、江西省政府和起义负责人贺龙授印，并发表演说，报告革命委员会设立之意义，继而随部队转战潮汕地区。”①

1931年2月，韩麟符因叛徒告密而被捕入狱。出狱后辗转回到故里开展斗争，直至被害……

忠实

——忠诚可靠。

如：忠实的信徒、忠实的朋友

在1924年3月9日社会主义青年团天津地方执行委员会成立大会上

---

① 王洁：《李大钊北京十年》交往篇，中央编译出版社2010年版，第74页。

选出的五名委员中，有两名是陕西人——张宝泉、崔溥。

他们，都曾是于方舟最亲密的战友。

其中的张宝泉烈士牺牲在于方舟就义的三个月后。他曾在中共六大上被誉为“忠实的共产党人的代表”。

这里，我们在介绍天津团地委两位陕西籍委员的简历时，将重点讲述张宝泉那可歌可泣的“忠实”故事……

崔溥（1903—1955），又名崔物齐、崔武起。陕西西安人。1920 年入天津南开中学读书，加入陕西籍学生进步团体“共进社”，并于同在天津上学的陕西青年武止戈、屈武、刘尚达等创办进步刊物《贡献》月刊，以笔名“山水”在《共进》杂志发表《打倒军阀运动和西安学生》《世界革命和中国前途》《中国国民党改组与中国国民革命运动》等文章。

1923 年，崔溥经于方舟介绍加入中国社会主义青年团，不久即加入中国共产党。

1924 年，崔溥任天津团地委委员时已为南开大学学生——他于 1924 年 10 月 22 日写给团中央的工作报告中提到“以后一切信件通告可直接寄至天津南开大学宿舍崔武起”①。从后来解密的历史档案可以得知，那一时期天津团地委的不少文件均由崔溥起草。

1925 年 3 月，团中央调崔溥赴西安工作。1926 年崔溥赴日本东京明治大学学习。1927 年回国后到广州黄埔军校任政治教官。四一二反革命政变后再次回到陕西，曾任中共陕西省委委员、常委，负责宣传工作。西安事变后，退出中国共产党，但一直坚持为党做情报工作。新中国成立后曾先后担任西安市公用事业局和民政局局长。

张宝泉（1901—1928），陕西三原人。1920 年进南开中学后加入“共进社”，后又加入社会主义青年团，其时节衣缩食资助《贡献》月刊，为进步报刊撰稿，宣传马克思主义。1924 年初加入中国共产党。

据撰写于 1924 年 7 月 6 日的《团天津地委大事记》记载，3 月 9 日他

---

①《崔物齐关于津地改组会议情况给团中央的报告》，见天津市档案馆：《中共天津历史档案选编》，天津人民出版社 2011 年版，第 14 页。

在团天津地委成立大会上被选为委员；4 月 26 日委员的分工为“秘书——于方舟、组织——张宝泉、宣传——崔溥、农工——王乃宽、学生——李逸（即廉祺）”[①]；此后，在写于 7 月的《团天津地委报告》[②] 和《崔溥关于组织宣传及农工学生运动的报告》[③] 中均有张宝泉担任团天津地委组织委员的记载；10 月 19 日团地委改组，于方舟不再担任秘书（即委员长），张宝泉也不再担任组织委员——写于 10 月 22 日的《崔物齐关于津地改组会议情况给团中央的报告》记载了新的团天津地委委员名单为“崔物齐——秘书、李志新——青工、汪志清——教育宣传、苏楣——学生、张昌旭——组织；候补：宋树藩、宋林甫”。[④]

此时，于方舟已集中精力去负责中共天津地委和国民党直隶省、天津市的工作。张宝泉则被派往莫斯科东方大学学习。

学习回国后，张宝泉在上海的中共中央机关工作，直至牺牲。

撰写于 1928 年 7 月 17 日中共六大期间和编写于 1929 年《牺牲》一书的两份烈士小传中，曾三次用“忠实”一词描述张宝泉的品质与气节——

《纪念着张宝泉同志》[⑤]

在今年四月中旬，上海共产党机关被破获中，首先牺牲了罗亦农同志，继亦农同志牺牲的，便是张宝泉同志了！

那是在罗亦农同志被捕后的次日——4 月 17 号下午 5 点多钟的时候，宝泉送很多信件到某机关去，他不知某机关在他去的前三小时已被巡捕破获占据了，故敲门直入，遂遭逮捕，继而被杀。

他是陕西三原县人，在半年前才和黄婉青同志结婚。他的家庭只有

---

① 《团天津地委大事记》，见天津市档案馆：《中共天津历史档案选编》，天津人民出版社 2011 年版，第 8 页。

② 《团天津地委大事记》，见天津市档案馆：《中共天津历史档案选编》，天津人民出版社 2011 年版，第 9 页。

③ 《崔溥关于组织宣传及农工学生运动的报告》，见天津市档案馆：《中共天津历史档案选编》，天津人民出版社 2011 年版，第 11 页。

④ 《崔物齐关于津地改组会议情况给团中央的报告》，见天津市档案馆：《中共天津历史档案选编》，天津人民出版社 2011 年版，第 14 页。

⑤ 中央档案馆：《革命烈士传记资料》，中共中央党校出版社 1983 年版，第 49、50 页。

80 多岁的祖母和母亲，他的父亲早已死去，只有一位伯父。他是独子，无兄弟姐妹。他的堂兄——伯父的儿子——张宝和在“五四”运动反段祺瑞的剧烈声浪中，被杀于北京。他的家庭经济本来尚好，只因供给他和堂兄的学费，将田地多半卖尽，故近年来家境非常困苦。

记得 1924 年春，天津开始有 C. Y. 组织的时候，宝泉便是参加的一人。在会议中、工作中，我时时见到静默忠实的宝泉。他未待南开中学毕业，即转至莫斯科，入东方大学。

“五卅”后的半年，他又接受党的工作使命而回国，即在共产党中任交通工作。他在工作中同志间，表现出是一个忠实纯厚的青年，平日寡言笑，无嗜好，只集中他的注意力去切实执行，毫不怠慢地去执行他应做的工作。

他曾经参加上海第三次暴动，做交通工作非常得力。

在过去一年半白色恐怖最严重的上海，几次党机关被破获，革命的民众被大屠杀中，宝泉继续不断地工作着，勇敢地工作着，毫无畏怯地传送党及各方面的消息。这些，使我们永远不能忘记，永远不能忘记啊——宝泉同志努力工作的精神，勇敢的精神！

他被捕后，曾受尽了非刑拷打，皮肉裂脱，骨头尽露，他终未供一语。……（编者删节）而我们最忠勇的宝泉同志，遂牺牲在这残酷的非刑中了！

宝泉同志牺牲了！不仅共产党中遭了损失，革命的民众中，从此也失掉了一员先锋战士。我们岂止沉痛与悲悼，我们要在拼命的工作中，填补上这些损失啊！

同志们！纪念着宝泉的忠勇精神！纪念着宝泉在残酷的极刑中忠于革命、忠于党的精神！记着我们的仇恨，忍着我们的悲痛，努力准备为宝泉复仇！

1928 年 7 月 17 日

《张宝泉事》①

---

① 中央档案馆：《革命烈士传记资料》，中共中央党校出版社 1983 年版，第 180、181 页。

张君宝泉的死，壮烈极了！

反动的国民党军阀加于张君的刑罚，残酷极了！

张君宝泉，陕西人，幼年即加入共产党。自俄国回来后，即在上海工作将近3年。他的诚实，他的耐劳，是认识他的人所众口一辞称赞的。今年3月间，两湖大屠杀共产党人时，他就对我们说："如果我被捕，我是无论如何受非刑拷打，宁死不肯泄露党的秘密的。"他的话，不意竟成了谶语！

一个月后（4月16日），亦农君被捕之后一日，他在上海康脑脱路被捕。当时他身上携有共产党的重要文件甚多，帝国主义的公共租界捕房认他是一种"奇货"，要从他口中迫出共党的种种秘密，所以，他在租界即受非刑。捕房用惩治盗匪的所谓"九尾猫"，一种残酷的"科学"的刑具（即皮肉极痛苦但生命绝无碍的一种刑具），将他私刑拷打，但一点秘密都得不到。反动的国民党军阀钱大钧，听说有一个"奇货"在捕房，急急欲引渡过来，但三番五次捕房都不允许。最后，听说还是反动的国民政府外交部交涉，才引渡到中国的官厅去。读者知道，这自然不是捕房的"人道主义"，而是想从张君口中得到共党的秘密，作更大的白色恐怖的工作。

张君被引渡到龙华后，受到更残酷的刑罚，因为龙华没有"科学的刑具"，没有"九尾猫"，只有亚洲式的极野蛮的极残暴的刑法。张君受尽了一切残刑之后，仍然是一点秘密也不肯供出来，惹得这般吃人肉的野蛮的恶兽火起。在最后一次拷问时，竟以二百军棍七响盒子炮三把刺刀将张君活活的打死了！

张君之死，上海各报一个字没有记载！

像张君那样壮烈的死，像他那样受惨酷的刑罚，而两湖、广东、江西、北方等……可以惊风雨而泣鬼神的共产党人之死，都给反动的国民党政权及其新闻政策所掩没不彰了，这些反动派反造作谣言，以诬蔑这些死难的烈士！

张君就是这些壮烈的忠实的共产党人的代表，他是革命党人的好楷模。像他，才是一个好的革命党人！

张君宝泉之死，将随中国无产阶级之奋斗而不朽！

就这样，于方舟和他亲密的战友们，一位又一位地选择了牺牲……

他们之所以能够义无反顾地选择牺牲，乃是出于对共产主义伟大理想那毫不怀疑、绝不动摇、永不背叛的忠实与忠诚，乃是出于共产党人那富贵不能淫、贫贱不能移、威武不能屈的凛然正气与巍然浩气……

第十七章　巍然浩气

1. 山高水险:《中国共产党历史（第一卷)》中的直隶玉田起义

白色恐怖，杀人如麻，血雨腥风。

1927 年春夏，背信弃义的国民党反动派，骤然向共产党人挥起了冷酷的屠刀……

中国革命，气若游丝，命悬一线。

刚刚诞生六年的中国共产党，转瞬之间便面临着被赶尽杀绝的危险。

关键时刻，“八一”枪声如同划破夜空的一道闪电，使得中国人民在黑暗中看到革命的希望，在困顿中看到奋进的方向。

六天之后，八七会议确立了实行土地革命和武装起义的方针。

会议作出的武装反抗国民党反动派屠杀政策的决定，是党在付出惨痛的牺牲之后得出的正确结论。这是中国共产党人对中国革命认识上的一个重大进步。会议明确提出党的现实最主要的任务是有系统地、有计划地、尽可能地在广大区域内准备农民的总暴动。

会议认为农民运动的主要力量是贫农，决定调派最积极的、坚强的、有斗争经验的同志，到各主要省区发动和领导农民暴动，组织工农革命军队，建立工农革命政权，解决农民土地问题。①

于方舟便是这批“最积极的、坚强的、有斗争经验的同志”之一。

作为中共顺直省委常委、组织部长，于方舟代表省委奔赴直隶玉田起义的最前线，成为这一起义中继王荷波进行筹划之后的最高领导人。

而他所领导的这一起义，也载入了《中国共产党历史（第一卷）》的史册：“八七会议后，湖北、广东、江西以及陕西、河南、直隶等省的党组织也发动了多次武装起义”，“除鄂、粤、赣等省外，八七会议后不久，其他地方党组织领导的武装起义还有：1927 年 10 月唐澍、白乐亭、谢子长等领导的陕北清涧起义；同年 10 月下旬中共北方局和顺直省委领导的直隶玉田起义”。②

《李大钊北京十年（交往篇）》一书则将这一起义称为“轰动中国北方的玉田农民暴动”。③

冀东，既是于方舟、江浩、卢绍亭、江震寰、吕职人、郝久亭、赵达等直隶早期共产党员的家乡，也是他们开展农民运动的重点地区。他们在这里所做的大量艰苦细致的工作，为后来开展农民武装起义奠定了坚实的基础。

据吕职人回忆，1925 年 6 月天津地委改组后，“方舟同志担任组织工作和国民运动工作。由于江浩同志在天津、北京和直隶省有许多社会关系，于方舟利用一起活动的机会，广泛接触直隶各县的各界进步人士以及学生、工人、农民，吸收了很多人加入共产党或国民党，并分别派往京奉、京汉、津浦沿线各县充实或发展新的革命阵地，各县党组织发展迅速。”其中，“冀东以玉田为中心，包括兴隆、遵化、迁安、卢龙、丰润、宝坻、宁河、蓟县……均有中共县委或支部以及国民党的县党部组织。这些组织的发展和建立，虽然是革命客观形势的要求，但与各地同志的努

① 中共中央党史研究室：《中国共产党历史（第一卷）》上册，中共党史出版社 2011 年版，第 238 页。

② 中共中央党史研究室：《中国共产党历史（第一卷）》上册，中共党史出版社 2011 年版，第 245、246 页。

③ 王洁：《李大钊北京十年》（交往篇），中央编译出版社 2010 年版，第 261 页。

力，以及方舟同志的辛勤工作是分不开的。”①

1926年2月6日，国民党中央农民部向全国各省党部通告，为发展农民运动，特扩充广州农民运动讲习所，从各省选派学生来学习。选派学生的条件是：“1. 决心做农民运动，并无他项异想；2. 中学程度，文理通顺；3. 年龄18以上28以下，身体强健无疾病；4. 富勇敢奋斗精神。”②

负责全省国民运动的于方舟接此通告后立即进行了精心的选派工作。据当时在天津义庆里40号国民党直隶省党部负责“交通”工作的赵达回忆：“在40号时，送走一部分学生到广东农民讲习所（如张明远等），那时农运最发达，在搞农民协会，他们在天津办手续，共受训3个月。”③

1926年5月3日，第六届广州农民运动讲习所举行开学典礼，所长毛泽东报告农讲所筹备经过和招生情形。这一届农讲所，共有学生300余人，来自20个省区。9月11日，这批学生顺利毕业，农讲所举行毕业典礼，毛泽东作总结报告。④

杨春霖也是那批农讲所的学员，他和张明远返回玉田后，于10月份成立了中共玉田县特别支部，张明远任书记。很快，他们便领导玉田农民展开了反对奉系军阀横征暴敛的斗争，即反对“旗地变民”的斗争。

1926年底，当怀有身孕的赵达因丈夫江震寰被捕而从天津返回玉田老家时，正是张明远、杨春霖开始掀起斗争高潮的日子。所以，才如赵达所说：“我回到玉田老家后，便与当地的张明远、李大炮发生了联系”。⑤她所说的“李大炮”正是杨春霖。杨春霖又名杨雨农，外号“大炮”，因为他的化名是“李震之”，所以赵达称他为“李大炮”。

---

① 吕职人：《于方舟同志革命的一生》，见《天津文史资料选辑》第23辑，天津人民出版社1983年版，第19、20页。

② 中共中央文献研究室：《毛泽东年谱》（1893—1949）修订本上卷，中央文献出版社2013年版，第154页。

③《1959年4月访问赵达记录》，见天津市档案馆：《中共天津历史档案选编》，天津人民出版社2011年版，第597页。

④ 中共中央文献研究室：《毛泽东年谱》（1893—1949）修订本上卷，中央文献出版社2013年版，第160、167页。

⑤《1959年4月访问赵达记录》，见天津市档案馆：《中共天津历史档案选编》，天津人民出版社2011年版，第597页。

1927 年 1 月上旬，中共玉田特别支部以联庄会的名义，先后两次在东蒙各庄小学召开农民代表会议，订于 1 月 11 日发动 3000 多名农民向县议会、县公署请愿。代表会上，决定各村会员一致行动，相互支援。

1 月 11 日那天，各村农民如约而至，请愿代表要求缓征“旗地变民”款。可是，县长不仅拒不答应，还恶毒谩骂请愿群众是“刁民”，并示意警察所长鸣枪恐吓。忍无可忍的群众愤怒高呼着：“打倒贪官污吏”、“活捉杀人赃官”等口号，冲向县衙。县长等一干官员吓得仓皇而逃，群众涌进县公署，怒砸县衙。

玉田农民反抗“旗地变民”的斗争令军阀政府大为惊恐。但因当时北伐战争正在胜利推进，北洋军阀的统治已然岌岌可危，在此形势下，军阀当局又不得不为稳住后方而做出让步。他们以渎职罪撤换了玉田县长，对“旗地变民”既未明令取消，也未继续催款。反抗“旗地变民”斗争取得的胜利，为八七会议以后的农民起义奠定了基础。

八七会议以后，组织暴动、开展武装斗争，成为刚刚成立的中共中央北方局和改组后的新省委急待开展的最重要工作。

此时，玉田党组织也已从最初的特别支部，经历了先改建为玉田县委，再改建为中心县委的过程，领导着玉田、丰润、遵化、蓟县、迁安等县的党组织，下辖 5 个区委，60 多个党支部，近 400 名党员。

中共顺直省委改组会议甫一结束，中共中央北方局书记王荷波便在玉田召开中心县委扩大会议。据县委书记张明远回忆，王荷波同志 9 月下旬的玉田之行，除传达八七会议精神外，“同时对暴动的准备工作做了部署：提出暴动的纲领，加强发展党的工作，扩大农会，夺取反动武装的枪支，发展农民武装自卫队等等”①。

就在王荷波自玉田返京之际，10 月 1 日，晋奉战争爆发，阎锡山下令对奉军发起总攻。新旧军阀的混战，使得北方政治形势发生了有利于革命的变化。据此，中共中央北方局认为，应及时抓住这一有利时机，发动

---

① 张明远：《关于玉田农民暴动几个问题的回忆》，见《天津文史资料选辑》第 23 辑，天津人民出版社第 29 页。

农民，组织中国北方的秋收暴动。

于是，10 月 6 日，《中共中央北方局暴动计划》制定完成，确定京津地区、京东四县（丰润、玉田、遵化、蓟县），内蒙三特区和直南为四大暴动区域，要求各级党组织“接此通告后，便应火速进行暴动的组织和布置”，“要极力在暴动中发展工会农会党团组织的势力”，以形成农村暴动、城市暴动相互呼应的北方大暴动的高潮。并设想，暴动失利后，暴动队伍可退往热河，保持与蒙古的联系，这样，即可做到进可战、退可守。随后，暴动计划迅速开始实施。①

为推动《中共中央北方局暴动计划》的实施，10 月 8 日，蔡和森在天津主持召开顺直省委会议，进一步贯彻北方局决定的精神。强调，土地革命的大暴动，是北方工作的总方针，现在重要的是迅速发动群众的日常斗争，并向大暴动的总方针积极努力。②

10 月 10 日，王荷波二赴玉田，亲自参加玉田中心县委召集的万人集会。“会后农会会员绕城举行示威游行，玉田当局极为恐慌，下令关闭城门。”③

玉田万人示威后，中共中央北方局又召开了北方干部会议，对暴动做进一步部署。

然而，就在北方局加紧组织北方工农暴动的同时，奉系军阀当局也加紧了对革命活动的镇压。10 月中下旬，北方局领导机关遭叛徒和敌人的严重破坏，北方局书记王荷波及北京市委委员兼组织部负责人安幸生等 18 人被敌人逮捕，11 月 11 日惨遭杀害。

尽管暴动之路山高水险，但《中共中央北方局暴动计划》业已启动，犹如箭在弦上……

---

① 中共天津市委党史研究室：《中国共产党天津历史（第一卷）》，中共党史出版社 2005 年版，第 149 页。

② 中共天津市委党史研究室：《中国共产党天津历史（第一卷）》，中共党史出版社 2005 年版，第 149 页。

③ 中共天津市委党史资料征集委员会：《中共天津党史大事记》，天津人民出版社 1991 年版，第 123 页。

就在王荷波、安幸生等同志先后遭遇被捕的同时，中共顺直省委派出的省农运领导人叶善枝，已作为特派员抵达遵化。

在遵化，叶善枝与省委常委、农运负责人杨春霖，玉田中心县委书记张明远共同组成京东特委，由叶善枝任书记，直接领导玉田中心县委，并具体负责玉田暴动的领导工作。

接着，京东特委在遵化召开玉田、遵化、丰润、蓟县四县农民会议，成立京东农民协会。此时，四县农会会员已发展到10万余人，掌握长短枪300余支。

但是，暴动的准备却惊动了敌人。玉田县公署以催收警捐为名开始逮捕农会干部，并扬言采取更严厉的镇压措施。

面对陡然紧张的形势，京东特委决定，由张明远任总指挥，立即同解学海回玉田组织暴动，并通知蓟县、遵化等地农会到玉田集结，一场轰动中国北方的农民暴动即将拉开大幕……

2. 壮士一去：吕职人讲述的故事

在《中国共产党天津历史上的第一》之《第一次农民武装暴动》中，是这样描述玉田起义的："1927年10月，中共玉田中心县委在中共中央北方局和京东特委的领导下，组织广大农民开始武装暴动，一度攻占县城。"①

当"攻占县城"这样的重大行动被冠以"一度"作为状语时，那么，其丢弃县城或放弃县城的时刻及至以后时日的惨烈与悲壮，必会达到不可言状的程度。果然，1927年的玉田农民起义，充满着跌宕起伏……

10月17日，蓟县（今天津市蓟州区）上仓、孟家楼、裴家屯、别山、大小团城、大小白山等村数百名农会会员在党组织带领下奔向玉田。

10月18日，汇集玉田城下的暴动队伍2万多人由城东、城西两边开

① 张振勇：《中国共产党天津历史上的第一》，《支部生活（老干部）》2016年第6期，第21页。

始攻城。城内警察和保安队全部上城，双方发生了战斗，但时间不长，农民起义军将城攻破，涌入城内，解除了警察和保安队的全部武装，缴获步枪 100 多支，占领了县城。暴动队伍占领县城后，立即宣布戒严，搜捕逃匿的县长、警察所长、土豪劣绅等反革命分子。这时，特委书记叶善枝从遵化赶到玉田。他以孤城难守为由，命令暴动队伍迅速撤离县城，干部潜伏，群众离散。之后，特委和暴动指挥部决定退出县城，除保留有武器的 200 人左右组成农民军继续开展武装斗争外，其他没有武器的暂时回村在当地开展斗争。暴动惊动了奉系军阀当局，立即派出两个团的兵力向农民军扑来。①

面对这样一种占领县城又主动退出县城、可建政权又自动放弃建政、组织武装又自行削弱武装的类似“夹生饭”式的暴动，究竟应该怎样处理才能实现和完成《中共中央北方局暴动计划》，中共顺直省委内部产生了不同意见。

据时为省委常委的吕职人回忆，于方舟同彭述之展开了激烈的争论。

父亲很小的时候随父母去过吕职人家。他回忆说，那个地方似乎很远，可能是天津北站附近。从大人们的对话中，似可听出吕职人是在铁路部门工作的。那是一年的春节，应该是去拜年，奶奶称吕职人为“吕大叔”，按冀东口音，“叔”字不念“书”，而念成“收”。

后来，父亲在家中见过吕职人多次，他每次来似乎都没有什么事，只是简单地看望，聊聊天而已。在父亲的印象中，吕职人没有李散人那么瘦，但也瘦削，虽满头银发，却精神矍铄，总是兴致勃勃地谈笑风生。

那时父亲常常诧异，这位老人何以总来聊天？按常理，总该是晚辈看望长辈才对，为什么这位长辈却总来看望晚辈呢？后来，父亲看到种种文字资料，才恍然，这应是吕职人对烈士遗孤的一种关爱——在吕职人讲述的故事中，于方舟领导玉田农民武装起义的过程，可谓一波三折，动魄惊心。

---

① 中共天津市委党史研究室：《中国共产党天津历史（第一卷）》，中共党史出版社 2005 年版，第 150 页。

中共顺直省委旧址

1927 年，改组后的中共顺直省委由六位常委组成，即朱锦堂、于方舟、彭述之、王仲一、杨春霖、吕职人。

玉田农民武装起义开始后，杨春霖在冀东，朱锦棠亦不在天津。据吕职人回忆："顺直省委得悉玉田暴动情况后，立即开会讨论（当时省委有彭述之、王仲一、于方舟和我）。会上，彭述之批评玉田县委'右倾'，他主张立即恢复农民队伍，向唐山市镇进攻，切断京奉铁路，大造声势，并且自愿前往指挥。于方舟和王仲一表示不同意彭的论点和看法。"①

王仲一小于方舟一岁，出生于张家口铁路工人家庭。五四运动开始时，在山西省立一中读书的王仲一发起成立山西省学联，并在北京大学结识了高君宇等人。1920 年，王仲一加入北京大学马克思学说研究会，1921 年秋成为中共党员，在中国劳动组合书记部开展工人运动。1922 年 10 月，王仲一在李大钊领导下参与组织唐山开滦五矿同盟大罢工，任总指挥领导成员。1923 年参与发动组织京汉铁路大罢工，2 月 9 日同王荷波领导了津浦路南段工人卧轨斗争，使铁路交通一度中断。后曾在上海、北京、张家口工作，为中共三大、五大代表。大革命失败后，王仲一到贺龙第 20 军军部负责政治训练，参加南昌起义。接着便调至天津，任中共顺直省委职工委员会书记。②

即使是这样一位亲自指挥过工人大罢工、真正切断过津浦铁路、有过丰富群众运动实践的硬汉，也不同意彭述之切断京奉路、进攻唐山市的计

① 吕职人：《于方舟同志革命的一生》，见《天津文史资料选辑》第 23 辑，天津人民出版社 1983 年版，第 25 页。

② 王浩：《李大钊北京十年》（交往篇），中央编译出版社 2010 年版，第 233、234 页。

划。于方舟和王仲一认为，“进攻主要市镇和交通要道是一种幼稚的想法，更正确的说是另一种机会主义，即盲动主义”；当然，京东特委书记叶善枝“不去如何组织政权，扩大战果，不去搜缴武器，做武装农民建立农民游击根据地的准备工作，反而威吓群众，下令退出县城，纯粹是失败主义的观点”；目前“唯一办法是深入了解玉田农民暴动情况，消除农民失败情绪，恢复农民群众的斗志，尽量夺取武装，准备发动游击战争。这一讨论争辩很久。最后，方舟同志提出亲自去玉田、遵化，继续组织暴动。省委同意了他的要求。”①

张明远也回忆到：“当暴动发动以后不久，省委讨论加强对玉田暴动的领导，扩大暴动成果的问题时，于方舟不畏艰险，勇挑重担，要求亲自前往。经省委同意，派他为省委代表，率一批军事干部，于10月下旬来到遵化。”②

曾外祖父的兄长于汉才曾对我父亲说过：“玉田暴动，本来是彭述之要去的，你姥爷怕他是南方口音，到那里危险忒大，自己就抢着去了。”现在想来，这一说法不无道理，但也只能算是于方舟亲往玉田指挥农民武装起义的理由之一。

更为主要的理由是，开展武装斗争、组织农民起义、进行土地革命，是八七会议确立的正确方向；也是中共中央北方局制定的既定计划；王荷波同志已为此两赴玉田，亲自筹备；蔡和森同志多次到天津做重要指示；况且玉田农民运动有着广泛的群众基础，暴动前期又取得了胜利——所以，不应让这场来之不易的暴动战果就这样轻易流失！必须设法组建中国共产党自己的农民武装，建立共产党自己的基层政权，准备开始长期艰苦的武装斗争！当然，最为不利的情况是，一度攻占县城的举动已然震惊了军阀当局，敌人肯定会有所防备，甚至加大镇压的力度。对此，于方舟已然做了最为不利的准备……

---

① 吕职人：《于方舟同志革命的一生》，见《天津文史资料选辑》第23辑，天津人民出版社1983年版，第25、26页。

② 张明远：《缅怀先烈，继往开来——纪念于方舟同志英勇牺牲60周年》，《人民日报》1988年2月25日。

据中共天津历史档案《1959 年 5 月 22 日访问吕职人记录》记载："当时蔡和森有这样的估计说，根据我们主观力量，北京市也不过三四百个党员，天津市二三百个党员，唐山一百余党员，各县党员人数数十人、十余人，总共加起来也不过数百人到千人，我们的力量还是薄弱，但是客观环境是太好了（系指奉系军阀与阎系军阀冲突已起，军阀混战局面形成，即傅作义涿州之役），因此我们有有利的客观条件"；而主动放弃暴动成果后，农民群众的意见也非常大，"农民当时有一种形容语说，最初农民协会给农民解决问题，全县组织起来以后声势浩大，说啥算啥，土豪地主不敢怎样，真正响亮，大家都称为'铃铛会'。以后起义失败，一时一败不起，又都称为'脓包废'。由此可见，对群众的领导必须有正确的方向和健全的核心组织。这一起义失败后，省委派于方舟同志继续发动群众，挽回革命颓势，于方舟同志当时也抱有最大决心，有'起义不成决不生还'之标语，其为革命事业的忠诚坚定，由此可见。"①

"风萧萧兮易水寒，壮士一去兮不复还"。

公元前 227 年的燕赵大地，义士荆轲和着琴师高渐离那铿锵的击筑之声，迎风慷慨悲歌，出征易水河畔……

公元 1927 年的津沽大地，于方舟的思绪仿佛溯海河而上，穿白沟，过定兴，越易县，遥望易水，胸中不禁回响起 2154 年前的那一千古绝唱——同为燕赵男儿，应同做慷慨悲歌之士——于是，面对突然叛变革命、调转枪口、对昔日并肩战斗的战友大肆屠杀的国民党反动派，于方舟同样发出了"起义不成决不生还"的壮语豪言……

的确，蒋介石集团奉行的大屠杀政策，令中国共产党人忍无可忍。

试想，在此后共产党人夺取全国胜利的斗争中，对数以万计、数十万计乃至上百万计的俘虏，何曾杀过一人？对活捉到的国民党高官和高级将领，何曾杀过一人？

---

①《1959 年 5 月 22 日访问吕职人记录》，见天津市档案馆：《中共天津历史档案选编》，天津人民出版社 2011 年版，第 601 页。

于方舟夫人谈芳荪

反观蒋介石集团，居然吼叫着“宁可错杀一千，不可放过一个”的狂言，草菅人命，滥杀无辜，嗜杀成性，竟致数十万人头落地，血流成河——“从1927年3月到1928年上半年，被杀害的共产党员和革命群众达31万多人，其中共产党员2.6万多人。”①

然而，人之信仰是凭靠杀戮可以改变的么？

在人类的历史上，还没有任何一种信仰是因为肉体被殒而被改变、被泯灭，何况那至高至伟、无比壮丽的共产主义理想？为此，才有了于方舟那“起义不成决不生还”的壮举，才有了吕职人所描述的于方舟离津前的那个夜晚——

方舟同志动身之前，对家属进行了安顿。

方舟同志的夫人谈芳荪带有两个女儿，长女文郁当时年仅五岁，二女尚不足周岁（抗战时期因躲避日寇扫荡加之身患肺结核而夭折）。方舟同志假称党派他出国开会，多则一年，少则半年，才能回来，暂时将她们母女送回原籍宁河。

于方舟女儿于文郁、女婿阎博洪参加革命后合影

① 中共中央党史研究室：《中国共产党历史（第一卷）》上册，中共党史出版社2011年版，第232页。

方舟同志已预感到此去有牺牲的可能，但不能向自己最亲爱的伴侣说明真相，那种为革命而生别死离的情状，我们在旁边的人都看得清清楚楚，是难以用笔墨描绘的……

傍晚送走谈芳荪母女后，晚间又与傅茂公（即彭真，已决定由天津调到唐山地委）、叶善枝等研究到玉田、遵化后的工作，以及京东特委与唐山地委及各县县委的联络问题，直到深夜。

方舟同志乘车直达唐山，没有耽搁，就去遵化找特委张金言（张明远）、遵化县委岳雨田等会商工作……①

3. 血沃冀东：寒凝大地发春华

寒凝大地。

还没有正式进入冬季，冀东地区便已觉出了寒意……

为了切实打响燕赵大地的第一枪，于方舟特意带着一批刚从黄埔军校毕业的年轻军事干部来到冀东，他们是刘自立、李桂森、赵镈、朱耀中、杨恒南、郭兆明等……

刘自立，22岁，陕西咸阳白良村人。1924年从陕西省立一中考入北京民国大学。1926年考入广州黄埔军校为第6期学员。在校参加共产党领导的"青年军人联合会"，同国民党右派组织"孙文主义学会"进行斗争。1927年4月抵达武昌，被编入中央军事政治学校武汉分校独立大队，学习期间加入中国共产党。1927年5月下旬，刘自立到天津，与于方舟接上关系，被留在天津参加党的军事工作，此次共同前来参加玉田农民武装暴动。

赵镈，21岁，陕西省府谷县人。1926年入党，同年受党的派遣到黄埔军校学习。1927年大革命失败后赴北京、天津从事地下工作。虽在此次玉田农民武装暴动中没有牺牲，后来却于1941年11月19日担任中共

---

① 吕职人：《于方舟同志革命的一生》，见《天津文史资料选辑》第23辑，天津人民出版社1983年版，第26页。

鲁南区委书记兼鲁南军区政委时被日伪军杀害，英勇就义。他牺牲时，儿子赵继烈年仅半岁。后来，赵继烈在解放军艺术学院毕业后到八一电影制片厂担任故事片导演，参与《四渡赤水》《南海风云》《我们是八路军》等经典作品的创作，成为一名电影艺术家。2008 年又亲自执导了反映其父赵镈不畏牺牲、英勇抗日的 20 集电视连续剧《血沃丰碑》。

中国的革命年代，就是革命志士不惜血洒大地的年代……

10 月 23 日，于方舟率刘自立、赵镈等黄埔毕业生赶到玉田虹桥时，发现赶来“清剿”暴动农民的奉军还未撤离，于是立即转移到遵化，在兴旺寨王爷陵与杨春霖、张明远、解学海汇合。

10 月 24 日，于方舟主持召开京东特委和玉田中心县委联席会议，传达省委对玉田暴动的决定：“成立京东农民革命军，第二次攻占玉田县城，以玉田为中心开展京东四县的武装斗争，实行土地革命”。①

据张明远回忆，他们攻占玉田县城又奉叶善枝命令退出县城后，“杨春霖去遵化开展那里的斗争；我和解学海率百余农民军在玉田城东北进行打土豪劣绅，分他们土地财产的斗争”。于方舟等到达遵化时，“当时我在玉田，杨在遵化，叶（善枝）未随于方舟同来，隐藏在遵化南部菜园村。我是接到于的通知到遵化城北王爷陵区开会的。”“于方舟听了我和杨春霖、解学海的汇报后，才知道叶善枝向省委的汇报不真实，犯了严重右倾错误，给暴动造成严重损失。根据省委指示和当时情况，会议决定以我和解学海率领的农民军为骨干，召集失散离队的农民军归队，成立京东人民革命军（当时尚无‘红军’之称），以玉田为中心开展附近几县的土地革命战争，并决定再次夺取玉田县城。”“任命杨春霖为京东人民革命军总司令，我为总指挥，刘自立为参谋长，于方舟带来的军事干部分别担任营、连干部。经过几天的整顿和一些人归队，队伍发展到 200 余人。”②

---

① 唐山党史网：《玉田农民武装暴动》，http：//www. tsdsw. gov. cn/.

② 张明远：《关于玉田农民暴动几个问题的回忆》，见《天津文史资料选辑》第 23 辑，天津人民出版社，1985 年版，第 31、32 页。

早在五卅时期，于方舟就非常重视武装斗争，曾支持张隐韬和刘格平建立工农武装，天津第一支工人武装队伍还曾里应外合地配合国民革命军攻打天津。所以，他在遵化不仅亲手创建了“京东人民革命军”，制定了建制，配备了干部，而且非常重视队伍的发展壮大和在农民群众中的影响。为此，“部队整编时，人民革命军还制作了一面绣有镰刀斧头、上镶‘土地革命’四个大字的红旗和指战员佩戴的袖章。从此，公开打出了中国共产党的旗帜。部队整编后，全体指战员在于方舟的率领下，高举革命红旗，从遵化向玉田进军。沿途打土豪，夺枪支，壮大革命队伍，积极准备进行新的战斗。”①

10 月 27 日，冀东深秋的凛凛寒风中，京东人民革命军从王爷陵向玉田行进着。

沿途，他们张贴标语，散发传单，武力收缴民团枪支，壮大革命队伍。

当晚，革命军在农会基础较好的刘各庄宿营，准备第二天攻打遵化县西南部的重镇平安城。

10 月 28 日，正逢平安城大集。

经过周密部署，指战员们化装成赶集的农民，三五成群来到城内，然后在预定的地点集中。

当一切准备就绪之后，出其不意地向敌人发起攻击。

经过激烈战斗，打死打伤警察、民团数十人，缴获长短枪 15 支，解除了全部反动武装；没收了税务局和一部分豪绅的财物，分给贫苦百姓；并立即召开群众大会，宣布土地革命政策和人民革命军的任务，宣布取消向反动政府交粮、纳税，号召农民起来参加斗争。

于方舟等同志领导的平安城战斗的胜利，打击了敌人的气焰，使玉

---

① 中共天津市委党史资料征集委员会：《战斗在天津的共产党人》，天津人民出版社 1991 年版，第 148 页。

田、遵化一带群众的革命情绪重新振奋起来，要求参加革命军的群众也日益增多。①

据张明远回忆："首战平安城获全胜，军队扩至300余人。"②

1927年玉田暴动时，农民军集合地之一

10月30日，京东人民革命军继续向玉田进发。

队伍到达遵化县鲁家峪时天色已晚，革命军集中在鲁家峪西峪宿营。

鲁家峪，位于玉田、遵化、丰润三县交界处，系燕山山脉南端的一个村庄群。南北20里，东西18里，含大庄、东峪、北峪、西峪等18个峪，素有"九沟十八峪"之称，对外统称鲁家峪。这里地形复杂，地势险要，东、西、北三面环山，峰峦耸立，洞穴遍布，森林覆盖，沟壑纵横。

京东人民革命军抵达当晚，当地的鲁家峪党支部书记、东峪农民协会负责人李有泉，专程赶到西峪，要求革命军惩治东峪恶霸刘玉梨。

刘玉梨，拥有团丁20余人，团丁虽不算多，但因鲁家峪地处遵、玉、丰三县交界，刘便同玉田、丰润两县的地主武装建立了联防互助关系，尤与玉田土豪吴殿三的次子吴二秃子的民团关系最为密切，常借其势力霸占他人土地财产，欺压当地群众，并经常与农民协会为敌。③

---

① 中共天津市委党史资料征集委员会：《战斗在天津的共产党人》，天津人民出版社1991年版，第148页。

② 张明远：《关于玉田农民暴动几个问题的回忆》，见《天津文史资料选辑》第23辑，天津人民出版社1983年版，第32页。

③ 唐山党史网：《玉田农民武装暴动》，http：//www. tsdsw. gov. cn/.

张明远回忆："根据党支部和群众的要求，我率部队去捉拿东峪村恶霸刘玉梨，收缴其武器。因其已有准备，据堡顽抗，我军初到，地形不熟，且天色已晚，战斗近一小时未能入村，当即撤出战斗，准备次日再战。不料刘玉梨连夜串联周围地主联防武装和民团二三千人，于拂晓攻入我军驻地，发生激烈战斗。"①

大约十日前，张明远"和解学海率百余农民军在玉田城东北进行打土豪劣绅，分他们土地财产的斗争"时，曾先后抄了土豪吴殿三和王文的家，把他们的浮财分给了群众，"击毙恶霸尚广清、击伤大土豪吴殿三（吴被击伤后逃脱，不是'当即打死'，而且他也不是县民团团总）"。②此刻，吴殿三的次子吴二秃子率民团而来，显然要进行极度疯狂的报复与反扑。

作为暴动的总指挥，张明远曾详细描述了当时的情况：

"由于敌众我寡悬殊，我军又缺乏战斗经验，致遭受重大损失，伤亡、被俘者达三四十人。我和赵镈率部队掩护大家分散突围，最后离开鲁家峪。

"突围后，我和赵镈率残部找到叶善枝汇报，并研究下一步行动。他要我们以争取遵化北山土匪（约2000人左右）为主要目标，并给匪首发委任状。我们认为，应以现有农民军为骨干，重整队伍，继续开展打土豪劣绅，分其土地财产的武装斗争。双方争持不下，叶最后决定两方面的工作同时进行。于是，我先和赵镈去遵化北山给绰号'四海红'的土匪发了委任状，并留赵镈在那里做他的工作，我则率残部20余人赴玉田北山与遵化交界处的杏花峪、黄花山一带召集失散农民军，继续进行武装斗争，使部队又扩大到百余人。经过一个月左右，打垮了小马坊一带十余村的反动地主联防，镇压了几个土豪劣绅，没收其土地财产分给农民。

---

① 张明远：《关于玉田农民暴动几个问题的回忆》，见《天津文史资料选辑》第23辑，天津人民出版社1983年版，第32页。

② 张明远：《关于玉田农民暴动几个问题的回忆》，见《天津文史资料选辑》第23辑，天津人民出版社1983年版，第30、31页。

“在鲁家峪战斗中，于方舟、杨春霖、解学海、刘自立和其他几位同志首先突出包围圈，在向安全地区转移的途中，行至丰润县沙流河镇以北数里的一个村庄附近时，与隐蔽在那里的民团突然遭遇，未及抵抗，不幸被俘。后转送到玉田关押。不久，他们四位同志被敌人杀害，英勇牺牲。和他们一起被捕的鲁家峪党支部书记李有泉、县农会负责人王文选等被转到天津监狱，判了刑。”①

五四运动前江浩在遵化中学任学监时的学生郝久亭，后经江浩介绍加入中国共产党。江震寰之子江新光曾言：“郝久亭是祖父的学生，在祖父的教育和影响下参加了革命。”② 作为熟悉和了解冀东情况的郝久亭，在谈到于方舟等人被捕后情况时曾说：“当时在县中刑讯至为残酷，终以同志意志坚决未供出任何线索，故无更大破坏，遂下狱。至12月间奉军27师钟班候在沙流河镇设收容队，内有连长梁守先（梁已进步为我党工作），时常赴城内探监，为新县长张垣所扣押，因恐惧劫狱，遂于1928年春某夜间，提出方舟和以上同志在玉田南门刑场惨杀。临行前沿途高呼‘共产党万岁’等壮烈口号。刑后4人尸体被集体埋于玉田县城西北角西门外星星庙外之公墓（犯人死后埋葬处）。先烈于方舟为天津建党之第一人，当五四运动革命高潮到来之际，曾参加领导天津各界联合会工作，后担任河北（直隶）省委（常委）兼组织部长。有这样革命工作历史的关系，很早的形成河北省革命群众信仰的中心之一，最可惜是1927年领导玉、丰、遵三县农暴时就壮烈牺牲了，假若不在革命初期牺牲，河北省或者华北的革命形势必能早日改观。”③

张明远亦说：“记得建国初期我见到周总理时，他曾谈起于方舟

---

① 张明远：《有关玉田农民暴动几个问题的回忆》，见《天津文史资料选辑》第23辑，天津人民出版社1983年版，第32、33页。

②《新光谈他祖父江浩的革命活动》，见中共天津市委党史研究室：《江浩传及其史料》，1996年版，第85页。

③《1949年4月30日访问郝久亭记录》，见天津市档案馆：《中共天津历史档案选编》，天津人民出版社2011年版，第570页。

的情况，对他过早的牺牲，非常惋惜，说他是我党难得的一位有才能的好同志……”①

4. 浩气长存：写自莫斯科的烈士传记

莫斯科南郊，纳罗法明斯克区五一村。

1928年6月18日至7月11日，中国共产党曾于这里召开建党以来唯一一次在国外举行的党代会——第六次全国代表大会。

六大期间，与会代表除听取瞿秋白、周恩来、李立三等人报告，通过关于政治、军事、组织、苏维埃政权、农民、土地、职工、宣传、民族、妇女、青年团等问题的决议，以及经过修改的《中国共产党党章》外，还增加了一项历次党代会所没有过的特殊使命——撰写一批极为珍贵的传记资料。

“据六大档案中一份编写烈士传记的分工名单所载，参加这次编写工作的有周恩来、瞿秋白、王若飞、刘伯坚、苏兆征、邓中夏、关向应、项英、阮啸仙等同志，根据传记原稿的笔迹，蔡和森、夏曦等同志也参加了编写工作。”②

也就是说，这批传记资料写就在大革命失败仅仅一年后的日子里。当时，烈士的血迹未干，敌人的屠杀未停。死者的战友们便满怀悲愤和忆念，以简练的笔触记下了英雄们的不朽业绩。

1983年，中央档案馆将“这些第一次公布的珍贵的传记资料”③编辑出版，书名为《中共党史资料丛书：革命烈士传记资料》。该书开篇第一人，便是于方舟。传记这样写到：

于方舟同志，当五四运动发生的时候，他在天津南开大学读书，他是天津五四运动的领袖，他不但领导学生运动，并是天津一切反帝运动的群

① 张明远：《缅怀先烈，继往开来——纪念于方舟同志英勇牺牲60周年》，《人民日报》1988年2月25日。

② 中央档案馆：《革命烈士传记资料》，中共中央党校出版社1983年版，编辑说明。

③ 中央档案馆：《革命烈士传记资料》，中共中央党校出版社1983年版，编辑说明。

众领袖。1923 年春加入共产党，1924 年加入国民党，在天津组织直隶省国民党省党部，乃为直隶国民党之领导者。五卅运动发生，彼领导天津数十万群众做反帝国主义运动，并组织天津总工会，大遭军阀之忌，是年终遂被捕入狱，在狱五月余方释出。自 1926 年直隶白色恐怖严重，彼遂指导秘密工作，从未离开天津一步。1927 年中国共产党八月会议之后，被选为中共顺直省委委员，10 月被派往北京东部指挥暴动工作，在玉田县被捕入狱，不十日即被枪杀，年方 29 岁。①

正如该书《编辑说明》所指出："原传记大部是当时据回忆写成，有些具体的时间、人名、地名和史实不够准确，除个别地方外，我们未一一订正。"② 尽管这篇写自莫斯科的《于方舟同志传》，对他南开大学的在读时间、入狱五个月的被捕时间、牺牲时的实际年龄，记叙得不够准确，但能够在六大召开的日子里，在那莫斯科郊外的晚上，战友们能够记起他的英名，追忆他的业绩，也足以让烈士倍感欣慰了……

《革命烈士传记资料》载有署名"钟碧惠"撰于 1983 年 3 月的序，写出了这批革命烈士牺牲时极为特殊的历史背景："1927 年的中国，是一个充满白色恐怖的悲惨世界。蒋介石发动'4. 12'政变后，早已磨刀霍霍的国民党军阀及其走狗，如狼似虎地向中国共产党人和革命人民猛扑过来。他们大声咆哮：'凡是参加了大革命的人，格杀勿论'，'宁肯错杀一千，不可放走一个'。于是，成千上万的革命志士被逮捕拘禁！成千上万的革命烈士倒在血泊之中！更让人怵目惊心的是反动派残害革命者用的'酷刑'：砍头，剖腹，挖心，火烧，灌辣椒汤，用钢丝绳穿乳房，割舌头，挖眼珠，斩手足……"③

在这种人类历史上罕见至极的酷虐残忍、惨不忍睹的大屠杀中，拷问的已不是什么党的秘密与情报了，它追问的是共产党人的意志与灵魂！

然而，我巍巍华夏，自古就是有着浩然正气的国度！

---

① 中央档案馆：《革命烈士传记资料》，中共中央党校出版社 1983 年版，第 3 页。
② 中央档案馆：《革命烈士传记资料》，中共中央党校出版社 1983 年版，编辑说明。
③ 中央档案馆：《革命烈士传记资料》，中共中央党校出版社 1983 年版，第 1、2 页。

毕竟，我炎黄子孙，从来就是有着伟大人格的族群！

——大唐太宗李世民便有“疾风知劲草，板荡识诚臣”的《赐萧瑀》，为劲草与诚臣而讴歌……

——曹植《杂诗七首》则写出“烈士多悲心，小人偷自闲”人格高下的泾渭分明……

——刘禹锡《上杜司徒书》以“烈士之所以异于恒人，以其仗节以死谊也”之句，吟出那些舍生取义的烈士从来都有视死如归的气节与气度……

——文天祥则在《正气歌序》中放声高歌“浩然者乃天地之正气也”，告诉人们充满天地的总会是那刚毅正大之气……

于是，写于莫斯科郊外夜晚的这一篇篇传记，便凸显了大革命失败中万千革命英烈之精神的珍贵价值：

——“轰轰烈烈的大革命失败了！中国人民的革命事业处于生死存亡之秋！每一个共产党员都面临着十分严峻的考验。是苟且偷安？还是义无反顾地为共产主义而继续奋斗？虽然，革命队伍中也不可避免地出现了怯懦者、软骨头，他们理当受到人民的唾弃。但绝大多数共产党人堪为万代楷模。他们生得伟大，死得壮烈，甘愿赴汤蹈火，也不允许自己的言行有辱于党，表现了共产党人和革命志士对共产主义的无限忠诚和坚定信仰……”

——“读过这些第一次公布的珍贵的传记资料，使人久久不能平静……”

——“为共产主义事业献身的人们是那样可亲、可爱、可敬”……①

曾外祖父壮烈牺牲80周年时，父亲曾亲自撰稿、编导了四集电视文献片《津门之光》。在全片的尾声部分，他写了如下的解说词：

被押解到玉田县城后，于方舟化名于绍尧。

纵然在狱中被种种酷刑折磨得惨不忍睹，仍以其“士可杀而不可辱”

---

① 中央档案馆：《革命烈士传记资料》，中共中央党校出版社1983年版，第2、1页。

的执拗性格强硬对峙，坚贞不屈。连那些嗜杀成性的打手们也被如此可怕的凛然大义吓得目瞪口呆。

被捕消息传出后，党组织和于方舟的家属曾多方设法营救，甚至准备劫狱。然而，那毕竟是一个反革命气焰甚嚣尘上的最黑暗的时刻，无数志士仁人不得不以宝贵的生命呼唤着这个民族的醒来。就在于方舟被捕不久的日子里，11 月 18 日，天津市委书记李季达、组织部长粟泽在南市上权仙“白骨塔”刑场被枪杀；11 月 11 日（农历 10 月 18 日），王荷波、安幸生等 18 名革命者在北京京师法院地方看守所后门被枪杀……

1928 年的 1 月 14 号。

那一天，是农历的腊月二十二。

还有一天就要过小年了。

还有八天就该是阖家团圆度除夕的时候了。

于方舟却在这一天的拂晓前，那个比深夜还要漆黑百倍的时刻，被玉田县的县长杀害于县城南门外。

在押赴刑场的途中，于方舟视死如归、泰然自若，高呼口号……

那一年，他不满 28 岁……

据党的六大所作的不完全统计，从 1927 年 3 月到 1928 年上半年，共产党人和革命群众被杀害的竟达 31 万多人……

在严峻的生死考验面前，在革命前途仿佛已变得十分暗淡的艰难时刻，要始终如一地对自己的信念毫不动摇，迎着狂风恶浪坚持战斗，并不是容易的，它是需要以可贵的品格和伟大的人格来作为支撑的……

即将结束对于方舟那短暂一生的讲述了，却仿佛仍有一缕疑惑萦绕在心头：他和他的同学们，那青春勃发风华正茂的可爱的一群，何以偏要为革命去牺牲自己最最宝贵的生命呢？

这么想着的时候，另一位革命先烈牺牲后的某些细节便又霍然浮上心头：大革命失败后，当反动派把郭亮烈士的头颅悬挂在长沙城门示众的时候，不外乎就是想强化和放大人们心存的这点疑惑：为革命？值么？

而当时远在北京的鲁迅却对这种“悬挂”效应十分地不屑，他给出的回答是这样两句看似很轻也很冷的话：

革命，被头挂退的事是很少有的。

不是正因为黑暗，正因为没有出路，所以要革命的么？

在丰润县沙流河附近的池家屯，建有玉田暴动殉难纪念碑。碑文由玉田农民武装暴动领导人中唯一的一名幸存者、时为冀东行署主任张明远所撰："民国十三、四年间，冀东人民苦于军阀混战，暴敛横征。贪污土劣，更乘机压榨。人民迫于饥寒，兼受五卅运动影响，遂滋长革命要求。十五年秋，余受教于毛主席主办之农民运动讲习所，由广州返里，吸取广东农运经验，与杨春霖同志进行农民运动，组织农民会抗捐抗税，响应北伐，谋取人民之解放。先后组织玉田、遵化、丰润、蓟县等县农民会，领导反抗旗地变民，反对贪官污吏、土豪劣绅及取消苛捐杂税等斗争。当时，以人民团结力量取得许多胜利，方期革命垂成，人民可以获得翻身解放。乃国民党竟背叛人民，举行清党，自十六年四月十二日以后，向革命人民大肆屠杀。其时为继续解放人民，响应八一南昌起义，余与杨春霖等亦于同年十月间武装起义，攻占玉田县城，组织京东人民革命军（改称红军），成立冀东人民政府（后改称苏维埃政权），宣布打倒帝国主义军阀，打倒贪官污吏、土豪劣绅及旗地无条件归民有，取消一切苛捐杂税等主张。旋即发动游击战争，攻占遵化之平安城等地。不幸鲁家峪一役，肖占栋、李桂森等光荣牺牲。杨春霖、于方舟、解学海、刘自立等同志被俘。余与其他同志突围，收拾所部继续奋战。卒因孤军无援，经验缺乏，及机会主义分子叶某等错误领导，在军阀连续围剿与土豪劣绅调集反动民团进攻下，遭受挫败。杨春霖等在玉田狱中备受酷刑，忠贞不屈，旋被军阀政府所杀。殉难时高呼打倒帝国主义，打倒军阀，打倒贪污土劣，人民解放万岁，共产党万岁等口号，从容就义。杨为冀东人民最爱戴的领袖，殉难消息传出后，人民多痛哭失声，发出誓为杨等报仇的呼声。当时革命运动虽告失败，但他们的遗志已被我冀东人民所继承，经十余年奋斗与八年血战，已取得今日之胜利，他们的精神不死！革命的浩气长存！张明远谨志。中华民国三十五年五月二十日立"。

碑文中提到的解学海，1901 年生于直隶省无极县南朱村。在保定二师（保定第二师范学校）学潮中加入中国共产党。1926 年 5 月参加毛泽东主持的广州农民运动讲习所第六期学习。学习结业回到天津后，被派往邢台开展农民运动。曾冒着极大危险，将“红枪会”“大刀会”争取成为农民自己的武装。1927 年秋，中共顺直省委为准备玉田农民武装暴动，特将其调至中共玉田县委任组织部长。在于方舟召开的遵化王爷陵会议上，解学海担任遵、玉、丰中心县委书记和农民协会总会长。起义失败后同于方舟等一起牺牲。

碑文中提到的杨春霖，在出席中共六大的战友笔下是这样的：“杨春霖同志是直隶丰润县一贫苦农民，无家庭。五卅运动发生加入中共，即开始在北京东部组织农协会并领导之，做抗税斗争，得到胜利之后，农民来加入者有数万人，随即正式成立玉田、遵化等县农民协会。协会成立后，彼遂又被派往直隶南部工作。彼遂加入红枪会，因他善于鼓动工作，不久即被推为会首。1926 年，吴佩孚与国民军之战，彼领导农民占领磁县，后为吴佩孚击败，又被调回北京东部工作。1927 年 8 月会议之后，被选为顺直省委执行委员，与于方舟同志在北京东部共同指导暴动工作，同时被捕杀。临刑时（半夜），沿途高喊口号，惊动居民外出探视。死后一般农民传言，彼死时有天星下落。年 37 岁。”①

如今，就在冀东烈士陵园的纪念馆中，展版上依然镶嵌着于方舟、杨春霖、解学海、刘自立四位英烈屹立刑场、高呼口号的一幅油画。每每凝神端详时，那一抹抹色泽饱和的油彩便仿佛能够发出“英特纳雄耐尔就一定要实现”的浑厚有力的歌声，向人们吟唱和讲述着当年那个悲壮的黎明……

如今，就在冀东烈士陵园那绿色的草坪上，还分别耸立着他们那造型硬朗、线条粗犷的青铜雕像。每逢一个个纪念日的到来，天真稚气的少先队员们就会鱼贯成行地结队而来，满怀深情地为每一位英烈雕像系上一条

① 中央档案馆：《革命烈士传记资料》，中共中央党校出版社 1983 年版，第 56 页。

迎风飘动的红领巾——呵，红领巾，那是红旗的一角啊，是用他们那滚烫的充满青春活力的热血染成……

每当看到这样的场景，就不禁会吟出臧克家那著名的诗句："有的人活着，他已经死了；有的人死了，他还活着……"

是的，他们还活着，他们将永远活在我们的身旁与心中……

是的，他们还活着，他们将永远为正义和正直的人们所忆念，因为，"浩然者乃天地之正气也"……

第十八章　河山带砺

1. 于文郁：父亲逝去的日子

1927 年秋，父亲把我们母女送回老家。

他对母亲说是自己要去苏联学习、开会，时间需要一年半载。对我说：以后要听妈妈的话，帮助妈妈看好妹妹。

实际上，他是到玉田县领导农民运动去了。谁知这竟是我们与父亲的永别！

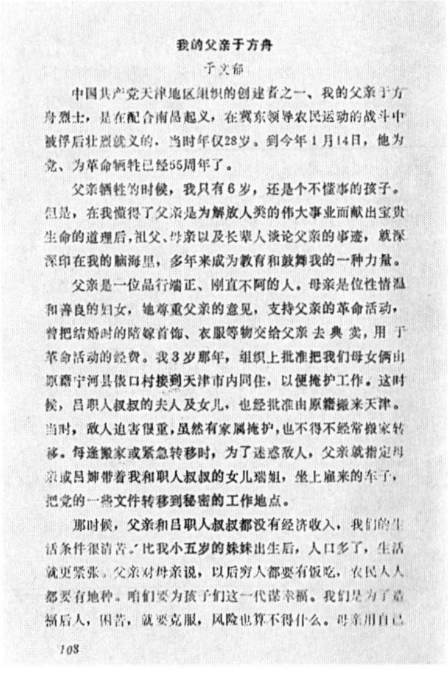

我的父亲于方舟

于文郁

中国共产党天津地区组织的创建者之一、我的父亲于方舟烈士，是在配合南昌起义，在冀东领导农民运动的战斗中被俘后壮烈就义的，当时年仅28岁。到今年1月14日，他为党、为革命牺牲已经55周年了。

父亲牺牲的时候，我只有6岁，还是个不懂事的孩子。但是，在我懂得了父亲是为解放人类的伟大事业而献出宝贵生命的道理后，祖父、母亲以及长辈人谈论父亲的事迹，就深深印在我的脑海里，多年来成为教育和鼓舞我的一种力量。

父亲是一位品行端正、刚直不阿的人。母亲是位性情温和善良的妇女，她尊重父亲的意见，支持父亲的革命活动，曾把结婚时的陪嫁首饰、衣服等物交给父亲去典卖，用于革命活动的经费。我3岁那年，组织上批准把我们母女俩由原籍宁河县俵口村接到天津市内同住，以便掩护工作。这时候，吕职人叔叔的夫人及女儿，也经批准由原籍搬来天津。当时，敌人迫害很重，虽然有家属掩护，也不得不经常搬家转移。每逢搬家或紧急转移时，为了迷惑敌人，父亲就指定母亲或吕婶带着我和职人叔叔的女儿瑞姐，坐上雇来的车子，把党的一些文件转移到秘密的工作地点。

那时候，父亲和吕职人叔叔都没有经济收入，我们的生活条件很清苦。比我小五岁的妹妹出生后，人口多了，生活就更紧张。父亲对母亲说，以后穷人都要有饭吃，农民人人都要有地种。咱们要为孩子们这一代谋幸福。我们是为了造福后人，困苦，就要克服，风险也算不得什么。母亲用自己

108

于文郁撰写的回忆录

从那以后，母亲和我天天盼、年年盼，却连一封信也没能盼到。

原来，就在那年腊月二十二（1928 年 1 月 14 日），父亲被凶残的敌人杀害了。

我的姑姑、伯父、伯母都知道这个噩耗，但他们瞒着年迈的祖父祖母和我们母女。

——于文郁：《我的父亲于方舟》，载 1983 年 1 月 16 日《天津日报》

1927 年深秋，于方舟赶到玉田农

民武装起义前线之前，托吕职人的表弟肖树凡将自己的妻女送回家乡宁河县俵口村。

不久，于方舟在玉田被捕入狱的消息传到家乡，乡亲们都瞒着于方舟的父母和妻女。

于方舟的舅舅运某和四哥于汉才化妆成去玉田买白菜的商人前往营救。

于汉才之子于荫昌曾向阎晓明讲述："本来于家是很有一些家业的，但那次为了救你姥爷，把家里的好地都卖了。由于是急着用钱，只能求着别人家买，所以便家道中落了。筹到款子以后，因为是冬天，你四姥爷就把钱缝在棉袍子里边。"

然而，当运、于二人赶到玉田时，于方舟等四位农民运动领袖已被杀害。

于家得知于方舟牺牲的消息后，决计向于方舟的父母妻女隐瞒，唯恐他们过度悲伤。

但是，于方舟的母亲似乎感觉到了什么，因为儿子在五四运动中两次被捕入狱，她都曾随丈夫前往探监，她知道儿子所做的事情总会有极大的危险。所以，她对于方舟的女儿便格外地疼爱，但凡有一点好吃的饭菜，都要把孙女叫去一起吃。有一次她把孙女抱在怀里，便涌出了泪水，想必是料到了儿子可能凶多吉少，或许是思子心切、痛不欲生，便哭着对孙女说："唉！奶奶什么时候才能死了哇！"

第二年，母亲带着我和妹妹又来到天津探听消息。

党组织婉言劝慰了一番，给了些经济援助。

我们又回家等待着。

等待着父亲有一天能够归来……

——于文郁：《我的父亲于方舟》，载1983年1月16日《天津日报》

当时，党组织对谈芳荪仍说于方舟去国外学习还没回国，并将一笔钱交给她，说是留给女儿于文郁上学做学费，并一再叮嘱，这是方舟出国前留下的，方舟让我们转告你，一定要让女儿上学、念书。

谈芳荪携女儿回村后，便按照丈夫的嘱托，设法让女儿读书。

恰好，于方舟的姐夫在俵口教私塾，便让文郁到姑父那里去跟着念私塾。

私塾老师对学生要求极严，动不动就打手板。但是，令于文郁非常诧异的是，老师却一次也没有打过自己，对她简直是特别特别的宽容，她几乎是想干啥就干啥。

直到她长大以后，才悟觉，因为私塾的先生们，全已知道她是一个没有父亲的孩子了，所以全都对她网开一面，不忍苛教。

后来听说县城芦台镇有女子小学，于方舟的父亲便带着一个大家庭（儿女尚未分家）迁居芦台镇，以便能让于文郁到北街上的女子完全小学读书。当时，这个大家庭里的其他女孩也极想上学，但因家境已不宽裕，只能确保于文郁一个女孩上学。为此，比文郁大三岁的文蕙因未能入学还大哭了一场。

渐渐，因经济窘迫，全家在城里无法再继续生活，只能返回俵口。但是，为了能够让于文郁继续读书，于方舟的父亲便将于文郁和母亲谈芳荪留在城里。

读到三年级的时候，每况愈下的家境实在无法支撑，便只得返回俵口村中，于文郁又失学了。

直到于文郁 15 岁那年，于方舟的父亲下决心带领其他一些农民，集资办了一所女子初级小学，于文郁才得以继续读书。

但是，在这所“初小”里，所有的学生只能读到四年级。一位姓吴的老师见于文郁学习优秀，每次考试都是双百，既非常喜欢又非常焦急，说是这个孩子若不继续求学真是太可惜了，表示要用自己的薪酬供她上学。

可是，村里连高小都没有，若到外地求学，家中已无任何条件。

无奈之中，年幼的于文郁只能在家中自学。

不久，因日本侵略者不停地“扫荡”，村里连初小都被迫停办。于文郁便请三伯父腾出一间厢房当教室，然后，去挨家挨户地找学生，由自己这个仅有小学四年级学历的女孩当老师，教那些更小的孩子，以教代学。

后来，直至参加了革命，于文郁才有条件参加了文化夜校的学习。

在艰苦的岁月中，我们母女度过了十几个春秋。

母亲给人家做些活计，能得些零用钱。

生活是极其贫困的，妹妹患了肺结核病，因为没钱医治，在16岁时就死去了。

这时候，江浩的长女江韵清姑姑，托人给我在天津找到一个学习护士的工作。因为我连一件整齐衣裳也没有，没能到天津来，失去了就业的机会。

更可惜的是，父亲留下的可作纪念的一些遗物，也由于敌人的不断袭扰而完全失掉了。

——于文郁：《我的父亲于方舟》，载1983年1月16日《天津日报》

于文郁九岁时，奶奶去世了。她老人家一直盼着小儿子能够回来相见，却在这种极度的思念中得了半身不遂。

随着爷爷年事渐高，这个大家庭也被迫分家了。

因家中没有男劳力，于方舟的妻女便被分到其三哥家。分家时考虑到家里存有党组织留给于文郁的一笔学习费，便给她们母女多分了半股苇地。

分家以后，家境越发拮据了。作为女孩子家，小文郁经常几年都见不到新棉花。

有时，谈芳荪实在不忍心眼巴巴看着女儿挨饿，偶尔也会带女儿回娘家。娘家是一个大家族，16个叔叔伯伯住在两个相连的大院里。每次带女儿回去，小文郁总能收到十几位姥姥的礼物——点心、糖果、花生等等。可是，随着日本侵略者对华北地区经济的严重破坏，娘家那个大家族的经济状况也迅速恶化了。每逢小文郁被舅母们叫去吃饭时，谈芳荪自己却常常找借口不去，只是独自一人默默地留在家里……

日子越来越难了。见女儿长年吃不到肉，谈芳荪便想到了村里的“拜娘娘会”。那时，每到冬季，村里就会组织仪式，敬拜娘娘。举凡有船的农户，共同集资，敲锣打鼓，燃放鞭炮，给海神娘娘烧香磕头，祈祷来年水上运输的顺畅。祈祷之后会有聚餐，出钱的各户可派一人前往参加吃饭。有一年，谈芳荪为了让女儿能够吃上一口已经许久没有吃过的肉，便向主办人说好话，让女儿也坐到人家吃饭的炕上。但是，待两碗肉和两碗丸子热气腾腾端上桌时，主人家一位不知内情的长辈却质问小文郁为何跑来吃，臊得她扑通一声跳下炕来，头也不回就跑回家了……

黑夜终于过去。随着革命节节胜利，八路军的工作人员来到俵口村开辟工作。

一天，我的堂兄于永昌领着一位同志，是张明远叔叔派来的，找到了我们。他们把父亲牺牲的经过告诉了母亲。母亲和我都哭得死去活来，十几年中一直埋在我们心里的希望，此刻熄灭了。

但是，仇恨又奠定了我们与敌人斗争到底的决心。不久，俵口村为父亲隆重举行了追悼大会，我们母女享受了烈属待遇。虽然当时战争紧张，条件并不太好，但我们母女总可以不再为生活发愁了。

——于文郁：《我的父亲于方舟》，载 1983 年 1 月 16 日《天津日报》

宁河烈士陵园于方舟墓

尽管生活异常地艰辛，但得知丈夫和父亲是为人民解放、百姓幸福而献身捐躯的英烈，谈芳荪和于文郁便毅然决心继往开来，以自己的微薄之力为革命多作奉献。

有成语“河山带砺”，意思是——即使黄河变得像条衣带，泰山变得像块磨刀石，也决不改变！

这一成语本出自汉高祖刘邦对功臣封爵誓词中的话——《史记·高

祖功臣侯年表》："封爵之誓曰：'使河如带，泰山若厉（砺），国以永宁，爰及苗裔。'"喻国基坚固、国祚长久。

但是，以"河山带砺"喻为对理想、信仰、意志的坚定不变，不也非常形象与贴切么？

河山带砺！谈芳荪和于文郁母女正是这样丹心不改地为革命默默做着工作……

后来，党组织在我家设立了一个接待站，转送从东北向关内输送的大批干部，我和母亲日夜为同志们烧水做饭……

——于文郁：《我的父亲于方舟》，载 1983 年 1 月 16 日《天津日报》

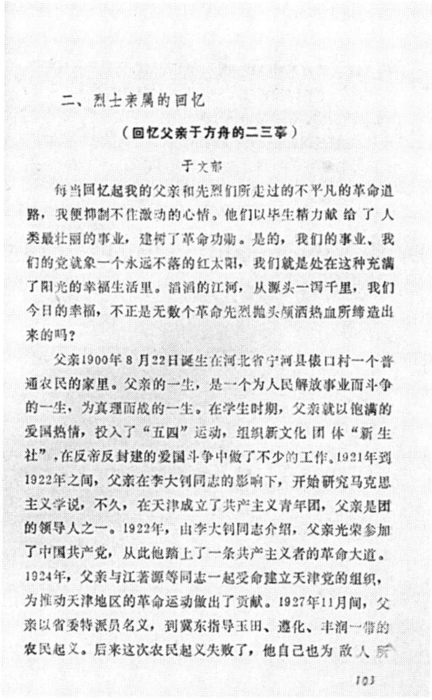

二、烈士亲属的回忆

（回忆父亲于方舟的二三事）

于文郁

每当回忆起我的父亲和先烈们所走过的不平凡的革命道路，我便抑制不住激动的心情。他们以毕生精力献给了人类最壮丽的事业，建树了革命功勋。是的，我们的事业、我们的党就象一个永远不落的红太阳，我们就是处在这种充满了阳光的幸福生活里。滔滔的江河，从源头一泻千里，我们今日的幸福，不正是无数个革命先烈抛头颅洒热血所缔造出来的吗？

父亲1900年8月22日诞生在河北省宁河县俵口村一个普通农民的家里。父亲的一生，是一个为人民解放事业而斗争的一生，为真理而战的一生。在学生时期，父亲就以饱满的爱国热情，投入了"五四"运动，组织新文化团体"新生社"，在反帝反封建的爱国斗争中做了不少的工作。1921年到1922年之间，父亲在李大钊同志的影响下，开始研究马克思主义学说，不久，在天津成立了共产主义青年团，父亲是团的领导人之一。1922年，由李大钊同志介绍，父亲光荣参加了中国共产党，从此他踏上了一条共产主义者的革命大道。1924年，父亲与江著源等同志一起受命建立天津党的组织，为推动天津地区的革命运动做出了贡献。1927年11月间，父亲以省委特派员名义，到冀东指导玉田、遵化、丰润一带的农民起义。后来这次农民起义失败了，他自己也为敌人所

103

于文郁撰写的回忆录

很快，于文郁前往华北人民革命大学天津分校学习，投入革命工作，开始了激情燃烧的岁月……

谈芳荪也在家乡更为拼命地工作，她知道，既然丈夫能为革命毫无保留地去拼，自己也应有这样的精神，也能有这样的干劲……

在解放东北以及解放天津战役中，运下来的伤员，有些也在我家治疗休养。

我的母亲，精心地照料他们。为此她受到了党和政府多次表扬……

——于文郁：《我的父亲于方舟》，载 1983 年 1 月 16 日《天津日报》

2. 从"八十烈士"幕墙，到《复兴之路》展览

2003 年 1 月 22 日，时任全国人大常委会委员长的李鹏，在《人民日报》发表《纪念我的母亲赵君陶》，文中写到其父李硕勋时说："有鉴于

李硕勋烈士的事迹早已流传于世，广为人知，在建党80周年之际，北京举办了规模宏大的中国共产党党史展览会，李硕勋已被列入我党八十名著名烈士之中，他临终前亲笔写的致妻子‘陶’的那封遗书，也陈列于大厅，供后人瞻仰。”①

这里所说的“中国共产党党史展览会”，是指2001年6月20日至7月20日，为纪念中国共产党成立80周年，由中组部、中宣部、中央统战部、中央文献研究室、中央党史研究室、文化部、北京市委、中央档案馆在中国革命博物馆（现国家博物馆），联合举办的《肩负人民的希望》大型图片展。

当时，在展览大厅入口设有一面巨幅的“八十烈士”幕墙，即李文所说“我党八十名著名烈士”，于方舟就位列在这八十著名烈士之中，他的大幅照片与英名，也镌刻在那面“八十烈士”幕墙之上……

2001年6月19日，父亲在中央人民广播电台的《午间一小时》节目中听到了这样的播音：

欢迎您收听今天的《午间一小时》节目！

我是本期节目的主持人原杰。

我现在是在天安门广场的东侧，中国革命博物馆的展馆内。现在我所站的位置是北展馆。

6月20号，也就是明天，将要举行一个纪念中国共产党建党80周年的图片展览。我现在站的位置正好是这个展馆的序厅。

为了让大伙儿能够更好地了解这次展览的整个布展和展览展出的情况，我们今天特意请到了中国革命博物馆陈列部的林谷良副主任……

原杰（主持人）：请问林主任，这是什么？

林谷良（嘉宾）：这是一面烈士墙，我们80位在民主革命时期牺牲的著名烈士……②

当时，父亲工作单位的地点在北京市东城区东单北大街的史家胡同，

① 李鹏：《纪念我的母亲赵君陶》，《人民日报》2003年1月22日。

② http：//news. sina. com. cn/c/286915. html.

距展览馆很近，听到中央人民广播电台的报道后，便特意带我和母亲前往参观展览。

烈士幕墙，顶天立地，80 位烈士的大幅照片镶嵌在上，宛若一面巨大而神圣的祭坛。举凡来到它的面前，每一个参观者的神情便会突然凝重起来……

凝望着烈士墓墙上的曾外祖父，我的心中又想到了那个有着“山河可改、信念不渝”意味的成语——“河山带砺”……

庄子云：“指穷于为薪，火传也，不知其尽也。”

为了能够将前辈和先烈的高远之志和索解之道薪尽火传，党和政府，以及于方舟的战友们做了大量搜集史料、整理档案、撰写传略、宣传事迹、保护遗迹、展览陈列等工作：

——早在革命战争年代，中共中央便已在 1928 年召开的中共六大上组织撰写了《于方舟同志传》；邓颖超便已在 1941 年 5 月 4 日发表于《解放日报》的《漫话五四当年》一文中追忆了于方舟与周恩来作为“我们的四位代表”被捕入狱，及“于方舟又名兰渚，后在领导玉田农民斗争中牺牲”的往事；周恩来便已在 1943 年春中共中央南方局干部学习会《关于 1924 至 26 年党对国民党的关系》报告中讲述了于方舟在第一次国共合作和大革命中的贡献。

——新中国刚刚成立，天津便迅速成立了“天津市革命史编纂委员会”，于 1949、1957、1958、1959 年分别访问了邓颖超、刘清扬、王贞儒、于树德、江韵清、董恂如、郝久亭、吕职人、李散人、李志新、赵达、谌小岑、司呈祥、项瑞芝、姬兆生、沈玉山等无产阶级革命家和五四运动、大革命运动斗争的亲历者，搜集、积累、挖掘了于方舟和他的战友们的大量史料。

——从 1959 年开始，曾与于方舟并肩战斗的战友们便开始撰写回忆文章，记录他们当年如何以奋斗和牺牲去追逐中华民族的复兴之梦——邓颖超的《五四运动的回忆》（《中国妇女》），王贞儒的《于方舟烈士传》（《天津历史资料》）、《回忆五四时期的于方舟烈士》（《五四运动回忆录》），吕职人的《于方舟烈士传》（《河北革命烈士史料》）、《于方舟同志革命的一生》(《天津文史资料选辑》)，翟少痴的《烈士于方舟》(《河北革命烈士史料》第二卷)，刘格平的《忆于方舟》(《天津日报》)，张明远的《党的先锋战士于方舟》(《气壮山河》)、《缅怀先烈，继往开来——纪念于方舟同志英勇牺牲60周年》(《人民日报》)。

——党史专家、历史学者、媒体工作者，纷纷著书立说，制作专题节目，以传扬于方舟等革命先烈的理想、信念、精神、风骨——中共天津市委党史研究室的《中国共产党天津历史（第一卷）》(中共党史出版社)、《愿做方舟渡众生——纪念于方舟烈士牺牲80周年》(《天津日报》)，中共天津市党史资料征集委员会的《战斗在天津的共产党人》、《中共天津党史大事记》，于建的《天津现代学生运动史》，刘玉芝、窦爱芝的《于方舟》(《中共党史人物传》、《战斗在天津的共产党人》)，董振修的《中国共产党在天津的早期革命活动》(《天津文史资料选辑》)、《关于于方舟、李培良同志生卒时间的考证》(《天津社会科学》)，刘民山的《李大钊与天津》(《天津文史资料选辑》)，耿华、徐文静的《于方舟的“五四”竹枝词整理研究》(《图书馆工作与研究》)，万力闻、田野的《于方舟：掷笔执枪又何悔》(《天津日报》)，晓蒙的《于方舟——天津建党第一人》(《天津日报》)，袁进的《于方舟：努力执尔舵，何愁苍海阔——访全国妇联影视中心原主任阎晓明》(天津《支部生活》)，王春颖的《家风：国家兴亡，匹夫有责》(天津电视台)，王若昀、铁轶伦的《红色故事汇：一叶方舟济苍生》(天津电视台)，陈玉杰、翟楠楠的《于方舟：愿作方舟济苍生》(《河北日报》)，万力闻、李巍然的《于方舟：一叶方舟济沧海》(《每日新报》)，张颖的《忠诚，共产党员的故事——津门烈士于方舟》(天津人民广播电台)，郭阳的《光辉的足迹：于方舟，一叶方舟济苍生》(天津电视台)，尹思源的《于方舟：为有牺牲多壮志》(新华社、《人民日报》)，陈建强、马超的《于方舟：以己为舟济苍生》(《光明日报》)，何玉新的《以渡人之舟自期》(《天津日报》)，岳珊的《〈方舟歌〉寄忠义家国情》(《今晚报》)等……

朱熹有“继往圣，开来学，而大有功于斯世也”之言，大倡着“继往开来”之功……

为了让革命先烈的理想信念和意志品德，能够得到发扬光大，代代相承，党和政府除设立一些永久性保留的革命遗址和纪念馆外，如中共天津历史纪念馆、宁河烈士陵园于方舟纪念馆、新生社旧址、于方舟故居等，还不定期地举办展馆陈列、图片陈列或纪念活动。

这其中，有许多历史细节的一瞬，都传达出人们对于革命烈士那崇高气节的景仰与尊重，父亲每每向我讲述，都令我们父女久久难忘、深深感动：

——1981 年，当时父亲正在中共甘肃省委宣传部工作。那一年，为纪念中国共产党成立 60 周年，中央有关部门向全国发行了一套陈列图片。当省委宣传部资料室的同志打开图片时，父亲惊讶地发现，在一组注有“大革命失败后牺牲的著名共产党人”文字说明的照片中，竟然也有自己的外祖父于方舟！大家也都围拢过来，将于方舟烈士的照片仔细端详。不久，那套图片在公众场合展示一个月后，资料室特意将其赠送给父亲留作纪念……

——1991 年，父亲从甘肃调至天津电视台工作，当年中共甘肃省委宣传部的老部长陈舜瑶同志则于稍早前随同丈夫宋平同志调至北京。陈部长和宋平同志参加革命前均系北京大学学生，二人步行赴延安投身革命，均曾做过周恩来的秘书，周恩来在延安胳膊摔伤不能写字时，陈即受组织委派前去记录整理口授文件，从此便跟随周恩来、邓颖超辗转重庆、南京直至解放。有一年，已近八旬的陈部长从北京到天津来调研和平区新兴街志愿者活动，打电话让我父亲临时重操省委宣传部时的旧业，前往为她记录并整理文字材料。闲谈时，陈部长提起学生运动的往事，父亲便和她谈到天津的五四运动，谈到周恩来、邓颖超和于方舟烈士的关系，并顺便提出请曾任中央政治局常委的宋平同志为宁河烈士陵园题写园名。陈部长很是感慨，回京后很快便来信：“已写好，到家里来取吧！”到北京去取题词时，陈部长才得知父亲是于方舟烈士的外孙。父亲告辞时，陈部长执意冒着凛冽的寒风，步出几重大门，一直将他送到大街上。望着陈部长那风中飘动的白发，父亲几次劝她回去，她却默默坚持着那一天风中的目送……

——2005 年的一个晚上，已调至北京工作的父亲，正同他在甘肃省委宣传部工作时的另一位老部长吴天任谈着什么。突然，中央电视台《新闻联播》中开始播放《永远的丰碑——于方舟》，父亲不曾料到这个板块会播外祖父的故事，便目不转睛地看着。吴部长说“这位先烈是你们天津人!”父亲说：“他是我外祖父呢!”吴部长大惊。吴部长也算是老革命了，曾作为新华社记者在天安门广场报道过开国大典，由他照顾长大的妹妹吴仪后来还做了我们国家的女副总理。从我父亲当年调入省委宣传部时由吴部长对其进行入职谈话，到得知他是烈士后代，中间已相隔近 30 年时间。为更多了解烈士事迹，早已离休的吴部长，特意让父亲带他到天津一叙——他们这些老革命对于革命烈士的情感之深令人为之感动……

2016 年 6 月，于方舟外孙阎晓明在中共天津历史纪念馆接受采访

——2012 年 11 月 29 日，中共中央总书记习近平在国家博物馆参观《复兴之路》展览，第一次阐释了“中国梦”的概念。自此，该展览备受海内外瞩目，观者如云。我也曾陪父母亲前往参观，发现第三部分《中国共产党肩负起民族独立人民解放历史重任》之第二单元“探索中国革命新道路”的展示内容为：中国共产党成立后，依靠和发动工农群众，与国民党合作，进行北伐战争，掀起大革命高潮……其中一件文物是孙中山亲手批示的国民党各地执行部所辖范围，以及拟派各地组建地方执行部的中央执委、候补中执委和预算委员会名单，曾外祖父于方舟的名字亦出现在候补中央执行委员的名单中。步出展厅时，在巨大的《开国大典》油画下方，有一幅《中华英烈》电子触摸屏，轻轻滑动屏幕，便又见到

了关于于方舟的生平简介——曾外祖父在这个世界虽仅仅停留了 27 年，他从入党到牺牲虽仅仅做了四年共产党员，但是，人民与党从来都没有将他忘却，他将在河山带砺的千秋伟业中活到永远……

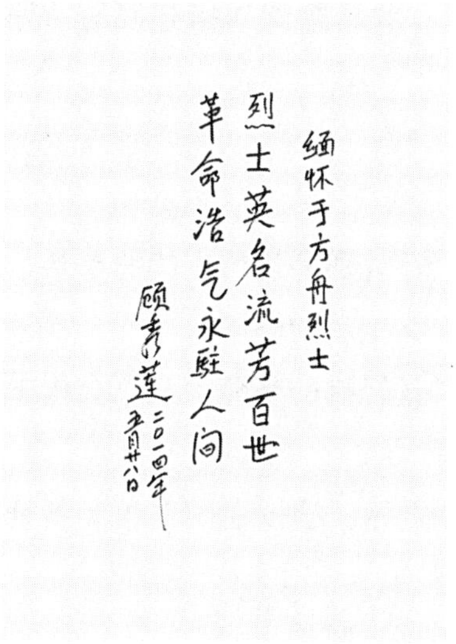

顾秀莲题词

——2014 年，为纪念天津地方党组织建立 90 周年，天津举办了一系列纪念活动。父亲在全国妇联工作时的老领导、曾任全国人大常委会副主任的顾秀莲，恰好来到天津，作为全国关心下一代工作委员会的主任，她到天津视察工作并主持召开“全国关工委”的一个会议。想到她亲自从天津调往全国妇联的影视中心主任可能在津，便忙中抽暇相约一叙。得知中共天津地委的创始人666之一于方舟，竟是自己昔日部下的外祖父，随即欣然命笔，认真题词：“缅怀于方舟烈士：烈士英名留芳百世，革命浩气永驻人间”……

这，就是我们矢志不渝的崇尚，就是我们万难不疑的信念——无论是党的高级干部，还是你我之中最为普通平凡的一员——对于每一位为共产主义奋斗终身的忠贞烈士，都会有着永远诚挚的景仰、永远真挚的缅怀……

因为，英烈精神乃民族之魂，它无疑是我们这个民族应该永志不忘的“集体记忆”！

因为，纪念英烈乃民族大事，只有保持不能忘却的纪念，才能保证一个民族避免“集体失忆”！

3. 新开湖畔：用烈士精神铸造我们的铮铮铁骨

“在南开大学美丽的新开湖畔，有一尊花岗岩雕塑的半身胸像。他就是南开大学培养的第一位为国捐躯的革命烈士于方舟。”

2005年，中央电视台播出的大型系列节目《永远的丰碑》之《于方舟》就是这样开始的……

新开湖，是南开大学于1954年依校园原有的马蹄湖新拓开掘的一处人工湖。

湖的北侧，是历史悠久的图书馆。

湖边四周设有坐凳，可供师生小憩。

即使夜幕降临，图书馆的灯光，依然总会伴着那些挑灯夜读的莘莘学子，在波光粼粼的湖面上投射出一道道轻柔而又生动的倒影。

而每当曙光初照，自晨雾飘渺的湖边和柳丝轻拂的坐凳，又总会传来一阵阵的朗朗读书声……

1984年，时值南开大学纪念建校65周年之际，学校在图书馆和新开湖之间的苍松翠柏中，建起了于方舟烈士纪念碑。

黑色大理石的碑座上，塑立着于方舟的花岗岩雕像。

碑座正面，镌有第六届全国人大常委会委员长彭真手书的“于方舟烈士纪念碑”八个大字。

碑座背面，是烈士的生平简介。

对于这一类纪念性雕塑，曾有学者给予积极评价：“校园雕塑一般位于学校重要建筑（图书馆、教学楼等）前面的空地上或学校的广场中。教育者往往利用它们来表达学校的审美思想、德育意愿和民族感情等。其主要形式有：纪念性雕塑。用来纪念某一历史人物（英雄、爱国者、思想家）、重大的历史事件及当代的社会活动家。如天津大学的张太雷像、南开大学的于方舟烈士纪念碑、周恩来像等……”①

于方舟烈士纪念碑，的确表达了南开大学这所中国著名学府的审美思想、德育意愿和民族感情。

正如该校一位教授所描写的那样：

——于方舟烈士纪念碑的南侧，是碧波荡漾的新开湖，时时能看到春

① 葛振、许红祥：《浅析高校校园物质文化》，《网络财富》2010年第8期，第98页。

风秋雨在湖面上播撒的阵阵涟漪；北侧，则是藏书百万册的图书馆，天天可以听到南开学子的朗朗书声……

——将于方舟烈士纪念碑建在这里，应该是意在弘扬“风声雨声读书声，声声入耳；国事家事天下事，事事关心”的烈士情怀，激励南开学子为中华崛起而读书吧……

正是在这种家国情怀的熏陶下，南开学子迎来了全国第一个“烈士纪念日”。

2014 年首个烈士纪念日南开大学师生祭奠于方舟烈士

2014 年 9 月 30 日，是国家设立的首个“烈士纪念日”。

清早，南开大学的学生代表便来到于方舟烈士纪念碑前，开始了向革命烈士敬献花篮的仪式。

我的父亲应邀在仪式上作了发言，代表于方舟烈士的后人表达了对于烈士精神和牺牲精神的颂扬。他发言的题目是《用烈士精神铸造我们的铮铮铁骨》：

在全国第一个法定的烈士纪念日到来之际，我作为于方舟烈士的后代，有幸来到外祖父 92 年前读书求学并秘密加入中国共产党的母校，能够和这里的广大师生共同缅怀先烈事迹，弘扬烈士精神，的确有着一种难以抑制的激动之情。

连日来，我一直浸润和感动于南开师生这种崇尚英雄、敬仰英烈、尊重崇高的氛围与情结之中。就在前天，贵校“周恩来政府管理学院”社会学系党支部为迎接“烈士纪念日”的到来，特意将党日活动的现场移至我外祖父的家乡，在烈士的故居、陵园、纪念馆开展纪念活动，深深感动了那方土地的干部与乡亲。如果说，对待历史的态度和对于烈士的认知，是一块价值试金石的话，那么来到今天纪念活动的现场，完全可以感受到“南开园内，天地一派英雄气；新开湖畔，民族血脉正相传”。我们要向这样的学校致敬！向这样的师生致敬！向这样追慕先贤、崇德向善的正气正能量致敬！

我的外祖父于方舟，曾经只是一名品学兼优、悲天悯人的普通爱国学生：

——说他品学兼优，因为他不但乐于帮助生活贫寒的同学，还以当地第一名的成绩考入了天津的重点学校省立一中；

——说他悲天悯人，因为他不仅以笔作枪，痛斥昏庸无能、腐败至极的达官贵人，鞭挞恃强凌弱、欺压良善的种种不公、不平，还把自己的名字于兰渚改为于方舟，立下了“愿做方舟济苍生”的人生宏愿；

——说他爱国，是因为他不仅在抗议日本侵占我神圣山东领土的五四运动中组建并带领进步学生团体“新生社”去抵制日货、唤醒民众，而且同“觉悟社”的负责人周恩来共同作为学生代表与卖国的当局抗争，在铁窗囹圄中度过了170个百折不屈的日日夜夜——电影《建党伟业》中曾有他和周恩来同拘一室，书写“爱国不怕进狱门”诗句的桥段，他的这首《浪淘沙》连同其他九首诗词，后被编入萧三主编的《革命烈士诗抄续编》。

经过半年之久的炼狱生活之后，他考入了心仪已久的南开大学。在这里，他参加了李大钊组织的马克思主义研究会，并经李大钊介绍加入了中国共产党。从此，他成为坚定的马克思主义的信仰者和传播者，同时把进步团体“新生社”改为天津的马克思主义研究会，而后又改为社会主义青年团。当他创建中共天津地方委员会并担任首任书记后，“新生社”中这批年轻的马克思主义者，也大多成为天津党组织的主要骨干。第一次国共合作时期，他与毛泽东等7名共产党员，在国民党一大上共同当选为国民党中央候补执委，领导了天津的大革命运动，建立了天津的各级工会和总工会，开展了轰轰烈烈的工人运动。大革命失败后，他根据八七会议精神，在领导冀东地区农民暴动中壮烈牺牲，年仅27岁，当时，我的母亲，他唯一成活成人的女儿——只有5岁……

他们，是一批不计名利的人——当时，同我外祖父共同创建中共天津地委的组织部长和宣传部长，都是资历远胜我外祖父的、从老同盟会员转为共产党员的老同志，其中江浩同志还是我党第一批58名党员之一。但是，一心革命的他们，不但从未想过这个与他们儿子同龄的青年何以会担任书记，而且甚至为革命付出了自家儿子的性命；我外祖父自担任天津地委书记后，又先后改任组织部长和宣传部长，这在他们看来，仅仅是分工的改变，毫无地位的异同……

他们，又是一群不畏牺牲的人——我外祖父组建的“新生社”一共只有十几人，且男生女生各半，他们中的男生，几乎全部成为共产党员，又几乎全部在各个革命历史时期为党牺牲……

当时的他们，基本就像今天的我们，都是同学与校友，但在建树理想与信念的过程中，便成为了真正意义上共同战斗的战友。这样一些忠诚正直、善良厚道的青年学子，出于“国家兴亡，匹夫有责”的志向担当，出于对祖国和民族尊严至高无上的敬畏，出于对这个世界充满强烈的公平期待和公正追求，出于对人的自由平等的解放的渴望，便注定了他们以义无反顾的意志、以奋不顾身的激情、以万难不屈的灵魂，去抛家舍爱，去抛财舍业，去抛头舍命，用自己宝贵的生命去换取一个民族的昂扬气节和铮铮铁骨，以便让一个被人贬损为“东亚病夫”的人群挺起民族的脊梁……

今天，当我们以立法的形式来纪念我们民族英烈的时候，我不禁想到了一本书，这就是美国人艾温·奥斯诺斯新近出版的一本新书《野心时代：在新中国追逐财富、真相和信念》，他在书的结尾写到，尽管中国充满狂热和活力，经济在奇迹般增长，但这个镀金时代是一个没有“中心旋律”的时代，在中国人灵魂的中心，存在一个巨大的精神空洞。这使得这个伟大国家的未来存在不确定性，而且这对他们自己和我们来说，都有点儿令人害怕……

不过，今天当我们以法定的纪念日来缅怀我们民族英烈的时候，我又不禁想到了另一本书，那就是今年4月“世界读书日”中南开大学龚克校长推荐给全校及全社会的一本老书《革命烈士诗抄》，他在推荐中写到：这是一本立志“补钙”的书。这些诗，是为民族独立，人民解放英勇献身的烈士们的“生命绝唱”，烈士对“主义”的坚贞中包含着对“后来人”的殷望……

喜欢龚校长的推荐，不仅仅因为我的外祖父是烈士，也不仅仅因为这部诗抄中收有他的十首作品，是因为它可以令我们想到，今天伫立于此纪念烈士的初衷。正如习近平总书记所言：理想信念是共产党人精神上的“钙”，没有理想信念，理想信念不坚定，精神上就会“缺钙”，就会得“软骨病”。今天对英烈壮举的追忆，对英烈浩气的弘扬，不就是要像他们那样，把对理想信念的坚守作为我们永不流失的精神之钙，用我们的中国骨气，凝聚中国力量、弘扬中国精神、坚持中国道路，去拥抱那两个一百年的美丽愿景，去实现中华民族伟大复兴的中国之梦吗?

同学们，大家起来，继承先烈的遗志，用烈士的精神，去铸造我们那永不软化、永不弯曲、永不缺钙、永不衰朽的铮铮铁骨吧!

莘莘学子参观于方舟故居

烈士的事迹与精神，感动着在场的每一位青年学子。

他们的热血，仿佛在烈士纪念日这一天，也以更高的沸点激荡起来。

该校马克思主义教育学院2013级博士研究生郭威深有感触地说：以于方舟、马骏烈士为代表的南开青年，在革命年代里抛头颅，洒热血，为国家为人民不惜牺牲生命，这正是南开学校“公能”校训的崇高精神。今天，我们在此铭记历史，缅怀先烈，是为了发扬传统，奋发有为！我们当代南开青年，一定要将个人发展与祖国进步紧密结合起来，把实现个人价值与为国家作贡献紧密结合起来，继承烈士遗志，秉承南开精神，牢记青年使命，不负历史嘱托，努力创造出无愧于祖国、无愧于人民、无愧于时代的光辉业绩，为实现中华民族伟大复兴的中国梦而不懈奋斗。

是的，烈士的故事与精神，不能仅仅停留在已然过往的岁月，而必须活化在今人的身上与心上……

于是，南开大学党委副书记刘景泉再次向同学们深入阐述了开展“烈士纪念日”活动的意义：

南开大学立校的宗旨就是兴学强国，培养兼具“爱国爱群之公德”、“服务社会之能力”的国家栋梁。缅怀先烈功绩，弘扬先烈精神，秉承先烈遗志，将先烈们在艰难困苦中奋力开创的伟大事业继续推向前进，是当代中国青年的历史责任。

作为“南开人”，在“烈士纪念日”缅怀南开校友中的革命烈士，就要继承南开光荣传统，坚持走“心系国家、服务社会”的爱国道路，弘扬“允公允能、日新月异”的“公能”品格，焕发面向未来、开拓创新的青春精神，把我们的祖国建设得更加繁荣富强，使中华民族伟大复兴的美好蓝图早日变为现实……

啊，烈士回眸应笑慰，擎旗自有后来人……

“烈士纪念日”的设立，意义何其深远……

4. 守望那永不消退的红色记忆

那是发生在江苏省高淳县漆桥镇漆桥村的一个感人肺腑的故事……

抗日战争中，一位姓名不详的新四军营长在此牺牲。

几十年后，富裕起来的村民们依然没有消退那抹红色的记忆，竟然集资捐建了一座寺庙，用来纪念这位无名英雄，村民称其为“将军庙”。

原来，乡愁中也自然不可或缺那红色的记忆……

同样，福建省泉州市惠安县崇武镇，不到半平方公里的土地上，也密布着十几座大大小小的庙宇，祭奠着各个时期为保家卫国而牺牲的英雄，其中也有一座“解放军庙”。

是的，乡愁中当然不能短缺了那红色的记忆……

君不见，世界的某些角落，那些将罪行累累、恶贯满盈的战犯，当作民族英雄进行春秋两次大祭的丑剧、闹剧，正年复一年、连篇累牍地嚣张上演……

君不见，那些至今还在篡改历史、颠倒黑白、歪修课纲、存心不良的卑鄙行径，依然大言不惭，屡见不鲜……

我们，岂能自毁长城，消退我们本该守望的属于我们自己的红色记忆？

我们，岂能自惭形秽，消泯我们本该高扬的属于我们自己的红色文化？

我们必须也肯定能够，满怀一颗敬畏之心，从时间的深处，掬捧起本该属于我们，并由我们去传扬光大的红色记忆……

为了守望永不消退的红色记忆，在共和国成立不久的日子里，于方舟烈士的家乡便为烈士兴建了陵园和衣冠冢，竖立了纪念碑，表达着家乡父老乡亲对于这位俵口优秀儿女代表的挚爱与崇敬，让这位革命英烈的感人故事久久传扬……

为了守望永不消退的红色记忆，1964 年，烈士的遗孀谈芳荪去世后，家乡举办了隆重的安葬仪式。前来吊唁的人们络绎不绝，乡亲们对这位无比坚毅的伟大女性充满敬意——几乎，无人不赞叹，无人不敬佩——在丈夫逝去的近半个世纪的漫长岁月中，她从未向组织开口提过任何条件与要求，没有给组织增添过一丝一毫的麻烦；只是默默地、坚忍地将烈士的遗孤带大，送入革命队伍；期间，所遇到的种种万般无助的孤苦与贫病交加的困苦，不仅令人难以想象，且令人心灵震颤……

为了守望永不消退的红色记忆，1998 年，在烈士牺牲 70 周年之际，俵口乡（现俵口镇）政府又按照家乡的习俗，为于方舟夫妇举行了合葬。为此，精心选择墓址，精心筹划刻碑。

特定的内容必须依附特定的形式与仪式。

为此，烈士家乡一直在通过固化的形式与强化的仪式，去光大烈士的精神，去弘扬永不消减的红色文化……

为了弘扬永不消减的红色文化，2016 年，在迎接建党 95 周年的日子里，于方舟烈士纪念广场，在他的家乡天津市宁河区俵口镇竣工。

纪念广场由烈士墓碑、业绩碑和青松翠柏组成。

6 月 28 日，中共天津市宁河区俵口乡党委和乡政府隆重举行于方舟烈士纪念广场竣工典礼。

宁河区俵口乡于方舟纪念广场

典礼仪式上，广大党员、群众向烈士墓碑敬献了花篮和鲜花；于方舟烈士后代向乡党委和乡政府敬赠了“铸红色文化，扬先烈精神”的锦旗，向施工单位敬赠了“筑红色记忆，传烈士英名”的锦旗。

为了弘扬永不消减的红色文化，俵口乡党委书记刘宝君代表烈士家乡的党员和人民表示，要以纪念建党 95 周年和于方舟烈士纪念广场竣工为契机，在全乡开展一次形象生动的“学党史、感党恩、跟党走”的学习教育，开展缅怀革命先烈的群众性纪念活动，深入宣传中国共产党的光荣历史和丰功伟绩，将先烈的革命精神世世代代传扬下去，要像于方舟烈士那样，为实现两个“一百年”的伟大目标，为实现中华民族的伟大复兴而无私奉献、英勇奋斗。他说，俵口是于方舟先烈的家乡，这里应该有一处缅怀先烈、祭奠先烈的场所与设施，经过努力，这个愿望和设想终于在纪念建党 95 周年之际实现了。在中宣部、中央网信办、中央文明办等七部门联合印发的关于组织开展纪念建党95周年群众性主题教育活动的通知中指出：要广泛开展“学党史、感党恩、跟党走”的学习教育，开展缅怀革命先烈等群众性纪念活动，深入宣传中国共产党的光荣历史的丰功伟绩。我们俵口是诞生过于方舟烈士的红色土地。在纪念建党95周年之际，我们要进一步开展“筑牢红色记忆，传扬烈士英名”“铸造红色文化，弘扬先烈精神”的活动，将先烈的革命精神世世代代传扬下去，要像于方舟烈士那样，为实现两个“一百年”的伟大目标，为实现中华民族的伟大复兴而无私奉献、英勇奋斗！

那一天，我的父亲阎晓明，叔叔阎晓光、阎晓成，姑姑阎晓薇，以及于方舟的侄孙于三儒、于福儒、于宏真、于晓和，侄孙女于静茹、于丽茹、于学茹、于静娴；侄外孙庞保平、侄外孙女李秀珍等后人，全部回到家乡，集结于纪念广场。他们，决计同这里的乡亲一代一代地传承那永不消衰的红色基因……

于方舟外孙阎晓明、阎晓光，外孙女阎晓薇，曾外孙女阎焱在宁河烈士陵园于方舟纪念广场

那一天，进行电视报道的记者向父亲提了一个问题：作为于方舟烈士的后代，你们如何传承这份红色的基因？父亲答：我们不仅要以实际行动践行先辈的信仰与理想，还要拿起笔来，写传记，写论文，写故事，决不

让尘封的历史资料湮没于故纸堆中，一定要让革命先烈的事迹与精神，永不退色、永远生动、永远鲜活地传承下去……

为了传承永不消衰的红色基因，时隔不到一年，标明地处“俵口乡解放村北区一排”的“于方舟故居”又被列入天津市保护性建筑名录。2017 年 5 月 18 日，《天津日报》以《天津市又有 43 座建筑登上“保护性名录”》为题作了这样的报道：“日前，经市规划局、市国土房管局和市文物局认定，市人民政府同意，本市第三批保护性建筑名录正式公布。”①

按照《住房和城乡建设部关于坚决制止破坏行为加强保护性建筑保护工作的通知》要求，结合《天津市保护性建筑普查工作方案》进度安排，天津市规划局会同天津市国土房管局、天津市文物局组织各区政府推动开展了全市保护性建筑普查工作，对全市不可移动文物和历史风貌建筑的资料信息进行了全面核查和整理，对具有保护性价值的建筑进行了细致全面的现场调查，初步建立了保护性建筑信息管理系统。2017 年 5 月，以天津市保护性建筑普查为基础，确定了全市第三批保护性建筑名录。

为了传承永不消衰的红色基因，在这批名录中，既列入了历史悠久的蓟州独乐寺、鲁班庙、关帝庙，也列入了闻名遐迩的宁河天尊阁；既列入了北洋水师大沽船坞旧址的轮机车间，也列入了塘沽火车站旧址的詹天佑工作间；既列入了平津战役前线司令部旧址和指挥部旧址，也列入了盘山烈士陵园的革命烈士纪念馆和抗日斗争事迹陈列馆，还列入了于方舟故居……

于方舟故居——一座百年之前营造于俵口村的最为普通的粉墙黛瓦北方农居——能够被正式列为天津市保护性建筑名录，无庸置疑地表明了这座乡村农居所能载承和所能释放的一种精神价值和信仰力量，也无可辩驳地见证了这座城市和这座城市的人民正在以怎样的意志守望着那永不消退的红色记忆……

---

① 陈璠：《天津市又有 43 座建筑登上“保护性名录”》，《天津日报》2017 年 5 月 18 日。

5. 不能忘记走过的路，不能忘记为什么出发

2016 年 7 月 1 日上午，庆祝中国共产党成立 95 周年大会在北京人民大会堂隆重举行。

“在这个庄严而光荣的时刻，我们深切怀念为中国革命、建设、改革，为中国共产党建立、巩固、发展作出重大贡献的毛泽东、周恩来、刘少奇、朱德、邓小平、陈云同志等老一辈革命家，深切怀念为建立、捍卫、建设新中国而英勇牺牲的革命先烈，深切怀念近代以来为中华民族独立和人民解放而顽强奋斗的所有仁人志士。”习近平总书记在大会讲话中，对革命先烈们表示了深切的怀念，“他们为祖国和民族建立的丰功伟绩永垂史册！他们的崇高精神永远铭记在亿万人民心中！”①

是的，不能忘记走过的路，不能忘记为什么出发……

“每逢佳节倍思亲”。每一次纪念党的生日，于方舟的后代们也总会深切地缅怀曾为创建中国共产党天津地方组织而英勇奋斗的先辈。

如今，读着习近平总书记这些对革命先烈充满崇敬与深情的话语，笔者不禁想起一周前自己所写的那篇怀念曾外祖父的文章——《为有牺牲多壮志——缅怀我的曾外祖父于方舟》在《天津日报》的适时发表，刚好契合了习总书记关于在建党纪念日应深切怀念革命先烈的倡导。

“往往，一个人的牺牲，可以为更多的人带来难得的宝贵的福分、福气、福相、福祉。一个民族的图存、崛起、强盛，离不开一代代儿女的奋斗与牺牲。也许，这就是牺牲的真谛与真解。”文章中，我这样解读着曾外祖父壮烈牺牲的价值和意义。

“今年清明节，我曾随我校周恩来政府管理学院 2015 级社会学系研究生党支部前往俵口于方舟故居和宁河于方舟纪念馆参观并敬献鲜花。很多同学都表示，要向这位 94 年前的校友学习，为民族大业肯于牺牲、乐于

---

① 习近平：《在庆祝中国共产党成立 95 周年大会上的讲话》（2016 年 7 月 1 日），《人民日报》2016 年 7 月 2 日。

牺牲、不畏牺牲、不惜牺牲。”文章中，我这样描述着年轻一代对于牺牲的解读与理解。

“在建党95周年纪念日即将到来之际，我参与撰写的《从‘兰渚芳洲’到‘负任方舟’：于方舟传》也完成了初稿……为了撰写这部传记，我一直在搜集和整理曾外祖父的大量资料。在对这些资料的解读中，我感悟到一代英烈那永不磨灭的活的灵魂。”① 文章这样介绍着自己为继承遗志、赓续信仰而正在进行的努力和探索。

为有牺牲多壮志
——缅怀我的曾外祖父于方舟
阎焱

建党95周年时发表的纪念文章《为有牺牲多壮志——缅怀我的曾外祖父于方舟》

我已是于方舟的第四代了。为了将红色基因传承下来，为了让红色文化传扬下去，我一直鞭策和警示自己：绝不能将先烈的资料尘封于资料库、湮没于故纸堆、搁置于冷板凳、冻结于冰柜中；一定要迎着新的时代，踏着新的重要的节点，常讲先烈故事，长扬先烈精神，做到常讲常鲜、长讲长新；只有既面对历史，又面向未来，才能不忘走过的路、不忘为什么出发，才能切实做到继承遗志、赓续信仰，才能不忘初心、继续前进。

为此，我将责无旁贷、义不容辞地结合自己所学专业，坚持不懈地收集着整理着革命先烈的史料与故事，书写着宣传着革命先烈的事迹与精神……

不能忘记走过的路……

① 阎焱：《为有牺牲多壮志——缅怀我的曾外祖父于方舟》，《天津日报》2016年6月24日。

不能忘记为什么出发……

2016 年 7 月 5 日上午，南开大学纪念中国共产党成立 95 周年理论研讨会在八里台校区办公楼 421 会议室举行。

会议共安排七位学者发言，体现了浓重的理论色彩和研讨氛围。

继马克思主义学院林绪武教授的《不忘初心，保持历史的清醒》，历史学院江沛院长的《败胜逆转：长征的史诗般气质》，经济学院何自力教授的《党的领导开创中国经济奇迹》，周恩来政府管理学院徐行教授的《全面从严治党的重要举措之一——加强执政党与参政党互相监督的路径探索》，校党委宣传部副部长、马克思主义学院张健教授的《以高度的自觉自信推进伟大时代的伟大斗争》发言之后，笔者也作了题为《继承遗志，赓续信仰》的发言。

我在发言中忆及了曾外祖父于方舟 93 年前在南开大学加入中国共产党并从此走上为党为民为国捐躯之路的往事，结合习近平总书记四天前在庆祝中国共产党成立 95 周年大会上对于这 95 年“是中国共产党和中国人民用鲜血、汗水、泪水写就的，充满着苦难和辉煌、曲折和胜利、付出和收获，这是中华民族发展史上不能忘却、不容否定的壮丽篇章”的论述和关于“我们一定要铭记烈士们的遗愿，永远不忘他们为之流血牺牲的伟大理想”的论述，表示一定要以自己的所学所为，坚守先烈的信念和信仰。

我在发言中呼吁：

要坚守先烈的信念和信仰，就不能割断历史，就不能忘记历史。

历史不能死去。

重要的历史节点、历史事件、历史人物也不能死去。

他们必须活着，活在我们的事业中，活在我们的心中。

不过，历史的鲜亮，要靠一代一代不间断的传承。

如果对历史资料不搜集，不考证，不解读，不激活，历史就会沉寂，就会消逝，就会出现红色记忆和红色文化被曲解、被抹黑、被虚无、被丑化的情况。

不能忘记走过的路……

不能忘记为什么出发……

习近平总书记曾语重心长地告诫青年一代："全国广大青年要深刻了解近代以来中国人民和中华民族不懈奋斗的光荣历史和伟大历程"。①

正是为了深刻解读和大力倡扬这种不懈的奋斗，笔者对曾外祖父的生平事迹、天津地方的革命史料、相关理论的学术研究这三个方面坚持不懈地予以关注，并将三者有机地结合起来，以探索和创新的精神，相继完成《中共四大与近代以来前所未有的革命运动——大革命运动的天津样本与社会学解读》《孙中山北上莅津与天津国民会议运动的兴起》论文，并参加了相关的全国性理论研讨会。

同时，笔者还对这种尝试进行了理论上的归纳与探讨。2016 年 10 月 14 日，我的论文《用中国的话语体系讲述"人类命运共同体"的世界故事——兼论话语体系建设中的"从我做起"》入选，受邀赶赴上海，参加在中国浦东干部学院召开的第三届全国哲学社会科学话语体系建设理论研讨会。在谈到如何"从我做起"时，我提出应从"结合新领域"、"创新叙述手法"两个方面进行尝试。其中便涉及自己的实践："近年来发展正盛的新史学，就是将社会学、文学、人类学的理论视角纳入其中，产生了许多有价值的研究成果。可以看出，作为研究人类社会基本活动、基本群体、基本关系、基本制度、基本问题的一门科学，社会学也同样应该能为我们提供与众不同的视角来回顾那些宏大的历史事件。""作为学术上的后生晚辈，应该有'从我做起'的自觉性，诚如习近平总书记在哲学社会科学工作座谈会上指出的那样'立时代之潮头、通古今之变化、发思想之先声，积极为党和人民述学立论、建言献策，担负起历史赋予的光荣使命。'由一己的探索与尝试，思而广之，坚持广缘化的选题和研究，必将能够开阔视野，拓展天地，为加强中国话语体系的建设做出应有的

① 习近平：《在庆祝中国共产党成立 95 周年大会上的讲话》（2016 年 7 月 1 日），《人民日报》2016 年 7 月 2 日。

贡献。”①

不能忘记走过的路……

不能忘记为什么出发……

就在我们这些于方舟的后代为传扬红色文化而进行种种努力的时候，整个社会正在形成“不忘初心，继续前进”的浓郁氛围，各种活动多了起来。对此，我们都一如既往地秉持责无旁贷、义不容辞的态度，满腔热情地积极配合。

2016 年 8 月 28 日的《天津日报》刊发了一组图片报道：“近日，和平区推出了‘寻访历史名人后裔担任文化志愿使者’活动。近三个月以来，采访组陆续联系、走访了居住在天津、北京、上海、河北等省市及海外的五十多位名人后裔，挖掘、整理历史名人的家风、家事和家国情怀。”

该组图片共三幅：

——第一幅为“于方舟在津期间照片资料”。

——第二幅为“1924 年 9 月，中共天津地委成立大会在长春道普爱里 21 号（今和平区滨江道欧乐商厦）召开，于方舟当选中共天津地委委员长。图为大会会议室”。

——第三幅为“中共天津地方党组织创建者之一的于方舟外孙阎晓明在新生社旧址向采访小组介绍于方舟的事迹”。

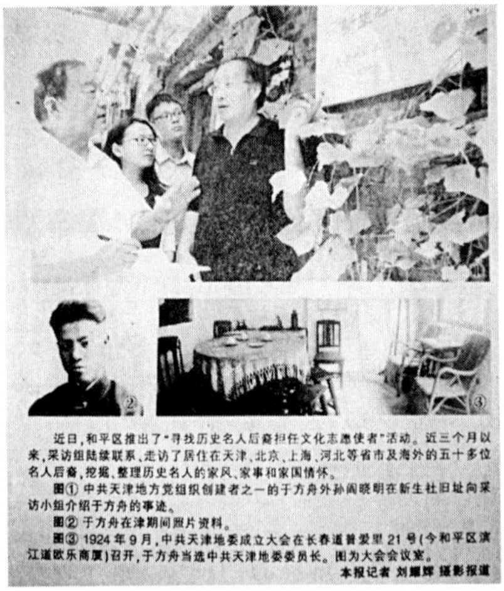
近日，和平区推出了“寻找历史名人后裔担任文化志愿使者”活动。近三个月以来，采访组陆续联系、走访了居住在天津、北京、上海、河北等省市及海外的五十多位名人后裔，挖掘、整理历史名人的家风、家事和家国情怀。

图① 中共天津地方党组织创建者之一的于方舟外孙阎晓明在新生社旧址向采访小组介绍于方舟的事迹。

图② 于方舟在津期间照片资料。

图③ 1924 年 9 月，中共天津地委成立大会在长春道普爱里 21 号（今和平区滨江道欧乐商厦）召开，于方舟当选中共天津地委委员长。图为大会会议室。

本报记者 刘耀辉 摄影报道

2016 年 8 月 28 日《天津日报》

在整个活动中，作为于方舟的后人，我们不仅从撰写文章、提供资料、拍摄《对话历史名人后裔》电视节目等各个方面全力配合，而且将活动的全过程作为重温先烈事迹、

① 阎焱：《用中国的话语体系讲述“人类命运共同体”的世界故事——兼论话语体系建设中的“从我做起”》，《第三届全国哲学社会科学话语体系建设理论研讨会论文集》，第 447 页。

进行自我教育的一个过程。

此次活动取得了良好的社会效应。著名历史学家罗澍伟评价道："和平区新近推出了一项有思想、有情怀的大众参与活动，这就是寻找曾在区内工作、生活过的中外历史名人后裔或家人，担任文化志愿使者。""当我们重返时间河流，寻找这些名人后裔的成长足迹、家风家事与爱国情怀时，竟然清楚地发现，在他们身上都蕴藏着某种灵魂的传承。""通过历史名人后裔，记忆历史名人的曾经；把历史名人丰饶的人生历程和灵魂，一代代传承下去，使每个参与者都能够感受到前辈们的生命辉煌，领悟到人生的真谛，充实自己，帮助别人，激起对生活的信心和希望，寻找到前进中的精神路标，担当起应尽的社会道义，自觉践行具有当代中国特色的核心价值观。"①

宁河烈士陵园于方舟纪念馆

还是在2016年，第三个全国烈士纪念日到来之际，第六批国家级烈士纪念设施名单公布。

民政部在《关于公布第六批国家级烈士纪念设施的通知》中指出："国务院于2016年8月14日批准宁河烈士陵园等96处烈士纪念设施为第六批国家级烈士纪念设施"。

---

① 罗澍伟：《一份值得回味和弘扬的鲜活历史》，《天津日报》2016年12月20日。

宁河烈士陵园于方舟纪念广场

据权威媒体解读，国家级烈士纪念设施“主要纪念在重大事件、重要战役和主要革命根据地斗争中牺牲的烈士，或有重要影响的著名烈士，为中国革命斗争牺牲的知名国际友人等，其纪念意义更为重要，建设管理水平相对更高，在褒扬、宣传、教育等方面的典型示范作用更为突出”。

宁河烈士陵园于方舟纪念馆内的塑像

此次宁河烈士陵园能够升格为国家级，即因这里“有重要影响的著名烈士”于方舟的墓地和纪念馆。

为增强获批后的宣传教育作用，我和父亲迅速帮助陵园提出了举办

“于方舟烈士诗文朗诵会”等宣传教育活动方案。

宁河烈士陵园于方舟纪念馆内景

我们在活动方案中写到：于方舟烈士的诗文，分明贯穿着他短暂一生的奋斗志向，俨然是一部以诗文写就的从忧国忧民踏上救国救民之路的心灵史……

是的，我们应该恭恭敬敬地写好这样的心灵史……

是的，我们必须世世代代地记住这样的心灵史……

因为，我们不能忘记走过的路……

因为，我们不能忘记为什么出发……

正如习近平总书记在庆祝中国共产党成立95周年大会上所讲的那样：“一切向前走，都不能忘记走过的路；走得再远，走到再光辉的未来，也不能忘记走过的过去，不能忘记为什么出发。面向未来，面对挑战，全党同志一定要不忘初心，继续前进。”①

① 习近平：《在庆祝中国共产党成立95周年大会上的讲话》（2016年7月1日），《人民日报》2016年7月2日。

6. 世代传递：高擎着圣火之炬前进

2017年8月15日。

中华人民共和国第十三届运动会火炬传递仪式第七站，在于方舟的家乡——天津市宁河区进行。

“立秋”刚过。

“处暑”即临。

一年之中最好的时节。

今天的宁河，风和日丽。

最是秋空万里爽，稻花香满鱼米乡。

响晴的蓝天，为浩瀚的七里海映出一泊澄碧。

今天的宁河，海晏河清。

暑出处暑时节好，宁河儿女庆丰忙。

火红的太阳，为美丽的蓟运河投下一片灿烂。

对于这一日的火炬传递，各大媒体纷纷以“传递路线承载历史和未来”为题予以报道——宁河站的火炬传递路线，经方舟公园、商业道、光明路、跨越蓟运河的光明桥、桥北新区运河家园5个宁河区的著名景观，恰到好处地提炼出5个关于本土文化的象征载体，向世人诠释和述说着宁河的过去、现在和未来，体现出了“记忆宁河，竞进宁河，活力宁河，美丽宁河，魅力宁河”的文化自觉与文化自信……

上午8：30。

宁河体育场。

采自海河起点三岔河口的圣火火种，引燃了即将传递的第一柄火炬。

一簇红色的火焰，鲜艳艳地升腾起来，仿佛一颗红色的魂灵，在炽烈中舞蹈……

一簇金色的火焰，活泼泼地跃动开来，分明一个金色的生命，在奔放中驰骋……

火炬在驰骋。

圣火在传递。

人们高擎着圣火之炬前进。

“从宁河体育场出发后，首先经过方舟公园。”天津电视台卫星频道的《天津新闻》向国内外这样解说着，“这座公园是以纪念中国共产党早期著名革命家、天津共产党组织创建者于方舟烈士而得名。2010 年方舟公园经过提升改造后，不但景色宜人，还吸引很多市民来此锻炼。”

《宁河县志》载：“方舟公园建于 1985 年，坐落于商业道体育馆对面，占地面积 66600 平方米，围墙高 2.5 米，周长 660 米。”① 据当地领导介绍，南开大学校园内雕塑的是于方舟大学时代的青年胸像，宁河烈士陵园内雕塑的是于方舟小学时期的童年胸像，而方舟公园内雕塑的则是于方舟中学时代的少年全身像。

少年强则中国强。今天，当圣火之炬从方舟公园再出发时，仿佛可以令人看到中学时代的于方舟——整整 100 年前，1917 年，也是立秋节气之后，于方舟从七里海畔的家乡出发，乘船前往天津城区的直隶省立一中求学。那时，他的心中又何尝不是高擎着一柄亮燃着中华振兴与民族复兴之梦的火炬在奋力前行？

整整 100 年了！

一个世纪以后的今天，于方舟们振兴中华、复兴中华的伟大梦想，已经到了与真正实现最为接近的临界点。

如今的方舟公园内，有山有湖有曲桥，绿茵覆地，垂柳拂岸，水波粼粼，鸟鸣啾啾。日子早已富足起来的人们，在这里晨读晨练、荡桨拨船、携儿嬉戏、约会休闲，尽情享受着充裕的安全感、宁静感、幸福感。

这，不正是于方舟那一代先烈所憧憬所希冀的其中一幕么……

当然，幸福中的人们，从未有一天忘却那些为民族复兴而英勇献身的先贤——天津北方网 2017 年 3 月 31 日讯：为广泛开展革命传统教育、红色文化教育和革命理想教育，在清明节即将到来之际，宁河区文广局全体在职党员开展了以“缅怀革命先烈，践行革命精神”为主题的于方舟烈

① 宁河地方史志编修委员会：《宁河县志》，天津社会科学院出版社 1991 年版。

方舟公园

士纪念碑文修缮活动，以实际行动表达对革命先烈的缅怀之情。3 月 30 日上午，宁河区文广局党员干部来到方舟公园的于方舟烈士纪念碑前，再次了解于方舟烈士生平，学习烈士对革命事业英勇献身的伟大事迹。随后，清洗烈士塑像，对纪念碑进行了认真擦洗，并用金粉重描碑文。经过一天的劳动，纪念碑修缮一新，引来过往群众的驻足赞扬，营造了良好的参观环境。通过参加此次活动，全体党员感受颇深，一致表示，要继承和发扬革命先烈崇高的革命气节和忘我的牺牲精神，以更加振奋的状态，更加务实的作风，开拓进取，无私奉献，脚踏实地，创先争优，在工作和生活中充分发挥先锋模范作用，为服务群众精神文化需求、建设文化宜居新宁河贡献力量。

年复一年，年年如此。同样在方舟公园，2016 年的清明节也曾出现过如此感人的一幕："一大早，（天津广播电台农村广播）记者来到位于宁河区方舟公园的于方舟烈士纪念碑前看到，宁河区图书馆的多名工作人员正在擦洗纪念碑，并用金粉描绘碑文，大家用这种方式向革命先烈表达无限的怀念和深深的敬意。宁河区图书馆馆长李月华说：'于方舟烈士纪念碑是天津市重点文物保护单位，每年修缮于方舟烈士纪念碑和碑文，已经纳入我们图书馆工作的重要日程。维修，有两个目的，第一是尊重历史，尊重于方舟烈士；第二，警示我们后人、人民群众、广大中小学生，铭记历史，缅怀先烈，珍爱和平。’今年 78 岁高龄的老人杨兆如从宁河区图书馆退休已经多年，听说这次活动后，觉得非常有意义，早早就来到现场，与大家一起亲手为碑文描金：‘公园是方舟公园，人们到公园转的时候，都要瞻仰，都要看看。我们把这个碑文重新用金字描绘了一遍，都非常认真。人们看到这个碑文重新描写了以后，都会感觉我们一直在挂念和景仰着革命先烈，这对后人是一种激励。’很多正在公园散步的群众也纷纷停下脚步，与宁河区图书馆的工作人员一起向烈士纪念碑三鞠躬，表达对烈士的崇高敬意。游客李冰琴和田国会说：‘这个活动挺好的，（图书馆）好几个人都在忙活，擦啊描的。（修缮后）就像新的似的。这就告诉我们老百姓，虽然烈士牺牲 80 多年了，但他们的精神在我们心里永远都是新的！’”①

他们的精神在我们心里永远都是新的。

清洗着烈士的塑像，重描着镌刻的碑文，宁河儿女的心中从未放下过 100 年前那位曾在胸间点燃红色火种的年轻人，也从未在心中熄灭那一簇民族复兴的圣火。

将方舟公园作为火炬传递的一个重要支点，无疑寄托着一种深远的寓意……

火炬在驰骋。

圣火在传递。

人们高擎着圣火之炬前进。

下一处景观——光明路，又是一个可以连接历史与未来的传递点。

在《现代汉语词典》中，作为名词，“光明”的例句是“黑暗中闪出一线光明”；作为寓意“正义”或“有希望”的形容词，例句为“光明大道”“前途光明”；而作为“胸襟坦白，没有私心”的形容词，例句则有“光明正大”“光明磊落”“心地光明”。于是，当火炬手高擎着圣火之炬健步奔向“光明路”的时候，又不禁令人回望历史，联想到于方舟 100 年前怀揣火种从家乡出发后，在恩师李大钊先烈的指导下那“背黑暗而向

①《宁河图书馆修缮祭扫于方舟烈士纪念碑缅怀先烈》，天津北方网 2016 年 4 月 6 日。

光明”的奋勇疾驰与上下求索：

——圣火之炬在“光明路”上奋进，一个浑厚的声音仿佛依然在圣火传递的征程中久久回响：“进前而勿顾后，背黑暗而向光明，为世界进文明，为人类造幸福，以青春之我，创造青春之家庭、青春之国家、青春之民族……”正是李大钊的这一《青春》的火种，点燃了于方舟心底那追求光明的圣火，不久便投入轰轰烈烈的五四爱国运动，成为天津学生运动的中坚。

——圣火之炬在“光明路”上奋进，一个青春的声音仿佛依然在圣火传递的征程中高亢回荡：“千古做完人，震撼三津，爱国不怕进狱门……红日透监棂，满眼光明……”正是吟诵着“满眼光明”的豪迈诗句，于方舟同周恩来、马骏、郭隆真、李培良等共同坚持了长达七个月的铁窗斗争。这一诗句也成为经典红色电影《建党伟业》中的一个著名画面。

——圣火之炬在“光明路”上奋进，一个宏亮的声音仿佛依然在圣火传递的征程中铿锵回翔：“正在向导民众向革命的道路上突进着的孙中山先生……领导我们从黑暗中、死之道路外，另寻一条爝火！”正是于方舟发表于天津《大公报》上的传单，以“另寻一条爝火”的呼唤，振奋着毅然北上、莅临天津27日的孙中山先生，为天津这座城市的大革命运动再次高擎起一柄圣火之爝。

一条光明奋进路，百年爝火传递史……

火炬在驰骋。

圣火在传递。

人们高擎着圣火之炬前进。

当火炬手沿光明路跨越连接老城区和桥北新区的光明大桥时，当观者面对着水阔风高、波光粼粼的蓟运河时，总该有人会想起昔日河上无桥时的舟渡，也总该会有人想起那位宁河之子的的那首《方舟歌》了——“狂澜四面严相逼，群众彼岸须舟亟”，“方舟负任一何重”，“问君何以济群生”；“努力壮尔神，努力执尔柁，战胜眼前魔，何愁沧海阔。”——那是一曲驾着理想飞翔的信念之歌，那是一曲迎着喷薄旭日的光明之歌，那是一曲循着复兴之路的求索之歌，那是一曲踏着惊涛骇浪的忠勇之歌，那是一曲系着救国救民的仁者之歌，那是一曲沸着滚烫热血的青春之歌……

正如父亲在《碧血热写〈方舟歌〉——缅怀外祖父于方舟》一文中所写：“《方舟歌》宣示并宣誓着他从忧国忧民踏上救国救民之路的信念与意志。”①

亦如我在《为有牺牲多壮志——缅怀我的曾外祖父于方舟》一文中所写：“‘兰渚’是曾外祖父的原名，‘芳洲’是他的字。‘渚’系水中的小块陆地，‘兰’指梅兰竹菊‘四君子’中的兰草，‘芳洲’与‘兰渚’同义。其名其字与他出生在美丽的七里海畔不无关系，充溢着清雅恬淡的书卷气。‘方舟’则是曾外祖父 1923 年加入中国共产党时更改的名字，他在《方舟歌》中写到‘以方舟名，窃以渡人之舟自期也’。”“往往，一个人的牺牲，可以为更多的人带来难得的和宝贵的福分、福气、福相、福祉。一个民族的图存、崛起、强盛，离不开一代代英雄儿女的奋斗与牺牲。也许，这就是牺牲的真谛与真解！”②

是的，为有牺牲多壮志，敢叫日月换新天。今天，在气象一新的光明桥边，在焕然一新的蓟运河畔，虽已不再需要物理意义上的“渡人之舟”了，但是，精神上的“渡人之舟”却是人类恒远的需求。

如今，这样的“渡人之舟”精神，正以圣火之炬的形态跨越大河与大桥，奔向桥北新区运河家园新区广场，那里，不正可展示烈士家乡的新风和新貌、新高点和新纪元?

那天，一位 18 岁的青年、宁河区芦台一中的学生李元智，作最后一棒的传递后，点燃了熊熊燃烧的圣火盆。他，是宁河火炬手中最为年轻的一棒……

也许，这并非一种奇妙的巧合。

100 年前，一名 17 岁的宁河少年，高擎着振兴中华之梦的炽烈爝火，穿越蓟运河，前往海河之滨，开始了砥砺前行的上下求索。那，是理想的

---

① 阎晓明：《碧血热写〈方舟歌〉——缅怀外祖父于方舟》，《天津日报》2017 年 1 月 10 日。

② 阎焱：《为有牺牲多壮志——缅怀我的曾外祖父于方舟》，《天津日报》2016 年 6 月 24 日。

爝火，信仰的爝火……

100 年后，一名 18 岁的宁河少年，高擎着取自海河肇端的圣火之炬，在蓟运河边进行着继往开来的传递。这，是理想的传递，信仰的传递……

2017 年烈士纪念日南开大学师生祭奠于方舟烈士

令人欣慰的是，理想与信仰之火的世代传递，已经在于方舟的家乡天津和于方舟的母校南开大学成为现实——

“习主席您好！我是南开大学学生胡一帆。今年，我决定追随于方舟等南开先辈校友的步伐，投笔从戎，成为英雄的人民军队的一员。”①

胡一帆是与于方舟相差近百岁的校友，南开大学商学院 2013 级人力资源管理专业的本科生。毕业之际，应征入伍。2017 年 9 月 10 日，南开大学为他和刚刚参军入伍的其他七名本校学生新兵举行了隆重的欢送大会。

“今年，南开大学有 8 名大学生应征入伍。他们中，有的是新疆反恐烈士的儿女，有的是抗美援朝老兵的后人，既有城市青年，也有农家子弟。近日，在即将奔赴军营前夕，这 8 名大学生给习近平总书记写信，表达了献身国防和军队建设，为实现强军目标、建设世界一流军队作贡献的

① 胡一帆：《从军感言》，《天津日报》2017 年 9 月 27 日。

坚定决心。”① 胡一帆就是其中的“抗美援朝老兵的后人”。

2017 年 9 月 14 日，他们八人给习近平总书记写了一封信：“我们即将告别熟悉的老师同学，暂别优美安静的大学校园，满怀豪情走向军营，临行之际以一函书信向您表诉。”② 令他们没有想到的是，总书记很快就给他们回信了！

“新华社北京 9 月 25 日电：中共中央总书记、国家主席、中央军委主席习近平 9 月 23 日给南开大学 8 名新入伍大学生回信，肯定了他们携笔从戎、报效国家的行为，勉励他们把热血挥洒在实现强军梦的伟大实践之中，书写绚烂、无悔的青春篇章。”③

习近平在回信中写到：“自古以来，我国文人志士多有投笔从戎的家国情怀……如今，你们响应祖国召唤参军入伍，把爱国之心化为报国之行，为广大有志青年树立了新的榜样。”④

的确，这些年轻的南开学子，都是循着我国自古以来文人志士的家国情怀所追寻，循着南开先辈的爱国之心和报国之行所思考的。正如他们在写给总书记的信中所说：“在不同历史时期，都有许多南开人投笔从戎、献身革命，为民族独立、人民解放和国家富强而忠诚奉献、英勇牺牲。这给了我们极大的震撼，也带给我们深深的思考。”⑤

能够给这些南开大学青年学子带来极大震撼和深深思考的，究竟是怎样的家国情怀和精神力量呢？媒体以《南开的爱国情怀与光荣传统》为题作了如下揭示：“‘允公允能’南开大学创办于 1919 年‘五四’救亡大潮之中，自建校以来，历次革命、救亡运动中，总能看到南开人的身影。怀着‘教育救国’的理想，严修、张伯苓两位先生创办了南开学校，建校之初便定下了‘文以治国、理以强国、商以富国’的办学理念，而后又明确了‘知中国服务中国’的办学宗旨。‘爱国’始终是南开人最核心的价值观念。在这样的精神感召下，众多南开人为了国家民族牺牲小我、

---

①《习近平回信勉励南开大学新入伍大学生》，《人民日报》2017 年 9 月 26 日。
②《南开大学新入伍学子写给总书记的信》，《天津日报》2017 年 9 月 27 日。
③《习近平回信勉励南开大学新入伍大学生》，《人民日报》2017 年 9 月 26 日。
④《习近平总书记给南开大学 8 名新入伍大学生的回信》，《人民日报》2017 年 9 月 26 日。
⑤《南开大学新入伍学子写给总书记的信》，《天津日报》2017 年 9 月 27 日。

舍生取义，‘用鲜血和生命诠释了爱国、奉献的精神内涵’。南开早期学生中便涌现出周恩来、于方舟、马骏、陈镜湖等一批革命志士。他们一起领导了天津的五四运动，创办了觉悟社和新生社。于方舟、马骏、陈镜湖后来分别在天津、北京、吉林、辽宁、内蒙古等地创建党的组织，领导群众开展革命斗争，是中国共产党的早期地方领导人，在大革命、土地革命的艰苦斗争中，他们先后英勇牺牲，为了人民的事业献出了年轻的生命。”①

——这是一座孕育理想与信仰的校园。

——这是一方耕耘英雄与志士的沃土。

正是在这样的成长生态中，南开学子才会悟出这样的弘旨大道，发出这样的铮铮誓言：“‘90后’的我们，生在和平年代、中华盛世，深知是无数革命先烈抛头颅、洒热血才换来今天的美好生活，更需铭记历史、珍爱和平，不忘初心、接续奋斗。”②

先烈回眸应笑慰，擎爝自有后来人。

当家乡那名18岁的中学生接过传递而来的爝火健步驰骋时，先烈于方舟应该知晓，此刻，理想的爝火正在驰骋，正在传递。

当母校那名携笔从戎的大学生誓言“我决定追随于方舟等南开先辈校友的步伐，投笔从戎，成为英雄的人民军队的一员”时，先烈于方舟注定知晓，此刻，信仰的爝火，正在传递，正在驰骋。

我们在世代传递——那簇以顽强的生命力点燃升腾起来的红色火焰，当然就是一颗能够在炽烈中永远舞蹈的红色魂灵……

我们将传递世代——那簇以蓬勃的青春力跃动燎延开来的金色火焰，当然就是一个能够在炽热中永远奔放的金色生命……

---

①《南开的爱国情怀与光荣传统》，《天津日报》2017年9月27日。

②《南开大学新入伍学子写给总书记的信》，《天津日报》2017年9月27日。

后　记

1928年初，我的曾外祖父牺牲。20年后，我的曾外祖母方知牺牲讯息，自此便开始回忆、讲述烈士生前故事。载于20世纪60年代天津报端的照片便清晰存藏着她为少先队员讲英烈的珍贵瞬间。

我的奶奶、爷爷也从新中国建立之初便开始收集先烈史料，撰写纪念文章。邓颖超1953年写给奶奶信中“等我健康恢复后，即尽力将你父亲略传校正后寄还给你”（《邓颖超书信选集》（中央文献出版社2000年版）第118页《致于文郁》）之述，即披露那时奶奶已开始为先烈修传了。

我的父亲不仅极为认真地对奶奶、爷爷交给他的资料精心珍藏、认真整理，并叮嘱我努力传承，正如《天津日报》的报道：“说到于方舟精神的传承，阎晓明告诉记者：‘传承一方面是要从内心深处认定前辈选择的理想和信仰的正确性，由此坚定自身的信仰，无论个人能力大小，也要竭尽全力去践行，只要去做，就可以让这个民族一步步强大起来；另一方面，我们亲属也要把外祖父的故事传承下去。这是鸟之双翼，两个翅膀都飞起来，才能传承好。’”（《天津日报》2016年5月16日）

如此历70余年，经四代人不懈努力与积淀，《于方舟：从“兰渚芳洲”到“负任方舟”》终将问世。

值此即将出版之际，诚挚感谢：中央党史和文献研究院黄小同，中共天津市委党史研究室于建、王凯捷、刘素新，天津市新闻出版局孙宏航，南开大学白红光、张健、赵铁锁、张兰普、陈育捷、窦爱芝及校史馆、档案馆，天津日报文化专副刊中心及张连杰、刘云云，天津市图书馆张小军及文献部，天津市政协文史资料读者服务部，中共宁河区委宣传部，中共宁河区委党史研究室及杨宝春、李颢，宁河烈士陵园于方舟纪念馆姜桂莲，宁河电视台武铁锋，宁河区图书馆李月华，宁河区俵口镇政府于文永、于泽利，宁河区俵口镇于方舟故居马连才，天津市科委李平、李锡民、周长云、强斌、尤嘉，以及一切关心、支持、帮助本书的领导、师长、同志，并诚挚感谢母亲徐文织承担了繁重的资料收集、摄影及校对工作。

再次致谢！

作者

2019 年 5 月 28 日